Notarielles Vor-, Haupt- und Nachverfahren

Festschrift für Norbert Frenz
zum 70. Geburtstag

NOTARIELLES VOR-, HAUPT- UND NACHVERFAHREN

FESTSCHRIFT FÜR
NORBERT FRENZ
ZUM 70. GEBURTSTAG

Herausgegeben von

Till Bremkamp

mit freundlicher Unterstützung der

Bundesnotarkammer

und der

Rheinischen Notarkammer

2024

Zitiervorschlag:
Bearbeiter FS Frenz, 2024, 1

beck.de

ISBN 978 3 406 81604 8

© 2024 Verlag C.H.Beck oHG
Wilhelmstraße 9, 80801 München
Druck und Bindung: Beltz Grafische Betriebe GmbH
Am Fliegerhorst 8, 99947 Bad Langensalza
Satz: Jung Crossmedia Publishing GmbH, Lahnau
Umschlag: Druckerei C.H.Beck Nördlingen

chbeck.de/nachhaltig

Gedruckt auf säurefreiem, alterungsbeständigem Papier
(hergestellt aus chlorfrei gebleichtem Zellstoff)

Alle urheberrechtlichen Nutzungsrechte bleiben vorbehalten.
Der Verlag behält sich auch das Recht vor, Vervielfältigungen dieses Werkes
zum Zwecke des Text and Data Mining vorzunehmen.

FRENZ WILL BE FRENZ

It's not easy love, but you've got friends you can trust
Friends will be friends
When you're in need of love they give you care and attention
Friends will be friends
When you're through with life and all hope is lost
Hold out your hand 'cause friends will be friends
Right till the end

Queen
Friends will be friends
A Kind of Magic
1986

VORWORT DES HERAUSGEBERS

Notar Dr. Norbert Frenz hat sein 70. Lebensjahr vollendet. Anlässlich seines Geburtstages wollen wir Norbert Frenz mit dieser Festschrift ein kleines Denkmal setzen. Die Auflistung seiner Verdienste für den Berufsstand überlasse ich den Präsidenten der Bundesnotarkammer und Rheinischen Notarkammer auf der nächsten Seite. Allein der Umstand, dass beide Berufskammern die Herausgabe dieser Festschrift unterstützen, unterstreicht die herausragende Bedeutung des berufsständischen Wirkens von Norbert Frenz. Dass er dabei nicht nur Einfluss und Achtung innerhalb des Berufsstandes, sondern auch über diesen Tellerrand hinaus hatte, zeigt die Zusammensetzung des Autorenkreises dieser Festschrift: Neben vielen Kollegen gehören auch Bundesrichter und Professoren zum Kreis derer, die Norbert Frenz mit dieser Festschrift ihren Dank und ihre Anerkennung ausdrücken.

Die Festschrift hat den Titel „Notarielles Vor-, Haupt- und Nachverfahren" erhalten. Ich weiß nicht, ob diese Dreiteilung des notariellen Verfahrens tatsächlich auf Norbert Frenz zurückgeht, ich habe sie jedenfalls von ihm gelernt und daher erschien mir dieser Titel passend – auch, weil damit das gesamte Spektrum der in dieser Festschrift enthaltenen Themen erfasst wird. Ursprünglich sollte auf dem Cover dieser Festschrift in Anlehnung an den vorstehend abgedruckten Songtext von Queen „Frenz will be Frenz" stehen. Dieser Titel, der Norbert Frenz und dieser Festschrift in so vieler Hinsicht so viel mehr entsprochen hätte, war jedoch im Verlag nicht durchsetzbar: Zu progressiv, zu kantig, zu eigen. Es sollte ein traditioneller Titel gefunden werden. Das hat mich an den berufspolitischen Norbert Frenz erinnert: Zu progressiv, zu kantig und zu eigen, um ganz vorne auf dem Cover der Notarkammer zu stehen – um als Präsident die Berufspolitik zu bestimmen. Norbert Frenz' berufspolitisches Wirken war ein anderes, aus meiner Sicht nachhaltigeres und häufig auch effektiveres: Rekord-Vorstandsmitglied, pragmatischer Stratege, Strippenzieher im Hintergrund. Er ist der Wolfgang Schäuble des deutschen Notariates. Norbert Frenz hat nie viel Aufhebens um seine Person gemacht, konnte furchtbar hart und schmerzhaft überzeugend in der Sache sein und stellte an andere nie höhere Maßstäbe als an sich selbst. Er hat die regionale und bundesweite Berufspolitik auf seine ganz eigene Art und Weise über Jahrzehnte maßgeblich mitbestimmt. Sein Abschied aus allen Funktionen hinterlässt eine große Lücke. Für mich, lieber Norbert, bist Du Vorbild und Maßstab.

Bonn, im Februar 2024

Till Bremkamp

PS: Wer sich ein Bild von Norbert Frenz aus dem Jahr machen möchte, in dem Queen ihren vorstehend abgedruckten Song veröffentlicht hat und der junge Norbert in den Assessorendienst übernommen wurde, der sollte jetzt die letzte Seite dieser Festschrift aufschlagen.

VORWORT DER KAMMERPRÄSIDENTEN

Die Vollendung seines siebzigsten Lebensjahres und damit das Erreichen der Altersgrenze bietet einen willkommenen Anlass, auf das beeindruckende Lebenswerk des Jubilars, unseres hoch geschätzten Kollegen Dr. Norbert Frenz, zurückzublicken. Es ist – ohne seine dreißigjährige erfolgreiche Amtsführung, zunächst in Mönchengladbach und später in Kempen, außer Acht lassen zu wollen – vor allem geprägt von einem ganz außergewöhnlichen und nachhaltigen Einsatz für unseren Berufsstand. Dabei zeichnete das Wirken von Norbert Frenz immer eine einzigartige Verbindung von Wissenschaft und Praxis aus. Denn wie kaum ein anderer durchdringt er das notarielle Berufsrecht und die notarrelevanten Rechtsgebiete und hat gleichzeitig in seinem wissenschaftlichen und berufsständischen Wirken nie den Blick für die Bedürfnisse der notariellen Praxis verloren.

Norbert Frenz wurde am 1. April 1954 in Düsseldorf geboren und entschied sich nach dem Abitur ebendort für die Aufnahme eines rechtswissenschaftlichen Studiums in Bonn. Seine juristische Ausbildung schloss er mit dem Bestehen des zweiten Staatsexamens im Jahr 1981 ab und im Jahr 1989 wurde er mit einer kartellrechtlichen Arbeit an der Rheinischen Friedrich-Wilhelms-Universität in Bonn promoviert. Im Dezember 1984 wurde Norbert Frenz in den notarischen Anwärterdienst im Bereich der Rheinischen Notarkammer übernommen und von 1991 bis zu seiner Ernennung zum Notar in Mönchengladbach im Jahr 1994 war er in der Geschäftsführung der Bundesnotarkammer und seit 1992 als deren Geschäftsführer tätig.

Nur drei Jahre nach seiner Ernennung zum Notar wurde er im Jahr 1997 in die Gremien der Rheinischen Notarkammer gewählt und gehörte ihnen über ein Vierteljahrhundert lang an. Zunächst war er Mitglied des Ausschusses für Personal- und Standesangelegenheiten der Rheinischen Notarkammer und wurde dann im Jahr 2001 zum Mitglied des Vorstands gewählt. Nicht nur aufgrund seiner langjährigen Zugehörigkeit prägte er die Gremienarbeit der Rheinischen Notarkammer, sondern vor allem, weil immer Verlass auf seine fundierten Beiträge sowie seine kreativen – zugleich aber durchweg praxisgerechten – Ideen und Vorschläge für die Fortentwicklung des Berufsstands war. In seinem Engagement für den Berufsstand vereinten sich seine genaue Kenntnis des notariellen Berufsrechts und der notarrelevanten Rechtsgebiete mit einem enormen Weitblick und einem Gespür für die Praxis. Norbert Frenz begegnete Neuerungen dabei stets mit Offenheit und legte immer großen Wert darauf, dass Entwicklungen durch den Berufsstand so vorangetrieben werden, dass sie sich in der notariellen Praxis umsetzen lassen. Es verdient große Bewunderung, wie er sich diesen offenen Blick in die Zukunft bis zum heutigen Tage und über alle Umbrüche hinweg bewahrt hat.

Neben seiner Arbeit in den Gremien der Rheinischen Notarkammer war Norbert Frenz auch an verschiedenen Vorhaben der Bundesnotarkammer maßgeblich beteiligt. Er war Mitglied des Ausschusses für Erbrecht und hat sich in den Ausschüssen „Reform der Juristenausbildung", „Notarfortbildung" sowie dem „Ausschuss für außergerichtliche Streitbeilegung" eingebracht. Hinzu kam – allein in der jüngsten Vergangenheit – sein Engagement als Mitglied der Taskforces der Bundesnotarkammer zu den Themen „Geldwäsche", „Datenschutz" und „Fortbildung".

Nicht nur die Kolleginnen und Kollegen in den Gremien der Rheinischen Notarkammer und den Ausschüssen und Taskforces der Bundesnotarkammer haben Norbert Frenz' Meinung und Rat stets geschätzt, auch unzählige Generationen von Notarassessoren auf den Geschäftsstellen in Köln und Berlin griffen dankbar auf seine Erfahrung und sein Urteilsvermögen zurück.

Würde man bei allen diesen Verdiensten versuchen, einen Schwerpunkt im erfolgreichen Wirken des Jubilars für unseren Berufsstand auszumachen, würde man sicher sein Engagement für die Aus- und Fortbildung hervorheben:

Von 2002 bis 2023 war Norbert Frenz als Leiter des Fachinstituts für Notare beim Deutschen Anwaltsinstitut verantwortlich für dessen gesamtes notarrelevantes Fortbildungsprogramm. Unter anderem gelang es ihm jedes Jahr aufs Neue, mit der von ihm ins Leben gerufenen Jahresarbeitstagung einen hochkarätig besetzten Höhepunkt im Fortbildungsprogramm des Instituts zu setzen. Daneben ist Norbert Frenz seit 2006 Mitglied im Beirat des Deutschen Notarinstituts und bereits seit 1997 Vorstandsmitglied und Vizepräsident der Deutschen Notarrechtlichen Vereinigung. Darüber hinaus vertritt er die Rheinische Notarkammer als Mitglied im Beirat des notarrechtlichen Instituts an der Universität Bonn.

Auch für die Aus- und Fortbildung der Mitarbeitenden im Notariat hat sich der Jubilar stets eingesetzt und mit seiner langjährigen Mitarbeit in der Taskforce „Fortbildung" wichtige Impulse gegeben. Neben seiner Mitarbeit an einer bundeseinheitlichen Fortbildungsordnung für die Notarfachangestellten ist vor allem sein Einsatz für die Einführung eines berufsbegleitenden Studiengangs für unsere Mitarbeiterinnen und Mitarbeiter besonders hervorzuheben.

Die Förderung des notariellen Nachwuchses war Norbert Frenz ebenfalls ein großes Anliegen. So hat er lange Jahre im Rahmen der traditionellen Fortbildungsveranstaltung für Notarassessoren der Rheinischen Notarkammer, der „Trierer Woche", einen Vortrag zu erbrechtlichen Gestaltungsmöglichkeiten gehalten.

Nicht vergessen werden dürfen zuletzt auch die Verdienste des Jubilars um die wissenschaftliche Beschäftigung mit dem Notarrecht. Die von ihm herausgegebenen und bearbeiteten Kommentare und Handbücher und die von ihm herausgegebene Zeitschrift für die Notarpraxis haben in ganz erheblichem Maße zur Durchdringung des notariellen Berufs- und Verfahrensrechts beigetragen.

Es verwundert nach alledem nicht, dass Norbert Frenz für seine Verdienste um den Berufsstand im Jahr 2020 das Verdienstkreuz am Bande des Verdienstordens der Bundesrepublik Deutschland verliehen und er mit seinem Ausscheiden aus dem Vorstand im Jahr 2023 zum Ehrenmitglied der Rheinischen Notarkammer ernannt wurde, und es erscheint nur angemessen, seinen herausragenden Einsatz für das Notariat mit dieser Festschrift zu ehren.

Berlin und Köln, im Februar 2024

Jens Bormann
Präsident der Bundesnotarkammer

Kai Bischoff
Präsident der Rheinischen Notarkammer

INHALTSVERZEICHNIS

Vorwort des Herausgebers VII
Vorwort der Kammerpräsidenten IX
Autorenverzeichnis XVII

Axel Adamietz
Über Fernwirkungen im Recht 1

Andreas Albrecht
Drei Fragen zum Pflichtteilsverzicht unter Ehegatten 21

Gregor Basty
Notariat und Inflation von 1923 29

Kai Bischoff
Die notariellen Online-Verfahren nach Inkrafttreten des DiREG 41

Jens Bormann / Maximilian Wosgien
Die Digitalisierungsrichtlinie 2.0 und die Rolle des Notars im
Europäischen Gesellschaftsrecht 59

Manfred Born
Online-Beurkundung des Zustimmungsbeschlusses der Gesellschafter
der abhängigen GmbH zu einem Unternehmensvertrag 81

Till Bremkamp
Bestimmung der Vergütung des Testamentsvollstreckers im Sinne
des § 2221 BGB durch Bezugnahme auf eine Vergütungsempfehlung –
225 Millionen Euro für den Testamentsvollstrecker? 87

Bettina Brückner
Wohnungseigentum trifft auf Sachenrecht: Von Geisterwohnungen,
Luftschranken und verwandelten Wänden 107

Jens Bülte
Sanktionen gegen Notare wegen Verletzung von Pflichten
aus dem GwG 117

Maximilian Eble
Nutzungen, Kosten und Lasten des Vermächtnisgegenstands
zwischen Erbfall und Vermächtniserfüllung 135

Heribert Heckschen
Das Heimfallrecht in der Insolvenz: ein systematischer Abriss 153

Ulrich Herrmann
Fortgeltungsklauseln in der Notarhaftung 179

Christian Hertel
Kaufvertragsvollzug nach Vorkaufsrechtsausübung beim Grundstückskauf .. 189

Elke Holthausen-Dux / Kai-Uwe Opper
Herausforderungen bei der Verlängerung von Wohnungserbbaurechten 221

Christopher Keim
Rechtsfolgen der auf den zugewendeten Erbteil beschränkten Ausschlagung
des Längerlebenden beim Berliner Testament 235

Christian Kesseler
Recycling im Grundbuch – Irrungen und Wirrungen bei Eintragung der
Vormerkung 249

Wolfgang Krüger
Ein kühnes Unterfangen (?) 259

Peter Limmer
Videobeurkundung und Auslandsbeurkundung 275

Matthias Loose
Zurechnung von Grundstücken bei der Grunderwerbsteuer 295

Ingeborg Puppe
Die notarielle Beurkundung eines Scheingeschäfts 301

Wolfgang Reetz
Die Ausschlussbestimmung nach § 1638 BGB im „Geschiedenentestament"   305

Adolf Reul
Formerfordernisse bei Gesellschaftervereinbarungen 323

Johanna Schmidt-Räntsch
Zulässiger und unzulässiger Inhalt von Dienstbarkeiten 345

Mathias Schmoeckel
Die Legitimität historisch gewachsener Verhältnisse. Zur Rechtmäßigkeit
des Nur-Notariats in der frühen Rechtsprechung des BVerfG 365

Hans-Christoph Schüller
Gesellschaftsrecht unter Genehmigungsvorbehalt – ein Beitrag zur
rechtlichen Einordnung der Sozietät im hauptberuflichen Notariat 385

Christina Stresemann
Treuhandvereinbarungen über ein Grundstück:
Formbedürftigkeit und Heilung 399

Joachim Tebben
Von Vermutungen und Fiktionen – Registeranmeldungen des Notars
nach § 378 Abs. 2 FamFG 411

Paul Terner
Erbe kann nur werden, wer zur Zeit des Erbfalls lebt (§ 1923 BGB) –
tatsächlich? 431

Eckhard Wälzholz
Weiterleitungsklauseln – Fluch oder Segen?
Die freigebige „Vor- und Nachschenkung" im Zivil- und Steuerrecht 441

Johannes Weber
Die Zustimmung zu erbvertragswidrigen Verfügungen von Todes wegen
und Schenkungen 455

Armin Winnen
Die Beteiligung an einer rechtsfähigen Gesellschaft bürgerlichen Rechts
im Erbfall 471

AUTORENVERZEICHNIS

Axel Adamietz
Rechtsanwalt und Notar a. D., Vizepräsident der Hanseatischen
Rechtsanwaltskammer, Bremen

Dr. Andreas Albrecht
Notar a. D., Ehrenpräsident der Landesnotarkammer Bayern, Regensburg

Dr. Gregor Basty
Notar, München

Dr. Kai Bischoff, LL.M. (Int. Tax NYU)
Notar, Präsident der Rheinischen Notarkammer, Köln

Prof. Dr. Jens Bormann, LL.M. (Harvard)
Notar, Präsident der Bundesnotarkammer, Ratingen

Manfred Born
Vorsitzender Richter am Bundesgerichtshof, II. Zivilsenat, Karlsruhe

Dr. Till Bremkamp, LL.M. (Cambridge)
Notar, Bonn

Dr. Bettina Brückner
Vorsitzende Richterin am Bundesgerichtshof, V. Zivilsenat, Karlsruhe

Prof. Dr. Jens Bülte
Lehrstuhl für Strafrecht, Strafprozessrecht, Wirtschafts- und Steuerstrafrecht,
Universität Mannheim

Dr. Maximilian Johannes Eble, LL.M. (Cambridge)
Notarassessor, Geschäftsführer der Rheinischen Notarkammer, Köln

Prof. Dr. Heribert Heckschen
Notar, Dresden

Dr. Ulrich Herrmann
Vorsitzender Richter am Bundesgerichtshof, III. Zivilsenat und Senat für
Notarsachen, Karlsruhe

Christian Hertel, LL.M. (George Washington University)
Notar, Weilheim i. OB

Elke Holthausen-Dux
Rechtsanwältin und Notarin, Berlin

Prof. Dr. Christopher Keim
Notar, Ingelheim

Prof. Dr. Christian Kesseler
Notar, Düren

Prof. Dr. Wolfgang Krüger
Vorsitzender Richter am Bundesgerichtshof a. D., V. Zivilsenat, Karlsruhe

Prof. Dr. Peter Limmer
Notar, Würzburg

Prof. Dr. Matthias Loose
Richter am Bundesfinanzhof, II. Senat, Bochum

Dr. Kai-Uwe Opper
Rechtsanwalt und Notar, Berlin

Prof. Dr. Ingeborg Puppe
Lehrstuhl für Strafrecht, Strafprozessrecht und Rechtstheorie, Universität Bonn

Dr. Wolfgang Reetz
Notar, Köln

Dr. Adolf Reul
Notar, München

Prof. Dr. Johanna Schmidt-Räntsch
Kontrollbeauftragte beim Unabhängigen Kontrollrat, Berlin

Prof. Dr. Mathias Schmoeckel
Geschäftsführender Direktor des Instituts für Deutsche und Rheinische Rechtsgeschichte und Bürgerliches Recht sowie des Rheinischen Instituts für Notarrecht, Universität Bonn

Dr. Hans-Christoph Schüller
Notar a. D., Ehrenpräsident der Rheinischen Notarkammer, Meerbusch

Dr. Christina Stresemann
Vorsitzende Richterin am Bundesgerichtshof a. D., V. Zivilsenat, Berlin

Dr. Joachim Tebben, LL.M. (Michigan)
Notar, Düsseldorf

Dr. Paul Terner, LL.M. (Norwich/UK)
Notar, Neuss

Dr. Eckhard Wälzholz
Notar, Füssen

Dr. Johannes Weber, LL.M. (Cambridge)
Notar, Freiburg

Dr. Armin Winnen
Notar, Aachen

Dr. Maximilian Wosgien, LL.M. (Virginia)
Notarassessor, Geschäftsführer der Bundesnotarkammer, Brüssel

AXEL ADAMIETZ

Über Fernwirkungen im Recht

Fernwirkungen sind die Stolpersteine des Gesetzes. Mit dieser Quintessenz fällt mir dieses Stichwort zum Jubilar Norbert Frenz, seinem Jubiläum und seinem Lebenswerk als Würdigung ein und auf. Auch im rechtlichen Kontext scheint sich die zunächst eher außerordentliche Beobachtung von Fernwirkungen zusehends zu erweitern und damit Gegenstand der Beachtung, der Analyse und der reklamierenden Argumentation zu werden. Als ein wenig vernachlässigt erscheinen dabei allerdings (wir befinden uns schließlich im kontinentaleuropäischen Verfassungsstaat) Anteil und Eigenart des Bereichs der Gesetzgebung, in Sonderheit mit Bezügen zur notariellen Tätigkeit, ihren Verfahren und ihrem Berufsrecht. Genau dieses sind die Thematiken unseres Jubilars; denn Norbert Frenz hat die besten Traditionen des Berufs(-bilds) in pfleglicher Modernisierung mitgeprägt, sie in den Berufsinstitutionen wie Bundes- und Rheinische Notarkammer, DAI und DNotI aktiv vertreten, ihre Förderung durch Fortbildungen, Jahrestagungen und Herausgeberschaften organisiert und schließlich durch vielfältige wissenschaftliche Publizistik bereichert. Mehr als ein Anlass, ihm diese Festschrift und diesen Beitrag zu widmen.

I. Vom Allgemeinen (Sprachgebrauch)

Wovon ist die Rede, wenn wir von „Fernwirkungen" sprechen? Im rechtlichen Kontext leitet sich die Begriffsverwendung wohl ab vom vorgängigen Sprachgebrauch in den Naturwissenschaften, der seinerseits entstanden ist aus Alltagserfahrungen und -anschauungen. „Fernwirkungen" sind „natürlich" irgendwie allgegenwärtig, doch offenbar nicht in unserem Alltag mit Alltagssicht und Alltagssprachgebrauch. Diesem scheinen sie sich eher zu verbergen, wollen allererst entdeckt werden; „nahegebracht", überraschen sie dann mit einem ganz eigenen Mix aus Prägnanz und Paradoxien, Orientierungshilfen und Stolperstellen. Eine erste Einsicht: einen allgemein „gültigen", gar lexikalisch definierbaren „Begriff" von Fernwirkung – nicht einmal ein Fremdwort! – werden wir wohl vergeblich suchen; wir müssen uns schrittweise annähern.

1. Wirkungen

Fernwirkungen sind zuerst einmal: Wirkungen. Der Mensch erlebt Wirkungen und er setzt auf Wirkungen. Das Anthropozän steht gleichsam als Chiffre für unser

Zeitalter (KI für deren aktuellste Version). Mag für den Anfang die Mechanik als Paradigma einleuchtend genug erscheinen, sind wir längst über sie hinausgewachsen, in allen Naturwissenschaften und vor allem der Technik: Sie ist immer ein Beweis von Wirkungen. Die Sichtweise wird auf alle gesellschaftlichen Bereiche übertragen; wir schreiben Fern-Wirkungen zu in Geschichte und Politik, Ökonomie und Literatur, Kunst, Religion und Philosophie. Und natürlich haben auch rechtliche Kontexte Einfluss auf unseren Sprachgebrauch. Mit Sprache und Bewusstsein will der Mensch zudem – sich – seit Anbeginn erklären (modern gesprochen: „erzählen"), „was die Welt im Innersten zusammenhält". Nicht jede Erklärung überzeugt allerdings, nicht jede These „funktioniert", kann vielleicht nicht einmal falsifiziert werden. Der Mensch lernt, Ungewissheiten und Irrtümer in Rechnung zu stellen; und dass auch (noch) nicht erwiesene ebenso wie gutgläubig vermeintliche, ernstlich argumentierende ebenso wie ahnungslos spekulierende oder gar bloß (womöglich rein strategisch) behauptete Wirkungsansagen genau dieses tun: zu „wirken", werden sie nur gut genug erzählt.

2. Nähe und Ferne

Und dann will der Mensch auch noch „in die Ferne schweifen". Hier kommt die zweite Begriffskomponente ins Spiel, die Ferne. Sie umschreibt zunächst einmal schlicht eine räumliche Dimension, vermittelt einen Abstand in doch einigermaßen beträchtlicher Größenordnung, vermeidet aber (oder verzichtet auf) eine exakte Maßbestimmung. Da eine solche potenziell nachholbar bleibt, stellt sie sich als potentiell messbar, skalierbar, definierbar dar. Mit der Assoziation eines „Abstands" rückt zuweilen auch die zeitliche Dimension der Ferne ins Blickfeld, verdeutlicht bei ergänzender Erläuterung („in ferner Zukunft") oder durch einen Kontext (Fernwirkung in der Geschichte). Mit dieser Struktur muss der Begriffszusatz (gleichsam als Präfix) nicht die Bedeutungslast der „Wirkungen" in ihrer Vielschichtigkeit mittragen oder spiegeln; er bleibt auf seine raumzeitliche Dimension beschränkt. Ein Einwand liegt allerdings nahe: Ein Begriff erhält oft seine Konturen vom Gegenbegriff. Das zeigt sich hier, wenn „Nah- und Fernwirkung" als Begriffspaar gemeinsam bestimmt und erläutert werden. Allein (über)lebt die „Nahwirkung" wohl nur als Kontrast. Einzeln betrachtet, fehlt die Unterscheidungskraft, reicht für das, was sie erklären will, schlicht die Qualifizierung als „Wirkung"; der Effekt „im Nahbereich" kann als Selbstverständlichkeit unbezeichnet bleiben. Aber auch im bloßen Etikett einer „Fern"wirkung reduziert sich der qualifizierende Zusatz im Allgemeinen auf die räumlich-zeitliche Dimension, verortet etwas als „nicht nahe". So reden wir von Fernsicht und Fernsehen, nutzen aber auch Fernglas und Fernrohr, wollen in der/die Ferne wirken durch Fernsteuerung, Datenfernübertragung, das Fernamt, erstreben Nahwirkung durch Fernheizung, Fernschreiben, Fernabsatz, Fernuniversität, streben andererseits in die Ferne durch Fernreisen, schwärmen dann im Nahbereich „von" ihnen – und nehmen absoluten Abstand von der Fernbeurkundung und der Ferntrauung.

3. Unter den Bedingungen der Ungewissheit

Wir dürfen den Fortschritt der Wissenschaften nicht außer Acht lassen, den Wandel unseres Alltagsverständnisses nicht unterschätzen. Wie das anfängliche Paradigma, sind unsere bisherigen Vorstellungen reichlich mechanistisch geprägt. Und dualistisch. Die isolierte Betrachtung der Begriffszusammensetzung übersieht eine Veränderung, die gerade aus der Kombination erwächst. Unser gesamtes Weltbild ist maßgeblich durch die jeweilige Einschätzung von Nah- und Fernwirkungen geprägt, zunächst als „klassische Physik" – jedenfalls ungefähr seit Newton und Galilei – von Kosmologie über Elektrodynamik bis zu Gravitationstheorien, seit dem 20. Jahrhundert in wiederum je eigener Form von Relativitätstheorie über Quantenmechanik und Elementarteilchenphysik bis zu Biogenetik, Schrödingers Katze und Chaos-Theorien. Alles ist höchst komplex und (für den Laien wie mich) erst recht verwirrend, wenn ferne Zusammenhänge und Wirkungen konstatiert werden wie etwa bei der Vorstellung eines Schmetterlingsschlags jenseits ferner Ozeane, der aus dem Irgendwo im Irgendwo Taifune oder Tsunamis auszulösen vermag. Hängt aber alles mit allem zusammen, wird auch alles und jedes zur Frage gestellt. Und so müssen wir bei aller Wissenschaft und Aufklärung immer wieder lernen, mit Ungewissheiten umzugehen. Theorien sind relativ, Relationen unscharf und unvollständig, Fernwirkungen spukhaft (oder eben auch nicht). Was von Einstein bis Zeilinger, Bohr und Gödel, Heisenberg und Hawking, aber auch Wittgenstein, Turing und Habermas in je ihrer „Sprache" erforscht und errechnet, gedacht und gesagt wird, erfährt seinen „gefühlten" Widerhall in „unserer" Alltagssicht und -sprache. Die Ungewissheiten, die unserem Begreifen von Wirkungen anhaftet, sobald sie über den menschlichen Nahbereich, „unsere" (heutige) Technik hinausreichen, erhalten eine nachdrückliche und doch zugleich vage Verstärkung durch die Einbeziehung einer Vorstellung von Ferne, gerade in der Wortkombination. „Fernes" ist uns eher unklar, nicht so gut zu sehen, weniger zu durchschauen, und je entfernter ein Phänomen, desto stärker die Ungewissheit und der Zweifel. Da ist etwas eben „nicht selbstverständlich" und „nicht von allein einleuchtend", jedenfalls dem Alltagswissen „nicht unbedingt bekannt". Und doch ist, was wir diesem Bereich zuordnen (können), irgendwie bewältigt, wird dafür aber des Näheren den Experten überlassen bleiben, bis sie es uns erklären (können). Und so wandelt sich der Sprachgebrauch. Was aufgeklärt, nahegebracht ist, bedarf nicht des Nah/Fern-Maßstabs, der (Kontrast-)Konnotation der Ferne – auch wenn lange Strecken „dazwischen liegen" und überwunden werden müssen; alte Sprachtraditionen werden mit wahrgenommenem Fortschritt überholt: der Fernkopierer wird zum Fax, das von der E-Mail ersetzt wird, die ihrerseits zum Algorithmus gesteuerten Quantencomputing mutiert.

Dann bleibt aber für die heutige, zeitgemäße Verwendung von „Fernwirkung", will sie treffend sein, gerade übrig dieser Sachverhalt des doch nur mehr oder weniger Getroffenen, des graduell Ungewissen. Und ist eher im Einklang mit der Bedeutung im übertragenen Sinn, die in der Metaphorik außerhalb von Naturwissenschaften und Technik Platz hat, in Literatur und Kunst, Geschichte und Politik. Das ist das Feld der kritischen Betrachtung, der Wägung von Argumenten, des Diskurses, der Einschätzung, gewiss auch der Polemik, der offenen Fragen – immer ein wenig rätselhaft; und auf der anderen Seite eben auch: der Ignoranz, wenn nicht Leugnung. So kann etwa der nächste „Jahrhundertsturm" (merkwürdigerweise inzwischen mehrmals im Jahrhundert) mit extrem hohen Wasserständen in der Deutschen Bucht und Elbmündung von Nordwesten in Höhe des Neuen Lüchtersands auf künstliche Unterwasserbarrieren treffen, hergestellt aus ignoranter Schlickablagerung für die Hafenausbaggerung, so dass als Fernwirkung der „Rückschlag" auf das hiergegen nicht gesicherte Cuxhaven durchaus nahe liegt. Aber der redliche Kundige, der nur Aufklärung will, eine Begutachtung, sein „Recht", einen Beweisantrag im Planungsverfahren zu stellen, ausübt, wird nicht einmal ordentlich beschieden,[1] geschweige denn, dass eine sachgemäße Erforschung angeordnet würde: „schwarze Schwäne" kann es einfach nicht geben.[2] Wir sind im Rechtlichen angekommen.

II. Über den rechtlichen Kontext

Bei dem vorstehenden Befund kann es nicht überraschen, dass diese Entwicklung von Welt und Weltsicht ihren Widerhall in Gesellschaft, Staat und folglich auch im Recht findet. Dabei ist uns bewusst, dass Recht und Rechtswissenschaft anders geartet und mit anderem Verständnis zu erfassen sind als Naturphänomene und -wissenschaften. Der Eigenart unseres Gegenstands ist es geschuldet, dass zunächst sehr allgemein „vom Recht" die Rede ist, von den Wirkungen „im Recht" oder noch allgemeiner „im rechtlichen Kontext". Denn Wirkungen gehen vom Recht aus, erstrecken sich auf das Recht, entfalten sich im Recht, sind tatsächlicher und/oder rechtlicher Art und stehen in vielerlei Kontexten. Mit der Vielfalt auch des rechtsbezogenen Sprachgebrauchs als Ausgangspunkt, soll versucht werden, schrittweise einen Vorschlag für eine spezifische, gehaltvolle Verwendungspraxis zu entwickeln.

1. Verwendungen

Nähern wir uns dem Phänomen einer Fernwirkung „im rechtlichen Kontext", dürfen wir eine der Subsumtion zugängliche, gar für alle Rechtsgebiete einheitliche Begriffsbestimmung allerdings nicht erwarten. Stellen wir stattdessen erst einmal kursorisch und illustrativ einige Verwendungen zusammen:[3]

Das vermutlich älteste und „prominenteste" Beispiel dürfte sich im Arbeitsrecht hinsichtlich der Wirkungen von Kampfmaßnahmen (Streik, Aussperrung) finden. Hier können sich Störungen im Betriebsablauf durch die streikende oder ausgesperrte Belegschaft nicht nur bei dem eigenen Betrieb (oder Betriebsteil) einstel-

---

[1] Fahrrinnenanpassung der Unter- und Außenelbe, Wasser- und Schifffahrtsdirektion Nord P-143.3/46, Niederschrift 2009; BVerwG 17.2.2021 – 7 A 2.19.

[2] Nassim Nicolas Taleb, The Black Swan. The Impact of the Highly Improbable, Rev. Ed. 2010.

[3] Für die an dieser Stelle bei dem heutigen Stand juristischer Datenbanken auf Fundstellen – Größenordnung: 2000 – verzichtet werden mag.

len, sondern auch bei „fremden" Betrieben. Die immer mehr verfeinerte arbeitsteilige Organisation der Wirtschaftsabläufe lässt wechselseitige Abhängigkeiten entstehen, die sich mit „Drittwirkung" ohne dahingehende Absicht auswirken oder gerade andersherum sogar als zusätzliches strategisches Druckmittel eingeplant werden können.[4] Ähnlich prominent und etwa zeitgleich entwickelte sich das Fernwirkungskonzept im Bereich des Strafverfahrensrechts, zunächst in den USA bekannt geworden als „Früchte des vergifteten Baums", in Deutschland dann spätestens seit den 1960er Jahren als Erhebungs- und Verwertungsverbote im Beweisrecht. Daraus entstanden gleichsam Anschlussverwendungen. So wird den Tarifvertragsparteien höchstrichterlich aufgegeben, etwaige Fernwirkungen ihrer Einigungen in den Tarifvereinbarungen – selbst – zu klären, und für das Verfahren vor den Arbeitsgerichten wie auch im Zivilprozess wird die Bedeutung von Verwertungsverboten bereits beim Klagevortrag aufgeworfen. Der Fernwirkungsschaden aus Verkehrsunfällen („Schockschaden") ist ebenso Klagegegenstand wie die Begutachtung des Blitzeinschlags außerhalb des versicherten Objekts. Familien- und Erbrechtskonstellationen sind geradezu prädestiniert für ferne Wirkungen auf Unterhalt und Abstammungsverhältnisse, Vermögensverfügungen, Ausgleichungen oder Verzichte. Auch das MoMiG bleibt nicht ausgenommen, gar nicht zu reden von Beispielen im Verwaltungs-, Sozial- oder Finanzrecht. Fazit dieses ganz unsystematischen und unvollständigen Überblicks: Wir stellen eine ähnlich breit gefächerte heterogene Verwendungspraxis fest, wie wir sie im allgemeinen Sprachgebrauch vorfinden. Dazu können wir zwar aufzählen, welche Verwendungen beispielsweise anzutreffen sind, aber wir haben die Verwendungen selbst, nämlich wie und in welchem Kontext sie stattfinden, was sie uns bedeuten (wollen), keineswegs aufgeklärt. Wir müssen einen Schritt zurück gehen.

2. Wirkung(en)

Auch „im Recht" bezeichnen Fernwirkungen „natürlich" zuerst einmal Wirkungen. Und ganz grob: alles Recht zielt auf Wirkung. Nicht nur Ge- und Verbote, Gestaltungs- und Statusrechte, auch Organisationsnormen, Zuständigkeiten, Kompetenzen und Art. 22 GG.[5] Recht dient Zielen und Zwecken, es soll steuern, ist „ursprünglich" intentional. Denn es ist menschengemacht. Und damit beginnen natürlich schon unsere Fragen, wollen ganze Bibliotheken über Rechtsphilosophie, juristische Methodenlehren und neuerdings (zu Recht und endlich) auch Linguistik verarbeitet werden. Mag „der Zweck im Recht" einen allumfassenden „Titel" benennen,[6] die zugrunde gelegten Kategorien „Wille" und „Kausalität" kommen nicht ohne Differenzierung aus. Nur Juristen können „natürlichen" Willen und Formen von Vorsatz ausbuchstabieren, Äquivalenz- von Adäquanz-Kausalität unterscheiden, begründende, ausfüllende und kumulierende Ursachen am Werke sehen. Nicht von ungefähr legt Gesetzgebung heutzutage erst einmal ausdrücklich

---
[4] Wohl erstmals zum Kieler Straßenbahnstreik 1920, RGZ 106, 272.
[5] Im GG von 1949: die Bundesflagge, heute Abs. 2 und Abs. 1 zur Bundeshauptstadt und die Repräsentation des Gesamtstaats.
[6] Rudolf von Jhering, Der Zweck im Recht, 4. Aufl. 1904.

Ziele, Programme und Aufgaben nieder und, vor allem europarechtlich, auch Erwägungsgründe, damit die gesetzgeberisch gewollten Wirkungen auch wirklich verstanden werden. Dass das Recht mit Wirkungen umzugehen hat, ist nach allem also geradezu alltäglich, fast banal. Deshalb sind Unterscheidungen und Abgrenzungen angezeigt. Als erstes müssen wir eine grundlegende Unterscheidung einführen und den (bisher bewusst) allumfassenden Zusammenhang eines „rechtlichen Kontextes" („im Recht") auflösen: Wirkungen „auf" oder für das Recht sind abzugrenzen von den Wirkungen, die das Recht selbst hervorruft. Reagiert das Recht, weil Wirkungen auf es zu verzeichnen sind, dürfen wir von einer Selbstverständlichkeit ausgehen; das ist die Aufgabe des Rechts und seiner Steuerungsfunktion. Sind die Anlässe dann fernen Ursprungs, ändert dies nichts an der Unmittelbarkeit (der Wirkung) rechtlicher Reaktion im Hier und Jetzt. In diesem Fall von einer (rechtlichen) „Fern"wirkung zu sprechen, macht keinen rechten Sinn. Diesen Begriff sollten wir nach meinem Vorschlag einer spezifischen, inhaltlich distinkten Verwendung vorbehalten. Wir sprechen dann (und hier) von den (fernen) Wirkungen, die allererst durch das Recht hervorgebracht und determiniert sind. Sie treten ein, weil und soweit das Recht „so" konstruiert ist, dass es selbst allererst die zu identifizierenden Fernwirkungen zeitigt.

Der Anteil am Sprachgebrauch „im rechtlichen Kontext", der mit diesem Vorschlag ausgespart bleiben soll, ist der weit überwiegende überhaupt. Da ist als erstes die Ebene des Tatsächlichen, in der Ursachen und Wirkungen – auch die ferneren – in der physischen Welt auftreten; das Recht muss mit ihnen rechnen, sich auf sie einrichten, ist aber (in erster Linie) nicht selbst der Grund, von Fernwirkungen zu reden. Bei den so schön benannten „Weiterfresserschäden" treten im weiteren Verlauf des Sachverhalts rein physikalische Ursachen an die Oberfläche, die von Anfang an in der Sache versteckt waren; fraglich mag uns ihre rechtliche Behandlung sein, aber von fernen (gar Rechts-)Wirkungen ist nicht sprechen. Die Fernwirkung der rotierenden Blätter einer modernen Windmühle oder deren nächtliche Sicherheitsbeleuchtung kann für passierende Autofahrer und damit für das Verkehrs-, Planungs- und Anlagenbaurecht zur Frage werden, aber „das Recht" bewegt und beleuchtet sie nicht. Die fernen Wirkungen von Kapellen auf dem Berge, Denkmalen in Sichtachsen eines Parks oder von Industrieanlagen, Brücken oder Wohnblocks auf Landschaftsbild und Weltkulturerbe illustrieren das Gemeinte. Und vielleicht etwas überraschend, doch recht eigentlich: die „Fernwirkungen" eines Arbeitskampfs sind erst einmal auf dieser Ebene zu verorten; hier zeigt sich der Unterschied zwischen den Verwendungen im Arbeitskampfrecht und im Beweisrecht, das regelt, ob (nahe) Beweise erhoben oder verwertet werden „dürfen" oder eben „verboten" sind. Die Stockungen im Arbeitsablauf, der „Druck" der Beteiligten sind etwas sehr tatsächlich Fühlbares. Es liegt nahe, diese Ebene mit der dem Juristen geläufigen des „Tatbestands" – etwa in einer Norm und im Kontrast zur Rechtsfolgenseite – gleichzusetzen, aber das kann nur als Ansatz für einen ersten Zugriff gelten; denn damit haben wir schon, wenn auch vielleicht nur vorläufig, eine rechtliche Einordnung vorgenommen, ganz abgesehen davon, dass bereits die Formulierung von Tatbeständen auf juristischen Konstruktionen und Wertungen fußt. Es empfiehlt sich daher eher, hier von der Ebene des Sachverhalts zu reden, der vorrangig des Näheren zu ermitteln ist (in Anlehnung an die gemäß § 17 Abs. 1 S. 1 BeurkG erste Aufgabe bei der notariellen Beurkundung). Ähnlich einzustufen ist es, wenn wir den allgemeinen Sprachgebrauch – gewissermaßen alles, was dort als fernwirkend erfasst werden soll – schlicht mit Blick auf den rechtlichen Kontext spezifizieren: das Fernsehen oder der Fernunterricht haben natürlich ihre rechtlichen Regelungen. Aber das sollte nicht ausreichen, um – unterscheidend – von Fernwirkungen im Rechtssinn zu reden. Dieser Gruppe ordne ich auch die bloße Wortaddition mit dem Bestandteil der Ferne zu: Fernabsatzrecht, Fernreiserecht oder ähnliche Kombinationen. Solche „Fernrechtsgebiete" beinhalten zeitlich, räumlich oder technisch aufgeschobene Rechtsbezüge, die aber tatsächliche Grundlagen haben und dazu gegenwärtig vereinbart und oder von Gesetzes wegen in Geltung gebracht sind; Fernkommunikationsmittel ändern daran nichts, bestätigen eher die Unmittelbarkeit. Schließlich kommen wir nicht umhin, auch über die „großen Trends" ein Wort zu verlieren, die Grundströmungen der Zeitläufte. Anfänglich irgendwo in der Ferne, womöglich als Mode, aufgetaucht, assoziieren wir sie wohl als erstes mit „ferneren Entwicklungen", bis sie dann bei uns als akute Herausforderungen gegenwärtig sind. Sie zeitigen nicht unmittelbar rechtliche Wirkungen; aber jederzeit sind Rechtsregeln als Reaktion möglich oder gar notwendig. Globalisierung ist ein solches Thema mit Verflechtungen, Abhängigkeiten, Austausch, Migration. Die (notwendige) „Europäisierung" in allen Rechtsbereichen ist Teil, Konsequenz und Chance gleichermaßen. Digitalisierung ist selbstverständlich ein weiteres Thema. Sie wurde für das Notariat (verglichen mit der Gesellschaft insgesamt) frühzeitig erkannt, in ersten Schritten bewältigt[7] – aber vermutlich beginnt erst jetzt die Phase struktureller Umbrüche. Was sich bisher eher als eine elektronische Abbildung der traditionellen Vorschriften und Praktiken darstellte, wird wohl nun auch in den Grundlagen zur Frage: durch Legal Tech, KI, Blockchain-Technologie, Quantencomputing und andere heute noch nicht einmal bekannte Entwicklungen. Dazu mindestens auch: die Klima-Frage, für die erst zaghaft auch rechtliche Ansätze der Reaktion entwickelt werden.[8] Mit allen Entwicklungen sind fundamentale Wirkungen auf das Rechtssystem (Notariate eingeschlossen) verbunden, doch als „Fernwirkungen" sollten wir sie sinnvollerweise nicht qualifizieren.

3. Recht als Ursache

Es wird deutlich, dass der Ausgangspunkt unserer Überlegungen über die Konturen eines Rechts(verwendungs-)begriffs von Fernwirkungen in der rechtlichen Ebene angesiedelt sein sollte; Recht nicht als Reaktion, sondern Ursache. Ziehen wir zur näheren Klärung den Kontrastbegriff der „Nahwirkung" heran. Rechtliche Wirkungen werden gedacht als unmittelbar, „instantan", vermittelt nur durch die rechtliche Konstruktion selbst. Die Dimension der zeitlichen „Entfernung" wird systemgerecht beherrscht durch Instrumente wie Fristen, aufschiebende und auf-

---

[7] Frenz DNotZ 1994, 153: „Ein Jahrhundert-Gesetz für die Freiwillige Gerichtsbarkeit" (Grundbuch).
[8] BVerfGE 157, 30; für stringente Dogmatik: Haratsch FS Dörr, 2022, 153; im Alltag des Notariats: Hipler notar 2023, 249.

lösende Bedingungen, Wirkungen ex „nunc" oder „tunc" oder auch „zurück" (echt und „unecht"). Deshalb kann „im Recht" auf den Terminus der Nahwirkung verzichtet werden, pointierter noch: stellt sich dieser Begriff regelrecht als inadäquat dar; das Konzept der Nahwirkung wird funktionell ersetzt durch die juristische Konstruktion und ihre Dogmatik. Dann überzeugt uns die ununterbrochene Kette juristischer Argumentation – nicht nur zufällig vergleichbar der personal-organisatorischen Kette demokratischer Legitimation in der Rechtsprechung des Bundesverfassungsgerichts.[9] Das bringt den Gesetzgeber[10] ins Spiel mit Verweisungsketten, statisch, dynamisch, vor- und rückwärts (und deren Nachvollzug in der juristischen Ausbildung und Praxis – früher mit Bleistift am Rande der Gesetzestexte). Sind „Nahwirkungen" intendiert oder zu besorgen, dürften sie künftig – nein, es ist nachzubessern: unverzüglich, „ab sofort" – eine Domäne von Datenbanken und „künstlicher Intelligenz" sein, denn sind erst einmal genügend „Daten" gesammelt, wird die Kunst der Algorithmen vielfach die gewünschten Auskünfte über Zusammenhänge und Folgerungen liefern.

Allein ein Abgrenzen von dem, was Dogmatik bereits methodisch leistet, reicht allerdings nicht hin. „Im Recht" wird durch rechtliche Konstruktion bestimmt, was nah und was fern ist. Recht setzt (die) Grenzen. Und muss „dritte" Beteiligte, Kollektive berücksichtigen, bei der Konkurrentenklage wie bei Streitgenossenschaft oder Beiladung (und bei der notariellen Beurkundung von vornherein ganz selbstverständlich). Manchmal lässt erst die Wiederholung von „fernen" Katastrophen aufschrecken, wie konstruiert sich die Vorstellung von Nähe, rechtlich: Betroffenheit als Element der Streitbefugnis, und Ferne erweisen kann (*Fukushima* nach der Erfahrung von *Tschernobyl*). Nicht weniger wichtig ist es deshalb, dem zugrunde liegenden Konzept „weiterer Wirkungen" dieselbe Aufmerksamkeit zu widmen, wenn mit ihm in unterschiedlicher terminologischer Gestalt solche Auswirkungen bezeichnet und aufgegriffen werden sollen. So kennen wir bei Grundrechten „Drittwirkungen" und im Verwaltungsrecht „Drittbetroffenheiten" (§§ 80, 80a, 65, 66 VwGO, §§ 13 Abs. 2, 18 VwVfG). Auch unser Prototyp, die „Fernwirkung" im Arbeitskampf, ist hiernach besser gekennzeichnet als „mittelbare Wirkung", eventuell „Drittwirkung".[11] Nach allem: Der Vorstellung einer Fernwirkung im Recht fehlt terminologisch der zuzuordnende erhellende Kontrastbegriff. Gleichwohl wird – gleichsam einseitig, „hinkend" – der Begriff der Fernwirkung(en) in verschiedenen Zusammenhängen verwendet. Das kann auch durchaus einen Sinn ergeben – vorausgesetzt, dass die spezifischen Konnotationen berücksichtigt und (möglichst) benannt werden; das ist zu ergründen.

4. Prinzipien mit Ferne

Der Gedanke der (Aus-)Wirkungen rechtlicher Konstruktionen auf weitere Beteiligte ist weiterzuentwickeln. Abstrakter formuliert: Es bestehen Rechtsregeln,

---

[9] Formel in BVerfGE 47, 253 (275).
[10] Gesetzgeberinnen sind gleichgestellt, aber immer noch in der Minderzahl (auch bei den Bezeichnungen deutscher Landtage).
[11] Deinert in Kittner/Zwanziger, Arbeitsrecht, 9. Aufl. 2017, § 126 Rn. 85f.

deren Anwendung in eher seltener beobachteten, entfernter liegenden Konstellationen (beides plausible Gründe zur Erklärung des anfänglichen Übersehens) immerhin in Erwägung gezogen wird. Für einen solchen „Prozess" gibt es ein prominentes Beispiel: die Entfaltung der Grundrechte durch das Bundesverfassungsgericht als herausragendes verfassungstheoretisches „Lehrbeispiel" von „Ausstrahlungswirkungen", dabei auch für die Erfahrung, dass im Rückblick, ist eine Erkenntnis erst einmal gewonnen, diese gar nicht mehr als fern erscheint. Verallgemeinernd, erkennen wir ein kompliziertes Konglomerat gleich-, höher- und höchstrangigem Recht, das (erst) in seinem Zusammenwirken gesehen und verstanden werden muss, um seine Schutzwirkung für wichtige Rechtsgüter zu offenbaren. So sind Grundrechte und zugleich ihre Schranken einander zuzuordnen und dann womöglich Schranken ihrerseits einzuschränken, weil sie sich ihrerseits im Lichte desselben oder auch anderer Rechtsgüter beweisen müssen. Das sind nicht offensichtliche Zusammenhänge, sondern komplexe Gefüge, die sich aus diversen Einzelnormen, Aspekten, Beurteilungen und Regelungen zusammensetzen. Klare Konturen, „Kanten", einfache Abgrenzungen mögen fehlen, und doch soll(te) das Ganze als („in sich") schlüssig überzeugen. „Prinzipien" verkörpern dieses Konglomerat aus festen Grundlagen und Offenheit. Der Topos der „Systemgerechtigkeit" gehört hierher, betont noch stärker notwendige rechtliche Konsequenz. Und noch ein Lehrbeispiel, allerdings ganz paradox gedacht: wir lernen etwas gerade aus dem Fehlen von Fernwirkungen. Deren „Abwesenheit" stellt sich rechtlich natürlich als „Nicht-Anerkennung" dar, und das ist die Position des Bundesgerichtshofs in Strafsachen, wenn (und soweit) er (das „Bestehen" von) Fernwirkungen in den Beweisrechtsfällen verneint. Gegen die Annahme von Fernwirkungen greift er zu Figuren und Grundsätzen, die einen „anderen Rahmen" bilden, verweist auf übergeordnete Zusammenhänge, eine höhere, „abstraktere" Ebene. Nichts weniger als die Funktionstüchtigkeit der Strafrechtspflege („überhaupt", möchte man anfügen) steht dann in Frage, als Schutzzweck nicht etwaige Rechte des Einzelnen gegenüber der staatlichen Gewalt, sondern des Staates gegenüber einem Missbrauch von Rechten durch Einzelne.[12] Für uns ist daran bemerkenswert, welche fundamentale Argumentationsebene wir „betreten" oder „ins Auge fassen" müssen, um zu entscheiden, ob wir von einer Fernwirkung reden wollen oder können oder eben nicht.

5. Als Argument

So konfrontiert mit einer Fülle von Aspekten, stehen wir gefühlt vor einem prallen, aber auch verwirrend heterogenen Verwendungsbild rechtlicher Kontexte – doch wir können eine Perspektive entdecken, die Fernwirkungen einen sinnbildlichen Wirkungsbereich zuschreiben lässt. Die malerische, metaphorische Sprache soll verdeutlichen: Es geht um Sprache, um Verständigung, nicht um Verstand, Identifizierung einer Substanz oder eines Wesens, nicht um „richtiges" (und damit auch „falsches") Recht. Deshalb liegt es mir fern, die Verwendung dieses Terminus in seiner ganzen Bandbreite zu beschneiden oder gar eine ausgewählte Variante als

---

[12] Eine Fundierung in öffentlich-rechtlicher Dogmatik unternehmen Ellerbrok/Hartmann ZStW 2022, 708.

die allein Richtige darzustellen; ich will nur (aber auch: allerdings) einen Vorschlag machen für eine gehaltvolle, und das ist eine eingrenzende, Verwendungspraxis, die durch ihre Konturen einen nützlichen Sinn (im Zweifel: wenigstens für die von uns betrachteten Zusammenhänge) widerspiegelt, ohne die Paradoxien der Begriffsbildung und -anwendungspraxis zu ignorieren. Denn es bleibt immer ein Moment des Ungewissen, Unbestimmten (das aber bestimmt bestimmbar ist) inmitten; es will und soll nicht aufgelöst werden, sondern gerade zum Ausdruck kommen. Eine Unschärfe-Relation, unbedingt ein Mehr als nichts, aber auch noch kein unbedingt klares Bild, ein Ungesehenes, das erst durch Benennung (noch nicht ganz) sichtbar wird. Das fängt mit Fragen an; sie allein machen schon auf etwas aufmerksam. Dann und dafür ist Darstellung wichtig, hilfreich die Anknüpfung an grundsätzlich Bekanntes, womöglich über das man sich „eigentlich" einig ist. Natürlich nichts, was „auf der Hand" liegt; also eher etwas Neues, in offener Lage. Mit Entdeckerfreude und zugleich Fragezeichen werden ungesehene, also deshalb: überraschende Konstellationen in neue, „andere" aber eben als solche „bekannte" Zusammenhänge „gestellt", finden „einen Platz" und „geben" ihnen diesen, denn wir schreiben ihn natürlich vorerst nur zu, argumentieren wissenschaftlich und praktisch, wir sind ja noch im „Diskurs". Und haben damit einen Sinn gefunden: Fernwirkungen als Argument.[13] Und so können wir dem Terminus auch methodisch eine Sinnhaftigkeit zuweisen: verwenden wir ihn als heuristisches Mittel.

III. Im notariellen Berufsrecht

Haben wir bis hierher argumentative Verwendungspraktiken unseres Terminus entwickelt, so müssen sich diese Reflexionen jetzt im Konkreten beweisen. Dazu ist unsere Perspektive „bereichsspezifisch" zu konzentrieren, in praktischer Absicht wie aus dem gegebenen Anlass. Denn natürlich ist unser Thema der notarielle Kontext, das Recht der notariellen Funktionen, Tätigkeiten und des Berufs. Wie die vorstehenden Annäherungsschritte uns raten, lassen wir alle Fragen juristischer Dogmatik beiseite. Auch für die notariellen Tätigkeiten im Einzelnen – Gestaltungsrechte sind dabei schon semantisch der Inbegriff eines geradezu vornehmen kreativen Aufgabenschwerpunkts – werden wir schwerlich Anlass haben, von Fernwirkungen zu sprechen. Im Gegenteil: Solche Wirkungen sind intendiert und liegen nahe; darin besteht ja gerade die Aufgabe der vorsorgenden Rechtspflege. Und erweist die Unterscheidung von Nah- und Fernwirkung erneut als – hier – inadäquat. Kommt damit hiernach Fernwirkungen im notariellen Kontext überhaupt noch ein Stellenwert zu oder haben wir den Begriff schon systematisch aus dem Beruf verbannt? Wir müssen prinzipiell werden. Gefragt ist dazu der Gesamtblick – und der in die Ferne. Identifizieren wir zentrale Zusammenhänge, Prinzipien, Schlüsselbegriffe, Ausstrahlungswirkungen.

Die notariellen Aufgaben sind distinkt und spezifisch: Der Gesetzgeber ist es, der sie aus der Vielfalt des materiellen Rechts nach dem Maßstab ihrer herausragenden

---

[13] In Anlehnung an Möllers, Staat als Argument, 2. Aufl. 2011.

Bedeutung ausgewählt und hervorgehoben hat, um sie an eine besondere und eigens definierte Form zu binden. Im Prozessrecht weist er dieser geradezu singuläre Beweisfunktion zu (Wissenschaft und Praxis ergänzen sie um ganze Funktionskataloge, die ihr eigen sind). Er anerkennt sie zugleich und auch deshalb als Grundlage seines Register- und Grundbuchsystems mit Publizitätswirkung ebenso wie des „privaten", sprich gesellschaftlichen Rechts- und Geschäftsverkehrs. Doch Form allein wäre leer; sie markiert deshalb gleich ein ganzes Verfahren, das seinerseits in eigenen Gesetzen zu ordnen ist und dem spezifische Zwecke und Funktionen zukommen. Dafür bedarf sie in Konsequenz der für Staat wie Gesellschaft und Rechtssystem gleich anerkennungsfähigen Verfahrensträger; der Gesetzgeber muss ein ganzes spezielles Berufsrecht schaffen, flächendeckend gewährleisten und beaufsichtigen: Form und Aufgaben sind berufskonstituierend. Die Gesamtheit aller dieser Regelungen findet ihren zugleich buchstäblichen, gesetzlichen und paradigmatischen Ausdruck in dem singulären Verständnis vom notariellen „Amt". Seine Schlüsselbegriffe[14] sind vor allem Unabhängigkeit und Unparteilichkeit, Amtshaftung und Selbständigkeit, freier Beruf und Versicherungspflicht, Verschwiegenheitsverpflichtung[15] und „hoheitliches"[16] Handeln. Es muss sich wiederfinden in spezieller Aus- und Fortbildung wie auch Auswahl und Bestellung der Berufsangehörigen, in der ordentlichen Organisation mit kommunikativer Zugänglichkeit, Geschäftsstellen und Fürsorge für mitarbeitendes Personal und vor allem in unverbrüchlicher Redlichkeit der Berufsausübung. Alle diese Regelungen zusammen sind „Grund und Grenzen" des Amts: zugleich systemische Voraussetzungen, Rahmenbedingungen und Pflichtenprogramm. Erst aus ihrem Zusammenwirken aber erwächst die wesentliche gesellschaftliche Funktion und Ressource: Vertrauenswürdigkeit.

Natürlich muss jede einzelne Komponente ihre spezielle Ausformung, ja Dogmatik erfahren; die einzelnen Teile bedingen einander und dürfen nicht isoliert voneinander verstanden werden. Aber wenn Grundsätzliches zur Frage steht, muss das ganze System in den Blick genommen sein. Deshalb sind solche Analysen nicht als bloße allgemeine Überblicke abzutun, sondern wieder und wieder zu entfalten. Es sind insgesamt die wechselseitigen Abhängigkeiten von Form, Verfahren, Amt und Berufsrecht, die nicht aus dem Blick geraten dürfen, damit das Gesamtgefüge, in dem notarielle Tätigkeit sich vollzieht, nicht gefährdet wird. Dieses Zusammenspiel ist, wie die historische Betrachtung zeigt, keineswegs selbstverständlich und muss immer neu hergestellt werden; Norbert Frenz hat dies geleistet, es ist sein Thema.[17] Und es ist der Urgrund für veritable Fernwirkungen des notariellen Rechts.

---

[14] Zu allen: Frenz in Würzburger Notarhandbuch, 6. Aufl. 2022, Kap. 1 Rn. 9 ff.; Frenz in Frenz/Miermeister, 5. Aufl. 2020, BNotO § 1 Rn. 3, 18 ff., 28 f., § 2 Rn. 10 ff. und §§ 14, 15, 19.
[15] Bremkamp in Frenz/Miermeister, 5. Aufl. 2020, BNotO § 18.
[16] BVerfGE 131, 130 und Gaier ZNotP 2012, 44; Huttenlocher/Wohlrab EuZW 2012, 779; Stürner notar 2016, 143; Frenz in Würzburger Notarhandbuch, 6. Aufl. 2022, Kap. 1 Rn. 2; Frenz in Frenz/Miermeister, 5. Aufl. 2020, BNotO § 1 Rn. 21.
[17] Frenz FS Weichler, 1997, 175 (176 ff.).

IV. In der Gesetzgebung

Wesentlich ist nun, den Bereich ins Auge zu fassen, der die politische Gestaltung vornimmt, Recht setzt, mit den skizzierten Herausforderungen umgeht und nicht zuletzt Rückwirkungen auf das Recht in notariellen Kontexten zeitigt: die Gesetzgebung. Und da hat es seine ganz eigene Bewandtnis mit den Fernwirkungen.

1. Phänomen und Verantwortung

Der Gesetzgeber beachtet Fernwirkungen nicht. Er kennt sie nicht, er sieht sie nicht. Denn würde er sich ihrer bewusst, dann könnte, ja müsste er Stellung nehmen, in welcher Weise und Form auch immer. Sie fänden Niederschlag im Verfahren, in der Gesetzgebungsgeschichte, in Entwürfen, „amtlichen" Begründungen, parlamentarischen Protokollen. Befasst wären (dann) Fachleute aller Art in Gremien aller Art, in Regierung und Verwaltung, Bund und Ländern, Parlamenten und Fraktionen und gegebenenfalls nicht zu vergessen: auf kommunaler wie EU-Ebene. Sind (die) (Aus-)Wirkungen aber bekannt, können (und brauchen) wir kaum noch von Fernwirkungen sprechen. Damit nichts übersehen wird, haben sich diverse Schemata der Prüfung „eingebürgert", wobei aus anfänglich bloßer Übung längst ein formalisiertes Verfahren geworden ist,[18] zugleich als „Check-Listen" für Kontrolle, Evaluation, Handhabung und Berichterstattung. Als ein spezieller Ausdruck historischer „Zeitläufte" spiegeln sie den Wandel von Prioritäten. Nach Problem-, Lösungs- und Verfahrensdarstellung sind vor allem die unmittelbaren Folgen abzuschätzen: die Auswirkungen auf die öffentlichen Haushalte, der Erfüllungsaufwand, die Bürokratiekosten. Dem dienen dann insbesondere Expertenkommissionen, Sachverständigenanhörungen, Beteiligungen betroffener Kreise. In der Regel bestimmen Regierungsressorts respektive die Fraktionen („im Ausschuss") diese Verfahren des Näheren, mitunter aber ist das Gewicht der Kreise so stark, dass der Gesetzgeber es sogar für tunlich gehalten hat, deren Beteiligung im Gesetz selbst zu verankern – als Erinnerungsposten für ihn selbst und zugleich Befried(ig)ung der Kreise und Teilhabe an deren Legitimationsressourcen.[19] Das Verfahren soll (idealiter: insgesamt) Maßstäben der Rationalität genügen, die sich ihrerseits verkörpern als Rationalität des jeweiligen Verfahrens.[20] Wenn erfolgreich, kann gelingen, was als „Legitimation durch Verfahren" beschrieben worden ist.[21] Zugleich ist eine Balance zu wahren zur Sicherung der freien Entscheidung des Gesetzgebers (Stichworte: Interessenpolitik, Lobbyismus), der sich nicht selbst dieser Freiheit begeben darf (Klienteleinfluss, Outsourcing).[22] Hiervon ist allerdings sorgfältig unser Verständnis vom Argumentieren mit Fernwirkungen zu unterscheiden:

---

[18] Für Gesetzesvorlagen der Bundesregierung: §§ 42–44 und Anlage 3 GGO (Stand: 2020), dazu Handbücher zur Vorbereitung von Vorschriften und der Rechtsförmlichkeit.
[19] § 118 BBG, § 52 BeamtStG, § 93 LBG NW, § 47 GGO.
[20] Insgesamt und umfassend Pieper in Morlok/Schliesky/Wiefelspütz, Parlamentsrecht, 2016, § 40 Rn. 26 ff., 43 ff., 80 ff. und zum „guten" Gesetz Rn. 159 ff.
[21] Niklas Luhmann, Legitimation durch Verfahren, 1969.
[22] Differenziert und pointiert Krüper in Morlok/Schliesky/Wiefelspütz, Parlamentsrecht, 2016, § 38 Rn. 6–9, 52 ff.

denn diese Wirkungen beruhen auf dem gesetzlichen Regelungssystem selber, leben von den früheren gesetzlichen (Vor-) Entscheidungen und wollen diese in ihrem eigenen Sinne aktivieren. Was im Gesetzgebungsverfahren nicht (rechtzeitig) entdeckt und geklärt wird, taucht dann gegebenenfalls im Gesetz auf. Auch (und eben gerade) „unerkannte" Fernwirkungen werden damit geltendes Recht und Gegenstand von Praxis und Wissenschaft. Ihre „Fälle" und Analysen offenbaren die Folgen aus irgendeinem Anlass, der etwas „auffallen" lässt. Deshalb und bis dahin gilt zweierlei: Die Ungewissheit über (womöglich ferne) Zusammenhänge sollte die Einstufung und Geltendmachung als (Fern-) Wirkung nicht hindern; sie hindert aber auch den Gesetzgeber nicht an seiner Beschlussfassung.

2. Über Praxisbeispiele

Drei „Fallbeispiele" aus aktueller Erfahrung sollen nun dazu dienen, unsere Einsichten zu illustrieren und womöglich auch zu klären, wohin sie uns führen (können). Die „Fälle" wurden nicht als exemplarisch für bestimmte Aspekte einer systematischen Analyse ausgewählt, sondern ergaben sich eher zufällig, weil der Autor zunächst in der einen oder anderen Funktion über sie „gestolpert" war, aber jetzt, mit Abstand und Anlass, auf einen (gemeinsamen) Begriff bringen konnte.

a) Der vorhabenbezogene Bebauungsplan – § 12 BauGB)

Der Bundesgesetzgeber hat im Rahmen seiner Regelungen über die (kommunale) Bauleitplanung ein besonderes Planungsinstrument geschaffen, den vorhabenbezogenen Bebauungsplan, und für diesen ein eigenes Vertragsinstrument vorgeschrieben, den sogenannten Durchführungsvertrag, § 12 Abs. 1 S. 1 BauGB. Mit diesem Vertrag verpflichtet sich ein Vorhabenträger gegenüber einer Gemeinde zur Durchführung eines bestimmten Vorhabens innerhalb einer bestimmten Frist und zur Tragung der Planungs- und Erschließungskosten. Das (Bau-)Gesetz sagt dabei nichts über die sachenrechtliche Befugnis zur Durchführung, sondern setzt sie voraus. Die Praxis folgert hieraus, dass mangels ausdrücklicher Vorgaben regelmäßig keine notarielle Beurkundung dieses Vertrages geboten ist. Entsprechend sieht die baurechtliche Fachliteratur (auch in ihren Mustern) sie nicht (vor). Gewiss: Eine Formvorgabe ergibt sich aus § 311b BGB, also wenn das Vorhabengrundstück erst noch erworben werden soll; aber das ist wohl eher die Ausnahme, die durch geschicktes Timing (ganz legal) vermieden werden kann.

Der Gesetzgeber hatte unter außerordentlichen Umständen dringenden politischen Handlungsbedarf konstatiert. Eingeführt 1990 noch durch den Ministerrat der DDR und dann im Einigungsvertrag übernommen, diente die Sonderregelung der Umsetzung von Arbeitsplatz-, Wohnungs- und Infrastrukturvorhaben in der DDR/den „neuen Ländern", weil die Instrumente und Kapazitäten der kommunalen Planung und ihrer Verwirklichung in Zeiten der Wiedervereinigung nicht ausreichten. Die seitdem und bis heute erfolgende sukzessive Ausdehnung der Ermächtigung auf weitere Vorhaben und alle Bundesländer löste sich aber zunehmend von diesen Rahmenbedingungen – eine „Entgrenzung" ganz eigener Art. Die Eigeninteressen der (unmittelbar) Beteiligten treten heute in den Vordergrund:

Staat und Kommunen ersparen sich viele Ausgaben, Investoren zielen weniger auf Infrastruktur- als auf Renditeentwicklung.

Von den Notaren ist im öffentlichen Baurecht allgemein und in Sonderheit im gesetzlichen Bauplanungsrecht nicht die Rede. Notarielle Tätigkeit ist gefragt, aber hauptsächlich nur im „Vor-Verfahren" des (dann noch nicht gebundenen) Eigentumserwerbs und im „Nach-Verfahren" des Vollzugs, gegebenenfalls für Einzeltätigkeiten wie die (isolierte) Grundbucheinsicht in Nachbargrundstücke oder für sie. Ein derart bedeutsamer Erwerbs- und Planungsvorgang wird nicht in Gang gesetzt werden, wenn nicht zuvor Abstimmungen und Zusagen der (zuständigen) Ortspolitik vorliegen. Im Krisenfall, wenn das Vorhaben nicht verwirklicht werden kann, erlaubt das Gesetz die Aufhebung der Satzung mit dem Plan (§ 12 Abs. 6 BauGB), was die Frage einer (wirtschaftlichen) Veräußerungspflicht aufwirft.

Aber ist es richtig, hier und im Sinne unseres Themas von Fernwirkungen zu sprechen? Das Gewicht der Formvorschriften und ihrer Rechtsgründe ist sicherlich nicht gesehen worden. In Ansehung der ausgefeilten Rechtsprechung zu §§ 311b, 139 BGB, Bauverpflichtungen, Kombinationsverträgen und vielem anderem mehr spricht viel dafür, den Durchführungsvertrag nur in notarieller Form wirksam werden zu lassen. In der Praxis konnte dieses aber wohl nur erwartet werden, wenn der Gesetzgeber selbst eine entsprechende Vorgabe niedergelegt hätte. Andererseits darf von Grundbuchämtern und Rechtsprechung zumindest eine Auseinandersetzung, eine Auslegungsanstrengung angesichts der neuartigen Rechtslage erwartet werden, jedenfalls wenn entsprechende Argumente vorgetragen werden. In dem Einzelpunkt der Grundbucheinsicht kann es zum Beispiel nicht sein, dass Datenschutz- und Persönlichkeitsrechte des Vorhabensträgers wie für Privatpersonen geltend gemacht werden, obwohl es sich natürlich um öffentlich-rechtliche Pläne und Pflichtenstellungen handelt, die mindestens mit denen von Beliehenen vergleichbar sind.[23] Im Gegenzug (und Zweifel) müssen Notarinnen und Notare, je nach ihrer Verfahrensrolle, eine solche Rechtsinterpretation in Rechnung stellen und ihre Tätigkeit in Beratung und Urkundsentwürfen anpassen, so dass in Verträgen das Notwendige aufgenommen ist, aber auch nur so viel, als auch veröffentlicht werden kann.[24] Fazit: Fernwirkungen sind ein Argument – doch es wird weiterer Substantiierung bedürfen, wenn (bis) Rechtsprechung und womöglich Gesetzgebung es hören.

b) Die Sonderabgabe – ein bremisches AusbUFG

Die gesetzgebende Körperschaft der Freien Hansestadt Bremen, also die Bremische Bürgerschaft als Landesparlament, hat die Erhebung einer landesbezogenen „Sonderabgabe" beschlossen.[25] Zugrunde gelegt wurden – allseits unbestrittene –

---

[23] Wissenschaftlicher Dienst des Bundestags, Ausarbeitung WD 3-3000-158/15 vom 10.7.2015 (zu juristischen Personen des Privatrechts und Beliehenen).
[24] Böttcher in Böttcher/Meikel, 12. Aufl. 2021, GBO § 12 Rn. 96; Schneider in Meikel, 11. Aufl. 2019, GBV § 46a Rn. 2; Demharter, 32. Aufl. 2021, GBO § 12 Rn. 6.
[25] Gesetz zur Errichtung eines Ausbildungsunterstützungsfonds im Land Bremen (Ausbildungsunterstützungsfondsgesetz – AusbUFG) vom 28.3.2023, verkündet im Gesetzblatt am 14.4.2023 und in Kraft gesetzt am folgenden Tag, BremGbl. 2023, 272 (Nr. 39).

Problemlagen: auf der einen Seite der fühlbare Fachkräftemangel, auf der anderen eine Gruppe Jugendlicher und junger Erwachsener ohne Ausbildung iSd Berufsbildungsgesetzes und entsprechenden Chancen auf dem Arbeitsmarkt. Beide Problemlagen wurden – im Vorfeld der Landtagswahl am 19.5.2023 – zu Doppeldiagnose und -lösung verbunden in Gestalt eines Sonderfonds, mit dem die Schaffung von Ausbildungsplätzen und andere Förderungsmaßnahmen unterstützt werden sollen. Die Sonderabgabe ist allein von der Arbeitgeberseite zu zahlen.[26] Der Gesetzgeber hatte politischen Handlungsbedarf konstatiert. Die Idee einer „Ausbildungsabgabe" hat seit langem ihre Befürworter, insbesondere bei den Gewerkschaften und Teilen der Bildungsforschung. 1976 hatte der Bundestag ein „Ausbildungsplatzförderungsgesetz" zur Erhebung einer bundesweiten Ausbildungsabgabe beschlossen. Das Konzept wurde aber nicht verwirklicht, denn das Bundesverfassungsgericht verwarf das Gesetz, weil es der Zustimmung des Bundesrats bedurft hätte; die Entscheidung erging nicht ohne mehrseitige „Widersprüche".[27] Mehrheitliche Billigung fanden in den Gründen, die den Tenor nicht tragen, die Ausführungen zur Verantwortung der Arbeitgeberseite für die Schaffung ausreichender Ausbildungsplätze als Konsequenz des bestehenden deutschen dualen Berufsausbildungssystems.[28] Das Konzept wurde anschließend und seitdem bundesgesetzlich trotz einiger Initiativen nicht umgesetzt. Im Juli 2023 beschloss der Bundestag (bei Verzicht des Bundesrats auf Anrufung des Vermittlungsausschusses) eine bundesrechtliche „Ausbildungsgarantie".[29] In der Begründung zum Regierungsentwurf heißt es ausdrücklich, neben anderen Maßnahmen werde auf tarifvertraglich vereinbarte Ausgleichsfonds gesetzt, von einer branchenübergreifenden Ausbildungsumlage dagegen Abstand genommen.[30] Das Landesgesetz ist derzeit gleichwohl in der Welt. Notarinnen und Notare sind von ihm direkt betroffen – als adressierte „Unternehmen", Arbeitgeber von Beschäftigten, Ausbildende und sogar über ihre Selbstverwaltung, nämlich die Notarkammer als Körperschaft des öffentlichen Rechts.[31] Aber eine Beteiligung der Bremer Notarkammer im Gesetzgebungsverfahren hat nicht stattgefunden. Gewiss werden im Anwaltsnotariat die tangierten Vertragsverhältnisse in aller Regel von den Rechtsanwaltskanzleien geschlossen. Aber auch die Hanseatische Rechtsanwaltskammer Bremen wurde nicht beteiligt, ebenso wenig wie die anderen Kammern der freien Berufe. Im Steuerungsgremium des Fonds, dem Verwaltungsrat, sind sie alle, anders als Handels- und Handwerkskammer, Regierung und Kommunen sowie (als bremischer Besonderheit) die Arbeitnehmerkammer), ebenfalls nicht vertreten.

---

[26] Gemäß § 11 AusbUFG und § 3 Eckwerte-VO vom 2.5.2023, BremGbl. 2023, 455: 0,27% der Bruttolohnsumme (oberhalb der „Bagatellgrenze" gemäß § 2 Eckwerte-VO).
[27] BVerfGE 55, 274 (274–329); sechs abweichende Meinungen niedergelegt BVerfGE 55, 274 (329–348).
[28] BVerfGE 55, 274 (311–318).
[29] Gesetz zur Stärkung der Aus- und Weiterbildungsförderung, BGBl. 2023 I Nr. 191.
[30] BT-Drs. 20/6518, 3; zur Frage einer kompetenzrechtlichen Sperrwirkung nach Art. 72 GG Waldhoff, Gutachten zur Verfassungsmäßigkeit einer Ausbildungsabgabe, 2023, S. 12–19.
[31] Als im Land ansässige Unternehmen respektive der Aufsicht des Senats unterstehende Körperschaft des öffentlichen Rechts, § 2 Abs. 1 Nr. 1 und 2 AusbUFG.

Selbstverständlich haben (auch) Notarinnen und Notare (ihre) Steuern und Abgaben zu zahlen. Aber rechtfertigt der angeführte Zweck diese Sonderabgabe? Ganz abgesehen davon, dass mindestens bei allen freien Berufen nicht Ausbildungsplätze fehlen, sondern Ausbildungssuchende, sind bei ihnen Aus- und Fortbildung nicht nur der Berufsträgerinnen und Berufsträger, sondern auch des mitarbeitenden Personals durch gesetzliches Berufsrecht strukturiert, finanziert und normiert.[32] Das Gewicht dieser hochspezifizierten Regulierungen ist im Gesetzgebungsverfahren ebenso vollständig ignoriert worden wie die Problematik einer unterschiedslosen „Mitvertretung" durch die allein einbezogenen Handels- und Handwerkskammern. Der substantiierten Geltendmachung derartiger „Fernwirkungen" durch die Kammern der freien Berufe wurde durch Nichtbeteiligung im Verfahren vorgebeugt. Es blieb den Kammern hiernach kein anderer Weg offen, als im gerichtlichen Verfahren ihre Belange zu Gehör zu bringen. Die Rechtsanwaltskammer hat sich daher – zugleich für die Notarkammer – dem Normenkontrollantrag von Handels- und Handwerkskammer bei dem bremischen Staatsgerichtshof angeschlossen.[33]

c) Die Vaterschaftsanerkennung – § 1597a BGB)

Der Bundesgesetzgeber nahm im Jahre 2017 Änderungen im bürgerlichen Recht vor, namentlich durch die Ergänzung um einen § 1597a BGB.[34] Mit dieser Vorschrift wird ein neuer Tatbestand geschaffen, die „missbräuchliche Anerkennung der Vaterschaft", legal definiert (Abs. 1), mit einem Indizienkatalog aus rechtlichen Folgerungen, urkundlichen Feststellungen, sozialen Beurteilungen und subjektiven Verdachtsmomenten für das „Bestehen konkreter Anhaltspunkte" (Abs. 2 S. 2) und der Rechtsfolge einer Aussetzung der Beurkundung, Mitteilung an die zuständige Ausländerbehörde und Fortsetzung oder Beendigung des Verfahrens in Abhängigkeit von einer dort getroffenen Beurteilung und Entscheidung (Abs. 2 S. 1). Der Gesetzgeber hatte auch hier dringenden politischen Handlungsbedarf konstatiert, allerdings (nur) für die Durchsetzung einer (bestehenden) Ausreisepflicht. Eine Änderung des Abstammungsrechts im BGB war primär gar nicht Ziel des Vorhabens gewesen.[35] Der Gesetzgeber zielt auf Rechtsfolgen, die er selbst durch seine Regelungen der Staatsangehörigkeit und des Aufenthaltsrechts allererst hergestellt hat. Für das Abstammungsrecht hatte allerdings das BVerfG schon 2013

---

[32] § 14 Abs. 6, 26, 67 Abs. 2 S. 3 Nr. 8, 10, Abs. 3 Nr. 1, 78 Abs. 1 S. 2 Nr. 6 BNotO; Richtlinienempfehlungen der BNotK Abschnitt VIII; im Anwaltsnotariat kommen hinzu §§ 59, 59a Abs. 2 Nr. 8, 73 Abs. 2 Nr. 9, 89 Abs. 2 Nr. 5 BRAO, §§ 26, 28 BORA; Aufgaben gemäß § 71 Abs. 4 BBiG und ReNoPatVO.
[33] StGH Bremen Az. St 5/23, das Verfahren war bei Redaktionsschluss noch nicht entschieden.
[34] Art. 4 des Gesetzes zur besseren Durchsetzung der Ausreisepflicht vom 20.7.2017, BGBl. 2017 I 2780–2786, gemäß Art. 9 in Kraft getreten am Tag nach der Verkündung.
[35] Titel des Gesetzes; der Regierungsentwurf (mit Stellungnahme des NKR) vom 23.2.2017 (BR-Drs. 179/17) sah nur Änderungen des AufenthG, AsylG und SGB III vor (Art. 1–3); nur zu diesen Stellungnahme des Bundesrats vom 10.3.2017, gleichlautend in BT-Drs. 18/11546, beziehungsweise führte der federführende BT-Innenausschuss eine Anhörung am 27.3.2017 durch.

verfassungskonformen Korrekturbedarf angemahnt, mit sehr differenzierenden Ausführungen zu einer sensibel zu handhabenden Praxis.[36] 2015 hatte dazu das Bundesjustizministerium einen hochrangigen Arbeitskreis eingerichtet, der 2017 seinen Abschlussbericht mit über 90 Thesen vorlegte.[37]

Über jeden Wechsel der gesellschaftlichen Entwicklungen hinaus – seit den Vorarbeiten für das BGB – besteht über eine wesentliche Grundlage Einigkeit: die Anerkennung ist (nicht empfangsbedürftige)[38] Willenserklärung, keine Feststellung einer Tatsache. „Anerkannt" wird nicht ein Sachverhalt, schon gar nicht eine „biologisch-genetische Kausalität", sondern die Herstellung eines – durch das Recht begründbaren – Vater-Kind-Verhältnisses. Der Gesetzgeber „anerkennt" demgegenüber die fundamentale Bedeutung der Übernahme von Verantwortung für ein sonst womöglich „vaterloses" Kind („zweite Elternstelle"), verbunden im Übrigen mit einem sehr komplexen Regelwerk von Widerruf und Anfechtung, Fristen und Feststellungen für einen sehr komplexen persönlichen und sozialen Zusammenhang, der mit dem Wandel der Zeitläufte auch rechtlich verschieden beurteilt wurde. Der Sinn des Regelungsgefüges und damit des notariellen Beurkundungsverfahrens liegt mithin nicht in der Feststellung von Sachverhalten oder gar der Motivation Beteiligter, sondern in der Bewirkung von künftigen Folgen zugunsten eines Kindes, soweit sie rechtlich bewirkt werden können. Die Rechtsfolgen einer Anerkennung aber, insbesondere für Status und Aufenthaltsrecht, bestimmt gerade der Gesetzgeber selber. Zur Klarstellung: Selbstverständlich gehört zu den Amtspflichten der Notarinnen und Notare die Gesetzesbindung, sind Verbotsnormen zu beachten, ist Missbräuchen nicht Vorschub zu leisten, vielmehr schon ein entsprechender Anschein zu vermeiden, gegebenenfalls sind auch Ermittlungsbehörden zu informieren, allerdings strikt nach den Vorschriften des Straf- und Strafverfahrensrechts – ansonsten gilt die Verschwiegenheitspflicht. Doch in diesem Fall ist ein ganz anderes Pflichtenprogramm angeordnet.

Ausländerbehörden[39] sind Ordnungsbehörden, eingegliedert in die exekutive, notfalls repressive Staatsgewalt. Materiell handelt es sich um die Ausübung von Polizeigewalt mit Vollstreckungsrecht, und zwar in der besonderen Funktion als institutioneller Verkörperung absoluter staatlicher (Personal- wie Gebiets-) Souveränität im völkerrechtlichen Sinn. Ihr Paradigma ist die Gefahrenabwehr. Prävention bedeutet in dieser Funktion die integrale erste Stufe des Verfahrens zur behördlichen Entscheidung über aufenthaltsbeendende Maßnahmen und ihre Durchsetzung mit unmittelbarem Zwang. Demgegenüber sind Notarinnen und Notare unabhängige Organe des Rechtssystems als dem „dritten", selbständigen Teil des gewaltengegliederten und funktionentrennenden Verfassungsstaats, und selbst in diesen allenfalls teilweise eingegliedert mit der spezifischen Aufgabe der vorsorgenden Rechts-

---

[36] BVerfGE 135, 48 zur „behördlichen Vaterschaftsanfechtung".
[37] Bundesministerium der Justiz und für Verbraucherschutz, Arbeitskreis Abstammungsrecht, Abschlussbericht 2017; Löhnig ZRP 2017, 205; Eickelberg FS 25 Jahre DNotI, 2018, 303 (311 ff.).
[38] Bremkamp in Frenz/Miermeister, 6. Aufl. 2022, BNotO § 18 Rn. 108 Fn. 194 (für Mitteilung an Standesamt).
[39] §§ 71, 85a AufenthG.

pflege[40] und in deren Strukturen und Grenzen ohne (Befugnis zur) Streitentscheidung; Vollstreckbarkeiten kennen sie nur durch (Unterwerfungs-) Erklärung von Beteiligten selber (abgesehen von den gesetzlich festgelegten Kosten der Amtshandlung) und Ermittlungen bei Verwahrung von Erbverträgen.[41] Präventive Funktionen üben sie aus als Beratung, Belehrung, erforderlichenfalls auch Verweigerung einer Amtstätigkeit mit dem Ziel, der Erklärung des Willens von Beteiligten die rechtswirksame Umsetzung zu ermöglichen. Diese Unabhängigkeit auch gegenüber staatlichen Behörden wird umgewandelt in eine Unterstellung unter Ordnungsbehörden, die nach ihren Maßstäben die Fortsetzung notarieller Tätigkeit „erlauben" oder unterbinden (dürfen). (Hierin dürfte der Unterschied zu den Pflichten nach dem Geldwäschegesetz[42] zu sehen sein; entgegen zu treten wäre in jedem Falle einer tendenziell aufscheinenden „Entdeckung" des Gesetzgebers, dass eine Instrumentalisierung der „unabhängigen" vertrauenswürdigen notariellen Amtstätigkeit zu ordnungs-, ja gefahrenabwehrpolitischen Zwecken viel leichter zu fertigen sein könnte als andere politischen Anstrengungen.[43]) Die Assoziation von Polizei- und Staatsanwaltschaft als Ermittlungs- und Verfolgungsbehörden ist nicht böswillig, sondern strukturell vorgegeben: Sie haben Verdachtsmomente abzuschätzen, kriminelle Motivationen zu beurteilen und sind dafür von Berufs wegen ausgestattet, vorbereitet und trainiert. Notarinnen und Notare sind eingeübt, den Willen von Beteiligten getreulich in rechtswirksame Erklärungen umzusetzen. Hinter Behörden steht die repressive Gewalt des Staates, den Notarinnen und Notaren steht ausschließlich die Überzeugungskraft ihrer Rechtsargumente zur Verfügung. Überhaupt nicht beachtet: das Kind und damit auch nicht die Funktion der notariellen Tätigkeit im Interesse des Kindes;[44] dasselbe gilt für die europarechtlichen Zusammenhänge.[45]

Fazit: Es handelt sich, jedenfalls was das abstammungsrechtliche notarielle Verfahren betrifft, um einen Missgriff des Gesetzgebers. Er sucht ein Problem zu lösen an einer Stelle, an der es nicht liegt.[46] Der Maßstab ist hier das notarielle Berufsrecht und Leitbild; es ist in den ureigenen konstituierenden Grundlagen verkannt. Wissenschaftlich zurückhaltend, kann von einem Paradigmenwechsel gesprochen werden. Wie konnte das geschehen? Die Einfügung erfolgte erst in den Ausschussberatungen[47] ohne weitere Vorbereitungen und Ausarbeitung alternativer Lösungen.[48] Schon gar nicht beteiligt: der Sach- und Fachverstand der Bundesnotarkam-

---

[40] Preuß DNotZ 2008, 258; BVerfG DNotZ 2009, 702 Rn. 41, 56.
[41] Kordel DNotZ 2009, 644.
[42] Eickelberg FS 25 Jahre DNotI, 2018, 303 (308 ff.); Fahl DNotZ 2019, 580; Bülte/Marinitsch DNotZ 2021, 804.
[43] Eickelberg FS 25 Jahre DNotI, 2018, 303 (313, 318).
[44] Kaesling NJW 2017, 3686; Stern NZFam 2017, 740; Grziwotz FS 25 Jahre DNotI, 2018, 319 (328).
[45] Sanders FamRZ 2017, 1189 (1194).
[46] Paraphrase von Kanzleiter DNotZ 2009, 805 (807) mit Adamietz FS Kanzleiter, 2010, 3.
[47] Im Bericht des Innenausschusses vom 17.5.2017, BT-Drs. 18/12415, 9, Einfügung Art. 4–7 (neu).
[48] Eine weitere Anhörung wurde abgelehnt, BT-Drs. 18/12415, 13; Gesetzesbeschluss des Bundestags in 2. und 3. Lesung am 18.5.2017, Plenarprotokoll TOP 20, S. 23725–23733.

mer.⁴⁹ Sie garantiert gewiss nicht eine „Richtigkeit" oder wenigstens Berücksichtigung von Argumenten; das ist auch nicht zu verlangen, soll die Freiheit des Gesetzgebers nicht angetastet werden. Aber der systematischen Kritik – auch von Praxis und Wissenschaft – muss doch wenigstens ein Forum geboten sein – zur Geltendmachung von berufsrechtlichen Fernwirkungen.

3. Verfahren ohne Kontext

Die drei Fälle demonstrieren Fernwirkungen, die nicht beachtet wurden. In keinem Fall geht es hier um die Bewertung der Anliegen und auch nicht die Abwägungen, die Befürworter oder Kritiker der Regelungen anstellen mögen, also die (auch fach-)politischen Zusammenhänge. Allerdings soll schon ein gemeinsamer Hintergrund nicht verschwiegen werden: die Lage des jeweiligen Gesetzgebers als „unter durchaus komplexen Umständen" zu charakterisieren, ist (mindestens) farblos, ja unvollkommen und ungenau (und nur dem hier notwendigen objektivistischen Darstellungsstil geschuldet). Denn jeweils wollte sich eine Regierungsmehrheit unbedingt und dringlich aus politischen Gründen über alle Einwände hinwegsetzen (um nicht von Dezision zu reden). Da mag es sich – im ersten Fall – ursprünglich um eine extraordinäre und auch anerkennenswerte Lage gehandelt haben, die singuläre Herausforderungen sowohl politischer wie rechtlicher Art gestellt hatte, aber das gilt keineswegs für die späteren „Entgrenzungen". Im zweiten Fall hätte recht eigentlich der Begriff der „Sonder"abgabe schon Warnung genug sein müssen und im dritten Fall lässt die vermeintliche politische Dringlichkeit alle Erkenntnisse rationaler Verfahren vergessen, jedenfalls was den Teil der notariellen Beteiligung anbelangt. Doch wesentlich ist uns eine andere Gemeinsamkeit: das gänzliche Übersehen des notariellen rechtlichen Kontexts, den doch der (Bundes-)Gesetzgeber selber umfänglich installiert hat. Gewiss, nicht in expliziten Ge- und Verboten oder ähnlichen Weisungen – aber doch durch eingehende Form-, Verfahrens-, Organisations- und Berufsvorgaben, eben in systematischen Zusammenhängen, Prinzipien, einer spezifischen Kreation von Berufs- und Amtsverständnis. Diese zu erfassen kann nicht ohne Anstrengung gelingen. Es handelt sich um Fernwirkungen. Die Gesetzgeber haben sie nicht gesehen und wollten das auch nicht. Ob sie durch neue Rechtsprechung zu ihrer intendierten Wirkung gebracht werden können, ist offen. Dafür streiten allerlei Gründe, die jedoch der wegbereitenden Analyse und Auseinandersetzung in Wissenschaft und Literatur einerseits, einer Streitpartei und Rechtsprechung andererseits bedürfen. Der Gesetzgeber sollte, so oder so, tätig werden, Korrekturen vornehmen, Rechtsklarheit schaffen, seine (neue) Beurteilung ausdrücklich normieren – und damit rechtliche Nahwirkungen herstellen.

---

[49] Deshalb nur eiligste nachträgliche Unterrichtung mit Rundschreiben Nr. 8/2017, DNotI-Report 2017, 153; entsprechend der Tätigkeitsbericht zu 2017, DNotZ 2018, 562 (567).

V. Fernwirkungen sind die Stolpersteine des Gesetzes

Und noch etwas haben wir nun über Fernwirkungen im Recht gelernt: Sie sind die Stolpersteine des Gesetzes. Das Stolpern offenbart sich als Phänomen in einem besonderen Sinn, gleichsam als „Eigenschaft" der Sache selbst. Fernwirkungen im Recht qualifizieren sich nämlich selbst als „Stolpersteine", weil und solange sie unerkannt (geblieben) sind. Natürlich nicht wirklich, sondern bildlich gesprochen. Aber es sind doch Wirkungen zu vermerken – oder wenigstens zu reklamieren; also doch mehr real als virtuell. Wie bei einem Stein, an dem man (sich) stößt, weil er „im Wege" liegt. Und dann ist alles schon geschehen: Denn nur im Rückblick werden wir seiner gewahr, verhilft er uns zur erklärenden Erzählung über die Ursache des Missgeschicks, und zwar sowohl für den „Fall des Falles" als auch wenn es noch gelang „sich zu fangen". Unter diesem Blickwinkel enthüllen Fernwirkungen sich als etwas Spukhaftes. Es ist ihre Eigenart, übersehen zu werden. Zunächst einmal. Doch irgendwann machen sie sich bemerkbar, tauchen auf, werden entdeckt und aufgeklärt – und sind augenblicks schon nicht mehr sie selbst. Ein Spuk: wirkmächtig, geheimnisvoll, unerklärt – aber „gebannt", sobald durchschaut und „entzaubert". Wie beim Puzzle hilft eine Vorstellung vom ganzen Bild bei der Einordnung der Einzelteile, entschlüsselt sich zunächst Rätselhaftes. Der Gesetzgeber muss vor Fernwirkungen auf der Hut sein. Und für „uns anderen" sind „Fernwirkungen" im Gesetz Paradoxien, an denen mühselig zu arbeiten ist wie Sisyphos mit seinem Stein.

Auch in den Notariaten müssen Fernwirkungen in Rechnung gestellt werden. Sie kommen insbesondere aus dem öffentlichen Recht, zumeist wohl dem neu konzipierten. Vor allem aber muss der (öffentlich-rechtlich wirkende) Gesetzgeber derartige Fernwirkungen beachten; sie sind seine „Stolpersteine", für die Praxis und Wissenschaft regelmäßig Warnhinweise aufzustellen pflegen. Im Falle des Notarrechts sind das solche, die aus dem Gefüge der Regelungen für notarielle Aufgaben, Zuständigkeiten und Verfahren, insgesamt aus dem Recht für die notarielle Funktion erwachsen (können). Das Gesetzgebungsverfahren, sei es im Bund oder den Ländern und nicht zu vergessen: auf EU-Ebene, bedarf, will es an der verfassungsstaatlichen Legitimationsressource durch Verfahrensrationalität teilhaben, der wissenschaftlich-praktischen Beratung und Begleitung, insbesondere der Beteiligung der vom Gesetzgeber allererst selbst zur Sachkompetenz berufenen Kreise, wie sie hier insbesondere die von den Notarinnen und Notaren als Ehrenamt getragenen Institutionen darstellen.

In diesem Sinne: *ad multos annos* – dem Jubilar und dem notariellen Beruf und Berufsrecht!

ANDREAS ALBRECHT

Drei Fragen zum Pflichtteilsverzicht unter Ehegatten

Der Jubilar hat sich seit vielen Jahren gerade für die Grenzbereiche zwischen verschiedenen Rechtsgebieten interessiert und dazu Beiträge verfasst, deren Vorschläge zwischenzeitlich in viele Musterformulierungen der Kolleginnen und Kollegen Eingang gefunden haben. Kurz gesagt verdanken wir ihm, dass heute bessere und richtigere Urkunden verfasst werden als früher. Erinnert sei hier etwa an seinen frühen Aufsatz zum Spannungsfeld zwischen dem Miet- und dem Grundstückskaufrecht[1] oder den Beitrag zur heute fast vergessenen, aber damals überaus praktischen Sachenrechtsbereinigung am Schnittpunkt zwischen öffentlichem und privatem Recht.[2] Seine später erschienenen, monumental zu nennenden Werke wie das von Frenz mitherausgegebene „Würzburger Notarhandbuch"[3] oder der Kommentar zur BNotO[4] bedürfen eigentlich keiner besonderen Erwähnung. Neben dem Interesse an den großen Fragen des Notariats, wie es etwa dort in der Kommentierung zu §§ 14 ff. BNotO oder zu § 17 BeurkG dokumentiert ist, waren ihm aber in kleineren Beiträgen und besonders in den zahllosen Fortbildungen des Fachinstituts für Notare gerade die versteckten, wenig beachteten Regelungen im Bürgerlichen Recht ein Anliegen. So wies er mich als damals jungen Kollegen auf die Gestaltungsmöglichkeiten der Beschränkung der Vermögenssorge (§ 1538 BGB)[5] oder die damals wenig erörterten Fragen des § 1586b BGB (passive Vererblichkeit des nachehelichen Unterhaltsanspruchs)[6] hin, deren Kenntnis seither zum Pflichtprogramm des Notars zählen.

Neben den zahlreichen wissenschaftlichen Beiträgen und seinem Engagement in der Praxis der Standesarbeit in Bund und Land[7] verdanken wir unserem Kollegen die ständige Entwicklung der Fortbildungslandschaft im deutschen Notariat. Unter seiner Leitung blüht seit vielen Jahren das Fachinstitut für Notare im Deutschen Anwaltsinstitut mit Rekordteilnehmerzahlen. Die Jahresarbeitstagung zunächst in Würzburg und seit 2011 in Berlin ist zu einem ganz wichtigen Termin im Kalender aller Kollegen geworden, weil dort der Austausch zwischen Vertretern der Recht-

---

[1] Frenz, „Kauf bricht nicht Miete" – Zur Problematik der §§ 571 ff. BGB bei Grundstücksverträgen, MittRhNotK 1991, 165–200 mit 403 Fußnoten!
[2] Frenz NJW 1995, 2657.
[3] Limmer/Hertel/Frenz/Meyer, Würzburger Notarhandbuch, 6. Aufl. 2022.
[4] Frenz/Miermeister, BNotO mit BeurkG, Richtlinienempfehlungen BNotK, DONot, 5. Aufl. 2020, in Fortführung des Kommentars von Eylmann/Vaasen.
[5] Frenz DNotZ 1995, 908.
[6] Anmerkung von Frenz zu BGH ZEV 2001, 113.
[7] Darauf können Berufenere aus dem Bereich des Rheinischen Notariats mit mehr Sachkenntnis eingehen, als es dem bayerischen Kollegen zusteht.

sprechung und des Notariats in einzigartiger Weise zu erleben ist. Dabei war für Frenz immer von großer Bedeutung, dass die Vorträge nicht nur ein hohes wissenschaftliches Niveau ausweisen, sondern daraus praktische Erkenntnisse für die tägliche Urkundengestaltung abgeleitet werden können.

Im Folgenden soll der Versuch gewagt werden, ihm zu Ehren zwei für Frenz typische Charakteristika seiner Arbeit als Notar und Referent am Beispiel des Pflichtteilsverzichts zwischen Ehegatten darzustellen: die Behandlung gelegentlich übersehener gesetzlicher Regelungen, auf welche uns Frenz hingewiesen hat, mit kurzen praktischen Gestaltungsvorschlägen für die Urkunde.

I. Rechtswahl oder nicht?

Da das Erbrecht und damit auch die Fragen des Pflichtteilsverzichts unter Ehegatten oft erst viele Jahre nach der Beurkundung praktisch werden, nämlich nach dem Tod eines Beteiligten, stellt sich anders als bei schnell abgewickelten Verträgen wie etwa einem Grundstückskauf verstärkt die Frage, ob vorsorglich in die Urkunde eine Rechtswahl zum deutschen Recht aufgenommen werden soll.

Gelegentlich wird der Erblasser später seinen gewöhnlichen Aufenthalt in das Ausland verlegen und noch später dort versterben, auch wenn das zum Zeitpunkt der Beurkundung noch nicht absehbar ist. Dann kann es sein, dass grundsätzlich ein Statutenwechsel eingetreten ist und sich das Erb- und damit auch das Pflichtteilsrecht nach einer Rechtsordnung bestimmt,[8] die vielleicht ein andersartiges Pflichtteilsrecht, eine andere Pflichtteilsquote oder das Verbot eines Pflichtteilsverzichts vorschreibt. Zwar unterliegt nach Art. 25 Abs. 1 EuErbVO auch ein Pflichtteilsverzicht dem Recht, „das nach dieser Verordnung auf die Rechtsnachfolge von Todes wegen anzuwenden wäre, wenn diese Person zu dem Zeitpunkt verstorben wäre, in dem der Erbvertrag (wozu auch der Pflichtteilsverzicht gehört)[9] geschlossen wurde." Deshalb bleibt grundsätzlich der Pflichtteilsverzicht auch bei einem späteren Wechsel der Staatsangehörigkeit oder einem Wechsel des gewöhnlichen Aufenthalts wirksam.

Der Statutenwechsel kann aber dazu führen, dass eine Rechtsordnung anwendbar wird, die Vereinbarungen zum Pflichtteilsrecht überhaupt nicht kennt.[10] Der zwar auch für die ausländische Rechtsordnung wirksam vereinbarte Verzicht würde dann nach dem effektiven Erbstatut wirkungslos werden.[11] Dies ist aber derzeit strittig:[12] Weber etwa glaubt, dass auch bei einem Statutenwechsel in eine Rechtsordnung, die einen Pflichtteilsverzicht nicht kennt oder ausdrücklich verbietet,

---

[8] Art. 23 Abs. 2 lit. h EuErbVO; Süß in BeckNotar-HdB, 7. Aufl. 2019, § 28 Rn. 251–254.
[9] Art. 3 Abs. 1 lit. b EuErbVO definiert als „Erbvertrag" auch eine „Vereinbarung [...], die [...] Rechte am künftigen Nachlass [...] entzieht".
[10] Dies sind derzeit insbesondere Belgien, England, Frankreich, Griechenland, Irland, Israel, Italien, Luxemburg, Portugal, Rumänien, Spanien, Serbien, Slowakei, Tschechien, vgl. Krauß in BeckNotar-HdB, 7. Aufl. 2019, § 5 Rn. 127.
[11] Süß in BeckNotar-HdB, 7. Aufl. 2019, § 28 Rn. 252; Odersky notar 2014, 119.
[12] Anderer Ansicht Weber ZEV 2015, 503 (507).

dennoch dies ihm die Wirksamkeit nicht mehr nehmen kann. Angesichts dieser Unsicherheit stellt sich verstärkt jedenfalls bei den Staatsangehörigen, deren Rechtsordnungen Vereinbarungen zum Pflichtteilsrecht kennen, wie etwa der deutschen oder österreichischen, die Frage, ob in der Verzichtsvereinbarung vorsorglich eine Rechtswahl für das gesamte Erbstatut der eigenen Staatsangehörigkeit getroffen werden sollte. Dann wäre sichergestellt, dass auch der Pflichtteilsverzicht tatsächlich wirkt. Da die Wahl eines anderen Rechts als dem der eigenen Staatsangehörigkeit des Erblassers nach Art. 22 EuErbVO nicht möglich ist, scheidet diese Option etwa bei französischen Staatsangehörigen aus.

Wenn aber, wie häufig, die Eheleute in der Beurkundung erklären, ihren gewöhnlichen Aufenthalt nicht mehr ins Ausland verlegen zu wollen, wird es regelmäßig ausreichen, dies in der Urkunde festzuhalten und keine vorsorgliche Rechtswahl aufzunehmen. Ergänzend könnte ein Hinweis aufgenommen werden, dass ein entgegen dieser Erwartung stattfindender Statutenwechsel gravierende Auswirkungen gerade auch auf das Pflichtteilsrecht haben kann. Vielleicht erinnern sich die Beteiligten daran, bevor sie auswandern, und holen die erbrechtliche Rechtswahl nach, wenn ihnen dies sinnvoll erscheint. Dieses Verfahren ohne vorsorgliche Rechtswahl erscheint schon deshalb ratsam, weil die – wie oben gezeigt – aus tatsächlichen Gründen oft nicht erforderliche Rechtswahl bei einem Pflichtteilsverzicht den Geschäftswert des Pflichtteilsverzichts um 30 % erhöht.[13] Diese zusätzlichen Notarkosten werden, wenn die Beteiligten darüber aufgeklärt werden, selten den Wunsch nach einer vorsorglichen Rechtswahl wach werden lassen. So könnte deshalb in der Verfügung von Todes wegen formuliert werden:

> Die Ehegatten beabsichtigen weiterhin, ihren gewöhnlichen Aufenthalt in Deutschland beizubehalten. Eine vorsorgliche Rechtswahl wird deshalb nicht gewünscht. Sollten sie beabsichtigen auszuwandern, werden sie fachlichen Rat zum Erbrecht einholen.

II. Verzicht auch auf den güterrechtlichen Ausgleich?

Häufig findet sich in notariellen Pflichtteilsverzichten unter Ehegatten lediglich der Verzicht auf das Pflichtteilsrecht, was dann unschwer dahingehend zu interpretieren ist,[14] dass auch auf alle damit zusammenhängenden Ansprüche wie den Pflichtteilsrestanspruch (§§ 2305, 2307 BGB) und den Pflichtteilsergänzungsanspruch (§§ 2325 ff. BGB) sowohl gegen den Erben als auch gegen den Beschenkten selbst (§ 2329 BGB) verzichtet wird und nach Ausschlagung eines im Sinne von § 2306 BGB beschwerten Erbteils kein Pflichtteilsanspruch entsteht.

Damit sind aber nicht alle erbrechtlichen Ansprüche des überlebenden Ehegatten beseitigt und die erhoffte Testierfreiheit des Erblassers nicht umfassend gewonnen, obwohl das mit dieser Regelung häufig gewünscht wird.

Es ist nämlich zu unterscheiden, ob in der Zugewinngemeinschaftsehe dem überlebenden Ehegatten der „große Pflichtteil" zusteht, weil er Miterbe geworden

---

[13] § 104 Abs. 2 GNotKG.
[14] Krätzschel in Krätzschel/Falkner/Döbereiner, Nachlassrecht, 12. Aufl. 2022, § 17 Rn. 83.

ist, beziehungsweise er ein ihm zugewendetes Vermächtnis angenommen hat. Dann wird hier der Zugewinnausgleich nach § 1371 Abs. 1 BGB dadurch verwirklicht, dass sich der gesetzliche Erbteil des überlebenden Ehegatten um 1/4 und damit der Pflichtteil um 1/8 erhöht.[15] Hat der Ehegatte in diesen Fällen auf seinen Pflichtteil verzichtet, steht ihm tatsächlich nur das ausdrücklich Zugewandte (Erbteil oder Vermächtnis) zu, so wenig dieses auch wertmäßig darstellt.

Ist der Ehegatte aber vollständig enterbt und ihm auch keinerlei Vermächtnis ausgesetzt worden, kann er den Zugewinnausgleich nach scheidungsrechtlichen Grundsätzen (§ 1371 Abs. 1 BGB) und daneben den „kleinen Pflichtteil" verlangen. Der kleine Pflichtteil wird dann nur aus dem nicht erhöhten Ehegattenerbteil berechnet, § 1931 Abs. 1 und 2 BGB. Dementsprechend umfasst in dieser Situation ein lediglich auf den Pflichtteil des Ehegatten bezogener Verzicht zwar den „großen" und auch den „kleinen" Pflichtteil, nicht aber die Möglichkeit, im Todesfall des anderen Ehegatten den Zugewinnausgleich nach Scheidungsrecht durchzuführen.[16] Wird dies, wie regelmäßig, nicht gewünscht, muss mit dem Pflichtteilsverzicht ein ehevertraglicher Ausschluss des Zugewinnausgleichs für den Todesfall kombiniert werden.

Allerdings nimmt diese Vereinbarung dem überlebenden Ehegatten den erbschaftsteuerlichen Vorteil des § 5 ErbStG, wonach ein Betrag in Höhe des rechnerischen Zugewinnausgleichs auf den Todesfall nicht der Erbschaftsteuer unterliegt. Der Wegfall der Vergünstigung des § 5 ErbStG wird aber in dieser Situation regelmäßig keine Rolle spielen, weil der Verzichtende ohnehin nichts erben soll.

Häufig vereinbaren Ehegatten, dass jedenfalls bei Scheidung der Zugewinnausgleich ausgeschlossen sein soll; wenn nun im Rahmen der beschriebenen Ergänzung des Pflichtteilsverzichts der Zugewinnausgleich sowohl für den Erlebens-/Scheidungs- als auch für den Todesfall ausgeschlossen wird, führt dies faktisch zur Gütertrennung mit der möglichen[17] weiteren Folge, dass sich die Pflichtteilsansprüche der Kinder oder anderer Pflichtteilsberechtigter erhöhen. Letzteres wird von den Beteiligten oft nicht gewünscht.

Gelegentlich ist es trotzdem ratsam, in den Fällen, in denen der überlebende Ehegatte keinerlei Ansprüche im Todesfall des anderen mehr haben soll, einen Verzicht auf Pflichtteil und Zugewinnausgleich im Todesfall zu vereinbaren, ggf. auch um den Preis einer Pflichtteilserhöhung anderer. Denkbar ist dies bei Trennungsvereinbarungen ohne baldigen Scheidungsantrag etwa zur „Rettung" einer Witwenrente; hier wäre es bei einer Scheidung ohnehin zu einer Pflichtteilserhöhung der anderen Pflichtteilsberechtigten gekommen.

Manchmal werden derartige Regelungen mit dem Ziel eines erbrechtlichen Totalausschlusses des Ehegatten nach einer großzügigen Abfindung unter Lebenden bei einer zerrütteten Ehe vorgeschlagen. Hier sind die Vorteile der Vermeidung eines Zugewinnausgleichsverfahrens nach dem Tod mit dem Nachteil der Pflicht-

---

[15] Lange in MüKoBGB, 9. Aufl. 2022, BGB § 2303 Rn. 38–40.
[16] Dietz in BeckNotar-HdB, 7. Aufl. 2019, § 17 Rn. 365.
[17] Grziwotz in BeckNotar-HdB, 7. Aufl. 2019, § 12 Rn. 58; Worm in Kölner Formularbuch Erbrecht, 3. Aufl. 2020, Rn. 10.98 hält dies aber nicht für zwingend.

teilserhöhung anderer gegeneinander abzuwägen. Falls das Interesse an der Pflichtteilsreduzierung etwa der Kinder überwiegt, könnte bestimmt werden, dass der Ehegatte vermächtnisweise eine geringe Zuwendung (zum Beispiel ein Wohnungsrecht oder einen kleinen Geldbetrag) erhalten soll. Dann erscheint es ratsam, ihn lediglich auf den Pflichtteil und nicht auch auf den Zugewinnausgleich nach scheidungsrechtlichen Grundsätzen im Todesfall verzichten zu lassen, weil ihm dann ohnehin nur der Weg zum „großen" Pflichtteil offensteht, auf den er ja verzichtet hat. So kann der Vorteil des § 5 ErbStG gesichert und die Erhöhung der Pflichtteilsansprüche anderer Berechtigter vermieden werden.

Auf den ersten Blick[18] besteht hier das Risiko, dass der überlebende Ehegatte es sich nach dem Tod seines Partners anders überlegt, die Zuwendung ausschlägt und dann doch den Zugewinnausgleich nach scheidungsrechtlichen Grundsätzen von den Erben verlangt. Hier besteht aber die Möglichkeit, die Rechtsfolgen des § 1371 Abs. 3 Hs. 2 BGB dahingehend zu erweitern, dass in diesem Fall dem Ehegatten weder ein Pflichtteil (so schon § 1371 Abs. 3 Hs. 2 BGB) noch ein Zugewinnausgleichsanspruch (das ist die Modifikation) zusteht. Die ehevertragliche Modifikation des Zugewinnausgleichs kann unter Lebenden vorgenommen werden und wird damit auch im Todesfall möglich sein.[19] Damit erscheint auch die häufig gewünschte Kombination von Ausschluss des Zugewinnausgleichs nur im Scheidungsfall, Verzicht auf alle Pflichtteilsrechte, vermächtnisweise Zuwendung eines geringen Werts und Ausschluss des Zugewinnausgleichs nach Tod für den Fall der Ausschlagung eine zielführende Gestaltung zu sein. Weil mit dieser Gestaltung die Erhöhung der Erbquote des überlebenden Ehegatten bei gesetzlicher Erbfolge unangetastet bleibt, führt sie auch nicht in die Nähe der Gütertrennung. Die reduzierte Pflichtteilsquote der anderen Pflichtteilsberechtigten bleibt somit bestehen. Eine solche Regelung könnte lauten:

> Die Ehegatten verzichten gegenseitig auf sämtliche Pflichtteilsrechte beim Tod des Erstversterbenden von ihnen. Auswirkungen auf einen etwaigen nachehelichen Unterhaltsanspruch hat dieser Verzicht nicht. Sie verzichten auch auf den Zugewinnausgleich im Scheidungsfall und im Fall des Todes des Erstversterbenden von ihnen, wenn der Überlebende das Erbe oder ein Vermächtnis ausschlägt.

III. Auswirkungen des Pflichtteilsverzichts auf den nachehelichen Unterhalt?

Eine immer noch umstrittene Frage im Zusammenhang mit Pflichtteilsverzichten unter Ehegatten ist, ob diese Vereinbarung auch die Vererblichkeit des Unterhaltsanspruchs des geschiedenen Ehegatten gegen die Erben des Unterhaltsschuld-

---

[18] § 1371 Abs. 3 Hs. 1 BGB.
[19] Ebenso G. Müller in Schlitt/Müller, Handbuch Pflichtteilsrecht, 2. Aufl. 2017, § 11 Rn. 117; gegen diese Modifikation spricht auch nicht der zwingende Grundsatz der Typenbeschränkung im Ehegüterrecht, weil hier nur eine bestimmte Rechtsfolge des gesetzlichen Güterstandes modifiziert und kein neuer (Misch-)Güterstand geschaffen wird; ebenso Kanzleiter in MüKoBGB, 7. Aufl. 2017, BGB § 1408 Rn. 14. Ebenso Cypionka MittRhNotK 1986, 157 (165), jedenfalls für Fälle, in denen Dritte (etwa pflichtteilsberechtigte Kinder) nicht schlechter gestellt werden, was durch den Ausschluss der güterrechtlichen Lösung nicht der Fall ist.

ners ausschließen kann oder nicht. Frenz hat sich mit dieser Frage schon früh[20] und erneut in seiner Anmerkung zu der einzigen BGH-Entscheidung[21] zu diesem Thema beschäftigt.

Die jedenfalls für den Laien heute schwer erklärbare Vorschrift des § 1586b BGB will dem geschiedenen unterhaltsberechtigten Ehegatten einen betragsmäßig auf den Pflichtteil bei fiktivem Fortbestand der Ehe begrenzten Unterhalt auch nach dem Tod des Unterhaltsschuldners einräumen. Diese Verknüpfung von nachehelichem Unterhaltsrecht und erbrechtlichen Vorschriften erstaunt zunächst, weil erfahrungsgemäß bei Besprechung von Scheidungsvereinbarungen die (Noch-)Eheleute regelmäßig davon ausgehen, dass mit dem Tod des zur Zahlung von nachehelichem Unterhalt Verpflichteten jeder weitere Anspruch insoweit endet.

Das Problem selbst war bereits bei Inkrafttreten des BGB bekannt und dahingehend gelöst worden, dass der nacheheliche Unterhaltsanspruch in gewissem Umfang auf Seiten des Schuldners passiv vererblich sein sollte. Der Gesetzgeber von 1896 hat nämlich in § 1582 Abs. 2 S. 2 BGB (Stand 1.1.1900) den nachehelichen Unterhalt nach dem Tod des Verpflichteten auf die Hälfte der letzten Einkünfte des Verstorbenen begrenzt, die dieser aus seinem Vermögen, nicht aber aus seinem Arbeitseinkommen bezogen hat.

Der Gesetzgeber von 1976[22] wollte ebenfalls in der Auslegung des BGH durch die Vererblichkeit des Unterhaltsanspruchs den Lebensbedarf des geschiedenen Ehegatten über den Tod des Verpflichteten hinaus „in ähnlicher Weise sicherstellen, wie dies bei Fortbestand der Ehe durch erbrechtliche Ansprüche erreicht worden wäre".[23] Allerdings sollte der geschiedene Ehegatte auch „nicht mehr erhalten, als er gehabt hätte, wenn seine Ehe statt durch Scheidung durch den Tod des Verpflichteten aufgelöst worden wäre". Dann aber hätte der Verpflichtete wahrscheinlich wegen des Scheiterns der Ehe den anderen Ehegatten durch Verfügung von Todes wegen enterbt und Letzterem wäre nur der Pflichtteil als Minimalbeteiligung am Nachlass verblieben.[24]

Ob diese Überlegungen auch nach der Unterhaltsrechtsreform von 2007,[25] mit der die nacheheliche Eigenverantwortung gestärkt und die wirtschaftliche Lage von Zweitfamilien verbessert werden sollte, noch so tragfähig sind, erscheint zweifelhaft. Jedenfalls wird aber die Bedeutung der Vererblichkeit des nachehelichen Unterhaltsanspruchs abnehmen, weil ein solcher schon seit 2008 sehr viel seltener als bisher besteht.

Mit der von Frenz kommentierten Entscheidung des BGH[26] wurde klargestellt, dass die Begrenzung des Unterhaltsanspruchs auf den „Pflichtteil" im Sinne des § 1586b BGB den Pflichtteil samt allen Nebenrechten umfasst, insbesondere auch

---

[20] Frenz ZEV 1997, 450.
[21] BGH ZEV 2001, 113 mit Anmerkung Frenz.
[22] § 1586b BGB wurde durch das 1. Eherechtsreformgesetz vom 14.6.1976 geschaffen und greift einen Vorschlag der Eherechtskommission von 1969 auf.
[23] BT-Drs. 7/650, 152, zitiert nach BGH ZEV 2001, 113 (114).
[24] BT-Drs. 7/650, 153.
[25] Gesetz zur Änderung des Unterhaltsrechts (UÄndG) vom 21.12.2007, BGBl. I 3189, trat zum 1.1.2008 in Kraft.
[26] BGH ZEV 2001, 113.

den Pflichtteilsergänzungsanspruch, weil „dem Unterhaltspflichtigen den Anreiz, seinen Nachlass durch Schenkungen zu Lebzeiten zu vermindern und so den nach seinem Tode weiterbestehenden, ohnehin beschränkten Unterhaltsanspruch seines geschiedenen Ehegatten zu entwerten"[27], genommen werden soll.

Damit ist aber höchstrichterlich noch nicht entschieden, wie ein Pflichtteils*verzicht* unter Ehegatten in dieses System eingeordnet werden soll. Ob die Erbenhaftung bei einem noch während der Ehe erklärten Verzicht des später überlebenden, aber geschiedenen Ehegatten auf seinen Pflichtteil entfällt, ist immer noch strittig.[28] So meinen die einen,[29] dass der Ehegatte, der freiwillig auf seinen Pflichtteil verzichtet hat, nach dem Normzweck sich auch mit der Reduzierung des Umfangs seines nachehelichen Unterhalts auf Null einverstanden erklärt hat; wäre nämlich die Ehe fortgeführt und durch den Tod beendet worden, hätte der überlebende Ehegatte nach einer Enterbung durch den Verstorbenen auch nichts erhalten. Sonst würde es nach Frenz zu einer Besserstellung des geschiedenen Ehegatten im Vergleich zum Eheende durch den Tod kommen.[30]

Andere[31] hingegen sind der Ansicht, dass ein Verzicht auf nachehelichen Unterhalt nach dem Tod des Unterhaltsschuldners, und sei es auch indirekt in der Form eines Pflichtteilsverzichts, ausgeschlossen sei.

Jedenfalls aber wird es für die notarielle Praxis richtig sein, im Rahmen der Besprechung eines vorsorgenden Ehevertrages und insbesondere einer Scheidungsvereinbarung zunächst die passive Vererblichkeit etwaiger nachehelicher Unterhaltsansprüche zu behandeln. Falls solche bestehen könnten, wird zu klären sein, ob bei einem gleichzeitig gewünschten Pflichtteilsverzicht damit nach dem Tod des Unterhaltsschuldners auch keine solchen Ansprüche mehr bestehen sollen oder der Pflichtteilsverzicht keine Auswirkungen auf die Höhe der Unterhaltsansprüche haben soll.

Dabei wird darauf hinzuweisen sein, dass die Rechtsprechung möglicherweise die ehevertragliche Kernbereichslehre[32] auch auf diese Regelung anwenden wird. So könnte etwa die Mutter und geschiedene Ehefrau beim Tod des Kindesbetreuungsunterhalt[33] schuldenden Ex-Ehemannes vom Erben weiterhin Unterhalt bis zur Grenze des fiktiven Pflichtteils verlangen. Jedenfalls der Betreuungsunterhalt nach § 1570 Abs. 1 BGB zählt nach der Kernbereichslehre zu dem nicht der freien vertraglichen Disposition der Ehegatten gehörenden Bereich der Scheidungsfolgen. Ob das auch für die anderen nachehelichen Unterhaltstatbestände der §§ 1571 ff. BGB gilt, wird auf den jeweiligen Einzelfall ankommen. Für die Frage, ob der Pflichtteilsverzicht so gestaltet werden kann, dass er sicher zu einer passiven Unvererblichkeit des Unterhaltsanspruchs führt, wird man also all die Überlegungen zur

---

[27] BGH ZEV 2001, 113 (114).
[28] Von Pückler in Grüneberg, 83. Aufl. 2024, BGB § 1586b Rn. 8 mit weiteren Nachweisen.
[29] Diekmann NJW 1980, 2777 und FamRZ 1999, 1029; Maurer in MüKoBGB, 9. Aufl. 2022, BGB § 1586b Rn. 12 mit weiteren Nachweisen; Weidlich in Grüneberg, 83. Aufl. 2024, BGB § 1933 Rn. 10.
[30] Frenz in der Anmerkung zu BGH ZEV 2001, 115.
[31] Von Pückler in Grüneberg, 83. Aufl. 2024, BGB § 1586b Rn. 8 mit weiteren Nachweisen.
[32] Dazu Hahne DNotZ 2004, 84; BVerfG DNotZ 2001, 222.
[33] § 1570 BGB.

Einschränkung der Vertragsfreiheit bei der Gestaltung von Eheverträgen heranziehen müssen. Dies deshalb, weil die grundsätzlich passive Vererblichkeit des Unterhaltsanspruchs und ihre Einschränkung durch § 1586b BGB bei Licht betrachtet keine erbrechtliche Frage, sondern eine im Kern unterhaltsrechtliche Frage darstellt. Für den Erb- und Pflichtteilsverzicht generell, etwa zwischen Kindern und Eltern, mag eine richterliche Inhaltskontrolle ähnlich der von Eheverträgen nicht passen.[34] Indem das Gesetz heute den Unterhaltsanspruch auf den Umfang des fiktiven Pflichtteils begrenzt, bedient es sich nur eines erbrechtlichen Instrumentariums, wohingegen die Urform des BGBs die Begrenzung in bestimmten Formen der Leistungsfähigkeit des Erben suchte. Der Anspruch selbst ist aber unverändert unterhaltsrechtlich und damit in seiner vertraglichen Gestaltungsfreiheit eingeschränkt zu qualifizieren. In der dargestellten Situation der nach § 1570 BGB berechtigten Mutter erscheint ein Pflichtteilsverzicht mit die Vererblichkeit des Unterhaltsanspruchs ausschließender Wirkung regelmäßig nicht vertraglich regelbar zu sein. Eine dies berücksichtigende Regelung könnte lauten:

> Die Ehegatten verzichten gegenseitig auf sämtliche Pflichtteilsrechte beim Tod des Erstversterbenden von ihnen. Sollte einer der Ehegatten dem anderen nachehelichen Unterhalt schulden, soll dies mit dem Tod des Unterhaltspflichtigen enden, soweit dem nicht zwingendes Recht entgegensteht.

Allein die Vielzahl an Zitaten in dem vorstehenden Text, die auf den Jubilar Bezug nehmen, dokumentiert seine wissenschaftliche, berufspolitische und berufspraktische Bedeutung für das deutsche Notariat über viele Jahre. Alle Kolleginnen und Kollegen haben deshalb Anlass, ihm dafür den aufrichtigen Dank auszusprechen mit dem Wunsch nach vielen gesunden Jahren als Notar a. D., in denen wir sicher noch den einen oder anderen lichtvollen wissenschaftliche Beitrag erwarten dürfen. Ad multos annos, lieber Norbert!

---

[34] Wegerhoff in MüKoBGB, 9. Aufl. 2022, BGB § 2346 Rn. 38–41 mit Nachweisen, ablehnend für den Pflichtteilsverzicht als solchen, wegen der unterschiedliche Schutzwecke im Eherecht einerseits und im Erbrecht andererseits wie auch wegen des andersartigen Rechtscharakters der einzelnen Rechtsinstitute.

GREGOR BASTY

Notariat und Inflation von 1923

Wer in den vergangenen 30 Jahren den Notarberuf ausüben durfte, konnte eine geradezu unbeschwerte Zeit genießen.

In Zeitschriften,[1] die vor etwa 100 Jahren erschienen, finden sich Entscheidungen, die sich mit einer Gebühr von gut 78 Milliarden Mark für eine Unterschriftsbeglaubigung[2] oder einem Gegenstandswert für ein Grundstückskaufangebot von 3.643,25 Billionen Mark auseinandersetzen.[3] Nicht weniger wundert man sich bei Sachverhalten, in denen, weil nicht sofort gezahlt wurde, eine Erhöhung der Gebührenschuld geltend gemacht wird: Am 21.11. stellt der Notar anlässlich der Einräumung eines Vorkaufsrechts eine Rechnung über 1.018,05 Billionen Mark, am 29.11. teilt er mit, die Gebührenschuld habe sich nun auf 15.875,76 Billionen Mark erhöht.[4]

Wir sind im Jahr 1923, dem Jahr der Hyperinflation. Im zweiten Halbjahr verdoppelten sich die Preise zunächst monatlich, dann annähernd täglich.

Die Geldentwertung setzt mit dem ersten Weltkrieg ein. Um die enormen Kriegskosten zu decken, wurden Kriegsanleihen aufgelegt. In Erwartung des baldigen Sieges sollten sie aus den von den besiegten Staaten zu leistenden Reparationen getilgt werden. Gleichzeitig wurde die Bindung der Währung an Gold aufgehoben.[5] An die Stelle der „Goldmark" trat die „Papiermark". Der Geldbedarf des Reichs wurde sodann mit der Notenpresse gedeckt. Der Bedarf war enorm, über den allgemeinen Bedarf hinaus waren zunächst die Kriegskosten zu finanzieren, dann der Aufwand für Reparationen sowie die Unterstützung des Ruhrkampfs, also die Kosten für die Finanzierung des passiven Widerstands nach Besetzung des Ruhrgebiets im Januar 1923.[6]

---

[1] Für diesen Beitrag ausgewertet wurden die Zeitschrift des Deutschen Notarvereins (die ab Juni 1933 als Deutsche Notarzeitschrift – DNotZ – erschien; zitiert: ZDNotV), die Zeitschrift für das Notariat, für die freiwillige Gerichtsbarkeit und das Grundbuchwesen in Bayern (zitiert: ZfdN Bay) und die Zeitschrift für das Notariat, herausgegeben von dem Verein für das Notariat in Rheinpreußen (zitiert: ZfdN RheinPreuß).

[2] Beglaubigung am 13.12.1923 zur Überweisung und Abtretung von Hypothekenforderungen zum Nennbetrag von 185.770 Mark. Hierzu Beschluss des KG vom 14.3.1924, ZDNotV 1924, 156.

[3] Beschluss des KG vom 18.1.1924, ZDNotV 1924, 159 (Gegenstandswert eines am 25.10.1923 beurkundeten Angebots: 56.050 Dollar zu je 65 Milliarden Mark).

[4] Sachverhalt zum Beschluss des BayObLG vom 7.3.1925, MittBayNot 1925, 238. Hierzu näher unter → II. 1.

[5] Gesetze vom 4.8.1914, RGBl. Nr. 53 S. 325, 326, 327, 340. Zum tatsächlich (auf 30%) beschränkten Umfang der Golddeckung vgl. MittBayNot 1924, 424.

[6] Den betroffenen Notaren empfahl der Notarverein die Inanspruchnahme der sogenannten Rhein- und Ruhrhilfe, vgl. Beschluss der außerordentlichen Mitgliederversammlung vom 18.11.1922, ZfdN RheinPreuß 1923, 13.

Allgemein spürbar wurde die Geldentwertung bereits unmittelbar nach dem Ende des Kriegs. Ab 1918 stiegen – unterbrochen von kurzen Phasen einer relativen Stabilität[7] – die Preise unaufhörlich. Ihr Ende fand die Hyperinflation im November 1923. Auf der Grundlage des Ermächtigungsgesetzes vom 13.10.1923 erließ die Regierung die Verordnung über die Errichtung der Deutschen Rentenbank vom 15.10.1923,[8] die mit Wirkung zum 1.11.1923 die „Rentenmark" einführte. Sie ersetzte zwar nicht die Mark und war keine (neue) Reichswährung,[9] wurde aber ohne Weiteres allgemein als Zahlungsmittel anerkannt. Mit dem Reichsmünzgesetz vom 30.8.1924,[10] das zum 11.10.1924 in Kraft trat, wurde schließlich die Reichsmark als Goldwährung eingeführt.[11]

Die Preisentwicklung traf selbstverständlich auch die Notare, wobei sich Landnotare mehr betroffen sahen als die Notare in den größeren Städten[12] und Nurnotare mehr als Anwaltsnotare,[13] nachdem diese „als Rechtsanwälte in der Lage sind, durch Vereinbarung ihre Gebühren selbst zu erhöhen, was zum Beispiel in Berlin allgemein geschieht".[14] Schon 1919 wird eine im Vergleich zu 1910 erhebliche Kaufkraftminderung festgestellt: „Die Preise für die Schreibmaterialien und Schreibmaschinen sind um das Doppelte und Dreifache gestiegen, auch haben sich die Gehälter der Angestellten der Notare verdoppelt."[15] Für 1920 wird festgestellt: „Die Not der Zeit, die sich in der allgemeinen, fast unerschwinglichen Teuerung kennzeichnet, pocht mit immer heftigeren Schlägen an unsere Tür."[16]

Dabei führt die Preisentwicklung zu Beiträgen, die einen heute schmunzeln lassen. In keiner Zeitschrift für Notare würde man heute einen Hinweis zu dem Thema „Wie erspare ich Postporto" erwarten.[17] Der Deutsche Notarverein gab 1920 bekannt, infolge der Erhöhung der Porti würden Anfragen nur noch beant-

---

[7] In einem Beitrag aus dem Jahr 1921 (Zeitschrift für das Notariat 1921, 248 (254)) führt Schönleben aus, es habe sich nun „bereits wieder ein ordentlicher Markt mit Marktpreisen zu bilden begonnen, die natürlich nach den Friedenspreisen gemessen, enorm sind. [...] es bestehen bereits wieder gemeingewöhnliche, wenn auch nicht erfreuliche Verhältnisse."
[8] RGBl. 1923 I 963.
[9] Vgl. Beschluss des KG vom 6.3.1924 zur Eintragungsfähigkeit einer „Rentenmarkhypothek" im Grundbuch, MittBayNot 1924, 200.
[10] RGBl. 1924 II 254.
[11] Vgl. Cammerer MittBayNot 1924, 410.
[12] Vgl. außerordentliche Mitgliederversammlung des Vereins für das Notariat in Rheinpreußen vom 3.9.1922, ZfdN RheinPreuß 1922, 111; Stellungnahme des Notarvereins zu einem Gesetzentwurf über die freiwillige Gerichtsbarkeit ZfdN RheinPreuß 1923, 43f.: Von der wirtschaftlichen Lage sei „in hohem Grade auch das ländliche Notariat betroffen, schon durch den stellenweise fast gänzlichen Ausfall an Grundstücksverkäufen und Hypothekenbestellungen."
[13] Vgl. ordentliche Mitgliederversammlung des Vereins für das Notariat in Rheinpreußen vom 17.9.1922, ZfdN RheinPreuß 1922, 114f.; Ostermeyer ZDNotV 1919, 441 zur Entwicklung bei den (wenigen) Nurnotaren (!) in Berlin während des Krieges.
[14] Vgl. Ostermeyer ZDNotV 1919, 444.
[15] Ostermeyer ZDNotV 1919, 338 (339) – Eingabe zur Änderung des preußischen Kostenrechts; für Köln vgl. ZfdN RheinPreuß 1920, 26 – Erhöhung der Gehälter um 85% gegenüber dem Stand Juli 1919.
[16] Oberneck ZDNotV 1921, 2.
[17] ZfdN Bay 1922, 64.

wortet, wenn das Porto für die Antwort beigefügt wird,[18] 1923 waren neben dem Porto auch Kuvert und Papier für die Rückantwort beizufügen.[19]

Die Geldentwertung ist zum Beispiel abzulesen im Bezugspreis für das Reichsgesetzblatt, er steigt 1921 von drei Mark auf 90 Mark jährlich.[20] Der Preis für die „Zeitschrift für das Notariat, für die freiwillige Gerichtsbarkeit und das Grundbuchwesen in Bayern"[21] wird 1922 rückwirkend wegen der wirtschaftlichen „Entwicklung des letzten Halbjahres mit ihrer ungeheuren Verteuerung der Herstellungskosten im Druckgewerbe" von 60 Mark (= Bezugspreis für November 1921) auf 250 Mark erhöht.[22] Zum Ende des Jahres 1922 wird deren Erscheinen ganz eingestellt. An deren Stelle treten die Mitteilungen des Bayerischen Notarvereins, die erstmals im Januar 1924 erschienen.[23]

Beim Deutschen Notarverein wurden die Jahresbeiträge für 1920 auf 15 Mark festgesetzt[24] und dann um einen Teuerungszuschlag von zehn Mark erhöht,[25] für 1921 auf 30 Mark,[26] für 1922 auf 80 Mark,[27] im Laufe des Jahres erhöht auf 180 Mark, für 1923 zunächst auf 200,[28] dann auf 800 Mark,[29] dann auf 3.000 Mark,[30] schließlich wird ab Juli 1923 zunächst ein vierteljährlicher Beitrag von 4.000 Mark erhoben.[31] Unter Hinweis darauf, dass der Bestand des Vereins und das weitere Erscheinen der Zeitschrift sonst unmöglich würden, wird der Beitrag für das dritte Quartal des Jahres für preußische Mitglieder auf 300.000 Mark, für nichtpreußische Mitglieder auf 150.000 Mark erhöht, gleichzeitig werden begüterte Kollegen gebeten, den Beitrag zu erhöhen.[32] Später wird von freiwilligen Zuwendungen von einer Billion Mark und sogar von zwei Billionen Mark berichtet.[33] Im (nur zweiseitigen) Oktoberheft der Zeitschrift wird der Beitrag für den Monat Oktober für preußische Mitglieder auf sieben Millionen Papiermark, für nichtpreußische Mitglieder auf dreieinhalb Millionen Papiermark festgesetzt;[34]

---

[18] ZDNotV 1920, 315.
[19] ZfdN RheinPreuß 1923, 7.
[20] RGBl. 1921 Nr. 234; ZfdN Bay 1922, 32.
[21] Erstmals erschienen 1900 als „Zeitschrift für das Notariat und die freiwillige Rechtspflege der Gerichte in Bayern" (in Fortführung der „Bayerische Notariats-Zeitung"), ab 1913 als „Zeitschrift für das Notariat und die freiwillige Rechtspflege der Gerichte in Bayern".
[22] ZfdN Bay 1922, 229.
[23] MittBayNot 1924, 1.
[24] ZDNotV 1920, 3 – „mit Rücksicht auf die Entwertung des Geldes und die außerordentlich erhöhten Druckkosten der Zeitschrift".
[25] ZDNotV 1920, 249.
[26] ZDNotV 1920, 345; ZDNotV 1921, 1.
[27] ZDNotV 1922, 97.
[28] ZDNotV 1922, 202.
[29] ZDNotV 1923, 1.
[30] ZDNotV 1923, 49.
[31] ZDNotV 1923, 105.
[32] ZDNotV 1923, 145.
[33] ZDNotV 1923, 156.
[34] Wenig später findet sich hierzu: „Es bedarf keiner Ausführung", dass dieser Betrag „der wirtschaftlichen Lage nicht entsprach", und beklagt, dass „dieser außerordentlich geringe Beitrag" von einer Vielzahl der Mitglieder (noch) nicht geleistet wurde, ZfdN RheinPreuß 1923, 68.

die Herstellungskosten „dieser kurzen Nummer" betrügen etwa eineinhalb Milliarden Mark.[35]

Der Preis für das einzelne Heft mit sechs Seiten der Notarzeitschrift für Rheinpreußen im Herbst 1923 beträgt für Mitglieder und Abonnenten zehn Millionen Mark.[36]

Im Rückblick auf das Jahr 1923 stellt Richter fest, im ersten Halbjahr sei „die Lage des Bayerischen Notariats nicht glänzend, aber auch nicht unbefriedigend" gewesen. „Erst im zweiten Halbjahr trat mit dem Zusammenbruch der deutschen Währung eine allgemeine Geschäftsstockung ein, die sehr bald zu einer schweren Krisis führte."[37] Die deswegen „bereitgestellten Reserven der Notariatskasse[38] erwiesen sich als unzulänglich und waren in wenigen Wochen völlig aufgebraucht." Die „wachsenden Schwierigkeiten der Geldbeschaffung für die Notariate und ihre Versorgungseinrichtungen" verschärften die Lage. Er stellt eine merkliche Entspannung fest, „als zu Beginn des Herbstes [1923] die Zunahme der Geschäftstätigkeit bei den großen Stadtnotariaten die Auffüllung der Kassen ermöglichte."

Die wirtschaftliche Lage der Notare in Bayern gab im Jahr 1923 österreichischen Kollegen Anlass für eine umfassende Hilfsaktion.[39] 75% der österreichischen Notare, eine Vielzahl der Kandidaten und der österreichische Notarverein brachten erhebliche Geldmittel auf. Mit Lebensmittelpaketen wurden Notare, Notarswitwen und -waisen unterstützt. Außerdem wurden Kinder bayerischer Kollegen aufgenommen.

I. Notariat

In seinem Grußwort zum neuen Jahr (1924) resümiert Oberneck: „Der Ruhrkampf und sein die deutschen Finanzen verheerendes Feuer haben auch die deutschen Notare in diese versengenden Gluten hineingezogen, ihre Existenz bedroht und zum Teil vernichtet."[40] Die rheinischen Notare beklagen im Herbst 1923 „bitterste Not", zahlreiche Notare hätten sämtliche Gehilfen entlassen müssen. „Den meisten [Notaren] blieb für sich selbst nicht einmal der bescheidenste Lebensunterhalt übrig; viele der Kollegen kämpfen geradezu mit schweren Nahrungssorgen."[41] Einige Jahre später stellt Hermann Schmitt[42] fest, dass in dieser Zeit „das Notariat

---

[35] ZDNotV 1923, 155; ab Dezember werden die Beiträge in Goldmark erhoben (für preußische Mitglieder auf Dreiviertel Goldmark, für nichtpreußische Mitglieder die Hälfte), ZDNotV 1923, 155.
[36] ZfdN RheinPreuß 1923, 61.
[37] Richter MittBayNot 1924, 5 (7).
[38] Vgl. Ring FS 125 Jahre Bayerisches Notariat, 1987, 95 (103).
[39] Vgl. MittBayNot 1924, 4 und MittBayNot 1925, 17.
[40] Oberneck ZDNotV 1924, 1.
[41] Eingabe des Vereins für das Notariat in Rheinpreußen vom 30.10.1923, ZfdN RheinPreuß 1923, 74.
[42] Hermann Schmitt war 1923 Ministerialdirektor mit der Zuständigkeit für die „Leitung der Notariatsgeschäfte"; Richter (MittBayNot 1924, 5 f.) führt aus: „Ihm danken wir das feste Gefüge (des Notariats), das den zerstörenden Einwirkungen der Revolutionszeit widerstand und unter der schweren Wirtschaftskrisis der jüngsten Zeit nicht zusammenbrach."

infolge der mit Riesenschritten fortschreitenden Geldentwertung tatsächlich vor dem Zusammenbruch stand."[43]

Nicht zuletzt bestanden Bestrebungen zur Verstaatlichung des Notariats, die sich (auch) durch die Entwicklungen der 1920er Jahre bestätigt sahen.[44] Eine Abschaffung des Nurnotariats scheiterte jedoch regelmäßig bereits am Widerstand der Justizverwaltung.[45]

Die Not führte zu staatlichen Hilfsmaßnahmen. Sie setzen 1924 ein. Im Rheinland werden neben (bescheidenen) finanziellen Hilfen auch Sachmittel angeboten, so soll zum Beispiel Notaren, „die zur Beheizung ihrer Büroräume nicht in der Lage sind", nach Möglichkeit „in staatlichen Gebäuden […] ein Dienstraum […] zur Verfügung gestellt werden".[46] Hervorzuheben ist insofern das Gesetz „zur Linderung der Notlage der rheinischen Notare"[47].

Auch in Bayern wurden Maßnahmen für das Notariat ergriffen.[48] Es wurde die Möglichkeit geschaffen, dass der Notar und sein Personal vor Not geschützt wird.[49]

Die staatlichen Leistungen, unter anderem die seinerzeit noch vom Staat geleisteten, letztlich aber durch die bayerischen Notare aufgebrachten,[50] Diensteinkommensergänzungen,[51] waren mit Auflagen verbunden. Im Rahmen der allgemeinen Bestrebungen, Preissenkungen herbeizuführen, wurde auch eine Herabsetzung der Gerichts- und Notargebühren als wirksamer Beitrag erkannt. Deren Gebühren sollten „so niedrig wie nur möglich bemessen", die Gebührenordnungen einer Revision unterzogen werden.[52] In der Folge waren Ermäßigungen der Gebühren in Kauf zu nehmen.[53]

Insbesondere wurde auch ein (erheblicher) Personalabbau verlangt. Notwendige Folge war zum einen eine „Aufwertung der Eigenleistung des Notars", zum anderen aber nicht zuletzt auch eine Reduzierung von Notarstellen. Denn es war klar, dass dem dadurch zu erwartenden Gebührenausfall „bei der allgemein gedrückten Lage der deutschen Wirtschaft keine ausgleichende Erhöhung der Zahl der Amtsgeschäfte gegenüberstehen wird", so dass „eine Anzahl schwacher Notariate bald

---

[43] Schmitt MittBayNot 1932, 51 (53). 1924 gibt er seiner „Sorge um den Fortbestand des Notariates" Ausdruck und der Hoffnung, dass „das Notariat auch die Stürme übersteht, die gegenwärtig an seiner Grundfeste rütteln."
[44] Vgl. Richter MittBayNot 1924, 53 (56); Götz MittBayNot 1924, 11; gleichzeitig bleibt es bei Forderungen nach einem reichsweiten Nur-Notariat, vgl. ZfdN RheinPreuß 1924, 3; Wiesinger MittBayNot 1925, 420 (421).
[45] Vgl. für das Rheinland ZfdN RheinPreuß 1920, 2, 171, 202; ZfdN RheinPreuß 1921, 25; ZfdN RheinPreuß 1928, 99; zur Diskussion der Verstaatlichung im Bayerischen Landtag in den Jahren 1929 und 1930 Vollhardt FS 125 Jahre Bayerisches Notariat, 1987, 11 (62); Ring FS 125 Jahre Bayerisches Notariat, 1987, 95 (103).
[46] Vgl. ZfdN RheinPreuß 1924, 6f.
[47] ZDNotV 1924, 17 (hierzu näher unter → II. 2).
[48] Justizministerialerlass vom 10.12.1923, Nr. 53349; vgl. Richter MittBayNot 1924, 5 (7).
[49] Vgl. Richter MittBayNot 1924, 235.
[50] Vgl. Ring FS 125 Jahre Bayerisches Notariat, 1987, 95 (99ff.).
[51] Vgl. Richter MittBayNot 1924, 235.
[52] Aufzeichnung des Oberregierungsrats Gräveli über eine Besprechung mit den Ministerpräsidenten der Länder am 25.9.1925, https://www.bundesarchiv.de/aktenreichskanzlei/1919–1933 Nr. 163.
[53] Vgl. zum Beispiel die Verordnungen von 1924 in MittBayNot 1924, 77f.

in Schwierigkeiten geraten wird."⁵⁴ Diese Feststellung wird seitens des Berufsstandes mit der Hoffnung/Erwartung verbunden, dass „vielleicht [...] die Inhaber der bedrohten Notariate rechtzeitig der Erwägung zugänglich [sind], beim Vorliegen der Voraussetzungen in den Ruhestand zu treten, oder sich vorläufig mit Wartegeld vom Amte zurückzuziehen",⁵⁵ wobei gleichzeitig der Hinweis erfolgt, dass andernfalls „die Möglichkeit einer entgegenkommenden Erledigung der Angelegenheit dadurch abgeschnitten wird, dass die Justizverwaltung von Art. 8 des Notariatsgesetzes [d.i. insbesondere die Amtsenthebung oder Versetzung an eine andere Stelle wider den Willen des betroffenen Notars] Gebrauch macht." In der Folge wurden 1924 mehrere Notariate aufgehoben, zudem wurden etliche Stellen nicht wieder besetzt, sondern vom Nachbarnotariat verwest.⁵⁶

In anderen Reichsgebieten werden die Probleme und Auswirkungen nicht anders gewesen sein.

II. Berufspolitik

1. Notargebühren

Die Inflationsjahre gaben dem Berufsstand – wenig verwunderlich – Anlass, eine Anpassung der einzelstaatlich festgesetzten (und damit in den einzelnen Ländern unterschiedlichen)⁵⁷ Notargebühren geltend zu machen. Das Thema beschäftigte Notartage⁵⁸ und war ständig Gegenstand von Eingaben der verschiedenen Notarvereine an die zuständigen Justizministerien. Sie hatten regelmäßig, wenn auch aus Sicht der Notare sehr späten,⁵⁹ Erfolg.⁶⁰ So wird anlässlich des zehnten Notartags zum 1.5.1920 eine „große Gebührenerhöhung der Notare [...], die uns ja alle befriedigte," festgestellt.⁶¹ Zuletzt konnte die Anhebung der Notargebühren freilich nicht mit der Geldentwertung mithalten.⁶² Genügten in Bayern 1922 noch drei

---

⁵⁴ Richter MittBayNot 1924, 53 (54) – Bericht über die Tagung der Vereinigten Notariatskammern vom 22.2.1924.
⁵⁵ Hierzu zum Beispiel Versetzung in den Ruhestand auf Ansuchen in entsprechender Anwendung, sei es der §§ 17, 29 oder des § 8 PersonalabbauVO, Beispiele in MittBayNot 1924, 166.
⁵⁶ Einzelheiten bei Vollhardt FS 125 Jahre Bayerisches Notariat, 1987, 11 (64).
⁵⁷ Hierzu kritisch Lütkemann ZDNotV 1919, 456.
⁵⁸ Vgl. Verhandlungen des neunten Deutschen Notartags, ZDNotV 1919, 428 (439 ff.). 1922 wurde ein außerordentlicher Deutscher Notartag einberufen „mit Rücksicht auf die von einzelnen Gliedstaaten geplante Erhebung einer Staatsabgabe von den Notargebühren", ZDNotV 1922, 49; hierzu der stenographische Bericht über die Verhandlungen, ZDNotV 1922, 113.
⁵⁹ Im April 1920 wird in der außerordentlichen Generalversammlung des Vereins für das Notariat in Rheinpreußen vom 17.4.1920 ausgeführt, es stehe „der Zusammenbruch des Notariats [...] in bedrohlicher Nähe", ZfdN RheinPreuß 1920, 75.
⁶⁰ Vgl. zum Beispiel für Preußen Gesetz vom 29.4.1920, ZDNotV 1920, 217; für Lübeck Beschluss der Bürgerschaft vom 22.3.1920, ZDNotV 1920, 194; für Württemberg Verordnung vom 17.11.1919, ZDNotV 1920, 329.
⁶¹ ZDNotV 1921, 327 (339).
⁶² Vgl. ZfdN RheinPreuß 1924, 97 und Jahresbericht des Vereins für das Notariat in Rheinpreußen für die Zeit von Oktober 1921 bis Oktober 1922, ZfdN RheinPreuß 1922, 122.

Verordnungen zur Anpassung der Notargebühren und im ersten Halbjahr 1923 zwei, waren es im zweiten Halbjahr 1923 insgesamt sieben (am 30.7., 10.8., 17.8., 10.9, 24.9., 18.10. und 30.10.).[63]

Gebühren konnten an die Geldentwertung angepasst werden. Nach einem Beschluss des Vereinsrats für das Notariat in Rheinpreußen vom 3.7.1923 kam die Geltendmachung der Geldentwertung in Betracht, wenn die Zahlung nicht innerhalb von fünf Tagen erfolgte, in der Mitgliederversammlung vom 20.10.1923 wurde die Frist auf 24 Stunden verkürzt.[64]

Abhilfe schafften letztlich Regelungen in den einzelnen Staaten nach dem Ende der Inflation zur „Einführung wertbeständiger Gebühren auf der Grundlage der Goldmark".[65]

2. Notarzuständigkeit

Bereits der Weltkrieg führte in Preußen zu dem Gesetz vom 13.5.1918.[66] Es gab auch Nicht-Rheinischen Notaren (neben den Gerichten) die Befugnis zur Beurkundung der Auflassung.[67] Es war befristet auf zwei Jahre nach Kriegsende.[68] Das Gesetz bezweckte zum einen den Ausgleich des kriegsbedingt rückläufigen Beurkundungsaufkommens, zum anderen und „in erster Linie" die Erleichterung des Rechtsverkehrs für das Publikum.[69]

Aus Sicht der Notare in Preußen unbefriedigend war zudem, dass dort[70] die Auflassung beurkundet werden durfte, ohne dass der zugrunde liegende schuldrechtliche Vertrag (beurkundungsbedürftig nach § 313 BGB alte Fassung) vorzulegen war.[71] Die Inflationsjahre geben Notaren insbesondere Anlass, auf eine Ausweitung

---

[63] Vgl. Vollhardt FS 125 Jahre Bayerisches Notariat, 1987, 11 (64).
[64] ZfdN RheinPreuß 1923, 39 bzw. 73.
[65] Vgl. Siebente Preußische Verordnung über anderweitige Festsetzung der Gebühren der Gerichte, Notare, Rechtsanwälte und Gerichtsvollzieher vom 18.12.1923, PrGBl. 556; Oberneck ZDNotV 1924, 1.
[66] Ähnliches regeln auch andere Länder, zum Beispiel Sachsen-Altenburg durch Gesetz vom 24.11.1919. Zuständig für die Beurkundung der Auflassung ist danach jeder Notar, daneben aber auch, außer dem Grundbuchamt, jedes deutsche Amtsgericht, ZDNotV 1920, 328.
[67] Vgl. Ostermeyer ZDNotV 1919, 428 (442) – Bericht über die Verhandlungen des neunten Deutschen Notartags.
[68] Für Preußen war nach § 2 S. 2 des Gesetzes vom 13.5.1918 der Zeitpunkt der Beendigung des Kriegs durch eine Preußische Verordnung zu bestimmen. Eine VO vom 14.2.1920 (RGBl. 237) bestimmte in § 1, als Zeitpunkt des Friedensschlusses oder als Beendigung des gegenwärtigen Krieges sei „im Sinne rechtsgeschäftlicher Erklärungen" im Zweifel der 10.1.1920 anzusehen. Sie regelte damit nicht die Befristung im Sinne des Gesetzes vom 13.5.1918 zur Beurkundung der Auflassung, ZDNotV 1921, 326.
[69] Vgl. Verfügung des Preußischen Justizministers vom 23.5.1921, ZDNotV 1921, 214 und ZfdN Bay 1921, 259; hierzu Meyer ZDNotV 1922, 105.
[70] Demgegenüber hatten andere Länder, zum Beispiel Bayern und Württemberg, von dem Vorbehalt in § 98 GBO alte Fassung Gebrauch gemacht und die Vorlagepflicht angeordnet, vgl. heute § 925a BGB.
[71] Vgl. Eingabe des Vereins für das Notariat in Rheinpreußen vom 30.10.1923, ZfdN RheinPreuß 1923, 74 (79f.) und dessen Stellungnahme zu einem Gesetzentwurf über die freiwillige Gerichtsbarkeit, ZfdN RheinPreuß 1923, 43 (44).

der eigenen Beurkundungszuständigkeiten und die Beseitigung konkurrierender Zuständigkeiten zu drängen.[72]

In der Kritik standen unter anderem, heute eher wenig verständlich, die sogenannten „Auktionatoren".[73] Zu sehen ist, dass Notare seinerzeit auch für Versteigerungen zuständig waren. Diese waren wirtschaftlich wohl nicht unerheblich,[74] sie werden für ländliche Bezirke als „Rückgrat der notariellen Tätigkeit" bezeichnet.[75] Beklagt wird in erster Linie die Konkurrenz der Gerichte, Gerichtsschreiber und anderer Behörden in Ansehung der Beglaubigungs- und Beurkundungstätigkeit. Für das Gebiet des ehemaligen rheinischen Rechts wird 1922 geltend gemacht, die ausschließliche Zuständigkeit des Beurkundungs- und Beglaubigungswesens sei für das rheinische Notariat eine Lebensfrage, es gelte, das rheinische Notariat vor dem Untergang zu retten.[76] Gerade die Beglaubigungen durch Gerichtsschreiber minderten die Einnahmen der Notare auf dem Lande erheblich.[77] Zumindest will man Wettbewerbsnachteile dadurch verhindert wissen, dass bei Notaren keine höheren Kosten als bei konkurrierenden Stellen anfallen.[78] Es soll kein Anreiz bestehen, die Beurkundung bei Gericht vorzunehmen, um die notariellen Gebühren zu ersparen. Zuweilen geht es dabei um Kleinigkeiten: Der Gerichtsschreiber nehme die Zahlung für den Akt nicht wie der Notar sofort entgegen; er muss die Kostenrechnung der Kasse überweisen. „Wegen dieses kleinen Aufschubs nimmt der Bauer lieber die unfreundliche Behandlung durch die Behörde und die größere Wartezeit mit in den Kauf."[79]

Der Kampf um Zuständigkeiten hatte im Allgemeinen zunächst eher wenig Erfolg.[80] Teilweise werden fiskalische Interessen maßgebend gewesen sein. Hinsichtlich der Beurkundung der Auflassung wurden auch Missstände entgegengehalten. Der Notar kenne häufig das Grundbuch nicht. Oft fänden sich unrichtige und unvollständige Angaben und veraltete oder falsche Grundstücksbezeichnungen. Der Preußische Justizminister mahnte, die Zuständigkeit der Notare könne nur beibehalten werden, wenn die Missstände abgebaut werden.[81]

---

[72] Vgl. Oberneck ZDNotV 1921, 2; Eingabe des Vereins für das Notariat in Rheinpreußen vom 30.10.1923, ZfdN RheinPreuß 1923, 74.

[73] Vgl. zum „Auktionatorenunwesen" ZfdN RheinPreuß 1920, 65; ZfdN RheinPreuß 1922, 38; Beschluss der außerordentlichen Mitgliederversammlung vom 18.11.1922, ZfdN RheinPreuß 1923, 4f.; Eingabe an den Preußischen Justizminister vom Dezember 1922, ZfdN RheinPreuß 1923, 14 (15); Schreiben des Preußischen Justizministers vom 31.7.1925, ZDNotV 1925, 353 (355).

[74] Vgl. Vollhardt FS 125 Jahre Bayerisches Notariat, 1987, 11 (54).

[75] Vleugels ZDNotV 1927, 567 (569); für die Regierungsbezirke Trier und Koblenz ausführlich Wirtz ZfdN RheinPreuß 1920, 10f.

[76] Beschluss der außerordentlichen Mitgliederversammlung vom 18.11.1922, ZfdN RheinPreuß 1923, 4.

[77] Vgl. Ostermeyer ZDNotV 1919, 428 (442) – Bericht über die Verhandlungen des neunten Deutschen Notartags.

[78] Vgl. Eingabe des Rheinischen Notarvereins, ZDNotV 1920, 228; für Erbteilungsverfahren Hundeck ZDNotV 1920, 349.

[79] ZDNotV 1919, 428 (442) – Bericht über die Verhandlungen des neunten Deutschen Notartags.

[80] Zur späteren Rechtsentwicklung vgl. Finke DNotZ 1953, 174 (177f.).

[81] Verfügung des Preußischen Justizministers vom 23.5.1921, ZDNotV 1921, 214 und ZfdN Bay 1921, 259.

Die Justizverwaltung widersprach letztlich auch dem Vorbringen der Notare. Insbesondere wird keine Verlagerung von Urkundsgeschäften von Notaren auf Gerichte festgestellt. Im Gegenteil. Auf eine Eingabe des Deutschen Notarvereins, des Berliner, des Rheinischen und Frankfurter Notarvereins aus dem Jahr 1922 zu „Maßnahmen zum Schutz des Notariats" führt der Preußische Justizminister mit Schreiben vom 31.7.1925[82] unter Hinweis auf entsprechende Statistiken aus, dass sich das Verhältnis zwischen gerichtlichen und notariellen Akten der freiwilligen Gerichtsbarkeit deutlich zu Gunsten der Notare verschoben habe.[83] Es seien nur Einzelfälle feststellbar, in denen Richter in der Beurkundungstätigkeit „die besondere Rücksicht auf die Interessen des Notars vermissen lassen und in dem Streben, dem Publikum zu dienen, das durch jene Rücksicht gebotene Maß überschritten. Wenn in manchen Gegenden erhebliche Teile des Publikums, besonders auf dem Lande und in kleineren Städten, es vorziehen, ihre Rechtsgeschäfte beim Gericht beurkunden zu lassen, so beruht das im allgemeinen wohl auf einer Gewöhnung von Alters her."

Die Hochinflation brachte den rheinischen Notaren dann tatsächlich eine Änderung. Um „der Not der rheinischen Notare, insbesondere der Landnotare, hervorgerufen durch den Krieg, und in immer steigendem Maße gewachsen durch den wirtschaftlichen Nachkrieg, insbesondere durch die Ruhrbesetzung" entgegenzutreten,[84] kam es zu einem Gesetz „zur Linderung der Notlage der rheinischen Notare".[85] Es begründete ab 1.1.1924 – befristet zunächst bis zum 31.12.1926 – ausschließliche Zuständigkeiten sowie den Beurkundungszwang für Grundstücksveräußerungsverträge.[86] Die Maßnahme hatte wohl Erfolg.[87] Als die Regelung wegfiel, erlebte das rheinische Notariat, allerdings wohl weniger wegen ihres Wegfalls als wegen der zu diesem Zeitpunkt gegebenen wirtschaftlichen Lage, einen deutlichen Geschäftsrückgang.[88]

---

[82] ZDNotV 1925, 353; die Eingabe ist abgedruckt in ZfdN RheinPreuß 1923, 22.
[83] Für 1913 wird für das „Gebiet des ehemaligen Rheinischen Rechts" ein Verhältnis der gerichtlichen zu den notariellen Akten von 1:13 festgestellt, für 1922 von 1:16, für 1923 von 1:23 und für 1924 von 1:26.
[84] ZDNotV 1924, 17.
[85] Vgl. ZfdN RheinPreuß 1924, 3.
[86] Vgl. ZDNotV 1924, 17; mit der Verlängerung durch Gesetz vom 13.12.1926 (ZfdN RheinPreuß 1926, 242) erhält es die Überschrift „Gesetz über die Zuständigkeit der rheinischen Notare".
[87] Kritisch ZfdN RheinPreuß 1924, 100; bereits 1925 wurde die Aufhebung des Gesetzes diskutiert, auch weil die Notlage des Notariats behoben sei und das Gesetz keinen Zweck mehr habe, vgl. hierzu ZfdN RheinPreuß 1925, 74; zur Verlängerung des Gesetzes ZfdN RheinPreuß 1926, 207.
[88] Vgl. Wolpers DNotZ 1934, 154 – Vortrag einer „Denkschrift der Fachgruppe Notare im Bund Nationalsozialistischer Deutscher Juristen e.V. über die Ursachen der Notlage der Notare und die Mittel ihrer Linderung" – betreffend die 1930er Jahre.

III. Rechtsentwicklung

Anfang 1923 führt Zeiler, Reichsgerichtsrat, aus: „Unbegreiflich lange hat es gedauert, bis die Einsicht nun doch ziemlich allgemein geworden ist, welche Verwüstung die Geldentwertung in allen bestehenden Rechtsbeziehungen angerichtet hat und immer verheerender anrichtet. Die aller Wirklichkeit Hohn sprechende Vorstellung Mark sei gleich Mark wird noch vielfach beibehalten, obwohl ihre Hohlheit klar zutage liegt, jedenfalls hat der Gesetzgeber sich bisher nicht entschließen können, sie gründlich und allgemein zu beseitigen, und sich nur damit begnügt, da und dort der Tatsache des gesunkenen Geldwertes Rechnung zu tragen."[89]

Das Reichsgericht ist dieser „Hohlheit" in einer Reihe von Entscheidungen entgegengetreten.[90] Eine entsprechende gesetzliche Regelung findet sich heute in § 313 BGB (Störung der Geschäftsgrundlage).

Dem folgend schuf der Gesetzgeber schließlich doch entsprechende gesetzliche Regelungen, zum Beispiel einen Anspruch auf Erhöhung von Geldbezügen aus Altenteilsverträgen und Versorgungsansprüchen auf gebundenen Familiengütern,[91] oder einen Aufwertungsanspruch eines Hypothekengläubigers,[92] der auch zu einem Anspruch auf Wiedereintragung gelöschter Hypotheken führte, wenn ohne Berücksichtigung der Aufwertung die Löschung bewilligt wurde.

IV. Vertragsgestaltung

Für die Inflationszeit hätte ich in Zeitschriften, die sich an Notare richten, auch Beiträge erwartet, die sich damit auseinandersetzen, wie man den Problemen mit Mitteln der Vertragsgestaltung begegnen kann. Hierzu findet sich nur wenig.

Ein Aufsatz aus dem Jahr 1922 („Übergabspreise und Geldentwertung") thematisiert das Problem der Festlegung von Geldzahlungen bei einer landwirtschaftlichen Übergabe im Hinblick auf die „weiter fortschreitende Geldentwertung".[93] Der Autor schlägt entsprechend der landwirtschaftlichen Gegebenheiten in seinem Amtsbereich die Anknüpfung an den Wert von Fichtelgebirgshafer vor. Danach könnte der Übergeber statt des konkret vereinbarten Geldbetrags auch die Leistung von X Zentner Hafer verlangen oder in Papiergeld den Tagespreis hierfür bei Fälligkeit.[94]

Dies entspricht ziemlich dem, was wenig später aufgrund gesetzlicher Regelungen als wertbeständige Hypothek ermöglicht wird.[95] Bei ihr konnte als Wertmesser

---

[89] Zeiler ZDNotV 1923, 3.
[90] Grundlegend das Urteil vom 3.2.1922, RGZ 103, 328; vorher bereits RGZ 100, 129; später zum Beispiel RGZ 106, 7; RGZ 106, 233; RGZ 107, 78.
[91] Verordnung vom 14.12.1923 (GVBl. 390) auf Grund des Gesetzes vom 18.8.1923 (RGBl. 815, MittBayNot 1924, 30).
[92] Dritte Steuernotverordnung vom 14.2.1924; hierzu Rehbein ZDNotV 1924, 7; zur Verfassungsmäßigkeit nahm das Reichsgericht Stellung, RGZ 107, 370; RGZ 111, 320.
[93] Götz ZfdN Bay 1922, 137.
[94] Kritisch im Hinblick auf die dingliche Sicherung des Anspruchs Krell ZfdN Bay 1922, 304.
[95] Vgl. Cammerer MittBayNot 1924, 34.

zum Beispiel auf Feingold abgestellt werden,[96] aber auch auf den Marktpreis (bei Fälligkeit des Zahlungsanspruchs) von Weizen oder Roggen.

Im Folgejahr betont ein Richter des Reichsgerichts, wie wichtig es sei, „vorzubauen. Wenn man sich der Wirkungen der Geldentwertung bewusst ist, gilt es die Vertragsbeziehungen von vornherein so zu regeln, dass die Wirkungen des veränderten Geldwerts – ob dieser weiterhin sinkt oder sich wieder hebt – in Rechnung gestellt und ausgeglichen wird."[97]

Erst nach der Inflation von 1923 finden Wertklauseln, insbesondere sogenannte Goldklauseln, größere Verbreitung. Sie wurden aber recht bald wieder durch das Preisrecht eingeschränkt. Nach dem zweiten Weltkrieg wurden letztlich alle Forderungen – ungeachtet etwaiger Wertklauseln – auf D-Mark umgestellt.[98] Das Währungsgesetz von 1949[99] schränkte den Anwendungsbereich von Wertsicherungsklauseln erheblich ein.[100]

V. Schlusswort

Der Rückblick gibt Anlass, den Eingangssatz aufzugreifen: Wer wie der Jubilar in den vergangenen 30 Jahren den Notarberuf ausüben durfte, konnte eine geradezu unbeschwerte Zeit genießen. Den Kolleginnen und Kollegen sind ähnliche Umstände für die kommenden Jahre und Jahrzehnte zu wünschen.

---

[96] Hierzu Verordnung vom 29.6.1923, RGBl. I 482.
[97] Zeiler ZDNotV 1923, 3 (4).
[98] Vgl. Harmening/Duden, Die Währungsgesetze, 1949, § 13 Anm. 28 und § 18 Anm. 1.
[99] Aufgehoben mit Gesetz vom 16.12.1999, BGBl. I 2402.
[100] Vgl. Harmening/Duden, Die Währungsgesetze, 1949, § 13 Anm. 28.

KAI BISCHOFF

Die notariellen Online-Verfahren nach Inkrafttreten des DiREG

I. Einleitung

Das am 1.8.2022 in Kraft getretene Gesetz zur Umsetzung der Digitalisierungsrichtlinie (DiRUG)[1] hat für die notarielle Praxis zu einem beachtlichen „Digitalisierungsschub" geführt: In Umsetzung europäischer Vorgaben hat der Gesetzgeber mit den notariellen Online-Verfahren im Gesellschaftsrecht zum ersten Mal in der Geschichte des deutschen Notariats die Möglichkeit einer Fernbeurkundung beziehungsweise Fernbeglaubigung mittels eines von der Bundesnotarkammer betriebenen Videokommunikationssystems eröffnet. Dazu wurden in das Beurkundungsgesetz Regelungen eingefügt, die für Teile der notariellen Tätigkeit digitale Verfahren einführen. Neben der weiterhin uneingeschränkt bestehenden Möglichkeit der Präsenzbeurkundung stehen nunmehr im Bereich des Gesellschaftsrechts für bestimmte Vorgänge alternativ die notariellen Online-Verfahren zur Verfügung.

Schon vor seinem Inkrafttreten wurde das DiRUG durch das Gesetz zur Ergänzung der Regelungen zur Umsetzung der Digitalisierungsrichtlinie (DiREG)[2] weiter ergänzt beziehungsweise angepasst und insbesondere der sachliche Anwendungsbereich der notariellen Online-Verfahren nochmals deutlich erweitert. Wie ernst es dem Gesetzgeber mit der Digitalisierung im Bereich des Gesellschaftsrechts ist, wird mit Blick auf die zeitliche Abfolge des Gesetzgebungsverfahrens deutlich: Noch bevor das DiRUG überhaupt in Kraft trat und praktische Erfahrungen mit den gänzlich neuartigen notariellen Online-Verfahren gesammelt werden konnten, lag bereits der Regierungsentwurf für das DiREG vor.[3] Während man im Übrigen im Hinblick auf die Digitalisierung in Deutschland sicherlich in einigen Bereichen noch einen gewissen Aufholbedarf feststellen kann, schaffte der Gesetzgeber in kürzester Zeit die legislativen Grundlagen, um eine Vielzahl an gesellschaftsrechtlichen Vorgängen vollständig *remote* erledigen zu können. Dass die praktische Umsetzung dieser weitreichenden und zugleich kurzfristigen Neuerungen in die Verantwortung der Notare und ihrer berufsständischen Organisationen gestellt wurde, kann durchaus als Anerkennung für den Notarstand angesehen werden. Dabei hat der

---

[1] BGBl. 2021 I 3338; bei der „Digitalisierungsrichtlinie" handelt es sich um die Richtlinie 2019/1151 des Europäischen Parlaments und des Rates vom 20.6.2019 zur Änderung der Richtlinie 2017/1132/EU im Hinblick auf den Einsatz digitaler Werkzeuge und Verfahren im Gesellschaftsrecht, ABl. 2019 L 186, 80.
[2] BGBl. 2022 I 1146; einige der Regelungen traten auch bereits zum 1.8.2022 in Kraft.
[3] BT-Drs. 20/1672.

Jubilar während seiner langjährigen Tätigkeit im Interesse des Berufsstandes die Entwicklung der notariellen Onlineverfahren eng begleitet.

Die Einführung der notariellen Online-Verfahren wurde von lebhaften Diskussionen begleitet; viele Facetten der Neuregelungen wurden im rechtswissenschaftlichen Diskurs bereits aufgegriffen. Daher befasst sich dieser Beitrag vor allem mit solchen Aspekten, die bislang noch nicht im Mittelpunkt standen. Für einen allgemeinen Überblick über die gesetzlichen Neuerungen sei hingegen auf einschlägige Beiträge verwiesen.[4] Lediglich zu den aktuellsten Änderungen im Hinblick auf den sachlichen Anwendungsbereich der Online-Verfahren durch das DiREG sollen einige einordnende beziehungsweise erläuternde Anmerkungen festgehalten werden (→ II.). Im Übrigen werden ausgewählte Probleme im Zusammenhang mit der Zuständigkeit (→ III.) und dem Verfahren (→ IV.) der Beurkundung beziehungsweise Beglaubigung mittels Videokommunikation behandelt.

II. Erweiterter Anwendungsbereich nach Inkrafttreten des DiREG

Nachdem das DiRUG die notariellen Online-Verfahren in einem ersten Schritt vor allem für ausgewählte Vorgänge betreffend Gesellschaften mit beschränkter Haftung und Unternehmergesellschaften eröffnet hatte, wurde der sachliche Anwendungsbereich für die Online-Verfahren durch das Inkrafttreten des DiREG deutlich erweitert. Hierbei sind insbesondere die folgenden Neuerungen hervorzuheben:

1. Online-Beglaubigungen für Registeranmeldungen

Zunächst ist es im Hinblick auf Beglaubigungen mittels Videokommunikation zu mehreren äußerst praxisrelevanten Änderungen gekommen. Zum einen hat der Gesetzgeber die durch das DiRUG vorgesehene Beschränkung des sachlichen Anwendungsbereichs auf gewisse Gesellschaftsformen bei Handelsregisteranmeldungen (§ 12 Abs. 1 S. 2 HGB alte Fassung) aufgehoben.[5] Nunmehr lässt § 12 Abs. 1 S. 2 HGB neue Fassung Online-Beglaubigungen bei Handelsregisteranmeldungen für sämtliche Rechtsformen zu. Dies betrifft insbesondere Personengesellschaften und dürfte nicht zuletzt für die häufig anzutreffende Rechtsform der GmbH & Co. KG von Relevanz sein.[6] Außerdem führt die Erweiterung des Anwendungsbereichs nach Vorstellung des Gesetzgebers dazu, dass auch nicht im Handelsregister eingetragene Rechtsträger Anmeldungen zum Handelsregister im Online-Verfahren beglaubigen lassen können.[7]

Zum anderen wurde der Anwendungsbereich der Beglaubigung mittels Videokommunikation durch das Inkrafttreten des DiREG auf Anmeldungen zu anderen

---

[4] So etwa Heckschen/Knaier NZG 2021, 1093 und NZG 2022, 885; Lieder ZRP 2022, 102; Omlor/Blöcher DStR 2021, 2352.
[5] Vgl. zu § 12 Abs. 1 S. 2 HGB alte Fassung BGBl. 2021 I 3338 (3341).
[6] Heckschen/Knaier NZG 2022, 885 (892); Lieder ZRP 2022, 102.
[7] BT-Drs. 20/1672, 18.

Registern erweitert. Seitdem ist die notarielle Unterschriftsbeglaubigung auch bei Anmeldungen zum Vereinsregister (§ 77 Abs. 2 BGB), zum Genossenschaftsregister (§ 157 S. 2 GenG) und zum Partnerschaftsregister (§ 5 Abs. 2 PartGG in Verbindung mit § 12 Abs. 1 S. 2 HGB) mittels Videokommunikation möglich. Hierdurch wurden bestehende Lücken geschlossen, um eine einheitliche Rechtslage für sämtliche Arten von Registeranmeldungen zu gewährleisten. Die vor Inkrafttreten des DiREG bestehende Ungleichbehandlung war von Seiten der Literatur durchaus kritisch betrachtet worden.[8] Mit Inkrafttreten des Personengesellschaftsrechtsmodernisierungsgesetzes (MoPeG) zum 1.1.2024 sollen außerdem auch bei Anmeldungen zu dem neu geschaffenen Gesellschaftsregister Online-Beglaubigungen vorgenommen werden können (§ 707b Nr. 2 BGB neue Fassung in Verbindung mit § 12 Abs. 1 S. 2 HGB). Indes hat der Gesetzgeber für das ab dem 1.1.2026 einzurichtende Stiftungsregister die Online-Beglaubigung für Registeranmeldungen bisher nicht vorgesehen.[9] Auf den entsprechenden Bedarf hatte auch die Bundesnotarkammer bereits im Gesetzgebungsverfahren zum DiREG hingewiesen.[10]

2. Sachgründungen

Mit Inkrafttreten des DiREG fiel außerdem die Begrenzung in § 2 Abs. 3 GmbHG alte Fassung weg, die Gesellschaftsgründungen im notariellen Online-Verfahren auf Bargründungen beschränkt hatte. Nach neuer Rechtslage besteht als einzige Beschränkung fort, dass die notarielle Beurkundung des Gesellschaftsvertrages dann nicht mittels Videokommunikation gemäß §§ 16a ff. BeurkG möglich ist, wenn andere Formvorschriften entgegenstehen. Hierdurch wurde der Anwendungsbereich der notariellen Online-Verfahren insbesondere auf Sachgründungen erweitert.

Aufgrund der eher geringen praktischen Bedeutung von Sachgründungen[11] dürfte es dadurch auch – entgegen bisweilen geäußerter Bedenken[12] – zu keinen unbeherrschbaren Schwierigkeiten in der notariellen Praxis kommen. Ohnehin wird in der Praxis anstelle der Sachgründung vielfach auf eine Bargründung mit Sachagio zurückgegriffen, um die höheren Anforderungen des Sachgründungsverfahrens zu vermeiden. Während das DiRUG gewisse Zweifel ließ, ob eine Bargründung mit Sachagio im Online-Verfahren beurkundet werden darf,[13] herrscht seit Inkrafttreten des DiREG insoweit Rechtssicherheit.[14] Nach dem Gesetzeswortlaut

---

[8] So etwa Bock RNotZ 2021, 326 (333); Stelmaszczyk/Kienzle ZIP 2021, 765 (775); Wicke GmbHR 2022, 516 (520).
[9] Vgl. § 3 Abs. 2, 3 StiftRG neue Fassung (BGBl. 2021 I 2947 (2953)).
[10] Dort auf S. 5 der Stellungnahme vom 4.4.2022; abrufbar unter: www.bnotk.de/stellungnahmen/details/referentenentwurf-eines-gesetzes-zur-ergaenzung-der-regelungen-zur-umsetzung-der-digitalisierungsrichtlinie (zuletzt abgerufen am 12.12.2023).
[11] So auch Heckschen/Knaier NZG 2022, 885 (887).
[12] Vgl. Lieder ZRP 2022, 102f., der auf die höhere Komplexität des Sachgründungsverfahrens und den hohen Wert des Kapitalschutzsystems hinweist.
[13] Hierzu etwa Heckschen/Knaier NZG 2021, 1093 (1094f.); Omlor/Blöcher DStR 2021, 2352 (2355f.).
[14] BT-Drs. 20/1672, 24.

ist ein solches Vorgehen nunmehr zulässig, sofern keine anderen Formvorschriften entgegenstehen (vgl. § 2 Abs. 3 S. 1 GmbHG). Dies wäre insbesondere bei der Einbringung von Immobilien (§ 311b Abs. 1 S. 1 BGB) oder GmbH-Geschäftsanteilen (§ 15 Abs. 3, 4 GmbHG) als Agio der Fall.[15]

Der neu eingefügte § 2 Abs. 3 S. 3 GmbHG ermöglicht die Mitbeurkundung von „sonstigen Willenserklärungen, welche nicht der notariellen Form bedürfen". Hierdurch können nicht beurkundungsbedürftige Rechtsgeschäfte in die Niederschrift nach § 2 Abs. 3 S. 1 GmbHG in Verbindung mit § 16b BeurkG aufgenommen und online mitbeurkundet werden.[16] Hier dürfte vor allem die Mitbeurkundung von schuldrechtlichen Gesellschaftervereinbarungen praktische Relevanz erlangen.[17] Insbesondere mit Blick auf sogenannte Beteiligungsverträge[18] ist indes zu beachten, dass eine Mitbeurkundung wegen § 15 Abs. 3, 4 GmbHG immer dann ausscheidet, wenn die im Geschäftsverkehr üblichen Erwerbsrechte beziehungsweise Mitveräußerungspflichten enthalten sind.[19] Ungeklärt ist die Frage, ob ungeachtet dessen, dass der Gesetzeswortlaut eine solche Beschränkung nicht enthält, ein sachlicher Zusammenhang der mitbeurkundeten Erklärung zu dem Gründungsvorgang zu fordern ist.[20] Aus Vorsichtsgründen sollte bis zur höchstrichterlichen Klärung dieser Frage auf das Vorliegen eines Sachzusammenhangs geachtet werden.

Aus § 15 Abs. 4 GmbHG ergibt sich eine zusätzliche Beschränkung des Anwendungsbereichs der notariellen Online-Verfahren: Da § 15 Abs. 4 GmbHG eine weitere Formvorschrift im Sinne des § 2 Abs. 3 S. 1 GmbHG ist, können Abtretungsverpflichtungen grundsätzlich nicht in die Satzung aufgenommen werden.[21] § 2 Abs. 3 S. 1 Hs. 2 GmbHG lässt dies jedoch ausdrücklich zu, wenn es sich um „Verpflichtungen zur Abtretung von Geschäftsanteilen an der Gesellschaft" handelt. Da es ohnehin eher selten ist, dass Abtretungsverpflichtungen betreffend Drittgesellschaften in eine Satzung aufgenommen werden, sondern diese in aller Regel allein die Gesellschaft selbst betreffen, dürften die Auswirkungen der Beschränkungen für die Gestaltungspraxis gering sein. Im Übrigen ist zu beachten, dass § 2 Abs. 3 S. 1 Hs. 2 GmbHG nur für Satzungsbestandteile gilt, nicht aber für schuldrechtliche Vereinbarungen.[22]

---

[15] Hertel in Staudinger, 2023, BeurkG Rn. 443a.
[16] Unzulässig bleiben allerdings weiterhin Maßnahmen nach dem UmwG wegen der dort vorgesehenen Beurkundungserfordernisse; vgl. etwa Heckschen/Knaier NZG 2022, 885 (888). Zur praktischen Umsetzung der „Mitbeurkundung" siehe Heinze in MüKoGmbHG, 4. Aufl. 2023, Nachtrag zum DiREG Rn. 6.
[17] BT-Drs. 20/1672, 23; vgl. auch Heckschen/Knaier NZG 2022, 885 (888f.).
[18] Siehe zu solchen Verträgen Thelen RNotZ 2020, 121.
[19] Heckschen/Knaier NZG 2022, 885 (889).
[20] So etwa C. Jaeger in BeckOK GmbHG, 56. Ed. 1.6.2023, GmbHG § 2 Rn. 84; anderer Ansicht Heinze in MüKoGmbHG, 4. Aufl. 2023, Nachtrag zum DiREG Rn. 11ff.
[21] So Heckschen/Knaier NZG 2022, 885 (889f.); vgl. auch BT-Drs. 20/1672, 24.
[22] Hertel in Staudinger, 2023, BeurkG Rn. 443a.

3. Einstimmig gefasste Gesellschafterbeschlüsse

Der ebenfalls neue § 2 Abs. 3 S. 4 GmbHG ordnet durch Verweis auf § 2 Abs. 3 S. 3 GmbHG ergänzend an, dass auch einstimmig gefasste Gesellschafterbeschlüsse im Rahmen der Gründung mitbeurkundet werden können. Allerdings sind nicht nur Beschlüsse im Zusammenhang mit der Gründung per Online-Beurkundung möglich. Der mit dem DiREG eingefügte § 53 Abs. 3 S. 2 GmbHG sieht vor, dass einstimmig gefasste Beschlüsse über Satzungsänderungen in entsprechender Anwendung des § 2 Abs. 3 S. 1, 3 und 4 GmbHG ebenfalls online beurkundet werden können. Nach Ansicht des Gesetzgebers handelt es sich hierbei um eine Rechtsgrundverweisung, sodass auch solche Beschlüsse nur im Wege der Videokommunikation beurkundet werden können, sofern andere Formvorschriften nicht entgegenstehen.[23] Zugleich ergibt sich aus diesem Verweis, dass eine Niederschrift entsprechend § 16b Abs. 1 S. 1 BeurkG über Willenserklärungen aufzunehmen ist, wodurch ein „virtuelles Tatsachenprotokoll" ausscheidet.[24]

Zur Klarstellung sei darauf hingewiesen, dass die (Rechtsgrund-)Verweisung des § 53 Abs. 3 S. 2 GmbHG auf § 2 Abs. 3 S. 3 Hs. 2 GmbHG, der wiederum auf § 2 Abs. 3 S. 1 GmbHG verweist, nicht zur Folge hat, dass Beschlüsse lediglich im Zusammenhang mit einer Gründungsurkunde online beurkundet werden können. Zwar lässt die Verweistechnik ein solches Verständnis zu, indes erfasst § 2 Abs. 3 S. 4 GmbHG bereits Beschlüsse im Rahmen der Gründung. Insoweit spricht die Gesetzessystematik eindeutig dafür, dass § 53 Abs. 3 S. 2 GmbHG die Online-Beurkundung in separater Niederschrift nach §§ 16 ff. BeurkG erlaubt.

Bisweilen wird vertreten, von einem „einstimmigen" Beschluss könne mit Blick auf den Zweck der Beschränkung (hier: Minderheitenschutz) nur dann ausgegangen werden, wenn sämtliche Gesellschafter dem Beschluss zustimmen.[25] Diese Auslegung des Einstimmigkeitsbegriffs vermag nicht zu überzeugen.[26] Bereits der Wortlaut verknüpft die Einstimmigkeit allein mit dem Beschluss und setzt eindeutig nicht voraus, dass auch sämtliche Gesellschafter im Sinne einer Vollversammlung an der entsprechenden Online-Beurkundung teilnehmen und einstimmig abstimmen müssen. Die Wortlautanalyse wird auch durch die Gesetzesbegründung gestützt. Dort bezieht sich der Gesetzgeber allein auf die Versammlung als solche und begründet die Begrenzung des Anwendungsbereichs damit, dass kontrovers verlaufende Versammlungen im Hinblick auf den Minderheitenschutz dem Präsenzverfahren vorbehalten bleiben sollen.[27] Der Minderheitenschutz wirkt also nicht generell in Bezug auf jeden denkbaren Konflikt zwischen Gesellschaftern im Zusammenhang mit Beschlüssen, sondern allein situationsbezogen für das Beurkundungsverfahren. Dies ist konsequent, da Gesellschafter durch das Zustimmungserfordernis des § 48 Abs. 1 S. 2 GmbHG[28] hinreichend geschützt sind und

---

[23] BT-Drs. 20/1672, 24.
[24] BT-Drs. 20/1672, 24f.; hierzu auch Lieder ZRP 2022, 102 (103).
[25] So Lieder ZRP 2022, 102 (103).
[26] Ebenso Hertel in Staudinger, 2023, BeurkG Rn. 443d; Wicke GmbHR 2022, 516 (522).
[27] BT-Drs. 20/1672, 24.
[28] Hierzu Hertel in Staudinger, 2023, BeurkG Rn. 443d; Heckschen/Knaier NZG 2022, 885 (890).

außerdem – etwa für weniger technikaffine Gesellschafter – die Möglichkeit der gemischten Beurkundung nach § 16e BeurkG offensteht, um „digitale Hürden" zu vermeiden.

Im Zusammenhang mit § 53 Abs. 3 S. 2 GmbHG ist hinsichtlich des Anwendungsbereichs zu beachten, dass nun auch Kapitalmaßnahmen online beurkundet werden können.[29] Der Rechtsgrundverweis auf § 2 Abs. 3 S. 1 GmbHG hat zur Folge, dass für Sachkapitalerhöhungen und Barkapitalerhöhungen mit Sachagio die gleichen Grundsätze wie für Sachgründungen beziehungsweise Bargründungen mit Sachagio gelten. Insoweit ist insbesondere zu beachten, dass die Einbringung von Immobilien und GmbH-Anteilen weiterhin nicht im Wege der Online-Beurkundung möglich ist. Abgerundet wird die Erweiterung des Anwendungsbereichs im Zusammenhang mit Kapitalmaßnahmen durch § 55 Abs. 1 S. 2 GmbHG, der vorsieht, dass auch Übernahmeerklärungen im Rahmen einer Kapitalerhöhung im Wege der Videokommunikation nach §§ 16a ff. BeurkG beurkundet oder beglaubigt werden können. Dementsprechend steht seit Inkrafttreten des DiREG die Möglichkeit offen, sämtliche für eine Kapitalerhöhung erforderlichen Erklärungen – wie es in der Praxis vor allem aus Kostengründen üblich ist – in einer Urkunde online abzugeben.[30]

4. Gründungsvollmachten

Ebenfalls bedeutsam ist die Einfügung von § 2 Abs. 2 S. 2 GmbHG, wonach nunmehr die notarielle Errichtung einer Gründungsvollmacht gemäß § 2 Abs. 2 S. 1 GmbHG auch mittels Videokommunikation erfolgen kann. „Errichtung" im Sinne der Vorschrift meint allein die Beurkundung der Vollmacht,[31] weshalb die Online-Beglaubigung von (Gründungs-)Vollmachten auch nach Inkrafttreten des DiREG unzulässig bleibt.[32] Hierdurch können insbesondere Vollzugsvollmachten auf Mitarbeiter des Notars in die Niederschrift mit aufgenommen werden,[33] auch wenn das Fehlen von Vollzugsvollmachten mit Blick auf § 378 Abs. 2 FamFG bereits zuvor keine größeren Schwierigkeiten bereitete.[34] Zugleich besteht keine Beschränkung auf einen bestimmten Gründungsvorgang. Vielmehr können Vollmachten für beliebig viele Gründungsvorgänge nach § 2 Abs. 2 S. 2 GmbHG online beurkundet werden.[35] Selbstverständlich besteht bezüglich der Verwendbarkeit dieser Vollmachten keine Beschränkung auf Online-Gründungen. Eine online beurkundete Gründungsvollmacht kann auch für Gründungen im Präsenzverfahren verwendet werden, indem der die Vollmacht beurkundende Notar von der elektronischen Urschrift eine Ausfertigung in Papierform zur Vorlage bei dem die

---

[29] Vgl. BT-Drs. 20/1672, 24.
[30] Hierzu Wicke GmbHR 2022, 516 (524).
[31] Vgl. BT-Drs. 20/1672, 22; C. Jaeger in BeckOK GmbHG, 56. Ed. 1.6.2023, GmbHG § 2 Rn. 82.
[32] Hertel in Staudinger, 2023, BeurkG Rn. 443c; Forschner MittBayNot 2022, 536 (538).
[33] BT-Drs. 20/1672, 22; Heckschen/Knaier NZG 2022, 885 (889).
[34] Forschner MittBayNot 2022, 536 (537f.).
[35] Heinze in MüKoGmbHG, 4. Aufl. 2023, Nachtrag zum DiREG Rn. 19.

Gründung beurkundenden Notar erteilt.[36] Der Umstand, dass von einem beglaubigten Dokument keine Ausfertigung angefertigt werden kann, erklärt im Hinblick auf § 172 BGB auch die Beschränkung des Anwendungsbereichs auf beurkundete Vollmachten.[37] Wegen der Spiegelbildlichkeit von Vollmacht und Nachgenehmigung sollen diese Regeln nach Ansicht des Gesetzgebers – bei der Gründung einer Mehrpersonengesellschaft – ebenfalls Anwendung auf Genehmigungserklärungen betreffend die Vertretung durch einen Vertreter ohne Vertretungsmacht finden.[38]

III. Das Amtsbereichsprinzip im notariellen Online-Verfahren

1. Überblick

Weitere Besonderheiten im Zusammenhang mit den notariellen Online-Verfahren ergeben sich aus der Übertragung des Amtsbereichsprinzips in die „digitale Welt". Für Präsenzbeurkundungen gelten folgende Grundsätze: Während die Beteiligten gänzlich frei darin sind, sich den Notar auszusuchen, ist der Notar selbst durch § 10a Abs. 2 BNotO in seiner Urkundstätigkeit eingeschränkt.[39] Danach soll der Notar seine Urkundstätigkeit nur innerhalb seines Amtsbereichs ausüben, sofern nicht besondere berechtigte Interessen der Rechtsuchenden ein Tätigwerden außerhalb des Amtsbereichs gebieten. Die Möglichkeit der unbeschränkten Notarwahl für die Bürger erfährt im Präsenzverfahren eine faktische Begrenzung durch räumliche Distanzen.[40] Im Online-Verfahren spielt eine räumliche Distanz aber gerade keine Rolle, vielmehr kann der Rechtsuchende von jedem beliebigen Ort der Welt aus an der Beurkundung im Wege der Videokommunikation teilnehmen. Um gleichwohl das Amtsbereichsprinzip als zentralen Bestandteil der deutschen Notariatsverfassung[41] auf die Online-Verfahren übertragen zu können, bedurfte es zur Verwirklichung der mit dem Amtsbereichsprinzip verfolgten Ziele[42] einer zusätzlichen Regelung.

Der Gesetzgeber hat sich dazu entschieden, das Spannungsfeld zwischen Online-Verfahren und Amtsbereichsprinzip durch mehrere Fiktionstatbestände aufzulösen, bei deren Vorliegen die Urkundstätigkeit als im Amtsbereich vorgenommen gilt. Nach § 10a Abs. 3 BNotO gilt die Urkundstätigkeit als im Amtsbereich vorgenommen, wenn sich einer der folgenden Orte im Amtsbereich befindet:

---

[36] BT-Drs. 20/1672, 22; C. Jaeger in BeckOK GmbHG, 56. Ed. 1.6.2023, GmbHG § 2 Rn. 82; Hertel in Staudinger, 2023, BeurkG Rn. 443c.
[37] Forschner MittBayNot 2022, 536 (538).
[38] BT-Drs. 20/1672, 22; Hertel in Staudinger, 2023, BeurkG Rn. 443c; Forschner MittBayNot 2022, 536 (538), der allerdings eine Erwähnung im Wortlaut der Norm begrüßt hätte.
[39] Hierzu auch Forschner MittBayNot 2022, 536 (539).
[40] Forschner MittBayNot 2022, 536 (539); Kienzle/Thelen DNotZ 2023, 85 (87).
[41] Vgl. etwa BGH NJW-RR 2017, 829 (830).
[42] Hierzu BT-Drs. 20/1672, 18; Regler in BeckOK BNotO, 7. Ed. 1.3.2023, BNotO § 10a Rn. 2ff.

1. der Sitz der betroffenen juristischen Person oder rechtsfähigen Personengesellschaft oder die Hauptniederlassung oder der Wohnsitz des betroffenen Einzelkaufmanns,
2. bei einer juristischen Person oder rechtsfähigen Personengesellschaft mit Sitz im Ausland oder einem Einzelkaufmann mit Hauptniederlassung im Ausland der Sitz oder die Geschäftsanschrift der betroffenen Zweigniederlassung,
3. der Wohnsitz oder Sitz eines organschaftlichen Vertreters der betroffenen juristischen Person oder rechtsfähigen Personengesellschaft oder
4. der Wohnsitz oder Sitz eines Gesellschafters der betroffenen juristischen Person oder rechtsfähigen Personengesellschaft, sofern die Eigenschaft als Gesellschafter aus dem Handelsregister oder einem vergleichbaren Register ersichtlich ist.

Diese Regelung wurde bereits mit dem DiRUG eingefügt und durch das DiREG lediglich punktuell angepasst. Hervorzuheben ist insofern insbesondere, dass gemäß § 10a Abs. 3 Nr. 3 BNotO Anknüpfungspunkt nicht mehr allein der Wohnsitz oder Sitz eines Gesellschafters, sondern auch derjenige eines organschaftlichen Vertreters der betroffenen juristischen Person oder rechtsfähigen Personengesellschaft ist. Insbesondere mit Blick auf die Erweiterung des sachlichen Anwendungsbereichs der Online-Beglaubigung und die damit verbundene Aufnahme von juristischen Personen, die einen großen Mitglieder-/Gesellschafterkreis haben, wird die Vorschrift „effektiver und praxistauglicher ausgestaltet."[43] Vor allem hinsichtlich großer Publikumsgesellschaften sollten ein praktisches Leerlaufen der gewünschten Begrenzung sowie Prüfungsschwierigkeiten für den Notar verhindert werden.[44] Hier sorgt die Anknüpfung an den organschaftlichen Vertreter für eine sinnvolle Verbesserung, da sich der Wohnsitz beziehungsweise Sitz des organschaftlichen Vertreters regelmäßig aus dem jeweiligen Register ergibt.[45] Hinzu kommt, dass der organschaftliche Vertreter vielfach der direkte Ansprechpartner des Notars im Zusammenhang mit dem Beurkundungsvorgang sein wird, weshalb sich das Anknüpfen an diese Beziehung anbietet.

Ergänzt wird diese Regelung durch § 10a Abs. 3 Nr. 4 BNotO, der ebenfalls aus der ursprünglichen Fassung des § 10a Abs. 3 Nr. 3 BNotO hervorgegangen ist, aber die Anknüpfung auf solche Gesellschafter beschränkt, bei denen sich die Gesellschafterstellung aus dem Handelsregister oder einem vergleichbaren Register ergibt. Dies ist im Hinblick auf das gesetzgeberische Ziel der Prüfungsvereinfachung konsequent und stellt sich unter Berücksichtigung der weiteren Anknüpfungstatbestände als angemessener Ausgleich der widerstreitenden Interessen dar.

2. Zum Begriff des Wohnsitzes

Von Interesse ist im Zusammenhang mit § 10a Abs. 3 BNotO, dass die Norm in mehreren Fällen (Nr. 1, 3 und 4) an den Begriff des Wohnsitzes anknüpft. Was unter Wohnsitz zu verstehen ist, richtet sich – auch nach der Vorstellung des Gesetz-

---

[43] BT-Drs. 20/1672, 19.
[44] Vgl. BT-Drs. 20/1672, 19; Lieder ZRP 2022, 102 (103).
[45] BT-Drs. 20/1672, 19; Lieder ZRP 2022, 102 (103).

gebers[46] – nach den §§ 7 ff. BGB.[47] Dementsprechend ist insbesondere § 7 Abs. 2 BGB zu beachten, wonach ein Wohnsitz gleichzeitig an mehreren Orten bestehen kann. Davon ist auszugehen, wenn sich der räumliche Schwerpunkt der Lebensverhältnisse einer Person an mehreren Orten gleichermaßen befindet.[48] Die Feststellung, ob diese Voraussetzungen erfüllt sind, bereitet bereits grundsätzliche Schwierigkeiten.[49] Daher stellt auch der Gesetzgeber fest, dass sich „der Notar in der Regel auf die Angaben der Beteiligten verlassen darf und, sofern keine abweichenden Anhaltspunkte bestehen, keine Einzelfallprüfung vornehmen muss."[50] Dies ist andererseits mit Blick auf die eingeschränkten Prüfungsmöglichkeiten des Notars zu begrüßen, führt aber andererseits dazu, dass Beteiligten, denen es unbedingt auf die Eröffnung des örtlichen Anwendungsbereichs der Online-Verfahren bei einem bestimmten Notar ankommt, ein Graubereich eröffnet wird, um mit falschen Angaben die Zuständigkeit eines unzuständigen Notars zu „begründen". Hierbei handelt es sich allerdings um ein vom Gesetzgeber bewusst in Kauf genommenes Risiko. Notare sollten sich jedenfalls unter keinen Umständen an der Begründung einer solchen „Schein-Zuständigkeit" beteiligen. Vielmehr sollte der Notar die Voraussetzungen der örtlichen Zuständigkeit umso genauer prüfen, je größer die Zweifel an der Richtigkeit der Angaben der Beteiligten sind.

3. Ausnahmen vom Amtsbereichsprinzip

§ 10a Abs. 2 BNotO gilt auch ohne expliziten Verweis auf § 10a Abs. 3 BNotO gleichermaßen für das notarielle Online-Verfahren.[51] Daher ist eine Urkundstätigkeit außerhalb des Amtsbereichs – sofern also die Voraussetzungen des § 10a Abs. 3 BNotO nicht vorliegen – nur zulässig, wenn besondere berechtigte Interessen der Rechtsuchenden ein Tätigwerden außerhalb des Amtsbereichs gebieten. Die Bundesnotarkammer hat ihre Richtlinienempfehlungen entsprechend angepasst und erklärt in Abschnitt IX Nr. 4 der Richtlinienempfehlungen die Nr. 1–3 des Abschnitts IX der Richtlinienempfehlungen für entsprechend anwendbar auf Urkundstätigkeiten mittels Videokommunikation. Folglich gelten auch die Ausnahmetatbestände des Abschnitts IX Nr. 2 der Richtlinienempfehlungen entsprechend. Daher liegen besondere berechtigte Interessen insbesondere dann vor, wenn Gefahr im Verzug ist, bei vorheriger Entwurfsfertigung und unvorhersehbarem Erfordernis der Beurkundung außerhalb des Amtsbereichs, bei sogenannten „Reparaturukunden", die nach § 21 GNotKG zu behandeln sind, sowie im Falle einer besonderen Vertrauensbeziehung zwischen Notar und Beteiligten.[52]

---

[46] BT-Drs. 20/1672, 19.
[47] Die Gesetzesbegründung zum DiRUG ließ diese Frage noch offen; vgl. Heckschen/Knaier NZG 2021, 1093 (1099).
[48] Hau in BeckOK BGB, 66. Ed. 1.5.2023, BGB § 7 Rn. 37; Spickhoff in MüKoBGB, 9. Aufl. 2021, BGB § 7 Rn. 42.
[49] Vgl. Hau in BeckOK BGB, 66. Ed. 1.5.2023, BGB § 7 Rn. 37.
[50] BT-Drs. 20/1672, 19.
[51] BT-Drs. 19/28177, 106.
[52] Dies entspricht auch der Vorstellung des Gesetzgebers, vgl. BT-Drs. 19/28177, 109.

Die Übertragung der für das Präsenzverfahren geltenden Ausnahmetatbestände auf das Online-Verfahren ist im Interesse eines größtmöglichen Gleichlaufs zwischen beiden Verfahrensarten sinnvoll. Jedoch ergeben sich aus der Übertragung auch gewisse Besonderheiten, die es zu beachten gilt. Mit Blick auf den Ausnahmetatbestand der Gefahr im Verzug sei darauf hingewiesen, dass das Anbieten und Durchführen von Online-Verfahren eine notarielle Amtspflicht darstellt.[53] Sollten sich im Einzelfall diejenigen Notare, bei denen ein Anknüpfungstatbestand des § 10a Abs. 3 BNotO erfüllt ist, gleichwohl weigern, eine Beurkundung mittels Videokommunikation durchzuführen, wird dies allerdings in eilbedürftigen Sachverhalten, in denen Rechtsschutz (§ 15 Abs. 2 BNotO) nicht rechtzeitig zu erlangen ist, eine positive Unerreichbarkeitsprognose begründen.[54] Eine positive Unerreichbarkeitsprognose dürfte auch dann vorliegen, wenn der eigentlich zuständige Notar aufgrund technischer Schwierigkeiten[55] oder mangels zeitlicher Kapazitäten nicht in der Lage ist, die Online-Beurkundung rechtzeitig vorzunehmen. Hinsichtlich der die Unerreichbarkeit begründenden Umstände kann der nach § 10a Abs. 3 BNotO unzuständige Notar grundsätzlich auf die Angaben der Beteiligten vertrauen und muss insbesondere keine eigenen Nachforschungen anstellen.[56]

Auch im Online-Verfahren sind Situationen denkbar, in denen der Notar einen Entwurf gefertigt hat und sich sodann aus unvorhersehbaren Gründen ergibt, dass die Beurkundung unter Überschreitung der Grenzen des Amtsbereichs erfolgen muss. Auch bei Nutzung der Online-Verfahren ist hier in jedem Fall erforderlich, dass ein objektiver Grund für eine Beurkundung außerhalb des Amtsbereichs vorliegt. Hier wird es insbesondere um Fälle gehen, in denen sich der Anknüpfungspunkt für die Begründung der Zuständigkeit im Online-Verfahren unvorhergesehen ändert.

Der Ausnahmetatbestand für die Beurkundung sogenannter Reparaturkunden gilt auch im Online-Verfahren ohne Besonderheiten, sofern die Reparaturkunde ihrerseits allein Inhalte betrifft, die vom sachlichen Anwendungsbereich der notariellen Online-Verfahren erfasst sind. Aufgrund der Möglichkeit, Gründungsvollmachten ebenfalls online zu beurkunden (→ II. 4.), besteht bei Gründungsvorgängen allerdings auch die Möglichkeit, die erforderlichen Änderungen aufgrund entsprechender Korrektur- und Vollzugsvollmachten auf den Notar beziehungsweise seine Mitarbeiter vorzunehmen.[57]

Auch für Amtsbereichsüberschreitungen wegen einer Vertrauensbeziehung gelten im Wesentlichen diejenigen Grundsätze, die auch bei Präsenzverfahren Anwendung finden. Insoweit ist im gesellschaftsrechtlichen Kontext insbesondere zu berücksichtigen, dass zwischen der Gesellschaft als solcher und dem Notar keine Vertrauensbeziehung bestehen kann, sondern es hier auf die Beziehung zwischen organschaftlichem beziehungsweise rechtsgeschäftlichem Vertreter und dem Notar

---

[53] Forschner MittBayNot 2022, 536 (538); Kienzle DNotZ 2021, 590 (606).
[54] Vgl. zu diesem Kriterium Bremkamp in Frenz/Miermeister, 5. Aufl. 2020, BNotO §§ 10a, 11 Rn. 24.
[55] So auch Forschner MittBayNot 2022, 536 (540).
[56] Bremkamp in Frenz/Miermeister, 5. Aufl. 2020, BNotO §§ 10a, 11 Rn. 19.
[57] Im Übrigen sei auf § 378 Abs. 2 FamFG verwiesen.

ankommt.⁵⁸ Im Hinblick auf den von den Richtlinienempfehlungen vorgesehenen Kausalitätszusammenhang zwischen konkreter Urkundstätigkeit und Vertrauensbeziehung bleibt zu beachten, dass die Vornahme von Beglaubigungen ohne Entwurf – die in Registersachen zwar eher selten, aber gerade bei anwaltlich beratenen Beteiligten durchaus vorkommen – typischerweise keine Vertrauensbeziehung zwischen Beteiligten und Notar erfordern.⁵⁹ Im Übrigen stellen die Richtlinienempfehlungen ausdrücklich klar, dass es für das Unzumutbarkeitskriterium bei Online-Verfahren darauf ankommt, ob die Inanspruchnahme eines nach § 10a Abs. 3 BNotO zuständigen Notars unzumutbar ist. Insoweit ist von Bedeutung, dass vor allem gesundheitliche und räumliche Gründe nur sehr eingeschränkt geeignet sind, die Unzumutbarkeit zu begründen. Denn die Beurkundung mittels Videokommunikation ermöglicht es gerade, die Beurkundung von jedem beliebigen Ort vorzunehmen. Hier bedarf es also anderer Umstände, die bei objektiver Betrachtung die Inanspruchnahme eines eigentlich zuständigen Notars unzumutbar erscheinen lassen.

Hat der Notar eine Online-Beurkundung vorgenommen, obwohl kein Fall des § 10a Abs. 3 BNotO und auch kein Ausnahmetatbestand nach § 10a Abs. 2 BNotO in Verbindung mit Abschnitt IX Nr. 2 der Richtlinienempfehlungen erfüllt ist, hat dies zwar keine Auswirkungen auf die Wirksamkeit des Geschäfts, dem Notar drohen wegen seines berufsrechtswidrigen Verhaltens jedoch dienstrechtliche Sanktionen.⁶⁰ In diesem Zusammenhang sei daran erinnert, dass den Beteiligten bei der Anmeldung zu den Online-Verfahren zwar eine Liste mit Vorschlägen für – aufgrund ihrer Angaben – zuständige Notare angezeigt wird, es aber auch technisch möglich ist, einen Notar frei auszuwählen. In jedem Fall ist der Notar verpflichtet, seine örtliche Zuständigkeit stets sorgfältig und eigenverantwortlich zu prüfen.⁶¹

4. Anwesenheit in der Geschäftsstelle

Schließlich sei darauf hingewiesen, dass der Verweis in Abschnitt IX Nr. 4 der Richtlinienempfehlungen auch Nr. 1 des Abschnitts erfasst, wonach sich der Notar bei der Vornahme seiner Amtsgeschäfte nur außerhalb der Geschäftsstelle aufhalten darf, wenn hierfür sachliche Gründe vorliegen. Nach § 16b Abs. 3 S. 1 BeurkG ist Ort der Verhandlung im Online-Verfahren stets der Ort, an dem der Notar die elektronische Niederschrift aufnimmt.⁶² Daraus folgt, dass der Notar die Urkundstätigkeit im Online-Verfahren nicht aus dem Home-Office vornehmen kann, wenn hierfür keine sachlichen Gründe vorliegen, sondern er sich bei Durchführung der Beurkundung beziehungsweise Beglaubigung mittels Videokommunikation in der Geschäftsstelle befinden muss.⁶³

---

⁵⁸ Bremkamp in Frenz/Miermeister, 5. Aufl. 2020, BNotO §§ 10a, 11 Rn. 47 f.
⁵⁹ Bremkamp in Frenz/Miermeister, 5. Aufl. 2020, BNotO §§ 10a, 11 Rn. 51.
⁶⁰ BT-Drs. 19/28177, 107; Hertel in Staudinger, 2023, BeurkG Rn. 443h.
⁶¹ So auch Forschner MittBayNot 2022, 536 (539); Kienzle/Thelen DNotZ 2023, 85 (87).
⁶² Bremkamp in BeckOK BeurkG, 8. Ed. 15. 9. 2022, BeurkG § 16b Rn. 11.
⁶³ Forschner MittBayNot 2022, 536 (540).

IV. Besonderheiten des Beurkundungsverfahrens

1. Überblick

Es gibt bereits einige Veröffentlichungen, die sich mit den technischen Voraussetzungen, dem faktischen Ablauf und weiteren Besonderheiten des Online-Beurkundungsverfahrens befassen.[64] Für einen allgemeinen Überblick über die bei Online-Beurkundungen zu beachtenden Aspekte sei deshalb auf diese Beiträge verwiesen. Bei den folgenden Ausführungen soll der Fokus auf zwei Aspekten liegen, die bislang noch nicht im Mittelpunkt der rechtswissenschaftlichen Diskussion standen, aber aus praktischer und beurkundungsrechtlicher Sicht von Interesse sind.

2. Vollmachten, Existenz- und Vertretungsnachweise im Online-Verfahren

Nach § 16d BeurkG sollen vorgelegte Vollmachten und Ausweise über die Berechtigung eines gesetzlichen Vertreters der elektronischen Niederschrift in elektronisch beglaubigter Abschrift beigefügt werden. Hierbei handelt es sich um eine bloße Zeugnispflicht, die als lex specialis zu § 12 Abs. 1 S. 1 BeurkG bestimmt, auf welche Weise die Vorlage des Vertretungsnachweises verfahrensrechtlich zu dokumentieren ist,[65] die aber keine Formvorgaben für den Nachweis enthält.[66] Materielle Bestimmungen und verfahrensrechtliche Erfordernisse, nach denen Vertretungsnachweise in Urschrift oder Ausfertigung vorzulegen sind, bleiben von § 16d BeurkG unberührt.[67] Hier ist insbesondere § 172 Abs. 1 BGB in den Blick zu nehmen, der das Vertrauen des Geschäftsgegners in die Wirksamkeit und den Bestand der Vollmacht nur dann schützt, wenn die Vollmachtsurkunde in Urschrift oder Ausfertigung vorgelegt wird. § 172 Abs. 1 BGB setzt dabei grundsätzlich voraus, dass dem gutgläubigen Geschäftsgegner das entsprechende Dokument in Papierform vor oder bei Abschluss des Geschäfts vorgelegt wird.[68] Dies wäre im Online-Verfahren naturgemäß impraktikabel, da sich die Beteiligten an unterschiedlichen Orten aufhalten und eine papierförmige Vorlage des Originals beziehungsweise einer Ausfertigung gerade bei mehreren Beteiligten regelmäßig kaum zu bewerkstelligen sein dürfte.[69]

Deshalb erweitert der mit dem DiRUG eingefügte § 12 Abs. 2 BeurkG den Vertrauensschutz des § 172 Abs. 1 BGB.[70] Nach § 12 Abs. 2 BeurkG gilt die Vorlage der Vollmachtsurkunde gegenüber dem Notar nunmehr auch als Vorlage gegenüber demjenigen, gegenüber dem die beurkundete Willenserklärung abgegeben wird. Hierbei ist zu berücksichtigen, dass § 12 Abs. 2 BeurkG nicht auch das Wirksamwerden der Vollmacht nach § 167 Abs. 1 Var. 2 BGB betrifft, sodass dem lediglich

---

[64] So etwa Kienzle DNotZ 2021, 590; Heckschen/Knaier NZG 2021, 1093.
[65] BT-Drs. 19/28177, 123.
[66] Forschner MittBayNot 2022, 536 (541).
[67] BT-Drs. 19/28177, 123.
[68] Vgl. statt vieler Schubert in MüKoBGB, 9. Aufl. 2021, BGB § 172 Rn. 21.
[69] Siehe auch Bremkamp in BeckOK BeurkG, 8. Ed. 15.9.2022, BeurkG § 16d Rn. 5; Forschner MittBayNot 2022, 536 (541).
[70] Zu den Einzelheiten Bremkamp in BeckOK BeurkG, 8. Ed. 15.9.2022, BeurkG § 12 Rn. 171 ff.; Hertel in Staudinger, 2023, BeurkG Rn. 348a.

online erscheinenden Bevollmächtigten die Erklärung nicht zugegangen ist.[71] Insoweit sollte in die Niederschrift aufgenommen werden, dass sämtliche Erklärungen und Genehmigungen zu der Urkunde allen Beteiligten gegenüber mit ihrem Eingang beim Notar wirksam werden.[72]

Da der europäische Richtliniengeber vorgibt, dass Verfahren eingerichtet werden sollen, die unter anderem die Gründung von Gesellschaften vollständig ohne Anwesenheit vor dem Notar ermöglichen,[73] weist der deutsche Gesetzgeber darauf hin, dass die Vorlage der Dokumente gegenüber dem Notar ohne körperliches Erscheinen, etwa auf dem Postweg, möglich ist.[74] Im Übrigen gelten bezüglich der Vorlage und Form von Existenz- und Vertretungsnachweisen die, auch für das Präsenzverfahren, geltenden Grundsätze.[75]

3. „Hybride" Beurkundungen

Neben der Möglichkeit, ein reines Online-Verfahren durchzuführen, hat der Gesetzgeber erstmals auch ein „hybrides" Beurkundungsverfahren geschaffen: Nach § 16e BeurkG kann nunmehr eine sogenannte gemischte Beurkundung durchgeführt werden, bei der ein Teil der Beteiligten an der Beurkundung in Präsenz teilnehmen und andere Beteiligte per Videokommunikation hinzugeschaltet werden. In einem solchen Fall hat der Notar eine elektronische Niederschrift nach § 16b BeurkG mit den per Videokommunikation teilnehmenden Beteiligten und gleichzeitig eine inhaltsgleiche Niederschrift nach § 8 BeurkG mit den körperlich anwesenden Beteiligten aufzunehmen.[76] Im Zusammenhang mit § 16e BeurkG sind vor allem zwei Rechtsfragen von Interesse, auf die besonders hingewiesen sei:

a) Vorlesenspflicht und Online-Verfahren

Bei der gemischten Beurkundung nach § 16e BeurkG handelt es sich um eine einheitliche Beurkundung, bei der allerdings zwei inhaltsgleiche Niederschriften aufgenommen werden.[77] Dies führt jedoch keineswegs dazu, dass auch beide Niederschriften verlesen werden müssen. Nach § 16b Abs. 1 S. 2 BeurkG in Verbindung mit § 13 Abs. 2 S. 1 BeurkG genügt es, wenn der übereinstimmende Inhalt den Beteiligten einmal vorgelesen wird.[78] Im Rahmen der Beurkundung mittels Videokommunikation ist es unstreitig zulässig, den Beteiligten die elektronische

---

[71] Hertel in Staudinger, 2023, BeurkG Rn. 348a, 445h.
[72] Hertel in Staudinger, 2023, BeurkG Rn. 445h.
[73] So etwa Richtlinie (EU) 2019/1151 vom 20.6.2019, Erwägungsgrund 8 S. 1.
[74] BT-Drs. 19/28177, 124; so auch Rachlitz in BeckOGK, 1.6.2023, BeurkG § 16d Rn. 3.
[75] Hierzu Forschner MittBayNot 2022, 536 (541); Stelmaszczyk/Kienzle ZIP 2021, 765 (771ff.).
[76] Insoweit gilt der formelle Beteiligtenbegriff des § 6 Abs. 2 BeurkG, sodass mindestens ein Beteiligter in Präsenz und mindestens ein Beteiligter per Videokommunikation teilnehmen muss; die Teilnahme eines Dolmetschers oder Ähnlichem genügt hierfür nicht; vgl. Rachlitz in BeckOGK, 1.6.2023, BeurkG § 16e Rn. 3; zweifelnd Kienzle/Thelen DNotZ 2023, 85 (91f.).
[77] Rachlitz in BeckOGK, 1.6.2023, BeurkG § 16e Rn. 9; Hertel in Staudinger, 2023, BeurkG Rn. 445i.
[78] Hertel in Staudinger, 2023, BeurkG Rn. 445l; Forschner MittBayNot 2022, 536 (541); Kienzle/Thelen DNotZ 2023, 85 (96).

Niederschrift als originär elektronisches Dokument unmittelbar vom Bildschirm vorzulesen.[79] Für § 16e BeurkG, der die Errichtung von zwei inhaltsgleichen Niederschriften – eine elektronisch, eine auf Papier – vorsieht, gilt daher ein Wahlrecht bezüglich der Frage, ob von der Papierniederschrift oder der elektronischen Niederschrift abgelesen wird.[80]

Aus dieser Wahlmöglichkeit ergibt sich, dass es dem Gesetzgeber nicht darauf ankommt, ob von Papier oder einem Bildschirm abgelesen wird – entscheidend ist allein die inhaltliche Übereinstimmung.[81] Diese Feststellung hat nicht nur Bedeutung für gemischte Beurkundungen nach § 16e BeurkG, sondern führt generell dazu, dass ein Verlesen einer Niederschrift im Sinne des § 13 Abs. 1 BeurkG kein zwingendes Verlesen einer Papierniederschrift verlangt. Vielmehr kann nun auch im Präsenzverfahren allein von einem Bildschirm vorgelesen werden, sofern das Verlesene inhaltlich mit der Niederschrift übereinstimmt.[82] Des Weiteren besteht keine Pflicht, bereits im Zeitpunkt des Vorlesens beide nach § 16e BeurkG erforderlichen Niederschriften „vorliegen" zu haben. Denn bei dem gemischten Beurkundungsverfahren handelt es sich um einen einheitlichen Beurkundungsvorgang, der zwar im Ergebnis in zwei Niederschriften mündet, das doppelte Verlesen dieser beiden inhaltsgleichen Niederschriften aber nicht voraussetzt. Daher ist es unschädlich, wenn etwa die Papierniederschrift erst nach vollständiger Errichtung der elektronischen Niederschrift erstmalig ausgedruckt wird.[83]

b) Inhaltsgleiche Niederschriften

Angesichts dieser Möglichkeit empfiehlt die herrschende Meinung das folgende praktische Vorgehen bei der Erstellung beider Niederschriften, um Abweichungen zwischen beiden Niederschriften unbedingt zu vermeiden:[84] Zunächst soll die elektronische Niederschrift verlesen und etwaige Änderungen in der elektronischen Niederschrift vorgenommen werden, die dann von den mittels Videokommunikation teilnehmenden Beteiligten und dem Notar signiert werden können. Erst danach soll dieses Dokument ausgedruckt und von den in Präsenz teilnehmenden Beteiligten und dem Notar unterschrieben werden.[85] Umgekehrt kann zunächst auch die Papierniederschrift verlesen werden, wobei etwaige Änderungen auf dieser Niederschrift nach allgemeinen Grundsätzen vorzunehmen sind. Nach der Unterzeichnung kann diese Niederschrift eingescannt und den mittels Videokommuni-

---

[79] Bremkamp in BeckOK BeurkG, 8. Ed. 15.9.2022, BeurkG § 13 Rn. 33 und § 16b Rn. 7; Kienzle/Thelen DNotZ 2023, 85 (96).

[80] Rachlitz in BeckOGK, 1.6.2023, BeurkG § 16e Rn. 7; Bremkamp in BeckOK BeurkG, 8. Ed. 15.9.2022, BeurkG § 13 Rn. 33; Kienzle DNotZ 2021, 590 (602); anderer Ansicht Winkler, 20. Aufl. 2022, BeurkG § 16e Rn. 5.

[81] Kienzle/Thelen DNotZ 2023, 85 (97); Spernath ZNotP 2021, 448 (452).

[82] Bremkamp in BeckOK BeurkG, 8. Ed. 15.9.2022, BeurkG § 13 Rn. 33 und § 16b Rn. 7; Kienzle/Thelen DNotZ 2023, 85 (96f.).

[83] Hertel in Staudinger, 2023, BeurkG Rn. 445l; Kienzle/Thelen DNotZ 2023, 85 (96).

[84] Für die inhaltliche Übereinstimmung beider Niederschriften hat der Notar nach § 19 BNotO einzustehen; Bremkamp in BeckOK BeurkG, 8. Ed. 15.9.2022, BeurkG § 16e Rn. 8.

[85] Hertel in Staudinger, 2023, BeurkG Rn. 445l; Bock RNotZ 2021, 326 (331); Forschner MittBayNot 2022, 536 (541); Kienzle/Thelen DNotZ 2023, 85 (96f.).

kation teilnehmenden Beteiligten zum Zwecke der Signatur hochgeladen werden.[86] Beide Verfahrensgestaltungen führen dazu, dass das Risiko inhaltlich divergierender Niederschriften minimiert wird, weshalb es sich anbietet, das Verfahren auf die eine oder andere Weise zu gestalten.

Sollte es gleichwohl zu inhaltlichen Abweichungen zwischen beiden Niederschriften kommen, stellt sich die Frage nach der Rechtsfolge. Zunächst ist festzustellen, ob tatsächlich eine *inhaltliche* Abweichung vorliegt. Der Gesetzgeber hat nicht weiter ausgeführt, was er unter dem Begriff der „inhaltsgleichen Niederschriften" versteht. Es liegt jedoch nahe, eine Parallele zu der „inhaltlichen Übereinstimmung" nach § 13 Abs. 2 S. 1 BeurkG zu ziehen.[87] Insofern kommt es allein auf den Inhalt der Niederschrift an,[88] nicht aber auf die äußere Gestaltung, wie etwa die Formatierung, wobei Einzelheiten zu der Frage, wo genau die Linie zwischen unbeachtlicher Abweichung und inhaltlicher Ungleichheit verläuft, ungeklärt sind.[89] Zutreffend dürfte in jedem Fall sein, dass etwa das Einfügen der UVZ-Nummer auf der Papierniederschrift, nicht aber in der elektronischen Niederschrift, keine inhaltliche Ungleichheit zur Folge hat, da die Angabe der UVZ-Nummer nicht zum Inhalt der Niederschrift im Sinne des § 9 BeurkG gehört, sondern lediglich eine Ordnungsfunktion erfüllt.[90] Auch dürften untergeordnete Tipp- und Rechtschreibfehler, die keinerlei Auswirkungen auf den Sinn des Textes haben, nicht als inhaltliche Ungleichheit im Sinne des § 16e Abs. 1 BeurkG zu bewerten sein.[91] Schließlich stehen das Vorhandensein von Unterschriften unter der Papierniederschrift und das Fehlen dieser Unterschriften in der elektronischen Niederschrift der Inhaltsgleichheit nicht entgegen.[92]

Sind die Abweichungen indes inhaltlicher Natur, ergibt sich aus § 13 Abs. 2 S. 1 BeurkG, dass ein nur einmaliges Vorlesen lediglich bei inhaltlicher Übereinstimmung der Niederschriften möglich ist. Die nicht verlesenen Abweichungen in der anderen Niederschrift führen aber nicht etwa dazu, dass lediglich die verlesene Niederschrift maßgeblich ist, während die nicht verlesene Niederschrift formell unwirksam ist. Vielmehr ergibt sich aus dem Charakter der gemischten Beurkundung als einheitlichem Beurkundungsvorgang, der die inhaltsgleiche Widergabe der einheitlichen Erklärungen in den Niederschriften voraussetzt, dass inhaltliche Abweichungen zwischen beiden Niederschriften zur formellen Unwirksamkeit der Beurkundung insgesamt führen.[93] Ein anderes Verständnis würde dazu führen, dass der Inhalt einer Niederschrift für alle Beteiligten gleichermaßen bindende Wirkung

---

[86] Hertel in Staudinger, 2023, BeurkG Rn. 445l; Kienzle/Thelen DNotZ 2023, 85 (97).
[87] So auch Kienzle/Thelen DNotZ 2023, 85 (93).
[88] Bremkamp in BeckOK BeurkG, 8. Ed. 15.9.2022, BeurkG § 13 Rn. 133.
[89] Vgl. Rachlitz in BeckOGK, 1.6.2023, BeurkG § 16e Rn. 10 f.; Kienzle/Thelen DNotZ 2023, 85 (93 ff.).
[90] Kienzle/Thelen DNotZ 2023, 85 (95).
[91] So auch Rachlitz in BeckOGK, 1.6.2023, BeurkG § 16e Rn. 10, der aber auch solche Abweichungen als unbeachtlich ansieht, die nach § 44a Abs. 2 BeurkG zu behandeln sind.
[92] Ähnlich Kienzle/Thelen DNotZ 2023, 85 (98).
[93] Rachlitz in BeckOGK, 1.6.2023, BeurkG § 16e Rn. 12; Kienzle/Thelen DNotZ 2023, 85 (93 f.).

entfaltet, obgleich ein Teil der Beteiligten diesen Inhalt nicht selbst durch Unterschrift oder Signatur als eigene Erklärungen autorisiert hat.[94]

Insoweit führen inhaltliche Abweichungen auch nicht bloß zu beweisrechtlichen Unklarheiten.[95] Zwar liest der Notar eine der Niederschriften vor und alle Beteiligten erklären sich mit dem verlesenen Inhalt jener Niederschrift einverstanden. Dies hat aber gerade nicht zur Folge, dass beide zwingend zu erstellenden Niederschriften wirksam beurkundet sind, da die abweichende Niederschrift die einheitlichen Erklärungen der Beteiligten nicht inhaltsgleich wiedergibt. Die Verlesung der abweichenden Inhalte ist nach § 13 Abs. 2 S. 1 BeurkG jedoch erforderlich. Da nur ein Teil der Beteiligten die verlesene Niederschrift signiert beziehungsweise unterschrieben hat, fehlt von dem jeweils anderen Teil der Beteiligten die Signatur beziehungsweise Unterschrift und damit die Autorisierung der Erklärungen, der eigenständige Bedeutung zukommt.[96] Auch eine Vereinbarung zwischen den Beteiligten, welche Niederschrift im Falle von Textabweichungen maßgeblich sein soll, kommt angesichts des zwingenden Charakters des § 16e Abs. 1 S. 1 BeurkG nicht in Betracht.[97] Ein solches Vorgehen widerspricht dem Wortlaut der §§ 16e, 13 Abs. 2 S. 1 BeurkG direkt und steht nicht zur Disposition der Beteiligten.

V. Fazit

Vor Inkrafttreten des DiRUG sowie des DiREG wurden die jeweiligen Neuerungen teils mit Skepsis aufgenommen. Mittlerweile lässt sich festhalten: Die bisweilen geäußerten Bedenken stellen sich im Rückblick als unbegründet dar. Das vom Gesetzgeber erstellte Konzept für die notariellen Online-Verfahren hat sich als sinnvoll und praxistauglich erwiesen. Insbesondere ist es ihm gelungen sowohl die Belange der Praxis als auch das Interesse an einer sicheren Verfahrensgestaltung bestmöglich zur Geltung zu bringen. Dies trägt dazu bei das große Vertrauen in die Verlässlichkeit und Sicherheit notarieller Verfahren zu stärken. Für den Berufsstand der Notare ist die Einführung der notariellen Online-Verfahren eine weitere Möglichkeit, ihre Vorreiterposition im Bereich der Digitalisierung des Rechtsverkehrs in Deutschland unter Beweis zu stellen. Dies gilt umso mehr, als der Anwendungsbereich der notariellen Online-Verfahren durch die Einführung des DiREG sinnvoll und in beachtlichem Umfang erweitert wurde. Hier ist insbesondere die Öffnung des Anwendungsbereichs für die Beglaubigung sämtlicher Registeranmeldungen von besonderem Interesse, da gerade für Online-Beglaubigungen ein großer praktischer Anwendungsbereich besteht.[98]

---

[94] Zutreffend Rachlitz in BeckOGK, 1.6.2023, BeurkG § 16e Rn. 12.
[95] Kienzle/Thelen DNotZ 2023, 85 (93); anderer Ansicht Bremkamp in BeckOK BeurkG, 8. Ed. 15.9.2022, BeurkG § 16e Rn. 9.
[96] BGH NJW 2003, 1120 (1121).
[97] Kienzle/Thelen DNotZ 2023, 85 (93); anderer Ansicht Bremkamp in BeckOK BeurkG, 8. Ed. 15.9.2022, BeurkG § 16e Rn. 9.
[98] Hertel in Staudinger, 2023, BeurkG Rn. 445o.

Ob es zeitnah zu weiteren Anpassungen des Anwendungsbereichs kommt – gefordert wird etwa die Öffnung der Online-Verfahren für die Abtretung von GmbH-Geschäftsanteilen[99] – bleibt abzuwarten. Trotz der zunehmenden Digitalisierung notarieller Verfahren bleibt das gesetzgeberische Leitbild weiterhin die bewährte Präsenzbeurkundung. Im Gesellschaftsrecht tritt die Beurkundung beziehungsweise Beglaubigung mittels Videokommunikation insoweit neben das Präsenzverfahren und ergänzt dieses in sinnvoller und zeitgemäßer Weise. Dem Jubilar gebührt besonderer Dank für seinen großen Einsatz, der den Weg für die Einführung der notariellen Online-Verfahren geebnet hat. Ihm sei dieser Beitrag mit herzlichen Glückwünschen zu seinem 70. Geburtstag gewidmet.

---

[99] Servatius in Noack/Servatius/Haas, 23. Aufl. 2022, GmbHG § 2 Rn. 73; Schmidt NZG 2021, 849.

JENS BORMANN/MAXIMILIAN WOSGIEN

Die Digitalisierungsrichtlinie 2.0 und die Rolle des Notars[1] im Europäischen Gesellschaftsrecht

I. Einleitung

Am 29.3.2023 veröffentlichte die Europäische Kommission als Teil ihrer Strategie für den europäischen Weg in die digitale Dekade[2] ihren Vorschlag für eine Richtlinie zur Erweiterung und Weiterentwicklung der Nutzung digitaler Werkzeuge und Verfahren im Gesellschaftsrecht (Digitalisierungsrichtlinie 2.0).[3] Mit der Digitalisierungsrichtlinie 2.0 will die Europäische Kommission vor allem die grenzüberschreitende Transparenz im Europäischen Gesellschaftsrecht verbessern und die Verwendung von Gesellschaftsdaten in grenzüberschreitenden Situationen erleichtern. Das soll einen stärker integrierten und digitalisierten Binnenmarkt schaffen. Dazu schlägt die Europäische Kommission ein Paket verschiedener Maßnahmen vor. Zum einen sollen mehr Daten über mehr Gesellschaftsformen in den mitgliedstaatlichen Registern und über das Business Registers Interconnection System (BRIS) verfügbar gemacht werden. Die Registerdaten sollen zum anderen verlässlich sein, sodass sich der Rechts- und Wirtschaftsverkehr auf diese verlassen kann. Die Verlässlichkeit der mitgliedstaatlichen Register wiederum ist Voraussetzung für die von der Kommission vorgeschlagene Pflicht zur gegenseitigen Anerkennung der Registerdaten.

Damit berührt der Entwurf für die Digitalisierungsrichtlinie 2.0 eine Kernfrage des Europäischen Gesellschaftsrechts: Wie kann und soll sichergestellt werden, dass Eintragungen in den mitgliedstaatlichen Registern verlässlich sind und die auf diesen aufbauenden grenzüberschreitenden gesellschaftsrechtlichen Transaktionen und Verfahren rechtssicher und kostengünstig durchgeführt werden können.

In ihrem Richtlinienentwurf beantwortet die Kommission diese Frage eindeutig zugunsten des Systems vorsorgender Rechtspflege durch Gerichte, Behörden und Notare. Dabei bestätigt sie nicht nur die bestehende Entscheidung des Unionsgesetzgebers zugunsten des „Ob" öffentlicher Präventivkontrolle.[4] Zudem wird über einen zwingenden Mindestprüfungskatalog erstmals und umfassend für Prä-

---

[1] Zur besseren Lesbarkeit wird im Text das generische Maskulinum verwendet. Gemeint sind jedoch stets alle Geschlechter.
[2] COM(2021) 118 final.
[3] Vorschlag für eine Richtlinie des Europäischen Parlaments und des Rates zur Änderung der Richtlinien 2009/102/EG und (EU) 2017/1132 zur Ausweitung und Optimierung des Einsatzes digitaler Werkzeuge und Verfahren im Gesellschaftsrecht, COM(2023) 177 final.
[4] Damit beseitigt sie auch Zweifel an der Auslegung des Art. 10 GesRRL, die aus einer fehlerhaften Übersetzung dieser Vorschrift in das Englische resultierten. Siehe dazu ausführlich → III. 1.

senz- wie Online-Verfahren das „Wie" der öffentlichen Präventivkontrolle bestimmt. Der Grund ist klar: In dem Maße, wie die Verlässlichkeit der Register unionsweit gesteigert wird, steigt das Vertrauen in diese. Das wiederum ist die Rechtfertigung für die Pflicht zur grenzüberschreitenden Anerkennung von Registerdaten. Es trägt im Übrigen zur Verhinderung illegaler Aktivitäten wie Geldwäsche bei.

Diese Grundsatzentscheidung der Kommission für die vorsorgende Rechtspflege durch Gerichte, Behörden und – gleichrangig – Notare soll Anlass sein, in diesem Beitrag die Rolle des Notars im Europäischen Gesellschaftsrecht näher zu beleuchten. Zunächst soll die Rolle des Notars im Europäischen Gesellschaftsrecht nach den Traditionen der Mitgliedstaaten mit dem sogenannten „lateinischen" Notariat untersucht werden. Davon ausgehend werden für die Rolle des Notars bedeutende Meilensteine in der Entwicklung des Europäischen Gesellschaftsrechts untersucht: die Richtlinie 68/151/EWG, das Company Law Package und die Digitalisierungsrichtlinie 2.0.

II. Die Rolle des „lateinischen" Notars im Gesellschaftsrecht

1. Das Notariat „lateinischer" Prägung

Ein Notariat „lateinischer" beziehungsweise kontinentaleuropäischer Prägung kennen 22 der 27[5] Mitgliedstaaten der Europäischen Union. Die nationalen Kammern dieser 22 Mitgliedstaaten sind über ihren Dachverband, den Rat der Notariate der Europäischen Union, den CNUE, verbunden. Dieser macht es zur Voraussetzung seiner Mitgliedschaft, dass das betreffende Notariat ein solches „lateinischer Prägung" ist, also auf dem Vorbild des lateinischen Notariats aufbaut. Prägend für dieses ist, entsprechend dem Vorbild des modernen französischen Notariats nach Maßgabe der Ventôse-Gesetze, dass der Notar unabhängiger Träger eines öffentlichen Amtes auf Lebenszeit ist mit Gebührenerhebungsrecht, staatlicher Ernennung und Aufsicht.[6] Dementsprechend definiert die Präambel der Statuten der Internationalen Union des Notariats, der UINL, den Notar lateinischer Prägung als unabhängigen und neutralen Rechtsberater, der vom Staat abgeleitete hoheitliche Befugnisse ausübt.[7]

Zwar weisen die Notariate in der Europäischen Union trotz ihres gemeinsamen Ursprungs heutzutage erhebliche Unterschiede hinsichtlich ihrer Kompetenzen und ihres Status auf.[8] Im Kern haben sie gleichwohl noch immer folgende Gemeinsamkeiten: Im Rahmen der vorsorgenden Rechtspflege leisten sie Rechtsfürsorge

---

[5] Mitgliedstaaten der Europäischen Union *ohne* ein solches Notariat sind Dänemark, Finnland, Irland, Schweden und Zypern.

[6] Hierzu und mit weiteren Nachweisen Bormann in Diehn, 2. Aufl. 2019, BNotO § 1 Rn. 2.

[7] Abrufbar unter: https://www.uinl.org/statutes, zuletzt abgerufen am 8.1.2024.

[8] Zutreffend wies der Generalanwalt Pitruzzella deshalb in seinen Schlussanträgen zu den verbundenen Rechtssachen C-583/21 bis C-586/21 betreffend die Anwendung der Betriebsübergangsrichtlinie 2001/23/EG auf die Amtsnachfolge eines spanischen Notars darauf hin, dass es wegen der beträchtlichen Vielfalt und Heterogenität der Aufgaben der Notare und der für sie gel-

für die Bürger, indem sie als externe Funktionsträger in öffentlichen Urkunden deren Lebensverhältnisse feststellen, ordnen und gestalten.[9] Komplementär zur streitigen Gerichtsbarkeit bezweckt der Staat mit der notariellen Intervention eine zwingende präventive Rechtskontrolle, die der Sicherung und Erleichterung des Rechtsverkehrs dient und sichere und effektive Rahmenbedingungen für bedeutende Rechtsbeziehungen schafft. Damit üben Notare in Mitgliedstaaten mit Notariaten lateinischer Prägung gewissermaßen als „Richter im Vorfeld"[10] eine präventive Rechtskontrolle aus, die ein wesentlicher Unterschied zu Rechts- und Wirtschaftssystemen angloamerikanischer oder skandinavischer Prägung ist.

2. Funktion notarieller Beteiligung im Gesellschaftsrecht

Die Funktion notarieller Beteiligung im Gesellschaftsrecht zeigt sich besonders in der Funktion und der Bedeutung der mitgliedstaatlichen Handelsregister. Verlässliche Handelsregister mit korrekten, vollständigen und aktuellen Registerinformationen sind für die Sicherheit und Schnelligkeit des Rechts- und Wirtschaftsverkehrs unerlässlich. Nur dann, wenn Handelsregister verlässliche Informationen zu den Rechtsverhältnissen von Gesellschaften enthalten, kann der Rechtsverkehr sicher und kostengünstig auf die dort enthaltenen Angaben zurückgreifen. Das gilt insbesondere, wenn ein Handelsregister so verlässlich ist, dass es mit öffentlichem Glauben ausgestattet ist. Geschäftspartner können sich dann wegen der Publizitätswirkungen auf die Informationen zur Gesellschaft und zu ihren Vertretungsverhältnissen verlassen.[11] Unzutreffende Angaben muss die Gesellschaft gegen sich gelten lassen, was für einen Anreiz sorgt, das Register korrekt und aktuell zu halten. Die Bedeutung verlässlicher öffentlicher Handelsregister wird durch die moderne Institutionenökonomik bestätigt.[12] Ein effizientes Gesellschaftsrechts- und Registerwesen ist ein wichtiger Standortfaktor, da es Unsicherheit, Kosten, Zeit und Aufwand für Unternehmen, Verbraucher und andere Interessenträger (Anleger, Gläubiger, Arbeitnehmer) reduziert und Informationsasymmetrien beseitigt.[13]

Viele Mitgliedstaaten der Europäischen Union mit lateinischem Notariat haben sich in diesem Zusammenhang entschieden, die Gewährleistung der Rechtssicherheit von gesellschaftsrechtlichen Transaktionen und Verfahren und der Funktionsfähigkeit öffentlicher Register auf Notare auszulagern. Im Vorfeld der Registerverfahren sorgen Notare durch die präventive Kontrolle des Satzungsinhalts und der Registeranmeldung sowie die sichere Identifizierung der Beteiligten für materiell richtige Eintragungen und tragen damit wesentlich zum Verkehrsschutz und zur

---

tenden Vorschriften in den verschiedenen Mitgliedstaaten keinen unionsrechtlichen Notarbegriff gibt.
  [9] So Bormann in Diehn, 2. Aufl. 2019, BNotO § 1 Rn. 13 mit weiteren Nachweisen. Dort auch zum Folgenden.
  [10] So Bormann in Diehn, 2. Aufl. 2019, BNotO § 1 Rn. 14.
  [11] Bormann/Stelmaszczyk FS 25 Jahre DNotI, 2018, 417.
  [12] Ausführlich mit weiteren Nachweisen Bormann/Stelmaszczyk FS 25 Jahre DNotI, 2018, 425.
  [13] Bormann DNotZ-Sonderheft 2016, 9 (11) – 29. Deutscher Notartag Berlin 2016; Bormann/König notar 2008, 256 (260).

Entlastung der Gerichte bei.[14] Die notarielle Beurkundung stellt Rechtshandlungen zu vollem Beweis fest und reduziert die Gefahr opportunistischen, vertragswidrigen Verhaltens.[15] Ähnlich wie gerichtliche oder behördliche Dokumente besitzen notarielle Urkunden in vielen kontinentaleuropäischen Mitgliedstaaten zudem eine besondere, bindende Beweiskraft.[16] Mit ihren besonderen Beweiskraftwirkungen ist die öffentliche Urkunde die ideale Grundlage für Registereintragungen.[17] Die Einbindung des Notars, der öffentliche Urkunden errichtet, die allein Registereintragungen ermöglichen, bildet „das notwendige Korrelat" zum öffentlichen Glauben an das Handelsregister.[18] In Deutschland wie in vielen anderen Mitgliedstaaten der Europäischen Union bilden Notare daher zusammen mit den Registergerichten[19] beziehungsweise Registerbehörden[20] eine besonders verlässliche Infrastruktur für den Rechts- und Wirtschaftsverkehr, die Rechtssicherheit schafft und Transaktionskosten senkt.[21] Das erlaubt es, wichtige Geschäfte und Investitionen von Bürgern und Unternehmen sicher, zügig und kostengünstig abzuwickeln.

3. Funktionsäquivalente Ausgestaltung des Notaramtes

Damit Notare die beschriebenen Funktionen erfüllen können, müssen sie unabhängige öffentliche Amtsträger sein. Das gilt insbesondere im Vorfeld staatlicher Register wie dem Handelsregister. Denn die Registerführung ist ein wesentlicher Bestandteil der vorsorgenden Rechtspflege, indem sie ordnungsgemäße Rechtsanwendung und Rechtssicherheit gewährleisten soll, was nach dem EuGH in der Rechtssache Piringer zu den Aufgaben und Zuständigkeiten des Staates gehört.[22] Aus öffentlicher Präventivkontrolle durch Gerichte, Behörden und Notare folgt im Sinne der Rechtsprechung des EuGH in der Rechtssache Unibank[23] eine besondere Richtigkeits- und Wirksamkeitsgewähr für Registereintragungen. Diese ist deshalb gerechtfertigt, weil Notare anders als Private nicht Partikularinteressen verpflichtet sind und ein besonderes Verfahrensrecht beachten müssen; sie unterliegen strenger staatlicher Aufsicht. Das ist der tiefere Grund der Einbeziehung von Notaren als sogenannte Gatekeeper im Europäischen Gesellschaftsrecht. Wie der EuGH in der Rechtssache Piringer[24] feststellt, nehmen Notare im Vorfeld öffentlicher Register staatliche Kontrollfunktionen wahr und genießen hierbei aufgrund ihrer staatlichen

---

[14] Bormann/Stelmaszczyk FS 25 Jahre DNotI, 2018, 417 mit weiteren Nachweisen.
[15] Bormann/Stelmaszczyk FS 25 Jahre DNotI, 2018, 425.
[16] Vgl. für Deutschland §§ 415, 418 Abs. 1 ZPO.
[17] Bormann/Stelmaszczyk FS 25 Jahre DNotI, 2018, 415 (423).
[18] Bormann/Stelmaszczyk FS 25 Jahre DNotI, 2018, 417 (423).
[19] Zum Beispiel Deutschland, Österreich, Spanien.
[20] Zum Beispiel die Niederlande.
[21] Bormann/Stelmaszczyk ZIP 2018, 764 (768 ff.); zu den ökonomischen Aspekten notarieller Tätigkeiten im Grundstücksrecht siehe Bormann/Hoischen RNotZ 2016, 345.
[22] EuGH ECLI:EU:C:2017:196 = EuZW 2017, 394 Rn. 58 – Piringer (in Bezug auf die Grundbuchführung).
[23] EuGH ECLI:EU:C:1999:312 = DNotZ 1999, 919 mit Anmerkung Fleischhauer – Unibank.
[24] EuGH ECLI:EU:C:2017:196 = EuZW 2017, 394 – Piringer.

Bestellung und Beaufsichtigung besonderes Vertrauen.²⁵ Aus diesen Gründen haben sich viele Mitgliedstaaten mit kontinentaleuropäisch geprägtem Notariat dazu entschieden, im Rahmen der vorsorgenden Rechtspflege einen Teil ihrer originären Staatsaufgaben auf Notare auszulagern.

III. Der Notar in der bisherigen Entwicklung des Europäischen Gesellschaftsrechts

Die vorstehend beschriebenen Funktionen des „lateinischen" Notars haben im Europäischen Gesellschaftsrecht eine Bestätigung gefunden, indem bereits 1968 im Einklang mit den bewährten Rechtstraditionen der Mitgliedstaaten die notarielle Gründungskontrolle mit einer behördlichen oder gerichtlichen Überprüfung gleichgesetzt wurde. Diese vom damaligen Richtliniengeber bezweckte Gleichsetzung war allerdings viele Jahre Anlass für eine fälschliche Auslegung, die aus einer fehlerhaften Übersetzung des Art. 10 GesRRL resultierte. Zudem hat sich die Rolle des „lateinischen" Notars zusammen mit dem Europäischen Gesellschaftsrecht weiterentwickelt. So hat das europäische Notariat nach dem Vorbild der Bundesnotarkammer der Digitalisierung des Europäischen Gesellschaftsrechts den Weg bereitet. Dabei hat es das gut funktionierende System vorsorgender Rechtspflege im Gesellschaftsrecht in die digitale Welt überführt und dabei die Zugänglichkeit und Schnelligkeit der neuen Online-Verfahren mit Rechtssicherheit und der Verhinderung von Missbräuchen in Einklang gebracht. Bestimmte wichtige Meilensteine dieser Entwicklung sollen im Folgenden nachgezeichnet werden.

1. Der Notar als Teil der öffentlichen Präventivkontrolle nach der Richtlinie 68/151/EWG

Elf Jahre nach Gründung der Europäischen Wirtschaftsgemeinschaft einigten sich die damaligen Mitgliedstaaten Belgien, Deutschland, Frankreich, Italien, Luxemburg und die Niederlande auf die Erste Richtlinie des Rates vom 9.3.1968 (68/151/EWG)²⁶ mit dem Ziel, gleichwertige Schutzbestimmungen für Kapitalgesellschaften zu schaffen. Anlass für den Erlass dieser Publizitätsrichtlinie, die später zusammen mit weiteren gesellschaftsrechtlichen Richtlinien in der sogenannten Gesellschaftsrechtsrichtlinie²⁷ (GesRRL) kodifiziert wurde, war der grundlegende Wunsch nach transparenten Unternehmensstrukturen im Kapitalgesellschaftsrecht. Damals bestimmte der Europäische Gesetzgeber, dass die wesentlichen Gesellschaftsdokumente publiziert und vorab sorgfältig geprüft werden müssen. Auf diese

---

²⁵ EuGH ECLI:EU:C:2017:196 = EuZW 2017, 394 Rn. 59ff. und insbesondere Rn. 65 – Piringer.
²⁶ Erste Richtlinie 68/151/EWG des Rates vom 9.3.1968 zur Koordinierung der Schutzbestimmungen, die in den Mitgliedstaaten den Gesellschaften im Sinne des Art. 58 Abs. 2 des Vertrages im Interesse der Gesellschafter sowie Dritter vorgeschrieben sind, um diese Bestimmungen gleichwertig zu gestalten.
²⁷ Richtlinie (EU) 2017/1132 des Europäischen Parlaments und des Rates vom 14.6.2017 über bestimmte Aspekte des Gesellschaftsrechts.

Weise sollte eine hohe Qualität und Verlässlichkeit der Registereinträge zu Kapitalgesellschaften in allen Mitgliedstaaten der Europäischen Union erreicht werden. Art. 10 GesRRL bestimmt daher bis heute:

„In allen Mitgliedstaaten, nach deren Rechtsvorschriften die Gesellschaftsgründung keiner vorbeugenden Verwaltungs- oder gerichtlichen Kontrolle unterworfen ist, müssen der Errichtungsakt und die Satzung der Gesellschaft sowie Änderungen dieser Akte öffentlich beurkundet werden."[28]

Ausgangspunkt für diese Bestimmung waren die unterschiedlichen Regelungen in den einzelnen Mitgliedstaaten. In Belgien und Luxemburg waren Satzungen notariell zu beurkunden, in Deutschland fand *zusätzlich* eine gerichtliche Kontrolle statt.[29] Italien sprach sich ebenfalls für eine gerichtliche Kontrolle und die Niederlande für eine durch das Justizministerium aus, während in Frankreich lediglich eine übereinstimmende Erklärung der Gründer erforderlich war, dass alle gesetzlichen Vorschriften bei der Gründung eingehalten wurden.[30] Dabei war und ist Art. 10 GesRRL nicht so zu verstehen, dass *entweder* eine exklusive Kontrolle durch Gerichte beziehungsweise Behörden oder *alternativ* eine notarielle Beurkundung stattzufinden hatte. Wie vielmehr die Beispiele Deutschlands, der Niederlande, Österreichs und Spaniens zeigen, waren auch zwei komplementäre Kontrollmechanismen zulässig. Dadurch zeigte bereits der damalige Richtliniengeber fortführend auf der lateinischen Tradition, dass Notare im Europäischen Gesellschaftsrecht wie Gerichte und Behörden als Teil der vorsorgenden Rechtspflege anerkannt sind.[31]

Allerdings war die Regelung in Art. 10 GesRRL ein Minimalkonsens[32] zwischen den damaligen Mitgliedstaaten der Europäischen Wirtschaftsgemeinschaft. Dieser Minimalkonsens über das „Ob" einer öffentlichen Präventivkontrolle enthielt keine detaillierten Leitlinien für die Art (das „Wie") der bei der Gründung einer Kapitalgesellschaft durchzuführenden Kontrollen. Das ist nur einer der Gründe, der es einigen Mitgliedstaaten bis heute ermöglicht, eher unscheinbare präventive Kontrollsysteme im Gesellschaftsrecht vorzusehen. Im Laufe der Jahre ist Art. 10 GesRRL allerdings aus einem weiteren Grund Gegenstand von Missverständnissen und abweichenden Auslegungen gewesen, die nicht mit den Absichten des Europäischen Gesetzgebers von 1968 übereinstimmen. Das betrifft die Bezugnahme auf die Form der öffentlichen Urkunde in Art. 10 GesRRL. In diesem Zusammenhang ist daran zu erinnern, dass die Richtlinie 68/151/EWG seinerzeit überwiegend in französischer Sprache verhandelt wurde und dass der Text in dieser Sprache, wie auch alle anderen Originalfassungen der Richtlinie, auf das Konzept des „acte authentique" (öffentliche Urkunde) Bezug nahm und nimmt. Diese Bezugnahme war so eindeu-

---

[28] Art. 10 der Ersten Richtlinie des Rates vom 9.3.1968 (68/151/EWG).
[29] Report on „Cross-border use of company information" from 13 July 2022 by the ICLEG – supgroup „use of company data", S. 9.
[30] Report on „Cross-border use of company information" from 13 July 2022 by the ICLEG – supgroup „use of company data", S. 9.
[31] So zutreffend Teichmann GmbHR 2018, 1 (4); Mauch ZVglRWiss 106 (2007), 272 (279).
[32] Report on „Cross-border use of company information" from 13 July 2022 by the ICLEG – supgroup „use of company data", S. 9.

tig, dass der amerikanische Professor Eric Stein, der 1971 ein umfassendes monographisches Werk über die Harmonisierung des gemeinschaftlichen Gesellschaftsrechts[33] verfasste, die Schlussklausel von Art. 10 GesRRL ins Englische übersetzte, wonach in Ermangelung gerichtlicher und behördlicher Kontrollen der Gründungsakt in einer notariellen Urkunde verkörpert sein muss („must be embodied in a notarial act").[34] Eine weitere Bestätigung dieser Bezugnahme auf die öffentliche Urkunde findet sich in der dänischen Sprachfassung der Richtlinie, die sich, da sich in diesem Land kein funktionales Äquivalent zur öffentlichen Urkunde findet, bis heute darauf beschränkt, ausdrücklich auf den französischen Begriff des „acte authentique" zu verweisen.[35]

Ungeachtet dieser eindeutigen Verweise auf die öffentliche Urkunde wurde die englische Fassung des Art. 10 GesRRL, die zum Zeitpunkt des Beitritts des Vereinigten Königreichs zur Europäischen Gemeinschaft im Jahr 1973 verfasst wurde, ganz anders formuliert und verweist weiterhin darauf, dass die Gründungsurkunde in ordnungsgemäßer Form abgefasst und beglaubigt sein muss („drawn up and certified in due legal form").[36] Diese Formulierung ist in der Tat weniger bestimmt als die ursprüngliche Formulierung von 1968 und lässt dem Wortsinn nach eine Auslegung zu, wonach die Formulierung „drawn up and certified in due legal form" jede im Recht eines Mitgliedstaats vorgesehene Formalität sein kann und dass die Einhaltung dieser Formalitäten eine Befreiung von jeder vorherigen behördlichen oder gerichtlichen Kontrolle rechtfertigen kann. Eine solche Übersetzung und die darauf aufbauende Auslegung, wonach die Vorgabe zur Durchführung einer öffentlichen Präventivkontrolle im Ergebnis leerliefe, ist aber, wie dargelegt, mit dem Art. 10 GesRRL und der Grundsatzentscheidung für das Prinzip der vorsorgenden Rechtspflege nicht vereinbar. Mit dem Entwurf für die Digitalisierungsrichtlinie 2.0 wird daran jeder Zweifel ausgeräumt.[37]

Der Erlass der Richtlinie 68/151/EWG markiert somit den Startpunkt einer Entwicklung des Europäischen Gesellschaftsrechts, die auf Rechtssicherheit und Verlässlichkeit durch öffentliche Präventivkontrolle – ex ante – setzt. Notare „lateinischer" Prägung waren dabei im Einklang mit den bewährten Rechtstraditionen der Mitgliedstaaten als gleichberechtigte Kontrollautoritäten neben Gerichten und Behörden anerkannt. Diese Grundsatzentscheidung ist zugleich eine Zurückweisung des „laissez faire" des angloamerikanischen Rechtskreises, der gewissermaßen auf eine „ex post"-Kontrolle durch aufwändige und teure Auseinandersetzung und gerichtliche Verfahren setzt.

---

[33] Stein, Harmonization of European Company Laws, Indianapolis – Kansas City – New York, 1971.
[34] Stein, Harmonization of European Company Laws, Indianapolis – Kansas City – New York, 1971, S. 522.
[35] „skal selskabets stiftelsesoverenskomst og vedtægter samt ændringer heraf udfærdiges som officielt bekræftet dokument (acte authentique)".
[36] „[T]hose documents shall be drawn up and certified in due legal form".
[37] Dazu → V.

2. Die Rolle des Notars nach dem Company Law Package

Eine weitere wesentliche Entwicklungsstufe mit Blick auf die Rolle des Notars nahm das Europäische Gesellschaftsrecht mit dem sogenannten Company Law Package, das aus zwei 2019 in Kraft getretenen Richtlinien besteht: der Digitalisierungsrichtlinie[38] und der Umwandlungsrichtlinie.[39] Auch diese beiden Unionsrechtsakte sind für die Rolle des Notars wegweisend: Die erste Digitalisierungsrichtlinie überführte die bewährten gesellschaftsrechtlichen Präsenzverfahren und das gut funktionierende System vorsorgender Rechtspflege in die digitale Welt. Die Notare in Europa fungierten dabei als Wegbereiter und brachten die Vorteile der neuen Online-Verfahren mit Rechtssicherheit und der Verhinderung von Missbräuchen in Einklang. Die Umwandlungsrichtlinie bestätigte die wichtige Rolle der Notare im vom Stakeholder-Schutz geprägten Umwandlungsrecht, das zu Recht als eine der Kernkompetenzen des europäischen Notariats gilt.

a) Die erste Digitalisierungsrichtlinie

Die erste Digitalisierungsrichtlinie war Teil einer Gesamtstrategie für den digitalen Binnenmarkt[40] und sollte das Europäische Gesellschaftsrecht an das digitale Zeitalter anpassen.[41] Dazu wurden die unionsweite Online-Gründung von Kapitalgesellschaften sowie die Online-Einreichung von Gesellschaftsunterlagen und die Online-Registrierung von Zweigniederlassungen für die Mitgliedstaaten verpflichtend im Unionsrecht eingeführt. Die „drei zentralen Zielvorgaben"[42] beim Erlass der ersten Digitalisierungsrichtlinie waren dabei (i) die Steigerung der Effizienz von Gesellschaftsgründungen durch den Einsatz digitaler Technologien, (ii) die Verhinderung von Missbrauch zum Schutz des Rechtsverkehrs und (iii) die Wahrung der gesellschaftsrechtlichen Traditionen der Mitgliedstaaten im Bereich der vorsorgenden Rechtspflege. Die erste Digitalisierungsrichtlinie suchte damit den Ausgleich zwischen der Beschleunigung der Gesellschaftsgründung durch die Einführung digitaler Technologien einerseits und andererseits der Verhinderung von Missbrauch durch öffentliche Präventivkontrolle sowie die erstmalige Einführung von Mindestkontrollstandards. In diesem Zusammenhang bestätigte und entwickelte die erste Digitalisierungsrichtlinie die Rolle des Notars im Europäischen Gesellschaftsrecht bedeutend fort:

– *Erstens* sind die Notare in Europa durch ihre Beteiligung an den Online-Verfahren und die Entwicklung sowie den Betrieb von Videokommunikationsplattformen Wegbereiter der Digitalisierung des Europäischen Gesellschaftsrechts (dazu → aa).

---

[38] Richtlinie (EU) 2019/1151 des Europäischen Parlaments und des Rates vom 20.6.2019 zur Änderung der Richtlinie (EU) 2017/1132 im Hinblick auf den Einsatz digitaler Werkzeuge und Verfahren im Gesellschaftsrecht.
[39] Richtlinie (EU) 2019/2121 des Europäischen Parlaments und des Rates vom 27.11.2019 zur Änderung der Richtlinie (EU) 2017/1132 in Bezug auf grenzüberschreitende Umwandlungen, Verschmelzungen und Spaltungen.
[40] COM(2015) 192 final.
[41] Ausführlich Bormann/Stelmaszczyk NZG 2019, 601.
[42] So Bormann/Stelmaszczyk NZG 2019, 601 (602).

– *Zweitens* gewährleistet die Einbindung des Notars in die Online-Verfahren Rechtssicherheit und verhindert Missbräuche auch und gerade im digitalen Zeitalter (dazu → bb).
– *Drittens* schützen die von verschiedenen europäischen Notarkammern selbst entwickelten und hoheitlich betriebenen Videokommunikationssysteme die digitale Souveränität ihrer jeweiligen Mitgliedstaaten. Das gilt besonders für das Videokommunikationssystem der Bundesnotarkammer, das als Vorbild für die Videokommunikationssysteme anderer europäischer Notariate dient (dazu → cc).

aa) Der Notar als Wegbereiter der Digitalisierung des Europäischen Gesellschaftsrechts

Die erste Digitalisierungsrichtlinie verpflichtete die Mitgliedstaaten nach Art. 13g Abs. 1 S. 1 GesRRL dazu, dass bestimmte Kapitalgesellschaften vollständig online gegründet werden können müssen. Gründer sollten die Option haben, „in einem anderen Mitgliedstaat wirtschaftliche Aktivitäten einfacher, rascher und […] effizienter aufnehmen zu können" (Erwägungsgrund 2). Allerdings beließ der Unionsgesetzgeber den Mitgliedstaaten einen weiten Ausgestaltungsspielraum. Die Mitgliedstaaten waren danach grundsätzlich frei darin, wie sie die Gründung von Gesellschaften mit beschränkter Haftung, die Errichtung von Zweigniederlassungen und die Einreichung von Dokumenten in Unternehmensregistern regeln würden. Das schloss nach Art. 13c Abs. 1 und Art. 13g Abs. 4 lit. c GesRRL ausdrücklich die Möglichkeit für die Mitgliedstaaten ein, bei den Online-Verfahren im Einklang mit ihren gesellschaftsrechtlichen Traditionen den Notar einzubinden. Viele Mitgliedstaaten haben von dieser Möglichkeit Gebrauch gemacht und die Verpflichtung zur Entwicklung und den Betrieb der neuen Online-Verfahren durch die Notariate in ihren Ländern erfüllen lassen. Das gilt zum Beispiel für Belgien, Deutschland, Italien, Luxemburg, die Niederlande, Spanien und Tschechien. Die Umsetzungsverantwortung für die erste Digitalisierungsrichtlinie lag damit bei den Notaren in diesen Ländern. Dem sind diese fristgemäß gerecht geworden. Die Notare in diesen Mitgliedstaaten sind damit die Wegbereiter der Digitalisierung des Europäischen Gesellschaftsrechts. Durch die von ihnen entwickelten und betriebenen Videokommunikationssysteme wird die Gründung von Kapitalgesellschaften in grenzüberschreitenden Sachverhalten bedeutend erleichtert. Die Digitalisierungspartnerschaft vieler europäischer Notariate mit den europäischen Institutionen und den Mitgliedstaaten ermöglicht es diesen, im Europäischen Gesellschaftsrecht ihre Digitalisierungsziele zu erreichen, wie sie zuletzt in der Digitalen Dekade 2030[43] ihren Ausdruck fanden. Den Notaren wird es auf der anderen Seite ermöglicht, ihre Funktion als Garant für die Rechtssicherheit und Verlässlichkeit in die digitale Welt zu übertragen und die dafür notwendigen rechtlichen und technischen Bedingungen mitzugestalten.

---

[43] COM(2021) 118 final.

bb) Der Notar als Garant der Rechtssicherheit auch in der digitalen Welt

Wie dargelegt, verfügen die Mitgliedstaaten bei der konkreten Ausgestaltung des digitalen Gründungsverfahrens über einen weiten Spielraum. Eine Begrenzung dieses weiten Umsetzungsspielraums findet sich zum einen in der Bestätigung des Art. 10 GesRRL und in der darin verbrieften Entscheidung des Unionsgesetzgebers für das Prinzip vorsorgender Rechtspflege. Damit ist das „Ob" öffentlicher Präventivkontrolle auch für die gesellschaftsrechtlichen Online-Verfahren bestätigt. Allerdings regelte die erste Digitalisierungsrichtlinie erstmals das „Wie" der Präventivkontrolle durch die Mitgliedstaaten.[44] Denn diese müssen zur Gewährleistung von Rechtssicherheit und Verhinderung von Missbrauch (vergleiche Erwägungsgrund 3) zusätzlich bestimmte Mindestkontrollstandards einhalten.[45] Zu den Mindestkontrollstandards zählen nach Art. 13g Abs. 3 GesRRL die Gewährleistung der Rechts- und Geschäftsfähigkeit der Antragsteller und ihrer Befugnis zur Vertretung der Gesellschaft, die Identitätsprüfung der Antragsteller sowie die Überprüfung der Bestellung von Geschäftsführern. Zur „Achtung bestehender gesellschaftsrechtlicher Traditionen der Mitgliedstaaten" (Erwägungsgrund 19) dürfen die Mitgliedstaaten darüber hinaus weitere Elemente der vorsorgenden Rechtspflege in das Online-Gründungsverfahren aufnehmen, wie insbesondere eine Rechtmäßigkeitskontrolle der Errichtungsakte und die verbindliche Mitwirkung des Notars im Online-Gründungsverfahren (Art. 13g Abs. 4 lit. a und b GesRRL). Das ermöglicht es den Mitgliedstaaten, ihre bewährten Systeme öffentlicher Präventivkontrolle in die digitale Welt zu überführen und ihre nationalen Rechtstraditionen im Gesellschaftsrecht zu wahren.[46] Damit können Mitgliedstaaten wie Deutschland die Formzwecke der Beurkundungspflicht auch bei den Online-Verfahren erfüllen. Auch das deutsche System der Doppelkontrolle, das die „hohe Qualität und gefestigte Verlässlichkeit der Handelsregister" gewährleistet und auf dem „millionenfach eingespielten Zusammenwirken zwischen erfahrenen Registerrichtern und auch im Handels- und Gesellschaftsrecht befähigten Notaren in ganz Deutschland" gründet,[47] konnte so in Deutschland bei der Umsetzung der ersten Digitalisierungsrichtlinie bewahrt bleiben.[48]

Ein eindrückliches Beispiel dafür, wie die notariellen Online-Verfahren die digitale Welt mit der notwendigen Rechtssicherheit und der Verhinderung von Missbrauch in Einklang bringen, sind die doppelstufigen Identifizierungsverfahren[49] im Rahmen der hoheitlich betriebenen Videokommunikationssysteme, die von mehreren europäischen Notariaten eingesetzt werden. Mit diesen kann die bewährte Präsenzbeurkundung und das mit ihr verbundene Erfordernis höchstpersönlicher Identifizierung funktionsäquivalent durch den Notar auf die Online-Verfahren

---

[44] Hierzu und zum Folgenden Bormann/Stelmaszczyk NZG 2019, 601.
[45] Hierzu Bormann/Stelmaszczyk NZG 2019, 601 (602).
[46] So Bormann/Stelmaszczyk NZG 2019, 601 (608).
[47] So Hommelhoff NZG 2023, 1217.
[48] Dezidiert für die Beibehaltung des Systems der Doppelkontrolle Lieder NZG 2018, 1081 (1088); ebenso Teichmann ZIP 2018, 2451 (2453ff.); Bormann/Stelmaszczyk NZG 2019, 601 (609). Das gilt im Übrigen auch für die Digitalisierungsrichtlinie 2.0 (mehr dazu unter → V.).
[49] Hierzu ausführlich Kienzle DNotZ 2021, 590 (597).

übertragen werden.⁵⁰ Insbesondere der Lichtbildabgleich ist aus Sicherheitsgründen unverzichtbar, weil nur auf diese Weise einem Missbrauch verlorener oder gestohlener eID sowie der Anwendung physischen oder psychischen Zwangs begegnet werden kann und tendenziell auch Fälle einer Geschäftsunfähigkeit erkannt werden können.⁵¹

cc) Der Notar und die digitale Souveränität im Europäischen Gesellschaftsrecht

Unter dem Vorbild des von der Bundesnotarkammer entwickelten Videokonferenzsystems haben sich viele Länder mit lateinischem Notariat (Belgien, Italien, Luxemburg, die Niederlande, Spanien und Tschechien) aus gutem Grund dafür entschieden, die für die Online-Verfahren zu nutzenden Videokommunikationssysteme hoheitlich auszugestalten. Das entspricht dem hoheitlichen Charakter des Beurkundungsverfahrens, das der Gewährleistung staatlicher Kernfunktionen dient.⁵² In mittelbarer Staatsverwaltung und unter staatlicher Aufsicht durch das Bundesministerium für Justiz gewährleistet die Bundesnotarkammer als Körperschaft des öffentlichen Rechts die Sicherheit, Manipulationsresistenz und Zuverlässigkeit des von ihr entwickelten und betriebenen Videokommunikationssystems.⁵³ Private Dienstleister können demgegenüber die im sensiblen Bereich der Gesellschaftsgründung erforderliche Datensicherheit und den Datenschutz nicht entsprechend garantieren.⁵⁴ Durch die exklusive Aufgabenzuweisung an die Bundesnotarkammer wird dem Risiko begegnet, dass private Dienstleister auf die sensiblen Inhalte des Beurkundungsverfahrens zugreifen.⁵⁵ Zudem verfügt das deutsche Notariat mit dem Notarnetz über eine zuverlässige Zugangsinfrastruktur, die über besonders hohe Sicherheitsstandards verfügt. Die Notare können damit auf die IT-Systeme der Bundesnotarkammer aus einem sicheren und geschlossenen Netzwerk heraus zugreifen, das mit Blick auf Missbrauchs- und Umgehungsgefahren als „first line of defense" bezeichnet werden kann.⁵⁶ Damit sichert das Videokommunikationssystem der Bundesnotarkammer gemeinsam mit dem sicheren Notarnetz und dem Elektronischen Urkundenarchiv die digitale Souveränität Deutschlands im Bereich des Gesellschaftsrechts. Entsprechendes gilt für die vergleichbaren Systeme in anderen Mitgliedstaaten, die dem deutschen Vorbild und damaligen Prototypen gefolgt sind. Damit behält der demokratisch legitimierte Staat auch in Zukunft mittels öffentlicher Register und Notaren als Amtsträgern die Verfügungsgewalt über die wesentlichen Daten über den Unternehmensbesitz. Die Notare in Europa sichern damit eine öffentlich organisierte Rechtsinfrastruktur für den Gesellschaftsrechts-

---

⁵⁰ Lieder NZG 2022, 1043 (1050).
⁵¹ Vgl. Bormann ZGR 2017, 621 (642ff.); Bormann/Stelmaszczyk ZIP 2018, 764 (771); Bormann/Stelmaszczyk NZG 2019, 601 (609); Stelmaszczyk/Kienzle ZIP 2021, 765 (770); Teichmann GmbHR 2018, 1 (11); Wachter GmbH-StB 2018, 263 (264); Lieder NZG 2022, 1043 (1050).
⁵² Dezidiert Begründung Regierungsentwurf, BT-Drs. 19/28177, 110; so auch DNotI-Report 2023, 1 (13).
⁵³ Dazu und zum Folgenden Begründung Regierungsentwurf, BT-Drs. 19/28177, 110; Lieder NZG 2022, 1043 (1052).
⁵⁴ Vgl. Keller/Schümmer NZG 2021, 573 (576); Lieder NZG 2022, 1043 (1052).
⁵⁵ Lieder NZG 2022, 1043 (1053).
⁵⁶ Vgl. Löffler/Gaul DNotZ 2021, 845 (847).

verkehr, ohne dass dieser sich auf Rechenkapazitäten aus dem EU-Ausland verlassen müsste. Die Hoheit über die für das Funktionieren der Volkswirtschaften der Europäischen Union essentiellen Daten kann insbesondere nicht allein durch Wettbewerbsrecht und Marktaufsichtsbehörden erreicht werden. Nur durch öffentliche Amtsträger wie Notare und öffentliche Register kann eine souveräne Kontrolle und Steuerung der bewährten Gesellschaftsrechtssysteme der Europäischen Union auch im digitalen Zeitalter sichergestellt werden.

In solchen Mitgliedstaaten, die sich ebenfalls nach dem Vorbild Deutschlands für hoheitlich betriebene Videokommunikationssysteme entschieden haben, bedeutet das gleichzeitig, dass deren notarielle Online-Verfahren nicht substituierbar sind durch ausländische Notare, bei denen es an der Verwendung eines von einer staatlichen Stelle betriebenen Videokommunikationssystems fehlt.[57] Die fehlende Substituierbarkeit gilt insbesondere auch dann, wenn das ausländische Verfahrensrecht kein dem deutschen System entsprechendes zweistufiges Identifizierungsverfahren aufweist.

b) Die Rolle des Notars nach der Umwandlungsrichtlinie

Mit der Umwandlungsrichtlinie wurde erstmals ein umfassender Rechtsrahmen für die grenzüberschreitende Umwandlung von Gesellschaften geschaffen. Damit soll die grenzüberschreitende Unternehmensmobilität gefördert werden.[58] Das Umwandlungsrecht ist eine Kernkompetenz von Notaren, aus dem sie nicht zuletzt zum Schutz der betroffenen Stakeholder (insbesondere der Arbeitnehmer, Gläubiger und Minderheitsgesellschafter) nicht wegzudenken sind. So war es folgerichtig, dass die Umwandlungsrichtlinie die Rolle von Notaren als öffentliche Kontrollautoritäten gleichberechtigt neben Gerichten und Behörden auch im grenzüberschreitenden Umwandlungsrecht ausdrücklich anerkennt. Denn nach Art. 86m, 127 und 160m GesRRL sind Notare neben Gerichten und anderen Behörden für die Ausstellung der Vorabbescheinigung zuständig, mit der die Rechtmäßigkeit der umwandlungsrechtlichen Maßnahme für den Herkunftsstaat nach dem System der zweistufigen Rechtmäßigkeitskontrolle verbindlich bescheinigt wird. Zuständig für die Erteilung der Vorabbescheinigung sind die Notare etwa in Italien, den Niederlanden, der Slowakei und Tschechien. Damit wird die wichtige Rolle der Notare in der öffentlichen Präventivkontrolle auch im weiteren Lebenszyklus von Gesellschaften im Europäischen Gesellschaftsrecht bestätigt. Das gilt insbesondere wegen der mit der Erteilung der Vorabbescheinigung verknüpften und neu im grenzüberschreitenden Umwandlungsrecht eingeführten Missbrauchskontrolle. Danach darf die Vorabbescheinigung nicht ausgestellt werden, wenn im Einklang mit dem nationalen Recht festgestellt wird, dass die Umwandlungsmaßnahme „zu missbräuchlichen oder betrügerischen Zwecken, die dazu führen oder führen sollen, sich Unionsrecht oder nationalem Recht zu entziehen oder es zu umgehen, oder zu

---

[57] Ausführlich Lieder NZG 2022, 1043; DNotI-Report 2023, 1 zur Gleichwertigkeit der Online-Beurkundung einer Abtretung von GmbH-Anteilen durch einen österreichischen Notar.
[58] Stelmaszczyk/Potyka in Herrler, Gesellschaftsrecht in der Notar- und Gestaltungspraxis, 2. Aufl. 2021, § 15 Rn. 15.

kriminellen Zwecken vorgenommen werden soll" (siehe Art. 86m, 127 und 160m, jeweils Abs. 8 GesRRL). Die Entscheidung des Unionsgesetzgebers, diese Prüfung auch durch Notare durchführen zu lassen, verdient Beifall. Denn sie zeigt, dass Notare als unabhängige und neutrale öffentliche Amtsträger, die einem strengen Verfahrensrecht unterliegen und streng staatlich beaufsichtigt sind, besonders gut geeignet sind, um Missbrauch und illegale Aktivitäten im öffentlichen Interesse zu verhindern. Diese Funktion notarieller Beteiligung wird insbesondere auf Ebene der Europäischen Union mit dem EU-Antigeldwäschepaket und zur Durchsetzung der Finanzsanktionen gegen Russland, Belarus, den Iran und Sudan aktuell immer wichtiger. Auch im Übrigen respektiert die Umwandlungsrichtlinie die bewährte Rolle des Notars und die damit verbundenen Formvorschriften nach den Traditionen der Mitgliedstaaten. Ein Beispiel hierfür ist das in Art. 86i, 126a und 160i, jeweils in Abs. 1–5 GesRRL geregelte Austrittsrecht gegen angemessene Barabfindung.[59] Hierbei überlässt es der Richtliniengeber den Mitgliedstaaten, die Annahme des Barabfindungsangebots durch den austrittsberechtigten Gesellschafter zu regeln. Damit sind nach deutschem Recht die rechtsverbindliche Annahme sowie bei einer GmbH als übertragender Gesellschaft die Abtretung der Geschäftsanteile beurkundungsbedürftig.[60] Das folgt aus Erwägungsgrund 19 Satz 3 der Umwandlungsrichtlinie, der klarstellt, dass etwaige nach nationalem Recht bestehende Formerfordernisse unberührt bleiben. Das wird bestätigt durch Erwägungsgrund 18 Satz 4 und Satz 5 der Umwandlungsrichtlinie, wonach die Umwandlungsrichtlinie „weder nationale Vorschriften über die Gültigkeit von Verträgen für den Verkauf und die Übertragung von Anteilen an Gesellschaften noch spezielle Anforderungen an die Form des Rechtsgeschäfts berühren" soll und die Mitgliedstaaten „beispielsweise eine notarielle Beurkundung […] vorschreiben können".

IV. Weiterentwicklung des Europäischen Gesellschaftsrechts durch die Digitalisierungsrichtlinie 2.0

Die nächste Entwicklungsstufe mit grundlegender Bedeutung für die Rolle des Notars im Europäischen Gesellschaftsrecht ist der Kommissionsvorschlag für die Digitalisierungsrichtlinie 2.0[61] (GesRRL-E). Der Richtlinienvorschlag bezweckt mit der neuen digitalen EU-Vollmacht und einer elektronisch abrufbaren EU-Gesellschaftsbescheinigung zum einen eine Ausweitung digitaler Werkzeuge und Verfahren. Auch die Nutzbarkeit und Funktionalität des BRIS werden verbessert. Für Zwecke dieses Beitrags interessant ist aber besonders die angestrebte Verbesserung der Zuverlässigkeit und Vertrauenswürdigkeit von Gesellschaftsinformationen in den Registern der Mitgliedstaaten. Das Prinzip der grenzüberschreitenden Anerkennung von Registerdaten soll durch die harmonisierte EU-Gesellschafts-

---

[59] Ausführlich hierzu und dem Folgenden Stelmaszczyk/Potyka in Herrler, Gesellschaftsrecht in der Notar- und Gestaltungspraxis, 2. Aufl. 2021, § 15 Rn. 216ff.
[60] Stelmaszczyk/Potyka in Herrler, Gesellschaftsrecht in der Notar- und Gestaltungspraxis, 2. Aufl. 2021, § 15 Rn. 217 mit weiteren Nachweisen auch zu der abweichenden Auffassung.
[61] Ausführlich Stelmaszczyk/Wosgien EuZW 2023, 552.

bescheinigung verwirklicht werden, die nach Art. 16b Abs. 1 S. 2 GesRRL-E als „schlüssiger Nachweis" für die Gründung der betreffenden Gesellschaft und für bestimmte weitere Informationen[62] anzuerkennen sein soll. Zur gesteigerten Verlässlichkeit der mitgliedstaatlichen Register sind die Mitgliedstaaten nach Art. 10 GesRRL-E auf einen Mindeststandard für eine öffentliche Präventivkontrolle durch Gerichte, Behörden oder Notare als öffentliche Kontrollautoritäten verpflichtet. Zudem ergänzt der Entwurf für die Digitalisierungsrichtlinie 2.0 in dreifacher Hinsicht die erste Digitalisierungsrichtlinie, indem er den in Art. 13g Abs. 3 GesRRL vorgesehenen Mindestprüfungskatalog erweitert und auf Personenhandelsgesellschaften sowie Präsenzverfahren ausweitet. Das soll mit Blick auf die Rolle des Notars im Europäischen Gesellschaftsrecht im Folgenden näher untersucht werden.

1. Bestätigung der Grundsatzentscheidung für das Prinzip vorsorgender Rechtspflege

Der Entwurf für die Digitalisierungsrichtlinie 2.0 bestätigt zunächst die seit 1968 bestehende Grundsatzentscheidung für das Prinzip der vorsorgenden Rechtspflege durch Gerichte, Behörden und Notare. Das ist für die Ziele der Digitalisierungsrichtlinie 2.0 besonders wichtig, denn die öffentliche Präventivkontrolle ist Grundvoraussetzung für das gegenseitige Vertrauen in die Verlässlichkeit der Registerdaten in allen Mitgliedstaaten, was wiederum Bedingung für die grenzüberschreitende Anerkennungspflicht für Registerdaten ist. Mit anderen Worten: Die grenzüberschreitende Anerkennungspflicht wäre ohne verpflichtende *öffentliche* Präventivkontrolle undenkbar. Das belegt folgende Überlegung: Eine bedingungslose Verpflichtung zur grenzüberschreitenden Anerkennung von Registerdaten auf der Basis zu geringer Kontrollstandards brächte die Gefahr eines „entry control shopping" innerhalb der Europäischen Union mit sich.[63] Gesellschaften könnten in den Mitgliedstaaten mit den geringsten Kontrollen gegründet werden und über die Gründung von Tochtergesellschaften in andere Mitgliedstaaten expandieren, ohne dass den Registern und anderen Kontrollautoritäten in diesen Mitgliedstaaten eine eigene Prüfung hinsichtlich der Muttergesellschaft erlaubt wäre. Fehlerhafte Registerdaten aus unzuverlässigen Ausgangsregistern drohten zuverlässige Zielregister zu „infizieren". Eine Abwärtsspirale der Registerverlässlichkeit, ein „race to the bottom", wäre die Folge. Eine geringere Registerverlässlichkeit hätte erhebliche Konsequenzen für den europäischen Rechts- und Wirtschaftsstandort: Können sich die Bürger und Unternehmen nicht mehr auf Registereintragungen verlassen, müssen sie zwangsläufig auf kostenintensive Rechtsgutachten (legal opinions) zurückgreifen – ähnlich dem Common Law. Die Beteiligten wären gezwungen, ihre Risiken auf die wirtschaftsrechtsberatende Praxis abzuwälzen. Dies würde letztlich nur zu höheren Transaktionskosten führen – ohne entsprechenden Gewinn an Rechtssicherheit. Denn private Aussteller von legal opinions sichern sich durch

---

[62] Das sind nach Art. 16a Abs. 2 GesRRL-E etwa Name, Sitz, Status, vertretungsberechtigte Personen und deren Vertretungsbefugnis.
[63] Hierzu und dem Folgenden ausführlich Stelmaszczyk/Wosgien EuZW 2023, 550 (555).

weitreichende Annahmen (assumptions), Vorbehalte (reservations) und Haftungsausschlüsse (disclaimer) ab. Ein solcher im angelsächsischen Rechtsraum verbreiteter Ansatz ist dem kontinentaleuropäisch geprägten Rechtsverkehr grundlegend fremd. Das stünde im Widerspruch zu Grundprinzipien von Rechts- und Wirtschaftssystemen kontinentaleuropäischer Prägung, die für die Sicherheit und Schnelligkeit des Rechts- und Wirtschaftsverkehrs auf verlässliche und mit gutem Glauben ausgestattete Register setzen. Das aber lehnt die Kommission zu Recht ab, da es mit den Traditionen der Mitgliedstaaten nicht im Einklang stünde und für diese auch nicht akzeptabel wäre.

In diesem Zusammenhang bedingt die grenzüberschreitende Anerkennungspflicht ein weiteres: Soweit der Mindestkontrollstandard faktisch einer bloßen Formalkontrolle entspricht beziehungsweise in sachlicher Hinsicht nach Art. 10 Abs. 2 UAbs. 2 lit. c GesRRL-E nur eine Evidenzkontrolle vorsieht, müssen Mitgliedstaaten mit besonders zuverlässigen Registern die Möglichkeit haben, diese zu schützen. Das gilt insbesondere für solche Gesellschafts- und Registerwesen derjenigen Mitgliedstaaten, die sich für das Vier-Augen-Prinzip unter Beteiligung „lateinischer" Notare entschieden haben. Der Schutz dieser Register sollte über eine Äquivalenzklausel erfolgen, wonach ein Mitgliedstaat bestimmte Register anderer Mitgliedstaaten von der Anerkennungspflicht ausnehmen kann, wenn und soweit diese nicht funktionsäquivalent zum Zielregister sind.[64] Zur Beantwortung der Frage, wie ein ausländisches Register ausgestaltet sein muss, damit eine Anerkennungspflicht gerechtfertigt ist, kann auf die Grundsätze zurückgegriffen werden, wann die Bescheinigung eines deutschen Notars nach § 21 Abs. 1 BNotO über die in einem ausländischen Register vermerkten Gesellschaftsverhältnisse in Betracht kommt.[65] Zwar würde das Prinzip der gegenseitigen Anerkennung damit ein Stück weit eingeschränkt. Der Äquivalenzvorbehalt wäre aber der notwendige Preis dafür, zu niedrige Eingangskontrollstandards festzusetzen. Der Äquivalenzvorbehalt würde eine unionsweite Abwärtsspirale hin zu einer rein formalen Eingangskontrolle verhindern. Stattdessen würde er – gleichsam zu seiner eigenen Überwindung – einen Anreiz für die Mitgliedstaaten erhalten, die Verlässlichkeit ihrer eigenen Register weiter zu erhöhen und die Richtlinie rechtlich und tatsächlich national umzusetzen.

2. Der Notar als Teil der öffentlichen Präventivkontrolle

Der Entwurf für die Digitalisierungsrichtlinie 2.0 erkennt Notare ausdrücklich neben Gerichten und Behörden als wesentliche Teile der öffentlichen Präventivkontrolle an. Zwar nennt Art. 10 Abs. 1 GesRRL-E ausdrücklich nur die behördliche und gerichtliche Präventivkontrolle. Die notarielle Kontrolle ist davon jedoch

---

[64] Ausführlich Stelmaszczyk/Wosgien EuZW 2023, 550 (556 und 558) mit weiteren Nachweisen.
[65] Siehe zuletzt OLG Schleswig FGPrax 2022, 154 (155); KG NZG 2012, 604 (605); OLG Düsseldorf NZG 2015, 199; Bormann/Seebach in Herrler, Gesellschaftsrecht in der Notar- und Gestaltungspraxis, 2. Aufl. 2021, § 18 Rn. 61; Schmidt in Hauschild/Kallrath/Wachter, Notarhandbuch Gesellschafts- und Unternehmensrecht, 3. Aufl. 2022, § 28 Rn. 178; Sander in BeckOK BNotO, 8. Ed. 1.8.2023, BNotO § 21 Rn. 12.

mitumfasst, was Erwägungsgrund 9 belegt.[66] Dieser stellt klar, dass die Traditionen der Mitgliedstaaten hinsichtlich der öffentlichen Präventivkontrolle respektiert werden sollen und nennt dabei die notarielle Rechtskontrolle ausdrücklich auf gleicher Stufe mit behördlicher und gerichtlicher Kontrolle. Das wird überdies bestätigt durch Art. 10 Abs. 1 S. 2 GesRRL-E, wonach die Mitgliedstaaten vorsehen können, dass Errichtungsakt beziehungsweise Satzung sowie deren Änderungen öffentlich beurkundet werden können. Die notarielle Präventivkontrolle erfolgt hinsichtlich Errichtungsakt beziehungsweise Satzung durch deren öffentliche Beurkundung. Die notarielle Rechtskontrolle ist mithin Teil der öffentlichen Präventivkontrolle, ohne in Art. 10 Abs. 1 S. 1 GesRRL-E ausdrücklich genannt zu sein. Dieses Verständnis entspricht dem Status von Notaren als öffentliche Amtsträger, die hoheitliche Befugnisse ausüben und nach der Art der von ihnen zu erfüllenden Aufgaben der vorsorgenden Rechtspflege dem Richter nahestehen.[67] Notare können somit auch ohne ihre ausdrückliche Nennung wahlweise unter justizielle oder behördliche Kontrolle subsumiert werden; von diesem Verständnis ist dem Vernehmen nach auch die Europäische Kommission bei Erstellung der Richtlinienentwurfs ausgegangen.

Die Neufassung des Art. 10 Abs. 1 GesRRL-E beseitigt nunmehr auch das unter →III.1. dargelegte Missverständnis, wonach die Anforderungen des Art. 10 GesRRL wegen der Formulierung „drawn up and certified in due legal form" durch jede im Recht eines Mitgliedstaats vorgesehene Formalität erfüllt werden könnten und dass die Einhaltung dieser Formerfordernisse eine Befreiung von jeder vorherigen behördlichen oder gerichtlichen Kontrolle rechtfertigen kann. In Verbindung mit Erwägungsgrund 9 stellt der neugefasste Art. 10 GesRRL-E eindeutig den Bezug zwischen notarieller Präventivkontrolle und den damit korrespondierenden Formanforderungen her. Die fälschliche Auslegung des Art. 10 GesRRL ist durch die Neufassung somit keinesfalls mehr vertretbar. Eine auf der englischen Übersetzung fußende irrige Auslegung des Art. 10 GesRRL stünde auch nicht im Einklang mit dem Zweck der Digitalisierungsrichtlinie 2.0, durch die verpflichtende Einführung öffentlicher Präventivkontrolle die Verlässlichkeit von Registerdaten zu gewährleisten.

Ein weiteres ist bemerkenswert: Mit der Neufassung des Art. 10 GesRRL hat sich die Kommission insbesondere gegen die anwaltliche Präventivkontrolle entschieden. Das ist die richtige Entscheidung, um die Verlässlichkeit der mitgliedstaatlichen Register zu schützen und illegale Aktivitäten wie insbesondere die Geldwäsche zu verhindern. Anwälte sind ihrer Funktion gemäß notwendigerweise parteigebundene Interessenvertreter, die nicht dem Notar vergleichbar dem öffentlichen Interesse an Verlässlichkeit und Transparenz verpflichtet sind. Wesensmäßige Kernaufgabe des Anwalts ist es vielmehr, im besten Interesse der Mandantschaft maximale Vorteile für diese zu erzielen. Aus diesem Grund ist anwaltliche Präventivkontrolle als Grundlage für Eintragungen in die mitgliedstaatlichen Register ungeeignet. Nur eine neutrale und dem öffentlichen Interesse verpflichtete staatliche Stelle mit garantierter flächendeckender Expertise im Gesellschaftsrecht bietet eine

---

[66] So auch Stelmaszczyk/Wosgien EuZW 2023, 550 (553f.).
[67] Ausführlich und mit weiteren Nachweisen Stelmaszczyk/Wosgien EuZW 2023, 550 (554).

hinreichende Gewähr für eine zutreffende Identifizierung der Beteiligten sowie die Richtigkeit und Wirksamkeit gesellschaftsrechtlicher Verfahren und Transaktionen.

3. Mitgliedstaaten sind frei in der Ausgestaltung der öffentlichen Präventivkontrolle

Die Digitalisierungsrichtlinie 2.0 bestätigt über Erwägungsgrund 9 zudem, dass die Mitgliedstaaten frei darin sind, ihr System öffentlicher Präventivkontrolle ihren Traditionen gemäß auszugestalten.[68] Das bedeutet, dass sie selbst bestimmen können, welche öffentlichen Kontrollautoritäten die Präventivkontrolle durchführen und ob dies durch eine oder mehrere solcher Kontrollautoritäten geschieht. Aus diesem Grund sind die unterschiedlichen Kontrollsysteme der Mitgliedstaaten im Gesellschaftsrecht weiterhin zulässig. Neben dem Erwägungsgrund 9 bestätigt das die fast wortgleiche Übernahme des aktuell geltenden Art. 10 GesRRL in den neugefassten Art. 10 Abs. 1 GesRRL-E. Das gilt für solche Mitgliedstaaten wie Deutschland, die Niederlande, Österreich und Spanien, die sich für ein komplementäres Kontrollsystem nach dem Vier-Augen-Prinzip entschieden haben. Die ausdrückliche Erfassung solch komplementärer Kontrollsysteme dürfte überhaupt ein wichtiger Grund für die Änderung in Art. 10 Abs. 1 GesRRL-E gegenüber Art. 10 GesRRL sein. Denn die aktuell geltende Fassung hätte ihrem Wortlaut nach (unzutreffend) dahin verstanden werden können, dass notarielle Beteiligung nur dort zulässig wäre, wo es *keine* behördliche oder gerichtliche Kontrolle gibt. Umgekehrt scheidet wegen Erwägungsgrund 9 eine Auslegung des Art. 10 Abs. 1 GesRRL-E aus, wonach die notarielle Rechtskontrolle nur komplementär beziehungsweise optional wäre. Eine solche Auslegung würde die Rechtstraditionen insbesondere derjenigen Mitgliedstaaten nicht respektieren, bei denen allein Notare die gesellschaftsrechtliche Prüfungskompetenz haben. Dies ist etwa in Belgien, Italien, Luxemburg und Tschechien der Fall.

4. Grundsatzentscheidung gegen rein automatisierte Präventivkontrollen

Mit der Grundsatzentscheidung für die öffentliche Präventivkontrolle durch Gerichte, Behörden und Notare hat sich die Kommission gleichzeitig gegen rein automatisierte Kontrollverfahren im Europäischen Gesellschaftsrecht entschieden. Das ist zu begrüßen. Es unterstreicht die Rolle des Notars – wie auch des Richters – als unerlässlichem menschlichem Letztentscheider in bedeutenden gesellschaftsrechtlichen Transaktionen und Verfahren. Dafür spricht nicht nur die Komplexität vielgestaltiger und individueller gesellschaftsrechtlicher Gestaltungen, Verfahren und Transaktionen, die eine effektive Eingangskontrolle zum Schutz der Verlässlichkeit öffentlicher Register erfordert. Dem würde eine reine automatisierte Prüfung nicht gerecht. Daher ist eine menschliche Letztentscheidungskompetenz unbedingt erforderlich. Das Verbot rein automatisierter Eingangskontrolle entspricht dem Vorschlag der Kommission für den sogenannten AI Act.[69] Dort werden für den Justiz-

---

[68] Ausführlich Stelmaszczyk/Wosgien EuZW 2023, 550 (554).
[69] Vorschlag für eine Verordnung des Europäischen Parlaments und des Rates zur Festlegung harmonisierter Vorschriften für künstliche Intelligenz und zur Änderung bestimmter Rechtsakte der Union vom 21.4.2021, COM(2021) 206 final.

bereich konzipierte Systeme künstlicher Intelligenz als „hochriskant" eingeordnet. Daher soll bei ihnen stets eine wirksame menschliche Kontrolle sichergestellt sein. Zudem hat die Kommission in ihrer letzten Supranationalen Risikobewertung zur Geldwäscheprävention ausdrücklich festgestellt, dass die Nutzung sogenannter Legal Tech-Lösungen zwar das Potenzial hat, Rechtsdienstleistungen effektiver und schneller zu machen. Gleichzeitig warnt sie aber zu Recht, dass angesichts mit Standardisierung und Automatisierung verbundener Gefahren die Beteiligung menschlicher Rechtsexperten stets erforderlich ist, um die Risiken von Geldwäsche und Terrorismusfinanzierung zu beurteilen.[70] Das bedeutet umgekehrt nicht, dass öffentliche Kontrollautoritäten nicht unterstützend automatisierte Verfahren heranziehen könnten. Vielmehr sollte stets untersucht werden, wie automatisierte Lösungen die Prüfung durch öffentliche Kontrollautoritäten schneller und günstiger machen können, ohne dass dies zulasten der Verlässlichkeit der Prüfung geht.[71] Das alles entspricht den Empfehlungen der sogenannten informellen Expertengruppe ICLEG, welche die Kommission im Vorfeld der Veröffentlichung des Richtlinienvorschlags beraten hat.[72]

5. Ausweitung öffentlicher Präventivkontrollen auf Personenhandelsgesellschaften

Erachtete der Uniongesetzgeber zu früheren Zeiten die Harmonisierung des Kapitalgesellschaftsrechts als vordringlich,[73] weitet der Entwurf für die Digitalisierungsrichtlinie 2.0 die verpflichtende öffentliche Präventivkontrolle durch Gerichte, Behörden und Notare nun erstmalig auf bestimmte Personenhandelsgesellschaften aus. Das ist zu begrüßen. Wie in Erwägungsgrund 15 hervorgehoben, spielen Personenhandelsgesellschaften eine wichtige Rolle für die Wirtschaft der Mitgliedstaaten. Ein großer Teil des Wirtschaftslebens findet in der Rechtsform der Personenhandelsgesellschaft oder in Kombination aus Personenhandels- und Kapitalgesellschaft statt; ohne die Einbeziehung von Personenhandelsgesellschaften in die Transparenzvorschriften, die öffentliche Präventivkontrolle und die gegenseitige Anerkennungspflicht würde das Regelungsanliegen der Digitalisierungsrichtlinie 2.0 nicht erreicht.[74] Für eine Gleichbehandlung hinsichtlich Transparenz und öffentlicher Kontrolle spricht zudem das Ziel einer effektiven Prävention von Geldwäsche und Terrorismusfinanzierung, welche die Aufdeckung und Verifizierung von Eigentums- und Kontrollstrukturen und damit des wirtschaftlichen Eigentums ermöglicht.

Aus diesen Gründen sollte der Mindeststandard der öffentlichen Kontrolle grundsätzlich nicht zwischen Kapital- und Personenhandelsgesellschaften unterscheiden. Das folgt schon daraus, dass der Grundsatz der gegenseitigen Anerkennung nach dem Kommissionsvorschlag bei beiden Gesellschaftsformen unbedingt gelten soll. Dann aber können bei der Prüfung von Personenhandelsgesellschafts-

---

[70] Supranationale Risikobewertung, Annex, S. 198, COM(2022) 554 final.
[71] So Stelmaszczyk/Wosgien EuZW 2023, 550 (553).
[72] Siehe die Veröffentlichung der ICLEG unter dem Titel „Cross-border use of company information" vom 13.7.2022, Rn. 34.
[73] Vgl. J. Schmidt NZG 2023, 593 (595) mit weiteren Nachweisen.
[74] Stelmaszczyk/Wosgien EuZW 2023, 550 (557).

daten keine Abstriche gemacht werden.[75] Für einen Prüfungsgleichlauf spricht ebenfalls eine effektive Geldwäscheprävention, denn diese erfordert im Einklang mit den einschlägigen FATF-Empfehlungen[76] über die Transparenz und das wirtschaftliche Eigentum, dass die Informationen in den Registern (sachlich) richtig sind.

Gute Gründe sprechen dafür, dass der Richtliniengeber ambitionierter auftreten sollte, was die Formerfordernisse für Personenhandelsgesellschaften betrifft. Art. 10 Abs. 2 UAbs. 3 GesRRL in Verbindung mit Art. 14a lit. g GesRRL-E dürfte so zu verstehen sein, dass dort keine Rechtmäßigkeits- und Wirksamkeitskontrolle sowie eine Offenlegung des Gesellschaftsvertrages stattzufinden haben, wo das nationale Recht nicht den Abschluss eines *förmlichen* Gesellschaftsvertrags verlangt. Diese Einschränkungen sollten aufgegeben werden. Sollen Eintragungen hinsichtlich Personenhandelsgesellschaften grenzüberschreitend anerkannt werden, muss eine Richtigkeits- und Wirksamkeitskontrolle, auch wenn sie auf eine Evidenzkontrolle nach Art. 10 Abs. 2 UAbs. 2 lit. c GesRRL-E beschränkt bliebe, anhand des Gesellschaftsvertrags durchgeführt werden. Das gilt umso mehr, als in der Praxis ohnehin die weit überwiegende Mehrzahl an Gesellschaftsverträgen zumindest in Schriftform abgeschlossen werden dürften. Vor diesem Hintergrund ist nicht einsichtig, weswegen in solchen Fällen der Gesellschaftsvertrag nicht geprüft werden dürfte beziehungsweise sollte. Im Übrigen erfordert eine effektive Geldwäscheprävention als allgemeine Sorgfaltspflicht zwingend die Verifizierung der Angaben zum wirtschaftlichen Eigentum. Hierfür sollte im Einklang mit den FATF-Empfehlungen zur Transparenz hinsichtlich des wirtschaftlichen Eigentums[77] ein mehrgliedriger Ansatz (sogenannter multi-prong approach) gelten, wonach sich ein Verpflichteter bei der Verifizierung der Identität der wirtschaftlichen Eigentümer nicht auf eine einzelne verlässliche Informationsquelle stützen darf, etwa allein die Eintragung im Transparenzregister. Das sollte insbesondere die Vorlage des (mindestens schriftlichen) Gesellschaftsvertrags erfordern. Es dürfte sonst gerade in (vermeintlich) mündlich errichteten Gesellschaften, die in einem Mitgliedstaat aufgrund eines niedrigeren Kontrollstandards eingetragen werden und deren Daten dann bedingungslos in einem anderen anzuerkennen wären, ein deutlich größeres Missbrauchsrisiko für illegale Zwecke und eine Gefahr für die Registerverlässlichkeit als bei Kapitalgesellschaften liegen.

V. Fazit und Ausblick

Der Entwurf für die Digitalisierungsrichtlinie 2.0 wird ein weiterer Meilenstein in der Entwicklung des Europäischen Gesellschaftsrechts, der, wie dargelegt, geprägt ist durch das Prinzip der vorsorgenden Rechtspflege und die Rolle des

---

[75] Stelmaszczyk/Wosgien EuZW 2023, 550 (557).
[76] Abrufbar unter https://www.fatf-gafi.org/en/publications/Fatfrecommendations/Guidance-Beneficial-Ownership-Legal-Persons.html.
[77] Abrufbar unter https://www.fatf-gafi.org/en/publications/Fatfrecommendations/Guidance-Beneficial-Ownership-Legal-Persons.html.

Notars. Als erstes bestätigte die damalige Europäische Wirtschaftsgemeinschaft bereits 1968 mit ihrer Entscheidung zugunsten des „Ob" öffentlicher Präventivkontrolle in der Richtlinie 68/151/EWG, dass Notare im Europäischen Gesellschaftsrecht mit Gerichten und Behörden gleichgestellter Teil der vorsorgenden Rechtspflege sind.[78] Mit dem Company Law Package wurde das bewährte Prinzip der öffentlichen Präventivkontrolle in die digitale Welt überführt und durch verpflichtende Mindestkontrollen sogar ausgeweitet, um die Vorteile der neuen Online-Verfahren mit Rechtssicherheit und der Verhinderung von Missbrauch zu verbinden. Das erlaubte es Mitgliedstaaten wie Deutschland, ihre Systeme der Doppelkontrolle in der digitalen Welt zu bewahren. Notare fungierten dabei über die Entwicklung und den Betrieb hoheitlicher Videokommunikationssysteme nach dem Vorbild der Bundesnotarkammer sogar als Wegbereiter einer Digitalisierung, die die digitale Souveränität des Staates sichert.

Die Digitalisierungsrichtlinie 2.0 wiederum wird der (nur) vorläufige Abschluss einer Weiterentwicklung des Europäischen Gesellschaftsrechts, in deren Mittelpunkt der Notar steht. Es richtig, dass die Digitalisierungsrichtlinie 2.0 unter maßgeblicher Beteiligung des Notars „lateinischer" Prägung die verpflichtende öffentliche Präventivkontrolle gegenständlich über einen Mindestprüfungskatalog, horizontal auf Personenhandelsgesellschaften und vertikal auf Präsenzverfahren ausweitet. Die damit verbundene Entscheidung *für* das kontinentaleuropäische Rechts- und Wirtschaftssystem und *gegen* das „laissez faire" des angloamerikanischen Rechtskreises ist zu begrüßen. Denn ein effizientes Gesellschaftsrechts- und Registerwesen ist ein wichtiger Standortfaktor, da es, wie dargelegt, Unsicherheit, Kosten, Zeit und Aufwand für Unternehmen, Verbraucher und andere Interessenträger reduziert und Informationsasymmetrien beseitigt. Die besonders verlässliche Infrastruktur der Doppelkontrolle aus Notar und Registergericht beziehungsweise Registerbehörde schafft Rechtssicherheit und senkt Transaktionskosten. Das erlaubt es, wichtige Geschäfte und Investitionen von Bürgern und Unternehmen sicher, zügig und kostengünstig abzuwickeln. Diese Vorteile ihrer eigenen bewährten Rechtstraditionen sollten sich die Europäischen Institutionen und die Mitgliedstaaten bewusst machen. Das Europäische Parlament hat sich am 11.12.2023 auf sein Verhandlungsmandat[79] für die Trilogverhandlungen geeinigt, indem es Notare im Art. 10 Abs. 1 GesRRL-E ausdrücklich Gerichten und Behörden gleichsetzt. In die Verhandlungen im Europäischen Parlament eingebrachte Vorschläge zugunsten der Zulässigkeit anwaltlicher Präventivkontrolle hatten sich nicht durchsetzen können. Damit spricht sich nun auch das Europäische Parlament klar für die öffentliche Präventivkontrolle aus. Die Verlässlichkeit im Europäischen Gesellschaftsrecht möchte es zusätzlich sogar erhöhen, indem es eine vollständige Richtigkeits- und Wirksamkeitskontrolle verlangt, und zwar sowohl für Kapital- als auch Personenhandelsgesellschaften, wobei für diese ebenfalls der Gesellschaftsvertrag im Register offengelegt werden soll. Das alles ist, wie dargelegt, zu begrüßen. Man kann zuversichtlich sein, dass auch die Mit-

---

[78] So zutreffend Teichmann GmbHR 2018, 1 (4); Mauch ZVglRWiss 106 (2007), 272 (279).
[79] Abrufbar unter https://www.europarl.europa.eu/doceo/document/JURI-AM-757307_EN.pdf, zuletzt abgerufen am 8.1.2024.

gliedstaaten mit einer Allgemeinen Ausrichtung in den Trilog gehen werden, die die Rolle des Notars im Europäischen Gesellschaftsrecht anerkennen wird.

Bereits jetzt ist ein weiterer Aspekt prägend für die Rolle des Notars im Europäischen Gesellschaftsrecht, der zukünftig weiter an Bedeutung gewinnen wird: die Durchsetzung wichtiger staatlicher Interessen als öffentliche Amtsträger, die dem öffentlichen Interesse verpflichtet sind und einer besonders strengen staatlichen Aufsicht unterliegen. Das zeigt sich besonders bei der Durchsetzung der Finanzsanktionen sowie bei der Bekämpfung von Geldwäsche und Terrorismusfinanzierung. Insbesondere eine effektive Geldwäscheprävention erfordert eine Prüfung gesellschaftsrechtlicher Transaktionen und Verfahren durch unabhängige und neutrale öffentliche Amtsträger. Nur so ist sichergestellt, dass die geldwäscherechtlichen Sorgfaltspflichten verlässlich eingehalten werden. Eine effektive Geldwäscheprävention setzt das Aufdecken verschleierter Eigentums- und Kontrollstrukturen („know your customer") und die Verfolgung verdächtiger Finanzströme („follow the money") voraus. Das sollte in die Hände von öffentlichen Amtsträgern gelegt werden. Notare sind dafür besonders geeignet, denn sie können sinngemäß als staatliches Kontrollwerkzeug fungieren. Für diese Zwecke können besondere Meldepflichten, Datenbanken und Analysetools geschaffen werden, die Geldwäsche und andere illegale Aktivitäten effektiv – und wegen der weiteren Digitalisierung auch effizient – im staatlichen Interesse verhindern. Damit wird die Durchsetzung staatlicher Interessen, national wie auf Unionsebene, zukünftig ein wichtiges Element der Rolle des Notars im Europäischen Gesellschaftsrecht und darüber hinaus sein.

MANFRED BORN

Online-Beurkundung des Zustimmungsbeschlusses der Gesellschafter der abhängigen GmbH zu einem Unternehmensvertrag

I. Notarielle Beurkundung des Zustimmungsbeschlusses unverändert erforderlich

Unternehmensverträge sind nach § 291 Abs. 1 S. 1 AktG Verträge, durch die eine Aktiengesellschaft oder Kommanditgesellschaft auf Aktien die Leitung ihrer Gesellschaft einem anderen Unternehmen unterstellt (Beherrschungsvertrag) oder sich verpflichtet, ihren ganzen Gewinn an ein anderes Unternehmen abzuführen (Gewinnabführungsvertrag).

Ausgehend von der sogenannten „Supermarktentscheidung" aus dem Jahr 1988[1] leitet der Bundesgerichtshof die Wirksamkeitsvoraussetzungen für Unternehmensverträge mit einer GmbH als Untergesellschaft primär aus einer entsprechenden Anwendung der Vorschriften über Satzungsänderungen im Recht der GmbH ab. Die Vorschriften der §§ 291 ff. AktG finden im Einzelfall nur dann entsprechende Anwendung, wenn der Schutzzweck der Vorschriften bei einer GmbH als Untergesellschaft gleichermaßen zutrifft und sie nicht auf Unterschieden der Binnenverfassung zwischen der Aktiengesellschaft und der GmbH beruhen.[2]

Der durch einen Unternehmensvertrag bewirkte Eingriff in den Gesellschaftszweck, die Zuständigkeitskompetenz der Gesellschafter und ihr Gewinnbezugsrecht ändert satzungsgleich die rechtliche Grundstruktur der sich der Beherrschung unterstellenden GmbH. Diesem Vorgang, dem auch rechtsüberlagernder und eine Satzung materiell ändernder Charakter beigemessen wird, hat nicht nur einer Satzungsänderung vergleichbare Wirkung, sondern auch entsprechende Bedeutung.[3] Die Änderung der Satzung unterliegt aus Beweissicherungs- und damit Rechtssicherheitsgründen, aber auch zum Zwecke der materiellen Richtigkeitsgewähr sowie zur Gewährleistung einer Prüfungs- und Belehrungsfunktion der Beurkundungspflicht (§ 53 Abs. 3 GmbHG) und bedarf in Übereinstimmung mit den für den Gründungsvorgang geltenden Vorschriften über Handelsregisterkontrolle und -publizität zu ihrer Wirksamkeit der Eintragung in das Handelsregister (§ 54 Abs. 3

---

[1] BGHZ 105, 324 = NJW 1989, 295.
[2] BGHZ 105, 324 (338) = NJW 1989, 295; NJW 1992, 1452 (1453 f.); NZG 2002, 128 (129); BGHZ 206, 74 Rn. 14; BGHZ 223, 13 Rn. 17, 22; vgl. auch BGHZ 190, 45 Rn. 19 = NZG 2011, 902; OLG Jena DNotZ 2022, 388 Rn. 16.
[3] BGHZ 105, 324 (331, 338 f.) = NJW 1989, 295; NJW 1992, 1452 (1453 f.); BGHZ 223, 13 Rn. 17; BGHZ 236, 123 = NZG 2023, 508 Rn. 15; vgl. bereits BGHZ 103, 1 (4 f.) = NJW 1988, 1326; vgl. auch BGHZ 190, 45 Rn. 19 = NZG 2011, 902.

GmbHG). Dieser den §§ 53 und 54 GmbHG zugrundeliegende Rechtsgedanke trifft in gleicher Weise auf den Unternehmensvertrag zu.[4]

Die Anwendung des aus den §§ 53 und 54 GmbHG entnommenen Rechtsgedankens muss der Eigenart des Vertrages angepasst werden. Der materiell wirksame Unternehmensvertrag setzt sich auf Seiten der beherrschten GmbH aus dem durch deren Geschäftsführer mit dem anderen Vertragsteil geschlossenen Vertrag und dem Zustimmungsbeschluss der Gesellschafterversammlung zusammen. Beide sind für das Zustandekommen des Vertrages unabdingbare Bestandteile. Da mit dem Vertrag in einer die Grundstruktur ändernden Weise in den rechtlichen Status der Gesellschaft eingegriffen wird, kommt dem Zustimmungsbeschluss der Gesellschafter die eigentliche und tragende Bedeutung zu. Daher wird für den Unternehmensvertrag lediglich die Schriftform, hingegen für den Zustimmungsbeschluss die notarielle Beurkundung entsprechend § 53 Abs. 3 S. 1 GmbHG verlangt.[5] Der Niederschrift über den Beschluss, mit dem die Gesellschafterversammlung der herrschenden Gesellschaft einem mit einer GmbH abgeschlossenen Unternehmensvertrag zugestimmt hat, ist der Unternehmensvertrag als Anlage beizufügen. Der Zustimmungsbeschluss nebst Anlage ist der Anmeldung zum Handelsregister beizufügen.[6]

Gegen eine unmittelbare Anwendung der §§ 53, 54 GmbHG bestehen Bedenken, weil eine Änderung der Satzung im Sinne dieser Formvorschriften formell auch eine Änderung ihres Wortlauts voraussetzt, wie sich aus § 54 Abs. 1 S. 2 GmbHG ergibt. Unternehmensverträge werden aber nicht in die Satzung aufgenommen, weil diese nach ihrem gesetzlichen Erscheinungsbild (§§ 2 und 3 GmbHG) nicht darauf angelegt ist, zeitabhängige und potenziell auch mit Nichtgesellschaftern abschließbare Verträge, die teilweise schuldrechtliche Regelungen enthalten, in ihren Einzelheiten aufzunehmen.[7]

Das zuvor in § 53 Abs. 2 S. 1 Hs. 1 GmbHG alte Fassung geregelte Erfordernis der notariellen Beurkundung satzungsändernder Beschlüsse ist durch das Gesetz zur Ergänzung der Regelungen zur Umsetzung der Digitalisierungsrichtlinie und zur Änderung weiterer Vorschriften (DiREG) nach § 53 Abs. 3 S. 1 GmbHG verlagert worden. Hierbei handelt es sich lediglich um eine redaktionelle Folgeänderung, die den Anwendungsbereich der Norm unberührt lässt.[8] Daraus folgt, dass der Zustimmungsbeschluss der Gesellschafterversammlung einer GmbH als Untergesellschaft zu einem Unternehmensvertrag unverändert der notariellen Beurkundung bedarf.

---

[4] BGHZ 105, 324 (338 f.) = NJW 1989, 295.
[5] BGHZ 105, 324 (341 f.) = NJW 1989, 295; NZG 2002, 128 (129); BGHZ 223, 13 Rn. 17; BGHZ 236, 123 = NZG 2023, 508 Rn. 16 – alle zu § 53 Abs. 2 S. 1 GmbHG alte Fassung.
[6] BGH NJW 1992, 1452.
[7] BGHZ 105, 324 (339) = NJW 1989, 295.
[8] Regierungsentwurf eines Gesetzes zur Ergänzung der Regelungen zur Umsetzung der Digitalisierungsrichtlinie und zur Änderung weiterer Vorschriften, BT-Drs. 20/1672, 25.

II. Online-Beurkundung des Zustimmungsbeschlusses zulässig

Aus dem Wortlaut des § 53 Abs. 3 S. 2 GmbHG, dem Sinn und Zweck der Erstreckung der Videobeurkundung auf satzungsändernde Beschlüsse und aus der Systematik der Neuregelung lassen sich keine Gründe dafür herleiten, Zustimmungsbeschlüsse von dem Online-Beurkundungsverfahren auszuschließen. Auch der Wille des Gesetzgebers steht dem nicht entgegen. Zwar enthält die Begründung des Regierungsentwurfs zum DiREG folgende Passage:

„*Zustimmungsbeschlüsse zu Unternehmensverträgen können, sofern diese beurkundungspflichtig sind, nicht nach § 53 Absatz 3 Satz 2 in Verbindung mit § 2 Absatz 3 Satz 4 GmbHG-E in die elektronische Niederschrift mit aufgenommen werden. Sie sind auch nicht nach § 53 Absatz 3 Satz 2 in Verbindung mit § 2 Absatz 3 Satz 1 GmbHG-E zum Online-Verfahren zugelassen.*"[9]

Dieser geäußerte gesetzgeberische Wille ist indes unbeachtlich.

1. Art der Beurkundung

Bei der Beurkundung eines Satzungsänderungsbeschlusses handelt es sich um einen Bericht des Notars über seine Wahrnehmungen (§ 37 Abs. 1 S. 1 Nr. 2 BeurkG) und damit um eine Tatsachenurkunde gemäß §§ 36 f. BeurkG.[10] In der notariellen Praxis werden für die Beurkundung von Satzungsänderungsbeschlüssen dennoch häufig und in zulässiger Weise die Vorschriften über die Beurkundung von Willenserklärungen (§§ 8 ff. BeurkG) angewendet.[11] Die Wahl der Beurkundungsform steht im pflichtgemäßen Ermessen des Notars.[12] Nach § 53 Abs. 3 S. 2 GmbHG ist § 2 Abs. 3 S. 1, 3 und 4 GmbHG auf satzungsändernde Beschlüsse entsprechend anwendbar, so dass deren notarielle Beurkundung auch mittels Videokommunikation gemäß den §§ 16a bis 16e des Beurkundungsgesetzes erfolgen kann.

2. Ausgangspunkt der Auslegung des § 53 Abs. 3 S. 2 GmbHG

Ausgangspunkt für die Auslegung einer Gesetzesvorschrift ist der in dieser zum Ausdruck gekommene objektivierte Wille des Gesetzgebers, so wie er sich aus dem Wortlaut der Gesetzesbestimmung und dem Sinnzusammenhang ergibt. Dem

---

[9] Regierungsentwurf eines Gesetzes zur Ergänzung der Regelungen zur Umsetzung der Digitalisierungsrichtlinie und zur Änderung weiterer Vorschriften, BT-Drs. 20/1672, 25.
[10] Born in BeckOGK, 15.4.2023, GmbHG § 53 Rn. 260; vgl. zur AG: BGHZ 216, 110 Rn. 26, 40 = NJW 2018, 52; BGHZ 203, 68 Rn. 19 = NZG 2015, 18; BGHZ 180, 9 Rn. 11 = NZG 2009, 342; zur GmbH: OLG Köln NJW-RR 1993, 223 (224); KG NJW 1959, 1446 (1447); OLG Celle NZG 2017, 422 (423).
[11] OLG Köln NJW-RR 1993, 223 (224); Grotheer RNotZ 2015, 4 (5); Nordholtz/Hupka DNotZ 2018, 404 (406); Wicke, 4. Aufl. 2020, GmbHG § 53 Rn. 13; Leitzen in Gehrlein/Born/Simon, 5. Aufl. 2020, GmbHG § 53 Rn. 42; Priester/Tebben in Scholz, 12. Aufl. 2018, GmbHG § 53 Rn. 70; Born in BeckOGK, 15.4.2023, GmbHG § 53 Rn. 265; anderer Ansicht OLG Celle NZG 2017, 422 (423); Noack in Noack/Servatius/Haas, 23. Aufl. 2022, GmbHG § 53 Rn. 70.
[12] Vgl. die Begründung zum Regierungsentwurf eines Beurkundungsgesetzes, BT-Drs. V/3282, 37; Nordholtz/Hupka DNotZ 2018, 404 (412).

Ziel, den im Gesetz objektivierten Willen des Gesetzgebers zu erfassen, dienen die nebeneinander zulässigen, sich gegenseitig ergänzenden Methoden der Auslegung aus dem Wortlaut der Norm, ihrem Sinnzusammenhang, ihrem Zweck sowie aus den Gesetzgebungsmaterialien und der Entstehungsgeschichte.[13] Hiervon ausgehend spricht, wie sogleich aufgezeigt werden wird, allein die Gesetzesbegründung zum DiREG gegen die Einbeziehung der Zustimmungsbeschlüsse in das Online-Beurkundungsverfahren. Der geäußerte gesetzgeberische Wille bindet indes nicht, weil er unklar bleibt und zudem nicht ohne Widersprüche ist.[14]

3. Auslegung von § 53 Abs. 3 S. 2 GmbHG

a) Geäußerter gesetzgeberischer Wille unbeachtlich

Wie gerade aufgezeigt, liegt der Grund für die Pflicht zur notariellen Beurkundung des Zustimmungsbeschlusses der Gesellschafterversammlung einer GmbH als Untergesellschaft zu einem Unternehmensvertrag in einer Einzelanalogie zu § 53 Abs. 3 S. 1 GmbHG, weil der Abschluss des Unternehmensvertrags und die Zustimmung hierzu nicht nur eine der Satzungsänderung vergleichbare Wirkung, sondern auch eine entsprechende Bedeutung hat. Zustimmungsbeschlüsse und Satzungsänderungsbeschlüsse greifen danach wirkungsgleich in die Struktur der GmbH ein. Es bedarf daher einer Begründung, weshalb eine zur Verfügung stehende Möglichkeit der entsprechend § 53 Abs. 3 S. 1 GmbHG erforderlichen notariellen Beurkundung von Zustimmungsbeschlüssen nicht zur Verfügung stehen soll. Eine solche Begründung lässt sich den Materialien zum DiREG nicht entnehmen. Der Gesetzgeber betont vielmehr an anderer Stelle das Ziel, bei Vorliegen der sonstigen Voraussetzungen für sämtliche einstimmigen Satzungsänderungsbeschlüsse das notarielle Online-Beurkundungsverfahren zu eröffnen.[15] Warum dies dann nicht für wirkungsgleiche einstimmige Zustimmungsbeschlüsse gelten soll, deren notarielle Beurkundungspflicht aus ihrer satzungsänderungsgleichen Wirkung abgeleitet wird, erschließt sich nicht. Zwischen der die Zustimmungsbeschlüsse ausschließenden Äußerung und dem Gesetzgebungsziel besteht damit ein Widerspruch.[16] Angesichts seiner Begründungslosigkeit bleibt der geäußerte gesetzgeberische Wille zudem unklar.[17] Die Begründung hat letztlich keinen Niederschlag im Regelungsteil des Gesetzes gefunden.[18]

b) Wortlaut

Der Wortlaut des § 53 Abs. 3 S. 2 GmbHG enthält keine Einschränkung und eröffnet für jede nach § 53 Abs. 3 S. 1 GmbHG erforderlich werdende notarielle

---

[13] Statt anderer Nachweise BVerfG NJW 2012, 376 (377).
[14] Anderer Ansicht Braun DNotZ 2022, 725 (734); Meier BB 2022, 1731 (1735); Stelmasczyk/Strauß GmbHR 2022, 833 (842).
[15] Regierungsentwurf eines Gesetzes zur Ergänzung der Regelungen zur Umsetzung der Digitalisierungsrichtlinie und zur Änderung weiterer Vorschriften, BT-Drs. 20/1672, 23 f.
[16] Hierzu Möllers, Methodenlehre, 5. Aufl. 2023, § 6 Rn. 42 f.
[17] Hierzu Möllers, Methodenlehre, 5. Aufl. 2023, § 6 Rn. 42 f.
[18] Heckschen/Knaier NZG 2022, 885 (891 f.).

Beurkundung die Möglichkeit der Online-Beurkundung, sofern die Beschlussfassung einstimmig erfolgt.

c) Systematik

Mit systematischen Erwägungen lässt sich ein Ausschluss von Zustimmungsbeschlüssen von der Möglichkeit der Videobeurkundung nicht begründen. § 53 Abs. 3 S. 2 GmbHG enthält eine Rechtsgrundverweisung.[19] Die Beurkundung mittels Videokommunikation kann daher, wie in § 2 Abs. 3 S. 1 GmbHG für die Gründung bestimmt, auch bei Satzungsänderungen nur erfolgen, sofern andere Formvorschriften nicht entgegenstehen. Die Notwendigkeit der notariellen Beurkundung darf also nicht aus anderen Bestimmungen als § 53 Abs. 3 S. 1 GmbHG folgen, weil bei diesen Vorschriften andere Formzwecke im Vordergrund stehen, weshalb das Online-Verfahren für diese nicht geeignet und nicht zugelassen ist.[20] Da der Zustimmungsbeschluss nur nach § 53 Abs. 3 S. 1 GmbHG notariell beurkundet werden muss,[21] erfüllt er diese Voraussetzung.

Dieser Auslegung steht die zeitgleich vorgenommene Änderung des § 16a BeurkG nicht entgegen. In § 16a Abs. 1 BeurkG wurden die Wörter „nach § 2 Absatz 3 des Gesetzes betreffend die Gesellschaften mit beschränkter Haftung" durch die Wörter „durch Gesetz" ersetzt. Die Änderung erfolgte mit Blick auf die Ausweitung des Anwendungsbereichs des Beurkundungsverfahrens mittels Videokommunikation, weshalb die vorherige bestimmte Bezugnahme durch eine unbestimmte Formulierung ersetzt wurde. Danach kann die Beurkundung mittels Videokommunikation nur erfolgen, soweit dies durch ein Gesetz im formellen Sinne zugelassen ist.[22] Dies ist nach dem hier vertretenen Auslegungsergebnis mit § 53 Abs. 3 S. 2 GmbHG der Fall.

d) Sinn und Zweck

Der Unternehmensvertrag selbst bedarf entsprechend § 293 Abs. 3 AktG lediglich der Einhaltung der Schriftform.[23] Ein solcher Vertragsschluss kann daher gemäß § 2 Abs. 3 S. 3 GmbHG mitbeurkundet werden, wenn der Gesellschaftsvertrag gemäß § 2 Abs. 3 S. 1 GmbHG mittels Videokommunikation beurkundet wird.[24] Nichts anderes gilt gemäß §§ 53 Abs. 3 S. 2, 2 Abs. 3 S. 1 und 3 GmbHG, wenn ein Unternehmensvertrag im Zusammenhang mit einer Satzungsänderung geschlossen wird. Auch in diesem Fall kann der Vertragsschluss zusammen mit dem Satzungsänderungsbeschluss mittels Videokommunikation beurkundet werden. Ziel der

---

[19] Regierungsentwurf eines Gesetzes zur Ergänzung der Regelungen zur Umsetzung der Digitalisierungsrichtlinie und zur Änderung weiterer Vorschriften, DiREG, BT-Drs. 20/1672, 24.
[20] Regierungsentwurf eines Gesetzes zur Ergänzung der Regelungen zur Umsetzung der Digitalisierungsrichtlinie und zur Änderung weiterer Vorschriften, DiREG, BT-Drs. 20/1672, 24.
[21] BGHZ 236, 123 = NZG 2023, 508 Rn. 16.
[22] Regierungsentwurf eines Gesetzes zur Ergänzung der Regelungen zur Umsetzung der Digitalisierungsrichtlinie und zur Änderung weiterer Vorschriften, DiREG, BT-Drs. 20/1672, 21.
[23] BGHZ 105, 324 (341 f.); BGHZ 223, 13 Rn. 17; BGHZ 236, 123 = NZG 2023, 508 Rn. 16 – alle zu § 53 Abs. 2 S. 1 GmbHG alte Fassung.
[24] Heckschen/Knaier NZG 2022, 885 (891); Stelmasczyk/Strauß GmbHR 2022, 833 (837).

Ausdehnung des Online-Verfahrens war eine substanzielle Vereinfachung für den Rechts- und Geschäftsverkehr.[25] Dieses Ziel wird aber verfehlt, wenn zwar der Vertragsschluss selbst neben der Beschlussfassung der Gesellschafterversammlung online mitbeurkundet werden kann, die Versammlung aber in Präsenz zusammentreten müsste, um dem Vertrag zuzustimmen. Der in der Gesetzesbegründung ausgesprochene Ausschluss der Zustimmungsbeschlüsse vom Online-Beurkundungsverfahren steht danach auch insoweit im offenen Widerspruch zu dem durch die Ausweitung verfolgten Ziel.

Die Ausdehnung der Möglichkeit der Beurkundung mittels Videokommunikation auf satzungsändernde Beschlüsse wird mit der Erwägung begründet, dass diese im Fall der Einstimmigkeit auch strukturell der konsensualen Gesellschaftsgründung entsprechen, für die nach § 2 Abs. 3 S. 1 GmbHG in der bis zum 31.7.2023 gültigen Fassung im Fall einer Gründung ohne Sacheinlagen bereits die Möglichkeit der Beurkundung des Gesellschaftsvertrags mittels Videokommunikation bestand.[26] Für wie Satzungsänderungsbeschlüsse zu behandelnde und daher beurkundungspflichtige Zustimmungsbeschlüsse der Gesellschafterversammlung einer GmbH als Untergesellschaft gilt im Fall der Einstimmigkeit im Hinblick auf ihre Struktur nichts anderes.

---

[25] Regierungsentwurf eines Gesetzes zur Ergänzung der Regelungen zur Umsetzung der Digitalisierungsrichtlinie und zur Änderung weiterer Vorschriften, DiREG, BT-Drs. 20/1672, 14.
[26] Regierungsentwurf eines Gesetzes zur Ergänzung der Regelungen zur Umsetzung der Digitalisierungsrichtlinie und zur Änderung weiterer Vorschriften, DiREG, BT-Drs. 20/1672, 24.

TILL BREMKAMP

Bestimmung der Vergütung des Testamentsvollstreckers im Sinne des § 2221 BGB durch Bezugnahme auf eine Vergütungsempfehlung – 225 Millionen Euro für den Testamentsvollstrecker?

I. Einführung

Am 23.2.2021 verstarb Heinz Hermann Thiele. Er war einer der reichsten Männer Deutschlands und hinterließ ein Vermögen von rund 15 Milliarden Euro. In seinem am 7.6.2018 errichteten notariellen Testament setzte er seinen langjährigen Vertrauten, Steuerberater und Wirtschaftsprüfer Robin Brühmüller zum Testamentsvollstrecker ein und bestimmte für dessen Vergütung, dass sie „sich aus den allgemeinen Vergütungsrichtlinien gemäß den Empfehlungen des Deutschen Notarvereins" ergebe. Diese Empfehlungen sehen ab einem Bruttonachlass von 5 Millionen Euro eine Grundvergütung von 1,5% vor. Robin Brühmüller stünde demnach für seine Tätigkeit als Testamentsvollstrecker eine Vergütung von mindestens 225 Millionen Euro zu.[1]

Über die Höhe der Vergütung wird derzeit vor Gericht gestritten. Die Witwe und Erbin Nadja Thiele ist davon überzeugt, dass ihr Ehemann die im Testament in Bezug genommene Vergütungsempfehlung überhaupt nicht kannte und die sich daraus ergebende Vergütung Brühmüllers auch nicht bestimmen wollte. Heinz Hermann Thiele, der als geizig galt, flog stets Economy, war schwer vom Kauf eines neuen Jacketts zu überzeugen und soll mit Robin Brühmüller über dessen Stundensätze als Wirtschaftsprüfer gefeilscht haben. Er habe gegenüber mehreren Vertrauten geäußert, Brühmüller für seine Tätigkeit als Testamentsvollstrecker eine Vergütung zwischen 600.000 Euro und einer Million Euro jährlich zahlen zu wollen. Die Erbin wirft dem Testamentsvollstrecker daher Täuschung vor und verlangt gerichtlich, prominent anwaltlich vertreten durch Peter Gauweiler und Thomas Fischer, dessen Abberufung:[2] Bei der Errichtung des Testaments habe er Heinz

---

[1] Die Vergütungsempfehlungen des Deutschen Notarvereins sehen darüber hinaus fünf Zuschläge zu jeweils 20–100% der Grundvergütung vor (die in diesem Falle alle verwirklicht sein dürften), wobei als Obergrenze der dreifache Vergütungsgrundbetrag (hier mithin 775 Millionen Euro) eingezogen ist.

[2] Das parallel von der Erbin bei der Staatsanwaltschaft München veranlasste strafrechtliche Ermittlungsverfahren gegen Brühmüller wegen des Verdachts auf Betrug wurde mittlerweile eingestellt. „Der Beschuldigte durfte insbesondere darauf vertrauen, dass der Verstorbene rechtlich anderweitig umfassend beraten war und daher keinem Irrtum hinsichtlich der Vergütungsregelung unterlag", teilte die Staatsanwaltschaft München I mit, vgl. Handelsblatt vom 11.4.2023, online

Hermann Thiele über die wirtschaftliche Bedeutung der in Bezug genommenen Vergütungsempfehlung aufklären müssen.

Als ich das las,[3] war mein erster Gedanke: Die von der Erbin bemängelte Aufklärung des Erblassers über den Inhalt der in Bezug genommenen Empfehlung und die daraus folgende Vergütung des Testamentsvollstreckers hätte das Beurkundungsverfahren sicherstellen müssen. Dem Vorwurf mangelnder Aufklärung über den Inhalt der abgegebenen letztwilligen Erklärung muss sich daher nicht nur Robin Brühmüller, sondern auch das Beurkundungsverfahrensrecht stellen. Denn es lässt es ja bekanntlich zu, die Vergütung des Testamentsvollstreckers dadurch im Sinne des § 2221 BGB zu bestimmen, dass der Erblasser in der Urkunde die Vergütungsempfehlungen des Deutschen Notarvereins lediglich in Bezug nimmt, ohne dass diese verlesen und als Anlage zur Urkunde genommen werden müssten. Ich habe es selbst in meiner Praxis unzählige Male so beurkundet und es wird in namhaften Handbüchern genauso empfohlen.[4] Dieser Ausnahmefall hat mich an meiner eigenen Praxis zweifeln und den nachfolgenden Beitrag verfassen lassen.

II. Bestimmung

Gemäß § 2221 BGB kann der Testamentsvollstrecker für die Führung seines Amtes eine angemessene Vergütung verlangen, sofern nicht der Erblasser ein anderes bestimmt hat. Hat der Erblasser die Vergütung des Testamentsvollstreckers durch letztwillige Verfügung bestimmt, schulden die Erben nach Maßgabe von § 2221 Hs. 2 BGB die durch den Erblasser bestimmte Vergütung, auch wenn sie nicht angemessen ist.[5] Das gilt sowohl für den Fall, dass die Vergütung – wie im Fall Heinz Hermann Thiele – unangemessen hoch erscheint als auch für den Fall, dass der Erblasser eine unangemessen niedrige Vergütung bestimmt oder diese ganz ausgeschlossen hat.

Nur wenn der Erblasser in seiner letztwilligen Verfügung nichts zur Vergütung bestimmt, steht dem Testamentsvollstrecker gemäß § 2221 Hs. 1 BGB eine „angemessene Vergütung" zu. Welche Vergütung angemessen ist, bestimmt im Streitfall das Gericht.[6] Zur Ausfüllung des unbestimmten Rechtsbegriffs der Angemessenheit

---

abrufbar unter: https://www.faz.net/aktuell/wirtschaft/unternehmen/vermoegen-von-heinz-hermann-thiele-wird-von-stephan-sturm-verwaltet-18813694.html.

[3] Vorstehenden Sachverhalt habe ich entnommen aus dem Artikel „225 Millionen Honorar für den Diener" von Martin Hesse in DER SPIEGEL 9/2023; online abrufbar unter https://www.spiegel.de/wirtschaft/erbe-von-heinz-hermann-thiele-der-diener-des-milliardaers-a-c2ada08d-345d-4359-9fa1-6e439de2f58d.

[4] Etwa R. Kössinger/Zintl in Nieder/Kössinger, Handbuch der Testamentsgestaltung, 6. Aufl. 2020, § 15 Rn. 150 oder Dietz in BeckNotar-HdB, 7. Aufl. 2019, § 17 Rn. 203 oder Eckelskemper/Schmidt in Bengel/Reimann/Holtz/Röhl, Handbuch der Testamentsvollstreckung, 8. Aufl. 2023, § 12 Rn. 2.

[5] Weidlich in Grüneberg, 82. Aufl. 2023, BGB § 2221 Rn. 2, 3; Dutta in Staudinger, 2021, BGB § 2221 Rn. 23; Lange in BeckOK BGB, 67. Ed. 1.8.2023, BGB § 2221 Rn. 2; Schmitz/Pernice notar 2023, 271 (272f.).

[6] Weidlich in Grüneberg, 82. Aufl. 2023, BGB § 2221 Rn. 3; Tolksdorf in BeckOGK, 1.4.2023, BGB § 2221 Rn. 89ff.; Lange in BeckOK BGB, 67. Ed. 1.8.2023, BGB § 2221 Rn. 37.

im Sinne des § 2221 Hs. 1 BGB bietet das Gesetz dem Richter keine Hilfestellung. Aus diesem Grund wurden Vergütungsempfehlungen – neben vielen anderen[7] auch die Vergütungsempfehlungen des Deutschen Notarvereins – als Orientierungshilfen entwickelt. Die Rechtsprechung orientiert sich an diesen Empfehlungen, ohne sich auf eine von davon festgelegt zu haben.[8]

III. Bestimmung durch notarielle Verfügung

Will der Erblasser in einer notariellen Verfügung von Todes wegen (Testament, Erbvertrag) die Vergütung des Testamentsvollstreckers dergestalt im Sinne des § 2221 Hs. 2 BGB bestimmen, dass sie sich aus einer Vergütungsempfehlung ergibt, stellt das Beurkundungsverfahrensrecht dafür zwei Möglichkeiten zur Verfügung: Zum einen kann in der letztwilligen Verfügung auf die Vergütungsempfehlung im Sinne des § 9 Abs. 1 S. 2 BeurkG („förmlich") verwiesen werden mit der verfahrensrechtlichen Folge, dass diese Empfehlungen in der Verhandlung vollständig zu verlesen und der Niederschrift als Anlage beizufügen sind; wird die Empfehlung nicht verlesen oder nicht beigefügt, ist die Bestimmung unwirksam (dazu → V.). Zum anderen kann der Erblasser in der letztwilligen Verfügung auf die Vergütungsempfehlung lediglich („unförmlich") Bezug nehmen – diese Bezugnahme findet sich im Beurkundungsverfahrensrecht ausdrücklich an keiner Stelle geregelt –, so dass sie in der Verhandlung weder vorgelesen werden muss noch der Niederschrift beizufügen ist.

Ob eine („förmliche") Verweisung erforderlich oder eine („unförmliche") Bezugnahme ausreichend ist, beantwortet nicht das Beurkundungsverfahrensrecht, sondern das materielle Recht. Maßgeblich ist der Umfang des aus § 2232 BGB (Testament) oder § 2276 BGB (Erbvertrag) folgenden Beurkundungsgebots, mithin die Frage, ob die Vergütungsempfehlung nach dem einschlägigen materiellen Recht zum beurkundungsbedürftigen Inhalt einer notariellen Verfügung von Todes wegen gehört oder nicht. Sind die Inhalte einer Vergütungsempfehlung zu beurkunden, müssen sie im Wege eines („förmlichen") Verweises im Sinne des § 9 Abs. 1 S. 2 BeurkG zum Inhalt der Niederschrift gemacht werden, indem sie in der Verhandlung mitverlesen und der Niederschrift beigefügt werden. Müssen die Inhalte der Vergütungsempfehlung hingegen nicht beurkundet werden, genügt die bloße („unförmliche") Bezugnahme darauf, ohne dass sie mitverlesen und der Niederschrift beizufügen sind.

---

[7] Eine gute Übersicht über die Grundvergütungen (ohne Zuschläge) der verschiedenen Vergütungsempfehlungen findet sich bei Tolksdorf in BeckOGK, 1.4.2023, BGB § 2221 Rn. 22.1–22.9. Eine Zusammenstellung der verschiedenen Vergütungsempfehlungen findet sich auch bei Dietz in BeckNotar-HdB, 7. Aufl. 2019, § 17 Rn. 199. Einen Überblick über die Abweichungen der Grundvergütung vier ausgewählter Vergütungsempfehlungen findet sich bei Lange in BeckOK BGB, 67. Ed. 1.8.2023, BGB § 2221 Rn. 17 ff.

[8] Vgl. Tolksdorf in BeckOGK, 1.4.2023, BGB § 2221 Rn. 27; Schmitz/Pernice notar 2023, 271 f.

Die Rechtsprechung musste sich mit dieser Frage bislang noch nicht auseinandersetzen, hat aber zu einer anderen materiell-rechtlichen Formvorschrift einige Grundsätze aufgestellt, die möglicherweise eine Antwort zulassen. Nachfolgend wird daher zunächst der Versuch unternommen, die von der höchstrichterlichen Rechtsprechung in den letzten Jahrzehnten aufgestellten Grundsätze zur Abgrenzung zwischen einem („förmlichen") Verweis und einer („unförmlichen") Bezugnahme zusammenzufassen, um daraus möglicherweise Erkenntnisse für eine künftige Entscheidung des hier maßgeblichen Sachverhaltes zu gewinnen (→ 1.). Die Literatur befasst sich mit der hier gestellten Frage und kommt – für mich überraschend – zu unterschiedlichen Antworten. Wirkliche Begründungen für die eine oder andere Meinung finden sich allerdings bei allen diesen Autoren nicht. Einen dogmatisch überzeugenden Lösungsansatz arbeitet nur eine einzige Autorin heraus (→ 2.).

1. Rechtsprechung

Die höchstrichterliche Rechtsprechung musste sich bislang nur in einem recht überschaubaren Umfang mit der Frage beschäftigen, ob ein Schriftstück außerhalb der notariellen Urkunde nach dem materiellen Recht der Beurkundung bedarf und damit im Wege eines („förmlichen") Verweises im Sinne des § 9 Abs. 1 S. 2 BeurkG zum Inhalt der Niederschrift gemacht werden muss oder aber nicht beurkundungsbedürftig ist und lediglich („unförmlich") in Bezug genommen werden kann. Insgesamt konnte ich nur neun relevante höchstrichterliche Entscheidungen zu dieser Frage finden. Alle neun Entscheidungen ergingen zur materiell-rechtlichen Formvorschrift des § 311b Abs. 1 BGB.

a) 1977

Nach einer Entscheidung vom 22.9.1977 *(„Schiedsvereinbarung")*[9] bedarf eine Schiedsvereinbarung im Sinne des § 1029 BGB, in der die Beteiligten alle Streitigkeiten aus einem der notariellen Form des § 311b Abs. 1 BGB unterliegenden Grundstückskaufvertrag der Entscheidung eines Schiedsgerichts unterwerfen, nicht der notariellen Beurkundung und sie muss daher auch nicht im Wege eines („förmlichen") Verweises im Sinne des § 9 Abs. 1 S. 2 BeurkG zum Inhalt des Hauptvertrages gemacht werden. Eine solche Schiedsvereinbarung erfasse im Zweifel auch Streitigkeiten über die Wirksamkeit des Hauptvertrages, mithin auch Streitigkeiten über die Wahrung der gesetzlichen Form des Hauptvertrages. Vor diesem Hintergrund sei eine Schiedsvereinbarung

„selbständig und stellt in diesem Sinne keinen Bestandteil des Hauptvertrages dar [...]. Würde nämlich ein Mangel der für den Hauptvertrag erforderlichen Form auch den Schiedsvertrag erfassen, so wäre eine Wirksamkeitsvoraussetzung des Hauptvertrages auf den Schiedsvertrag übertragen. Dadurch würde der Sinn dieser (selbständigen) Schiedsabrede unzulässig verkürzt. Sie müsste immer schon versagen, wenn dem Schiedsvertrag (nur) ein Formmangel des Hauptvertrages anhaftet."

---

[9] BGH NJW 1978, 212.

In einem Grundstückskaufvertrag, in dem sich der Verkäufer neben der Verschaffung des Eigentums an einem Grundstück auch zur Errichtung eines Bauwerks verpflichtet, bedarf nach einer Entscheidung vom 23.9.1977 *("Baubeschreibung")*[10] auch die Baubeschreibung gemäß § 311b Abs. 1 BGB der notariellen Beurkundung und diese muss daher im Wege eines („förmlichen") Verweises im Sinne des § 9 Abs. 1 S. 2 BeurkG (in der Praxis heute in Verbindung mit § 13a BeurkG) zum Inhalt des Hauptvertrages gemacht werden.

„Nicht nur die Verpflichtung des Veräußerers zur Grundstücksübertragung, sondern alle Vereinbarungen, aus denen sich nach dem Willen der Vertragspartner das schuldrechtliche Veräußerungsgeschäft zusammensetzt, "

unterliegen dem Beurkundungserfordernis. Ausdrücklich weicht der Bundesgerichtshof in dieser Entscheidung von seiner früheren gegenteiligen Auffassung[11] ab, wonach eine („unförmliche") Bezugnahme auf die Baubeschreibung ausreiche und diese gerade nicht dem Formgebot des § 311b Abs. 1 BGB unterliege.

b) 1979

Nach einer Entscheidung vom 23.2.1979 *(„Teilungserklärung I")*[12] muss in einem Kaufvertrag über ein durch Anlegung der Grundbuchblätter bereits materiell-rechtlich entstandenes Wohnungs- und Teileigentum die Teilungserklärung grundsätzlich nicht im Wege eines („förmlichen") Verweises im Sinne des § 9 Abs. 1 S. 2 BeurkG zum Inhalt der Kaufvertragsurkunde gemacht werden. Nur der „Rechtswirkungen erzeugende Teil der Erklärungen" unterliege dem Beurkundungszwang.

„Soweit durch die Bezugnahme auf die Teilungserklärung keine weiteren Vertragspflichten begründet werden, gehört auch der Inhalt der Teilungserklärung nicht mehr zum Regelungsinhalt des Kaufvertrages, sondern dient nur zur – entbehrlichen – Erläuterung des (in der Haupturkunde bereits hinreichend genau bezeichneten) Kaufgegenstandes („Identifizierungsbehelf"). "

Verpflichtet sich der Verkäufer nach dem Inhalt eines Grundstückskaufvertrages auch zur Errichtung eines durch Baupläne näher bestimmten Bauwerks, bedürfen nach einer Entscheidung vom 6.4.1979 *("Baupläne")*[13] auch diese Baupläne gemäß § 311b Abs. 1 BGB der notariellen Beurkundung und sie sind folglich durch einen („förmlichen") Verweis zum Inhalt der Urkunde zu machen.

„Zwar bringt ein Bauplan [...] für sich allein betrachtet keinen rechtsgeschäftlichen Willen zum Ausdruck; der Plan wird aber [...] dann von der bloßen Verkörperung eines Gedankeninhalts zum Erklärungsmittel, wenn, wie hier, zu notariellem Protokoll abgegebene Willens-

---

[10] BGH NJW 1978, 102. Diese Entscheidung wurde für einen gleich gelagerten Sachverhalt (Baubeschreibung wurde nicht verlesen) durch eine spätere Entscheidung vom 22.6.1979 (BGH NJW 1979, 1984) bestätigt, ohne dass in den Entscheidungsgründen weitergehende Erkenntnisse enthalten sind.
[11] BGH NJW 1975, 536.
[12] BGH NJW 1979, 1495. Bestätigt durch BGH DNotZ 1994, 476.
[13] BGH NJW 1979, 1496.

erklärungen in der Weise auf ihn Bezug nehmen, dass sich der rechtsgeschäftliche Inhalt des Erklärten nicht schon aus den schriftlich niedergelegten Erklärungen selbst, sondern erst in Verbindung mit dem Plan ergibt [...]. Es kann insoweit keinen Unterschied machen, ob in einem Vertrag die zu erbringenden Leistungen (nur) in Worten oder (auch) durch Bezugnahme auf einen Plan oder dergleichen festgelegt wird."

Erst aufgrund dieser Entscheidung hat der Gesetzgeber mit § 9 Abs. 1 S. 3 BeurkG eine Möglichkeit zur („förmlichen") Beurkundung von Plänen in das Beurkundungsverfahrensrecht eingefügt, die bis dahin fehlte und woraus in der Literatur der – vom Bundesgerichtshof in dieser Entscheidung verworfene – Schluss gezogen wurde, dass Pläne nicht mitbeurkundet werden können.[14]

Nach einer Entscheidung vom 27.4.1979 *(„Teilungserklärung II")*[15] muss in einem Kaufvertrag über ein mangels Anlegung der Grundbuchblätter noch nicht materiell-rechtlich entstandenes Wohnungs- und Teileigentum die Teilungserklärung mitbeurkundet und folglich durch einen („förmlichen") Verweis im Sinne des § 9 Abs. 1 S. 2 BeurkG zum Inhalt der Kaufvertragsurkunde gemacht werden.

„Solange die Teilungserklärung nicht gem. § 7 WEG im Grundbuch vollzogen ist, hat sie keinen rechtlichen Bestand. Mit der vertraglichen Bezugnahme auf diese Erklärung wird daher nicht auf ein bereits (sachenrechtlich) wirksames Rechtsverhältnis verwiesen; sie soll vielmehr durch ihre Einbeziehung in den Vertrag erst schuldrechtliche Bindungswirkung erhalten."

Bemerkenswert an dieser Entscheidung ist, dass der Bundesgerichtshof die Mitbeurkundungspflicht einer noch nicht grundbuchlich vollzogenen Teilungserklärung allein mit der darin enthaltenen Gemeinschaftsordnung begründet, die zwischen den Kaufvertragsparteien „schuldrechtliche Wirksamkeit [...] nur durch Vereinbarung erlangen" könne; auf den dinglichen Teil der Teilungserklärung und die Aufteilungspläne könne hingegen („unförmlich") Bezug genommen werden, da es sich hierbei nur um eine „nähere Erläuterung des in der Vertragsurkunde bezeichneten – bei Abschluss des Vertrages bereits festgestellten – Kaufgegenstandes und nicht um eine darüber hinausgehende Bestimmung besonderer Rechte oder Pflichten" handele.

c) 1994

Enthält ein Grundstückskaufvertrag eine Vereinbarung, dass der Käufer eine Verbindlichkeit des Verkäufers gegenüber einem Dritten aus einem mit diesem Dritten bestehenden Schuldverhältnis im Wege der Schuldübernahme übernimmt (§ 415 BGB) oder in dieses Schuldverhältnis im Wege der Vertragsübernahme eintritt, muss das mit dem Dritten bestehende Schuldverhältnis nach einer Entscheidung vom 4.3.1994 *(„Schuldübernahme")*[16] nicht gemäß § 311b Abs. 1 BGB mitbeurkundet werden.

---

[14] Vgl. Bremkamp in BeckOK BeurkG, 8. Ed. 15.9.2022, BeurkG § 9 Rn. 98 f.
[15] BGH NJW 1979, 1498. Bestätigt durch BGH DNotZ 1994, 476.
[16] BGH DNotZ 1994, 476.

"Denn die Vereinbarung der Kaufvertragsparteien bezieht sich auf die Übernahme schon rechtsgeschäftlich begründeter Verpflichtungen und legt diese nicht erst fest. Die Bezeichnung der zu übernehmenden Schuld hat deshalb nur die Bedeutung eines Identifizierungsmittels für den Gegenstand der Schuldübernahme. Gleiches gilt folgerichtig, wenn der Käufer [...] in bestehende Vereinbarungen eintritt. Es genügt mithin, dass der Eintritt als solcher beurkundet ist."

Für eine in einem Kaufvertrag enthaltene Schuld- oder Vertragsübernahme genügt demnach im Rahmen der Vereinbarung der Schuld- oder Vertragsübernahme eine („unförmliche") Bezugnahme auf das zugrunde liegende Schuldverhältnis.

d) 1998

Werden in einem Grundstückskaufvertrag auch die Rechte an einer Genehmigungsplanung verkauft, für die der Verkäufer eine Baugenehmigung beantragt hat, sind die Inhalte der Genehmigungsplanung (Beschreibung, Pläne) nach einer Entscheidung vom 17.7.1998 („*Genehmigungsplanung*")[17] nicht gemäß § 311b Abs. 1 BGB beurkundungsbedürftig.

"Denn dem Beurkundungszwang unterliegt nach der ständigen Rechtsprechung des Senats [...] nur der eine Regelung enthaltende, d. h. rechtserzeugende Teil der Erklärung. Hierzu gehört vorliegend der Inhalt der Genehmigungsplanung nicht. Denn die Verpflichtung des Beklagten [Verkäufers] erschöpft sich [...] in der ‚Übertragung der Rechte' an den Planungsunterlagen. Diese Verpflichtung ist aber beurkundet worden. Der Inhalt der Genehmigungsplanung gehört nicht mehr zum Regelungsinhalt des Kaufvertrages, sondern dient nur der – entbehrlichen – Erläuterung des – hinreichend genau bezeichneten und bestimmbaren – Gegenstandes des Rechtskaufs, ist also nur ein nicht beurkundungsbedürftiger ‚Identifizierungsbehelf' [...]. Darin unterscheidet sich der Sachverhalt von den [...] Fällen, in denen aus den in Bezug genommenen Baubeschreibungen und Plänen (auch Teilungserklärungen) über die gesetzlich vorgeschriebene Ausgestaltung der Rechtsbeziehungen hinaus noch weitergehende Verpflichtungen erwachsen sollten [...]. Die Rechtslage weist vielmehr Ähnlichkeiten zur Übernahme von Verbindlichkeiten des Verkäufers aus einem anderen Schuldverhältnis auf [...], bei der sich die Vereinbarung der Vertragsparteien auf die Übernahme bestehender Verpflichtungen beschränkt und nicht die Begründung neuer Verpflichtungen zum Inhalt hat. Auch bei der vorliegenden Vertragsgestaltung erschöpft sich die Verpflichtung des Beklagten [Verkäufers] darin, der Klägerin [Käuferin] die Rechte aus der vorhandenen Genehmigungsplanung zu verschaffen und die Pläne zu übergeben. Nur dies ist beurkundungspflichtig, tatsächlich aber auch beurkundet worden."

e) 2006

Verpflichtet sich der Verkäufer in einem Grundstückskaufvertrag gegenüber dem Käufer, weitere Grundstücke an einen Dritten „zu den bekannten Bedingungen" zu verkaufen, hängt die Beurkundungsbedürftigkeit der „bekannten Bedingungen"

---

[17] BGH DNotZ 1999, 50.

nach einer Entscheidung vom 30.6.2006 („*Verkaufsverpflichtung*")[18] vom Inhalt dieser Bedingungen ab, die der Tatrichter nicht festgestellt hatte und weshalb der Bundesgerichtshof darüber nicht entscheiden konnte. Das Gericht hat diese Gelegenheit gleichwohl genutzt, die bis dahin entwickelten Grundsätze noch einmal zusammenzufassen:

„Die Feststellung, die Vertragsparteien hätten durch eine Bezugnahme auf nicht mitbeurkundete Schriftstücke […] einen Teil des Vereinbarten aus der notariellen Urkunde herausverlagert, kann nicht allein anhand der notariellen Urkunde getroffen werden. Zu beachten ist nämlich, dass solche Bezugnahmen nicht stets, sondern nur dann zu einem Beurkundungsmangel führen, wenn auf Erklärungen verwiesen wird, die nach dem Willen der Parteien eine Regelung enthalten, d. h. Rechtswirkungen erzeugen sollen […]. Hieran kann es fehlen, wenn die Bezugnahme nur den Charakter eines ‚Identifizierungsbehelfs' hat […]. Ob ein Schriftstück […], auf das in der notariellen Urkunde verwiesen wird, zu dem Regelungsinhalt des Vertrags gehört und endgültige Festlegungen der Parteien zum Gegenstand hat, lässt sich grundsätzlich nur beurteilen, wenn dessen Inhalt bekannt ist […]. Es [das vorinstanzliche Gericht] hat aber nicht festgestellt, ob die Parteien sich überhaupt auf bestimmte Bedingungen für die Verkaufsverpflichtung […] geeinigt hatten."

f) 2015

Bietet ein Verkäufer in einem Exposee eine Immobilie mit einer bestimmten Wohnfläche zum Verkauf an und wird diese Wohnfläche im Grundstückskaufvertrag nicht ausdrücklich als geschuldete Beschaffenheit vereinbart, ist diese Wohnfläche nach einer Entscheidung vom 6.11.2015 („*Exposee*")[19] auch nicht geschuldet.

„Eine Beschreibung von Eigenschaften eines Grundstücks oder Gebäudes durch den Verkäufer vor Vertragsschluss, die in der notariellen Urkunde keinen Niederschlag findet, [führt] in der Regel nicht zu einer Beschaffenheitsvereinbarung nach § 434 Abs. 1 S. 1 BGB."

Zugleich stellt der Bundesgerichtshof in dieser Entscheidung zur Vereinbarung einer außerhalb der notariellen Urkunde niedergelegten Beschaffenheit im Sinne des § 434 Abs. 1 S. 1 BGB fest, dass diese Beschaffenheitsvereinbarung – wenn sie denn auch zwischen den Beteiligten als Beschaffenheit vereinbart werden soll – zwingend in den Grundstückskaufvertrag aufgenommen werden müsse, „weil die Parteien bei einem beurkundungsbedürftigen Rechtsgeschäft alle Erklärungen in den Vertrag aufnehmen müssen, die eine Regelung enthalten, das heißt Rechtswirkungen erzeugen sollen." Sollen die in einem Exposee enthaltenen Inhalte als Beschaffenheit im Sinne des § 434 Abs. 1 S. 1 BGB vereinbart werden, müssen diese Inhalte in der Urkunde wiedergegeben werden oder aber das Exposee muss im Wege eines („förmlichen") Verweises im Sinne des § 9 Abs. 1 S. 2 BeurkG zum Inhalt des Grundstückskaufvertrages gemacht werden.

---

[18] BGH NJW-RR 2006, 1292.
[19] BGH NJW 2016, 1815.

g) Schlussfolgerungen

Zunächst ist festzustellen, dass keine der vorstehenden höchstrichterlichen Entscheidungen eine klare und eindeutige Schlussfolgerung im Hinblick auf die Frage zulässt, ob die Berechnungsgrundlage für die Vergütung des Testamentsvollstreckers gemäß §§ 2232, 2276 BGB zum beurkundungsbedürftigen Inhalt einer Verfügung von Todes wegen gehört und daher verfahrensrechtlich im Wege eines („förmlichen") Verweises im Sinne des § 9 Abs. 1 S. 2 BeurkG zu beurkunden ist oder aber keiner Beurkundung bedarf und folglich („unförmlich") in Bezug genommen werden kann.

Führt man sich das in den vorstehend wiedergegebenen Entscheidungen entwickelte Mantra der Beurkundungsbedürftigkeit aller „Rechtswirkungen erzeugenden Teile" (Teilungserklärung I, Genehmigungsplanung, Verkaufsverpflichtung, Exposee)[20] im Gegensatz zu allen nicht beurkundungsbedürftigen der „Erläuterung dienenden Teile" (Teilungserklärung I, Teilungserklärung II, Genehmigungsplanung)[21] vor Augen, liegt die Beurkundungsbedürftigkeit der Berechnungsgrundlage der Testamentsvollstreckervergütung aus meiner Sicht jedoch zumindest nahe: Es macht durchaus einen rechtlichen Unterschied, ob der Testamentsvollstrecker einen Anspruch gegen den Erben auf Zahlung einer Grundvergütung von beispielsweise 0,15 % oder aber 1,5 % des Nettonachlasses für seine Tätigkeit erhält – für Robin Brühmüller würde diese Kommaverschiebung einen Unterschied von mehr als 200 Millionen Euro ausmachen. Eine Vergütungsempfehlung vor diesem Hintergrund als nicht rechtserzeugend und lediglich der Erläuterung dienend zu qualifizieren, erscheint mir eher fernliegend. Noch fernliegender erscheint mir eine Vergleichbarkeit der Vergütungsempfehlung mit schon bestehenden Verpflichtungen (Schuldübernahme)[22] oder Rechten (Genehmigungsplanung) oder mit einer Schiedsordnung[23], auf die nach der vorzitierten Rechtsprechung lediglich („unförmlich") Bezug genommen werden könnte.

Zusammenfassend muss daher an dieser Stelle – sicherlich zum Entsetzen vieler Kollegen – festgehalten werden, dass die von der höchstrichterlichen Rechtsprechung zur Formvorschrift des § 311b Abs. 1 BGB entwickelten Grundsätze zur Beurkundungsbedürftigkeit eines Schriftstücks außerhalb eines Grundstückskaufvertrages für eine Beurkundungsbedürftigkeit der Vergütungsempfehlungen sprechen.

2. Literatur

In der Literatur ist die Zulässigkeit einer („unförmlichen") Bezugnahme auf eine Vergütungsempfehlung zur Bestimmung der Testamentsvollstreckervergütung umstritten. Walter Zimmermann lehnt das an prominenter Stelle – immerhin im Mün-

---

[20] Oder aller „rechtsgeschäftlichen Inhalte des Erklärten" (Baupläne) oder aller „Bindungswirkung erhaltenden" Teile (Teilungserklärung II).
[21] Oder aller Erklärungen, die lediglich einen „Identifizierungsbehelf" darstellen (Teilungserklärung I, Schuldübernahme, Genehmigungsplanung).
[22] So aber offenbar Reithmann ZEV 2001, 385 (386).
[23] So aber offenbar Schmitz/Pernice notar 2023, 271 (274).

chener Kommentar[24] – ab und begründet seine ablehnende Haltung im Ergebnis entsprechend vorstehender Schlussfolgerung aus der zusammengefassten höchstrichterlichen Rechtsprechung:

„*Eine Bestimmung durch Bezugnahme ('Vergütung richtet sich nach der Tabelle XY') dürfte unwirksam sein, weil das Testament den letzten Willen selbst enthalten muss.*"[25]
„*Man kann auch nicht sagen, die Bezugnahme erfolge nur zur Erläuterung der testamentarischen Bestimmung, weil nicht einmal sicher ist, ob dem Erblasser der Inhalt der Tabelle und ihre Auswirkungen auf den Nachlass zweifelsfrei bekannt sind.*"[26]

Überraschenderweise geht offenbar selbst der Deutsche Notarverein davon aus, dass seine Vergütungsempfehlungen zu beurkunden sind und daher durch („förmlichen") Verweis im Sinne des § 9 Abs. 1 S. 2 BeurkG zum Inhalt der letztwilligen Verfügung gemacht werden müssen.[27]

Alle anderen Autoren sprechen sich für die Zulässigkeit einer („unförmlichen") Bezugnahme auf eine Vergütungsempfehlung zur Bestimmung der Testamentsvollstreckervergütung aus. Begründungen für diese Rechtsauffassung finden sich jedoch zum Teil gar nicht[28] oder aber es wird schlicht behauptet, die Vergütungsempfehlung diene nur der näheren Erläuterung der letztwilligen Verfügung.[29] Die Mehrzahl der sich für die Zulässigkeit einer („unförmlichen") Bezugnahme aussprechenden Autoren bemühen zur Begründung immerhin einen Vergleich der Vergütungsempfehlung mit einer offenkundigen Tatsache im Sinne des § 291 ZPO – als weitere Beispiele werden DIN-Normen, die Vergabe- und Vertragsordnung für Bauleistungen (VOB), Lebenshaltungskostenindizes, die Düsseldorfer Tabelle oder der Deutsche Corporate Governance Kodex genannt –, stellen dazu jedoch sodann lapidar fest, dass es allgemein anerkannt sei, dass darauf („unförmlich") Bezug genommen werden könne.[30] Aus welchem Grund die Vergütungsempfehlung eine offenkundige Tatsache im Sinne des § 291 ZPO ist und auf welcher Rechtsgrundlage darauf („unförmlich") Bezug genommen werden kann, dazu finden sich durchweg keinerlei nähere Erläuterungen. Allein die lesenswerte Dissertation von Laura Rothmann zu diesem Thema[31] ist eine Ausnahme. Mit einem all-

---

[24] Zimmermann in MüKoBGB, 9. Aufl. 2022, BGB § 2221 Rn. 4; ebenso in ZEV 2001, 334 ff.
[25] Zimmermann in MüKoBGB, 9. Aufl. 2022, BGB § 2221 Rn. 4.
[26] Zimmermann ZEV 2001, 334 (335).
[27] Stellungnahme des Deutschen Notarvereins zu Reformüberlegungen im Hinblick auf die Verlesungspflicht nach §§ 13 ff. BeurkG, lit. B Ziff. II („Abstrakt-generelle Regelungen des Privatrechts"), wobei die Vergütungsempfehlungen darin nicht ausdrücklich als Beispiel einer abstraktgenerellen Regelung aufgeführt werden, abgedruckt in notar 2008, 229 (232 f.).
[28] Weidlich in Grüneberg, 82. Aufl. 2023, BGB § 2221 Rn. 2.
[29] R. Kössinger/Zintl in Nieder/Kössinger, Handbuch der Testamentsgestaltung, 6. Aufl. 2020, § 15 Rn. 150.
[30] Lange in BeckOK BGB, 64. Ed. 1.11.2022, BGB § 2221 Rn. 3; Tolksdorf in BeckOGK, 1.4.2023, BGB § 2221 Rn. 4, 11; Dutta in Staudinger, 2021, BGB § 2221 Rn. 27; Eckelskemper/Schmidt in Bengel/Reimann/Holtz/Röhl, Handbuch der Testamentsvollstreckung, 8. Aufl. 2023, § 12 Rn. 2; Dietz in BeckNotar-HdB, 7. Aufl. 2019, § 17 Rn. 199; Reithmann ZEV 2001, 385 (386); Rott ErbR 2017, 386 (391). Zu dieser Begründung kritisch jedoch auch Schmitz/Pernice notar 2023, 271 (274).
[31] Rothmann, Beurkundung und Bezugnahme, 2017.

gemeineren Blick auf private Regelwerke, zu denen Rothmann auch die Vergütungsempfehlungen zählt,[32] arbeitet sie zwei Begründungen für die Zulässigkeit einer („unförmlichen") Bezugnahme auf eine Vergütungsempfehlung heraus. Dafür unterscheidet Rothmann treffend zwischen einer dynamischen und statischen Bezugnahme:

a) Zulässigkeit dynamischer Bezugnahmen

Durch eine dynamische Bezugnahme auf eine Vergütungsempfehlung („Die Vergütung des Testamentsvollstreckers bestimmt sich nach den Vergütungsempfehlungen des Deutschen Notarvereins *in der jeweils geltenden Fassung*") entscheidet sich der Erblasser gerade nicht für die Geltung bestimmter, ihm bereits bekannter Vergütungssätze. Vielmehr vertraut der Erblasser bei einer derartigen Bestimmung im Sinne des § 2221 BGB darauf, dass die empfehlende Institution auch künftig adäquate Vergütungsempfehlungen zur Verfügung stellen wird und überlässt es dieser Institution, ihre Empfehlungen im Laufe der Zeit anzupassen oder abzuändern. Eine testamentarische Verfügung, wonach sich die Vergütung des Testamentsvollstreckers nach einer Vergütungsempfehlung *in ihrer jeweils gültigen Fassung* bestimmt, erschöpft sich folglich in der Verfügung, dass die Bestimmung im Sinne des § 2221 BGB durch einen Dritten – im obigen Beispiel durch den Deutschen Notarverein – erfolgen soll. Nur dieses Bestimmungsrecht des Dritten bedarf gemäß §§ 2232, 2276 BGB der Beurkundung; einer Beurkundung der künftigen Vergütungsempfehlung bedarf es nicht[33] – und ist, so möchte ich hinzufügen, ohne eine Zeitreise in die Zukunft auch gar nicht möglich. Ergänzend ist an dieser Stelle zu erwähnen, dass es abweichend von dem in § 2065 Abs. 2 BGB niedergelegten und das Erbrecht prägenden Höchstpersönlichkeitsgrundsatz von der Rechtsprechung und Literatur als zulässig erachtet wird, dass der Erblasser die Bestimmung der Vergütung gemäß § 2221 Hs. 2 BGB durch Verfügung von Todes wegen im Sinne des § 317 BGB einem Dritten überlässt.[34]

b) Zulässigkeit statischer Bezugnahmen

Durch die statische Bezugnahme auf eine Vergütungsempfehlung („Die Vergütung des Testamentsvollstreckers bestimmt sich *nach den heute geltenden* Vergütungsempfehlungen des Deutschen Notarvereins") macht sich der Erblasser konkrete Vergütungsgrundsätze zu eigen und will deren Bestimmung gerade nicht einem Dritten überlassen. Zunächst stellt Rothmann entsprechend vorstehender Schlussfolgerung aus der zusammengefassten höchstrichterlichen Rechtsprechung treffend fest, dass Vergütungsempfehlungen in diesem Falle grundsätzlich der notariellen Beurkundung bedürfen: „Nach allgemeinen Grundsätzen bedarf es deshalb

---

[32] Rothmann, Beurkundung und Bezugnahme, 2017, S. 193.
[33] Alles Vorstehende aus Rothmann, Beurkundung und Bezugnahme, 2017, S. 171–178.
[34] Nicht hingegen dem Nachlassgericht (da der Erblasser dessen gesetzliche Aufgaben nicht erweitern kann), vgl. BGH WM 1972, 101 (102); Weidlich in Grüneberg, 82. Aufl. 2023, BGB § 2221 Rn. 2; Tolksdorf in BeckOGK, 1.4.2023, BGB § 2221 Rn. 16, Zimmermann ZEV 2001, 334 (335); Schmitz/Pernice notar 2023, 271 (273).

der beurkundungsrechtlichen [‚förmlichen'] Verweisung auf den Text des Regelwerks."[35] Rothmann legt sodann jedoch dar, dass sich die Beurkundungsfreiheit von konkret (statisch) in Bezug genommenen Vergütungsempfehlungen aus einer teleologischen Reduktion der die notarielle Form anordnenden § 2232 BGB (Testament), § 2276 BGB (Erbvertrag) ergibt.[36] Wenn ein privates Regelwerk einen abstrakt-generellen Inhalt hat und durch amtliche Veröffentlichung oder amtliche Archivierung dauerhaft öffentlich zugänglich ist, sind diese Formvorschriften dahin telelogisch zu reduzieren, dass sich der Formzwang auf den Inhalt der Vergütungsempfehlung nicht erstreckt:

> *„Die Mitbeurkundung solch qualifizierter privater Regelwerke widerspricht dem Telos der Formvorschriften. Obgleich auch sie erst durch eine entsprechende Parteivereinbarung [Verfügung von Todes wegen] Verbindlichkeit erhalten, stehen sie Rechtsnormen ihrem Inhalt nach näher als individualvertragliche Vereinbarungen [Verfügungen von Todes wegen]. Beurkundungserfordernisse bezwecken primär die Warnung der Beteiligten, die Klarstellung des Vertragsinhaltes [Verfügungsinhaltes], die Beweissicherung sowie die Gewährleistung der notariellen Beratung und Belehrung der Beteiligten, ferner eine Gültigkeits- und Richtigkeitsgewähr, die Entlastung der Justiz und die Ermöglichung von Kontrollmechanismen. All diese Formzwecke werden bei der statischen Verweisung auf qualifizierte private Regelwerke unabhängig von der Mitbeurkundung des Textes des Regelwerks erfüllt. Da nicht die Beurkundungspflicht des Rechtsgeschäfts als solche in Frage gestellt wird und die teleologische Reduktion lediglich den Umfang des Beurkundungszwangs beschränkt, bleibt ein Notar mit der Rechtssache betraut. Aus diesem Grund werden nicht nur ein hinreichender Übereilungsschutz sowie eine Anknüpfung für etwaige Kontrollmechanismen gewährleistet, sondern bleibt auch die Amtspflicht des Notars zur Beratung und Belehrung der Beteiligten gemäß § 17 BeurkG unangetastet. Sie bezieht sich auf die ‚rechtliche Tragweite des Geschäfts' und nicht etwa nur auf den beurkundungspflichtigen Teil desselben. Einer Formulierung durch den Notar bedarf es zur Erfüllung der Klarstellungsfunktion sowie im Hinblick auf die angestrebte materielle Richtigkeitsgewähr angesichts der Ausarbeitung des Regelwerks durch eine für gewöhnlich fachkundige Institution nicht. Schließlich leistet die amtliche Veröffentlichung bzw. Archivierung hinreichende Gewähr dafür, dass das Regelwerk den Parteien als Beweismittel zur Verfügung steht."*[37]

Alle in Fachbüchern oder Fachzeitschriften veröffentlichten Vergütungsempfehlungen, beispielsweise die in ZEV 2000, 181 ff. publizierten Vergütungsempfehlungen des Deutschen Notarvereins,[38] sind gemäß §§ 14 ff. DNBG gesetzlich zwingend

---

[35] Rothmann, Beurkundung und Bezugnahme, 2017, S. 179.
[36] Rothmann, Beurkundung und Bezugnahme, 2017, S. 180 ff., 193.
[37] Rothmann, Beurkundung und Bezugnahme, 2017, S. 182 f. Rothmann führt dort ferner an, dass es selbst dem Gesetzgeber gestattet sei, auf private Regelwerke im Wege statischer Verweisungen Bezug zu nehmen (nicht hingegen im Wege dynamischer Verweisung), so dass dies erst recht bei der Beurkundung gelten müsse: „An die Klarheit und Bestimmtheit einer notariellen Urkunde können keine höheren Anforderungen als an die Rechtsnormen gestellt werden."
[38] Die „Alte Rheinische Tabelle" findet sich abgedruckt in DNotZ 1935, 623. Auch sämtliche anderen „gängigen" Vergütungsempfehlungen sind entweder in einem Fachbuch oder Fachartikel abgedruckt; Fundstellen aller Vergütungsempfehlungen finden sich bei Tolksdorf in BeckOGK, 1.4.2023, BGB § 2221 Rn. 22.1 ff.

an die Deutsche Nationalbibliothek, eine bundesunmittelbare Anstalt des öffentlichen Rechts (§ 1 Abs. 2 DNBG), abzuliefern und werden dort gemäß § 2 Nr. 1 DNBG im Rahmen einer amtlichen Archivierung für die Allgemeinheit dauerhaft zur Verfügung gestellt. Bei allen in Büchern oder Zeitschriften publizierten Vergütungsempfehlungen handelt es sich folglich um amtlich archivierte abstrakt-generelle Regelwerke, für die §§ 2232, 2276 BGB nach den vorstehend wiedergegebenen Ausführungen von Rothmann teleologisch zu reduzieren und die folglich nicht beurkundungsbedürftig sind und daher („unförmlich") in Bezug genommen werden können.[39]

3. Ergebnis

Rechtsprechung zur Beurkundungsbedürftigkeit von Vergütungsempfehlungen im Rahmen einer notariellen Verfügung von Todes wegen gibt es nicht. Die zur Beurkundungsbedürftigkeit von Regelwerken außerhalb eines Grundstückskaufvertrags ergangene höchstrichterliche Rechtsprechung spricht jedoch aufgrund der rechtserzeugenden – und nicht bloß erläuternden – Wirkung von Vergütungsempfehlungen für deren Beurkundungsbedürftigkeit. Diese Rechtsprechung legt somit zumindest den Schluss nahe, dass Vergütungsempfehlungen durch einen („förmlichen") Verweis im Sinne des § 9 Abs. 1 S. 2 BeurkG zum Inhalt der Verfügung von Todes wegen gemacht werden müssen und nicht lediglich („unförmlich") in Bezug genommen werden können. Vergütungsempfehlungen sind vor dem Hintergrund dieser höchstrichterlichen Rechtsprechung in der Verhandlung zu verlesen und der Niederschrift als Anlage beizufügen.

Die überwiegende Literatur spricht sich demgegenüber für eine Beurkundungsfreiheit und damit für die Zulässigkeit von („unförmlichen") Bezugnahmen auf Vergütungsempfehlungen aus. Bei einer dynamischen Bezugnahme *(„in ihrer jeweils gültigen Fassung")* auf eine Vergütungsempfehlung folge dies aus dem Umstand, dass der Erblasser dadurch die Bestimmung der Vergütung im Sinne des § 317 BGB einem Dritten – der die Vergütungsempfehlung herausgebenden Institution – überträgt und ausschließlich dieses Bestimmungsrecht des Dritten beurkundungsbedürftig ist; darüber hinaus ist es auch gar nicht möglich, die Vergütungsempfehlung in der vom Erblasser als maßgeblich bestimmten künftigen Fassung zu beurkunden. Bei einer statischen Bezugnahme *(„in ihrer heutigen Fassung")* auf eine in einem Fachbuch oder einer Fachzeitschrift veröffentlichte Vergütungsempfehlung seien die §§ 2232, 2276 BGB im Hinblick auf die vom Erblasser als maßgeblich bestimmte und daher grundsätzlich beurkundungsbedürftige Vergütungsempfehlung teleologisch dahingehend zu reduzieren, dass sie nicht der Beurkundungspflicht unterliegen und folglich („unförmlich") in Bezug genommen werden können.

---

[39] Rothmann, Beurkundung und Bezugnahme, 2017, S. 184f.

IV. Bestimmung durch eigenhändige Verfügung

Will der Erblasser durch eigenhändiges Testament die Vergütung des Testamentsvollstreckers dergestalt im Sinne des § 2221 Hs. 2 BGB bestimmen, dass sie sich aus einer Vergütungsempfehlung ergibt, stellt das Gesetz ihm dafür keine besondere verfahrensrechtliche Möglichkeit zur Verfügung. Die Vergütungsempfehlung hat daher der für das eigenhändige Testament gemäß § 2247 BGB angeordneten Form zu genügen, das heißt der Erblasser hat sie eigenhändig abzuschreiben, wenn sie dieser besonderen Form genügen muss:

„Die Bezugnahme in einem eigenhändigen Testament auf ein nicht der Testamentsform entsprechendes Schriftstück kann nicht dazu führen, dass die nicht formwirksame Anlage gleichsam zum Bestandteil der formgültigen letztwilligen Verfügung wird. Dies folgt unmittelbar aus der Formvorschrift des § 2247 BGB und daraus, dass es insoweit an einer (etwa den Vorschriften der § 9 Abs. 1 Satz 2, § 160 Abs. 5 ZPO vergleichbaren) Regelung fehlt, welche die Bezugnahme auf ein nicht der Form entsprechendes Schriftstück für zulässig erklärt. Es entspricht auch dem Willen des historischen Gesetzgebers, solche Bezugnahmen – anders als noch in den dem Bürgerlichen Gesetzbuch vorangegangenen Rechtsordnungen – auszuschließen."[40]

Ob die Inhalte einer Vergütungsempfehlung der besonderen Form des § 2247 BGB genügen müssen, wird in der obergerichtlichen Rechtsprechung nicht problematisiert. Die Zulässigkeit der Bezugnahme auf eine Vergütungsempfehlung in einem eigenhändigen Testament zur Bestimmung der Testamentsvollstreckervergütung im Sinne des § 2221 BGB wird schlicht unterstellt.[41] Die zur notariellen Verfügung bereits oben wiedergegebenen überwiegenden Literaturstimmen unterscheiden nicht zwischen einer notariellen und einer eigenhändigen Verfügung von Todes wegen und kommen daher auch für das eigenhändige Testament ohne nähere Begründung zu dem Schluss, dass die Inhalte einer Vergütungsempfehlung nicht der Form des § 2247 Abs. 1 BGB genügen müssen und eine Bezugnahme darauf ohne Weiteres zulässig sei. Der Bundesgerichtshof hatte kürzlich Gelegenheit, die einschlägigen Grundsätze für die Abgrenzung von Schriftstücken außerhalb eines eigenhändigen Testaments, die der Form des § 2247 BGB genügen müssen, zusammenzufassen. Für eine in einem eigenhändigen Testament vorgenommene Erbeinsetzung durch Bezugnahme auf eine diesem Testament beigefügte maschinengeschriebene Namensliste stellt der Bundesgerichtshof fest: Der Erblasser könne

„grundsätzlich nicht auf Schriftstücke, die nicht der Testamentsform genügen, Bezug nehmen (sog. ‚testamentum mysticum') [...]. Zulässig soll allerdings nach herkömmlicher Ansicht die Bezugnahme zum Zwecke der näheren Erläuterung der testamentarischen Bestim-

---

[40] BGH MittBayNot 2022, 572 Rn. 16. Der vom BGH in der Entscheidung zitierte „historische Gesetzgeber" äußert sich in den Motiven, Band V (Erbrecht), S. 294, dazu wie folgt: „Eine besondere Vorschrift, dass der Inhalt einer letztwilligen Verfügung nicht durch Bezugnahme auf eine anderweit abgegebene Willenserklärung des Erblassers bestimmt werden kann, insbesondere nicht durch Bezugnahme auf eine Schrift [...] ist jedoch entbehrlich. Die Unzulässigkeit des sog. Testamentum mysticum ergibt sich zur Genüge aus dem [...] Gesetz".
[41] Zuletzt etwa OLG München ErbR 2022, 266 ff.

mung sein, weil es sich dann nur um die Auslegung des bereits formgültig erklärten, andeutungsweise erkennbaren Willens handele [...] insoweit wird nach bisheriger Rechtsprechung zwischen (zulässigen) Bezugnahmen zur näheren Erläuterung einerseits und (unzulässigen) ergänzenden oder inhaltsbestimmenden Bezugnahmen andererseits unterschieden."[42]

Diese vom Bundesgerichtshof zusammengefasste Abgrenzung zu den der eigenhändigen Form des § 2247 BGB bedürftigen Schriftstücken außerhalb eines privatschriftlichen Testaments entspricht der von der im vorstehenden Teil zusammengefassten Rechtsprechung entwickelten Abgrenzung zu den der notariellen Form des § 311b Abs. 1 BGB bedürftigen Schriftstücken außerhalb eines Grundstückskaufvertrages: Maßgeblich für die Formbedürftigkeit ist in beiden Fällen, ob das in Bezug genommene Schriftstück Rechtswirkungen erzeugt oder nur der näheren Erläuterung dient. Aus den oben bereits dargelegten Gründen ist eine Vergütungsempfehlung als rechtserzeugend zu qualifizieren und bedarf daher grundsätzlich der in § 2247 BGB angeordneten Form, um wirksamer Teil eines eigenhändigen Testaments zu werden. Das mag angesichts des in der obergerichtlichen Rechtsprechung nicht vorhandenen Problembewusstseins überraschen, entspricht jedoch offenbar auch der vom Bundesgerichtshof in der vorzitierten Entscheidung geäußerten Bestandsaufnahme:

„Die Unterscheidung zwischen erläuternden und ergänzenden Bezugnahmen birgt die Gefahr erheblicher Abgrenzungsschwierigkeiten und hat zum Teil zu einer großzügigen Zulassung von Bezugnahmen auf nicht formwirksame Anlagen geführt."[43]

Die vom Bundesgerichtshof in dieser Entscheidung zur Verfügung gestellten (neuen)[44] Abgrenzungskriterien[45] führen erst Recht zu einer Unwirksamkeit: Ergibt sich der konkrete Maßstab der Vergütung nicht aus dem Text des eigenhändigen Testaments, ist diese Verfügung insoweit unbestimmt und durch die bloße Bezugnahme auf eine nicht der eigenhändigen Form genügenden Vergütungsempfehlung kommt der darin enthaltene konkrete Vergütungsmaßstab (1, 2 oder 3 % von x, y oder z) im Testament auch nicht andeutungsweise zum Ausdruck.

Trotz gemäß § 2247 BGB grundsätzlich bestehender Formbedürftigkeit der Vergütungsempfehlungen ist entsprechend der Argumentation von Rothmann zur notariellen Verfügung von Todes wegen auch in einem eigenhändigen Testament eine dynamische Bezugnahme *(„in der jeweils gültigen Fassung")* auf eine Vergütungsempfehlung möglich. Auch in einem eigenhändigen Testament erschöpft sich nämlich der Regelungsgehalt einer Bezugnahme auf eine künftige Vergütungsempfehlung im Ergebnis darin, der diese Vergütungsempfehlung herausgebende Institution als Dritter im Sinne des § 317 BGB das Bestimmungsrecht für die Testamentsvollstreckervergütung im Sinne des § 2221 BGB zu übertragen; die als maßgeblich bestimmte künftige Vergütungsempfehlung existiert im Zeitpunkt der Errichtung des eigenhändigen Testaments noch nicht und kann daher auch nicht zum Inhalt des

---

[42] BGH MittBayNot 2022, 572 Rn. 12.
[43] BGH MittBayNot 2022, 572 Rn. 12.
[44] Dazu Schneider MittBayNot 2022, 575 ff.
[45] BGH MittBayNot 2022, 572 Rn. 13 ff.

eigenhändigen Testaments gemacht werden. Enthält das eigenhändige Testament hingegen eine statische Bezugnahme (*„in der heute geltenden Fassung"*), müsste entsprechend der Argumentation von Rothmann zur notariellen Verfügung von Todes wegen im Hinblick auf in Fachbüchern oder Fachzeitschriften veröffentlichte Vergütungsempfehlungen § 2247 BGB teleologisch dahingehend reduziert werden, dass die Inhalte dieser Empfehlungen nicht diesem Formgebot unterfallen und somit in einem eigenhändigen Testament in Bezug genommen werden können.

V. Rechtsfolge unwirksamer Bestimmung

Wird eine Vergütungsempfehlung nicht durch („förmlichen") Verweis im Sinne des § 9 Abs. 1 S. 2 BeurkG zum Inhalt einer notariellen Verfügung gemacht oder nicht in das eigenhändige Testament abgeschrieben, obwohl sie gemäß §§ 2232, 2276 BGB der notariellen Form oder gemäß § 2247 BGB der eigenhändigen Form bedürfen, mangelt diese Vergütungsbestimmung im Sinne des § 2221 Hs. 2 BGB der gesetzlich angeordneten Form und ist daher gemäß § 125 S. 1 BGB unwirksam. Gemäß dem in § 2085 BGB angeordneten Auslegungsgrundsatz, dass die Unwirksamkeit einer einzelnen letztwilligen Verfügung nicht zur Unwirksamkeit aller weiteren in derselben Urkunde enthaltenen letztwilligen Verfügungen führt, wird im Regelfall lediglich die Vergütungsbestimmung im Sinne des § 2221 Hs. 2 BGB unwirksam sein und der Formmangel nicht auf die gesamte Verfügung von Todes wegen ausstrahlen.[46]

Folge der Formunwirksamkeit der Vergütungsbestimmung ist die Anwendbarkeit der gesetzlichen Regelung,[47] wonach der Testamentsvollstrecker für seine Tätigkeit gemäß § 2221 Hs. 1 BGB eine angemessene Vergütung erhält. Folge dessen ist wiederum, dass das Gericht im Streitfalle eine Vergütungsempfehlung – gegebenenfalls sogar dieselbe – zur Bestimmung einer angemessenen Vergütung zugrunde legt. Dieses auf den ersten Blick paradox erscheinende Ergebnis darf gleichwohl nicht darüber hinwegtäuschen, dass das Gericht diese Vergütungsempfehlung nicht – wie im Falle einer formwirksamen Bestimmung durch den Erblasser – schematisch anzuwenden hat. Der Bundesgerichtshof hat einer derartigen schematischen Anwendung schon sehr früh eine klare Absage erteilt: Vergütungsempfehlungen „dürfen jedoch in Anbetracht der Vielgestaltigkeit nicht schematisch angewendet werden. Sie geben vielmehr in der Regel nur einen Anhalt in den Fällen, in denen der Testamentsvollstrecker die üblichen Aufgaben einer Nachlassabwicklung erfüllt."[48]

Zimmermann hat vor einiger Zeit die Anwendung der Vergütungsempfehlungen in der obergerichtlichen Praxis untersucht und ist zu dem Ergebnis gekommen,

---

[46] Anderer Ansicht ohne weitere Begründung Reithmann ZEV 2001, 385, der von einer Unwirksamkeit der gesamten Verfügung ausgeht.
[47] Dutta in Staudinger, 2021, BGB § 2221 Rn. 27.
[48] BGH BeckRS 1962, 31185155; ZEV 2005, 22 (23); ebenso OLG München ErbR 2022, 266 (268); Weidlich in Grüneberg, 82. Aufl. 2023, BGB § 2221 Rn. 4; Lange in BeckOK BGB, 67. Ed. 1.8.2023, BGB § 2221 Rn. 7, 14, 20.

dass die Gerichte dem Testamentsvollstrecker im Regelfall deutlich geringere Vergütungen zusprechen, als es etwa die Vergütungsempfehlungen des Deutschen Notarvereins vorsehen (das OLG Köln erachtete bei einem Nachlass von 24 Millionen DM eine Vergütung von 110.000 DM – nach der Vergütungsempfehlung wären es 420.000 DM – als angemessen; das KG nahm bei einem Nachlass von 3,5 Millionen DM ein Honorar von 60.000 DM – nach der Vergütungsempfehlung wären es 100.000 DM – als angemessen an; das OLG Köln sprach bei einem Nachlass von 1,1 Millionen DM eine Vergütung von 5.500 DM – nach der Vergütungsempfehlung wären es 34.000 DM – zu; das OLG Karlsruhe hielt bei einem Nachlass von 1,875 Millionen DM eine Vergütung von 43.500 DM – nach der Vergütungsempfehlung wären es 125.000 DM – für angemessen).[49]

Zusammenfassend führt die durch eine unzulässige Bezugnahme auf eine Vergütungsempfehlung bewirkte unwirksame Vergütungsbestimmung im Rahmen der dann anzuwendenden gesetzlichen Regelung zwar möglicherweise zur Anwendung wiederum genau dieser Vergütungsempfehlung, auf deren Grundlage der Testamentsvollstrecker jedoch in der gerichtlichen Praxis in der Regel eine deutlich geringere Vergütung erhält. So wage ich die Prognose, dass bei unterstellter Unwirksamkeit der Bezugnahme von Hermann Thiele auf die Vergütungsempfehlungen des Deutschen Notarvereins ein angerufenes Gericht Robin Brühmüller als Testamentsvollstrecker mit großer Wahrscheinlichkeit keine 225 Millionen Euro als im Sinne des § 2221 Hs. 1 BGB angemessene Grundvergütung gewähren würde[50] – und ich, als beurkundender Notar, würde dem Testamentsvollstrecker ungern für die Differenz zwischen gerichtlich gewährter Vergütung und den sich aus der formunwirksam in Bezug genommenen Vergütungsempfehlung ergebenden 225 Millionen Euro gemäß § 19 BNotO haften.

VI. Folgerungen für die notarielle Praxis

Aus der Beschäftigung mit diesem Thema habe ich für meine eigene künftige notarielle Praxis drei Schlussfolgerungen gezogen:

1. Reden ist Silber, Schweigen ist Gold. Die gesetzliche Regelung wird den Interessen des Erblassers im Regelfall am besten gerecht – und ich bin mir sicher, dass Norbert Frenz zumindest dieser Schlussfolgerung uneingeschränkt zustimmen wird. Möchte der Erblasser die Vergütung des Testamentsvollstreckers nicht im Einzelnen selbst bestimmen, was in meiner Praxis den Regelfall darstellt,[51] werde ich in Erbverträgen und Testamenten dazu künftig auch keine Regelung mehr aufnehmen und schlicht und einfach die gesetzliche Bestimmung des § 2221 Hs. 1 BGB walten lassen. Entweder einigen sich die Erben[52] und der Testamentsvollstrecker sodann unter Zuhilfenahme einer Vergütungsempfehlung auf eine

---

[49] Zimmermann ZEV 2001, 334 (337).
[50] So auch Schmitz/Pernice notar 2023, 271 (277).
[51] Und damit scheine ich nicht allein zu sein, vgl. Schmitz/Pernice notar 2023, 271 (279).
[52] Wenn der Erblasser nichts Abweichendes bestimmt, ist der Vergütungsanspruch des Testamentsvollstreckers Nachlassverbindlichkeit, für den die Erben gemäß § 2058 BGB haften, vgl.

im Sinne des § 2221 Hs. 1 BGB angemessene Vergütung[53] oder aber sie einigen sich nicht und das durch den Testamentsvollstrecker angerufene Gericht bestimmt unter Zuhilfenahme einer Vergütungsempfehlung die angemessene Vergütung im Sinne des § 2221 Hs. 1 BGB.

2. Denjenigen Erblasser, der die Vergütung des Testamentsvollstreckers – im Regelfall auf Veranlassung des designierten Testamentsvollstreckers – anhand einer Vergütungsempfehlung bestimmen möchte, werde ich künftig zuallererst fragen: Soll tatsächlich die konkrete Vergütungsempfehlung oder aber die sie herausgebende Institution maßgeblich sein mit der Folge, dass auch künftige Anpassungen und Änderungen dieser Vergütungsempfehlung berücksichtigt werden? Möchte der Erblasser die Vergütung in die vertrauensvollen Hände der herausgebenden Institution legen, werde ich künftig in Erbverträgen und Testamenten ausdrücklich[54] eine dynamische Bezugnahme formulieren:

„Die Vergütung des Testamentsvollstreckers bestimmt sich nach den Vergütungsempfehlungen des Deutschen Notarvereins in der im Zeitpunkt meines Todes[55] geltenden Fassung (dynamische Bezugnahme)."

Dadurch überträgt der Erblasser zulässigerweise die Bestimmung der Vergütung im Sinne des § 2221 Hs. 2 BGB einem Dritten – im Formulierungsbeispiel dem Deutschen Notarverein – und die Verfügung erschöpft sich allein in diesem Regelungsgehalt. Die Frage nach der Beurkundungsbedürftigkeit der dadurch zugleich („unförmlich") in Bezug genommenen zukünftigen Vergütungsempfehlung kann sich von vornherein nicht stellen, da ihr Inhalt im Zeitpunkt der Beurkundung noch gar nicht feststeht und somit auch nicht beurkundet und darauf auch nicht („förmlich") im Sinne des § 9 Abs. 1 S. 2 BeurkG verwiesen werden kann.

3. Soll für die Vergütung des Testamentsvollstreckers hingegen eine konkrete Vergütungsempfehlung maßgeblich sein, werde ich künftig entweder die daraus vom Erblasser als maßgeblich erachteten einzelnen Vergütungsparameter unmit-

---

Tolksdorf in BeckOGK, 1.4.2023, BGB § 2221 Rn. 74; Weidlich in Grüneberg, 82. Aufl. 2023, BGB § 2221 Rn. 12; Lange in BeckOK BGB, 67. Ed. 1.8.2023, BGB § 2221 Rn. 27f.

[53] Diese gilt dann als „angemessen" im Sinne des § 2221 Hs. 1 BGB; vgl. Dutta in Staudinger, 2021, BGB § 2221 Rn. 29. Der Testamentsvollstrecker ist nicht berechtigt, die Höhe der angemessenen Vergütung selbst zu bestimmen, vgl. Dutta in Staudinger, 2021, BGB § 2221 Rn. 29.

[54] Nach OLG München ErbR 2022, 266 soll nämlich die Bezugnahme auf eine Vergütungsempfehlung grundsätzlich eine statische sein, wenn sich aus der letztwilligen Verfügung nicht etwas anderes ergibt.

[55] Wenn der Erblasser nichts Abweichendes bestimmt, wird die Vergütung im Grundsatz (§§ 2218, 666 BGB) erst mit der Beendigung des Amtes und nach Rechnungslegung fällig, vgl. Tolksdorf in BeckOGK, 1.4.2023, BGB § 2221 Rn. 64f.; Weidlich in Grüneberg, 82. Aufl. 2023, BGB § 2221 Rn. 13; Lange in BeckOK BGB, 67. Ed. 1.8.2023, BGB § 2221 Rn. 28. Aufgrund der Geltung der Vergütungsempfehlungen des Deutschen Notarvereins wird abweichend von der gesetzlichen Regelung jedoch die Hälfte nach Abschluss der Konstituierung und die andere Hälfte mit Abschluss der Tätigkeit fällig. Vor diesem Hintergrund sollte aus meiner Sicht von der Formulierung „in der jeweils geltenden Fassung" abgesehen werden, weil damit auf die jeweiligen Zeitpunkte der beiden Fälligkeiten abgestellt würde und insoweit unklar bliebe, welcher von beiden Zeitpunkten maßgeblich sein soll.

telbar in den Text des Testaments oder Erbvertrags aufnehmen[56] oder aber auf die Vergütungsempfehlung in Gänze im Sinne des § 9 Abs. 1 S. 2 BeurkG verweisen mit der Folge, dass sie zu verlesen und der Niederschrift beizufügen ist.

„Die Vergütung des Testamentsvollstreckers bestimmt sich nach den in der Anlage beigefügten und durch den Notar verlesenen Vergütungsempfehlungen des deutschen Notarvereins (statische Verweisung), auf die mit der Maßgabe verwiesen wird, dass sie Inhalt dieser Niederschrift sind."

Zwar überzeugt mich die von Rothmann begründete teleologische Reduktion der §§ 2232, 2276 BGB. Bis zu einer höchstrichterlichen Klärung halte ich vor dem Hintergrund der von der Rechtsprechung zum Grundstückskaufvertrag entwickelten Grundsätze eine Beurkundung der Vergütungsempfehlung und damit einen („förmlichen") Verweis im Sinne des § 9 Abs. 1 S. 2 BeurkG darauf jedoch nach dem Prinzip des sichersten Gestaltungsweges für angezeigt.[57] Wer nun meint, diese Fallkonstellation verfahrensrechtlich durch die einmalige Herstellung der Vergütungsempfehlungen als Bezugsurkunde und nachfolgender Verweise darauf im Sinne des § 13a BeurkG in Testamenten und Erbverträgen in den Griff zu bekommen, den muss ich leider an dieser Stelle enttäuschen: Es ist umstritten, ob in einem Erbvertrag oder Testament von der Verweismöglichkeit im Sinne des § 13a BeurkG überhaupt wirksam Gebrauch gemacht werden kann[58] – dieses schöne Thema ist der Festschrift für Norbert Frenz zu seinem 100. Geburtstag vorbehalten.

---

[56] Formulierungsvorschläge finden sich bei Schmitz/Pernice notar 2023, 271 (273).
[57] So im Ergebnis wohl auch Schmitz/Pernice notar 2023, 271 (274), die ebenfalls zwischen einer dynamischen und statischen Bezugnahme auf eine Vergütungsempfehlung unterscheiden.
[58] Das materielle Recht verlangt, dass der Erblasser dem Notar seinen letzten Willen „persönlich" (§§ 2064, 2274 BGB) „erklärt" (§§ 2232 S. 1, 2276 Abs. 1 S. 2 BGB). Werden Teile einer Verfügung von Todes wegen nicht durch den Erblasser selbst, sondern durch eine andere Person in einer Bezugsurkunde erklärt, auf die der Erblasser sodann in seinem Testament oder Erbvertrag gemäß § 13a Abs. 1 S. 1 BeurkG verweist, kann bezweifelt werden, ob er diesen Teil seines letzten Willens dem Notar „persönlich erklärt" hat (dies verneinend etwa Winkler, 20. Aufl. 2022, BeurkG § 13a Rn. 67).

BETTINA BRÜCKNER

Wohnungseigentum trifft auf Sachenrecht: Von Geisterwohnungen, Luftschranken und verwandelten Wänden

Das Wohnungseigentumsrecht gehört, es muss gleich vorab eingeräumt werden, nicht gerade zu den Gebieten, auf denen sich die Begeisterung des Jubilars leicht wecken lässt. Aber eine Entscheidung des V. Zivilsenats aus diesem nicht gerade eingängigen Rechtsgebiet hat selbst ihn zu erfreuen vermocht, nämlich jene zu den Geisterwohnungen. Nun ist es ja auch nicht an der Tagesordnung, dass in höchstrichterlichen Entscheidungen derart ungewöhnliche Begriffe verwendet werden, die eher an Grimms Märchen denn an den Bundesgerichtshof denken lassen. Zugleich sind die Geisterwohnungen Sinnbild sachenrechtlicher Schwierigkeiten im Wohnungseigentumsrecht – und nicht minder gilt das für ihre „Schwestern", die Luftschranken, oder die verwandelten Wände infolge einer Unterteilung von Wohnungseigentumseinheiten.

I. *Liegenschaftskataster und Aufteilungsplan*

1. *Grundstücksrecht*

Im Grundstücksrecht hat man es leicht. Das Zusammenspiel von Grundbuch und Liegenschaftskataster schafft im Normalfall eine sehr sichere Grundlage für die Rechtsverhältnisse an Grundstücken – das funktionierende Grundbuch ist eine große Errungenschaft des Rechtsstaats.

a) Das Grundbuch ist der Spiegel der privaten dinglichen Rechte an Grundstücken; es soll über die das Grundstück betreffenden Rechtsverhältnisse möglichst erschöpfend und zuverlässig Auskunft geben.[1] Es muss klar sein, auf welchen konkreten Teil der Erdoberfläche sich ein eingetragenes Recht bezieht.[2] Zu diesem Zweck darf das Grundbuch relativ gefahrfrei unter der Flagge des Liegenschaftskatasters segeln. Letzteres dient zwar vornehmlich öffentlich-rechtlichen Zwecken, stellt aber gemäß § 2 Abs. 2 GBO – gleichsam januskö̈pfig – die Grundlage für das Grundbuch dar, indem die Grundstücke im Grundbuch nach dem Liegenschaftskataster benannt werden.

b) Infolgedessen ergibt sich der Grenzverlauf von Grundstücken aus der – regelmäßig zuverlässigen – dem Liegenschaftskataster zugrundeliegenden Liegenschafts-

---

[1] BGH NJW 1981, 1563.
[2] BGH NJW-RR 2006, 662 Rn. 8 mwN.

karte; hierauf erstreckt sich die Vermutung der Richtigkeit des Grundbuchs gemäß § 891 Abs. 1 BGB.[3] Im Liegenschaftskataster werden detaillierte Vorgaben der öffentlich-rechtlichen Vermessungsgesetze durch Fachleute in Gestalt öffentlich bestellter Vermessungsingenieure umgesetzt. Neuvermessungen erhalten Eingang durch Fortführungsnachweise, Zeichenfehler werden auf demselben Wege berichtigt. Ein regelmäßiger Datenaustausch gewährleistet die Übereinstimmung von Liegenschaftskataster und Grundbuch.[4]

2. Wohnungseigentumsrecht

Genauso sollte es sich im Wohnungseigentumsrecht verhalten. Denn Eigentumswohnungen sind wie Grundstücke wesentliche Vermögenswerte, deren Umfang und Bestand klar und rechtssicher zu ermitteln sein müsste. Dieses rechtsstaatliche Desiderat entspricht leider sehr häufig nicht der Realität. Denn im Wohnungseigentumsrecht ersetzt der Aufteilungsplan das Kataster. Er übernimmt die Aufgabe, den Grenzverlauf darzustellen. Darin liegt die Wurzel vieler Probleme.

a) Bei dem Aufteilungsplan handelt es sich nach der Legaldefinition in § 7 Abs. 4 Nr. 1 WEG um eine „Bauzeichnung, aus der die Aufteilung des Gebäudes und des Grundstücks sowie die Lage und Größe der im Sondereigentum und der im gemeinschaftlichen Eigentum stehenden Teile des Gebäudes und des Grundstücks ersichtlich ist". Der Aufteilungsplan ist der Eintragungsbewilligung beizufügen. Er ist daher Inhalt des Grundbuchs.[5] Sachenrechtlich hat er dieselbe Funktion wie das Kataster im Grundstücksrecht. Er tritt an die Stelle der Vermessung und katastermäßigen Erfassung.[6] Als „echtes Eigentum" und „eine Art Ersatzgrundstück" soll das Sondereigentum behandelt werden.[7]

b) Nur entspricht die Qualität der Grundlagen nicht dem Grundstücksrecht. Verwendet werden nämlich regelmäßig die Bauzeichnungen des planenden Architekten. Das wäre an sich gar nicht mal so schlimm. Es lässt sich verschmerzen, wenn die Zeichnung sachenrechtlich unsinnige Bezeichnungen wie etwa „Kinderzimmer", „Schalterraum" oder „Teeküche" enthält; das kann man juristisch dahingehend umschiffen, dass sich hieraus keine bindenden Zweckbestimmungen ergeben.[8] Auf diese Weise lassen sich auch in dem Plan eingezeichnete Barhocker ignorieren.[9]

c) Das eigentliche Problem liegt vielmehr darin, dass die Grenzverläufe in der Realität oft nicht mit dem Aufteilungsplan übereinstimmen.

aa) Bei Altbauten ergeben sich gefährliche Fallstricke aus der vermeintlich kostensparenden Verwendung alter Baupläne, über die die Zeit längst hinweggegangen ist. Fragen werden aufgeworfen, wenn bei einer Aufteilung in den 1990er Jahren die Baupläne des Jahres 1913 verwendet worden sind und ein im Wohnungsgrund-

---

[3] BGH NJW-RR 2006, 662; BGHZ 199, 31 Rn. 11.
[4] Näher dazu BGH FGPrax 2017, 195f.
[5] BGHZ 177, 338 Rn. 12.
[6] BGHZ 208, 29 Rn. 10.
[7] BGHZ 198, 327 Rn. 15.
[8] Ständige Rechtsprechung, vgl. nur BGH NZM 2010, 407 Rn. 8.
[9] Vgl. BGH NZM 2010, 407 Rn. 9.

buch eingetragenes, nach der Teilungserklärung zu Wohnzwecken bestimmtes Wohnungseigentum in diesen Plänen als „Boden" bezeichnet wird. Handelt es sich dann überhaupt um Wohnungseigentum? Was ist, wenn obendrein die Baugenehmigung für eine Wohnnutzung fehlt?[10] Und wie verhält es sich, wenn der Zuschnitt der Kellerräume in der Realität anders ist als in den als Aufteilungsplan verwendeten, aber zur Zeit der Aufteilung bereits veralteten Bauplänen?[11]

bb) Selbst bei Neubauten entspricht die Realität nicht immer dem Aufteilungsplan. Denn bei der Bauausführung wird häufig von den planmäßigen Vorgaben abgewichen. Da hat ein Erwerber Sonderwünsche, die dazu führen, dass Teile des Treppenhauses in die erworbene Wohnung wandern;[12] die Wohnungen werden verkleinert bzw. vergrößert mit der Folge, dass ein Zimmer der erworbenen Wohnung Teil der Nachbarwohnung und nur von dort aus zugänglich ist;[13] oder aber – der „Supergau" – die vermeintlich erworbene Einheit existiert zwar in der Realität, aber nicht nach dem Aufteilungsplan.[14] In der Welt des Aufteilungsplans führt ein gemeinschaftlicher Flur in den gemeinschaftlichen Garten; in der Realität ist der Flur Teil des Sondereigentums an der Erdgeschosswohnung und der Garten ist als Sondernutzungsfläche verkauft worden. Haben solche Umplanungen im Grundbuch keinen Niederschlag gefunden, ist der Grundstein für jahrelange und höchst unerquickliche Streitigkeiten gelegt. Und selbst wenn Grundbuch und Realität übereinstimmen, kann es unangenehme Überraschungen deshalb geben, weil sich die erteilte Baugenehmigung auf eine überholte Planung bezieht. So können aus einer genehmigten Wohnung im Laufe der Bauausführung zwei werden mit der Folge, dass ein Stellplatznachweis fehlt.[15]

II. Die Folgen von Planabweichungen

1. Grenzen des Sondereigentums

Der Ausgangspunkt ist recht einfach: Nicht die tatsächliche Bauausführung und der Besitzstand, sondern die Teilungserklärung nebst Aufteilungsplan bildet die Grundlage für die sachenrechtliche Aufteilung der Wohnungseigentumsanlage.

a) Das entspricht der Gleichstellung von Aufteilungsplan und Liegenschaftskataster und trägt dem Bestimmtheitsgrundsatz des Sachenrechts Rechnung.[16] Sondereigentum entsteht selbst dann nur in den von dem Aufteilungsplan vorgegebenen Grenzen, wenn die Realität unwesentlich von dem Aufteilungsplan abweicht.[17] Zwar entsprach es früher weit verbreiteter Ansicht, dass das Sondereigentum bei geringfügigen Abweichungen in den Grenzen der tatsächlichen Bauausführung ent-

---

[10] BGH NZM 2017, 224 Rn. 19.
[11] So im Fall BGHZ 208, 29 ff.
[12] BGH ZWE 2015, 180 ff.
[13] BGHZ 177, 338.
[14] BGH NJW 2004, 1798 ff.
[15] BGH NZM 2016, 523 Rn. 12.
[16] BGHZ 208, 29 Rn. 10.
[17] BGHZ 208, 29 Rn. 13.

steht.[18] Dogmatisch kann diese Sichtweise aber nicht überzeugen. Ebenso wenig wie sich die Grundstücksgrenze verändert, wenn der Zaun zehn Zentimeter in das Nachbargrundstück hineinragt, entsteht Sondereigentum, wenn die Außenwand der Einheit zehn Zentimeter zu weit in das gemeinschaftliche Treppenhaus hineinragt und diese Fläche deshalb nach dem Aufteilungsplan nicht Teil des Sondereigentums ist, sondern zum gemeinschaftlichen Eigentum gehört.

b) Auch kommt es nicht darauf an, ob eine Wand da ist, wo sie sein soll: Das Sondereigentum wird notfalls durch „Luftschranken" abgegrenzt.[19] Ließe man die Luftschranken nicht gelten, müsste man auf den tatsächlichen Besitzstand zurückgreifen. Das wiederum birgt noch größere Ungewissheiten als das Festhalten an dem Plan, der doch die sachenrechtliche Grundlage ergeben soll.

2. Eigentumserwerb

Die Zeit geht ins Land, die Planabweichung bleibt. Bemerkt wird sie typischerweise erst weitaus später durch einen findigen Neuerwerber, der entdeckt, dass sein Keller doppelt so groß sein müsste wie zuvor gedacht oder dass seine Wohnung über ein weiteres Zimmer verfügen sollte.

a) Der spontane Gedanke, der Erwerber habe seine Einheit gekauft wie besehen und könne unter Anwendung der Rechtsfigur einer versehentlichen Falschbezeichnung nicht von den folgenschweren Fehlern der Vergangenheit profitieren,[20] führt in die Irre. Es mag sein, dass die Kaufvertragsparteien versehentlich annahmen, Kaufgegenstand sei nur der „halbe" Keller. Eine darauf beschränkte Auflassung hätte aber das gesamte Geschäft scheitern lassen, weil entgegen § 6 Abs. 1 WEG ein nicht mit einem Miteigentumsanteil verbundenes Sondereigentum an der „restlichen Hälfte" entstanden wäre. Das ist im Zweifel nicht gewollt.[21] Ohnehin ist die Rechtsfigur der versehentlichen Falschbezeichnung bei einem Grundstückskauf nur unter engen Voraussetzungen anwendbar.[22]

b) Damit bleibt es bei dem Vorrang des Aufteilungsplans. Das Sondereigentum ist in den dort vorgegebenen „Luftschranken" entstanden und erworben worden. Denn ebenso wie ein Grundstück im Zweifel in den katastermäßigen Grenzen erworben wird,[23] ist Kaufgegenstand bei einem Wohnungseigentum im Zweifel die aus dem Aufteilungsplan ersichtliche Einheit. Dass die Kellerwand falsch gesetzt war, ändert daran nichts.

---

[18] Vgl. etwa BayObLG NZM 1998, 973 (975); OLG Düsseldorf OLGZ 1977, 467 (469); KG NZM 2001, 1127 (1128).
[19] BGHZ 208, 29 Rn. 16; BGHZ 177, 338 Rn. 12 ff.
[20] So Kanzleiter FS Krüger, 2017, 217 f.
[21] BGHZ 208, 29 Rn. 25 ff.
[22] Näher BGH NJW 2023, 2942 Rn. 26 ff.
[23] BGH NJW 2023, 2942 Rn. 26 mit weiteren Nachweisen.

3. Verhältnis der Wohnungseigentümer untereinander

a) Umbau oder Plananpassung?

aa) Fallen also Aufteilungsplan und Realität auseinander, sind zwei gleichermaßen unerfreuliche Auswege vorgezeichnet: Entweder wird die Realität dem Aufteilungsplan angepasst – oder umgekehrt. Grundsätzlich hat der Aufteilungsplan Vorrang vor der Realität. Andernfalls würde die sachenrechtliche Abgrenzungsfunktion aufgegeben. Infolgedessen muss in erster Linie die Realität an den Plan angepasst werden. Folgerichtig kann jeder Wohnungseigentümer im Grundsatz die Herstellung eines dem Aufteilungsplan entsprechenden Zustands beanspruchen.[24] Verursacht dies aber großen und unzumutbaren Aufwand, kehrt sich das Ganze um: Dann muss der Aufteilungsplan – gegebenenfalls gegen Ausgleichszahlungen – geändert werden.

bb) Ignorieren lässt sich die Abweichung im Regelfall nicht: „Et bliev wie et wor" als köll'scher Ausweg ist nur bei ganz unerheblichen Abweichungen gangbar, wenn alles andere unverhältnismäßig erscheint.[25] Damit unterscheidet sich der BGH zwar in der Begründung, nicht aber im Ergebnis von der früheren Ansicht, die das Sondereigentum bei geringfügigen Abweichungen in den Grenzen der tatsächlichen Bauausführung entstehen lassen wollte.

cc) Allgemein lässt sich sagen, dass Planabweichungen häufig auf Fehlern des Bauträgers oder jedenfalls auf unachtsamen Sparversuchen der teilenden Eigentümer beruhen. Ist der Verursacher nicht mehr greifbar, handelt es sich um ein kollektives Problem, das regelmäßig nicht einzelnen Wohnungseigentümern überbürdet werden kann, in deren Einheit die Abweichung zufällig offenbar wird. Die erstmalige plangerechte Herstellung der Anlage ist – so die ständige Rechtsprechung des Bundesgerichtshofs – Sache aller Wohnungseigentümer.[26]

b) Stimmrecht auch für Geisterwohnungen

aa) Die Geisterwohnungen waren deshalb Geisterwohnungen, weil es sie nur in der Teilungserklärung, nicht jedoch in der Realität gab. Der Bauträger hatte eine Mehrhausanlage geplant, aber – ob wegen mangelnder Nachfrage oder wegen fehlender Finanzmittel, blieb unklar – nur zwei statt vier Gebäuden errichtet. Dabei blieb es über Jahre hinweg. Wohnungseigentumsrechtlich gab es die Geisterwohnungen gleichwohl. Denn maßgeblich war insoweit die Teilungserklärung. Die Wohnungseigentümer wurden es irgendwann leid, dass der Bauträger nach wie vor fast die Hälfte aller Stimmen hatte. Sie verlangten nun eine Herabsetzung der Stimmkraft und hatten damit in allen Instanzen Erfolg. Ein solcher Anspruch kann sich aus § 10 Abs. 2 WEG ergeben und erfordert eine umfassende Interessenabwägung.[27]

---

[24] BGHZ 208, 29 Rn. 7.
[25] BGHZ 208, 29 Rn. 22.
[26] BGH ZWE 2015, 180 Rn. 19 ff.; BGHZ 208, 29 Rn. 7.
[27] BGH ZfIR 2019, 447 ff.

bb) Interessanter ist allerdings die Frage, warum nichtexistierende Wohnungen überhaupt Stimmrechte verleihen. Der Grund liegt wiederum darin, dass die Teilungserklärung nebst Aufteilungsplan der Realität vorgeht. Im Regelfall – wenn der Bau nicht steckenbleibt – ist dies auch sachgerecht. Denn schon in der Bauphase muss die Anlage verwaltet werden, und das vollzieht sich in der Regel durch Beschlussfassungen. Mit der zum 1.12.2020 in Kraft getretenen Reform des Wohnungseigentumsrechts ist der Zeitpunkt der Entstehung der rechtsfähigen Gemeinschaft vorverlagert worden. Nach dem zuvor geltenden Recht entstand die (werdende) Wohnungseigentümergemeinschaft erst mit dem Hinzutreten eines (werdenden) Wohnungseigentümers; das wiederum setzte die Übergabe der Einheit und damit in der Regel die Errichtung der Anlage voraus.[28] Geisterwohnungen konnte es aber schon damals – wie in dem entschiedenen Fall – bei der sukzessiven Errichtung von Mehrhausanlagen geben. Nach neuem Recht kann die Gemeinschaft aus einer Person bestehen, und eine werdende Wohnungseigentümergemeinschaft gibt es nicht mehr. Infolgedessen wird die Anlage bei Entstehung der Gemeinschaft häufig nur auf dem Papier existieren. Zur Absenkung des Stimmrechts wird das nur bei einer atypischen Bauunterbrechung führen können.

c) Erwerber als Störer

Eine unerfreuliche Überraschung erlebte ein Erwerber, dessen Sonderwünsche seitens des Bauträgers erfüllt worden waren. Die erwünschten Umplanungen hatten dazu geführt, dass sich in seiner Wohnung Flächen fanden, die nach dem Aufteilungsplan zu dem Treppenhaus gehörten. Andere Wohnungseigentümer waren damit nicht einverstanden und verlangten den Rückbau. Damit hatten sie keinen Erfolg. Denn der Erwerber ist nicht Störer im Sinne des § 1004 BGB.[29] Die Einordnung als Störer ist stets Folge einer wertenden Betrachtung. Der Erwerber nimmt nur mittelbar Einfluss auf die eigenverantwortlichen Entschlüsse des Bauträgers. Dabei darf er sich darauf verlassen, dass der Bauträger die Umplanungen in der Teilungserklärung umsetzen wird; es ist nicht den Erwerbern von Wohnungseigentum zuzurechnen, wenn hiergegen verstoßen wird.

d) Notbremse § 242 BGB

Ganz hart traf es die vermeintlichen Erwerber eines Hauses, das es nach der Teilungserklärung und dem zugehörigen Aufteilungsplan nicht gab. Dort sollten zwei Doppelhaushälften errichtet werden und jeweils eine Einheit bilden. Tatsächlich war aber ein Zweifamilienhaus gebaut worden, das mit dem Plan keinerlei Übereinstimmungen aufwies. Unerfreuliche Folge war, dass die Erwerber lediglich einen isolierten, nicht mit einem Sondereigentum verbundenen Miteigentumsanteil erworben hatten. Solche Extremfälle lassen sich nur durch § 242 BGB auflösen. Im

---

[28] BGH ZfIR 2016, 237 Rn. 13.
[29] BGH ZWE 2015, 180 ff.

Rahmen des Zumutbaren sind die übrigen Miteigentümer – unter Umständen gegen Ausgleichszahlungen – verpflichtet, Teilungserklärung nebst Aufteilungsplan so abzuändern, dass er der tatsächlichen Bebauung entspricht.[30]

e) Teilungserklärung und Baugenehmigung

Fallen nicht Realität und Aufteilungsplan auseinander, sondern Aufteilungsplan und Baugenehmigung, kann ein solches Versäumnis aus der Aufteilungsphase später ähnlich unangenehme Folgen haben. Nur sind diese öffentlich-rechtlicher Natur, insbesondere im Hinblick auf die Stellplatzpflicht und den Brandschutz. Hat der Bauträger aus einer genehmigten Wohnung zwei gemacht, so dass ein Stellplatznachweis fehlt, müssen alle Wohnungseigentümer gemeinsam die öffentlich-rechtlichen Vorgaben erfüllen. Der Fehler des Bauträgers wird also auch insoweit nicht bei dem betroffenen Erwerber „abgeladen", weil die Stellplatzpflicht an das Baugrundstück insgesamt anknüpft.[31] Sind baurechtlich genehmigte Kellerräume in der Teilungserklärung zu selbständigen Teileigentumseinheiten geworden, ist es Sache aller Wohnungseigentümer, einen zweiten Rettungsweg herzustellen, wenn die Teileigentumseinheiten andernfalls nicht als Aufenthaltsraum genutzt werden können.[32] Hat der Bauträger Stellplätze „eingespart" und die in der Baugenehmigung hierfür eigentlich vorgesehene Fläche in der Teilungserklärung als Sondernutzungsfläche ausgewiesen und als Garten verkauft, muss der Sondernutzungsberechtigte die Fläche nur unter den Voraussetzungen von § 10 Abs. 2 WEG und gegen Ausgleichszahlung hergeben.[33]

III. *Unterteilung von Wohnungseigentum*

Sachenrechtliche Fragen werden schließlich bei einer Unterteilung von Wohnungseigentum aufgeworfen.

1. Wohnungseigentumsrechtlich ist eine solche Unterteilung als Ausübung von Eigentümerbefugnissen ohne Mitwirkung der anderen Wohnungseigentümer zulässig;[34] nur vermehren sich hierdurch bei vereinbartem Kopf- oder Objektstimmrecht die Stimmrechte nicht.[35]

2. Sachenrechtlich hat eine Unterteilung regelmäßig Folgen für Außenwände und Eingangstüren. Nicht tragende Trennwände zwischen den neu entstandenen Einheiten standen zuvor im Sondereigentum. Trennen sie zwei Sondereigentumseinheiten voneinander, sollen sie nach verbreiteter Ansicht in sogenanntem „Nachbareigentum" stehen.[36] Ob das zutrifft, hat der Bundesgerichtshof bislang offenge-

---

[30] BGH NJW 2004, 1798 ff.
[31] BGH NZM 2016, 523 Rn. 13 ff.
[32] BGH NJW-RR 2017, 1042 Rn. 15.
[33] BGH NJW-RR 2018, 776 Rn. 13 ff.
[34] BGHZ 49, 250.
[35] BGHZ 160, 354.
[36] Zu Nachweisen siehe BGHZ 208, 29 Rn. 19.

lassen.[37] Richtigerweise gibt es für ein solches Konstrukt keinen Raum. Das Wohnungseigentumsgesetz kennt das Sondereigentum und das gemeinschaftliche Eigentum, aber keine weitere Kategorie. Insbesondere ein „Mitsondereigentum" ist nicht vorgesehen, und für eine weitere Erhöhung der ohnehin hohen wohnungseigentumsrechtlichen Komplexität gibt es auch keinen Bedarf. Infolgedessen können die nunmehr als Außenwände fungierenden Trennwände der unterteilten Einheiten als Folge der vollzogenen Unterteilung nur im gemeinschaftlichen Eigentum stehen.

3. Kann es sein, dass sich die Eigentumsverhältnisse durch eine einseitige Unterteilung ändern? Ja, es kann!

a) Die Frage zu stellen, führt zunächst zu der schlichten Gegenfrage: Wie sollte es denn anders gehen? Richtig ist zwar, dass den Wohnungseigentümern ohne ihr Zutun neues gemeinschaftliches Eigentum „aufgedrängt" wird. Verhindern ließe sich das aber nur durch eine Beschränkung der Eigentümerbefugnisse. Das wiederum scheidet aus, wenn Wohnungseigentum echtes Eigentum sein soll.

b) Die Änderung der Eigentumsverhältnisse ohne weiteres Zutun stellt auch keine fragwürdige Notlösung dar. Vielmehr ist sie, wie Hügel zutreffend ausgeführt hat, eine Folge der gesetzlichen Regelung in § 5 WEG, die die sachenrechtliche Zuordnung an die Funktion des Bauteils knüpft.[38] Ändert sich die Funktion, kann sich dadurch die sachenrechtliche Zuordnung kraft Gesetzes ändern. Das beschränkt sich nicht auf die Folgen einer Unterteilung. Bei einer Zusammenlegung können umgekehrt nicht tragende Wände, die zuvor im gemeinschaftlichen Eigentum standen, zu Sondereigentum werden. Auch können durch bauliche Veränderungen, die ein einzelner Wohnungseigentümer vornimmt, neue Bauteile entstehen, die gemäß § 5 Abs. 2 WEG zwingend im gemeinschaftlichen Eigentum stehen; so verhält es sich beispielsweise bei dem Einbau eines zusätzlichen Fensters, das unabhängig von der Person des Einbauenden zum Gemeinschaftseigentum gehört.[39]

c) Ein Wandel der Eigentumsverhältnisse durch einseitige Maßnahmen ist im nachbarlichen Grenzbereich zudem kein Novum. So ist bei der Kommunmauer anerkannt, dass sie zunächst als rechtmäßiger Überbau im Alleineigentum des Erbauers steht; durch den Anbau des Nachbarn wird sie jedoch zu Miteigentum.[40] Auch hier folgt die sachenrechtliche Zuordnung der Funktion der Mauer.

---

[37] BGHZ 208, 29 Rn. 20.
[38] Hügel ZMR 2018, 113 (115).
[39] BGHZ 222, 187 Rn. 7 mwN.
[40] BGHZ 27, 197, ständige Rechtsprechung.

IV. Fazit

Eine hohe Qualität von Aufteilungsplänen und die lückenlose Überwachung der plangerechten Umsetzung des Bauvorhabens könnten viele Probleme vermeiden. Die Verantwortung hier liegt vornehmlich bei den teilenden Eigentümern und insbesondere bei den Bauträgern. Das Notariat kann auf die Notwendigkeit der plangerechten Bauausführung nur immer wieder eindringlich hinweisen und vor den andernfalls drohenden Haftungsfolgen warnen. Auch sollte von notarieller Seite darauf hingewirkt werden, dass die Verwendung alter Baupläne möglichst unterbleibt. Jedenfalls sollte die Abfassung der Teilungserklärung in solchen Fällen keine zusätzlichen Zweifel hinsichtlich der Zweckbestimmung der Einheiten hervorrufen.

Versäumnisse in diesem Bereich werfen lange Schatten. Die Probleme tauchen oft erst Jahre oder Jahrzehnte später auf und sorgen für eine Fülle von Reparaturversuchen der Gerichte; immerhin geht es für viele Menschen um den wesentlichen Teil ihres Vermögens. Veranstaltungen wie die Jahresarbeitstagung des Deutschen Notariats, die dem Dialog und dem gegenseitigen Verständnis von Bundesgerichtshof und Notariat dienen, sind vor diesem Hintergrund besonders wertvoll und tragen zu einer hohen Qualität von Rechtsgestaltung und Rechtsprechung bei.

JENS BÜLTE

Sanktionen gegen Notare wegen Verletzung von Pflichten aus dem GwG

In jüngerer Vergangenheit ist es vermehrt zu Sanktionsverfahren gegen Notare gekommen, die eine Verletzung von Sorgfaltspflichten aus dem Geldwäschegesetz zum Gegenstand hatten. Dabei handelte es sich zum einen um Disziplinar- und zum anderen um Bußgeldverfahren. Diese wurden vom Präsidenten des jeweils zuständigen Landgerichts durchgeführt, der als Aufsichtsbehörde sowohl die Einhaltung der allgemeinen notariellen Berufspflichten als auch der Pflichten aus dem Geldwäschegesetz überwacht. Bei der Wahrnehmung dieser Aufsichtsaufgabe führen die Präsidenten der Landgerichte eine einheitliche Prüfung aller beruflichen Pflichten der Notariate durch und kontrollieren dabei sowohl die Einhaltung der Vorgaben aus dem Beurkundungsgesetz, der Bundesnotarordnung und anderen spezifisch für diesen Berufsstand erlassenen Vorschriften als auch die Befolgung der Regeln des Geldwäschegesetzes. Bei der Verhängung von Sanktionen kommt es hier zu einer Vielzahl von Problemen wegen der oftmals unbestimmten Vorgaben für Sorgfaltspflichten, des unklaren Verschuldensmaßstabes, der Gefahr von Rückschau- und Perspektivfehlern und der Anforderungen an Feststellungen als Grundlage einer Sanktionsentscheidung.

Dieser Beitrag sei Norbert Frenz in großer Achtung für seine herausragenden Verdienste um den Berufsstand der Notare und als herzlicher Glückwunsch zu seinem Geburtstag gewidmet. Ad multos annos!

I. Disziplinarische und ordnungswidrigkeitenrechtliche Sanktionen in der Praxis

Bei Verletzung der beruflichen Regeln der Geldwäschebekämpfung für Notare kommen grundsätzlich zwei staatliche Reaktionsmöglichkeiten in Betracht: zum einen eine disziplinarische Maßnahme nach § 94 BNotO wegen Amtspflichtverletzung (§ 19 BnotO), zum anderen die Durchführung eines Ordnungswidrigkeitenverfahrens wegen Verstößen gegen spezifische Vorschriften des Geldwäschegesetzes. Für das Disziplinarverfahren ist stets der Präsident des Landgerichts zuständig, für die Ordnungswidrigkeitenverfahren gilt § 36 OWiG, der zu unterschiedlichen Zuständigkeiten führt: In manchen Ländern (Baden-Württemberg, Bayern, Berlin) ist der Präsident des Landgerichts als Aufsichts- und Ordnungswidrigkeitenbehörde (§ 92 Abs. 1 BNotO, § 51 GwG, § 36 Abs. 2 OWiG) für beide Verfahren zuständig, in anderen Ländern fallen die Zuständigkeiten auseinander.[1]

Ein Beispiel für die disziplinarische Ahndung der Verletzung von Sorgfaltspflichten aus dem Geldwäschegesetz findet sich in der Entscheidung des BayObLG[2] vom 23.6.2022: Gegenstand dieses Verfahrens war der Ausspruch einer Missbilligung gegenüber einer Notarin wegen Verletzung ihrer dienstlichen Pflicht zur Dokumentation der Compliance-Maßnahmen bei einer Beurkundung aus § 8 Abs. 1 S. 1 Nr. 2 GwG.[3] Dort bezog sich der Vorwurf ausschließlich auf die Durchführung der Dokumentation, nicht auf die nicht beanstandete Risikoanalyse selbst.

Einen Verstoß gegen die Sorgfaltspflichten bei der Identifizierung bzw. Verifizierung von Mandanten im Rahmen der Beurkundung eines Immobiliengeschäfts ahndete das Amtsgericht Karlsruhe mit der Entscheidung vom 23.11.2021,[4] die durch das OLG Karlsruhe auf die Rechtsbeschwerde hin bestätigt wurde.[5] Gegenstand war der Vorwurf, der Notar habe gegen seine Identifizierungspflicht aus § 12 Abs. 4 GwG (damals noch § 11 Abs. 5a GwG in der Fassung vom 1.1.2020) verstoßen, indem er sich die bei bestimmten Grundstücksgeschäften notwendige Darstellung der Eigentumsverhältnisse in Textform nicht rechtzeitig habe vorlegen lassen und sie dementsprechend auch nicht überprüft habe.[6]

Bei diesen (noch) wenigen veröffentlichten Beispielsfällen wäre es zweifellos überzogen, von einem Massenphänomen der Sanktionierung von Notaren zu sprechen. Aber der politische Druck auf Aufsichtsbehörden und Notare hat in den letzten Jahren erheblich zugenommen. Deutschland steht seit Jahren in dem Ruf, ein Geldwäscheparadies zu sein;[7] es werden Konsequenzen gefordert und zum Teil auch gezogen: Verschärfungen der gesetzlichen Vorschriften von der Legislative,[8] Präventionsmaßnahmen und Verdachtsmeldungen von Unternehmern, verstärkte Kontrolle und Datensammlung durch die Behörden und Verurteilungen von der Justiz.[9] Dieser Druck führt zu einer erhöhten Bedeutung von Sanktionsmaßnahmen wegen Verstößen gegen das Recht der Geldwäschebekämpfung gegen alle beteiligten Berufsgruppen. Das rechtfertigt es, einen kritischen Blick auf die Funk-

---

[1] Vgl. mit einem mittlerweile aber schon wieder überholten Überblick Blaeschke DNotZ 2022, 827 (848).
[2] BayObLG Beschluss vom 23.6.2022 – 501 DSNot 1/22.
[3] Zu den Einzelheiten Brian/Krais in BeckOK GwG, 14. Ed. 1.6.2023, GwG § 8 Rn. 8 ff.
[4] AG Karlsruhe Urteil vom 23.11.2021 – 7 OWi 740 Js 31646/21.
[5] OLG Karlsruhe NotBZ 2023, 68 mit Anmerkung Ladiges = GWUR 2022, 164 mit Anmerkung Volkens.
[6] Ein Verfahren gegen einen Steuerberater wegen Verletzung der Dokumentationspflicht hat BayObLG Beschluss vom 25.5.2023 – 202 ObOWi 264/23 zum Gegenstand.
[7] Vgl. nur Schreiber/Zydra, Süddeutsche Zeitung vom 25.8.2022, Finanzkriminalität: Deutschland bleibt ein Paradies für Geldwäscher.
[8] Vgl. Spiegel-Online vom 17.1.2020, Berliner Morgenpost vom 9.9.2021, Geldwäsche: Justizsenator Behrend will Gesetz verschärfen.
[9] Vgl. nur die Kritik der Financial Action Task Force in Anti-money laundering and counter-terrorist financing measures, Germany, Mutual Evaluation Report, August 2022, S. 84, die hohe Strafen mit effektiver Strafverfolgung gleichsetzt, die Systematik des deutschen Geldwäschestrafrechts nicht hinreichend berücksichtigt und die Notwendigkeit rechtsstaatlicher Sicherungen relativiert.

tionsmechanismen des hier anzuwendenden Disziplinar- und Ordnungswidrigkeitenrechts zu werfen.

Dazu sollen zunächst (→ II.) einige verfassungsrechtliche Grundlagen der beiden Sanktionsregime skizziert und ihre Gemeinsamkeiten und Unterschiede aufgezeigt werden. Sodann (→ III.) befassen sich die Ausführungen mit der Ermittlung der Sorgfaltspflichten als Basis der Verhängung von Sanktionen sowie (→ IV.) mit dem anzuwendenden Fahrlässigkeitsmaßstab. Im nächsten Schritt (→ V.) werden die notwendigen Feststellungen zu den Sorgfaltspflichten, zu Verstößen dagegen und zur Fahrlässigkeit in der behördlichen und gerichtlichen Entscheidung über die Sanktion in den Blick genommen und (→ VI.) die Frage der Verhältnismäßigkeit von Sanktionen angesprochen. Schließlich werden die wesentlichen Ergebnisse der Überlegungen knapp zusammengefasst (→ VII.).

II. Verfassungsrechtliche Grundlagen des Disziplinar- und Ordnungswidrigkeitenrechts

Für das Ordnungswidrigkeitenrecht gelten grundsätzlich – im Detail mag die Reichweite dieser Garantien umstritten sein[10] – dieselben verfassungsrechtlichen Vorgaben wie für das Kriminalstrafrecht.[11] Die wichtigsten materiellen Ge- und Verbote ergeben sich aus Art. 103 Abs. 2 GG: Gesetzlichkeitsprinzip, Analogieverbot, Rückwirkungsverbot, Verbot von Gewohnheitsrecht zu Lasten des Betroffenen sowie das Bestimmtheitsgebot.[12] Darüber hinaus sind im Ordnungswidrigkeitenverfahren die Garantien des Strafverfahrens zu beachten: Verteidigungsrechte, Verfahrensfairness, Doppelverfolgungsverbot, Zweifelsgrundsatz, Selbstbelastungsfreiheit et cetera, mögen sie auch im Einzelfall mit Blick auf die weniger schwerwiegende Wirkung reiner Geldsanktionen teilweise eingeschränkt sein.[13]

Diese Grundsätze sind prinzipiell auch auf das Recht der Disziplinarsanktionen anwendbar,[14] wenn auch in diesem Kontext insbesondere an die Bestimmtheit der Sanktionsvorschriften keine so hohen Anforderungen zu stellen sein mögen wie im Ordnungswidrigkeitenrecht.[15] Es gelten aber auch hier das Gesetzlichkeitsprinzip, das Schuldprinzip und grundlegende Verfahrensgarantien. Mag man das Disziplinarverfahren auch überwiegend nicht als Strafverfahren im Sinne der EMRK an-

---

[10] Zu geringeren Anforderungen im Ordnungswidrigkeitenrecht offengelassen noch von BVerfGE 143, 38 ff.; geringere Anforderungen stellt BVerfGE 159, 223 (295 f.) ohne Begründungsansatz oder Nachweise und in Widerspruch zu BVerfGE 143, 38 ff. sowie ohne Beachtung des Aspekts der Kompetenzwahrung.
[11] Vgl. nur Schulze-Fielitz in Dreier, 3. Aufl. 2018, GG Art. 103 Abs. 2 Rn. 19.
[12] Im Detail Dannecker/Schuhr in Leipziger Kommentar StGB, 13. Aufl. 2020, StGB § 1 Rn. 179; Schulze-Fielitz in Dreier, 3. Aufl. 2018, GG Art. 103 Abs. 2 Rn. 19 ff.
[13] Vgl. BVerfGE 143, 38 (61).
[14] Schulze-Fielitz in Dreier, 3. Aufl. 2018, GG Art. 103 Abs. 2 Rn. 19 mit weiteren Nachweisen; grundlegend Brüning, Das Verhältnis des Strafrechts zum Disziplinarrecht, 2017, S. 244 ff.
[15] Vgl. nur BVerfGE 26, 186 (203 f.); BVerfGE 66, 337 (355); BVerwGE 93, 269 (274).

sehen[16] – soweit nicht schwerste Sanktionen wie zum Beispiel ein dauerndes Berufsverbot drohen –, so gelten hier doch die Grundsätze der Verfahrensfairness und das Gebot der effektiven Verteidigung.

Auf dieser Basis setzt jede Sanktionierung eines Berufsträgers zunächst voraus, dass er als Adressat der Vorschriften des notariellen Berufsrechts im Allgemeinen und des Rechts der Geldwäschebekämpfung im Besonderen hinreichend sicher erkennen kann, unter welchen Bedingungen ihm Sanktionen drohen. Er muss die einzuhaltenden Sorgfaltspflichten tatsächlich ermitteln und vorhersehen können, welche Pflichtverletzungen zu Sanktionen führen können und wie diese gegebenenfalls aussehen. Er muss also insbesondere den Verschuldensmaßstab nicht nur abstrakt, sondern auch konkret für seine spezifische Situation ermitteln können.[17]

Darüber hinaus gebietet der Schuldgrundsatz beziehungsweise das Verhältnismäßigkeitsprinzip, dass die sanktionierende Behörde respektive das Gericht die Sorgfaltspflichten aus der zutreffenden Perspektive – nämlich des Notars – und unter bestmöglicher Vermeidung von Rückschaufehlern[18] ermittelt. Schließlich verlangt die Verfahrensfairness aus Art. 20 Abs. 3 GG,[19] dass alle Tatsachen, auf die eine Sanktion gestützt wird, so ermittelt und dargestellt werden, dass sich der Notar gegen die Vorwürfe effektiv verteidigen kann, indem er zu konkreten Tatsachen Stellung nimmt und spezifische Vorwürfe von Fehlverhalten ggf. entkräftet.

Das setzt nicht nur die Aufarbeitung der Tatsachengrundlagen voraus, sondern auch belastbare Hypothesen zum rechtmäßigen Alternativverhalten. Wem vorgeworfen wird, er habe sich falsch verhalten, dem muss auch dezidiert und bezogen auf den konkreten Einzelfall aufgezeigt werden, was er falsch gemacht hat, wie er sich richtig hätte verhalten können und wie er zu der Erkenntnis über das gebotene Verhalten kommen konnte.

III. Ermittlung der Sorgfaltspflichten als Basis der Sanktion

Die Sanktionsnormen des GwG, aber auch die Generalklausel des § 19 Abs. 1 S. 1 BNotO sind Blankettvorschriften,[20] die nur die Möglichkeit der Sanktionierung als solche regeln, im Übrigen aber auf die Pflichten des GwG bzw. auf die Verletzung einer dem Notar obliegenden an anderer Stelle geregelten Amtspflicht verweisen.[21] Grundlage für die Verhängung einer Sanktion ist damit zunächst die

---

[16] Vgl. Meyer in Karpenstein/Mayer, Konvention zum Schutz der Menschenrechte und Grundfreiheiten, 3. Aufl. 2022, EMRK Art. 6 Rn. 33.
[17] Vgl. nur BVerfGE 143, 38 (57 ff.).
[18] Zum Begriff Linnenbank, Der Rückschaufehler bei strafrechtlichen Fahrlässigkeitsbeurteilungen, 2020, S. 22 ff.
[19] Vgl. auch BVerfG NVZ 2021, 41 (42); ferner BVerfGE 26, 66 (71); zum Disziplinarverfahren BVerfGE 38, 105 (111 ff.).
[20] Hierzu im Einzelnen Dannecker/Schuhr in Leipziger Kommentar StGB, 13. Aufl. 2020, StGB § 1 Rn. 148; ferner Bülte JuS 2015, 759 ff.; Cornelius, Verweisungsbedingte Akzessorietät bei Straftatbeständen, 2016, S. 267 ff.
[21] Zur grundsätzlichen Zulässigkeit solcher Blankettverweisungen BVerfGE 143, 38 ff.; ferner Bülte JuS 2015, 769 ff.; Dannecker/Schuhr in Leipziger Kommentar StGB, 13. Aufl. 2020, StGB § 1 Rn. 148.

Verletzung einer vorgelagerten Pflicht aus dem Berufsrecht. Im hier relevanten Kontext der Sanktionierung bei der Aufsicht über die Geldwäschebekämpfung betrifft dies die Pflichten des Notars aus dem GwG (vgl. § 2 Abs. 1 Nr. 10 GwG).

1. Grundlagen der Pflichtenbestimmung

Nach diesem Gesetz trifft den Notar eine Vielzahl von Pflichten, die im Gesetz sehr unterschiedlich präzise geregelt (§§ 4ff. GwG) und stets im Lichte des Grundsatzes des risikobasierten Ansatzes zu betrachten sind (vgl. insbesondere § 3a GwG). Manche dieser Pflichten sind so abstrakt formuliert, dass es ausgesprochen schwierig ist, für eine konkrete Kanzlei und einen einzelnen Notar klar umrissene Handlungs- und Unterlassungsgebote zu ermitteln. Insbesondere die sehr allgemein umschriebenen Pflichten zur Risikoanalyse und Risikobewertung (§§ 4, 5 GwG) haben oftmals mehr den Charakter von Leitlinien als von verbindlichen Rechtsregeln.[22]

Es mag noch relativ einfach sein, die gesetzlichen Anforderungen an die Identifizierung von Mandanten zu erfüllen und dazu bestimmte Ausweisdokumente oder Registerauszüge heranzuziehen, weil die gesetzlichen Regelungen hierzu eindeutige Bestimmungen enthalten (§§ 10, 11 GwG). Andere Vorschriften bereiten dagegen deutlich größere Probleme, die sich aus rechtlichen Auslegungsfragen, aber mehr noch aus der Abstraktheit der Regeln auf tatsächlicher Ebene ergeben und mit schwierigen Prognoseentscheidungen verbunden sein können.

Das gilt etwa für die Identifizierung wirtschaftlich Berechtigter, weil hier nicht einfach die gegenüber dem Notar auftretende Person oder der zivilrechtliche Vertragspartner[23] identifiziert werden kann, sondern § 3 Abs. 1 GwG beachtet werden muss, dessen Anwendung die nähere Kenntnis der Eigentums- und Kontrollstruktur voraussetzt und ggf. schwierige Wertungen mit Blick auf die Anteilszurechnung oder die Bewertung von Kontrollmöglichkeiten erfordert (zum Beispiel die Feststellung einer „vergleichbaren Kontrolle" im Sinne von § 3 Abs. 2 Nr. 3 GwG).[24]

Auch die Bestimmung der grundsätzlichen Sorgfaltsebene (vereinfacht, normal oder verstärkt; vergleiche §§ 14, 15 GwG) fällt bisweilen schwer. So ist etwa die Einschätzung, ob ein bestimmtes Mandat mit einem erhöhten Risiko verbunden ist und daher verstärkte Sorgfalt im Sinne von § 15 Abs. 1 GwG verlangt, leichter, wenn die Regelbeispiele des § 15 Abs. 3 Nr. 1–4 GwG für ein erhöhtes Risiko subsumiert werden können. Deutlich größer ist die Herausforderung der Rechtsanwendung dagegen, wenn das Gesetz vom Notar bei seiner Tätigkeit eine allgemeine Einschätzung eines Mandats, eines Mandanten oder bestimmter Typen von Geschäftsbeziehungen auf das Risiko hin verlangt (§ 15 Abs. 2 GwG) und er dabei nicht nur die Anlagen des Gesetzes, sondern gegebenenfalls auch Verlautbarungen von Behörden (Zentralstelle für Finanztransaktionsuntersuchungen

---

[22] Zur Problematik unionsrechtlicher Programmsätze als Grundlage von Sanktionen Dannecker/Bülte in Achenbach/Ransiek/Rönnau, Handbuch Wirtschaftsstrafrecht, 5. Aufl. 2020, Teil 2 Kap. 2 Rn. 45.
[23] Zu diesem Problem insbesondere Volkens GWUR 2022, 164ff.
[24] Vgl. zum Streit mit dem Bundesverwaltungsamt Rodatz/Judis/Bergschneider CCZ 2021, 30ff.

[FIU]; Bundesanstalt für Finanzdienstleistungsaufsicht [Bafin]; Bundesverwaltungsamt) und Verbänden (zum Beispiel Bundesnotarkammer) oder gar zukünftig relevante Geldwäschemechanismen beachten und einbeziehen soll.[25]

Als wäre die Aufgabe im Einzelfall nicht schon schwierig genug, kommt hinzu, dass auch auf der Rechtsfolgenseite eine große Spannbreite von Reaktionen auf eine Risikoeinschätzung möglich und auch angemessen sein kann. Wenn der Notar also die Risikoanalyse und -bewertung bewältigt hat, steht er vor der nicht weniger anspruchsvollen Aufgabe, die angemessenen Maßnahmen zu ergreifen. Denn § 15 Abs. 4–7 GwG bestimmen nur die notwendigen *Mindest*maßnahmen in Fällen der verstärkten Sorgfaltspflichten. Darüber hinaus hat der Verpflichtete stets zu eruieren, ob diese gesetzlich vorgegebenen Maßnahmen ausreichend sind und weitere zu ergreifen, wenn dies nicht der Fall sein sollte.

Diese gebotenen Vorkehrungen zur Aufdeckung und Beherrschung festgestellter Geldwäscherisiken richten sich nach den Umständen des Einzelfalls: räumliches und persönliches Umfeld des Notariats, Erfahrungen des Notars, Typ, Art und Umfang der Mandate, Personen der Mandanten et cetera. Doch nicht nur das Geldwäscherisiko, sondern auch die Maßnahmen, mit denen ihm begegnet werden soll, sind individuell für den Einzelfall zu bestimmen. Kommen dann noch Auslegungsprobleme hinzu, weil eine Vorschrift unbestimmte Rechtsbegriffe enthält, die möglicherweise in Rechtsprechung und Lehre noch nicht aufgearbeitet wurden (zum Beispiel der Begriff des Vertragspartners[26] bei der Identifizierung), gegebenenfalls auch weil sie aus dem Unionsrecht ohne angemessene Integration ins deutsche Recht übernommen wurden, so wird die Ermittlung der Pflicht, die ein konkreter Notar in der jeweiligen Situation erfüllen muss, zu einer für den Notar kaum noch zu bewältigenden Aufgabe.

Oftmals sind vage Formulierungen der Verhaltensvorgaben in Form von weiten Generalklauseln zur Geldwäschebekämpfung unerlässlich, noch notwendiger als sie im allgemeinen rechtlichen Kontext bereits sind, um die Vielfältigkeit des täglichen Lebens abzubilden.[27] Die Risiken, denen Unternehmer bei der Geldwäschebekämpfung entgegentreten müssen, sind so vielfältig und unvorhersehbar, dass eine gesetzliche Fixierung auch nur der wesentlichen Risikofaktoren zwar möglich und im Anhang des Gesetzes auch erfolgt ist, aber nur als Orientierungshilfe dienen und nicht abschließend sein kann. Denn die Bedingungen der Geldwäschebekämpfung sind durch ständige Entwicklungen, insbesondere durch technischen Fortschritt (zum Beispiel Kryptowerte) und neue Vorgehensweisen der Geldwäscher geprägt, die oftmals rasche Anpassungen der Maßnahmen und Prognosen über künftige Entwicklungen erfordern.[28]

---

[25] Vgl. insofern auch EuGH WuB 2023, 109 ff. mit Anmerkung Bergmann – SIA Rödel und Partner.
[26] OLG Karlsruhe GWUR 2022, 164 ff. mit ablehnender Anmerkung Volkens.
[27] Vgl. nur BVerfGE 159, 223 (293 f.); BVerfGE 153, 38 (54 f.); BVerfGE 153, 310 (341); grundlegend Lenckner JuS 1968, 249 ff. und JuS 1968, 304 ff.
[28] Vgl. insofern nur Brandl/Bülte in Leitner/Brandl, Finanzstrafrecht, 2022, S. 109 ff.

2. Kategorisierung von Pflichtenvorschriften

Diese Vielfältigkeit und Ungewissheit machen einen großen Teil der Herausforderung bei der Bestimmung der Sorgfaltspflichten des Notars und ihrer Rechtsfolgen aus. Dabei sind die Anforderungen, die das Gesetz an die Ermittlung der Pflichten stellt, sehr unterschiedlich. Mit Blick auf diese Schwierigkeiten können – weniger aus dogmatischen als mehr aus heuristischen Gründen – unterschiedliche Kategorien der Pflichten unterschieden werden:

a) Klare Tatbestände mit klaren Rechtsfolgen

Am leichtesten fällt die Ermittlung der Pflicht, wenn sowohl klare Tatbestandsvoraussetzungen formuliert als auch eindeutige Rechtsfolgen bestimmt sind, wobei hier der Begriff „klar" nicht bedeuten soll, dass es nicht vereinzelt oder sogar regelmäßig zu Auslegungsschwierigkeiten kommen kann. Das Maß der Unbestimmtheit ist hier jedoch nicht höher als in vielen anderen Rechtsgebieten, in denen Generalklauseln oder unbestimmte Rechtsbegriffe Verwendung finden.

Um solche klaren Regelungen handelt es sich etwa oftmals bei den Identifizierungspflichten oder auch bei der Pflicht zur Dokumentation, die den Notar dazu zwingt, Compliance-Maßnahmen wie Identifikationen oder Verifikationen aufzuzeichnen und damit die maßgeblichen Vorgänge und Informationen festzuhalten, um die Aufsicht zu erleichtern. Hier mag im Zweifelsfall unklar sein, welche Vorgänge so relevant sind, dass ihre Dokumentation geboten ist. Aber von diesen eher randständigen Wertungsfragen abgesehen handelt es sich um Regeln, deren Inhalt typischerweise durch Auslegung bestimmt werden kann und deren Befolgung ohne weiteres möglich ist. Vergleichbares gilt für die Meldepflicht für Unstimmigkeiten nach § 23a GwG, mag diese auch im konkreten Einzelfall praktische Probleme mit sich bringen, wenn etwa Meldungen zu Registereintragungen im Ausland erfolgen sollen, die dortigen Daten aber nicht zur Verfügung stehen et cetera.

b) Beurteilungsspielräume ohne Ermessen

Problematischer wird es bei der Abgrenzung von Beurteilungsspielräumen auf Tatbestandsseite. Dies ist der Fall bei der Ermittlung konkreter Sorgfaltspflichten, wenn die Voraussetzungen der Handlungs- oder Unterlassungsgebote nur abstrakt umschrieben und für den Einzelfall vom Verpflichteten konkretisiert werden müssen, die Rechtsfolgen dann aber weitgehend klar sind. Das gilt etwa für die Pflicht zum Abbruch von Mandaten aus § 10 Abs. 9 GwG, deren Voraussetzungen bisweilen schwer zu bestimmen ist, insbesondere weil hier auch das Beratungsprivileg relevant wird. Ist aber festgestellt, dass die Voraussetzungen des Mandatsabbruchs vorliegen, so sind die Rechtsfolgen klar: Das Mandat ist umgehend zu beenden.

Die Bedeutung klarer Tatbestandsvoraussetzungen und ihre praktischen Folgen werden an der in der Praxis intensiv diskutierten Verdachtsmeldepflicht nach § 43 GwG besonders deutlich.[29] Grundsätzlich greift die Pflicht aus dieser Vorschrift

---

[29] Vgl. Bülte/Marinitsch DNotZ 2021, 804 ff.

ein, soweit ein Notar im Bereich der Kataloggeschäfte des § 2 Abs. 1 Nr. 10 GwG tätig wird: Der Notar hat einen Sachverhalt, der Tatsachen beinhaltet, die darauf hindeuten, dass ein Vermögensgegenstand, der mit einer Geschäftsbeziehung oder einer Transaktion im Zusammenhang steht, aus einer strafbaren Handlung stammt, die eine Vortat der Geldwäsche darstellen könnte, unverzüglich an die FIU zu melden. Die in der Praxis wesentlichen Fallgestaltungen des Geldwäscheverdachts im Kontext von Immobiliengeschäften werden seit 2021 durch die auf der Grundlage von § 43 Abs. 6 GwG erlassenen „Verordnung zu den nach dem Geldwäschegesetz meldepflichtigen Sachverhalten im Immobilienbereich (GwGMeldV-Immobilien)"[30] erfasst.[31]

Zuvor standen die Notare bei der Anwendung von § 43 Abs. 1 GwG vor zwei Problemen: Zum einen mussten sie die relevanten Tatsachen nicht nur erkennen und als risikorelevant bewerten, sondern auch rechtlich dahingehend würdigen, ob der Sachverhalt auf einen Zusammenhang mit einer Geldwäschevortat hindeutete. Die hierzu ergangenen Verlautbarungen von Behörden, aber auch die Rechtsprechung sowie Äußerungen im politischen Diskurs und im Gesetzgebungsverfahren waren insofern oftmals nicht hilfreich, weil sie einer extensiven Meldepflicht contra legem das Wort redeten[32] und die Pflichtigen mit ihren Fragen zum notariellen Beratungsgeheimnis aus § 43 Abs. 2 GwG allein ließen. Die Notare entschieden sich regelmäßig und weit überwiegend völlig zu Recht gegen eine Verdachtsmeldung.[33]

Hier hat der Gesetzgeber durch spezifische Regelungen für bestimmte Fallkonstellationen eine Abkehr vom risikobasierten und Hinwendung zum regelbasierten Ansatz der Geldwäschebekämpfung vollzogen[34] und gewährt damit den Verpflichteten auf beiden Ebenen mehr Rechtssicherheit und Praktikabilität: Durch die genauere Umschreibung der meldepflichtigen Fallgruppen in §§ 3–6 GwGMeldV-Immobilien und die Ausnahme vom Beratungsgeheimnis in § 43 Abs. 2 S. 2 GwG auch in Verbindung mit § 48 GwG haben die betroffenen Berufsträger eine relativ klare Leitlinie dafür gewonnen, in welchen Fällen sie melden müssen und auch dürfen. Die so gewonnene Rechtssicherheit wird zwar durch die Ausnahmeklausel des § 7 GwGMeldV-Immobilien partiell wieder preisgegeben, aber eine solche Verhältnismäßigkeitsklausel war aus verfassungsrechtlichen Gründen zwingend notwendig.

c) Beurteilungsspielräume und Ermessensentscheidungen

Solche relativ klaren Vorgaben fehlen jedoch in anderen Bereichen – der dritten Kategorie von Pflichten – oftmals (noch). Dies gilt etwa für viele Aspekte der internen Sicherungsmaßnahmen nach § 6 GwG. So bleibt etwa unklar, in welcher Weise die in § 56 Abs. 1 Nr. 3 GwG sanktionierte Pflicht zur erstmaligen und laufenden

---

[30] Geldwäschegesetzmeldepflichtverordnung-Immobilien vom 20.8.2020 (BGBl. I 1965); Begründung BAnz AT 7.9.2020 B1.
[31] Vgl. Bülte/Marinitsch DNotZ 2021, 804 ff.
[32] Vgl. Bülte NZWiSt 2017, 276 (280); ferner Pelz in BeckOK GwG, 14. Ed. 1.6.2023, GwG § 43 Rn. 7; anderer Ansicht Findeisen GWUR 2021, 54 ff.
[33] Aus dem Bericht der FIU für 2020 (S. 17) ergeben sich 8 Verdachtsmeldungen für das Jahr 2018, 17 Meldungen für 2019 und 1.629 Meldungen für 2020.
[34] Bülte/Marinitsch DNotZ 2021, 804 ff.

Unterrichtung der Mitarbeiter in Bezug auf Typologien und aktuelle Methoden der Geldwäsche und der Terrorismusfinanzierung (§ 6 Abs. 1 in Verbindung mit Abs. 2 Nr. 6 GwG) erfüllt werden soll. Welche Mitarbeiter müssen, auf welche Weise, in welchen Zeitabständen und in welchen Bereichen geschult werden? Es bleibt offen, wie und in welcher Weise der Verpflichtete seine Mitarbeiter auf Zuverlässigkeit prüfen muss (§ 6 Abs. 2 Nr. 5 GwG) oder ob der Verpflichtete seine erarbeiteten Grundsätze und Verfahren zur Geldwäsche-Compliance, von wem unabhängig überprüfen lassen muss (§ 6 Abs. 2 Nr. 7 GwG).

Daher werden viele Notare vor der schwierigen Aufgabe stehen, risikoadäquate und damit angemessene Sicherungsmaßnahmen zu ergreifen. Es besteht kein Zweifel daran, dass die Einhaltung solcher Sorgfaltsvorgaben für eine effektive Bekämpfung der Geldwäsche essenziell ist. Ebenso wenig kann in Abrede gestellt werden, dass offene Regelungen, unbestimmte Rechtsbegriffe und Generalklauseln notwendig sind und es oftmals kaum möglich sein dürfte, unmittelbar subsumierbare Regeln für die hier relevante unüberschaubare Zahl unterschiedlicher Sachverhalte zu formulieren.

Die tatsächlichen Ungewissheiten ergeben sich aus den offenen Formulierungen des Gesetzes, die der Unsicherheit der Lage geschuldet sind. Niemand kann sagen, welche Techniken der Geldwäsche in der nächsten Zeit Bedeutung gewinnen werden. Es können immer nur die groben Kriterien der Risiken angegeben werden, die sich allerdings in den letzten Jahrzehnten nur wenig verändert haben.[35] Klare Regeln der Geldwäschebekämpfung bergen zudem die Gefahr, dass sich die, denen die Tätigkeit erschwert werden soll – die Geldwäscher –, leichter auf die Gegenmaßnahmen einstellen und Ausweichstrategien entwickeln können. Die Vorgehensweise, statt klarer Regeln nur abstrakte Standards zu entwickeln und auszugeben, ist also nachvollziehbar und in manchen Bereichen sogar unumgänglich, wenn nicht ein „Hase-und-Igel-Spiel"[36] zwischen Gesetzgeber und Geldwäscher entstehen soll.

Aber sie darf nicht dazu führen, dass diejenigen, die der Staat für die Geldwäschebekämpfung im Interesse der Allgemeinheit in die Pflicht nimmt, die Folgen der Unmöglichkeit erkennbarer und anwendbarer Rechtsregeln und der dadurch entstehenden Rechtsunsicherheit tragen müssen.[37] Die Fairness des Rechtsstaats gebietet, dem Einzelnen nur Pflichten aufzuerlegen, die er erfüllen kann, und das setzt voraus, dass er die konkrete Sorgfaltspflicht im Einzelfall zu erkennen in der Lage ist. Damit offenbart sich die mehrdimensionale Bedeutung der Normbestimmtheit, auf materieller und prozessualer Ebene. Nur wenn der gewissenhafte und sorgfältige Normadressat erkennen kann, was von ihm verlangt wird, darf insofern von Rechtspflichten gesprochen werden und ihre Verletzung zu einer Sanktion führen.

---

[35] Vgl. hierzu bereits Brandl/Bülte in Dannecker/Leitner, Handbuch der Geldwäsche-Compliance, 2010, Rn. 1350 ff.
[36] Vgl. zu diesem Problem im Kontext der Umsatzsteuerhinterziehung Hoch/Loy DStR 2021, 1578 (1584); Bilsdorfer NJW 2010, 1431 (1435); zum Lebensmittelstrafrecht Schröder ZLR 2004, 265 (270).
[37] Zur Rechtsunsicherheit als eigenständigem Grundrechtseingriff Bülte NZWiSt 2017, 276 (279).

3. Aufgabe der sanktionierenden Behörde und des Gerichts

Um die Mindestanforderungen an die Pflichten und eine rechtsstaatliche Sanktionierung sicherzustellen, muss jede staatliche Stelle, bevor sie eine Sanktion verhängt, exakt eruieren, welche Sorgfaltspflichten dem von der Maßnahme Betroffenen auferlegt waren, ob und wie er sie erkennen konnte und ob und inwieweit ihm ein Verschulden bei einer gegebenenfalls vorliegenden Nichterfüllung vorzuwerfen ist.

Das stellt Behörden und Gerichte vor eine besondere Herausforderung, wenn die gesetzlichen Vorgaben der Sorgfaltspflichten besonders vage formuliert sind, um eine möglichst breite und passgenaue praktische Anwendbarkeit zu gewährleisten. Denn in diesem Fall ist nicht nur vom Verpflichteten zu verlangen, dass er die Bedingungen, unter denen er zu handeln hat, eruiert und seine Maßnahmen an seine Erkenntnisse anpasst. Vielmehr haben dann auch die staatlichen Stellen die vom Verpflichteten geforderten Analysen und Handlungen für den Einzelfall exakt nachzuvollziehen.[38]

Wer dem Berufsträger vorwirft, er habe sein Risiko nicht angemessen analysiert (Pflicht aus § 5 Abs. 1 GwG), muss – gegebenenfalls abgesehen von dem Fall, dass gar keine Risikoanalyse stattgefunden hat – zunächst feststellen, wie diese Risikoanalyse im konkreten Einzelfall hätte aussehen müssen. Die sanktionierende Stelle muss die Ausgangssituation in der konkreten Kanzlei, mit den spezifischen Mandaten, mit Blick auf die Organisation des Notariats sorgfältig untersuchen, die Risikofaktoren bestimmen und dann für diese Situation beurteilen. Hierbei muss sie auch die jeweils bestehenden Bewertungsspielräume ermitteln und untersuchen, ob und gegebenenfalls welche Risiken nicht hinreichend beachtet wurden.

Eine solche mangelhafte Risikoberücksichtigung liegt nur dann vor, wenn der Verpflichtete die bestehenden Bewertungsspielräume überschritten und damit seine Pflicht zur angemessenen Analyse oder Bewertung verletzt hat. Dabei darf die sanktionierende Stelle nicht die Bewertung des Verpflichteten schlicht durch die eigene ersetzen, sondern muss prüfen, ob die Feststellung und Bewertung der bestehenden Risikofaktoren durch den Notar vertretbar gewesen sind. Insofern darf ihm, wenn er eine plausible und dem Risiko angemessene Bewertung vorgenommen hat, auch nicht vorgehalten werden, er habe nicht den sichersten Weg zur Vermeidung von Geldwäscherisiken gewählt. Für Maßnahmen der Geldwäsche-Compliance – so auch für die Risikoanalyse und interne Sicherungsmaßnahmen – gilt nach § 3a GwG und auch unmittelbar aus dem Verhältnismäßigkeitsgrundsatz als Ausprägung des Rechtsstaatsprinzips das Gebot der Angemessenheit, nicht der maximalen Sicherheit.

Den Vorwurf, der Notar habe nicht die angemessenen geschäfts- und kundenbezogenen internen Sicherungsmaßnahmen ergriffen (§ 6 Abs. 1 und 2 GwG), um die Risiken der Geldwäsche und Terrorismusfinanzierung durch Grundsätze, Verfahren und Kontrollen zu steuern und zu vermindern, muss die sanktionierende Stelle – abgesehen von dem Fall, dass keinerlei Maßnahmen ergriffen worden sind – auf

---

[38] Vgl. BT-Drs. 18/11555, 110.

eine eigene für den konkreten Fall gebotene Risikoanalyse und -bewertung stützen.[39] Ein solcher Vorwurf setzt die Bestimmung der Bandbreite der angemessenen Maßnahmen voraus, die der Verpflichtete hätte ergreifen müssen. Auch hier darf die sanktionierende Stelle nicht schlicht die in solchen Fällen von Behörden, Verbänden oder sonstigen Stellen vorgeschlagenen, üblichen oder in der Praxis typischerweise erfolgreichen Maßnahmen als Maß aller Dinge und alle anderen Maßnahmen als pflichtwidrig betrachten. Auch auf dieser Ebene kann nur als unangemessen gelten, was unplausibel und unvertretbar ist. Wer sein Ermessen ausnutzt, und sei es auch bis an die letzte Grenze des Vertretbaren, es aber nicht überschreitet, handelt rechtmäßig.

Daraus folgt, dass vage Generalklauseln für die Rechtssetzung den praktischen „Vorteil" haben mögen, dem Verpflichteten die Last der Konkretisierung im konkreten Einzelfall zu überantworten. Damit geht aber der „Nachteil" einher, dass sie ihm auch Ermessen eröffnen. Soll die Pflichtenbegründung Basis für die Verhängung einer Sanktion werden, so ergeben sich Wechselwirkungen vor dem Hintergrund des Bestimmtheitsgrundsatzes: Zum einen kann eine Pflichtenvorgabe, deren Inhalt nicht mehr hinreichend sicher bestimmbar ist, aus verfassungsrechtlichen Gründen (Art. 103 Abs. 2 GG) als Sanktionsgrundlage unbrauchbar werden, wenn sie nämlich ihren Charakter als verbindliche Regel mangels Vorhersehbarkeit verliert. Zum anderen kann sich die Unklarheit auf den Verschuldensmaßstab, insbesondere bei der Vorhersehbarkeit in der Fahrlässigkeit auswirken. Wer nicht mehr erkennen kann, welche Handlungen verboten oder geboten sind, kann insofern nicht schuldhaft handeln.[40]

Für die Sanktion von Pflichtverletzungen gilt sowohl im Bußgeldrecht als auch im beruflichen Disziplinarrecht das Schuldprinzip:[41] Nur wer schuldhaft seine Pflichten verletzt, darf sanktioniert werden. Verschulden setzt fahrlässiges oder vorsätzliches Handeln voraus. Voraussetzung für beide Verschuldensformen ist, dass der Verpflichtete die verletzte Pflicht erkennen und erfüllen konnte. Bei der Bestimmung des Fahrlässigkeitsmaßstabs wird allgemein auf eine Maßstabsfigur des besonnenen und gewissenhaften Menschen in der sozialen Rolle und konkreten Situation des Handelnden abgestellt.[42] Die maßgebliche Frage ist damit, ob der sorgfältige und gewissenhafte Notar in der konkreten Lage (Kanzlei, Mandanten und Mandate, örtliche Gegebenheiten et cetera) die an ihn gestellten Sorgfaltsanforderungen erkennen und erfüllen konnte.

Die Erkennbarkeit des Normgebots ist damit sowohl Voraussetzung der verfassungsrechtlichen Bestimmtheit als auch des Fahrlässigkeitstatbestands: Nur wenn die zu erfüllende Pflicht sich aus dem Gesetz durch die allgemeinen Regeln der Auslegung in einer Weise entnehmen lässt, die es dem Verpflichteten ermöglicht, die (Rechts)Folgen seines Verhaltens zumindest in groben Zügen vorherzusehen,

---

[39] Vgl. BT-Drs. 18/11555, 110.
[40] Vgl. Cornelius GA 2015, 101 (117).
[41] Brüning, Das Verhältnis des Strafrechts zum Disziplinarrecht, 2017, S. 244 ff.
[42] Vgl. zum Sorgfaltsmaßstab BGHSt 7, 307 (309 f.); Vogel/Bülte in Leipziger Kommentar StGB, 13. Aufl. 2020, StGB § 15 Rn. 213.

sind die Sorgfaltsanforderungen im Sinne eines rechtsstaatlichen Fahrlässigkeitstatbestandes hinreichend erkennbar. Der Verpflichtete muss zumindest die Möglichkeit haben, sich so zu informieren, dass er seine Pflichten ermitteln kann. Ist ihm das nicht möglich, so handelt es sich nicht mehr um einen hinreichend klaren Normbefehl, so dass schon nicht mehr davon die Rede sein kann, dass es sich bei der Sorgfaltsvorgabe um eine *Rechtsregel* handelt. Es kann vielmehr nur noch von Verhaltensleitlinien im Sinne eines unverbindlichen Standards gesprochen werden.

Daher handelt es sich etwa bei der vagen Vorgabe des § 4 Abs. 1 GwG, dass Verpflichtete über ein „wirksames Risikomanagement verfügen" müssen, nicht um eine Rechtsregel, sondern nur um eine Orientierungshilfe von so geringer Vorhersehbarkeit, dass sie ihre Verbindlichkeit einbüßt. Rechtsverbindliche Vorgaben können sich nur aus den spezifischen Einzelregelungen der §§ 5 ff. GwG ergeben, soweit diese so konkret formuliert sind, dass sich spezifische Tatbestandsvoraussetzungen und ihre Rechtsfolgen ableiten lassen.

IV. Fahrlässigkeitsmaßstab und Verschulden

Die vage Maßstabsfigur des besonnenen und gewissenhaften Notars in der konkreten Situation birgt bei der Beurteilung der Fahrlässigkeit die Gefahr von Perspektivenverzerrungen und von Rückschaufehlern.[43] Während es Entscheidungsträgern von Behörden und Gerichten bei der Beurteilung von Fahrlässigkeit bei einem Verkehrsunfall noch vergleichsweise leichtfallen wird, sich in die Lage eines sorgfältigen und gewissenhaften Verkehrsteilnehmers zu versetzen und dessen Perspektive einzunehmen, droht bei der Beurteilung der Lage des Notars als Verpflichteter der Geldwäschebekämpfung eine Perspektivenverzerrung.[44]

Der zuständige Entscheidungsträger – sei es als Gericht oder als Amtsträger der Aufsichtsbehörde –, der über praktische Erfahrung bei der Ex-Post-Beurteilung notarieller Geldwäsche-Compliance verfügt, kann besonders sensibel und zurückhaltend bei der Ermittlung der Erkennbarkeit von Risiken oder Möglichkeiten der Geldwäschebekämpfung vorgehen, er kann aber ebenso gut dem Blick des erfahrenen Forensikers verfangen sein, der Geldwäscherisiken und Abwehrmaßnahmen aufgrund seiner erworbenen Expertise viel zuverlässiger und rascher einschätzen kann als der gewissenhafte und besonnene Notar, für den die Geldwäsche-Compliance eine neue und fremde Randerscheinung seines Berufs ist. Dieser ist ein Experte im Geschäft des Notariats, jener in der Geldwäschebekämpfung. Ohne eine bewusste Besinnung des Prüfers auf die Perspektive des Geprüften kann es zu einer

---

[43] Dazu bereits Fischhoff, Hindsight ≠ Foresight: The Effect of Outcome Knowledge on Judgment Under Uncertainty, Journal of Experimental Psychology: Human Perception and Performance 1, 1975, 288–299; ferner Oeberts, Der Rückschaufehler im juristischen Kontext: Relevante psychologische Forschung, begründete Spekulationen und Schlussfolgerungen für die Praxis, RW 2019, 180 ff.; Oeberts/Goeckenjahn, Being wise after the event results in injustice, Psychology, Public Policy and Law 22 (2016), 271–279.
[44] Vgl. dazu Oeberst RW 2019, 180 (202 f.).

Verzerrung kommen, die zu hohe Anforderungen an die Kenntnisse und Sorgfalt des Verpflichteten zur Folge hat.[45]

Hinzu kommen die im Fahrlässigkeitsbereich typischen Probleme der Rückschauverzerrung, wenn auch mit Blick auf die hier in Rede stehenden abstrakten Gefährdungsdelikte – weniger als Ergebnisfehler im konkreten Fall[46] – als mehr in der milderen Form der späteren Erfahrung in anderen Fällen, die der Ex-Ante-Bewertung fehlerhaft zugrunde gelegt zu werden droht. Der Entscheidungsträger in Behörde oder Gericht muss sich aktiv bewusst machen, dass seine Sanktionsentscheidung auf einer nachträglichen Betrachtung beruht, der Verpflichtete aber eine Prognoseentscheidung auf einer typischerweise weniger verlässlichen Datenbasis zu treffen hatte.[47] Er muss sich demnach vor der Beurteilung einer Pflichtverletzung auf das Verschulden des Verpflichteten hin vor Augen führen, welche Informationen der konkrete Notar hatte und ob diese ausreichend waren, um eine angemessene Risikoanalyse und -bewertung durchzuführen. Sofern dies nicht der Fall war, muss ermittelt werden, ob und wie der konkrete Verpflichtete mit seinem Kenntnisstand, seinen Erfahrungen et cetera die relevanten Informationen hätte erlangen können und ob er im Rahmen der ihm zuzumutenden Sorgfalt zu einer Informationseinholung verpflichtet gewesen ist. Nur wenn der konkrete Verpflichtete über alle diese Informationen verfügen *musste* – nicht nur *konnte* –, und er seinen gegebenenfalls durch das Gesetz eingeräumten Ermessensspielraum überschritten hat und auch dies erkennen musste, kann von einer fahrlässigen Pflichtverletzung ausgegangen werden.

V. Notwendige Feststellungen im Sanktionsverfahren

Durch diese Anforderungen an die Sanktionierung werden auch die Vorgaben für die Feststellungen in Sanktionsentscheidungen wie Bescheiden oder Urteilen und Beschlüssen bestimmt. Um Verteidigung und gerichtliche Kontrolle – sei es in der Erstinstanz oder im Rechtsmittel – zu gewährleisten, müssen die Feststellungen zu Pflichtenverstoß, Verschulden und Vorwerfbarkeit hinreichend substantiiert sein.[48] Die Feststellungen zur Ermittlung der Sorgfaltspflichten müssen so gestaltet sein, dass sich aus ihnen die notwendigen Rückschlüsse für die Beantwortung der tatbestandlich relevanten Fragen ziehen lassen.

Geht es also um Fehler bei der Identifizierung eines Mandanten, so muss dargelegt werden, dass die Voraussetzungen eines Kataloggeschäfts (§ 2 Abs. 1 Nr. 10 GwG) gegeben waren, welche Tatsachen die Voraussetzungen des § 10 Abs. 3

---

[45] Zudem besteht bei der Beurteilung so offener Wertungsfragen wie der Vorhersehbarkeit im Fahrlässigkeitsdelikt im Kontext eines politisch umstrittenen Themas wie den richtigen Methoden der Geldwäschebekämpfung eine erhöhte Gefahr, dass die Entscheidung durch einen identitätsschützenden Denkfehler und eine Illusion der Objektivität; zu diesem Phänomen bereits Kunda, The case for motivated reasoning, Psychological Bulletin 108 (1990), 480 ff.; ferner Weber/Knorr in Appel, Die Psychologie des Postfaktischen, 2020, S. 108 ff.
[46] Dazu Oeberst RW 2019, 180 ff. mit weiteren Nachweisen.
[47] Zu Methoden der Fehlerverringerung Elsener, Das hätte man wissen müssen! – Der Rückschaufehler und sein Einfluss auf das Fahrlässigkeitsdelikt, sui generis, 2015, S. 117, 128 ff.
[48] Vgl. Bartel in Karlsruher Kommentar StPO, 9. Aufl. 2023, StPO § 267 Rn. 1.

GwG erfüllten, aus welchen Gründen eine Person Vertragspartner oder auftretende Person war, welche Daten hätten erhoben werden müssen und auf welche Weise dies erfolgen musste und hätte durch den einzelnen Verpflichteten erfolgen können.

Während die Darstellung dieser sanktionsbegründenden tatsächlichen Umstände oftmals weitgehend unproblematisch ist, haben die sanktionierenden Stellen gerade bei vagen Vorgaben durch Generalklauseln und Prognoseanforderungen im Einzelnen zu bewerten, aus welchen konkreten Umständen sich eine verfahrensgegenständliche Sorgfaltspflicht für den Notar ergeben hat. Geht es etwa um die unterlassene Identifizierung und Verifizierung von wirtschaftlich Berechtigten, so muss die Sanktionsentscheidung die Tatsachen darstellen, aus denen sich die wirtschaftliche Berechtigung einer bestimmten Person ergab, wie der Notar hätte erkennen müssen, dass die konkrete Person wirtschaftlich berechtigt war, warum ggf. die Nachfrage beim Vertragspartner nicht ausreichend gewesen sein soll, um die notwendigen Informationen über die Berechtigung zu erlangen. Es muss also jede Tatsache festgestellt werden, aus der sich die Sorgfaltspflichtverletzung ergeben kann.

Das kann zu besonderen Schwierigkeiten führen, wenn die konkreten Umstände des spezifischen Notariats, der Erfahrungen des Verpflichteten et cetera einzubeziehen sind, insbesondere, wenn es um die internen Sicherungsmaßnahmen geht, die in jedem Unternehmen unterschiedlich aussehen können.

Der valide Vorwurf der unzureichenden Implementierung interner Sicherungsmaßnahmen (vgl. § 56 Abs. 1 Nr. 3 GwG in Verbindung mit § 6 Abs. 1 GwG) oder des mangelhaften Monitorings (§ 56 Abs. 1 Nr. 3 GwG in Verbindung mit § 6 Abs. 1 S. 3 GwG) setzt voraus, dass die sanktionierende Stelle *alle* vom Verpflichteten verlangten Schritte selbst durchgeht und in der Entscheidung darstellt: Welche Risikosituation war in dem konkreten Notariat gegeben, welche Maßnahmen waren in dieser spezifischen Situation zur Bestimmung und Vermeidung von Risiken notwendig und zumutbar? Wie hätten diese konkret eingerichtet werden können und welche Folgen für eine effektive Verfolgung der Normziele hätten sie im relevanten Einzelfall gehabt?

Oftmals dürften diese Anforderungen dazu führen, dass in der Praxis nur vollständig unterlassene oder offenkundig grob unzureichende Compliance-Maßnahmen sanktionsfähig sind, nicht aber schon einfache, gegebenenfalls auch erhebliche Fehler. Denn die Feststellungen müssen deutlich machen, dass die ergriffenen Maßnahmen unvertretbar ineffektiv waren und der Notar seinen Ermessensspielraum vorwerfbar überschritten hat.

In besonderer Weise gilt dies natürlich bei der Verhängung einer Geldbuße nach § 56 Abs. 1 GwG, die nicht nur einen fahrlässigen Verstoß gegen die Sorgfaltspflichten verlangt, sondern Vorsatz oder leichtfertiges Handeln. Der Vorsatz setzt richtigerweise voraus, dass der Täter die ihm obliegende Sorgfaltspflicht – nicht nur die tatsächlichen Umstände, aus denen sich die Pflicht ergibt – erkannt hat und sich in dem Bewusstsein möglicherweise sorgfaltswidrig zu handeln, und in der Kenntnis, wie er richtig hätte handeln müssen, gegen die Erfüllung der Pflicht entschieden hat.[49] Das dürfte nur selten der Fall sein.

---

[49] Vgl. Bülte NStZ 2013, 65 ff. mit weiteren Nachweisen auch zur anderen Ansicht.

Die oftmals als Auffangtatbestand missverstandene Leichtfertigkeit setzt voraus, dass der Verpflichtete seine Sorgfaltspflichten besonders schwerwiegend verletzt hat und ihm die Pflicht anders handeln zu müssen besonders deutlich vor Augen stand.[50] Damit erfordert die Leichtfertigkeit eine gewisse Vorsatznähe und kommt praktisch dann zum Tragen, wenn der Zweifelsgrundsatz eine Verurteilung wegen Vorsatzes zwar nicht zulässt, an der Vorsätzlichkeit aber nur „gewisse Restzweifel" bestehen.[51] In der Praxis kann der Vorwurf der Leichtfertigkeit wohl regelmäßig nur dann erhoben werden, wenn es sich um eine Sorgfaltspflicht handelt, deren Inhalt und Grenzen so klar erkennbar sind, dass sie jedem Verpflichteten klar vor Augen stehen.[52] Bereits die plausible Möglichkeit, dass die Verhaltensweise des Verpflichteten vertretbar gewesen sein könnte, schließt den Vorwurf der Leichtfertigkeit aus. Damit prallen hier – insbesondere bei vagen Generalklauseln und notwendigen Prognoseentscheidungen in der Geldwäsche-Compliance – die hohen Anforderungen an das (sanktionsrechtliche) Verschulden und der weite Raum des vertretbaren Verhaltens aufgrund unsicherer Rechtslage aufeinander und engen den Bereich der Leichtfertigkeit auf offenkundige grobe Verstöße gegen klare Rechtsregeln ein.[53]

VI. Verhältnismäßigkeitserwägungen bei der Sanktionierung

Wie bei jeder staatlichen Maßnahme gilt auch bei der Sanktionierung von Verstößen gegen Geldwäsche-Compliance-Pflichten der Grundsatz der Verhältnismäßigkeit. Hier spielt er auf zwei Ebenen eine zentrale Rolle: Auf der Tatbestandsebene müssen die Sorgfaltspflichten zum einen verhältnismäßig sein und dürfen insbesondere mit Blick auf die Einbindung des Verpflichteten in die Erfüllung staatlicher Aufgaben keine Anforderungen stellen, die über das unbedingt notwendige Maß hinausgehen. Zum anderen muss dieses „Sonderopfer" auch bei der Sanktionierung – sei es im Disziplinar- oder im Bußgeldverfahren – berücksichtigt werden.

Gerichte und Behörden müssen sich dessen bewusst sein, dass auf der Ebene des Tatbestandes bereits hohe Anforderungen an die Sorgfalt des Notars gestellt werden, so dass es sich auf Rechtsfolgenebene verbietet, dem Notar seine besonderen Sorgfaltspflichten und die in Anspruch genommene besondere Integrität seines Berufsstandes vorzuhalten.

Im Rahmen der Entscheidung über eine konkrete Sanktion, einschließlich des Absehens von einer Disziplinarmaßnahme oder Geldbuße muss Berücksichtigung finden, welchem konkreten Zweck die missachtete Compliance-Vorgabe dienen soll. Die richtige Auswahl und Bemessung einer Rechtsfolge setzt voraus, dass die

---

[50] Vgl. Bülte in Joecks/Jäger/Randt, Steuerstrafrecht, 9. Aufl. 2023, Anhang IV § 261 Rn. 164 ff.; Neuheuser in MüKoStGB, 4. Aufl. 2021, StGB § 261 Rn. 106 ff.
[51] Vgl. BT-Drs. 12/989, 27 f.; kritisch Bülte in Joecks/Jäger/Randt, Steuerstrafrecht, 9. Aufl. 2023, Anhang IV § 261 Rn. 165.
[52] Bülte in Joecks/Jäger/Randt, Steuerstrafrecht, 9. Aufl. 2023, Anhang IV § 261 Rn. 167 ff.
[53] Vgl. Brüning, Das Verhältnis des Strafrechts zum Disziplinarrecht, 2017, S. 68.

sanktionierende Stelle sich mit dem Sinn und Zweck der verletzten Sorgfaltspflicht sowie mit dem Gewicht des Verstoßes eingehend befasst hat: Dient eine Sorgfaltsvorschrift der Verhinderung potentieller Geldwäschehandlungen (§ 43 GwG), so hat eine Verletzung dieser Regelung erheblicheres Gewicht als wenn eine Dokumentationspflicht verletzt wird, die letztlich allein die Aufsicht über die Verpflichteten erleichtern soll. Eine Sanktion muss ausgeschlossen sein, sobald die Sorgfaltspflicht zur reinen Formalie wird und damit nicht mehr ein materieller Rechtsverstoß, sondern nur noch Verwaltungsungehorsam sanktioniert werden soll. Daher muss sich die Sanktionsbehörde bzw. das Gericht jederzeit vor Augen führen, welchem Zweck die Dokumentation, Überprüfung, Schulung et cetera im konkreten Fall dienen soll und welche Folgen die Unterlassung praktisch haben kann. Nur so kann das Sanktionsregime verhältnismäßig und damit rechtsstaatlich eingesetzt werden. Wer allein sanktioniert, um Notaren zu zeigen, dass auch sie sich an Recht und Gesetz zu halten und einen Beitrag zur Geldwäschebekämpfung zu leisten haben, statuiert ein sinnloses Exempel. Wer das Sanktionsregime nutzt, um politische Handlungsbereitschaft und -fähigkeit zu demonstrieren, schadet der Rechtsordnung und verletzt den Verhältnismäßigkeitsgrundsatz.

VII. Fazit: Besondere Sorgfalt bei der Sanktionierung von Sorgfaltspflichtverletzungen

„Hinterher hat man's meist vorher gewusst." So lautet der Titel eines Bühnenprogramms des Kabarettisten Horst Evers[54], der ein zentrales Problem der Sanktion von Fahrlässigkeitsdelikten damit treffend auf den Punkt bringt. Wird eine sanktionierende Stelle vor dem Hintergrund einer Berichterstattung, die den Notar als Teil des Problems Geldwäsche sieht, mit der Perspektive und dem Erfahrungswissen des Forensikers und ohne Kenntnis des konkreten Notariats tätig, so entstehen Missverständnisse und Fehleinschätzungen. Daher ist bei der Feststellung und Sanktionierung von Verfehlungen bei der Geldwäsche-Compliance ein schrittweises Vorgehen essenziell:

Welche Sorgfaltspflichten hatte der Notar? Wie waren sie im konkreten Fall mit Blick auf die konkrete Kanzlei zu erfüllen? Welche Informationen hatte der Notar, welche hätte er sich gegebenenfalls verschaffen müssen? Welchen Beurteilungsspielraum, welches Ermessen räumt das Gesetz dem Verpflichteten ein? War seine Entscheidung vertretbar? Wie hätte sie gegebenenfalls aussehen und welche Maßnahmen hätte er ergreifen müssen? Woher sollte und konnte er das wissen? Liegt ein Verschulden vor, gegebenenfalls in welcher Form? Sind die Tatsachen und Entscheidungsvorgänge alle so konkretisierbar festgestellt, dass sich der Betroffene dagegen verteidigen kann?

Nur wenn alle diese Fragen zufriedenstellend beantwortet werden und alle notwendigen Feststellungen getroffen und einer Entscheidung zugrunde gelegt werden können, darf eine Sanktionierung erfolgen. Die Verfolgung von Sorgfaltsverstößen

---

[54] Horst Evers, Hinterher hat man's meist vorher gewusst, 2013.

erfordert also eine sorgfältige und umfassende Aufklärung aller Einzelheiten der Sorgfaltspflicht, die Dokumentation der Grundlagen aller Vorwürfe, um eine effektive Verteidigung zu ermöglichen, ein Bewusstsein für die unterschiedlichen Perspektiven von Verpflichteten und Entscheidungsträgern und eine besonnene Abwägung der möglichen Rechtsfolgen. Fehler oder Ungenauigkeiten auf einer dieser Ebenen führen zu Sanktionen, die nicht nur den einzelnen Notar belasten, sondern auch der Geldwäschebekämpfung im Rechtsstaat schaden, weil sie nicht nur die Legitimation schwächen, sondern auch ihre Akzeptanz gefährden.

MAXIMILIAN EBLE

Nutzungen, Kosten und Lasten des Vermächtnisgegenstands zwischen Erbfall und Vermächtniserfüllung

I. Einführung

Ein besonderes Interesse des Jubilars galt stets dem Erbrecht. Vierzehn Jahre war er Mitglied im Ausschuss der Bundesnotarkammer für Erbrecht und in über zwanzig Jahren brachte er als Referent im Rahmen der „Trierer Woche" der Rheinischen Notarkammer unzähligen Notarassessorinnen und Notarassessoren – den Autor eingeschlossen – die Tätigkeit des Notars auf dem Gebiet des Erbrechts nahe. Der Entschluss, ihm einen Beitrag zum Erbrecht zu widmen, war daher schnell gefasst.

Der Beitrag befasst sich mit der Verteilung von Nutzungen, Kosten und Lasten des Vermächtnisgegenstands zwischen Erben oder sonstigem Beschwerten[1] und Vermächtnisnehmer in der Zeit zwischen Erbfall beziehungsweise Anfall und Erfüllung des Vermächtnisses. Soweit der Erblasser nämlich keine testamentarischen Regelungen trifft, gelten die gesetzlichen Bestimmungen, insbesondere der §§ 2184, 2185 BGB. Diesen dispositiven[2] gesetzlichen Regelungen liegt die sicherlich vielfach zutreffende Annahme des historischen Gesetzgebers zugrunde, dass der Wille des Erblassers zumeist darauf gerichtet sein wird, dass „der Bedachte alsbald [nach dem Erbfall] in der Lage sein w[ird], die Früchte des vermachten Gegenstands zu genießen".[3] Die Anwendung der recht ausdifferenzierten Vorschriften ist aber in der Praxis nicht immer einfach und die Abgrenzung für die Beteiligten mit einigem Aufwand verbunden. Daher kann es nicht nur, wenn ein abweichender Wille des Erblassers festzustellen ist, sondern unter Umständen auch aus Gründen der Praktikabilität empfehlenswert sein, bereits in der letztwilligen Verfügung abweichende Anordnungen zur Verteilung von Aufwand und Ertrag des Vermächtnisgegenstands zu treffen.

---

[1] Sonstiger Beschwerter ist zum Beispiel der Vermächtnisnehmer, der mit einem Untervermächtnis oder einem Nachvermächtnis beschwert ist; vgl. Motive V, S. 199; BGH NJW 1991, 1736. Im Folgenden wird in Anlehnung an die gesetzlichen Regelungen nur noch die Rede von dem Beschwerten sein, obgleich in der Praxis wohl die Verteilung zwischen Erben und Vermächtnisnehmer den Regelfall darstellen wird.

[2] Vgl. Motive V, S. 194; Burandt in Burandt/Rojahn, Erbrecht, 3. Aufl. 2019, BGB § 2184 Rn. 1 und § 2185 Rn. 1; Horn in Kroiß/Horn, 6. Aufl. 2022, BGB § 2184 Rn. 1 und § 2185 Rn. 1; Müller-Christmann in BeckOK BGB, 67. Ed. 1.8.2023, BGB § 2184 Rn. 1 und § 2185 Rn. 1; Reymann in juris-Praxiskommentar, 10. Aufl. 2023, BGB § 2184 Rn. 3 und § 2185 Rn. 1; Rudy in MüKoBGB, 9. Aufl. 2022, BGB § 2184 Rn. 1 und § 2185 Rn. 1.

[3] Motive V, S. 194; vgl. Forschner in BeckOGK, 1.7.2023, BGB § 2185 Rn. 2.

Dafür, bereits bei der Gestaltung der letztwilligen Verfügung und nicht erst bei der Vermächtniserfüllung ein Augenmerk auf die Abgrenzung von Nutzungen, Kosten und Lasten zwischen Beschwertem und Vermächtnisnehmer zu legen, spricht auch das notarielle Kostenrecht. Denn wird keine entsprechende Regelung getroffen, stellt sich die Frage, inwieweit die kostenrechtliche Privilegierung in Nr. 21102 Nr. 1 KV GNotKG (nach der sich die Gebühr für das Beurkundungsverfahren reduziert, wenn es sich um ein Verfügungsgeschäft zur Erfüllung eines Vermächtnisses handelt, das in einer notariell beurkundeten letztwilligen Verfügung angeordnet worden ist)[4] auch dann gilt, wenn der Vermächtniserfüllungsvertrag erstmals von den gesetzlichen Bestimmungen der §§ 2184, 2185 BGB abweichende Regelungen zum wirtschaftlichen Übergang des Vermächtnisgegenstands enthält. Im Grundsatz ist die Vermächtniserfüllung nämlich dann nicht mehr kostenprivilegiert, wenn im Rahmen der Vermächtniserfüllung schuldrechtliche vertragliche Vereinbarungen mitbeurkundet werden.[5] Zwar wird vertreten, dass die Privilegierung auch dann noch gilt, wenn „auflassungsnahe",[6] „nur dem Erfüllungsgeschäft untergeordnete" und „begleitende"[7] Regelungen mitbeurkundet werden, die „in engem Zusammenhang mit der Vermächtniserfüllung [stehen] und […] keine über die Vermächtniserfüllung hinausgehenden Regelungen [intendieren]"[8] und „regelmäßig nicht selbständig und unabhängig von dem Verfügungsgeschäft erklärt werden".[9] Schließt man sich dieser Auffassung an, ist aber dennoch nicht abschließend geklärt, wie weit die – auch in Anbetracht des Trennungsprinzips – nicht unerhebliche Ausdehnung des Wortlauts der Kostenprivilegierung („Verfügungsgeschäft") reichen soll und wann davon auszugehen ist, dass eine schuldrechtliche Begleitregelung doch eigenständige Bedeutung erlangt und nicht mehr im Rahmen der Kostenberechnung ignoriert werden kann.

Zuletzt kann man vor allem auch unter steuerlichen Gesichtspunkten über eine von den gesetzlichen Regelungen zur Verteilung von Nutzungen, Kosten und Lasten abweichende letztwillige Anordnung nachdenken.[10]

---

[4] Hüsgen in BeckOK KostR, 43. Ed. 1.7.2023, GNotKG KV 21102 Rn. 2; Tiedtke in Korintenberg, 22. Aufl. 2022, GNotKG KV 21102 Rn. 2.
[5] Diehn in Diehn/Volpert, Praxis des Notarkostenrechts, 3. Aufl. 2021, Rn. 2529; Hüsgen in BeckOK KostR, 43. Ed. 1.7.2023, GNotKG KV 21102 Rn. 3.
[6] Miller in BeckOF Erbrecht, 41. Ed. 1.6.2023, Form. 5.7.1 Rn. 21.
[7] Hüsgen in BeckOK KostR, 43. Ed. 1.7.2023, GNotKG KV 21102 Rn. 6.
[8] Miller in BeckOF Erbrecht, 41. Ed. 1.6.2023, Form. 5.7.1 Rn. 21, insbesondere auch zur „Modifizierung der Vorschriften über die wirtschaftliche Übergabe".
[9] Hüsgen in BeckOK KostR, 43. Ed. 1.7.2023, GNotKG KV 21102 Rn. 6, insbesondere auch zu einer „begleitende[n] Regelungen zum Übergang von Nutzen, Lasten und Gefahren".
[10] Burandt in Burandt/Rojahn, Erbrecht, 3. Aufl. 2019, BGB § 2184 Rn. 1; Forschner in BeckOGK, 1.7.2023, BGB § 2184 Rn. 28 ff.; Horn in Kroiß/Horn, 6. Aufl. 2022, BGB § 2184 Rn. 12; vgl. zu den steuerlichen Gesichtspunkten beispielsweise Geck ZEV 2004, 279 (281) und ZEV 2018, 571 (577); Stein/Walter ZEV 2022, 70; Tiedtke/Peterek ZEV 2007, 349; von Oertzen ZEV 1996, 459; Otte in Staudinger, 2019, BGB § 2184 Rn. 2; Rudy in MüKoBGB, 9. Aufl. 2022, BGB § 2184 Rn. 1 und aus der Rechtsprechung BFH ZEV 2004, 295. Ertragssteuerlich sollen nach Ansicht der Finanzverwaltung die mit dem Vermächtnisgegenstand erzielten Einkünfte (von Ausnahmen abgesehen, vgl. BFH ZEV 2004, 295) bis zur Erfüllung des Vermächtnisses dem Erben zuzurechnen und von diesem zu versteuern sein (vgl. BMF ZEV 2006, 154 Rn. 61; BFH NJW 1991, 249 (251); DStR 1992, 495; anderer Ansicht beispielsweise

II. Die gesetzlichen Bestimmungen

Die gesetzlichen Bestimmungen zur Verteilung von Nutzungen, Kosten und Lasten des Vermächtnisgegenstands zwischen Beschwertem und Vermächtnisnehmer finden sich im Wesentlichen in den §§ 2184, 2185 BGB. Daneben kann sich ein eigenständiger Anspruch des Beschwerten wegen der Gewinnungskosten aus § 102 BGB ergeben. Bei der Anwendung der §§ 2184, 2185 BGB sind neben den Bestimmungen des allgemeinen Teils des Bürgerlichen Gesetzbuches – insbesondere zur Fruchteigenschaft (§ 99 BGB) und zur zeitlichen Aufteilung (§ 101 BGB) – auch die Vorschriften zum Verhältnis von Eigentümer und Besitzer (§§ 987 ff. BGB) von Bedeutung. Die verschiedenen Zusammenhänge lassen die Handhabung der gesetzlichen Bestimmungen bisweilen zu einer durchaus nicht unkomplizierten Aufgabe werden.

1. Nutzungen des Vermächtnisgegenstands: Früchte und Gebrauchsvorteile

Die Verteilung der Nutzungen des Vermächtnisgegenstands zwischen Vermächtnisnehmer und Beschwertem richtet sich nach § 2184 BGB.

Die Vorschrift findet allerdings nur Anwendung, soweit ein „bestimmter zur Erbschaft gehörender Gegenstand vermacht" ist (Stückvermächtnis).[11] Keine Regelungen enthält die Vorschrift danach im Hinblick auf Vermächtnisgegenstände, die nur der Gattung nach bestimmt sind (Gattungsvermächtnis, § 2155 Abs. 1 BGB),[12] wobei umstritten ist, was zu gelten hat, wenn der Beschwerte das seinerseits Erforderliche zur Leistung getan hat und die Gattungsschuld sich demnach konkretisiert hat (§ 243 Abs. 1 BGB).[13] Ob die Vorschrift ausnahmsweise An-

---

Tiedtke/Peterek ZEV 2007, 349 (355); von Sothen in Scherer, Unternehmensnachfolge, 6. Aufl. 2020, Rn. 307 – je mit weiteren Nachweisen). Zugleich wird vielfach vertreten, dass der Erbe die Einkünfte zivilrechtlich ungeschmälert nach § 2184 BGB als Früchte herauszugeben hat (vgl. Stein/Walter ZEV 2022, 70 (71f.); Tiedtke/Peterek ZEV 2007, 349 (351); von Oertzen ZEV 1996, 459 (460); anderer Ansicht Otte in Staudinger, 2019, BGB § 2184 Rn. 2). Die Empfehlungen, wie mit der steuerlichen Zurechnung der Früchte des Vermächtnisgegenstands in der Gestaltungspraxis umgegangen werden soll, sind uneinheitlich und reichen von der Anordnung einer wirtschaftlichen Abgrenzung auf den Zeitpunkt der Vermächtniserfüllung bis zur Anordnung einer sogenannten „Nettofruchtherausgabe", vgl. von Oertzen ZEV 1996, 459 (460); ein Formulierungsvorschlag für eine Nettofruchtherausgabeklausel findet sich bei Forschner in BeckOGK, 1.7.2023, BGB § 2184 Rn. 30.

[11] Burandt in Burandt/Rojahn, Erbrecht, 3. Aufl. 2019, BGB § 2184 Rn. 1; Forschner in BeckOGK, 1.7.2023, BGB § 2184 Rn. 3; Horn in Kroiß/Horn, 6. Aufl. 2022, BGB § 2184 Rn. 3; Müller-Christmann in BeckOK BGB, 67. Ed. 1.8.2023, BGB § 2184 Rn. 1; Nobis in Erman, 17. Aufl. 2023, BGB § 2184 Rn. 1; Rudy in MüKoBGB, 9. Aufl. 2022, BGB § 2184 Rn. 2; Otte in Staudinger, 2019, BGB § 2184 Rn. 1; Weidlich in Grüneberg, 82. Aufl. 2023, BGB § 2184 Rn. 1.

[12] Forschner in BeckOGK, 1.7.2023, BGB § 2184 Rn. 5; Horn in Kroiß/Horn, 6. Aufl. 2022, BGB § 2184 Rn. 3; Müller-Christmann in BeckOK BGB, 67. Ed. 1.8.2023, BGB § 2184 Rn. 1; Nobis in Erman, 17. Aufl. 2023, BGB § 2184 Rn. 1; Otte in Staudinger, 2019, BGB § 2184 Rn. 8; Reymann in juris-Praxiskommentar, 10. Aufl. 2023, BGB § 2184 Rn. 8.

[13] Gegen eine Anwendung von § 2184 BGB auch dann: Otte in Staudinger, 2019, BGB § 2184 Rn. 8; Rudy in MüKoBGB, 9. Aufl. 2022, BGB § 2184 Rn. 2; für eine Anwendung: Horn in Kroiß/Horn, 6. Aufl. 2022, BGB § 2184 Rn. 3.

wendung findet, wenn ein Vermächtnisgegenstand aus einer begrenzten Gattung vermacht ist (beispielsweise einer von mehreren auf denselben Nennwert lautenden Geschäftsanteilen), erscheint offen. Ist dem Vermächtnisnehmer ein Wahlvermächtnis zugewandt (§ 2154 BGB), gilt § 2184 BGB ab dem Zeitpunkt der Wahl;[14] bei einem Verschaffungsvermächtnis (§ 2170 BGB) ab dem Zeitpunkt, ab dem der Beschwerte den Besitz des Vermächtnisgegenstandes erlangt;[15] ist ein Übernahmerecht vermacht, ab dem Zeitpunkt der Ausübung des Übernahmerechts.[16]

In der Praxis ist § 2184 BGB also insbesondere bei Grundstücksvermächtnissen – die regelmäßig als Stückvermächtnis ausgestaltet sein werden – zu beachten, aber auch bei der vermächtnisweisen Zuwendung von Gesellschaftsanteilen (soweit diese im Einzelnen bestimmt und nicht nur der Gattung nach bezeichnet sind).[17] Daneben gilt die Verteilungsregel auch dann, wenn eine verzinsliche Forderung vermacht ist.[18]

Soweit § 2184 BGB nicht anwendbar ist (beispielsweise, weil es sich um nicht gezogene Früchte handelt (dazu sogleich) oder der Vermächtnisgegenstand nur der Gattung nach bestimmt ist), bleibt es bei dem allgemeinen Grundsatz, dass Nutzungen erst ab dem Zeitpunkt herauszugeben sind, ab dem der Beschwerte mit der Erfüllung des Vermächtnisses in Verzug gerät (§§ 280 Abs. 1, 2, 286 BGB) oder der Vermächtnisanspruch rechtshängig geworden ist (§ 292 Abs. 2 BGB).[19] Von Verzug und Rechtshängigkeit abgesehen, verbleiben dann also dem Beschwerten die Nutzungen des Vermächtnisgegenstands für die Zeit zwischen Vermächtnisanfall und Erfüllung des Vermächtnisses und die Nutzungen sind zwischen Beschwertem und Vermächtnisnehmer erst auf den Zeitpunkt des Übergangs des Vermächtnisgegenstands abzugrenzen. Insbesondere bei Gattungsvermächtnissen müsste daher ein hiervon abweichender Wille des Erblassers durch eine von der gesetzlichen Regelung abweichende letztwillige Anordnung umgesetzt werden. Dies kann insbesondere bei der vermächtnisweisen Zuwendung von Geschäftsanteilen in Betracht kommen, denn bei diesen entscheidet unter Umständen allein die konkrete Form der Vermächtnisanordnung über die Anwendbarkeit von § 2184 BGB: Sind die Geschäftsanteile genau bezeichnet („Geschäftsanteile lfd. Nr. 1 bis 10.000"), stehen

---

[14] Burandt in Burandt/Rojahn, Erbrecht, 3. Aufl. 2019, BGB § 2184 Rn. 1; Otte in Staudinger, 2019, BGB § 2184 Rn. 8; Reymann in juris-Praxiskommentar, 10. Aufl. 2023, BGB § 2184 Rn. 10; Rudy in MüKoBGB, 9. Aufl. 2022, BGB § 2184 Rn. 3; Weidlich in Grüneberg, 82. Aufl. 2023, BGB § 2184 Rn. 3; anderer Ansicht Forschner in BeckOGK, 1.7.2023, BGB § 2184 Rn. 5.

[15] Burandt in Burandt/Rojahn, Erbrecht, 3. Aufl. 2019, BGB § 2184 Rn. 1; Horn in Kroiß/Horn, 6. Aufl. 2022, BGB § 2184 Rn. 3; Otte in Staudinger, 2019, BGB § 2184 Rn. 8; Reymann in juris-Praxiskommentar, 10. Aufl. 2023, BGB § 2184 Rn. 9; Weidlich in Grüneberg, 82. Aufl. 2023, BGB § 2184 Rn. 3; anderer Ansicht Forschner in BeckOGK, 1.7.2023, BGB § 2184 Rn. 4; Rudy in MüKoBGB, 9. Aufl. 2022, BGB § 2184 Rn. 2.

[16] Otte in Staudinger, 2019, BGB § 2184 Rn. 2; Weidlich in Grüneberg, 82. Aufl. 2023, BGB § 2184 Rn. 3; anderer Ansicht Forschner in BeckOGK, 1.7.2023, BGB § 2184 Rn. 6.

[17] Vgl. Rudy in MüKoBGB, 9. Aufl. 2022, BGB § 2184 Rn. 2.

[18] Vgl. Rudy in MüKoBGB, 9. Aufl. 2022, BGB § 2184 Rn. 2.

[19] Vgl. Motive V, S. 194, 195; Burandt in Burandt/Rojahn, Erbrecht, 3. Aufl. 2019, BGB § 2184 Rn. 3; Nobis in Erman, 17. Aufl. 2023, BGB § 2184 Rn. 1; Otte in Staudinger, 2019, BGB § 2184 Rn. 3, 8; Reymann in juris-Praxiskommentar, 10. Aufl. 2023, BGB § 2184 Rn. 8; Rudy in MüKoBGB, 9. Aufl. 2022, BGB § 2184 Rn. 3; Weidlich in Grüneberg, 82. Aufl. 2023, BGB § 2184 Rn. 2, 3; Wolf in Soergel, 13. Aufl. 2003, BGB § 2184 Rn. 5.

dem Vermächtnisnehmer die Früchte bereits ab dem Vermächtnisanfall zu, ist dem Vermächtnisnehmer hingegen nur eine Anzahl nicht näher bezeichneter Geschäftsanteile vermacht („Geschäftsanteile im Nennbetrag von 10.000 Euro"), stehen sie ihm erst ab Vermächtniserfüllung zu.

Im Einzelnen hat der Beschwerte nach § 2184 S. 1 BGB die seit dem *Anfall* des Vermächtnisses (§§ 2176–2178 BGB)[20] *gezogenen Früchte* (dazu unter → a) sowie das *sonst* auf Grund des vermachten Rechts *Erlangte* (dazu unter → b) herauszugeben; keinen Ersatz hat er hingegen nach § 2184 S. 2 BGB zu leisten für diejenigen *(sonstigen) Nutzungen,* die nicht zu den Früchten gehören (dazu unter → c).

a) Gezogene Früchte

Herauszugeben hat der Beschwerte nach § 2184 S. 1 BGB zunächst die Früchte des Vermächtnisgegenstands, wobei sich die Herausgabepflicht allerdings auf die *gezogenen* Früchte beschränkt, sodass der Beschwerte solche Früchte nicht herauszugeben hat, die er zu ziehen unterlassen hat.[21] Der historische Gesetzgeber hielt es nämlich für zu weitgehend, den Beschwerten über die Erhaltung des Vermächtnisgegenstands hinaus auch zu einer wirtschaftlichen Nutzbarmachung zu verpflichten.[22] Was zu den Früchten des Vermächtnisgegenstands zu zählen ist, bestimmt sich nach § 99 BGB.[23] Handelt es sich bei dem Vermächtnisgegenstand um eine Sache, sind also neben ihren Erzeugnissen und der sonstigen Ausbeute, welche aus ihr ihrer Bestimmung gemäß gewonnen wird (§ 99 Abs. 1 BGB), auch die Erträge, welche sie vermöge eines Rechtsverhältnisses gewährt (§ 99 Abs. 3 BGB), herauszugeben. Ist ein Recht vermacht, sind die Erträge, welche es seiner Bestimmung gemäß gewährt (§ 99 Abs. 2 BGB), sowie die Erträge, welche es vermöge eines Rechtsverhältnisses gewährt (§ 99 Abs. 3 BGB), herauszugeben.

Für das praktisch bedeutsame Vermächtnis des Nießbrauchs an einem Grundstück gilt, dass die Früchte – beispielsweise bei vermietetem Grundbesitz der Mietzins[24] – grundsätzlich erst ab Bestellung des vermachten Nießbrauchs an den Nießbraucher herauszugeben sind, da es sich zuvor um Früchte des Grundstücks und nicht des Nießbrauchs handelt.[25] Allerdings kann die Auslegung der letztwilligen

---

[20] Forschner in BeckOGK, 1.7.2023, BGB § 2184 Rn. 11; Horn in Kroiß/Horn, 6. Aufl. 2022, BGB § 2184 Rn. 5; Otte in Staudinger, 2019, BGB § 2184 Rn. 4; Weidlich in Grüneberg, 82. Aufl. 2023, BGB § 2184 Rn. 4; Wolf in Soergel, 13. Aufl. 2003, BGB § 2184 Rn. 1.

[21] Motive V, S. 195; vgl. OLG Celle ErbR 2015, 625 (627); Forschner in BeckOGK, 1.7.2023, BGB § 2184 Rn. 9; Rudy in MüKoBGB, 9. Aufl. 2022, BGB § 2184 Rn. 5; Weidlich in Grüneberg, 82. Aufl. 2023, BGB § 2184 Rn. 1, 2.

[22] Motive V, S. 195; vgl. auch Rudy in MüKoBGB, 9. Aufl. 2022, BGB § 2184 Rn. 5; Weidlich in Grüneberg, 82. Aufl. 2023, BGB § 2184 Rn. 2; Wolf in Soergel, 13. Aufl. 2003, BGB § 2184 Rn. 1.

[23] Burandt in Burandt/Rojahn, Erbrecht, 3. Aufl. 2019, BGB § 2184 Rn. 2; Horn in Kroiß/Horn, 6. Aufl. 2022, BGB § 2184 Rn. 6; Reymann in juris-Praxiskommentar, 10. Aufl. 2023, BGB § 2184 Rn. 11; Rudy in MüKoBGB, 9. Aufl. 2022, BGB § 2184 Rn. 4; Wolf in Soergel, 13. Aufl. 2003, BGB § 2184 Rn. 1.

[24] Zu den (Rechts-)Früchten des Nießbrauchs siehe sogleich unter → cc).

[25] KG NJW 1964, 1808 (1808 f.); Forschner in BeckOGK, 1.7.2023, BGB § 2184 Rn. 6; Nobis in Erman, 17. Aufl. 2023, BGB § 2184 Rn. 1; Otte in Staudinger, 2019, BGB § 2184 Rn. 2; Reymann in juris-Praxiskommentar, 10. Aufl. 2023, BGB § 2184 Rn. 14; Rudy in MüKoBGB,

Verfügung hiervon abweichend ergeben, dass die Nutzungen des Grundstücks dem Vermächtnisnehmer auch für die Zeit zwischen Anfall und Erfüllung des Vermächtnisses vermacht sind.[26] In der notariellen Praxis wird ein dahingehender Wille des Erblassers regelmäßig darin zu sehen sein, dass dem Vermächtnisnehmer zwischen Vermächtnisanfall und Bestellung des Nießbrauchs ein „inhaltsgleiches schuldrechtliches Nutzungsrecht" vermacht ist.[27]

Für ein vermächtnisweise zugewandtes Wohnungsrecht gilt, dass der Mietzins bei einer anderweitigen Vermietung durch den Beschwerten – etwa weil der Berechtigte von seinem Wohnungsrecht keinen Gebrauch macht – nicht herauszugeben ist, da es sich nicht um Früchte des Wohnungsrechts selbst handelt;[28] wird allerdings durch die Vermietung die Ausübung des Wohnungsrechts unmöglich gemacht, kommen unter diesem Gesichtspunkt Ansprüche des Berechtigten in Betracht.[29]

aa) Unmittelbare Sachfrüchte (§ 99 Abs. 1 BGB)

Eine eher untergeordnete Rolle spielen in der notariellen Praxis die unmittelbaren Sachfrüchte – also die Erzeugnisse sowie die bestimmungsgemäße Ausbeute der vermachten Sache (vgl. § 99 Abs. 1 BGB). Allenfalls könnten bei land- oder forstwirtschaftlich genutzten Grundstücken einmal die Erzeugnisse des Bodens – beispielsweise Obst, Gemüse oder Getreide oder Holz[30] – oder die Ausbeute – zum Beispiel Sand, Kohle, Kies oder Stein[31] – von Bedeutung sein.[32] Dann ist die im Gesetzeswortlaut angelegte Unterscheidung bei der Einordnung von Erzeugnissen und Ausbeute zu beachten: Bei Erzeugnissen handelt es sich stets um die Früchte einer Sache, unabhängig davon, ob sie der Bestimmung der Sache gemäß

---

9. Aufl. 2022, BGB § 2184 Rn. 4; Weidlich in Grüneberg, 82. Aufl. 2023, BGB § 2184 Rn. 1; Wolf in Soergel, 13. Aufl. 2003, BGB § 2184 Rn. 3.

[26] BGH WM 1977, 416 (417); Nobis in Erman, 17. Aufl. 2023, BGB § 2184 Rn. 1; Otte in Staudinger, 2019, BGB § 2184 Rn. 2; Reymann in juris-Praxiskommentar, 10. Aufl. 2023, BGB § 2184 Rn. 14; Rudy in MüKoBGB, 9. Aufl. 2022, BGB § 2184 Rn. 4; Weidlich in Grüneberg, 82. Aufl. 2023, BGB § 2184 Rn. 1.

[27] Vgl. beispielsweise Kössinger/Goslich in Beck'sches Formularbuch Erbrecht, 5. Aufl. 2023, Form. C.V.8; vgl. im Übrigen auch Forschner in BeckOGK, 1.7.2023, BGB § 2184 Rn. 20 ff.

[28] Vgl. Horn in Kroiß/Horn, 6. Aufl. 2022, BGB § 2184 Rn. 6; Nobis in Erman, 17. Aufl. 2023, BGB § 2184 Rn. 1; Otte in Staudinger, 2019, BGB § 2184 Rn. 2; Reymann in juris-Praxiskommentar, 10. Aufl. 2023, BGB § 2184 Rn. 13; Rudy in MüKoBGB, 9. Aufl. 2022, BGB § 2184 Rn. 4; Weidlich in Grüneberg, 82. Aufl. 2023, BGB § 2184 Rn. 2; Wolf in Soergel, 13. Aufl. 2003, BGB § 2184 Rn. 3.

[29] Vgl. Nobis in Erman, 17. Aufl. 2023, BGB § 2184 Rn. 1; Otte in Staudinger, 2019, BGB § 2184 Rn. 2; Reymann in juris-Praxiskommentar, 10. Aufl. 2023, BGB § 2184 Rn. 13; Weidlich in Grüneberg, 82. Aufl. 2023, BGB § 2184 Rn. 2.

[30] Vgl. Ellenberger in Grüneberg, 82. Aufl. 2023, BGB § 99 Rn. 2; J. Schmidt in Erman, 17. Aufl. 2023, BGB § 99 Rn. 2; Stieper in Staudinger, 2021, BGB § 99 Rn. 7; Stresemann in MüKoBGB, 9. Aufl. 2021, BGB § 99 Rn. 2.

[31] Vgl. Ellenberger in Grüneberg, 82. Aufl. 2023, BGB § 99 Rn. 4; J. Schmidt in Erman, 17. Aufl. 2023, BGB § 99 Rn. 4; Stieper in Staudinger, 2021, BGB § 99 Rn. 8; Stresemann in MüKoBGB, 9. Aufl. 2021, BGB § 99 Rn. 4.

[32] Im Gegensatz zu den Erzeugnissen wird die Ausbeute der Substanz der Sache entnommen; beispielsweise handelt es sich bei den Eiern eines Huhns um dessen Erzeugnisse, bei dessen Fleisch hingegen um die Ausbeute, vgl. Ellenberger in Grüneberg, 82. Aufl. 2023, BGB § 99 Rn. 2; J. Schmidt in Erman, 17. Aufl. 2023, BGB § 99 Rn. 2; Stieper in Staudinger, 2021, BGB § 99 Rn. 9; Stresemann in MüKoBGB, 9. Aufl. 2021, BGB § 99 Rn. 2 ff.

gewonnen wurden.[33] Die Ausbeute ist hingegen nur dann eine Frucht der Sache, wenn sie der Bestimmung der Sache gemäß gewonnen wurde, ihre Gewinnung also der naturgemäßen oder verkehrsüblichen Nutzung der Sache entspricht.[34] Bei dem durch völligen Kahlschlag des Grundstücks gewonnenen Holz handelt es sich danach – unabhängig von der forstwirtschaftlichen Üblichkeit – um Früchte des Grundstücks;[35] die Entnahme von Kies hingegen ist nur im Rahmen des Üblichen als Fruchtziehung anzusehen.

bb) Mittelbare Sachfrüchte (§ 99 Abs. 3 BGB)

Bedeutsamer dürften in der notariellen Praxis die mittelbaren Sachfrüchte sein – also die Erträge, welche die vermachte Sache vermöge eines (auf Gebrauch oder Nutzung gerichteten)[36] Rechtsverhältnisses gewährt (§ 99 Abs. 3 BGB); mithin die „Gegenleistung für die Überlassung der Sache an andere zur Nutzung".[37] Hierunter fallen insbesondere die Miet- oder Pachteinnahmen, soweit es sich bei dem Vermächtnisgegenstand um vermieteten oder verpachteten Grundbesitz handelt.[38] Der Beschwerte hat daher an den Vermächtnisnehmer die Mieterträge eines vermachten Grundstücks bereits ab dem Anfall herauszugeben; für die Verteilung der Erträge, die wirtschaftlich sowohl die Zeit vor als auch nach Anfall betreffen, gilt § 101 Nr. 2 Hs. 2 BGB (dazu sogleich unter → dd).

cc) Rechtsfrüchte (§ 99 Abs. 2, 3 BGB)

Für die notarielle Praxis ebenfalls von Relevanz sind die Rechtsfrüchte – also die Erträge, welche ein (fruchtbringendes) Recht seiner Bestimmung gemäß gewährt (§ 99 Abs. 2 BGB).[39] Hierunter fällt insbesondere der auf einen Geschäftsanteil oder eine Aktie entfallende Anteil am Gewinn einer GmbH beziehungsweise AG.[40] Daneben handelt es sich auch bei den Zinsen einer verzinslichen Forderung

---

[33] Vgl. Ellenberger in Grüneberg, 82. Aufl. 2023, BGB § 99 Rn. 2; J. Schmidt in Erman, 17. Aufl. 2023, BGB § 99 Rn. 2; Stieper in Staudinger, 2021, BGB § 99 Rn. 6; Stresemann in MüKoBGB, 9. Aufl. 2021, BGB § 99 Rn. 3.
[34] Vgl. Ellenberger in Grüneberg, 82. Aufl. 2023, BGB § 99 Rn. 2; J. Schmidt in Erman, 17. Aufl. 2023, BGB § 99 Rn. 3; Stieper in Staudinger, 2021, BGB § 99 Rn. 8; Stresemann in MüKoBGB, 9. Aufl. 2021, BGB § 99 Rn. 4.
[35] Vgl. Stresemann in MüKoBGB, 9. Aufl. 2021, BGB § 99 Rn. 3.
[36] Vgl. BGH NJW 1991, 2836 (2837); Ellenberger in Grüneberg, 82. Aufl. 2023, BGB § 99 Rn. 4.
[37] BGH NJW-RR 2009, 1610; J. Schmidt in Erman, 17. Aufl. 2023, BGB § 99 Rn. 8; Stieper in Staudinger, 2021, BGB § 99 Rn. 18.
[38] Vgl. OLG Celle ErbR 2015, 625 (627); Ellenberger in Grüneberg, 82. Aufl. 2023, BGB § 99 Rn. 4; Horn in Kroiß/Horn, 6. Aufl. 2022, BGB § 2184 Rn. 6; J. Schmidt in Erman, 17. Aufl. 2023, BGB § 99 Rn. 9; Stieper in Staudinger, 2021, BGB § 99 Rn. 19; Tiedtke/Peterek ZEV 2007, 349 (350).
[39] Vgl. J. Schmidt in Erman, 17. Aufl. 2023, BGB § 99 Rn. 5; Stieper in Staudinger, 2021, BGB § 99 Rn. 11.
[40] Vgl. BGH NJW 1972, 1755 (1756); NJW 1981, 115 (117); NJW 1981, 1560 (1561); NJW 1995, 1027 (1029); Ellenberger in Grüneberg, 82. Aufl. 2023, BGB § 99 Rn. 3; Forschner in BeckOGK, 1.7.2023, BGB § 2184 Rn. 7; J. Schmidt in Erman, 17. Aufl. 2023, BGB § 99 Rn. 6; Stieper in Staudinger, 2021, BGB § 99 Rn. 16; Tiedtke/Peterek ZEV 2007, 349 (350); zur Behandlung der Erträge eines Unternehmens (als Sach- und Rechtsgesamtheit) vgl. beispielsweise

um Rechtsfrüchte.[41] Gleiches gilt auch für sämtliche Arten von Sachfrüchten (zum Beispiel Miet- oder Pachtzinsen), die einem Nießbraucher aufgrund seines Nießbrauchrechts zukommen (§ 1030 BGB).[42] Da in diesem Fall die Sachfrüchte dem Vermächtnisnehmer allerdings ohnehin nicht zwischen Anfall und Erfüllung, sondern erst ab der Bestellung des Rechts zustehen und zuvor allenfalls eigens mitvermacht sein können (siehe oben), kommt den Rechtsfrüchten des Nießbrauchs im Rahmen des § 2184 BGB keine Bedeutung zu.

dd) Fruchtverteilung (§ 101 BGB)

Ob die Früchte „seit dem Anfall des Vermächtnisses gezogen" sind, richtet sich nach § 101 BGB.[43] Für die unmittelbaren Sachfrüchte kommt es danach auf die Trennung von der Sache an (vgl. § 101 Nr. 1 BGB).[44] Bei anderen Früchten (mittelbaren Sachfrüchten und Rechtsfrüchten) ist nach § 101 Nr. 2 Hs. 1 BGB entscheidend, wann die Früchte fällig geworden sind;[45] wobei regelmäßig wiederkehrende Erträge entsprechend der Dauer der Berechtigung *(pro rata temporis)* verteilt werden (§ 101 Nr. 2 Hs. 2 BGB).[46]

Während die Zuordnung nach dem Trennungs- (§ 101 Nr. 1 BGB) und Fälligkeitsprinzip (§ 101 Nr. 2 Hs. 1 BGB) in der Praxis noch mit eher überschaubarem Aufwand verbunden sein dürfte, kann sich die Abgrenzung entsprechend der Dauer der Berechtigung (§ 101 Nr. 2 Hs. 2 BGB) bei den – praktisch bedeutsamen – „regelmäßig wiederkehrenden Erträgen" (insbesondere Nutzungsentgelten, Zinsen sowie Gewinnanteilen)[47] als aufwendig herausstellen und daher möglicherweise nicht dem Erblasserwillen entsprechen. Da die Verteilungsregel aus §§ 2184, 101

J. Schmidt in Erman, 17. Aufl. 2023, BGB § 99 Rn. 7; Stieper in Staudinger, 2021, BGB § 99 Rn. 14 ff.; Tiedtke/Peterek ZEV 2007, 349 (350).

[41] Vgl. Ellenberger in Grüneberg, 82. Aufl. 2023, BGB § 99 Rn. 3; Rudy in MüKoBGB, 9. Aufl. 2022, BGB § 2184 Rn. 4; Stieper in Staudinger, 2021, BGB § 99 Rn. 17; Wolf in Soergel, 13. Aufl. 2003, BGB § 2184 Rn. 1.

[42] Vgl. Ellenberger in Grüneberg, 82. Aufl. 2023, BGB § 99 Rn. 3; J. Schmidt in Erman, 17. Aufl. 2023, BGB § 99 Rn. 6.

[43] Vgl. Horn in Kroiß/Horn, 6. Aufl. 2022, BGB § 2184 Rn. 5; Müller-Christmann in BeckOK BGB, 67. Ed. 1.8.2023, BGB § 2184 Rn. 2; Otte in Staudinger, 2019, BGB § 2184 Rn. 4; Reymann in juris-Praxiskommentar, 10. Aufl. 2023, BGB § 2184 Rn. 16; zur Verteilung von Früchten, die nach der Erfüllung des Vermächtnisses gezogen wurden, sich aber wirtschaftlich auf Zeiträume vor dem Anfall beziehen, vgl. Reymann ebenda Rn. 4 ff.; zur Verteilung von Früchten, die vor dem Anfall gezogen wurden, wirtschaftlich aber Zeiträume danach betreffen, vgl. Reymann ebenda Rn. 17; Horn in Kroiß/Horn, 6. Aufl. 2022, BGB § 2184 Rn. 5.

[44] Ellenberger in Grüneberg, 82. Aufl. 2023, BGB § 101 Rn. 1; J. Schmidt in Erman, 17. Aufl. 2023, BGB § 101 Rn. 5; Stieper in Staudinger, 2021, BGB § 101 Rn. 4; Stresemann in MüKoBGB, 9. Aufl. 2021, BGB § 101 Rn. 6.

[45] Ellenberger in Grüneberg, 82. Aufl. 2023, BGB § 101 Rn. 2; J. Schmidt in Erman, 17. Aufl. 2023, BGB § 101 Rn. 6; Stieper in Staudinger, 2021, BGB § 101 Rn. 4; Stresemann in MüKoBGB, 9. Aufl. 2021, BGB § 101 Rn. 7.

[46] Forschner in BeckOGK, 1.7.2023, BGB § 2184 Rn. 11; Ellenberger in Grüneberg, 82. Aufl. 2023, BGB § 101 Rn. 2; Stieper in Staudinger, 2021, BGB § 101 Rn. 5; Stresemann in MüKoBGB, 9. Aufl. 2021, BGB § 101 Rn. 3.

[47] Fritzsche in BeckOK BGB, 67. Ed. 1.8.2023, BGB § 101 Rn. 6; Stieper in Staudinger, 2021, BGB § 101 Rn. 5; Stresemann in MüKoBGB, 9. Aufl. 2021, BGB § 101 Rn. 10, 11.

BGB abdingbar ist,[48] kann auch ein vom Anfall abweichender Zeitpunkt bestimmt werden.

b) Sonst auf Grund des vermachten Rechts Erlangtes

Neben den gezogenen Früchten hat der Beschwerte nach § 2184 S. 2 BGB auch das sonst auf Grund des vermachten Rechts Erlangte herauszugeben. Herauszugeben ist danach beispielsweise nach §§ 946 ff., 951 BGB sowie nach § 984 BGB Erworbenes;[49] für Surrogate des vermachten Gegenstands gilt hingegen § 285 BGB, auch wenn der Ersatzanspruch bereits vor dem Anfall entstanden war.[50]

c) Andere Nutzungen als Früchte

Nach § 2184 S. 2 BGB hat der Beschwerte für Nutzungen, die nicht zu den Früchten gehören, keinen Ersatz zu leisten. Auf der Grundlage des zweiteiligen Nutzungsbegriffs in § 100 BGB erfasst die Vorschrift die Vorteile, welche der Gebrauch einer Sache oder eines Rechts gewährt (Gebrauchsvorteile). Dem Beschwerten verbleiben also für die Zeit zwischen Anfall und Erfüllung des Vermächtnisses die Gebrauchsvorteile des Vermächtnisgegenstands.[51] Der historische Gesetzgeber nahm an, dass dies in der Regel dem Willen des Erblassers entsprechen wird.[52] Für die notarielle Praxis von Bedeutung sein dürfte vor allem die Nutzung eines Grundstücks, etwa das Bewohnen eines Hauses.[53] Aber auch die Ausübung der Stimmrechte aus einer Gesellschaftsbeteiligung stellt einen Gebrauchsvorteil dar.[54]

2. Kosten und Lasten: Verwendungen und Aufwendungen

Für die Verteilung der Kosten und Lasten des Vermächtnisgegenstands zwischen Vermächtnisnehmer und Beschwertem gilt § 2185 BGB. Danach sind beim Stückvermächtnis[55] die nach dem Erbfall auf die Sache gemachten Verwendungen sowie

---

[48] Für § 2184 BGB siehe Fn. 2. Für § 101 BGB vgl. Stieper in Staudinger, 2021, BGB § 101 Rn. 7.

[49] Vgl. Horn in Kroiß/Horn, 6. Aufl. 2022, BGB § 2184 Rn. 1; Forschner in BeckOGK, 1.7.2023, BGB § 2184 Rn. 25; Nobis in Erman, 17. Aufl. 2023, BGB § 2184 Rn. 2; Otte in Staudinger, 2019, BGB § 2184 Rn. 6; Rudy in MüKoBGB, 9. Aufl. 2022, BGB § 2184 Rn. 6; Weidlich in Grüneberg, 82. Aufl. 2023, BGB § 2184 Rn. 4.

[50] Vgl. Burandt in Burandt/Rojahn, Erbrecht, 3. Aufl. 2019, BGB § 2184 Rn. 5; Forschner in BeckOGK, 1.7.2023, BGB § 2184 Rn. 25; Horn in Kroiß/Horn, 6. Aufl. 2022, BGB § 2184 Rn. 10; Otte in Staudinger, 2019, BGB § 2184 Rn. 6; Rudy in MüKoBGB, 9. Aufl. 2022, BGB § 2184 Rn. 6; Weidlich in Grüneberg, 82. Aufl. 2023, BGB § 2184 Rn. 4.

[51] Horn in Kroiß/Horn, 6. Aufl. 2022, BGB § 2184 Rn. 9; Müller-Christmann in BeckOK BGB, 67. Ed. 1.8.2023, BGB § 2184 Rn. 5; Rudy in MüKoBGB, 9. Aufl. 2022, BGB § 2184 Rn. 7.

[52] Motive V, S. 195.

[53] Fritzsche in BeckOK BGB, 67. Ed. 1.8.2023, BGB § 100 Rn. 6; Horn in Kroiß/Horn, 6. Aufl. 2022, BGB § 2184 Rn. 9; Stresemann in MüKoBGB, 9. Aufl. 2021, BGB § 100 Rn. 2.

[54] Ellenberger in Grüneberg, 82. Aufl. 2023, BGB § 100 Rn. 1; Fritzsche in BeckOK BGB, 67. Ed. 1.8.2023, BGB § 100 Rn. 8; Stresemann in MüKoBGB, 9. Aufl. 2021, BGB § 100 Rn. 3.

[55] § 2185 BGB gilt – wie § 2184 BGB – grundsätzlich nur für Stückvermächtnisse; für Verschaffungsvermächtnisse gilt die Regelung erst ab Erwerb der Sache durch den Beschwerten und bei

diejenigen Aufwendungen, die nach dem Erbfall zur Bestreitung von Lasten der Sache gemacht wurden, nach den Vorschriften über das Verhältnis zwischen Eigentümer und Besitzer auszugleichen.[56] Zu den Ausgleichsansprüchen aus § 2185 BGB kann ein Anspruch des Beschwerten nach § 102 BGB wegen der Gewinnungskosten hinzutreten, wenn der Beschwerte nach § 2184 S. 1 BGB zur Herausgabe von Früchten verpflichtet ist.[57]

a) Ersatz von Verwendungen

Nach § 2185 BGB kann der Beschwerte zunächst Ersatz der nach dem Erbfall auf den Vermächtnisgegenstand gemachten Verwendungen nach den Bestimmungen der §§ 987ff. BGB verlangen. Verwendungen sind dabei nach der Rechtsprechung alle freiwilligen Vermögensopfer, die unmittelbar dem Vermächtnisgegenstand zugutekommen sollen, indem sie seiner Erhaltung, Wiederherstellung oder Verbesserung dienen.[58]

Bei der Anwendung der in Bezug genommenen Bestimmungen über das Verhältnis zwischen Eigentümer und Besitzer (§§ 987ff. BGB) ist für die verschärfte Haftung nach § 990 BGB darauf abzustellen, ob der Beschwerte Kenntnis hatte oder grob fahrlässig in Unkenntnis darüber war, dass ein Vermächtnis angeordnet und entweder bereits angefallen ist oder künftig mit hinreichender Sicherheit anfallen wird.[59] Wenn der künftig eintretende Anfall hingegen ungewiss ist, kann der Beschwerte Verwendungen und Aufwendungen wie ein redlicher Besitzer ersetzt verlangen.[60] In der notariellen Gestaltungspraxis dürfte man in der Regel davon ausgehen können, dass nach dem Erbfall die verschärfte Haftung nach § 990 BGB

Gattungsvermächtnissen findet sie keine Anwendung; vgl. Burandt in Burandt/Rojahn, Erbrecht, 3. Aufl. 2019, BGB § 2185 Rn. 1; Horn in Kroiß/Horn, 6. Aufl. 2022, BGB § 2185 Rn. 2; Müller-Christmann in BeckOK BGB, 67. Ed. 1.8.2023, BGB § 2185 Rn. 2; Nobis in Erman, 17. Aufl. 2023, BGB § 2185 Rn. 1; Rudy in MüKoBGB, 9. Aufl. 2022, BGB § 2185 Rn. 2; Weidlich in Grüneberg, 82. Aufl. 2023, BGB § 2185 Rn. 1; Wolf in Soergel, 13. Aufl. 2003, BGB § 2185 Rn. 1; anderer Ansicht für das Verschaffungsvermächtnis Forschner in BeckOGK, 1.7.2023, BGB § 2185 Rn. 5.1.

[56] Interessante Ausführungen zur Entstehung der Vorschrift und ihrer Abkehr von Grundsätzen des gemeinen Rechts (Ersatz anderer als notwendiger Verwendungen nur nach richterlichem Ermessen) und des A.P.R. (Verwaltungspflicht des Beschwerten) finden sich bei Motive V, S. 199f.

[57] Otte in Staudinger, 2019, BGB § 2185 Rn. 5; Stresemann in MüKoBGB, 9. Aufl. 2021, BGB § 102 Rn. 2.

[58] Vgl. BGH NJW 1996, 921 (922); NJW 2002, 3478 (3479), je mit weiteren Nachweisen; ferner LG Osnabrück NJW-RR 2003, 1373 (1373f.); OLG Karlsruhe BeckRS 2015, 6245 Rn. 22; Herrler in Grüneberg, 82. Aufl. 2023, BGB § 994 Rn. 2; zur Unterscheidung zwischen weitem und engem Verwendungsbegriff, auf die es bei Umgestaltungsaufwendungen ankommt, vgl. Fritzsche in BeckOK BGB, 67. Ed. 1.8.2023, BGB § 994 Rn. 14ff.; Raff in MüKoBGB, 9. Aufl. 2023, BGB § 994 Rn. 13ff.

[59] Burandt in Burandt/Rojahn, Erbrecht, 3. Aufl. 2019, BGB § 2185 Rn. 2; Forschner in BeckOGK, 1.7.2023, BGB § 2185 Rn. 17ff.; Horn in Kroiß/Horn, 6. Aufl. 2022, BGB § 2185 Rn. 5; Nobis in Erman, 17. Aufl. 2023, BGB § 2185 Rn. 2; Otte in Staudinger, 2019, BGB § 2185 Rn. 2; Reymann in juris-Praxiskommentar, 10. Aufl. 2023, BGB § 2185 Rn. 13; Weidlich in Grüneberg, 82. Aufl. 2023, BGB § 2185 Rn. 1; Wolf in Soergel, 13. Aufl. 2003, BGB § 2185 Rn. 2.

[60] Vgl. Burandt in Burandt/Rojahn, Erbrecht, 3. Aufl. 2019, BGB § 2185 Rn. 6; Horn in Kroiß/Horn, 6. Aufl. 2022, BGB § 2185 Rn. 5; Otte in Staudinger, 2019, BGB § 2185 Rn. 2;

eintreten wird und der Vermächtnisnehmer nur eingeschränkt (zu den Einzelheiten sogleich) zum Verwendungsersatz verpflichtet ist. Nur dann, wenn ein Vermächtnis ausgesetzt wird, dessen Anfall ungewiss ist, weil etwa der Eintritt einer Bedingung nur möglich, nicht aber wahrscheinlich oder gar sicher erscheint, kann man ausnahmsweise damit rechnen, dass der Beschwerte wie ein unverklagter und gutgläubiger Besitzer Ersatz seiner Verwendungen beanspruchen kann.

Zu beachten ist ferner, dass zeitlicher Anwendungsbereich von § 2185 BGB und § 2184 BGB nicht übereinstimmen: Nach § 2184 S. 1 BGB sind nämlich die *nach dem Anfall* des Vermächtnisses gezogenen Früchte herauszugeben (siehe oben); § 2185 BGB bestimmt hingegen die Ersetzung der *nach dem Erbfall* gemachten Verwendungen und Aufwendung.[61] Es kommt für den Verwendungs- und Aufwendungsersatz also gerade nicht darauf an, ob das Vermächtnis zum Zeitpunkt der Verwendung oder Aufwendung bereits angefallen war.[62] Folgt also der Anfall dem Erbfall zeitlich nach, beispielsweise weil es sich um ein bedingtes oder befristetes Vermächtnis handelt (§ 2177 BGB), können Verwendungsersatzansprüche des Beschwerten (allerdings nicht wegen der gewöhnlichen Erhaltungskosten, vgl. § 994 Abs. 1 S. 2 BGB) zur Entstehung gelangen, denen keine Ansprüche des Vermächtnisnehmers auf Fruchtherausgabe gegenüberstehen. Es mag sich daher insbesondere bei der Aussetzung bedingter oder befristeter Vermächtnisse anbieten, mit dem Erblasser über die Verteilung der Nutzungen sowie der Kosten und Lasten des Vermächtnisgegenstands in der Zeit zwischen Erbfall und Anfall zu sprechen. Gegebenenfalls kann dann der Ersatzanspruch des Beschwerten in der letztwilligen Verfügung auf diejenigen Verwendungen beschränkt werden, die nach dem Anfall des Vermächtnisses erfolgt sind. Stellt sich demgegenüber heraus, dass die ausdifferenzierte gesetzliche Regelung dem Willen des Erblassers entspricht, ist für die Zeit zwischen Erbfall und Anfall allerdings eine Unterscheidung zwischen gewöhnlichen Erhaltungskosten (nicht ersatzfähig) und anderen notwendigen Verwendungen (ersatzfähig) erforderlich (dazu unter → aa).

Für den Ersatzanspruch des Beschwerten ist zwischen notwendigen (§ 994 BGB, dazu unter → aa) sowie sonstigen Verwendungen (§ 996 BGB, dazu unter → bb) auf den Vermächtnisgegenstand und Aufwendungen zur Bestreitung von Lasten des Vermächtnisgegenstands (§§ 2185, 995 BGB, dazu unter → cc) zu unterscheiden.

Reymann in juris-Praxiskommentar, 10. Aufl. 2023, BGB § 2185 Rn. 13; Wolf in Soergel, 13. Aufl. 2003, BGB § 2185 Rn. 2.

[61] Vgl. Forschner in BeckOGK, 1.7.2023, BGB § 2185 Rn. 8; Horn in Kroiß/Horn, 6. Aufl. 2022, BGB § 2185 Rn. 3; Nobis in Erman, 17. Aufl. 2023, BGB § 2185 Rn. 1; Otte in Staudinger, 2019, BGB § 2185 Rn. 4; Rudy in MüKoBGB, 9. Aufl. 2022, BGB § 2185 Rn. 2; Wolf in Soergel, 13. Aufl. 2003, BGB § 2185 Rn. 2; zur Behandlung von im Zeitpunkt des Erbfalls rückständigen Kosten und Lasten vgl. Burandt in Burandt/Rojahn, Erbrecht, 3. Aufl. 2019, BGB § 2185 Rn. 4, 5; Forschner in BeckOGK, 1.7.2023, BGB § 2185 Rn. 10f.; Horn in Kroiß/Horn, 6. Aufl. 2022, BGB § 2185 Rn. 3; Müller-Christmann in BeckOK BGB, 67. Ed. 1.8.2023, BGB § 2185 Rn. 3; Otte in Staudinger, 2019, BGB § 2185 Rn. 4.

[62] Burandt in Burandt/Rojahn, Erbrecht, 3. Aufl. 2019, BGB § 2185 Rn. 4; Horn in Kroiß/Horn, 6. Aufl. 2022, BGB § 2185 Rn. 3; Müller-Christmann in BeckOK BGB, 66. Ed. 1.2.2023, BGB § 2185 Rn. 3; Otte in Staudinger, 2019, BGB § 2185 Rn. 4; Rudy in MüKoBGB, 9. Aufl. 2022, BGB § 2185 Rn. 2; Wolf in Soergel, 13. Aufl. 2003, BGB § 2185 Rn. 2.

aa) Notwendige Verwendungen

Nach §§ 2185, 994 Abs. 1 S. 1 BGB kann der Beschwerte zunächst notwendige Verwendungen ersetzt verlangen, soweit er sie nach dem Erbfall, aber vor Kenntnis oder grob fahrlässiger Unkenntnis von dem Anfall des Vermächtnisses oder Rechtshängigkeit des Vermächtnisanspruchs gemacht hat.[63] Notwendig sind dabei solche Verwendungen, die objektiv zur Erhaltung oder zur ordnungsgemäßen Bewirtschaftung des Vermächtnisgegenstands erforderlich gewesen sind.[64]

Gewöhnliche Erhaltungskosten[65] kann der Beschwerte jedoch nur insoweit ersetzt verlangen, als ihm die Nutzungen nicht verbleiben (§ 994 Abs. 1 S. 2 BGB).[66] Damit steht dem Beschwerten in den Fällen, in denen der Vermächtnisanfall dem Erbfall zeitlich nachfolgt (§§ 2177f. BGB), jedenfalls für die Zeit zwischen Erbfall und Anfall kein Ersatzanspruch wegen der gewöhnlichen Erhaltungskosten zu, da ihm nach § 2184 BGB bis zum Anfall sämtliche Nutzungen verbleiben.[67] Auf den ersten Blick könnte man auch im Übrigen davon auszugehen, dass dem Beschwerten kein Anspruch auf Ersatz der gewöhnlichen Erhaltungskosten zusteht, da ihm nach § 2184 S. 2 BGB die Nutzungen verbleiben.[68] Im Vergleich mit dem Verhältnis von Eigentümer und Besitzer ist allerdings eine gegenständlich differenzierende Betrachtungsweise erforderlich: Denn anders als dem entgeltlichen, redlichen und unverklagten Besitzer, dem (mit Ausnahme der Übermaßfrüchte) sämtliche Nutzungen, also Früchte *und* Gebrauchsvorteile, verbleiben (vgl. § 993 Abs. 1 BGB),[69] verbleiben dem Beschwerten nach § 2184 S. 2 BGB die Nutzungen nur insoweit, als sie nicht zu den Früchten gehören, also letztlich nur die Gebrauchsvorteile (siehe oben). Daher wird man im Verhältnis von Beschwertem und Vermächtnisnehmer danach zu unterscheiden haben, ob die Kosten der gewöhnlichen Erhaltung vorrangig dem Fruchtertrag oder Gebrauchszwecken dienen.[70] Ist kein Schwerpunkt

---

[63] Vgl. Burandt in Burandt/Rojahn, Erbrecht, 3. Aufl. 2019, BGB § 2185 Rn. 6; Otte in Staudinger, 2019, BGB § 2185 Rn. 5.

[64] Vgl. BGH NJW 1996, 921 (922); NJW 2002, 3478 (3479); NJW-RR 2013, 1318 (1320) – je mit weiteren Nachweisen; Forschner in BeckOGK, 1.7.2023, BGB § 2185 Rn. 15; Herrler in Grüneberg, 82. Aufl. 2023, BGB § 994 Rn. 5; Reymann in juris-Praxiskommentar, 10. Aufl. 2023, BGB § 2185 Rn. 14; eingehend auch Raff in MüKoBGB, 9. Aufl. 2023, BGB § 994 Rn. 32 ff.

[65] Bei den gewöhnlichen Erhaltungskosten handelt es sich um die zur Erhaltung der Sache erforderlichen, regelmäßig wiederkehrenden Ausgaben, die vorhersehbar sind und daher von vornherein in Rechnung gestellt werden müssen und typischerweise in ihrer Höhe hinter den gezogenen Nutzungen zurückbleiben; eingehend zum Begriff Raff in MüKoBGB, 9. Aufl. 2023, BGB § 994 Rn. 48 ff.; Thole in Staudinger, 2019, BGB § 994 Rn. 33 ff.

[66] LG Osnabrück NJW-RR 2003, 1373; Burandt in Burandt/Rojahn, Erbrecht, 3. Aufl. 2019, BGB § 2185 Rn. 6; Horn in Kroiß/Horn, 6. Aufl. 2022, BGB § 2185 Rn. 6; Otte in Staudinger, 2019, BGB § 2185 Rn. 5; Rudy in MüKoBGB, 9. Aufl. 2022, BGB § 2185 Rn. 4; Weidlich in Grüneberg, 82. Aufl. 2023, BGB § 2185 Rn. 1.

[67] Vgl. Burandt in Burandt/Rojahn, Erbrecht, 3. Aufl. 2019, BGB § 2185 Rn. 6; Müller-Christmann in BeckOK BGB, 67. Ed. 1.8.2023, BGB § 2185 Rn. 4; Rudy in MüKoBGB, 9. Aufl. 2022, BGB § 2185 Rn. 4.

[68] So möglicherweise LG Osnabrück NJW-RR 2003, 1373.

[69] Vgl. Raff in MüKoBGB, 9. Aufl. 2023, BGB § 987 Rn. 6; Thole in Staudinger, 2019, BGB § 994 Rn. 37.

[70] So Otte in Staudinger, 2019, BGB § 2185 Rn. 5; Horn in Kroiß/Horn, 6. Aufl. 2022, BGB § 2185 Rn. 6; Rudy in MüKoBGB, 9. Aufl. 2022, BGB § 2185 Rn. 4; Müller-Christmann in

festzustellen, haben Beschwerter und Vermächtnisnehmer die Kosten anteilig zu tragen und dem Beschwerten steht daher nur ein beschränkter Ersatzanspruch gegen den Vermächtnisnehmer zu.[71] Diese differenzierende Betrachtung der herrschenden Meinung bei der Übertragung der Regelung des § 994 Abs. 1 S. 2 BGB auf den Verwendungsersatzanspruch nach § 2185 BGB ist zwar sachgerecht, kann aber die Verteilung der Kosten und Lasten des Vermächtnisgegenstands zwischen Beschwertem und Vermächtnisnehmer erheblich verkomplizieren, wenn der Beschwerte den Vermächtnisgegenstand in der Zeit zwischen Anfall und Vermächtniserfüllung einerseits selbst nutzt und andererseits Erträge aus ihm zieht, beispielsweise weil der Beschwerte eine Immobilie teilweise selbst bewohnt und im Übrigen vermietet. Ist eine derartige gemischte Nutzung des Vermächtnisgegenstands nach dem Erbfall absehbar, bietet es sich an, mit dem Erblasser die Verteilung von Nutzungen, Kosten und Lasten des Vermächtnisgegenstands eingehender zu erörtern und gegebenenfalls zu einer von den gesetzlichen Regelungen abweichenden letztwilligen Anordnung zu raten.

Im Übrigen kann der Beschwerte notwendige Verwendungen, die er nach Kenntnis oder grob fahrlässiger Unkenntnis von dem Anfall des Vermächtnisses oder nach Rechtshängigkeit des Vermächtnisanspruchs macht, nach §§ 2185, 994 Abs. 2 BGB nur nach den Vorschriften über die Geschäftsführung ohne Auftrag ersetzt verlangen.[72] Damit kommt es darauf an, ob die Verwendungen dem Interesse und dem wirklichen oder mutmaßlichen Willen des Vermächtnisnehmers entsprechen (§ 683 S. 1 BGB);[73] wobei ein entgegenstehender Wille nach herrschender Meinung dann unbeachtlich sein soll, wenn der Beschwerte – gemessen am Maßstab des § 1978 BGB – im Rahmen ordnungsgemäßer Nachlassverwaltung verpflichtet wäre, die Verwendungen zu machen.[74] Entsprechen die Verwendungen nicht dem wirklichen oder mutmaßlichen Willen des Vermächtnisnehmers, ist dieser nur zur Herausgabe der durch die Verwendungen eingetretenen Bereicherung verpflichtet (§ 684 BGB).[75]

BeckOK BGB, 67. Ed. 1.8.2023, BGB § 2185 Rn. 4; Wolf in Soergel, 13. Aufl. 2003, BGB § 2185 Rn. 2.

[71] Vgl. Otte in Staudinger, 2019, BGB § 2185 Rn. 5; anderer Ansicht Horn in Kroiß/Horn, 6. Aufl. 2022, BGB § 2185 Rn. 6.

[72] Vgl. OLG Celle ErbR 2015, 625 (628); Forschner in BeckOGK, 1.7.2023, BGB § 2185 Rn. 19; Horn in Kroiß/Horn, 6. Aufl. 2022, BGB § 2185 Rn. 9; Nobis in Erman, 17. Aufl. 2023, BGB § 2185 Rn. 2; Otte in Staudinger, 2019, BGB § 2185 Rn. 6.

[73] Vgl. Forschner in BeckOGK, 1.7.2023, BGB § 2185 Rn. 19; Otte in Staudinger, 2019, BGB § 2185 Rn. 6; allgemein Thole in Staudinger, 2019, BGB § 994 Rn. 43.

[74] Vgl. Burandt in Burandt/Rojahn, Erbrecht, 3. Aufl. 2019, BGB § 2185 Rn. 6; Horn in Kroiß/Horn, 6. Aufl. 2022, BGB § 2185 Rn. 9; Müller-Christmann in BeckOK BGB, 67. Ed. 1.8.2023, BGB § 2185 Rn. 5; Nobis in Erman, 17. Aufl. 2023, BGB § 2185 Rn. 2; Otte in Staudinger, 2019, BGB § 2185 Rn. 6; Rudy in MüKoBGB, 9. Aufl. 2022, BGB § 2185 Rn. 5; anderer Ansicht Forschner in BeckOGK, 1.7.2023, BGB § 2185 Rn. 19f.; Wolf in Soergel, 13. Aufl. 2003, BGB § 2185 Rn. 2.

[75] Vgl. Otte in Staudinger, 2019, BGB § 2185 Rn. 6.

bb) Sonstige Verwendungen

Für andere als notwendige Verwendungen kann der Beschwerte nach §§ 2185, 996 BGB nur dann Ersatz verlangen, wenn sie vor Kenntnis oder grob fahrlässiger Unkenntnis von dem Anfall des Vermächtnisses und vor Rechtshängigkeit des Vermächtnisanspruchs gemacht worden sind und der Wert der Sache durch sie noch zu der Zeit, zu welcher der Vermächtnisnehmer den Vermächtnisgegenstand erlangt, also der Vermächtnisanspruch erfüllt wird, erhöht ist.[76]

cc) Aufwendungen zur Bestreitung von Lasten

Nach § 2185 BGB sind insbesondere auch diejenigen Aufwendungen zu ersetzen, die der Beschwerte zur Bestreitung von Lasten der Sache macht (vgl. § 995 BGB).[77] Lasten sind dabei alle Zahlungspflichten, die den Eigentümer als solchen treffen,[78] wobei sowohl privatrechtliche Lasten als auch solche, die sich aus öffentlichem Recht ergeben, erfasst sind.[79] Zahlt der Beschwerte auf ein Darlehen, das der Erblasser zum Erwerb des vermachten Grundstücks aufgenommen hatte, stellt die Darlehensverbindlichkeit nur dann eine Last des Vermächtnisgegenstands dar, wenn sie grundpfandrechtlich gesichert ist.[80] Obgleich der Gesetzgeber in § 2185 BGB von der Systematik der §§ 987 ff. BGB abweicht, indem er Verwendungen und Aufwendungen zur Lastenbestreitung nebeneinander stellt (und nicht wie in § 995 S. 1 BGB Aufwendungen zur Lastenbestreitung als Unterfall der Verwendungen sieht),[81] wendet die herrschende Meinung § 995 S. 2 BGB an und sieht daher den Vermächtnisnehmer für die Zeit, für welche dem Beschwerten die Nutzungen verbleiben, nur insoweit als zum Ersatz verpflichtet an, als es sich um außerordentliche Lasten handelt, die als auf den Stammwert der Sache gelegt anzusehen sind,[82] wie zum Beispiel Erschließungskosten bei einem vermachten

---

[76] Vgl. Horn in Kroiß/Horn, 6. Aufl. 2022, BGB § 2185 Rn. 10; Nobis in Erman, 17. Aufl. 2023, BGB § 2185 Rn. 3; Otte in Staudinger, 2019, BGB § 2185 Rn. 7; Rudy in MüKoBGB, 9. Aufl. 2022, BGB § 2185 Rn. 6.

[77] Otte in Staudinger, 2019, BGB § 2185 Rn. 3.

[78] OLG Karlsruhe BeckRS 2015, 6245 Rn. 23; vgl. Forschner in BeckOGK, 1.7.2023, BGB § 2185 Rn. 13; Raff in MüKoBGB, 9. Aufl. 2023, BGB § 995 Rn. 2; Thole in Staudinger, 2019, BGB § 995 Rn. 2.

[79] Forschner in BeckOGK, 1.7.2023, BGB § 2185 Rn. 13.1; Horn in Kroiß/Horn, 6. Aufl. 2022, BGB § 2185 Rn. 7; Raff in MüKoBGB, 9. Aufl. 2023, BGB § 995 Rn. 2; Reymann in juris-Praxiskommentar, 10. Aufl. 2023, BGB § 2185 Rn. 15; Thole in Staudinger, 2019, BGB § 995 Rn. 3; Weidlich in Grüneberg, 82. Aufl. 2023, BGB § 2185 Rn. 2; Wolf in Soergel, 13. Aufl. 2003, BGB § 2185 Rn. 2.

[80] OLG Karlsruhe BeckRS 2015, 6245 Rn. 24; Forschner in BeckOGK, 1.7.2023, BGB § 2185 Rn. 16; Müller-Christmann in BeckOK BGB, 67. Ed. 1.8.2023, BGB § 2185 Rn. 4; Reymann in juris-Praxiskommentar, 10. Aufl. 2023, BGB § 2185 Rn. 15; Rudy in MüKoBGB, 9. Aufl. 2022, BGB § 2185 Rn. 4. Ist die Darlehensverbindlichkeit grundpfandrechtlich gesichert kommt es dann aber nicht darauf an, ob der Beschwerte auf die dingliche oder die persönliche Schuld geleistet hat, da der Vermächtnisnehmer nach § 2166 Abs. 1 S. 1 BGB zur Befreiung des Beschwerten verpflichtet ist, vgl. OLG Celle ErbR 2015, 625 (628).

[81] Vgl. Thole in Staudinger, 2019, BGB § 995 Rn. 1.

[82] Vgl. OLG Karlsruhe BeckRS 2015, 6245 Rn. 23; Nobis in Erman, 17. Aufl. 2023, BGB § 2185 Rn. 4; Otte in Staudinger, 2019, BGB § 2185 Rn. 5; Reymann in juris-Praxiskommentar, 10. Aufl. 2023, BGB § 2185 Rn. 15; Rudy in MüKoBGB, 9. Aufl. 2022, BGB § 2185 Rn. 4.

Grundstück.⁸³ Auch insoweit ist also für die Zeit zwischen Anfall und Vermächtniserfüllung die – in der Praxis schwierige – Unterscheidung erforderlich, ob die gewöhnlichen Lasten dem Fruchtertrag (dann ersatzfähig) oder Gebrauchszwecken (dann nicht ersatzfähig) dienen.⁸⁴

b) Ersatz der Gewinnungskosten

Neben den Verwendungsersatzanspruch des Beschwerten kann ein Anspruch auf Ersatz der Fruchtgewinnungskosten treten. Nach § 102 BGB kann der zur Herausgabe von Früchten Verpflichtete Ersatz der Gewinnungskosten verlangen, soweit die Kosten einer ordnungsmäßigen Wirtschaft entsprechen und den Wert der Früchte nicht übersteigen. Für den Ersatzanspruch ist es unerheblich, um welche Art von Früchten es sich handelt, sodass die Gewinnungskosten auch bei mittelbaren Sach- und Rechtsfrüchten (§ 99 Abs. 3 BGB), zum Beispiel den Erträgnissen eines Unternehmens, zu erstatten sind.⁸⁵ Der Anspruch kann auch auf den Ersatz des Wertes persönlicher Arbeitsleistung bei der Fruchtgewinnung gehen.⁸⁶ Ob die Gewinnungskosten den Grundsätzen ordnungsmäßiger Wirtschaft entsprechen, ist nach der Verkehrsanschauung zu beurteilen.⁸⁷ Bei vermieteten Immobilien umfassen die Gewinnungskosten nach der Rechtsprechung sämtliche Kosten für die Anbahnung, Betreuung und Abwicklung der Mietverhältnisse, für den auf die Immobilie bezogenen Kontakt mit Behörden und Versorgungsbetrieben sowie für die Aufnahme und Abwicklung von Schäden oder Reparaturen und die Prüfung von Reparaturrechnungen in Bezug auf die Immobilie, soweit sie im Schwerpunkt mit oder bei der Fruchtziehung angefallen sind.⁸⁸

III. Ergebnis und Regelungsmöglichkeiten

Die Befassung mit den gesetzlichen Bestimmungen zur Verteilung von Nutzungen, Lasten und Kosten des Vermächtnisgegenstands zwischen Beschwertem und Vermächtnisnehmer zeigt: Das vom Gesetzgeber vorgesehene Regelungswerk ist durchaus komplex und regelt die Verteilung vor dem Hintergrund des durch den Gesetzgeber angenommenen mutmaßlichen Willens des Erblassers, dem Ver-

---

[83] OLG Karlsruhe BeckRS 2015, 6245 Rn. 23; Nobis in Erman, 17. Aufl. 2023, BGB § 2185 Rn. 4; Rudy in MüKoBGB, 9. Aufl. 2022, BGB § 2185 Rn. 4.
[84] Vgl. Otte in Staudinger, 2019, BGB § 2185 Rn. 5.
[85] Vgl. BGH LM Nr. 1 = BeckRS 1962, 31374982; Ellenberger in Grüneberg, 82. Aufl. 2023, BGB § 102 Rn. 1; Stresemann in MüKoBGB, 9. Aufl. 2021, BGB § 102 Rn. 3; Vieweg/Lorz in juris-Praxiskommentar, 10. Aufl. 2023, BGB § 102 Rn. 2.
[86] Vgl. BGH LM Nr. 1 = BeckRS 1962, 31374982; Ellenberger in Grüneberg, 82. Aufl. 2023, BGB § 102 Rn. 1; J. Schmidt in Erman, 17. Aufl. 2023, BGB § 102 Rn. 3; Stieper in Staudinger, 2021, BGB § 102 Rn. 4; Stresemann in MüKoBGB, 9. Aufl. 2021, BGB § 102 Rn. 4; Vieweg/Lorz in juris-Praxiskommentar, 10. Aufl. 2023, BGB § 102 Rn. 7.
[87] J. Schmidt in Erman, 17. Aufl. 2023, BGB § 102 Rn. 3; Stieper in Staudinger, 2021, BGB § 102 Rn. 5; Vieweg/Lorz in juris-Praxiskommentar, 10. Aufl. 2023, BGB § 102 Rn. 8.
[88] BGH NZG 2019, 599 (600); J. Schmidt in Erman, 17. Aufl. 2023, BGB § 102 Rn. 3.

mächtnisnehmer möglichst frühzeitig den Genuss der Erträge des Vermächtnisgegenstands zukommen zu lassen. Weicht der zu regelnde Sachverhalt von dieser Grundannahme des Gesetzgebers ab oder wird offenbar, dass es dem Erblasser auf eine praktikable Lösung ankommt, kann es sich empfehlen, abweichende Anordnungen in die letztwillige Verfügung aufzunehmen. In der Praxis kann man in folgenden Konstellationen über eine abweichende letztwillige Anordnung nachdenken:

1. Entsprechende Anwendung der §§ 2184, 2185 BGB beim Gattungsvermächtnis?

Handelt es sich bei dem angeordneten Vermächtnis um ein Gattungsvermächtnis, das jedoch in der Sache einem Stückvermächtnis nahekommt,[89] könnte eine – den gesetzlichen Regelungen angenäherte – Vorverlegung der Nutznießung des Vermächtnisnehmers angeordnet werden. Beispielsweise könnte man mit Blick auf Früchte und Nutzungen des Vermächtnisgegenstands sowie den Ersatz von Verwendungen und Aufwendungen auf die gesetzlichen Bestimmungen der §§ 2184, 2185 BGB verweisen. Denn ansonsten bliebe es dabei, dass die Nutzungen bis zur Vermächtniserfüllung dem Beschwerten verbleiben und er im Gegenzug auch keinen Anspruch auf Erstattung der Kosten und Lasten hat. Aus Praktikabilitätsgründen kann allerdings auch dieses gesetzlich vorgesehene Ergebnis durchaus sachgerecht sein; zumal das Gesetz eine Herausgabepflicht vorsieht, sofern der Beschwerte mit der Vermächtniserfüllung in Verzug gerät oder der Vermächtnisanspruch rechtshängig wird (dazu unter → II. 1.). Auch unter steuerlichen Gesichtspunkten[90] sollte genau überlegt werden, ob eine abweichende Anordnung beim Gattungsvermächtnis wirklich zweckmäßig ist.

2. Wirtschaftlicher Übergang mit der Vermächtniserfüllung beim Stückvermächtnis

Aus steuerlichen Gründen und unter Praktikabilitätsgesichtspunkten könnte man auch beim Stückvermächtnis zu der Auffassung gelangen, dass der Vermächtnisgegenstand wirtschaftlich erst mit der Vermächtniserfüllung auf den Vermächtnisnehmer übergehen soll. Dazu ist eine von den gesetzlichen Bestimmungen abweichende letztwillige Anordnung erforderlich. Handelt es sich bei dem Vermächtnisgegenstand um vermieteten Grundbesitz, könnte die Bestimmung etwa lauten:

> Nutzungen des Vermächtnisgegenstands stehen dem Vermächtnisnehmer bis zur Vermächtniserfüllung nicht zu; für den Zeitraum zwischen Erbfall und Erfüllung des Vermächtnisses verbleiben also insbesondere die Mieterträge aus dem vermachten Grundbesitz dem Erben, eine Abrechnung soll insoweit nicht stattfinden. Zugleich sind dem Erben auch Verwendungen und Aufwendungen, die zur Bestreitung von Lasten des Vermächtnisgegenstands gemacht werden, für den Zeitraum, in dem ihm die Nutzungen zustehen, nicht zu ersetzen.

---

[89] Vgl. das Beispiel unter → II. 1.
[90] Vgl. dazu Fn. 10.

Will man eine untermonatliche Aufteilung des Mietzinses (§ 101 Nr. 2 Hs. 2 BGB) zwischen Beschwertem und Vermächtnisnehmer vermeiden, könnte man weiter einfügen:

> Erfolgt die Vermächtniserfüllung nicht zum Beginn bzw. Ende eines Monats, sollen Nutzungen des Vermächtnisgegenstands dem Vermächtnisnehmer erst ab dem darauffolgenden Monatsersten zustehen.

Ein Ausschluss der Verpflichtung zur Fruchtherausgabe und der Pflicht zur Erstattung von Aufwendungen und Verwendungen für den Zeitraum bis zur Vermächtniserfüllung kann sich insbesondere auch bei umfassenden Herausgabevermächtnissen anbieten.[91]

3. Wirtschaftlicher Übergang mit dem Erbfall beim Stückvermächtnis

Geht der Wille des Erblassers umgekehrt dahin, dem Vermächtnisnehmer die Erträge des Vermächtnisgegenstands unmittelbar mit dem Erbfall zukommen zu lassen, muss man über Regelungen, die von § 2184 BGB abweichen, eigentlich nur nachdenken, soweit Erbfall und Anfall zeitlich auseinanderfallen. Denn bereits nach § 2184 BGB stehen die Erträge des Vermächtnisgegenstands weitestgehend dem Vermächtnisnehmer zu und eine von § 2184 S. 2 BGB abweichende Anordnung eines Ersatzanspruchs des Vermächtnisnehmers wegen etwaiger Gebrauchsvorteile wird selten gewollt sein. Nur bei einem Vermächtnis, bei dem der Anfall hinausgeschoben ist (§§ 2177, 2178 BGB), wird eine Anordnung erforderlich, soweit der Erblasser dem Vermächtnisnehmer die Erträge trotz hinausgeschobenen Anfalls bereits ab dem Erbfall zuwenden will. Auch eine von § 2185 BGB abweichende Anordnung wird man selten mit dem Erblasser zu erörtern brauchen: Fallen Anfall und Erbfall zusammen oder wird bei einem hinausgeschobenen Anfall der Beginn der Pflicht zur Fruchtherausgabe auf den Erbfall vorverlegt, decken sich die maßgeblichen Zeitpunkte aus § 2184 BGB und § 2185 BGB und auch die Unterscheidung zwischen gewöhnlichen Erhaltungskosten und anderen notwendigen Verwendungen (dazu unter → II. 2. a) aa)) hat nur Bedeutung, wenn nicht auszuschließen ist, dass der Beschwerte Vorteile aus dem Gebrauch des Vermächtnisgegenstands zieht. Zu beachten ist allenfalls, dass bei aufschiebend bedingten und befristeten Vermächtnissen häufig nur ein eingeschränkter Erstattungsanspruch des Beschwerten bestehen wird, da er zumeist als bösgläubig zu behandeln sein dürfte (dazu unter → II. 2. a)). Insoweit wird teils empfohlen, die §§ 2124–2126 BGB für anwendbar zu erklären.[92]

4. Ergebnis

Ein Bedürfnis für eine von den gesetzlichen Bestimmungen abweichende letztwillige Anordnung kann sich nach alledem vor allem aus steuerlichen Gründen und unter Praktikabilitätsgesichtspunkten ergeben. Dann ist erwägenswert, den wirtschaftlichen Übergang des Vermächtnisgegenstands an die Vermächtniserfül-

---

[91] Vgl. Forschner in BeckOGK, 1.7.2023, BGB § 2185 Rn. 3f.
[92] Horn in Kroiß/Horn, 6. Aufl. 2022, BGB § 2185 Rn. 12; Reimann MittBayNot 2002, 4 (7).

lung zu knüpfen. Entspricht der Wille des Erblassers hingegen dem Leitbild der §§ 2184, 2185 BGB und ist darauf gerichtet, dem Vermächtnisnehmer möglichst frühzeitig nach dem Erbfall die Erträge des Vermächtnisgegenstands zuzuwenden, erscheinen abweichende Anordnungen kaum erforderlich, da die gesetzlichen Bestimmungen in dieser Konstellation eine sachgerechte Abgrenzung erlauben.

HERIBERT HECKSCHEN

Das Heimfallrecht in der Insolvenz: ein systematischer Abriss

I. Einleitung

Der Verfasser beschäftigt sich seit vielen Jahren mit dem Insolvenz- und Unternehmensrecht sowie erbrechtlichen Fragestellungen. Noch wenig Beachtung findet im Schrifttum die Thematik der Heimfallrechte. Dies ist umso bedauerlicher, weil Heimfallrechte in der notariellen Praxis – sicher auch unseres Jubilars – eine nicht geringe Bedeutung haben. Ihre Behandlung in der Insolvenz stellt die Praxis immer wieder vor Probleme. Auch wenn dem Jubilar die Bedeutung der relevanten Normen sicherlich geläufig sein dürfte, so soll den Anfang eine kurze Darstellung der im weiteren einschlägigen insolvenzrechtlichen Normen machen, bevor im Folgenden auf die einschlägigen Regelungen zum Heimfallrecht eingegangen wird.

§ 109 InsO regelt ein Sonderkündigungsrecht des Insolvenzverwalters in der Insolvenz des Mieters außerhalb der Geltung der §§ 103–108 InsO.[1] Die Rechtsfolge des § 109 Abs. 1 S. 1 InsO ist Beendigung des Vertrages.[2] § 119 InsO verbietet Vereinbarungen, die im Voraus die Anwendung der §§ 103–118 InsO beschränken.[3] Die Vorschrift schützt vor einer Umgehung der §§ 103–118 InsO, mithin also die Verwaltungsausübung durch den Insolvenzverwalter und soll eine Abwicklung in der Insolvenz außerhalb der gesetzlichen Vorschriften verhindern.[4] Rechtsfolge ist die Unwirksamkeit der Vereinbarung.[5] Hingegen dienen die §§ 129 ff. InsO der Rückgängigmachung gläubigerbenachteiligender Handlungen und haben lediglich einen schuldrechtlichen Rückgewähranspruch zur Folge.[6]

---

[1] Wegener in Uhlenbruck, 15. Aufl. 2019, InsO § 109 Rn. 1.
[2] Wegener in Uhlenbruck, 15. Aufl. 2019, InsO § 109 Rn. 9.
[3] Sinz in Uhlenbruck, 15. Aufl. 2019, InsO § 119 Rn. 1.
[4] Sinz in Uhlenbruck, 15. Aufl. 2019, InsO § 119 Rn. 2; Huber in MüKoInsO, 4. Aufl. 2019, InsO § 119 Rn. 2.
[5] Huber in MüKoInsO, 4. Aufl. 2019, InsO § 119 Rn. 15.
[6] Kirchhof/Freudenberg in MüKoInsO, 4. Aufl. 2019, InsO vor §§ 129–147 Rn. 3; Borries/Hirte in Uhlenbruck, 15. Aufl. 2019, InsO vor § 129 Rn. 9.

II. Darf ein Erbbauvertrag eine Heimfallklausel vorsehen?

1. Gesetzgeberische Konzeption des Heimfallrechts

Heimfall ist nach der Legaldefinition des § 2 Nr. 4 ErbbauRG eine Verpflichtung des Erbbauberechtigten, das Erbbaurecht beim Eintreten bestimmter Voraussetzungen auf den Grundstückseigentümer zu übertragen. Ein Bedürfnis hierfür besteht in der Praxis regelmäßig, weil das außerordentliche Kündigungsrecht bei Dauerschuldverhältnissen und das Rücktrittsrecht beim Erbbaurechtsvertrag von Gesetzes wegen ausgeschlossen sind. Auch ein auflösend bedingtes Erbbaurecht ist gemäß § 1 Abs. 4 ErbbauRG unzulässig.[7]

Die Voraussetzungen der Heimfallklausel sind im Gesetz nicht abschließend geregelt.[8] Daher wird allgemein angenommen, dass sich die Zulässigkeit des Inhalts des Heimfallanspruchs an den Grenzen der Vertragsfreiheit orientiert.[9] So sind als zulässige Bedingung die Nichterfüllung der Pflichten aus dem Erbbaurechtsvertrag[10] oder die vertragswidrige Nutzung bestimmter Bauwerke[11] vorgesehen. Auch unbestimmte Rechtsbegriffe, wie ein „wichtiger Grund"[12] oder eine „unbillige Härte"[13] reichen für eine mögliche Bestimmtheit der Heimfallgründe aus.[14] Auch ein Heimfallrecht aufgrund einer zu langsamen Bebauung ist zulässig.[15] Überwiegend wird jedoch gefordert, dass ein wirtschaftlicher oder rechtlicher Zusammenhang zwischen dem Heimfallrecht und dem Erbbaurecht bestehen muss.[16] Die Vertragsfreiheit findet ihre Beschränkung zunächst in den Grenzen der §§ 134, 138 BGB.[17] Daneben sind jedoch auch die Grenzen sonstiger Gesetze zu beachten.

Für das ErbbauRG bedeutet dies, dass einerseits § 9 Abs. 4 ErbbauRG zu beachten ist. Dieser lässt den Heimfall nur zu, wenn der ausstehende Erbbauzins mindestens zwei Jahreszinsbeträge beträgt.[18] Dies soll auch für Maßnahmen der Zwangsversteigerung und Zwangsverwaltung gelten. Zum anderen ist § 6 Abs. 2 ErbbauRG zu beachten. Danach darf ein Heimfallrecht nicht das nach § 5 ErbbauRG vorgesehene Zustimmungserfordernis des Eigentümers umgehen.[19]

---

[7] Schöner/Stöber, Grundbuchrecht, 16. Aufl. 2020, Rn. 1754; Winkler/Schlögel, Erbbaurecht, 7. Aufl. 2021, § 4 Rn. 77; Hustedt in Ingenstau/Hustedt, 9. Aufl. 2010, ErbbauRG § 2 Rn. 52.
[8] Hustedt in Ingenstau/Hustedt, 9. Aufl. 2010, ErbbauRG § 2 Rn. 62.
[9] BGH DNotZ 2004, 143 (144); OLG Hamm MittRhNotK 1986, 21.
[10] BGH NJW 1984, 2213.
[11] Hustedt in Ingenstau/Hustedt, 9. Aufl. 2010, ErbbauRG § 2 Rn. 64.
[12] BGH DNotZ 2004, 143 mit Anmerkung von Oefele MittBayNot 2004, 186.
[13] LG Düsseldorf MittRhNotK 1989, 218; LG Oldenburg Rpfleger 1979, 383.
[14] Winkler/Schlögel, Erbbaurecht, 7. Aufl. 2021, § 4 Rn. 78.
[15] OLG Stuttgart ErbbauZ 2022, 167 für eine Moschee.
[16] BGH DNotZ 2004, 143 mit Anmerkung von Oefele MittBayNot 2004, 186; Hustedt in Ingenstau/Hustedt, 9. Aufl. 2010, ErbbauRG § 2 Rn. 66; Winkler/Schlögel, Erbbaurecht, 7. Aufl. 2021, § 4 Rn. 83 mit weiteren Nachweisen; Rapp in Staudinger, 2021, ErbbauRG § 2 Rn. 21b.
[17] Winkler/Schlögel, Erbbaurecht, 7. Aufl. 2021, § 4 Rn. 84 mit weiteren Nachweisen.
[18] OLG Hamm MDR 2015, 82; Hustedt in Ingenstau/Hustedt, 9. Aufl. 2010, ErbbauRG § 2 Rn. 72; Winkler/Schlögel, Erbbaurecht, 7. Aufl. 2021, § 4 Rn. 88.
[19] BayObLG NJW-RR 1991, 718 (719); Winkler/Schlögel, Erbbaurecht, 7. Aufl. 2021, § 4 Rn. 88.

2. Überblick über die Rechtsprechung des BGH zu insolvenzbedingten Lösungsklauseln

Ein Heimfallanspruch für den Fall der Insolvenz des Erbbauberechtigten wird in der Praxis häufig vorgesehen.[20] Insofern wird also eine Lösung vom Erbbaurechtsvertrag vereinbart, welche die Frage nach der Zulässigkeit insolvenzbedingter Lösungsklauseln auslöst. Der BGH hatte sich mit dieser Problematik zuletzt in einer Reihe von Entscheidungen in den Jahren 2007 bis 2022 befasst. Zunächst vermied er eine allgemeine Positionierung zur Zulässigkeit und traf lediglich punktuelle und auf den jeweiligen Anwendungsfall bezogene Entscheidungen. In einer Entscheidung vom 19.4.2007 hatte der BGH die nachträgliche Vereinbarung eines Heimfallrechts zu untersuchen. Dem Grundsatz nach ließ der BGH bereits dort insolvenzbedingte Lösungsklauseln zu. Insbesondere verneinte er ihre Sittenwidrigkeit nach § 138 BGB, weil gegenüber der allgemeinen Sittenwidrigkeit die Regeln der Insolvenzanfechtung vorrangig seien.[21] Jedoch bejahte der BGH in diesem Fall eine Anfechtbarkeit gemäß § 133 Abs. 1 InsO. Vereinbaren die Parteien einen Heimfallanspruch, so verliere die Insolvenzmasse mit Ausübung des Heimfallanspruchs an Wert, weil das Nutzungsrecht am Erbbaurecht entzogen werde. Dies begründe eine Anfechtbarkeit im Rahmen der Insolvenz.[22] Dies galt im vorliegenden Fall nach dem BGH insbesondere deshalb, weil für den Insolvenzfall keine Entschädigung vereinbart worden war.[23]

Die grundsätzliche Zulässigkeit von insolvenzbedingten Lösungsklauseln erhielt der V. Zivilsenat auch im Urteil vom 7.12.2007 aufrecht.[24] Der Senat hatte über eine vormerkungsgesicherte Rückübertragungspflicht an einem Hausgrundstück zu entscheiden und sich vordergründig mit der Frage zu befassen, ob der mit einer Vormerkung gesicherte Rückübertragungsanspruch ohne weitere Bewilligung im Grundbuch um weitere Rückübertragungsgründe aufgeladen werden könne. Er bejahte dies[25], entgegen kritischer Stimmen in der Literatur[26], und führte entsprechend und eher als Randfrage aus, dass eine Rückforderungsklausel für den Fall der Insolvenz grundsätzlich wirksam sein könne.[27] Auch hier erkannte er die Zulässigkeit insolvenzbedingter Lösungsklauseln nicht allgemein an, sondern verwies in der Sache bezüglich der Zulässigkeit der Lösungsklausel mangels ausreichender Sachverhaltsaufklärung zurück an das Berufungsgericht.[28]

---

[20] Hustedt in Ingenstau/Hustedt, 9. Aufl. 2010, ErbbauRG § 2 Rn. 70; Winkler/Schlögel, Erbbaurecht, 7. Aufl. 2021, § 4 Rn. 87a, 94, jeweils mit weiteren Nachweisen.
[21] BGH DNotZ 2007, 682 (683).
[22] BGH DNotZ 2007, 682 (683).
[23] BGH DNotZ 2007, 682 (683).
[24] BGH NZI 2008, 325 (326).
[25] BGH NZI 2008, 325 (327).
[26] BGH NZI 2008, 325 mit Anmerkung Kesseler; MittBayNot 2008, 212 mit Anmerkung Demharter; ZIP 2008, 893 mit Anmerkung Mittlehner, der ausdrücklich darauf abstellt, dass der IX. Zivilsenat in seiner Entscheidung die Behandlung einer aufgeladenen Vormerkung nach §§ 106, 81, 91, 129 ff., 140 InsO in seiner Entscheidung nicht thematisierte und hierzu nähere Ausführungen trifft.
[27] BGH NZI 2008, 325 (327).
[28] BGH NZI 2008, 325 (327).

In einem Beschluss vom 13.3.2008 hatte der IX. Zivilsenat des BGH über einen Grundstücksschenkungsvertrag zu entscheiden, in dem zugleich ein durch Vormerkung gesicherter Rückübertragungsanspruch für den Fall des Vermögensverfalls oder der Insolvenz des Begünstigten vereinbart wurde.[29] In diesem Fall lehnte der BGH eine Anfechtbarkeit nach § 129 InsO ab.[30] Die oben dargelegten Grundsätze seien auf die Schenkung zum Vorteil des Schuldners nicht anwendbar.[31] Vorliegend war das Grundstück von dem Erwerb durch den Schuldner an mit dem durch vorrangige Auflassungsvormerkung gesicherten Rückübertragungsanspruch belastet.[32] Damit sei keine objektive Benachteiligung des Schuldners verbunden gewesen.[33]

In einem weiteren Beschluss vom 12.6.2008 hatte sich der IX. Senat erneut mit einem Heimfallanspruch zu befassen.[34] Streitgegenständlich war auch hier ein für den Fall der Insolvenz bestellter Heimfallanspruch eines Erbbaurechts, wobei die Schuldnerin aufgrund des Erbbaurechts an einem Grundstück auf diesem ein von ihr errichtetes Erlebnisbad betrieb.[35] Teil des Erbbaurechtsvertrags war eine Heimfallklausel, die für den Fall der Geltendmachung des Heimfalls eine Entschädigung ausschloss.[36] Nach der Insolvenz der Hallenbetreiberin erging in der Gläubigerversammlung auf Betreiben der größten Schuldnerin, einer Bank, ein entsprechender Beschluss der Gläubigerversammlung, der den Insolvenzverwalter zur Erfüllung des Heimfallanspruchs und der Geltendmachung sich daraus ergebender Ansprüche ermächtigte.[37] Den Antrag des Insolvenzverwalters, einer anderweitigen Verwertung des Erbbaurechts zuzustimmen, lehnte die Gläubigerversammlung ab.[38] Ein anderer Gläubiger beantragte noch in der Gläubigerversammlung unter anderem die Aufhebung des gefassten Beschlusses nach § 78 Abs. 1 InsO, den das zuständige Insolvenzgericht jedoch zurückwies.[39] Dem trat der IX. Zivilsenat entgegen und zog hier die entschädigungslose Vereinbarung des Heimfalls zur Begründung heran.[40] Er bejahte eine Gläubigerbenachteiligung und damit Anfechtbarkeit gemäß § 133 Abs. 1 InsO und führte damit seine Rechtsprechung zur Zulässigkeit von Heimfallklauseln auf den Insolvenzfall aus dem Jahr 2007 fort.[41] Die Heimfallregelung sei, ähnlich wie im Beschluss vom 19.4.2007,[42] gezielt für den Insolvenzfall getroffen worden und räume dem Grundstückseigentümer einen Sondervorteil ein, der zwangsläufig die Rechte der anderen Gläubiger schmälere.[43] Demgemäß widerspräche der in der Gläubigerversammlung gefasste Beschluss den Interessen aller Gläubi-

---

[29] BGH DNotZ 2008, 518.
[30] BGH DNotZ 2008, 518.
[31] BGH DNotZ 2008, 518 (519) mit Anmerkung Amann.
[32] BGH DNotZ 2008, 518 (519).
[33] BGH DNotZ 2008, 518 (519).
[34] BGH NZI 2008, 490.
[35] BGH NZI 2008, 490.
[36] BGH NZI 2008, 490.
[37] BGH NZI 2008, 490.
[38] BGH NZI 2008, 490.
[39] BGH NZI 2008, 490.
[40] BGH NZI 2008, 490.
[41] BGH NZI 2008, 490.
[42] BGH DNotZ 2007, 682 (683).
[43] BGH NZI 2008, 490.

ger.⁴⁴ Denn bliebe er so stehen, bedeute das einen Wertungswiderspruch, weil ein Gleichlauf zwischen dem Interesse der Gläubiger an der Anreicherung der Masse im Rahmen der Insolvenzanfechtung nach §§ 129 ff. InsO und der Interessenlage bei § 78 Abs. 1 InsO, alle Gläubiger bestmöglich und gleichmäßig zu befriedigen, bestünde.⁴⁵ Bei Umsetzung des Beschlusses könne unter Umständen ein wesentlicher Vermögenswert der Schuldnerin, die durch das Erbbaurecht vermittelte Nutzungsmöglichkeit, nicht im Interesse der Gläubigergesamtheit realisiert werden.⁴⁶

In einer weiteren Entscheidung vom 22.10.2013 hatte sich der II. Zivilsenat des BGH mit einem Schadenersatzanspruch als Neugläubigerschaden wegen Insolvenzverschleppung gemäß § 823 Abs. 2 BGB in Verbindung mit § 15a Abs. 1 S. 1 InsO zu befassen.⁴⁷ Ein Vermieter vermietete einem Mieter vor Insolvenzreife Räume.⁴⁸ Bestandteil des streitgegenständlichen Mietvertrages war eine Klausel, die dem Vermieter für den Fall der Insolvenz des Mieters ein Sonderkündigungsrecht zugestand.⁴⁹ Der II. Zivilsenat versagte einen Schadensersatzanspruch, weil der Vermieter schon nicht als Neugläubiger zu behandeln sei⁵⁰ und entschied weiter, dass dem Vermieter für den Fall der Eröffnung eines Insolvenzverfahrens kein Lösungsrecht eröffnet sei.⁵¹ Ein entsprechendes Sonderkündigungsrecht sei nach § 119 InsO unwirksam, weil es die Beschränkung der §§ 108 ff. InsO unterlaufe, weil § 108 Abs. 1 S. 1 InsO davon ausgehe, dass der Mietvertrag auch für den Fall der Insolvenz fortbestehe und allein durch den Insolvenzverwalter gekündigt werden könne.⁵² Nach der Ratio des § 112 InsO sei dem Vermieter selbst eine Kündigung wegen Zahlungsverzuges hinsichtlich der Mietzahlungen nach Eröffnung des Insolvenzverfahrens versagt.⁵³

Für grundsätzlich unzulässig hielt der IX. Zivilsenat des BGH auch insolvenzbedingte Lösungsklauseln bei Dauerbezugsverträgen in einer Entscheidung vom 15.11.2012.⁵⁴ Im entschiedenen Fall hatte der BGH eine Klausel in einem Energielieferungsvertrag zu beurteilen, die eine automatische Beendigung vorsah, falls ein Kunde einen Insolvenzantrag stelle oder aufgrund eines Gläubigerantrags ein vorläufiger Insolvenzantrag gestellt werde.⁵⁵ Er kam hier zu dem Schluss, dass die Klausel unwirksam sei, weil sie das Wahlrecht des Insolvenzverwalters nach § 103 InsO von Anfang an ausschließe.⁵⁶ Eine Wirksamkeit könne nur dann bejaht werden, wenn sich das Lösungsrecht aus einer gesetzlich angeordneten Regelung ableite.⁵⁷

---

⁴⁴ BGH NZI 2008, 490.
⁴⁵ BGH NZI 2008, 490.
⁴⁶ BGH NZI 2008, 490 (491).
⁴⁷ BGH NZI 2014, 25.
⁴⁸ BGH NZI 2014, 25.
⁴⁹ BGH NZI 2014, 25.
⁵⁰ BGH NZI 2014, 25.
⁵¹ BGH NZI 2014, 25 (26).
⁵² BGH NZI 2014, 25 (26).
⁵³ BGH NZI 2014, 25 (26).
⁵⁴ BGH NZI 2013, 178.
⁵⁵ BGH NZI 2013, 178.
⁵⁶ BGH NZI 2013, 178 (179).
⁵⁷ BGH NZI 2013, 178 (179f.) mit Verweis auf BGH NZI 2004, 144, der dort eine Wirksamkeit einer Lösungsklausel mit Blick auf § 14 Abs. 1 VVG alte Fassung bejahte.

Für VOB-Bauverträge bejahte allerdings der VII. Zivilsenat des BGH in einer Entscheidung vom 7.4.2016 die Zulässigkeit insolvenzbedingter Lösungsklauseln.[58] Der VII. Zivilsenat setzte sich mit § 8 Abs. 2 Nr. 1 Alt. 2 in Verbindung mit Nr. 2 VOB/B (2009) auseinander, da die Parteien die VOB/B bei einem Vertrag über die Errichtung eines Geschäftshauses entsprechend mit einbezogen hatten.[59] Das dort normierte Kündigungsrecht bei Eigeninsolvenzantrag des Auftragnehmers und die Rechtsfolgen des Kündigungsrechts seien nicht wegen eines Verstoßes gegen §§ 103, 119 InsO nach § 134 BGB unwirksam.[60] Es bestünde ein schwerwiegendes Eigeninteresse des Auftraggebers eines Bauvertrages, sich im Falle der Insolvenz frühzeitig vom Vertrag zu lösen, dass das Interesse der Insolvenzgläubiger an einer Fortführung des Vertrages überwiege.[61] Auch für formularmäßig verwendete Lösungsklauseln sei eine Unwirksamkeit nach § 307 Abs. 1, 2 BGB nicht zu begründen.[62] Unklar blieb aber auch nach dieser grundlegenden Entscheidung, ob die dort dargelegten Grundsätze auch auf andere Vertragstypen außerhalb des VOB anwendbar sind.[63]

Die jüngste Entscheidung zur Zulässigkeit von insolvenzbedingten Lösungsklauseln hat der IX. Zivilsenat im Jahr 2022 getroffen.[64] Gegenständlich war ein Schülerbeförderungsvertrag, der für den Fall der Insolvenz des Beförderungsunternehmens eine Lösungsklausel vorsah.[65] Mit Insolvenz des Beförderungsunternehmens kündigte die Schule den Schülerbeförderungsvertrag aus wichtigem Grund, wogegen das Schülerbeförderungsunternehmen klagte.[66] In dieser Entscheidung stellte der IX. Zivilsenat allgemeine Grundsätze über die Zulässigkeit insolvenzbedingter Lösungsklauseln auf.[67] Der Senat legte sich zunächst dahingehend fest, dass eine generelle Unwirksamkeit insolvenzbedingter Lösungsklauseln sich nicht aus dem Gesetz ergeben könne.[68] Eine Unwirksamkeit insolvenzabhängiger Lösungsklauseln könne aber aus § 119 InsO folgen, wenn sie mittelbar Einfluss auf die §§ 103–118 InsO hätten.[69] § 119 InsO enthielte aber keine ausdrückliche Regelung inwieweit und unter welchen Voraussetzungen vertragliche Vereinbarungen, die nur mittelbar Einfluss auf die §§ 103–118 InsO hätten, unwirksam seien.[70] Der Grundsatz der Vertragsfreiheit greife daher auch in der Insolvenz.[71] Mangels gesetzlicher Regelung

---

[58] BGH ZIP 2016, 981.
[59] BGH ZIP 2016, 981.
[60] BGH ZIP 2016, 981 (982).
[61] BGH ZIP 2016, 981 (983).
[62] BGH ZIP 2016, 981 (985).
[63] BGH DNotZ 2017, 57 mit kritischer Anmerkung Basty; BGH NZI 2016, 532 mit kritischer Anmerkung Huber NZI 2016, 525 (527).
[64] BGH NZI 2023, 165 mit Anmerkung Lenger = EWiR 2023, 49 mit Anmerkung Thole EWiR 2023, 49.
[65] BGH NZI 2023, 165 mit Anmerkung Lenger = EWiR 2023, 49 mit Anmerkung Thole EWiR 2023, 49.
[66] BGH NZI 2023, 165 mit Anmerkung Lenger = EWiR 2023, 49 mit Anmerkung Thole EWiR 2023, 49.
[67] BGH NZI 2023, 165 (166).
[68] BGH NZI 2023, 165 (167).
[69] BGH NZI 2023, 165 (168).
[70] BGH NZI 2023, 165 (168).
[71] BGH NZI 2023, 165 (168).

bedürfe die Unwirksamkeit insolvenzabhängiger Lösungsklauseln nach § 119 InsO daher einer besonderen Rechtfertigung.[72] Aus diesen Grundsätzen entwickelt der BGH eine zweistufige Prüfung.[73] Zunächst sei eine ex-ante-Betrachtung bei Vertragsschluss vorzunehmen, wonach eine Lösungsklausel wirksam sei, wenn bei objektiver ex-ante-Betrachtung zum Zeitpunkt des Vertragsabschlusses ein sachlicher Grund bestehe, welcher nicht nur darauf ausgerichtet sei, die zwingenden Regelungen der §§ 103–118 InsO zu umgehen.[74]

Die betroffenen Interessen seien umfassend abzuwägen, wobei es darauf ankäme, ob bei Abschluss des Vertrages eine insolvenzrechtlich gerechtfertigte Zielsetzung vorliege.[75] Der IX. Zivilsenat stellt sodann Fallgruppen auf und legt die vier verschiedenen Konstellationen dar, in denen eine Lösungsklausel regelmäßig als wirksam zu betrachten sei:[76]

1. Sie regelt einen wichtigen Kündigungsgrund abschließend.[77]
2. Die Insolvenz führt zu einer Risikoerhöhung für den Vertragspartner.[78]
3. Der Vertrag kommt als Teil einer Sanierung des Schuldners zustande und die Klausel soll die Risiken eines Scheiterns der Sanierung abmildern.[79]
4. Zuletzt ist eine insolvenzbedingte Lösungsklausel wirksam, wenn das Gesetz eine Kündigung aus wichtigem Grund zulässt und die vertragliche Ausgestaltung der wichtigen Gründe durch eine typisierte Interessenbewertung für die darin geregelten Fälle gerechtfertigt ist.[80]

Gefährden die Risiken der Insolvenz die weitere Vertragsdurchführung derart, dass ein wichtiger Grund vorläge, sei auch die insolvenzbedingte Lösungsklausel wirksam.[81] Generell unwirksam seien hingegen Lösungsklauseln zugunsten eines Geldleistungsgläubigers, die den gesetzlichen Rahmen überschreiten oder Klauseln, die Regelungen umgehen, welche ausdrücklich auch für die Zeit vor der Insolvenzeröffnung gelten.[82] In einem zweiten Schritt sei sodann eine Ausübungskontrolle im Zeitpunkt der Kündigung vorzunehmen, in deren Rahmen der Vertragspartner nach dem Grundsatz von Treu und Glauben an der Ausübung der Lösungsklausel gehindert sein könne, wenn das schutzwürdige Interesse des Schuldners die Interessen des Ausübungsberechtigten überwiegen würden.[83]

In der Zwischenzeit hatte der BGH auch mehrfach über die Frage der Teilanfechtung von Lösungs- und Heimfallklauseln zu entscheiden. Siehe hierzu weiter → II. 3. d.

---

[72] BGH NZI 2023, 165 (168).
[73] BGH NZI 2023, 165 (169).
[74] BGH NZI 2023, 165 (169).
[75] BGH NZI 2023, 165 (169).
[76] BGH NZI 2023, 165 (169).
[77] BGH NZI 2023, 165 (169).
[78] BGH NZI 2023, 165 (169).
[79] BGH NZI 2023, 165 (170).
[80] BGH NZI 2023, 165 (170).
[81] BGH NZI 2023, 165 (169).
[82] BGH NZI 2023, 165 (170).
[83] BGH NZI 2023, 165 (170) mit Anmerkung Thole EWiR 2020, 49.

3. Übertragung der Rechtsprechung zu insolvenzbedingten Lösungsklauseln auf das Heimfallrecht

Im Folgenden stellt sich die Frage, wie sich diese Rechtsprechungsgrundsätze auf insolvenzbedingte Lösungsklauseln beim Heimfallanspruch auswirken. Wie im Folgenden zu zeigen ist, ist dabei zwischen insolvenzbedingten Lösungsklauseln mit und ohne Entschädigung zu differenzieren.

a) Das Erbbaurecht in der Insolvenz

Um das Bedürfnis nach insolvenzbedingten Lösungsklauseln für den Fall der Insolvenz zu bewerten, ist es zunächst erforderlich, das Schicksal des Erbbaurechts in der Insolvenz in den Blick zu nehmen.[84] Die Eröffnung des Insolvenzverfahrens hat für den Erbbaurechtsausgeber zunächst keine wirtschaftlichen Nachteile; der Erbbauzins ist vom Verwalter weiter zu leisten und wird durch die Insolvenzeröffnung allenfalls gefährdet. Auch dann bleibt ihm aber noch die abgesonderte Befriedigung nach § 49 InsO, die er bevorrechtigt vor den einfachen Insolvenzgläubigern geltend machen kann (§ 9 Abs. 1 ErbbauRG, §§ 1105, 1107, 1147 BGB).[85] Mit einem insolvenzbedingten Heimfallanspruch wird aber der Insolvenzmasse die weitere Nutzung des Erbbaurechts genommen.[86] Dies könnte dafür sprechen, auch hier unabhängig von einer Entschädigungspflicht nach § 27 ErbbauRG eine Anfechtung des Insolvenzverwalters zuzulassen.

Dies würde jedoch den Besonderheiten der möglichen Vertragsgestaltungen beim Erbbaurecht nicht gerecht. Zum einen können die Beteiligten von einer dinglichen Sicherung des Erbbauzinses absehen und sich auf eine rein schuldrechtliche Vereinbarung beschränken.[87] Dann ist der rückständige Erbbauzins aus der Zeit vor der Insolvenzeröffnung nur eine einfache Insolvenzforderung. Ob auch der laufende Erbbauzins, wie etwa Miet- oder Pachtzins, nach Insolvenzeröffnung Masseverbindlichkeit nach § 55 Abs. 1 Nr. 2 InsO ist, ist unklar, da § 108 InsO, dem Wortlaut nach, das Erbbaurecht nicht erfasst.[88] Der Grundstückseigentümer möchte neben dem Erhalt des Erbbauzinses regelmäßig auch auf Verfügungen über das Erbbaurecht Einfluss ausüben. Ein Zustimmungsvorbehalt nach § 5 ErbbauRG hat jedoch nicht die gleiche Wirkung wie ein Heimfallanspruch nach § 2 Nr. 4 ErbbauRG.[89] Zuzugeben ist, dass der Zustimmungsvorbehalt nach § 5 ErbbauRG einer Verwertung im Rahmen der Insolvenz grundsätzlich entgegensteht, vgl. auch § 8 ErbbauRG.[90] § 7 Abs. 3

---

[84] Allgemein hierzu Keller NZI 2012, 777 ff.
[85] So ausdrücklich auch BGH DNotZ 2007, 682 (684 f.).
[86] Wohl auch BGH DNotZ 2007, 682 (683 f.); ähnlich Kesseler ZNotP 2007, 303 (304); Reul DNotZ 2007, 649 (657); Suppliet NotBZ 2008, 267; Winkler/Schlögel, Erbbaurecht, 7. Aufl. 2021, § 4 Rn. 87a.
[87] Winkler/Schlögel, Erbbaurecht, 7. Aufl. 2021, § 6 Rn. 13.
[88] BGH DNotZ 2007, 682 (683); OLG Jena OLG-NL 2006, 60; Jacoby in Kübler/Prütting/Bork, 95. EL 7/2023, InsO § 108 Rn. 15.
[89] Zimmer ZfIR 2008, 91 (93).
[90] Dies ergäbe sich aus einer sinngemäßen Auslegung des § 7 Abs. 3 ErbbauRG, BGH NJW 1960, 2093; NJW 1966, 730; NJW 1987, 1942 (1943); Meyer NZI 2007, 487 (488); Ahrens NZI 2014, 395 (349).

ErbbauRG sieht jedoch die Möglichkeit vor, die Zustimmung durch Beschluss des Amtsgerichts des Wohnsitzes zu ersetzen, wenn der Grundstückseigentümer seine Zustimmung ohne berechtigten Grund verweigert.[91] Ein berechtigter Grund besteht dann, wenn der Erbbaurechtsberechtigte sein Erbbaurecht in spekulativer Weise ausübt.[92] Ein berechtigter Grund wird aber regelmäßig nur in besonderen Ausnahmefällen zu bejahen sein, wenn die Verwertung im Rahmen einer ordnungsgemäßen wirtschaftlichen Verwaltung erfolgen soll.[93] Jedenfalls bei einem lediglich schuldrechtlich vereinbarten Erbbauzins besteht daher ein Schutzbedürfnis des Erbbaurechtsausgebers.[94] Der Vertragszweck beim Erbbaurecht, nämlich die Erfüllung des Anspruchs auf Zahlung des Erbbauzins,[95] erfordert deshalb das insolvenzbedingte Heimfallrecht, das dann der Anfechtung durch den Insolvenzverwalter entzogen ist.[96]

Auch wenn ein dinglicher Erbbauzins vereinbart wurde, kann sich ein Schutzbedürfnis ergeben: Lässt das Erbbaurecht in der Zwangsversteigerung keinen Versteigerungserlös erwarten, schützt das Absonderungsrecht nach § 49 InsO den dinglich Berechtigten nicht davor, seinen Erbbaurechtszins zu verlieren. Gleiches gilt, wenn die Erbbauzinsreallast nicht erstrangig im Erbbaugrundbuch eingetragen ist. Auch ist dieser „einmalige" Versteigerungserlös nicht ohne weiteres gleichzusetzen mit der regelmäßigen und dauerhaften Zahlung des Erbbauzinses. Dies wird insbesondere dann deutlich, wenn man sich die allgemeinen Wirkungen des § 143 Abs. 1 S. 1 InsO vergegenwärtigt. Denn eine nach den §§ 129 ff. InsO anfechtbare Rechtshandlung bleibt zivilrechtlich voll wirksam, der Anfechtungsberechtigte erhält lediglich einen schuldrechtlichen Rückgewähranspruch.[97] So hat auch der BGH klargestellt, dass der Anfechtungsberechtigte im Rahmen der Rückabwicklung allein einen Anspruch auf Entfall der benachteiligenden Klausel erhalte, den er der Anfechtung entgegen halten könne.[98] In der Konsequenz bleibe der Erbbauvertrag im Ganzen wirksam, dagegen könne die vertragliche Klausel über den Heimfallanspruch in Gänze entfallen und nicht nur die Klausel über die Unentgeltlichkeit.[99]

Wie noch zu zeigen ist, kann es daher gerechtfertigt sein, eine Anfechtbarkeit des insolvenzbedingten Heimfallrechts beim Erbbaurecht nicht stets zuzulassen. Maßgeblich ist vielmehr, eine Gesamtbetrachtung unter Berücksichtigung des Vertragszweckes im Einzelfall. Der näheren Erläuterung dieser Überlegungen dienen die nächsten Abschnitte.

---

[91] Meyer NZI 2007, 487 (488).
[92] OLG Stuttgart NJW 1958, 1098 (1099); BGH NJW-RR 1998, 1387 (1388).
[93] Meyer NZI 2007, 487 (488); Ahrens NZI 2014, 395 (349).
[94] Reul in Reul/Heckschen/Wienberg, Insolvenzrecht in der Gestaltungspraxis, 3. Aufl. 2022, § 2 Rn. 189.
[95] Weiß in MüKoBGB, 9. Aufl. 2023, ErbbauRG § 9 Rn. 2.
[96] Reul in Reul/Heckschen/Wienberg, Insolvenzrecht in der Gestaltungspraxis, 3. Aufl. 2022, § 2 Rn. 189.
[97] Kirchhof/Piekenbrock in MüKoInsO, 4. Aufl. 2019, InsO § 143 Rn. 4.
[98] BGH DNotZ 2007, 682 (686) mit Anmerkung Reul DNotZ 2007, 649 (656); BGH NZI 2018, 22 (26) mit Anmerkung Fach.
[99] BGH DNotZ 2007, 682 (686) mit Anmerkung Reul DNotZ 2007, 649 (656).

b) Insolvenzbedingte Lösungsklauseln mit Entschädigung

Mit der Zulässigkeit des Heimfallanspruchs hatte sich der BGH 2007 befasst. Bereits dort legte er dar, dass der Heimfallanspruch grundsätzlich auch für den Fall der Insolvenz vereinbart werden kann.[100] Da in der Rechtsprechung nunmehr geklärt ist, dass insolvenzabhängige Lösungsklauseln nicht per se unwirksam sind, muss dies erst recht für Heimfallklauseln gelten, die ein Recht des Grundstückseigentümers auf Erwerb des Erbbaurechts bei Zahlungsverzug und damit bei Eintritt eines insolvenzunabhängigen Umstandes begründen.

Bei entsprechender Anwendung der zweistufigen Prüfung ist zunächst zu fragen, ob eine insolvenzbedingte Lösungsklausel entgegen § 119 InsO aus sich heraus geeignet ist, in die §§ 103–108 InsO vor Eröffnung des Insolvenzverfahrens bestehenden Rechte einzugreifen. In Betracht kommt zunächst eine Beschränkung des Wahlrechts des Insolvenzverwalters. Dies ist aber schon vom Ansatz her zu verneinen, weil die Möglichkeit zur Einräumung eines bedingt dinglichen Erwerbsrechts des Grundstückseigentümers durch die Vereinbarung von Heimfallgründen in § 2 Nr. 4 ErbbauRG gesetzlich vorgesehen ist und die Beteiligten nach allgemeiner Ansicht aufgrund der Vertragsfreiheit in den Grenzen der §§ 134, 138 BGB die Heimfallgründe frei vereinbaren können.[101] Zudem soll nach § 9 Abs. 4 ErbbauRG der Grundstückseigentümer dann den Heimfall verlangen können, wenn der Erbbauberechtigte mit der Zahlung des Erbbauzinses in Höhe von mindestens zwei Jahresbeiträgen im Rückstand ist.

§ 9 Abs. 4 ErbbauRG ist zu entnehmen, dass der Grundstückseigentümer erst aufgrund eines länger andauernden Zahlungsverzugs berechtigt ist, den Heimfall zu verlangen. Bei Eröffnung des Insolvenzverfahrens ist noch nicht ersichtlich, ob ein Zahlungsverzug eintreten wird. Der Insolvenzverwalter kann der drohenden Zwangsverwaltung oder -versteigerung entgehen, indem er den Erbbauzins bezahlt.[102] Für die Bewertung der Wirksamkeit einer Heimfallklausel, die vom gesetzlichen Leitbild abweicht, kommt es daher darauf an, ob sich ihr Zweck aus ex-ante-Sicht bei Vertragsschluss darauf beschränkt, die Ausübung des Wahlrechts zu vereiteln, oder ob für den Heimfallanspruch berechtigte Gründe bestehen.[103] Hingegen erachtet der BGH eine Lösungsklausel zugunsten eines Geldleistungsgläubigers in der Regel als unwirksam, da dieser vor dem Ausfall seiner Geldforderung durch die §§ 320, 321 BGB hinreichend geschützt ist. Zur Sicherung seines Anspruchs auf Zahlung des Erbbauzinses finden zwar nicht die §§ 320 ff. BGB Anwendung, jedoch kann er bei Zahlungsverzug die Zwangsvollstreckung in das Erbbaurecht betreiben.[104]

Nach diesen Erwägungen ist dem Insolvenzverwalter kein Wahlrecht zuzugestehen. Der Erbbaurechtsvertrag ist einem Rechtskauf ähnlich, sodass die Vorschriften

---

[100] BGH DNotZ 2007, 682 (683).
[101] Reul in Reul/Heckschen/Wienberg, Insolvenzrecht in der Gestaltungspraxis, 3. Aufl. 2022, § 2 Rn. 186.
[102] BGH DNotZ 2007, 682 (684).
[103] BGH NZI 2023, 165 (166) mit Anmerkung Lenger = EWiR 2023, 49 mit Anmerkung Thole = NZG 2023, 474 mit Anmerkung Wollenweber.
[104] BGH NZI 2023, 165 (170) mit Anmerkung Lenger.

der §§ 433 ff. BGB entsprechend Anwendung finden.[105] Daraus folgt, dass seitens des Grundstückseigentümers der Vertrag mit der Bestellung des Erbbaurechts und der Übertragung des Besitzes am Gegenstand des Erbbaurechts bereits vollständig erfüllt ist.[106] Im Zeitpunkt der Insolvenzeröffnung ist der Erbbaurechtsvertrag daher beiderseits durch den Grundstückseigentümer vollständig erfüllt. § 103 InsO setzt jedoch voraus, dass ein gegenseitiger Vertrag bei Eröffnung des Insolvenzverfahrens nicht beiderseits vollständig erfüllt ist.[107] Die Ausübung des Heimfallrechts beschneidet insoweit die Rechte des Insolvenzverwalters aus § 103 Abs. 1 InsO nicht. Ein Verstoß gegen das Wahlrecht ergibt sich schließlich auch nicht aus § 108 Abs. 1 S. 1 InsO, der als lex specialis die dort genannten Verträge dem Wahlrecht des Insolvenzverwalters entziehen und ihren Fortbestand sichern soll.[108] Gemäß § 108 Abs. 1 S. 1 InsO bestehen Miet-, Pacht- und Dienstverhältnisse des Schuldners mit Wirkung für die Insolvenzmasse fort.[109] Als Rechtskauf wird der Erbbaurechtsvertrag aber nicht von § 108 Abs. 1 S. 1 InsO erfasst. Es kommt auch keine entsprechende Anwendung von § 108 Abs. 1 S. 1 InsO in Betracht. Der Erbbaurechtsvertrag stellt kein mit einem Miet- oder Pachtvertrag vergleichbares Dauerschuldverhältnis dar. Zwar kann der Grundstückseigentümer für die Dauer des Erbbaurechtsvertrags wiederkehrende Leistungen in Gestalt des Erbbauzinses verlangen und ist im Gegenzug zur Duldung der Grundstücksnutzung verpflichtet.[110] Jedoch ist der Erbbauzinsanspruch nach Eintragung in das Erbbaugrundbuch dinglicher Art und auch die Pflicht zur Duldung der Nutzung folgt aus dem Erbbaurecht selbst und nicht aus dem Erbbaurechtsvertrag.[111] Die Leistungspflichten beider Parteien entspringen damit gerade nicht, wie bei einem Miet- oder Pachtvertrag, aus dem schuldrechtlichen Vertrag selbst und stehen damit auch nicht in einem Synallagma zueinander.[112] Weiterhin spricht gegen eine entsprechende Anwendung, dass diese dann auch eine Anwendung von § 109 InsO nach sich ziehen müsste, wonach der Insolvenzverwalter zur Kündigung des Vertrags berechtigt ist.

Eine Unwirksamkeit kann sich daneben aus den allgemeinen Vorschriften, insbesondere aus § 138 Abs. 1 BGB ergeben. Nach § 138 Abs. 1 BGB ist ein Rechtsgeschäft sittenwidrig und damit nichtig, wenn es gegen das Anstandsgefühl aller billig und gerecht Denkenden verstößt.[113] Unter bestimmten Voraussetzungen kann

---

[105] Wegener in Uhlenbruck, 15. Aufl. 2019, InsO § 103 Rn. 32; Winkler/Schlögel, Erbbaurecht, 7. Aufl. 2021, § 5 Rn. 5 ff.
[106] Wegener in Uhlenbruck, 15. Aufl. 2019, InsO § 103 Rn. 32; der Gefahrübergang findet hingegen mit Übergabe statt, so Winkler/Schlögel, Erbbaurecht, 7. Aufl. 2021, § 5 Rn. 9.
[107] Wegener in Uhlenbruck, 15. Aufl. 2019, InsO § 103 Rn. 24 ff.
[108] BGH EWiR 2007, 729 mit Anmerkung Eckert; Fehl-Weileder in Braun, 9. Aufl. 2022, InsO § 108 Rn. 1; Wegener in Uhlenbruck, 15. Aufl. 2019, InsO § 108 Rn. 2.
[109] Fehl-Weileder in Braun, 9. Aufl. 2022, InsO § 108 Rn. 1; Wegener in Uhlenbruck, 15. Aufl. 2019, InsO § 108 Rn. 2.
[110] Winkler/Schlögel, Erbbaurecht, 7. Aufl. 2021, § 5 Rn. 9; Weiß in MüKoBGB, 9. Aufl. 2023, ErbbauRG § 9 Rn. 1; ausführlich Meusel ErbbauZ 2020, 12.
[111] Rapp in Staudinger, 2021, ErbbauRG § 9 Rn. 10.
[112] Gehrlein NZI 2015, 97 (104).
[113] So etwa BGH NJW 2019, 3635; Armbrüster in MüKoBGB, 9. Aufl. 2021, BGB § 138 Rn. 26 (27).

zwar durch die Schädigung eines Dritten ein Sittenverstoß begründet werden.[114] Jedoch vermag der alleinige Umstand, dass die Klauseln die Insolvenzgläubiger des Erbbauberechtigten benachteiligen können, nicht zur Nichtigkeit gemäß § 138 Abs. 1 BGB führen, da für diese Fälle vorrangig das Institut der Insolvenzanfechtung nach den §§ 129 ff. InsO geschaffen worden ist.[115] Der Insolvenzverwalter kann die Erfüllung einer Leistungspflicht verweigern, die auf einer anfechtbaren Handlung beruht, § 146 Abs. 2 InsO.[116] Voraussetzung der Einrede ist die Verweigerung einer Leistungspflicht aufgrund einer anfechtbaren Handlung, wobei sich die Anfechtbarkeit aus den §§ 129, 133 InsO ergeben kann.[117]

Dies setzt zunächst gemäß § 129 Abs. 1 InsO eine Rechtshandlung, die die Insolvenzgläubiger benachteiligt, voraus. Eine Gläubigerbenachteiligung ist gegeben, wenn entweder die Schuldnermasse vermehrt oder die Aktivmasse verkürzt und dadurch der Zugriff der Insolvenzgläubiger auf das Schuldnervermögen vereitelt, erschwert, gefährdet oder verzögert wird.[118] Die Befriedigungsmöglichkeit der Insolvenzgläubiger muss sich ohne die angefochtene Rechtshandlung im Rahmen einer wirtschaftlichen Betrachtungsweise mithin günstiger gestaltet haben.[119] Eine Gläubigerbenachteiligung scheidet aus, wenn das Erbbaurecht von Anfang an nicht zum Vermögen des Schuldners gehörte. In diesem Fall wird nämlich die Aktivmasse des Schuldnervermögens durch die Übertragung des Erbbaurechts nicht geschmälert und damit die Zugriffsmöglichkeiten der Gläubiger nicht verkürzt.[120] Davon ist auszugehen, wenn die Heimfallklausel von vornherein Bestandteil des Erbbaurechtsvertrags gewesen ist und der Erbbauberechtigte das durch das Erbbaurecht vermittelte Nutzungsrecht ausschließlich aufgrund des Erbbaurechtsvertrags erworben hat.[121] Waren die Heimfallklauseln von Anfang an Vertragsbestandteil und stand dem Erbbauberechtigten vor der Bestellung des Erbbaurechts kein unentziehbares Nutzungsrecht am Grundstück zu, hat er von Anfang an ein mit zukünftigen Heimfallansprüchen belastetes Erbbaurecht erlangt, sodass die Heimfallabreden nicht gläubigerbenachteiligend sind.

c) Insolvenzbedingte Lösungsklausel ohne Entschädigung

Problematisch ist die Rechtslage, wenn eine insolvenzbedingte Lösungsklausel ohne Entschädigung vereinbart wurde. Dabei sind dogmatisch zwei verschiedene Problemlagen streng zu trennen. Einerseits kann die insolvenzbedingte Lösungs-

---

[114] Überblick bei Armbrüster in MüKoBGB, 9. Aufl. 2021, BGB § 138 Rn. 165 ff.
[115] BGH NJW 1994, 449 (450 f.); OLG Düsseldorf OLGZ 1984, 90 (92 f.); Reul DNotZ 2007, 649 (655).
[116] Kirchhof/Piekenbrock in MüKoInsO, 4. Aufl. 2019, InsO § 146 Rn. 45 (51).
[117] Kirchhof/Piekenbrock in MüKoInsO, 4. Aufl. 2019, InsO § 146 Rn. 45.
[118] Ständige Rechtsprechung, BGH ZIP 2016, 426; ZIP 2016, 279; ZInsO 2014, 1655; ZInsO 2014, 1326; ZInsO 2014, 195; ZInsO 2013, 2213; ZInsO 2013, 1127; NZI 2013, 247; ZInsO 2012, 2338; NZI 2012, 562; NZI 2012, 453; ZIP 2012, 333; ZIP 2011, 421; NZI 2010, 897; ZInsO 2009, 1585; ZInsO 2009, 31; NZI 2008, 163.
[119] BGH NZI 2018, 22 (25); DNotZ 2007, 682 (684).
[120] BGH NJW-RR 2004, 1453 (1454 f.); NJW 1978, 1921 (1922); Kayser/Freudenberg in MüKoInsO, 4. Aufl. 2019, InsO § 129 Rn. 78.
[121] BGH NZI 2018, 22 (23 f.).

klausel einer insolvenzrechtlichen Anfechtung nach den §§ 129 ff. InsO zugänglich sein, was jedoch, wie bereits oben dargelegt, gemäß § 143 Abs. 1 S. 1 InsO zunächst keinen Einfluss auf ihre (zivilrechtliche) Wirksamkeit hat.[122] Wird eine Anfechtbarkeit bejaht, stellt sich dann die Frage nach den konkreten Rechtsfolgen für den Erbbauvertrag und die Heimfallklausel, wenn der Anfechtungsberechtigte im Zuge seines Rückgewährschuldverhältnisses eine Rückabwicklung verlangt. In diesem Zusammenhang diskutiert, wird das Problem der sogenannten Teilnichtigkeit. Daneben sind allgemeine Grenzen der Ausübung des Heimfallanspruchs zu beachten.

aa) Anfechtbarkeit der insolvenzbedingten Lösungsklausel ohne Entschädigung

Der Zulässigkeit einer entschädigungslos vereinbarten Heimfallklausel hatte der BGH 2007 eine Absage erteilt. Für diesen Fall nahm er eine Benachteiligung der Insolvenzgläubiger und damit Anfechtbarkeit des Heimfallanspruchs gemäß § 133 InsO an.[123] Eine Benachteiligung der Insolvenzgläubiger nimmt der BGH in ständiger Rechtsprechung an, wenn die Insolvenzmasse durch die anfechtbare Handlung verkürzt worden ist, wenn sich also die Befriedigungsmöglichkeit der Insolvenzgläubiger ohne die fragliche Handlung bei wirtschaftlicher Betrachtungsweise günstiger gestaltet hätte.[124] Die hierfür erforderliche Gläubigerbenachteiligung ergebe sich aus der gesetzlichen Regelung des § 32 ErbbauRG. Räumt der Erbbauberechtigte dem Grundstückseigentümer einen Heimfallanspruch bei Eintritt eines bestimmen Grundes ein, ist dem Erbbauberechtigten bei Geltendmachung des Heimfallanspruchs gemäß § 32 Abs. 1 S. 1 ErbbauRG eine angemessene Vergütung zu zahlen.[125] Durch die Vereinbarung des Ausschlusses der Vergütung gemäß § 32 Abs. 1 S. 1 ErbbauRG verzichtet der Erbbauberechtigte jedoch auf diesen Anspruch.[126] Durch diesen Verzicht verlieren die Insolvenzgläubiger den Zugriff auf den im Erbbauvertrag gemäß § 32 Abs. 1 S. 1 ErbbauRG angelegten Vergütungsanspruch bei Geltendmachung des Heimfalls.[127] Unerheblich ist dabei, dass die Gläubigerbenachteiligung erst bei entschädigungsloser Rückübertragung des Erbbaurechts eintritt, da nur die §§ 132, 134 Abs. 4 InsO eine unmittelbare Gläubigerbenachteiligung verlangen. Für den Anfechtungstatbestand des § 133 InsO genügt eine mittelbare Gläubigerbenachteiligung.[128]

Will der Insolvenzverwalter weit zurückliegende Rechtshandlungen anfechten, wird er versuchen, den Weg über die Vorsatzanfechtung gemäß § 133 InsO einzuschlagen. Nach § 133 InsO ist weitere Voraussetzung für die Anfechtung, dass

---

[122] BGH DNotZ 2007, 682 (686) mit Anmerkung Reul DNotZ 2007, 649 (656); BGH NZI 2018, 22 (26) mit Anmerkung Fach.
[123] BGH DNotZ 2007, 682 (683).
[124] Ständige Rechtsprechung seit BGH NJW 1988, 3143; MittRhNotK 1994, 284 (286); BKR 2003, 702 (704); NZI 2002, 255 (256); DNotZ 2007, 682 (683).
[125] Grziwotz in Erman, 16. Aufl. 2020, BGB § 32 Rn. 1; Rapp in Staudinger, 2021, ErbbauRG § 32 Rn. 2.
[126] Rapp in Staudinger, 2021, ErbbauRG § 32 Rn. 2.
[127] BGH NZI 2012, 963; NZI 2010, 439; NZI 2009, 768; DNotZ 2007, 682.
[128] Der Heimfallanspruch ist dinglicher Natur und berechtigt den Grundstückseigentümer gemäß § 47 InsO zur Aussonderung des Erbbaurechts. Durch den Heimfallanspruch als solchen wird damit nur die Ist-Masse bereinigt, sodass der Heimfallanspruch selbst keine gläubigerbenachteiligende Wirkung hat.

der Erbbauberechtigte den Erbbaurechtsvertrag innerhalb der letzten zehn Jahre vor dem Antrag auf Eröffnung des Insolvenzverfahrens oder nach diesem Antrag mit dem Vorsatz abgeschlossen hat, seine Gläubiger zu benachteiligen.[129] Zudem muss der Grundstückseigentümer bei Abschluss des Vertrags Kenntnis von dem Gläubigerbenachteiligungsvorsatz gehabt haben.[130] Gläubigerbenachteiligungsvorsatz liegt vor, wenn der Erbbauberechtigte die gläubigerbenachteiligenden Folgen seines Handelns will oder zumindest als mutmaßliche Folge erkannt und gebilligt hat.[131] Die einseitige Gewähr eines Sondervorteils für den Grundstückseigentümer verbunden mit dem Kalkül, dadurch an anderer Stelle eine günstigere Vertragsgestaltung zu erreichen, ohne von den nachteiligen Folgen der Klausel in der Insolvenz betroffen zu sein, lässt den Schluss zu, dass der Erbbauberechtigte sich als Folge des Vertragsschlusses zumindest vorgestellt und in Kauf genommen haben muss, dass er neben dem Grundstückseigentümer im Fall der Insolvenz nicht sämtliche Gläubiger in angemessener Zeit befriedigen können wird. Die Kenntnis des Grundstückseigentümers von dem Benachteiligungsvorsatz des Erbbauberechtigten im Zeitpunkt des Vertragsschlusses ist in gleicher Weise zu ermitteln wie das Vorliegen des Benachteiligungsvorsatzes des Erbbauberechtigten selbst.

Auch für den entschädigungslosen Heimfall kommt es nicht auf den Wegfall der Entschädigung, sondern auf den Wegfall der Nutzungsmöglichkeit an.[132] Dies muss sich vordergründig schon aus der Tatsache ergeben, dass die Abdingbarkeit des § 27 ErbbauRG in der Literatur überwiegend anerkannt ist.[133] Problematisch erscheint jedoch, ob sich eine Anfechtung des entschädigungslosen Heimfalls auf den gesamten Vertrag oder nur auf die Regelung erstreckt, die eine Entschädigung ausschließt. Gemäß § 143 Abs. 1 InsO sind einheitliche Wirkungen einer Rechtshandlung nur einheitlich anfechtbar.[134] Dies bedeutet konkret, dass gemäß § 129 InsO die einheitliche anzufechtende Rechtshandlung den Gläubiger in ihrer Gesamtheit benachteiligen muss, sodass nicht nur die insolvenzabhängige Lösungsklausel, sondern der Vertrag als Ganzes angefochten werden muss.[135] Dieser Grundsatz gilt auch für den sofortigen entschädigungslosen Heimfallanspruch. Ist jedoch der Anspruch teilbar und hat die anfechtbare Handlung das Vermögen des Schuldners nur in geringem Umfang verringert, kommt der Anfechtung hier nur die Wirkung

---

[129] Kayser/Freudenberg in MüKoInsO, 4. Aufl. 2019, InsO § 133 Rn. 10.
[130] Borries/Hirte in Uhlenbruck, 15. Aufl. 2019, InsO § 133 Rn. 37 (38).
[131] Borries/Hirte in Uhlenbruck, 15. Aufl. 2019, InsO § 133 Rn. 37 (38).
[132] Reul in Reul/Heckschen/Wienberg, Insolvenzrecht in der Gestaltungspraxis, 3. Aufl. 2022, § 2 Rn. 192.
[133] Offen gelassen bezüglich der Abdingbarkeit von AGB von BGH ZfIR 2019, 489; bejahend Maaß in BeckOK BGB, 66. Ed. 1.5.2023, ErbbauRG § 27 Rn. 5; Weiß in MüKoBGB, 9. Aufl. 2023, ErbbauRG § 27 Rn. 4; Winkler/Schlögel, Erbbaurecht, 7. Aufl. 2021, § 4 Rn. 116; Grziwotz in Erman, 16. Aufl. 2020, ErbbauRG § 27 Rn. 3; Meusel ErbbauZ 2020, 12 (14); mit umfassender Darstellung zur Abdingbarkeit im Rahmen von AGB Boemke/Purrmann NJW 2010, 2983; einzig gegen eine Abdingbarkeit Rapp in Staudinger, 2021, ErbbauRG § 27 Rn. 8 d ff.
[134] Kirchhof/Piekenbrock in MüKoInsO, 4. Aufl. 2019, InsO § 143 Rn. 30; Henckel in Jaeger, 2008, InsO § 143 Rn. 234; Reul in Reul/Heckschen/Wienberg, Insolvenzrecht in der Gestaltungspraxis, 3. Aufl. 2022, § 9 Rn. 112.
[135] Huber in MüKoInsO, 4. Aufl. 2019, InsO § 129 Rn. 52.

einer Teilanfechtung zu.[136] Dabei geht der IX. Zivilsenat von einer Teilbarkeit eines ausgewogenen Vertrages aus, wenn die Klausel den Schuldner allein und spezifisch für den Fall der Insolvenz benachteiligt.[137] Es entfällt jedoch nicht die Wirksamkeit des gesamten Vertrages, sondern allein die benachteiligende Klausel, die den Ausschluss der Entschädigung enthält und die somit eine Gläubigerbenachteiligung begründet.[138]

bb) Allgemeine Grenzen der Ausübung des Heimfallanspruchs

Von der Frage der Anfechtbarkeit und der Frage des Schicksals des Erbbaurechtsvertrags und der Teilnichtigkeit einzelner Bestimmungen des Erbbauvertrages, müssen die allgemeinen Grenzen der Wirksamkeit sowie Ausübung des Heimfallrechts getrennt werden. Für die Beurteilung der einzelnen Bestimmungen des Erbbauvertrags ganz allgemein, ist zunächst die höchst triviale Erkenntnis zu beachten, dass gemäß § 139 BGB im Zweifel von einer Gesamtnichtigkeit des Vertrages auszugehen ist, wenn nicht anzunehmen ist, dass die Parteien den Vertrag auch ohne die fragliche Bestimmung geschlossen hätten.[139] Ein anderes Problem ist freilich die Frage der Rechtswirkungen der Anfechtbarkeit (dazu sogleich → cc).

Besonderheiten bezüglich der Ausübung des Heimfallanspruchs sind bei öffentlichen Körperschaften zu beachten. In einer Entscheidung vom 26.6.2015 des V. Zivilsenats hatte dieser sich mit der Geltendmachung eines Heimfallanspruchs zu befassen.[140] Im Fall war der Heimfallanspruch durch die Gemeinde für den Fall vereinbart, dass der Beklagte das Reihenhaus nicht als Wohnung für sich oder seine Angehörige nutze, sondern ohne Zustimmung der Klägerin an Dritte vermiete.[141] Hier bejahte der V. Zivilsenat eine Rückübertragung des Erbbaurechts aus § 11 Abs. 2 ErbbauRG, § 873 BGB und verneinte einen Verstoß gegen den hier einschlägigen § 11 Abs. 2 S. 1 BauGB, denn ein Heimfallrecht für die gesamte Dauer des Erbbaurechts und damit regelmäßig für einen Zeitraum von mehr als dreißig Jahren sei zulässig.[142] Im Gegensatz zu Verwendungsbeschränkungen diene das Heimfallrecht nicht subventionsrechtlichen oder städtebaulichen Belangen, sondern die Gemeinde wolle sich durch die Ausgabe von Erbbaurechten einen Einfluss auf die weitere Nutzung sichern.[143] Dieser Zweck setze sich typischerweise über die gesamte Dauer der Bestellung des Erbbaurechts fort.[144] Sofern es sich aber um eine öffentliche Körperschaft als Vertragspartner handele, so habe diese bei der Ausübung des Heimfallrechts ihr Ermessen im Sinne des § 25 VwVfG pflichtgemäß

---

[136] RGZ 114, 206 (210); BGH NJW 1994, 449; DNotZ 2007, 682 (686); DNotZ 2008, 838 (839); DNotZ 2018, 365 (372).
[137] BGH DNotZ 2007, 682 (686).
[138] BGH NJW 1994, 449; Reul in Reul/Heckschen/Wienberg, Insolvenzrecht in der Gestaltungspraxis, 3. Aufl. 2022, § 9 Rn. 112; Ringstmeier in Schmidt, 20. Aufl. 2023, InsO § 119 Rn. 19; Huber in MüKoInsO, 4. Aufl. 2019, InsO § 129 Rn. 52.
[139] Winkler/Schlögel, Erbbaurecht, 7. Aufl. 2021, § 5 Rn. 66.
[140] BGH MittBayNot 2016, 179.
[141] BGH MittBayNot 2016, 179.
[142] BGH MittBayNot 2016, 179 (183).
[143] BGH MittBayNot 2016, 179 (181).
[144] BGH MittBayNot 2016, 179 (181).

auszuüben und unbillige Härten und insbesondere die Voraussetzungen einer Zustimmung zur Veräußerung darzulegen.[145]

Erneut Stellung zur Frage der Gesamtnichtigkeit eines Erbbaurechtsvertrags nahm der V. Zivilsenat in einem Urteil vom 22.1.2016, in der ein Vater an einem Teilstück seines Grundstücks ein Erbbaurecht bestellt hatte. Im Gegenzug verpflichtete sich die Gemeinde zur Erstellung eines entsprechenden Bebauungsplans.[146] Für diesen Fall nahm der BGH eine Nichtigkeit des Vertrages an, weil die gemeindliche Planungshoheit verletzt sei. Auch der Erbbaurechtsvertrag, der eine Leistung an eine sofortige Gegenleistung knüpfte, sei nichtig gewesen. Denn mit dem eben beschriebenen Leistungsverhältnis, habe der Vertrag eine kreditähnliche Wirkung gehabt und daher nach dem betroffenen Kommunalrecht des Bundeslandes Niedersachsen einer Genehmigung durch die kommunale Aufsichtsbehörde bedurft.[147]

cc) Das Schicksal des Erbbauvertrags: Problem der Teilnichtigkeit

Zentral für das Verständnis des Problems der Teilnichtigkeit ist die beinahe als Mantra wiederholte Ausführung, dass zwar nur der Vertrag als Ganzes angefochten werden könne, der Anfechtung jedoch die Wirkung einer Teilanfechtung zukommen könne.[148] Bereits mit Urteil vom 19.4.2007 hat der IX. Zivilsenat dargelegt, dass der Anfechtungsberechtigte im Rahmen der Rückabwicklung allein einen Anspruch auf Entfall der benachteiligenden Klausel erhalte, den er der Anfechtung entgegen halten könne.[149] In der Konsequenz könne die vertragliche Klausel über den Heimfallanspruch insgesamt entfallen und nicht nur die Klausel über die Unentgeltlichkeit; der Erbbaurechtsvertrag im Ganzen bleibe aber wirksam.[150] Denn würde allein auf die Unentgeltlichkeit des Heimfalls abgestellt, würde die Masse ihr Nutzungsrecht verlieren, was im Falle einer Betriebsnotwendigkeit des Erbbaurechts dazu führen würde, dass eine Fortführung des Betriebes und eine erfolgreiche Sanierung unmöglich würde.[151] Das gelte selbst dann, wenn der Vertrag an sich ausgewogen sei, sofern nur die anfechtbare Handlung das Schuldnervermögen nur in begrenztem Maße schmälere und das Rechtsgeschäft insoweit teilbar sei.[152] Seine Rechtsprechung zur Teilanfechtung setzte der BGH mit der Entscheidung fort.

Ausführlich mit der Frage der Anfechtung und Teilanfechtung befasste sich der IX. Zivilsenat zuletzt in einem Urteil vom 12.10.2017. Streitgegenständlich war der Verkauf der Eigentumswohnung der Klägerin an ihre Tochter. Im notariell beurkundeten Vertrag behielt sie sich ein Rücktrittsrecht für den Fall der Insolvenz

---

[145] BGH MittBayNot 2016, 179 (183).
[146] BGH NJW 2016, 3162.
[147] BGH NJW 2016, 3162 (3163).
[148] RGZ 114, 206 (210); BGH NJW 1994, 449 (452); DNotZ 2007, 682 (686); DNotZ 2007, 682 (686); NZI 2018, 22 (26).
[149] BGH DNotZ 2007, 682 (686) mit Anmerkung Reul DNotZ 2007, 649 (656); BGH NZI 2018, 22 (26) mit Anmerkung Fach.
[150] BGH DNotZ 2007, 682 (686) mit Anmerkung Reul DNotZ 2007, 649 (656).
[151] BGH DNotZ 2007, 682 (686) mit Anmerkung Reul DNotZ 2007, 649 (656).
[152] So schon RGZ 114, 206 (210).

vor.¹⁵³ Auch dort führte der IX. Zivilsenat aus, dass der notarielle Kaufvertrag nur insgesamt anfochten werde könne. Der Anfechtung des gesamten Vertrages könne aber die Wirkung einer Teilanfechtung zukommen. Das sei der Fall, wenn das Schuldnervermögen in begrenztem Umfang geschmälert werde und eine Teilbarkeit des Rechtsgeschäfts anzunehmen sei.¹⁵⁴ Eine Teilbarkeit sei zu bejahen, wenn eine gezielte Benachteiligung des Schuldners für den Fall der Insolvenz erfolge, etwa, wenn für den Fall der Insolvenz gezielt Vermögensnachteile auferlegt würden, die die gesetzlichen Folgen überstiegen und diese auch nicht zur Erreichung des gesetzlichen Vertragszwecks gerechtfertigt werden könnten. Seien diese Voraussetzungen gegeben, könne die Unwirksamkeit der gläubigerbenachteiligenden Klausel isoliert geltend gemacht werden, weil insofern das Ausmaß der Benachteiligung den Umfang der Anfechtungswirkung begrenze.¹⁵⁵ Obwohl jedoch Urheber und Verantwortlichkeit durch die insolvenzrechtlichen Anfechtungsregeln determiniert würden, könne dem Gläubiger gemäß § 143 Abs. 1 S. 1 InsO nur der eingetretene Erfolg zurückgewährt werden.¹⁵⁶ Dieser könne aber einzelne abtrennbare Wirkungen sogar einer einheitlichen Rechtswirkung erfassen. Die Begründung, eine Handlung könne auch sonstige nicht anfechtbare Rechtswirkungen ausgelöst haben, stehe dem nicht entgegen. Einen solcher Rechtsgrundsatz, mehrere von einer Rechtshandlung verursachte Handlungen seien nur insgesamt oder gar nicht anfechtbar, gäbe es auch für solche Folgen nicht, die im Kausalverlauf ferner lägen als anfechtbare Rechtshandlungen.¹⁵⁷ Er trage daher nicht. So unterliege auch im vorliegenden Fall nur der unentgeltliche Teil des Rückübertragungsanspruchs der Anfechtung, nicht aber das ebenfalls geltend gemachte Rücktrittsrecht und der mit ihm korrespondierende Rückübertragungsanspruch.¹⁵⁸ Seit der Entscheidung des IX. Zivilsenats 2017 ist die Frage der Teilanfechtung nunmehr geklärt. Die dort festgelegten Grundsätze wirken bis heute fort.

d) Anfechtungszeitraum

aa) Geltende Rechtslage

Die gläubigerbenachteiligende Rechtshandlung muss in den letzten zehn Jahren vor dem Antrag auf Eröffnung des Insolvenzverfahrens oder nach diesem Antrag vorgenommen worden sein, § 130 Abs. 1 S. 1 InsO.¹⁵⁹ Die Frist von vier Jahren gemäß § 133 Abs. 2 InsO gilt nur für Rechtshandlungen, durch die dem anderen Teil eine Sicherung oder Befriedigung gewährt wurde.¹⁶⁰ § 133 Abs. 2 InsO findet keine Anwendung, da durch den Abschluss des Erbbaurechtsvertrags weder ein Anspruch erfüllt noch gesichert wurde. Für die Vornahme der Rechtshandlung ist auf § 140

---

[153] BGH NZI 2018, 22.
[154] BGH NZI 2018, 22 (25).
[155] BGH NZI 2018, 22 (25).
[156] BGH NZI 2018, 22 (25).
[157] BGH NZI 2018, 22 (25).
[158] BGH NZI 2018, 22 (25).
[159] Borries/Hirte in Uhlenbruck, 15. Aufl. 2019, InsO § 130 Rn. 9.
[160] Borries/Hirte in Uhlenbruck, 15. Aufl. 2019, InsO § 133 Rn. 33; Nerlich in Nerlich/Römermann, 47. EL 3/2023, InsO § 133 Rn. 12.

InsO abzustellen. Im Grundsatz gilt eine Rechtshandlung gemäß § 140 Abs. 1 InsO zu dem Zeitpunkt als vorgenommen, in dem ihre rechtlichen Wirkungen eintreten.[161] Sofern der Gegenstand der Anfechtung ein eintragungsbedürftiges Rechtsgeschäft darstellt, wird der anfechtungsrelevante Zeitpunkt jedoch nach § 140 Abs. 2 S. 1 InsO auf den Zeitpunkt der Einreichung des Eintragungsantrags vorverlegt.[162] Da das Erbbaurecht als grundstückgleiches Recht (§ 11 ErbbauRG) eintragungsbedürftig ist, gilt das Rechtsgeschäft nach § 140 Abs. 2 S. 1 InsO in dem Zeitpunkt als vorgenommen, zu dem der Erbbauberechtigte den Antrag auf Eintragung gestellt hat. Voraussetzung ist, dass zugleich die übrigen Wirksamkeitsvoraussetzungen vorlagen und die auf Abschluss des Rechtsgeschäfts gerichtete Willenserklärung des Schuldners unwiderruflich war.[163] Die Berechnung der Frist erfolgt nach § 139 Abs. 1 S. 1 InsO und beginnt mit dem Anfang des Tages, der durch seine Zahl dem Tag entspricht, an dem der Antrag auf Eröffnung des Insolvenzverfahrens beim Insolvenzgericht eingegangen ist. Etwas anderes könnte schon bald nach einem Richtlinienentwurf der Europäischen Kommission gelten, wie der nächste Abschnitt zeigen wird.

bb) Neuer Richtlinienentwurf der Europäischen Kommission

Die EU-Kommission hat am 7.12.2022 einen Richtlinienentwurf (COM (2022) 702 final) vorgestellt, der unter anderem eine Mindestharmonisierung der Insolvenzanfechtung vorsieht.[164]

Art. 8 des Richtlinienentwurfs sieht vor, dass Rechtshandlungen, durch die der Schuldner absichtlich einen Nachteil für die Gesamtheit der Gläubiger verursacht hat, für nichtig erklärt werden können, wenn die beiden folgenden Voraussetzungen erfüllt sind:

a) die betreffenden Handlungen wurden entweder innerhalb von vier Jahren vor Einreichung des Antrags auf Eröffnung des Insolvenzverfahrens oder nach Einreichung dieses Antrags vollendet;
b) die andere Partei der Rechtshandlung wusste oder hätte wissen müssen, dass der Schuldner die Absicht hatte, einen Nachteil für die Gesamtheit der Gläubiger zu verursachen.

Gemäß Art. 8 lit. a Richtlinienentwurf wird damit in Gegensatz zu § 133 Abs. 1 S. 1 InsO nicht mehr auf die Vornahme der Rechtshandlung, sondern auf den Zeitpunkt ihrer Vollendung abgestellt. Da eine Anfechtungsklage darauf abziele, die nachteiligen Auswirkungen der Rechtshandlung auf die Insolvenzmasse rückgängig zu machen, sei es angebracht, die Beendigung der Ursache für die Benachteiligung und damit die Vollendung der Rechtshandlung als maßgeblichen Zeitpunkt zugrunde zu legen (S. 26 des Richtlinienentwurfs).[165] Zudem sieht Art. 8 lit. a Richtlinienentwurf im Gegensatz zu § 133 InsO einen einheitlichen Anfechtungszeit-

---

[161] Riggert in Braun, 9. Aufl. 2022, InsO § 140 Rn. 2.
[162] Riggert in Braun, 9. Aufl. 2022, InsO § 140 Rn. 5.
[163] Kirchhof/Piekenbrock in MüKoInsO, 4. Aufl. 2019, InsO § 140 Rn. 35.
[164] COM(2022) 702 final 2022/0408 (COD), 1.
[165] COM(2022) 702 final 2022/0408 (COD), 26.

raum von lediglich vier Jahren vor. Jedoch wird zugleich der anfechtungsrelevante Zeitraum nach hinten verlegt, indem Art. 8 lit. a Richtlinienentwurf im Gegensatz zu § 140 Abs. 1 beziehungsweise Abs. 2 InsO nicht mehr auf den Zeitpunkt des Eintritts der rechtlichen Wirkungen beziehungsweise auf den Zeitpunkt des Eingangs des Antrags auf Eintragung, sondern auf den Zeitpunkt der Vollendung der Rechtshandlung abstellt.[166] Vollendung tritt bei gestreckten Geschäften regelmäßig mit Eintragung an. Das deutsche Recht nimmt bisher daher bei eintragungspflichtigen Rechten eine Vorverlagerung auf den Zeitpunkt der Stellung des Eintrages an.[167]

Nach Umsetzung von Art. 8 Richtlinienentwurf und bei Anwendbarkeit der daran angepassten Fassung von § 133 InsO, würde im vorliegenden Fall damit eine Anfechtung nach § 133 InsO ausscheiden, da der Zeitraum zwischen der Vollendung der schädigenden Handlung und der Einreichung des Antrags auf Eröffnung des Insolvenzverfahrens vier Jahre übersteigt. Vollendet dürfte die schädigende Handlung vorliegend mit Eintragung der entschädigungslosen Heimfallabrede in das Erbbaugrundbuch sein, da dadurch dem künftigen Heimfallanspruch dingliche Wirkung beigelegt wird, sodass dieser im Fall der Insolvenz ein Aussonderungsrecht gemäß § 47 InsO gewährt. Die Problematik soll an einem Beispiel verdeutlicht werden. Würde eine Eintragung in das Erbbaugrundbuch am 1.11.2013 erfolgen, würde sich der Anfechtungszeitraum gemäß einer an Art. 8 Richtlinienentwurf angepassten Fassung des § 133 InsO nur bis zum 1.11.2017 erstrecken.[168] Auch wenn der Entwurf der Richtlinie übereinstimmend grundsätzlich zu begrüßen ist, ist daher die Harmonisierung der Anfechtungszeiträume zu kritisieren.[169] Der Entwurf sieht einen massiven Eingriff in § 140 Abs. 2 S. 1 InsO vor. Soll die Anfechtungsfrist mit Vollendung des Rechtsgeschäfts beginnen, bedeutet das de facto eine Verkürzung des § 140 Abs. 2 S. 1 InsO. Das könnte für die Praxis massive Probleme im Bereich der Streckengeschäfte vor allem im Immobilienbereich bedeuten. Die Folgen für die Praxis könnten hier ganz erheblich sein, stellt doch der neue Regulierungsvorschlag eine massive Bevorzugung zugunsten des Insolvenzverwalters und der Masse dar. Es gibt derzeit Überlegungen, auf diese Besonderheiten beim gestreckten Rechtserwerb durch eine Regelung entsprechend § 140 Abs. 2 InsO Rücksicht zu nehmen.

e) Rechtsfolge der Anfechtbarkeit

Wäre die Anfechtbarkeit der Heimfallklausel festgestellt, so gilt es, die Rechtsfolge zu beachten. So führt eine Anfechtbarkeit der Heimfallklausel in der Regel, sofern der Anfechtungsberechtigte eine Vertragsanpassung verlangt, nicht zur Gesamtnichtigkeit des Erbbaurechtsvertrags, sondern nur zur Teilnichtigkeit der Heimfallklausel.[170] Richtig ist zwar, dass Erbbauverträge nur insgesamt angefochten

---

[166] COM(2022) 702 final 2022/0408 (COD), 44.
[167] Kirchhof/Piekenbrock in MüKoInsO, 4. Aufl. 2019, InsO § 140 Rn. 35.
[168] COM(2022) 702 final 2022/0408 (COD), 44.
[169] Thole ZIP 2023, 389.
[170] BGH DNotZ 2007, 682 (686).

werden können.[171] Die Anfechtung hat aber nur die Wirkung einer Teilanfechtung. Dies setzt aus insolvenzrechtlicher Sicht voraus, dass die anfechtbare Handlung das Schuldnervermögen nur in begrenztem Maße geschmälert hat und das Rechtsgeschäft insoweit teilbar ist.[172]

Von der Frage der Insolvenzanfechtung und ihrer Wirkung zu trennen ist die Frage der Überprüfung des Erbbauvertrages nach allgemeinen zivilrechtlichen Grundsätzen und der Nichtigkeit einzelner Bestimmungen des Erbbaurechts. Im Hinblick auf die (Teil)-Nichtigkeit gesetzlicher und vertraglicher Bestimmung des Erbbaurechts muss die Ratio des § 139 BGB gelten. Dabei ist zwischen vertraglichen und gesetzlichen Bestimmungen zu differenzieren.[173] Sofern gesetzliche Folgen betroffen sind, ist immer von einer Unwirksamkeit auszugehen. Ist eine dingliche Inhaltsvereinbarung betroffen, so muss danach gefragt werden, ob die Parteien den Vertrag im Einzelfall auch ohne die fragliche Bestimmung geschlossen hätten. Für die Beurteilung kann auf die wirtschaftliche Bedeutung der Klausel abgestellt werden.[174] Neben dem Inhalt des Vertrages besteht ein Erbbaurecht in der Regel aus einer Zusammensetzung dinglicher und schuldrechtlicher Bestimmungen.[175] Sollen die Bestimmungen nach dem Willen der Parteien miteinander stehen und fallen oder sind diese dem Willen der Parteien nach in ein synallagmatisches Leistungsverhältnis zu setzen, so ist bei Nichtigkeit einer Bestimmung auch von der Gesamtnichtigkeit des Vertrags auszugehen.[176]

f) Verjährung des Anfechtungsanspruchs

§ 146 Abs. 1 InsO begrenzt den Anfechtungsanspruch des § 143 InsO in zeitlicher Hinsicht.[177] Einerseits soll damit der Anfechtungsgegner davor geschützt werden, noch für eine lange Zeit eine Inanspruchnahme fürchten zu müssen.[178] Andererseits dient die Begrenzung des § 146 Abs. 1 InsO aber auch der Garantie von Rechtsfrieden und der Rechtssicherheit, weil er die Zeit begrenzt, in der die allgemeine Verfügungsbefugnis über den Gegenstand eingeschränkt ist.[179] Es gilt gemäß § 146 Abs. 1 InsO, § 195 BGB die regelmäßige Verjährungsfrist von drei Jahren.[180] Fristbeginn ist gemäß § 199 Abs. 1 BGB der Schluss jenes Jahres, in dem das Insolvenzverfahren eröffnet wurde und der Insolvenzverwalter Kenntnis von den

---

[171] BGHZ 124, 76 (83).
[172] BGH DNotZ 2007, 682 (686); BGHZ 124, 76 (84); RGZ 114, 206 (210); Kirchhof in MüKoInsO, 4. Aufl. 2019, InsO § 143 Rn. 49.
[173] Winkler/Schlögel, Erbbaurecht, 7. Aufl. 2021, § 5 Rn. 67.
[174] Winkler/Schlögel, Erbbaurecht, 7. Aufl. 2021, § 5 Rn. 67.
[175] Winkler/Schlögel, Erbbaurecht, 7. Aufl. 2021, § 5 Rn. 67, die insofern treffend von einem Vertragsbündel sprechen.
[176] BGH DNotZ 1971, 410 (411); DNotZ 1975, 87; Winkler/Schlögel, Erbbaurecht, 7. Aufl. 2021, § 5 Rn. 67.
[177] Kirchhof/Piekenbrock in MüKoInsO, 4. Aufl. 2019, InsO § 146 Rn. 1.
[178] BGH NJW 1973, 100 (101); NJW 1976, 1404; NJW 1984, 874; Kirchhof/Piekenbrock in MüKoInsO, 4. Aufl. 2019, InsO § 146 Rn. 1; Nerlich in Nerlich/Römermann, 47. EL 3/2023, InsO § 146 Rn. 2.
[179] Nerlich in Nerlich/Römermann, 47. EL 3/2023, InsO § 146 Rn. 2; Rogge/Leptien in Hamburger Kommentar InsO, 9. Aufl. 2021, InsO § 146 Rn. 1.
[180] BGH NZI 2016, 134 (137).

die Anfechtung begründenden Umständen und der Person des Anfechtungsgegners erlangt hat oder ohne grobe Fahrlässigkeit hätte erlangen müssen.[181] Trotz allem kann das Anfechtungsrecht des Insolvenzverwalters nach § 146 Abs. 1 InsO jedoch bereits verjährt sein. Um den Anfechtungsgegner für diesen Fall nicht schutzlos zu stellen, sieht § 146 Abs. 2 InsO ein unverjährbares Leistungsverweigerungsrecht vor, wenn die Erfüllung einer Leistungspflicht auf einer anfechtbaren Handlung beruht.[182] Demgegenüber ist also der Schutzzweck des § 146 Abs. 2 InsO ein anderer. Denn er dient dem Schutz der Masse, indem sichergestellt wird, dass ein Insolvenzgegenstand der Masse und dem Zugriff des Insolvenzverwalters auch dann nicht entzogen wird, wenn bereits Verjährung eingetreten ist.[183] Dies ist für das Erbbaurecht hier relevant, weil der Begriff des Leistungsrechts weit zu verstehen ist und neben dinglichen Rechten auch Aus- und Absonderungsrechte erfasst.[184]

g) Zur Beziehung von § 146 InsO und § 138 BGB beim Heimfallrecht

Was aber, wenn der Anfechtungszeitraum abgelaufen ist, ein Anfechtungsrecht aber nie geltend gemacht wurde? § 146 Abs. 2 InsO greift in diesem Fall nicht, weil kein anfechtbares Recht innerhalb des Anfechtungszeitraums geltend gemacht wurde. Wie verhält es sich dann mit der Insolvenzmasse? Man könnte hier argumentieren, dass es sittenwidrig wäre, wenn der Insolvenzschuldner die Sache hier ohne Entschädigung zurückerlangen würde, nur weil der Anfechtungszeitraum abgelaufen sei. Ein solches Vorbringen beachtet meines Erachtens das grundsätzliche Stufenverhältnis zwischen allgemeinen Unwirksamkeitsregeln und den Regeln über die Insolvenzanfechtung nicht und ist daher abzulehnen.

Die Vorschriften der Insolvenzanfechtung sind Spezialregeln. Sie gehen in ihrem Geltungsbereich § 138 BGB vor.[185] Etwas anderes soll nur dann gelten, wenn neben die Voraussetzungen der Insolvenzanfechtung weitere eine Sittenwidrigkeit begründende Umstände hinzutreten.[186] Liegen jedoch die objektiven oder subjektiven Voraussetzungen der Insolvenzanfechtung nicht vor, so kann erst Recht nicht auf § 138 BGB zurückgegriffen werden.[187] Besondere Umstände können etwa dann vorliegen, wenn das letzte Vermögen des Schuldners zum Zwecke der Täuschung über eine Kreditwürdigkeit an einen Gläubiger übertragen wird und beide hierbei kollusiv zusammenwirken.[188]

---

[181] BGH NZI 2015, 717 (719); NZI 2016, 134 (137).
[182] Kirchhof/Pieckenbrock in MüKoInsO, 4. Aufl. 2019, InsO § 146 Rn. 18.
[183] Nerlich in Nerlich/Römermann, 47. EL 3/2023, InsO § 146 Rn. 2.
[184] Borries/Hirte in Uhlenbruck, 15. Aufl. 2019, InsO § 146 Rn. 10.
[185] RGZ 56, 229; RGZ 69, 143 (146); BGHZ 53, 174 (180); NJW 1973, 513 (514); NJW-RR 2002, 1359 (1361); NJW 2016, 2662 (2664); Ellenberger in Grüneberg, 82. Aufl. 2023, BGB § 138 Rn. 86; Fischinger in Staudinger, 2021, BGB § 138 Rn. 49; Armbrüster in MüKoBGB, 9. Aufl. 2023, BGB § 138 Rn. 10; Schmidt-Räntsch in Erman, 16. Aufl. 2020, BGB § 138 Rn. 7.
[186] BGH NJW 1973, 513 (514); NJW-RR 2002, 1359 (1361); NJW 2016, 2662 (2664); NJW-RR 2018, 48; Ellenberger in Grüneberg, 82. Aufl. 2023, BGB § 138 Rn. 86; Fischinger in Staudinger, 2021, BGB § 138 Rn. 49; Armbrüster in MüKoBGB, 9. Aufl. 2023, BGB § 138 Rn. 10; Schmidt-Räntsch in Erman, 16. Aufl. 2020, BGB § 138 Rn. 7.
[187] Armbrüster FS Canaris, Band I, 2007, 23 (40ff.).
[188] BGH NJW 1995, 1668.

Für diese Auslegung spricht in Bezug auf das Heimfallrecht im Besonderen und Lösungsklauseln im Allgemeinen auch, dass der BGH auch für diese betont, dass eine Unwirksamkeitsprüfung gerade nicht auf § 242 BGB oder allgemeine Unwirksamkeitsregeln rekurriert, sondern die Frage gestellt werden muss, ob eine Lösungsklausel als solche von vornherein darauf ausgelegt ist, die §§ 129 ff. InsO zu erschweren.[189]

Zudem spricht auch der ratio legis des § 146 InsO hierfür, der gerade auf die Schaffung von Rechtssicherheit- und Rechtsklarheit gerichtet ist und dem Insolvenzverwalter nur den Zugriff auf die Insolvenzmasse bewahren will, soweit eine anfechtbare Handlung entstanden ist.[190]

Zuletzt muss sich das gefundene Ergebnis auch aus der Gesamtwertung der §§ 129 ff. InsO ergeben, welche die Insolvenzanfechtung nur innerhalb bestimmter Fristen zulassen wollen. Sind die Fristen abgelaufen, fehlt es regelmäßig an einer Rechtfertigung für Eingriffe in die Rechte der Vertragspartner des Schuldners.[191]

Wer sich jedoch innerhalb des, immerhin zehnjährigen Anfechtungszeitraums, nicht auf eine solche beruft, dem muss auch ein Rückgriff auf § 138 BGB nach Ablauf desselben erst recht verwehrt bleiben.

III. Alternative Gestaltungsmöglichkeiten – Sicherbarkeit des Heimfallrechts durch Vormerkung

Weiter erscheint fraglich, ob das Heimfallrecht nicht alternativ über den Weg der Vormerkung gesichert werden kann. Nach früherer herrschender Ansicht kam dem Heimfallanspruch eine dingliche Wirkung zu, sodass Heimfallabreden nach § 2 Nr. 4 ErbbauRG, die durch Eintragung ins Grundbuch zum Inhalt des Erbbaurechts geworden sind, dem Grundstückseigentümer gegen den Erwerber des Erbbaurechts auch dann einen Anspruch auf Rückübertragung des Erbbaurechts einräumten, wenn der Heimfallgrund nur in der Person des Rechtsvorgängers eingetreten war.[192] Aufgrund dieser dem Heimfallanspruch beigemessenen dinglichen Wirkung war eine zusätzliche Sicherung des Heimfallanspruchs durch eine Vormerkung nicht erforderlich und wurde auch nicht als zulässig erachtet.[193] Mit Urteil vom 6.11.2015 hat der BGH jedoch entschieden, dass dem Heimfallanspruch keine dingliche Wirkung zukommt, sodass der Grundstückseigentümer die Rückübertragung des Erbbaurechts nur von demjenigen Erbbauberechtigten verlangen kann, in dessen Person der Heimfallgrund eingetreten ist.[194] Dieser Entscheidung lag der Sachverhalt zugrunde, dass der ursprüngliche Erbbauberechtigte wegen

---

[189] So BGH ZIP 2013, 274; ZIP 2016, 981; NZI 2023, 165 (166).
[190] Nerlich in Nerlich/Römermann, 47. EL 3/2023, InsO § 146 Rn. 2; Rogge/Leptien in Hamburger Kommentar InsO, 9. Aufl. 2021, InsO § 146 Rn. 1.
[191] Kirchhof/Freudenberg in MüKoInsO, 4. Aufl. 2019, InsO vor §§ 129–147 Rn. 3; Borries/Hirte in Uhlenbruck, 15. Aufl. 2019, InsO vor § 129 Rn. 9.
[192] Winkler/Schlögel, Erbbaurecht, 7. Aufl. 2021, § 4 Rn. 97a mit weiteren Nachweisen.
[193] Winkler/Schlögel, Erbbaurecht, 7. Aufl. 2021, § 4 Rn. 97a mit weiteren Nachweisen.
[194] BGH NJW 2016, 3167 (3168); so wohl auch OLG Stuttgart ErbbauZ 2022, 167 (171).

rückständigem Erbbauzins aufgrund einer im Erbbauvertrag vereinbarten Heimfallklausel zur Rückübertragung verpflichtet war, nun jedoch eine Grundpfandrechtsgläubigerin aufgrund einer zu ihren Gunsten am Erbbaurecht bestellten Grundschuld die Zwangsvollstreckung in dieses betrieb, da der Grundschuld gemäß einer Klausel im Erbbauvertrag der Vorrang vor der Erbbauzinsreallast eingeräumt worden war.[195] Der Grundstückseigentümer begehrte nunmehr als Kläger von der Erwerberin des Erbbaurechts dessen Rückübertragung, wobei er sich unter anderem auf den oben genannten und lediglich in der Person des ursprünglichen Erbbauberechtigten verwirklichten Heimfallgrund berief.

Die mit der Verneinung der dinglichen Wirkung des Heimfallanspruchs einhergehende Gefahr für den Grundstückseigentümer, dass sein entstandener Heimfallanspruch gegen den Erbbauberechtigten vereitelt wird, wenn dieser das Erbbaurecht an einen Dritten überträgt, in dessen Person die Voraussetzungen für den Eintritt des Heimfallanspruchs nicht gegeben sind, hat der BGH in seiner Entscheidung erkannt. Dies sei aber hinzunehmen, da der Grundstückseigentümer zur Vorbeugung dieser Gefahr die Möglichkeit gehabt hätte, den Heimfallanspruch nach dessen Entstehung mit einer Vormerkung abzusichern.[196] Da sich der Heimfallanspruch nach Ansicht des BGH also nur noch als ein schuldrechtlicher Anspruch auf dingliche Rechtsänderung darstellt, ist es folgerichtig, dass der BGH die Vormerkungsfähigkeit des entstandenen Heimfallanspruchs gemäß § 883 Abs. 1 S. 1 BGB anerkennt. Hingegen ließ der BGH mangels Entscheidungserheblichkeit die Frage unbeantwortet, ob auch der zukünftige Heimfallanspruch, dessen Entstehung durch den Eintritt des Heimfallgrundes bedingt ist, durch Vormerkung gesichert werden kann.

In der Literatur besteht über diese Frage Uneinigkeit. Nach der wohl überwiegenden Auffassung ist auch der künftige Heimfallanspruch vormerkungsfähig.[197] Dies erscheint in Anbetracht der Einordnung des Heimfallanspruchs als rein schuldrechtlichen Anspruch durch den BGH konsequent. Gemäß § 883 Abs. 1 S. 3 BGB kann auch ein zukünftiger oder bedingter Anspruch durch eine Vormerkung gesichert werden. Der künftige Heimfallanspruch ist ein bedingter Anspruch, da seine Entstehung von dem Eintritt des Heimfallgrundes abhängig ist.[198] Voraussetzung für die Vormerkungsfähigkeit eines bedingten Anspruchs ist, dass bereits eine hinreichend sichere rechtliche Grundlage für das Entstehen des Anspruchs gegeben ist.[199] Dies trifft auf den künftigen Heimfallanspruch zu, da mit der Heimfallabrede der gesicherte rechtliche Boden für dessen Entstehung gelegt ist.[200] Dem steht auch nicht entgegen, dass der Eintritt des Heimfallgrundes von einem Verhalten des Erb-

---

[195] BGH NJW 2016, 3167 (3168).
[196] BGH NJW 2016, 3167 (3168).
[197] Winkler/Schlögel, Erbbaurecht, 7. Aufl. 2021, § 4 Rn. 97a; Heinemann in MüKoBGB, 9. Aufl. 2023, ErbbauRG § 3 Rn. 3; Stresemann, Aktuelle Herausforderungen im Immobilienrecht, Symposium des Instituts für Notarrecht an der Universität Würzburg, 2017, S. 27, 36; DNotI-Gutachten Nr. 158754.
[198] Winkler/Schlögel, Erbbaurecht, 7. Aufl. 2021, § 4 Rn. 97a.
[199] Eckert in BeckOK BGB, 66. Ed. 1.5.2023, BGB § 883 Rn. 25; Lettmaier in MüKoBGB, 9. Aufl. 2023, BGB § 883 Rn. 32.
[200] Winkler/Schlögel, Erbbaurecht, 7. Aufl. 2021, § 4 Rn. 97a.

bauberechtigten abhängig sein und der Erbbauberechtigte über sein zukünftiges Verhalten frei entscheiden kann.[201] Die an ein bestimmtes Verhalten geknüpfte Rechtsfolge in Gestalt des Entstehens des Heimfallanspruchs ist nämlich nach Vereinbarung der Heimfallabrede vom Willen des Erbbauberechtigten unabhängig, sodass die Entstehung des Heimfallanspruchs lediglich indirekt von der Willensentscheidung des Erbbauberechtigten als Schuldner des Heimfallanspruchs abhängig ist, was für die Annahme eines rechtlich gesicherten Bodens unschädlich ist.[202] Vor diesem Hintergrund bestehen nach § 883 Abs. 1 S. 3 BGB keine dogmatischen Bedenken bezüglich der Vormerkungsfähigkeit eines künftigen Heimfallanspruchs.

Nach einer anderen Auffassung soll der künftige Heimfallanspruch hingegen nicht vormerkungsfähig sein.[203] Begründet wird dies damit, dass § 2 ErbbauRG nach seinem Telos das Rechtsverhältnis zwischen Grundstückseigentümer und Erbbauberechtigtem abschließend regeln soll,[204] die Eintragung eines künftigen Heimfallanspruchs zur Unübersichtlichkeit des Grundbuchs führen würde[205] und dass der Heimfallanspruch vor Eintritt des Heimfallgrundes lediglich ein unselbstständiger dinglicher Inhalt des Erbbaurechts sei.[206] Diese Argumente überzeugen nicht, weil sie die mit Aberkennung der Vormerkungsfähigkeit des künftigen Heimfallanspruchs einhergehende dogmatische Friktion in Bezug auf § 883 Abs. 1 S. 3 BGB nicht zu rechtfertigen zu vermögen. Der Zweck von § 2 ErbbauRG besteht primär darin, die dort genannten Vereinbarungen durch Eintragung in das Grundbuch zum Inhalt des Erbbaurechts zu erheben, sodass sie für die Dauer des Erbbaurechts zwischen dem jeweiligen Grundstückseigentümer und dem jeweiligen Erbbauberechtigten gelten, womit dauerhaft eine einheitliche Rechtsbeziehung geschaffen wird.[207] Damit ist einerseits beabsichtigt, dass der Wert der Baulichkeit des Erbbaurechts aufgrund der immer gleichbleibenden Verpflichtungen des jeweiligen Erbbauberechtigten verhältnismäßig sicher für die Zukunft prognostiziert werden kann, was im Fall der Belastung des Erbbaurechts mit Grundpfandrechten der Höhe der Beleihbarkeit der Baulichkeit des Erbbaurechts zugutekommt. Andererseits soll damit auch eine Entlastung des Grundbuchs erreicht werden, da für eingetragene Vereinbarungen nach § 2 ErbbauRG aufgrund ihrer dinglichen Wirkung dingliche Sicherungsmittel nicht erforderlich sind.[208] Vor diesem Hintergrund erscheint es nicht einleuchtend, weshalb der Zweck von § 2 ErbbauRG, der in einer „abschließenden Regelung des Rechtsverhältnisses zwischen dem Grundstückseigentümer und Erbbauberechtigten" liege,[209] womit wohl gemeint sein soll, dass

---

[201] BGH NJW 1997, 861 (862).
[202] BGH NJW 1997, 861 (862).
[203] Maaß in BeckOK BGB, 66. Ed. 1.5.2023, ErbbauRG § 2 Rn. 14; Schöner/Stöber, Grundbuchrecht, 16. Aufl. 2020, Rn. 1747.
[204] Maaß in BeckOK BGB, 66. Ed. 1.5.2023, ErbbauRG § 2 Rn. 14.
[205] Maaß in BeckOK BGB, 66. Ed. 1.5.2023, ErbbauRG § 2 Rn. 14.
[206] Schöner/Stöber, Grundbuchrecht, 16. Aufl. 2020, Rn. 1747; Maaß in BeckOK BGB, 66. Ed. 1.5.2023, ErbbauRG § 2 Rn. 14.
[207] Heinemann in MüKoBGB, 9. Aufl. 2023, ErbbauRG § 2 Rn. 3.
[208] Heinemann in MüKoBGB, 9. Aufl. 2023, ErbbauRG § 2 Rn. 3; mit Verweis auf die Begründung der Reichsregierung vom 31.1.1919 Schmidt-Räntsch ZfIR 2019, 165 (175).
[209] Maaß in BeckOK BGB, 66. Ed. 1.5.2023, ErbbauRG § 2 Rn. 14.

die zum Inhalt des Erbbaurechts erhobenen Vereinbarungen für die gesamte Dauer des Erbbaurechts zwischen dem jeweiligen Grundstückseigentümer und dem jeweiligen Erbbauberechtigten gelten, der Vormerkungsfähigkeit des künftigen Heimfallanspruchs entgegenstehen soll. Auch im allgemeinen juristischen Sprachgebrauch wird unter einer abschließenden Regelung eine Spezialnorm verstanden, die in ihrem Anwendungsbereich allgemeinere Vorschriften verdrängt. Der abschließende Charakter einer Regelung hat hingegen allgemein nicht zur Folge, dass daraus resultierende künftige Ansprüche einer Partei grundsätzlich keiner Sicherung durch Vormerkung zugänglich sind.

Auch ist die Gefahr einer Überfrachtung des Grundbuchs bei Anerkennung der Vormerkungsfähigkeit eines künftigen Heimfallanspruchs nicht zu befürchten. Denn selbst bei der Vereinbarung mehrerer Heimfallgründe würde zur Sicherung des Heimfallanspruchs nur eine Vormerkung in das Grundbuch eingetragen. Der Überlastung des Grundbuchs mit einer unübersehbaren Zahl von durch Vormerkung gesicherter zukünftiger bzw. bedingter Ansprüche wird überdies schon dadurch ausreichend vorgebeugt, dass für die Vormerkungsfähigkeit solcher Ansprüche gemäß § 883 Abs. 1 S. 3 BGB ein für die Entstehung des Anspruchs gesicherter Rechtsboden verlangt wird. Im Übrigen würde selbst eine drohende Überlastung des Grundbuchs es nicht rechtfertigen, die Vormerkungsfähigkeit künftiger Heimfallansprüche abzulehnen, da dem Grundbuch eine dienende Funktion zukommt. Daraus folgt, dass die Eintragung einer Vormerkung zulässig sein muss, wenn § 883 Abs. 1 S. 3 BGB dies zulässt.[210] Schließlich erscheint es nicht überzeugend, die Vormerkungsfähigkeit eines Heimfallanspruchs vor seinem Entstehen mit der Begründung zu verneinen, dass der Heimfallanspruch bis zu seiner Entstehung unselbstständiger Erbbaurechtsinhalt sei, jedoch nach seiner Entstehung die Vormerkungsfähigkeit anzuerkennen, da dann die Unselbstständigkeit nicht mehr bestehe.[211] Zwar ist der aus dem dinglichen Inhalt des Erbbaurechts resultierende Heimfallanspruch vor seiner Entstehung unselbstständiger Bestandteil des Grundstücks und damit gemäß § 96 BGB sonderrechtsunfähig.[212] Der künftige Heimfallanspruch kann daher weder abgetreten, gepfändet noch verpfändet werden.[213] Darüber hinaus bestimmt jedoch § 3 Hs. 1 ErbbauRG, dass der Heimfallanspruch auch nach seiner Entstehung vom Grundstückseigentümer nicht vom Eigentum an dem Grundstück getrennt werden kann. Der ausgeübte Heimfallanspruch geht damit bei Übertragung des Grundstückseigentums auf den Erwerber über und bleibt damit auch nach seiner Entstehung sonderrechtsunfähig, sodass eine Übertragung, Pfändung oder Verpfändung durch den Grundstückseigentümer auch nach seiner Entstehung nicht möglich ist.[214] Der Heimfallanspruch ist somit weder vor noch nach seiner Entstehung sonderrechtsfähig, sodass eine Differenzierung hinsichtlich seiner Vormerkungsfähigkeit danach, ob er selbstständiger oder unselbstständiger

---

[210] Winkler/Schlögel, Erbbaurecht, 7. Aufl. 2021, § 4 Rn. 97a.
[211] Maaß in BeckOK BGB, 66. Ed. 1.5.2023, ErbbauRG § 2 Rn. 14; Schöner/Stöber, Grundbuchrecht, 16. Aufl. 2020, Rn. 1747.
[212] Heinemann in MüKoBGB, 9. Aufl. 2023, ErbbauRG § 2 Rn. 6.
[213] Heinemann in MüKoBGB, 9. Aufl. 2023, ErbbauRG § 2 Rn. 6.
[214] Maaß in BeckOK BGB, 66. Ed. 1.5.2023, ErbbauRG § 3 Rn. 1.

Natur ist, nicht schlüssig erscheint. Die fehlende Möglichkeit einer Trennung des (künftigen) Heimfallanspruchs vom Grundstückseigentum hat damit nur zur Folge, dass die Vormerkung auch hinsichtlich des künftigen Heimfallanspruch nicht für einen bestimmten Grundstückseigentümer, sondern nur für den jeweiligen Grundstückseigentümer eingetragen werden dürfte, da der (künftige) Heimfallanspruch mit der Übertragung des Eigentums auf den Erwerber übergeht.[215] Im Ergebnis ist damit festzustellen, dass die fehlende Sonderrechtsfähigkeit des künftigen Heimfallanspruchs lediglich dazu führt, dass über diesen nicht isoliert vom Eigentum am Grundstück verfügt werden kann. Sie vermag es aber nicht zu rechtfertigen, dass dieser im Vergleich zu sonderrechtsfähigen Ansprüchen nicht durch eine Vormerkung abgesichert werden kann.

IV. Zusammenfassung

Wie die vorgegangene Darstellung zeigt, hält die Erstellung von Heimfallklauseln in der notariellen Gestaltungspraxis einige Fallstricke bereit. Neben gesetzlichen Grenzen und dem durch das ErbbauRG vorgegebenen Inhalt sollte vor allem die Frage der Entschädigung bedacht werden. So zeigt sich also, dass selbst eine kleine, scheinbar einfache Klausel komplexe Überlegungen nach sich ziehen kann. Unter Beachtung des Gesagten und der aufgezeigten Grundsätze durfte jedoch die hier vorgeschlagene Beispielklausel als wirksam gelten.

---

[215] Winkler/Schlögel, Erbbaurecht, 7. Aufl. 2021, § 4 Rn. 97a.

ULRICH HERRMANN

Fortgeltungsklauseln in der Notarhaftung

Den Jubilar habe ich bei den jährlichen Fortbildungsveranstaltungen des Deutschen Anwaltsinstituts zum Notarrecht kennen und sehr schätzen gelernt. Dr. Norbert Frenz hat diese „Großereignisse" des Notariats immer kenntnisreich, mit souveränem Charme sowie mit sichtbarer, ansteckender Freude geleitet. Besonders nett waren auch die Abendessen, bei denen ich die klugen und humorvollen Unterhaltungen mit dem Jubilar und seiner Frau genossen habe (leider waren diese in den letzten Jahren Corona zum Opfer gefallen). Deshalb bin ich dem Ruf früher nach Würzburg und jetzt nach Berlin immer gerne gefolgt und habe dort Vorträge zum notariellen Berufsrecht und zur Notarhaftung gehalten.

Es liegt in der Natur der Sache, dass man als Richter, der sich mit diesen Materien befasst, insbesondere bei den Disziplinarsachen und den Entscheidungen zu § 19 Abs. 1 S. 1 BNotO nicht immer auf die Zustimmung des notariellen Auditoriums stößt und sich bei der an die Referate anschließenden Diskussions- und Fragerunde auf Gegenwind einzustellen hat. So erging es mir erwartungsgemäß auch, als ich die beiden Urteile des III. Zivilsenats vom 21.1.2016[1] zu den – bejahten – fahrlässigen Amtspflichtverletzungen der dort beklagten Notare im Zusammenhang mit der sukzessiven Beurkundung von mit einer unbefristeten Fortgeltungsklausel versehenen Grundstückskaufverträgen vortrug. Norbert Frenz hielt – für mich nicht überraschend – die in unseren Urteilen aufgestellten Anforderungen an die notarielle Sorgfalt für überzogen. Mit seiner Kritik ging er aber in einer außerordentlich fairen Weise um, was ich ihm immer noch hoch anrechne. Er informierte mich einige Tage vor meinem Vortrag über die Gegenargumente, die er anführen werde. So konnte ich mich darauf einstellen und im Geiste bereits eine Erwiderung vorbereiten. Norbert Frenz hielt sich dann auch an seine Ankündigung und überraschte nicht mit weiteren Aspekten. So konnte ich entgegnen, und alle wechselseitigen Argumente lagen auf dem Tisch, so dass gar keine neuen Fragen zu diesem Komplex mehr aus dem Publikum kamen.[2]

---

[1] BGH – III ZR 159/15, BGHZ 208, 302 und BGH – III ZR 160/15, BeckRS 2016, 2702; dazu Frenz ZNotP 2018, 48.

[2] Kritik entzündete sich vielmehr an dem Senatsurteil vom 12.2.2015, BGH – III ZR 29/14, ZNotP 2015, 184, nach dem der in dem Rangnachteil eines Rechts liegende Schaden, der durch die Verletzung der nach § 53 BeurkG bestehenden Amtspflicht des Notars, für die Beseitigung von einer Grundbucheintragung entgegenstehenden Hindernissen Sorge zu tragen, entstanden ist, dem Notar zuzurechnen sein kann, wenn das Recht im Fall seiner vorrangigen Eintragung nach den Vorschriften des Anfechtungsgesetzes (hier vom Finanzamt) nicht angefochten worden wäre. Das schlagende Argument gegen die daran mündlich vorgetragene Kritik, dass der Notar doch nicht für eine amtspflichtwidrig unterlassene Anfechtung durch den Fiskus haftbar gemacht wer-

Gleichwohl gibt diese nette Vorgeschichte Veranlassung, die Genese und die Fortentwicklung der beiden Entscheidungen zu erläutern.

I. Sachverhalte und Leitsätze der Urteile

BGH – III ZR 159/15 Zwei Gesellschaften planten, einen größeren Altbaukomplex zu sanieren und die sanierten Wohnungen als Eigentumswohnungen zu verkaufen. In diesem Zusammenhang entwickelte der beklagte Notar den Entwurf eines Angebots zum Abschluss eines Wohnungskaufvertrags. Darin bietet der Käufer den beiden Gesellschaften an, mit ihm einen in dem Entwurf wiedergegebenen Kaufvertrag abzuschließen. Weiter heißt es in dem Angebotsentwurf:

„An dieses Angebot hält sich Käufer bis zum … gebunden. Auch danach soll das Angebot weiter gelten, bis es von dem Käufer gegenüber dem

– Notar X. [= Beklagter]

nachstehend Vollzugsnotar genannt, widerrufen wird. Der Widerruf muss durch eingeschriebenen Brief erfolgen. Der Vollzugsnotar ist vom Verkäufer zur Entgegennahme des Widerrufs bevollmächtigt worden.

Der Kaufvertrag kommt bereits dadurch zustande, dass der Verkäufer vor dem Vollzugsnotar eine Annahmeerklärung beurkunden lässt. Der Zugang der Annahmeerklärung ist nicht erforderlich. Es genügt, wenn diese ‚demnächst' dem Käufer zugeht."

Am 21.8.2006 beurkundete ein anderer Notar das Angebot des Klägers und von S. zum Abschluss eines Wohnungskaufvertrags entsprechend dem vorgenannten Entwurf. In die Leerstelle wurde eingetragen, dass die Käufer an das Angebot bis zum 3.9.2006 gebunden sind. Am 19.12.2006 beurkundete der Beklagte die Annahme des Angebots durch die Verkäufer. Die Käufer entrichteten den vorgenannten Preis und wurden Eigentümer der Wohnung.

BGH – III ZR 160/15 Der Sachverhalt war im Wesentlichen gleichgelagert. Der Text der Angebotsurkunde war etwas abweichend formuliert:

„An den Antrag hält sich der Käufer bis zum … gebunden.

Für die Rechtzeitigkeit der Annahme ist der Zugang der Annahmeerklärung nicht erforderlich. Es reicht deren notarielle Beurkundung.

Nach Ablauf der Frist erlischt nur die Bindung an den Antrag. Der Antrag selbst gilt solange weiter, bis der Käufer dieses gegenüber dem Vollzugsnotar widerruft. Der Vollzugsnotar ist vom Verkäufer auch zur Entgegennahme des Widerrufs bevollmächtigt worden.

Der Käufer ist darüber belehrt, dass er nach Ablauf der Frist den Antrag ausdrücklich widerrufen muss, sofern er nicht mehr an den Antrag gebunden sein will, und der Widerruf erst mit Zugang bei dem Vollzugsnotar wirksam wird."

Das Angebot wurde am 14.11.2007 ebenfalls von einem anderen Notar beurkundet. Als Frist für die Bindung der Käufer wurde der 18.1.2008 eingetragen. Die Beurkundung der Annahmeerklärung der Verkäufer durch den beklagten Notar erfolgte am 18.2.2008.

---

den könne, ist mir leider erst fünf Minuten zu spät eingefallen: Der Zweck der (möglicherweise) verletzten Amtspflicht des Finanzamts dient allein den Fiskalinteressen, nicht aber dem Schutz des Notars vor Ansprüchen gemäß § 19 Abs. 1 S. 1 BNotO.

Die Kläger verlangten in beiden Verfahren, den jeweils beklagten Notar zur Erstattung der von ihnen an die Verkäufer entrichteten Kaufpreise Zug-um-Zug gegen Übertragung des Eigentums an den erworbenen Wohnungen zu verurteilen. Sie machten geltend, die Beklagten hätten die Käufer vor Beurkundung der Annahmeerklärung darauf hinweisen müssen, dass das Kaufangebot mangels Wirksamkeit der Fortgeltungsklauseln bereits erloschen sei und die Annahme der Verkäufer ein neues Angebot darstelle, das sie ihrerseits hätten annehmen müssen, damit ein wirksamer Kaufvertrag zustande komme. Bei einem entsprechenden Hinweis hätten sie von einem Vertragsabschluss Abstand genommen.

Die Klagen waren vor dem Land- und dem Oberlandesgericht ohne Erfolg geblieben. Der III. Zivilsenat des Bundesgerichtshofs hat auf die Revision der Kläger die Berufungsurteile aufgehoben und die Sachen an das Oberlandesgericht zurückverwiesen.

Der Senat hat dabei in der Sache III ZR 159/15 die folgenden Leitsätze aufgestellt:

1. *Ist bei einer sukzessiv erfolgenden Beurkundung von Vertragsangebot und Vertragsannahme das Angebot des Käufers einer Eigentumswohnung zum Zeitpunkt der Beurkundung der Annahmeerklärung des Verkäufers nach Ablauf der vertraglichen Bindungsfrist erloschen, obliegt es dem die Annahmeerklärung beurkundenden Notar, in dessen Person nach dem von ihm entworfenen Angebot des Käufers mehrere für den Abschluss und die Durchführung des Vertrags wesentliche Funktionen gebündelt sind, nach § 17 Abs. 1 Satz 1 BeurkG, § 14 Abs. 1 Satz 2 BNotO („betreuende Belehrung"), den Käufer über die veränderte Sach- und Rechtslage zu informieren, um die weitere Vorgehensweise zu klären.*

2. *Lässt sich die rechtliche Wirksamkeit einer Vertragsklausel nicht zweifelsfrei klären, darf der Notar das Rechtsgeschäft erst dann beurkunden, wenn die Vertragsparteien auf der Beurkundung bestehen, obwohl er sie über die offene Rechtsfrage und das mit ihr verbundene Risiko belehrt hat (Bestätigung BGH, Urteil vom 27. September 1990, VII ZR 324/89, DNotZ 1991, 750).*

3. *Eine solche Situation bestand im Dezember 2006 in Bezug auf eine mögliche Unwirksamkeit von unbefristeten Fortgeltungsklauseln, nach denen das Angebot des Käufers nach Ablauf einer Bindungsfrist (unbefristet) bis zum Widerruf des Angebots durch den Käufer fortgilt.*

Auf Kritik gestoßen ist dabei insbesondere der letzte Satz (siehe dazu → V.). Die Sache III ZR 160/15 ist nicht mit einem amtlichen Leitsatz versehen.[3]

II. Ausgangspunkt der Entscheidungen

Ausgangspunkt der Überlegungen des Senats zu den Sorgfaltspflichten des Notars in der vorliegenden Fallgestaltung war, dass im Zeitpunkt der hier maßgeb-

---

[3] Siehe aber die Leitsätze der Redaktion in BeckRS 2016, 2702.

lichen Beurkundungen höchstrichterlich seit langem geklärt war, dass Klauseln in Kaufverträgen, die für die Annahme des Angebots des Käufers eine unangemessen lange Annahmefrist des Verkäufers vorsehen, nach § 308 Nr. 1 BGB beziehungsweise § 10 Nr. 1 AGBG unwirksam sein konnten.[4] Gründe, weshalb diese sich auf andere Kaufgegenstände beziehende Rechtsprechung nicht auch für den Wohnungskauf gelten sollte, waren nicht ersichtlich. Dementsprechend wurde in der obergerichtlichen Rechtsprechung darauf erkannt, dass die in einem formularmäßigen notariellen Angebot zum Kauf einer Eigentumswohnung bestimmte Bindungsfrist von zehn Wochen gegen § 10 Nr. 1 AGBG verstößt und an die Stelle der unwirksamen Annahmefristklausel die gesetzliche Regelung des § 147 BGB tritt.[5] In den seinerzeitigen Erläuterungsbüchern wurde hierauf hingewiesen.[6]

Die zitierte Rechtsprechung betraf unmittelbar nicht Fortgeltungsklauseln, sondern Bindungsfristklauseln, das heißt Klauseln, die die anbietende Vertragspartei für einen bestimmten Zeitraum an ihren Antrag binden und dem Vertragspartner eine entsprechend lange Annahmefrist einräumen.[7] Diesen Unterschied aufgreifend wurde in der Literatur vorgeschlagen, statt einer langen eine kurze Bindungsfrist und für den Zeitraum nach ihrem Ablauf die Fortgeltung des Angebots bis zu dessen Widerruf durch den Käufer vorzusehen,[8] wie es auch in dem vom Beklagten entworfenen Kaufangebot vorgesehen war. Von Teilen der Literatur wurde aber empfohlen, auch hierfür einen Endtermin zu setzen, das heißt vertraglich vorzusehen, dass das nach Ablauf der Bindungsfrist fortgeltende Angebot zu einem bestimmten Zeitpunkt ohne Widerruf erlischt.[9] Teilweise wurde auch vertreten, Fortgeltungsklauseln verstießen gegen § 308 Nr. 1 BGB.[10]

---

[4] BGH – III ZR 159/15, BGHZ 208, 302 Rn. 15 unter Hinweis auf BGH NJW 1986, 1807 (1808) – Darlehen und BGH NJW 1988, 2106 (2107) – Darlehen; BGHZ 145, 139 (142 ff.) – Möbelkauf. Im Folgenden werden nur die Randnummern aus diesem Urteil zitiert. Die Entscheidung BGH – III ZR 160/15, BeckRS 2016, 2702 ist inhaltlich weitgehend identisch.

[5] OLG Dresden MittBayNot 2005, 300 (301 f.).

[6] Zum Beispiel Krauß, Immobilienkaufverträge in der Praxis, 3. Aufl. 2005, Teil C Rn. 129; Hertel in Würzburger Notarhandbuch, 2005, Teil 2 Kap. 2 Rn. 797.

[7] BGHZ 208, 302 Rn. 24.

[8] BGHZ 208, 302 Rn. 24 unter Bezugnahme auf Brambring in BeckNotar-HdB, 4. Aufl. 2006, Kap. A I Rn. 382, 386, 389; Brambring/Hertel in Hagen/Brambring/Krüger/Hertel, Der Grundstückskauf, 8. Aufl. 2005, Rn. 912; Hertel in Würzburger Notarhandbuch, 2005, Teil 2 Kap. 2 Rn. 797 f.; Krauß, Immobilienkaufverträge in der Praxis, 3. Aufl. 2005, Teil C Rn. 1292 unter Hinweis auf die abweichende Meinung von Thode in Fn. 1751; Basty in Kersten/Bühling, Formularbuch und Praxis der Freiwilligen Gerichtsbarkeit, 21. Aufl. 2001, § 36 Rn. 239 M ff.; Cremer/Wagner NotBZ 2004, 331 (336 f.).

[9] BGHZ 208, 302 Rn. 24 unter Hinweis auf Brambring/Hertel in Hagen/Brambring/Krüger/Hertel, Der Grundstückskauf, 8. Aufl. 2005, Rn. 912; Hertel in Würzburger Notarhandbuch, 2005, Teil 2 Kap. 2 Rn. 798.

[10] BGHZ 208, 302 Rn. 24 unter Hinweis auf Thode ZNotP 2005, 162 (165); verneinend aber Cremer/Wagner NotBZ 2004, 331 (335).

III. Kriterien für die notariellen Sorgfaltspflichten

Der pflichtbewusste und gewissenhafte durchschnittliche Notar muss über die für die Ausübung seines Berufs erforderlichen Rechtskenntnisse verfügen. Er hat sich über die Rechtsprechung der obersten Gerichte, die in den amtlichen Sammlungen und den für seine Amtstätigkeit wesentlichen Zeitschriften veröffentlicht ist, unverzüglich zu unterrichten sowie die üblichen Erläuterungsbücher auszuwerten.[11] Dagegen würde es die Anforderungen an die Sorgfaltspflichten eines Notars überspannen, wollte man von ihm verlangen, dass er vereinzelte Stimmen der Literatur zu einem Thema, das mehr am Rande notarieller Amtstätigkeit liegt und nicht Gegenstand breiterer Erörterungen war, bei künftigen einschlägigen Beurkundungen gegenwärtig haben und berücksichtigen muss.[12]

Der Notar hat auch nicht die Pflicht, die künftige Entwicklung der höchstrichterlichen Rechtsprechung vorauszuahnen. Erkennbare Tendenzen der Rechtsprechung darf er allerdings nicht übersehen.[13] Dies gilt auch im Hinblick auf künftige Entscheidungen im Bereich der richterlichen Inhaltskontrolle von Allgemeinen Geschäftsbedingungen.[14] In diesem Zusammenhang darf zwar die objektiv unrichtige Verwendung neu entwickelter Allgemeiner Geschäftsbedingungen, deren Inhalt zweifelhaft sein kann und durch eine höchstrichterliche Rechtsprechung noch nicht klargestellt ist, einem Notar nicht als Verschulden angelastet werden, wenn er nach sorgfältiger Prüfung zu einer aus seiner Sicht keinen Zweifeln unterliegenden Rechtsauffassung gelangt und dies für rechtlich vertretbar gehalten werden kann.[15]

Lässt sich indes die Rechtslage nicht klären, darf der Notar das Rechtsgeschäft erst dann beurkunden, wenn die Vertragsparteien auf der Beurkundung bestehen, obwohl er sie über die offene Rechtsfrage und das mit ihr verbundene Risiko belehrt hat. Der Notar hat in solchen Fällen selbst ohne jegliche Vorgaben seine Belehrungspflichten zu erkennen und kann sich nicht darauf berufen, Rechtsprechung und Literatur seien zu einem Problemkreis nicht vorhanden.[16]

---

[11] BGHZ 208, 302 Rn. 19 unter Bezugnahme auf BGH NJW 1992, 3237 (3239) und NJW-RR 1994, 1021; Ganter in Ganter/Hertel/Wöstmann, Handbuch der Notarhaftung, 3. Aufl. 2014, Rn. 2154 ff.; Grziwotz in Grziwotz/Heinemann, 2012, BeurkG § 17 Rn. 26 f.

[12] BGHZ 208, 302 Rn. 19 unter Bezugnahme auf BGH NJW-RR 1994, 1021; Ganter in Ganter/Hertel/Wöstmann, Handbuch der Notarhaftung, 3. Aufl. 2014, Rn. 2155; Grziwotz in Grziwotz/Heinemann, 2012, BeurkG § 17 Rn. 26.

[13] BGHZ 208, 302 Rn. 20 unter Bezugnahme auf Armbrüster in Armbrüster/Preuß/Renner, 7. Aufl. 2015, BeurkG § 17 Rn. 37; Schramm in Schippel/Bracker, 9. Aufl. 2011, BNotO § 19 Rn. 59; Haug/Zimmermann, Die Amtshaftung des Notars, 3. Aufl. 2011, Rn. 85, 94; Schlick ZNotP 2014, 322 (326).

[14] Schramm in Schippel/Bracker, 9. Aufl. 2011, BNotO § 19 Rn. 59.

[15] BGHZ 208, 302 Rn. 20 unter Bezugnahme auf BGHZ 145, 265 (276); Ganter in Ganter/Hertel/Wöstmann, Handbuch der Notarhaftung, 3. Aufl. 2014, Rn. 2157.

[16] BGHZ 208, 302 Rn. 20 unter Bezugnahme auf BGH DNotZ 1991, 750 (752); Haug/Zimmermann, Die Amtshaftung des Notars, 3. Aufl. 2011, Rn. 86; Knops NJW 2015, 3121 (3122); Herrler DNotZ 2013, 887 (921) sowie Senatsurteil vom 2.6.2005, BGH – III ZR 306/04, NJW 2005, 3495 (3497).

IV. Schlussfolgerung

Auf der Grundlage der abstrakten Sorgfaltspflichtkriterien einerseits und des unter → II. geschilderten Stands von Rechtsprechung und Literatur andererseits hat der Senat geschlossen, dass dem jeweils beklagten Notar eine fahrlässige Amtspflichtverletzung zur Last fiel. Im Rahmen der von ihm am Maßstab des § 308 Nr. 1 BGB auszurichtenden sorgfältigen Prüfung der Rechtslage hätte er erkennen müssen, dass die Wirksamkeit der in den Angebotsentwurf einbezogenen Fortgeltungsklausel jedenfalls angesichts ihrer mangelnden Befristung zweifelhaft war.[17] Dabei hat der Senat in Rechnung gestellt, dass es im Zeitpunkt der Beurkundung noch keine höchstrichterliche Rechtsprechung gab, nach der eine unbefristete Fortgeltungsklausel gemäß § 308 Nr. 1 BGB unwirksam war, und in der Literatur bis dahin lediglich eine Stimme entsprechende, im Schrifttum vorgeschlagene Vertragsklauseln für nicht vereinbar mit der in § 147 Abs. 2 BGB geregelten Rechtsfolge einer verspäteten Annahme und im Hinblick auf § 308 Abs. 1 BGB für zweifelhaft erachtete.[18]

Der Senat hat seine Würdigung in den Randnummern 28–34 (III ZR 159/15) beziehungsweise 27–35 (III ZR 160/15) seiner Entscheidungen ausführlich begründet. Im Kern hat er ausgeführt, dass einem gewissenhaften Notar bereits 2006 Bedenken gegen die Wirksamkeit einer unbefristeten Fortgeltungsklausel kommen mussten, weil nicht nur eine – nach dem damaligen Stand der Rechtsprechung zweifelsohne unzulässige – zu lange Bindungsfrist, sondern auch eine solche Klausel in fast gleicher Weise mit der gesetzlichen Wertung des § 147 Abs. 2 BGB und den schutzwürdigen Interessen der Käufer kollidierte. Die Rechtslage war danach erkennbar zweifelhaft und hätte dem beklagten Notar Veranlassung geben müssen, die Käufer darauf hinzuweisen, dass ihr Angebot möglicherweise inzwischen bereits erloschen war.

V. Kritik

Für den Senat nicht überraschend erfuhren die Urteile in der notarrechtlichen Literatur Kritik.[19] Auch der Jubilar äußerte sich ablehnend.[20] Alle Autoren monieren, angesichts des Standes von Rechtsprechung und Literatur zum Zeitpunkt der maßgeblichen Amtshandlung des Beklagten seien die Anforderungen, die der Senat an einen gewissenhaften Durchschnittsnotar gestellt habe, überzogen. Dem Notar würden geradezu seherische Fähigkeiten abverlangt.[21] Zudem wird angeführt, der

---

[17] BGHZ 208, 302 Rn. 27.
[18] BGHZ 208, 302 Rn. 22 mit Hinweis auf Thode ZNotP 2005, 162 (164f.).
[19] Zum Beispiel Seger DNotZ 2016, 719; Zimmer NJW 2016, 1328; Grziwotz EWiR 2016, 269; Grüner notar 2016, 163; Weber NotBZ 2016, 179; anderer Ansicht jedoch Armbrüster LMK 2016, 377695.
[20] Frenz ZNotP 2018, 48.
[21] Zimmer NJW 2016, 1328.

vom Senat zitierte Aufsatz von Thode sei vereinzelt geblieben und habe überdies die Frage der Wirksamkeit der Fortgeltungsklausel nur am Rande erwähnt.[22]

VI. Entgegnung

Dem Senat war klar, dass er sich mit seiner Würdigung in einen Grenzbereich begab. Er hat ausdrücklich berücksichtigt, dass es zum Zeitpunkt der Beurkundung noch keine höchstrichterliche Rechtsprechung gab, nach der eine unbefristete Fortgeltungsklausel gemäß § 308 Nr. 1 BGB unwirksam war, und es lediglich eine Stimme, nämlich den Aufsatz von Thode,[23] gab, die solche Klauseln für nicht vereinbar mit der in § 147 Abs. 2 BGB geregelten Rechtsfolge einer verspäteten Annahme und deshalb im Hinblick auf § 308 Nr. 1 BGB für zweifelhaft erachtete.[24] Der Senat hat demnach gerade nicht tragend auf den vereinzelt gebliebenen Aufsatz abgestellt. Abgesehen davon, dass es nach Ansicht des Senats nicht zutraf, wenn erklärt wurde, Thodes Ausführungen seien hinsichtlich der Fortgeltungsklauseln nicht eindeutig gewesen,[25] war vor allem maßgeblich, dass die in Rede stehenden Klauseln eine Vorgeschichte hatten. Ausgangspunkt war die bereits zum Zeitpunkt der Beurkundung gefestigte Rechtsprechung, nach der zu lange Bindungsfristklauseln nach § 308 Nr. 1 BGB beziehungsweise § 10 Nr. 1 AGBG unwirksam sind, worauf auch in den seinerzeitigen Erläuterungsbüchern für Notare hingewiesen wurde.[26] Als Reaktion hierauf wurden verschiedene Lösungsideen für die Vertragsgestaltung entwickelt – eben die Aufnahme von Fortgeltungsklauseln unter Verkürzung der Bindungsfrist auf eine angemessene Zeit. Dabei wurden überwiegend unbefristete Fortgeltungsklauseln, teilweise aber auch befristete empfohlen, soweit nicht die Unwirksamkeit solcher Klauseln angenommen wurde.[27] Auch wenn die wohl am meisten verbreiteten Formularbücher die Verwendung unbefristeter Fortgeltungsklauseln empfahlen,[28] war für den gewissenhaften Durchschnittsnotar Vorsicht angezeigt. Denn unter Berücksichtigung des Ausgangspunkts der Rechtsprechung zur Unwirksamkeit zu langer Bindungsfristklauseln befand man sich mit der Entwicklung der Fortgeltungsklauseln in einem „Reparatur-", um nicht zu sagen in einem „Umgehungsmodus".[29] Die Zielrichtung dieser Judikatur war, die Abweichung von § 147 Abs. 2 BGB und § 146 BGB einzugrenzen.[30] Gerade dies wurde aber durch die Fortgeltungsklauseln jedenfalls zum Teil konterkariert, zumal wenn sie unbefristet waren. Denn entgegen den vorgenannten Bestimmungen er-

---

[22] Seger DNotZ 2016, 719 (722); Grüner notar 2016, 163; Frenz ZNotP 2018, 48 (52); siehe dazu jedoch Senatsurteil vom 24.8.2017, BGH – III ZR 558/16, NJW 2017, 3161 Rn. 17 ff.
[23] ZNotP 2005, 162 (165).
[24] BGHZ 208, 302 Rn. 22.
[25] Siehe dazu BGH NJW 2017, 3161 Rn. 17.
[26] Nachweise: BGHZ 208, 302 Rn. 23.
[27] Nachweise: BGHZ 208, 302 Rn. 24.
[28] Wobei Krauß in Immobilienkaufverträge in der Praxis, 3. Aufl. 2005, Teil C Rn. 1292 auf die abweichende Meinung von Thode in Fn. 1751 hinwies.
[29] Vgl. BGHZ 208, 302 Rn. 26, 30.
[30] BGHZ 208, 302 Rn. 23, 29.

lischt bei einer Fortgeltungsklausel das Angebot des Grundstückskäufers nicht ohne Weiteres, wenn die Bindungsfrist abläuft. Vielmehr muss er selbst aktiv werden und sein Angebot widerrufen. Das kommt einer fortbestehenden Bindung in tatsächlicher Hinsicht nahe, insbesondere, wenn man in Rechnung stellt, dass dem durchschnittlichen Verbraucher die feinsinnige Kombination zwischen Bindungsfrist und Fortgeltung des Angebots mit der Notwendigkeit eines Widerrufs auch nach Ablauf der Bindungsfrist schnell aus dem Blick geraten kann.[31] Eine unbefristete Fortgeltungsklausel kann sich im Hinblick hierauf sogar als tückischer erweisen als eine (zu) lange Bindungsfrist. Der Käufer kann bei einer unbefristeten Fortgeltungsklausel mit der Annahme seines Angebots noch zu einem Zeitpunkt überrascht werden, zu dem er nicht mehr damit rechnen musste, zumindest theoretisch noch nach Jahr und Tag.[32]

Diese Zusammenhänge – „Reparatur-" bzw. „Umgehungsmodus" in Kombination mit den in den Wirkungen einer langen Bindungsfrist nahekommenden, unter Umständen diese sogar übertreffenden Folgen von unbefristeten Fortgeltungsklauseln – konnten und mussten sich auch bei der gebotenen ex ante-Betrachtung im Jahr 2006 einem gewissenhaften Durchschnittsnotar erschließen und damit ernstliche Zweifel an der Wirksamkeit solcher Klauseln hervorrufen.[33]

VII. Fortentwicklung

Der Senat hat unter Berücksichtigung dieser Gesichtspunkte an seinen Entscheidungen zur Fahrlässigkeit der Amtspflichtverletzung bei Verwendung unbefristeter Fortgeltungsklauseln auch in späteren Erkenntnissen festgehalten.[34] Anders hingegen hat er die Rechtslage im Fall einer befristeten Fortgeltungsklausel beurteilt.[35] Die dort verwendete Klausel in dem am 23.4.2008 beurkundeten Kaufangebot lautete:

„Das Angebot ist bis zum Ablauf des 19.05.2008 unwiderruflich. Wurde es bis dahin nicht angenommen, kann das Angebot gegenüber dem Verkäufer widerrufen werden. Wird es weder angenommen noch widerrufen, erlischt es mit Ablauf von sechs Monaten ab heute. Für die Rechtzeitigkeit der Annahme kommt es immer nur auf die Beurkundung, nicht auf den Zugang beim Käufer an."

Die Verkäuferin nahm das Angebot durch die vom Beklagten beurkundete Erklärung vom 4.7.2008 an.

---

[31] BGHZ 208, 302 Rn. 26, 29.
[32] BGHZ 208, 302 Rn. 29.
[33] BGHZ 208, 302 Rn. 30.
[34] Senatsurteile vom 24.8.2017, BGH – III ZR 558/16, NJW 2017, 3161 Rn. 15 ff., vom 4.4.2019, BGH – III ZR 338/17, BGHZ 211, 363 Rn. 13 und vom 23.1.2020, BGH – III ZR 28/19, NJW-RR 2020, 626 Rn. 11.
[35] Senatsurteil vom 24.8.2017, BGH – III ZR 558/16, NJW 2017, 3161 Rn. 22 f.; kritisch dazu Frenz ZNotP 2018, 48 (54).

Für den Notar, der – im Jahr 2008 – nicht eine unbefristete, sondern eine befristete Fortgeltungsklausel verwenden wollte, stellte sich das Meinungsbild anders dar.[36] Lediglich Thode hatte Bedenken geäußert, die möglicherweise auf jegliche Art von Fortgeltungsklauseln bezogen werden konnten.[37] Allerdings betraf seine Kritik den Vorschlag von Cremer/Wagner,[38] die zuvor – als Alternative zu Klauseln mit langer Bindungsfrist – unbefristete Fortgeltungsklauseln untersucht und empfohlen hatten. Dementsprechend beanstandete Thode, dass bei Fortgeltungsklauseln der Erwerber über einen für ihn nicht abschätzbaren Zeitraum mit der Annahme seines Angebots rechnen müsse. Letzteres trifft für befristete Fortgeltungsklauseln – abhängig von der Länge des durch sie bestimmten Zeitraums, nach dessen Ablauf das Angebot erlischt – nicht in dieser Allgemeinheit zu.[39]

Im Übrigen waren im Schrifttum bis zum Zeitpunkt der Beurkundung im Jahr 2008 keine Einwände gegen befristete Fortgeltungsklauseln erhoben worden. Im Gegenteil wurden sie, soweit Bedenken gegen unbefristete Fortgeltungsklauseln im Raume standen, sogar empfohlen, und zwar ausdrücklich auch mit einer Länge des Zeitraums bis zum Erlöschen des Angebots von – wie vorliegend – bis zu einem halben Jahr.[40] Bei diesem Stand der Literatur hat der Senat die Verwendung entsprechend befristeter Fortgeltungsklauseln nicht für vorwerfbar erachtet. Er hat dabei nicht die Frist von einem halben Jahr gebilligt,[41] sondern nur das Verschulden des Notars verneint.[42]

---

[36] BGH NJW 2017, 3161 Rn. 22.
[37] Thode ZNotP 2005, 162 (164 f.).
[38] Cremer/Wagner NotBZ 2004, 331 (335 f.).
[39] BGH NJW 2017, 3161 Rn. 22.
[40] BGH NJW 2017, 3161 Rn. 23 unter Hinweis auf Hertel in Würzburger Notarhandbuch, 2005, Rn. 797 ff.; Hertel in Krüger/Hertel, Der Grundstückskauf, 9. Aufl. 2008, Rn. 912; vgl. auch Langenfeld in Münchener Vertragshandbuch, Band 5: Bürgerliches Recht I, 6. Aufl. 2008, 178.
[41] So aber möglicherweise Frenz ZNotP 2018, 48 (54).
[42] BGH NJW 2017, 3161 Rn. 28.

CHRISTIAN HERTEL

Kaufvertragsvollzug nach Vorkaufsrechtsausübung beim Grundstückskauf

Wird beim Verkauf eines Grundstücks ein Vorkaufsrecht ausgeübt, kann die Abwicklung für die Beteiligten und den Notar kompliziert und unangenehm werden. Für den Käufer des ursprünglichen Kaufvertrages (Erstkäufer) ist die Vorkaufsrechtsausübung unangenehm, weil er das schon erworben geglaubte Grundstück doch nicht erhält – und möglicherweise einen größeren finanziellen Verlust erleidet, wenn er den vereinbarten Kredit nicht anderweitig verwenden kann und eine Nichtabnahmeentschädigung an die Bank zahlen muss, ohne den Kredit nutzen zu können. Für den Verkäufer ist die Vorkaufsrechtsausübung unangenehm, weil sie die Abwicklung zumindest verzögert und er länger auf sein Geld warten muss; möglicherweise hätte er auch lieber an den ursprünglichen Käufer als an den Vorkaufsberechtigten verkauft. Der Vorkaufsberechtigte kommt möglicherweise nicht so einfach wie erwartet zu unbelastetem Eigentum, weil der ursprüngliche Käufer seine Vormerkung nicht löschen lassen will oder weil die Beteiligten über die zu ersetzenden Kosten streiten. Und für den Notar ist es unangenehm, weil er plötzlich zwischen entgegenstehenden Interessen steht und den Vertrag möglicherweise längere Zeit nicht vollziehen kann.

Ich betrachte zunächst, (→ I.) welcher Regelungsbedarf nach der Vorkaufsrechtsausübung zwischen dem Vorkaufsberechtigten und dem Verkäufer besteht, insbesondere die dinglichen Erklärungen (Auflassung, Vormerkung) im Verhältnis gegenüber dem Vorkaufsberechtigten, Vollmachten und die Anpassung der schuldrechtlichen Vereinbarungen, (→ II.) welche Folgen die Vorkaufsrechtsausübung für den Kaufvertrag mit dem ursprünglichen Käufer (Erstkäufer) hat, insbesondere den Anspruch auf Löschung der Auflassungsvormerkung, und (→ III.) welche Kosten der ursprüngliche Käufer vom Vorkaufsberechtigten ersetzt verlangen kann (wobei wir sehen werden, dass der Erstkäufer keinen Anspruch auf Kostenersatz gegen den Verkäufer hat und daher – anders als man erwarten könnte – auch die Löschung seiner Vormerkung nicht von der vorherigen Zahlung des Kostenersatz abhängig machen kann). (→ IV.) Am besten regeln Eigentümer, ursprünglicher Käufer und Vorkaufsberechtigter die weitere Abwicklung in einem dreiseitigen Vertrag. Dies ist auch kostenrechtlich die günstigste Lösung. Ist keine Einigung mit dem ursprünglichen Käufer möglich, können Eigentümer und Vorkaufsberechtigter gegebenenfalls in einem zweiseitigen Vertrag vereinbaren, dass der Vorkaufsberechtigte bereits zahlt, bevor die Löschungsbewilligung für die Vormerkung des ursprünglichen Käufers erteilt ist, um danach als Eigentümer selbst die Vormerkungslöschung durchsetzen zu können. (Bei einem zweiseitigen Vertrag fallen aber insgesamt höhere Gebühren an, weil die erforderliche Löschungsbewilligung des Erstkäufers bei getrennter Abgabe auch getrennt zu bewerten ist, während sie im dreiseitigen Vertrag keine Zusatzgebühren auslöst.) Abschließend (→ V.) stelle ich dar, was der Notar im Grundstückskaufvertrag regeln sollte, wenn möglicherweise ein Vorkaufsrecht ausgeübt werden könnte. Insbesondere könnte man erwägen, zusätzlich zu den bisher üblichen Vorkehrungen die Auflassungsvormerkung des Käufers auch für den Fall der Vorkaufsrechtsausübung auflösend bedingt zu gestalten. Im Ergebnis halte ich aber doch für sinnvoller, die Erzwingung der Löschung wie bisher jedenfalls im Regelfall den Gerichten zu überlassen.

Zur Terminologie: Das Gesetz nennt den ursprünglichen Käufer den „Dritten". Ich spreche lieber vom „ursprünglichen Käufer" oder „Erstkäufer" oder einfach vom „Käufer". Der Kürze wegen spreche ich auch dann noch vom „Vorkaufsberechtigten", wenn er sein Vorkaufsrecht schon ausgeübt hat.

I. Durch Vorkaufsrechtsausübung zustande gekommener Kaufvertrag mit dem Vorkaufsberechtigten

1. Wirksame Ausübung

Ob das Vorkaufsrecht wirksam ausgeübt wurde, kann der Notar nur teilweise prüfen.

Die Ausübung des Vorkaufsrechts ist fristgebunden. In aller Regel gilt die gesetzliche Zwei-Monats-Frist des § 469 Abs. 2 BGB. Den (spätesten) Beginn der Ausübungsfrist kann der Notar feststellen, wenn er – wie in der Regel – die Mitteilung des Vertragsinhalts an den Vorkaufsberechtigten übernommen und seinen Brief per Einwurfeinschreiben oder Ähnlichem versandt hat. Hängt die Wirksamkeit des Kaufvertrages von der Erteilung von Genehmigungen ab, so läuft die Ausübungsfrist erst ab dem Zeitpunkt, zu dem dem Vorkaufsberechtigten auch die Genehmigungserteilung mitgeteilt wurde.[1] Die fristgerechte Ausübung kann der Notar nur überprüfen, wenn ihm entweder der Verkäufer oder der Vorkaufsberechtigte den Zeitpunkt des Zugangs der Ausübungserklärung beim Verkäufer angibt und im Streitfall auch nachweist.

Zivilrechtlich bedarf die Vorkaufsrechtsausübung kraft Gesetzes keiner Form (§ 464 Abs. 1 S. 2 BGB).[2] Theoretisch könnte sie dem Eigentümer auch telefonisch oder mündlich über den Gartenzaun hinweg erklärt werden. Um den Zugang nachweisen zu können, dürfte sie aber praktisch nahezu ausnahmslos schriftlich erklärt werden (mit Einwurfeinschreiben oder Ähnlichem). Öffentlich-rechtliche Vorkaufsrechte werden durch Verwaltungsakt ausgeübt; hierfür ist wohl ausnahmslos Schriftform erforderlich und der Zustellungszeitpunkt ist in der Regel nach-

---

[1] BGH DNotZ 1994, 459 (460).
[2] BGH MittBayNot 1996, 367 (rechtsgeschäftliches Ankaufsrecht); BGHZ 144, 357 = NJW 2000, 2665 (Mietervorkaufsrecht nach § 570b BGB alte Fassung = jetzt § 577 BGB); OLG Frankfurt a. M. NJW-RR 1999, 16 (dingliches Vorkaufsrecht).

weisbar (oder es gilt eine gesetzliche Zugangsvermutung, anknüpfend an den Versandzeitpunkt).

Öffentlich-rechtliche Vorkaufsrechte können nur ausgeübt werden, wenn die materiellen Voraussetzungen des jeweiligen Gesetzestatbestands vorliegen. Diese Voraussetzungen kann der Notar nicht nachprüfen. Häufig ist aber der Verwaltungsakt über die Vorkaufsrechtsausübung mangels Anfechtung bestandskräftig geworden. Teilt die ausübende Behörde dem Notar mit, dass der Verwaltungsakt nicht fristgerecht angefochten wurde, kann der Notar davon ausgehen, dass er bestandskräftig wurde und damit die Vorkaufsrechtsausübung wirksam ist.

In Einzelfällen gibt es noch andere Möglichkeiten, die Ausübung eines öffentlich-rechtlichen Vorkaufsrechts zu vermeiden. So kann etwa das baurechtliche Vorkaufsrecht nach §§ 24 ff. BauGB (oder in Bayern das naturschutzrechtliche Vorkaufsrecht) zum Verkehrswert anstelle des vereinbarten Kaufpreises ausgeübt werden, wenn der vereinbarte Kaufpreis den Verkehrswert (deutlich) überschreitet. Dann kann aber der Eigentümer binnen Monatsfrist nach Unanfechtbarkeit des Verwaltungsaktes über die Vorkaufsrechtsausübung von dem Kaufvertrag zurücktreten (§ 28 Abs. 3 BauGB, Art. 39 Abs. 8 BayNatSchG). Der Rücktritt führt dann zugleich zur Rückabwicklung des ursprünglichen Kaufvertrages wie zur Unwirksamkeit der Vorkaufsrechtsausübung.

2. Neue Genehmigungen (und Vorkaufsrechtsverzichte) für Kaufvertrag mit dem Vorkaufsberechtigten

Nach dem Gesetz ist alles einfach. § 464 Abs. 2 BGB regelt:

„Mit der Ausübung des Vorkaufsrechts kommt der Kauf zwischen dem Berechtigten und dem Verpflichteten unter den Bedingungen zustande, welche der Verpflichtete mit dem Dritten vereinbart hat."

Ganz so einfach, wie es klingt, ist es dann doch nicht. Auch wenn die Vorkaufsrechtsausübung zu einem schuldrechtlichen Vertrag führt, müssen Genehmigungen und Vorkaufsrechtsverzichte et cetera, die für die Wirksamkeit oder den Vollzug des Vertrages erforderlich sind, für diesen neuen Vertrag neu eingeholt werden. Denn die für den Kaufvertrag mit dem ursprünglichen Käufer bereits erteilten Genehmigungen et cetera wirken nicht für den neuen Vertrag mit dem Vorkaufsberechtigten.[3]

3. Dingliche Erklärungen

Auch sachenrechtliche Erklärungen im ursprünglichen Kaufvertrag wirken nicht für den durch Vorkaufsrechtsausübung zustande gekommenen Kaufvertrag.

---

[3] OLG Zweibrücken RNotZ 2016, 342.

a) Auflassung auf den Vorkaufsberechtigten

Im Regelfall (und immer bei privatrechtlichen Vorkaufsrechten) muss für die Eigentumsumschreibung auf den Vorkaufsberechtigten erst eine Auflassung vom Eigentümer auf den Vorkaufsberechtigten erklärt werden. Denn auch wenn im ursprünglichen Kaufvertrag bereits die Auflassung auf den ursprünglichen Käufer erklärt war, wirkt dies nicht für den Vorkaufsberechtigten.

Entbehrlich ist die Auflassung auf den Vorkaufsberechtigten nur, soweit der Gesetzgeber bei Ausübung eines öffentlich-rechtlichen Vorkaufsrechts einen gesetzlichen Eigentumsübergang vorsieht – so etwa nach § 28 Abs. 3 S. 6 BauGB, wenn die Gemeinde das Vorkaufsrecht anstelle des ursprünglich vereinbarten Kaufpreises zum Verkehrswert ausübt, dieser Verwaltungsakt bestandskräftig wird und der Verkäufer danach nicht zurücktritt; dann kann die Gemeinde einseitig Grundbuchumschreibung auf sich beantragen. Mit der Umschreibung geht das Eigentum auf sie über, ohne dass es noch einer Auflassung durch den Eigentümer bedürfte. Dies sind aber nur seltene Ausnahmefälle.

b) Auflassungsvormerkung für den Vorkaufsberechtigten

Ebenso wirkt die im ursprünglichen Kaufvertrag bewilligte (und wahrscheinlich schon eingetragene) Auflassungsvormerkung nicht zugunsten des Vorkaufsberechtigten. Ist im ursprünglichen Kaufvertrag eine Auflassungsvormerkung für den Erstkäufer vorgesehen, so hat auch der Vorkaufsberechtigte aus dem durch Vorkaufsrechtsausübung zustande gekommenen Kaufvertrag einen Anspruch auf Bestellung einer Auflassungsvormerkung zu seinen Gunsten (§ 464 Abs. 2 BGB).

Entbehrlich ist eine neue Auflassungsvormerkung für den Vorkaufsberechtigten, wenn dem Vorkaufsrecht ohnehin schon vormerkungsgleicher Schutz nach § 1098 Abs. 2 BGB zukommt – also bei einem dinglichen Vorkaufsrecht oder bei einem gesetzlichen Vorkaufsrecht, das auf § 1098 Abs. 2 BGB verweist (oder eine inhaltsgleiche Regelung vorsieht).[4] Denn eine Doppelung der Vormerkungswirkung würde dem Vorkaufsberechtigten nichts bringen.

4. Einseitige Erklärungen

Auch im ursprünglichen Kaufvertrag enthaltene einseitige Erklärungen wirken nicht bereits infolge der Vorkaufsrechtsausübung, sondern müssen neu abgegeben werden.

a) Neue Vollmachten (für Finanzierung und Vollzug)

So müssen im ursprünglichen Kaufvertrag erteilte Vollmachten neu erteilt werden: Hat der Verkäufer dem Erstkäufer im Erstkaufvertrag eine Finanzierungsvollmacht erteilt, so ist er durch den aufgrund der Vorkaufsrechtsausübung zustande gekommenen Kaufvertrag verpflichtet, auch dem Vorkaufsberechtigten eine inhaltsgleiche Finanzierungsvollmacht zu erteilen. Die Vollmacht entsteht aber (als

---

[4] Hertel in Würzburger Notarhandbuch, 6. Aufl. 2022, Teil 2 Kap. 8 Rn. 161.

einseitige Erklärung) nicht automatisch mit der Vorkaufsrechtsausübung, sondern muss erst noch erklärt werden.

Ebenso ist eine neue Vollzugsvollmacht für den Notar erforderlich: Mit der Vorkaufsrechtsausübung sind die Beteiligten zwar gegeneinander zur Vollmachterteilung verpflichtet (weil die Vollmacht auch der Vereinfachung der Vertragsabwicklung und damit auch dem jeweils anderen Vertragspartner dient). Die Vollmacht muss aber erst noch erklärt werden. Denn der Vorkaufsberechtigte hat dem Notar noch gar keine Vollmacht erteilt. Der Verkäufer hat dem Notar zwar bereits eine Vollzugsvollmacht erteilt – aber nur für den ursprünglichen Kaufvertrag, nicht für den durch Ausübung des Vorkaufsrechts zustande gekommenen neuen Kaufvertrag.

b) Zwangsvollstreckungsunterwerfung

Auch im Erstkauf enthaltene Zwangsvollstreckungsunterwerfungen (sei es des Käufers wegen der Kaufpreiszahlung, sei es des Verkäufers wegen der Räumung) müssen neu beurkundet werden. Auch hier ergibt sich die Verpflichtung aus dem ursprünglichen Kaufvertrag. Übt die öffentliche Hand das Vorkaufsrecht aus, entfällt allerdings meines Erachtens die Verpflichtung zur Zwangsvollstreckungsunterwerfung. Denn man kann davon ausgehen, dass die öffentliche Hand ihre Verpflichtung auch ohne Vollstreckungsunterwerfung erfüllt. Daher ist unüblich, dass sich eine Gemeinde, der Landkreis oder der Staat vertraglich der Zwangsvollstreckungsunterwerfung unterwirft (und gegebenenfalls landesrechtlich nur unter bestimmten Voraussetzungen möglich).[5] Auch wenn grundsätzlich alle Pflichten des ursprünglichen Kaufvertrages auch für und gegen den Vorkaufsberechtigten gelten, ist der Vertrag doch sinngemäß anzupassen. Hätte die öffentliche Hand unmittelbar gekauft, hätte sie sich nicht der Zwangsvollstreckung unterworfen. Daher muss sie es auch bei Vorkaufsrechtsausübung meines Erachtens nicht.

5. Anpassung gegenüber dem ursprünglichen Kaufvertrag

Für den schuldrechtlichen Vertrag gelten zwar die Regelungen des Erstvertrages (entsprechend). Weil sich aber die Situation geändert hat, sind diese anzupassen.

a) Kaufpreisfälligkeit: Eintragung einer Auflassungsvormerkung für den Vorkaufsberechtigten

Anzupassen sind insbesondere die Regelungen über die Kaufpreisfälligkeit: Ist nach dem ursprünglichen Kaufvertrag der Kaufpreis erst nach Eintragung der Auflassungsvormerkung fällig, so muss auch der Vorkaufsberechtigte den Kaufpreis erst nach Eintragung einer Vormerkung für ihn zahlen. Entbehrlich ist die Vormerkung für den Vorkaufsberechtigten bei einem dinglichen Vorkaufsrecht, das ohnehin Vormerkungswirkung hat (§ 1098 Abs. 2 BGB), oder bei den gesetzlichen Vor-

---

[5] § 61a Abs. 1 S. 2 VwVfG, wonach die Behörde bei der Zwangsvollstreckungsunterwerfung durch ihren Behördenleiter, dessen Vertreter oder einen Volljuristen vertreten werden muss, ist nicht einschlägig, da er nur für subordinationsrechtliche öffentlich-rechtliche Verträge gilt.

kaufsrechten, denen das Gesetz durch entsprechende Anwendung des § 1098 Abs. 2 BGB vormerkungsgleiche Wirkung verleiht.

b) Kaufpreisfälligkeit: Löschung der Vormerkung für den Erstkäufer

Im Erstkaufvertrag ist typischerweise geregelt, dass der Kaufpreis erst fällig wird, wenn alle Unterlagen zur Lastenfreistellung für vor der Käufervormerkung eingetragene Grundstücksbelastungen in grundbuchtauglicher Form vorliegen (und nur unter Treuhandauflagen, die aus dem vereinbarten Kaufpreis gezahlt werden können).

Hat der Vorkaufsberechtigte Anspruch auf Eintragung einer Auflassungsvormerkung für sich, so muss er den Kaufpreis entsprechend erst zahlen, wenn die Löschungsunterlagen für alle gegenüber seiner Vormerkung vorrangigen Belastungen vorliegen. Insbesondere muss der Vorkaufsberechtigte dann erst zahlen, wenn auch die Löschungsbewilligung für die vorrangig eingetragene Auflassungsvormerkung des Erstkäufers vorliegt. Hat der Erstkäufer eine Finanzierungsgrundschuld eintragen lassen, wird der Kaufpreis erst fällig, wenn auch dafür die Löschungsbewilligung (und gegebenenfalls der Brief) vorliegt.[6]

Gilt § 1098 Abs. 2 BGB und ist daher keine Auflassungsvormerkung für den Vorkaufsberechtigten mehr erforderlich, so muss er gleichwohl erst zahlen, wenn die Löschungsunterlagen vorliegen. Dies kann man entweder aus § 464 Abs. 2 BGB begründen (und für die entsprechende Anwendung nicht auf die Eintragung der Käufervormerkung, sondern auf den Zeitpunkt der Erteilung der Fälligkeitsmitteilung des Notars abstellen) oder aus § 320 Abs. 1 S. 1 BGB. Denn ist das Grundstück vertragswidrig belastet, kann der Käufer gegen den Zahlungsanspruch des Verkäufers die Einrede des nicht erfüllten Vertrages geltend machen.[7] Letztere Begründung erscheint mir besser, da die Rechtslage ähnlich ist wie bei nach der Käufervormerkung eingetragenen Belastungen. Treffen Verkäufer und Vorkaufsberechtigter eine Vereinbarung zur Abwicklung, werden sie sinnvollerweise alle bis zur Fälligkeitsmitteilung des Notars eingetragenen Belastungen so behandeln wie Belastungen, die vorrangig zu einer Käufervormerkung eingetragen sind.

Was ist mit Treuhandauflagen des Erstkäufers für die Löschung seiner Auflassungsvormerkung? Nach dem ursprünglichen Kaufvertrag sind typischerweise bei Fälligkeit die von den abzulösenden Gläubigern zur Ablösung geforderten Beträge an die Gläubiger in Anrechnung auf den Kaufpreis zu zahlen, ohne dass der Notar die Berechtigung der geltend gemachten Beträge prüft und ohne dass der Verkäufer der Höhe der Beträge widersprechen kann. Ratio der Regelung ist, dass sich der Verkäufer gegebenenfalls hinterher mit den Gläubigern (typischerweise Kreditinstituten) auseinandersetzen soll, falls er die geltend gemachten Ablösebeträge nicht für berechtigt hält – dass dies die Kaufvertragsabwicklung aber nicht blockieren soll.

Nach der Vorkaufsrechtsausübung haben wir aber eine gänzlich andere Situation: Kostenersatz für die Vertragskosten schuldet der Vorkaufsberechtigte, nicht der Ver-

---

[6] Vgl. LG Leipzig AgrarR 2001, 29 (für eine bei einem siedlungsrechtlichen Vorkaufsrecht eingetragene Grundschuld).
[7] BGH DNotZ 1986, 275; DNotZ 2004, 464; OLG Zweibrücken NJW-RR 2002, 746.

käufer. Der Vorkaufsberechtigte kann daher die an den Erstkäufer gezahlten Vertragskosten nicht etwa vom Kaufpreis abziehen, sondern muss sie zusätzlich zum Kaufpreis zahlen. Daher passt die Klausel schon ihrem Wortlaut nach nicht. Denn es sind keine „aus dem Kaufpreis zu erfüllende Treuhandauflagen", sondern zusätzlich zum Kaufpreis zu erfüllende Treuhandauflagen.

Hinzu kommt: Die Regelung im Erstkaufvertrag „erst zahlen, hinterher über die Berechtigung der Zahlung streiten", betrifft in aller Regel Kreditinstitute als abzulösende Gläubiger. Hier kann man einer Vertragspartei zumuten, sich bei einer Meinungsverschiedenheit über die Höhe der von der Bank oder Sparkasse geltend gemachten Forderung mit dem Kreditinstitut auseinanderzusetzen. Denn man kann unterstellen, dass ein Kreditinstitut nicht unberechtigt Zahlungen verlangen wird und dass es eine allfällig geschuldete Rückzahlung auch problemlos leisten wird. Müsste aber der Vorkaufsberechtigte beliebige Treuhandauflagen des Erstkäufers anerkennen, wäre sein Anspruch auf Lastenfreistellung wenig wert.

Daher ist die Lastenfreistellung von der Vormerkung des Erstkäufers meines Erachtens nur dann im Sinne der Regelungen des Erstkaufvertrages gesichert, wenn der Erstkäufer als Treuhandauflage nur die Zahlung der Vertragskosten verlangt, die der Vorkaufsberechtigte nach dem Gesetz ersetzen muss. Anders als bei Treuhandauflagen der Grundschuldgläubiger kann der Notar hier in aller Regel ohne größere Schwierigkeiten feststellen, ob und in welcher Höhe die vom Vorkaufsberechtigten geltend gemachten Ansprüche tatsächlich berechtigt sind (während er die Höhe des Restkredits bei der Bank und die Vorfälligkeitsentschädigung nur schwer nachvollziehen kann). Auch dies wird man sinnvollerweise ausdrücklich zwischen Eigentümer und Vorkaufsberechtigtem regeln.

c) Sonstige Anpassungen bei der Kaufpreisfälligkeit

Ist die Auflassung im ursprünglichen Kaufvertrag erklärt, so muss der Vorkaufsberechtigte den Kaufpreis erst zahlen, wenn auch die Auflassung an ihn beurkundet ist (mit derselben Vorlagesperre wie im ursprünglichen Vertrag) – ausgenommen, falls die Mitbeurkundung der Auflassung im ursprünglichen Vertrag nicht (auch) der Sicherung des Käufers, sondern nur der Erleichterung der Vertragsabwicklung dienen sollte.[8]

Dasselbe gilt, wenn der ursprüngliche Kaufvertrag eine Finanzierungsvollmacht enthält. Dann hat auch der Vorkaufsberechtigte Anspruch auf eine inhaltsgleiche Finanzierungsvollmacht und muss er den Kaufpreis erst zahlen, wenn ihm die Vollmacht erteilt ist. (Bei Vorkaufsrechten der öffentlichen Hand spielt dies praktisch keine Rolle.)

Enthält der Erstkaufvertrag ein festes (frühestes) Datum für die Kaufpreiszahlung, so ist auch dieses gegebenenfalls entsprechend anzupassen. So kann zum Beispiel eine Zahlung zum Monatsende nach dem geschätzten Vorliegen der Fälligkeitsvoraussetzungen vereinbart sein, damit der Besitz möglichst zum Monatsersten übergeht.

---

[8] BGH DNotZ 2017, 949.

d) Sonstige Anpassungen im Vertrag

Ebenso ist etwa zu prüfen, ob das vereinbarte Datum der Besitzübergabe anzupassen ist.

Der Ausschluss der Sachmängelansprüche knüpft in der Regel daran an, dass der Käufer das Vertragsobjekt vorher besichtigt hat. Als (gesetzliches, ungeschriebenes) Nebenrecht des Vorkaufsrechts wird man dem Vorkaufsberechtigten meines Erachtens auch ein Besichtigungsrecht im gleichen Umfang zugestehen – das er sinnvollerweise vor Vorkaufsrechtsausübung wahrnimmt.

Die gesetzliche Offenbarungspflicht für verborgene (wesentliche) Sachmängel gilt auch gegenüber dem Vorkaufsberechtigten.[9] Auch soweit der Verkäufer dem Erstkäufer über seine gesetzliche Verpflichtung hinaus Sachmängel offenbart hat, sollte er diese sinnvollerweise im selben Umfang dem Vorkaufsberechtigten offenbaren. Einfach ist dies, wenn die Offenlegung, jedenfalls in ihrem Kern, im Kaufvertrag mitbeurkundet wurde. Dann kann man nichts vergessen und ist die Offenbarung auch dem Vorkaufsberechtigten gegenüber zugleich beweiskräftig dokumentiert.

Am besten geht der Notar, wenn er den Vollzugsvertrag nach Vorkaufsrechtsausübung entwirft, den ursprünglichen Kaufvertrag nochmals Punkt für Punkt durch und schlägt Anpassungen vor, wo er es für notwendig hält. Für den Rest kann dann (klarstellend) pauschal verwiesen werden.

6. Vorkaufsrechtsausübung nur für eine Teilfläche

Manchmal wird das Vorkaufsrecht nur für eine Teilfläche ausgeübt. Das ist bei vielen gesetzlichen Vorkaufsrechten für die öffentliche Hand möglich – oder sogar geboten, wenn die Voraussetzungen der Vorkaufsrechtsausübung nur für einen Teil des verkauften Grundstücks vorliegen, etwa beim Vorkaufsrecht nach §§ 24 ff. BauGB nur für einen im Bebauungsplan als Bürgersteig ausgewiesenen Streifen entlang der Straße oder beim naturschutzrechtlichen Vorkaufsrecht nur für den an das Gewässer angrenzenden Uferstreifen.

Würde dabei dem Verkäufer nur mehr eine sonst nicht mehr verwertbare Restfläche verbleiben, so kann der Verkäufer verlangen, dass das Vorkaufsrecht auch auf diese Restfläche erstreckt wird (§ 467 S. 2 BGB).

Verbleibt es aber beim Vorkauf nur einer Teilfläche, so ist der vereinbarte Kaufpreis zwischen der vom Vorkaufsrecht betroffenen und der Restfläche nach dem Verhältnis des Wertes der beiden Teilflächen aufzuteilen – was meist vom Flächenverhältnis abweicht, da die Vorkaufsrechtsfläche meist nur einen geringeren Wert hat. Über die genaue Aufteilung können sich die Beteiligten trefflich streiten. Häufig ist aber der Erstkäufer primär daran interessiert, die Restfläche zu erwerben – und es interessiert ihn weniger der Preisabschlag für die wirtschaftlich weniger relevante Vorkaufsrechtsfläche. Dann zahlt der Vorkaufsberechtigte den aus seiner Sicht auf die Vorkaufsfläche entfallenden Kaufpreisteil und der Erstkäufer den Rest – und der Verkäufer erhält in Summe das, was vereinbart war. In meinem Vertragsmuster sehe ich eine Wahlmöglichkeit des Erstkäufers hierfür vor:

---

[9] OLG Köln NJW-RR 1995, 1167.

„Wird das Vorkaufsrecht nur für eine Teilfläche ausgeübt, so kann der Verkäufer nicht zurücktreten, wenn sich der Käufer verpflichtet, die Restfläche zu einem nur um den vom Vorkaufsberechtigten gezahlten Preis geminderten Kaufpreis zu kaufen."[10]

Dieser Teil der Klausel ist beim Wohnungskauf entbehrlich. Kommt beim Paketverkauf von Wohnungen in Betracht, dass ein Mietervorkaufsrecht nur für eine von mehreren Wohnungen ausgeübt wird, so sollten die Teilkaufpreise bereits im Kaufvertrag geregelt werden.

II. Rückabwicklung des Kaufvertrages mit dem Dritten (ursprünglichen Käufer)

1. Erlöschen beziehungsweise Aufhebung der Übereignungspflicht

Die Vorkaufsrechtsausübung beseitigt den ursprünglichen Kaufvertrag nicht etwa kraft Gesetzes. Vielmehr bestehen zunächst der ursprüngliche Kaufvertrag mit dem Erstkäufer und der durch die Vorkaufsrechtsausübung zustande gekommene Kaufvertrag nebeneinander. Aber der Eigentümer kann sein Grundstück nur einmal übereignen und damit nur einen der beiden Kaufverträge erfüllen. Irgendwie muss er also von dem ursprünglichen Kaufvertrag loskommen.

Sinnvollerweise regeln die Kaufvertragsparteien dies ausdrücklich im ursprünglichen Kaufvertrag. Es gibt im Wesentlichen drei Gestaltungsmöglichkeiten:

1. Zum einen kann man eine auflösende Bedingung vorsehen, nach der der ursprüngliche Kaufvertrag gegenüber dem Erstkäufer mit Vorkaufsrechtsausübung automatisch unwirksam wird.
2. Praktisch am häufigsten dürfte die Vereinbarung eines Rücktrittsrechts sein. Dies erscheint mir die vorzugswürdige Lösung.
3. Eine dritte Möglichkeit wäre, nur Schadensersatzansprüche für den Fall der Nichterfüllung infolge Vorkaufsrechtsausübung auszuschließen. Dann müssen die Beteiligten den Erstkauf noch vertraglich aufheben.

Ist im Kaufvertrag nichts ausdrücklich geregelt, wird man mit Vertragsauslegung helfen. So hatte die Rechtsprechung in mehreren Entscheidungen eine stillschweigende auflösende Bedingung bei Vorkaufsrechtsausübung angenommen.[11] Ansonsten hat der Verkäufer meines Erachtens sein Unvermögen gegenüber dem Erstkäufer nicht zu vertreten, wenn er nach wirksamer Vorkaufsrechtsausübung stattdessen an den Vorkaufsberechtigten übereignet.[12]

Die Vertragsgestaltung bespreche ich später (→ V. 1.). Hier interessiert nur die Sicht ex post, wenn der Kaufvertrag bereits abgeschlossen ist und das Vorkaufsrecht ausgeübt wurde. Ob dann die auflösende Bedingung tatsächlich eingetreten beziehungsweise ob der Rücktritt erfolgt und wirksam ist, kann der Notar nur eingeschränkt prüfen. Er muss sich dafür auf die ihm von den Beteiligten mitgeteilten Tatsachen verlassen.

---

[10] Hertel in Würzburger Notarhandbuch, 6. Aufl. 2022, Teil 2 Kap. 2 Rn. 4.
[11] RG JW 1922, 576; OLG Nürnberg MDR 1984, 755; BayObLGZ 1997, 223 = DNotZ 1998, 478.
[12] Hertel in Würzburger Notarhandbuch, 6. Aufl. 2022, Teil 2 Kap. 8 Rn. 84.

Wenn der Notar eine vertragliche Vereinbarung zwischen Verkäufer und ursprünglichem Käufer über die Rückabwicklung beurkundet, sollte er daher einen Satz aufnehmen, dass die Beteiligten sich darüber einig sind, dass (je nachdem, was im ursprünglichen Kaufvertrag geregelt ist) die auflösende Bedingung eingetreten beziehungsweise der Rücktritt wirksam erklärt ist – und dass damit die beiderseitigen Erfüllungspflichten aus dem ursprünglichen Kaufvertrag erloschen sind und dieser rückabzuwickeln ist. Oder man lässt die Beteiligten den ursprünglichen Kaufvertrag ausdrücklich vertraglich aufheben und sich über die Rückabwicklung einigen.

2. Rückabwicklung, insbesondere Löschung der Auflassungsvormerkung

Die Rechtsgrundlage für die Rückabwicklung unterscheidet sich je nachdem, wie der ursprüngliche Kaufvertrag beendet wird, ob durch auflösende Bedingung, Rücktritt oder vertragliche Aufhebung. Bei einer auflösenden Bedingung ist nach Bereicherungsrecht rückabzuwickeln (§ 812 Abs. 1 S. 2 Var. 1 BGB, condictio ob causam finitam). Der Rücktritt hingegen überführt den ursprünglichen Kaufvertrag in ein Rückgewährschuldverhältnis. Insbesondere sind erbrachte Leistungen zurückzugewähren (§ 346 Abs. 1 BGB). Bei einer einvernehmlichen Vertragsaufhebung werden die Vertragsparteien die Rückabwicklung in der Regel ebenfalls vertraglich regeln; im Übrigen gilt auch bei der Vertragsaufhebung Bereicherungsrecht. Im praktischen Ergebnis dürfte es kaum einen Unterschied machen, ob Rücktrittsrecht oder Bereicherungsrecht anzuwenden ist.

Mit Eintritt der auflösenden Bedingung, wirksamem Rücktritt oder Vertragsaufhebung erlischt der Zahlungsanspruch des Verkäufers gegenüber dem ursprünglichen Käufer. Kaufpreiszahlungen sind bei üblicher Vertragsgestaltung noch keine erfolgt, solange die Vorkaufsrechtsausübung noch möglich ist. Sollten die Vertragsparteien im Einzelfall doch eine vorzeitige Zahlung vereinbart haben (trotz der notariellen Belehrung über das Risiko einer ungesicherten Vorleistung), sollte man im Erstvertrag möglichst auch die Rückabwicklung (Zug um Zug) bei Vorkaufsrechtsausübung regeln.

Ebenso erlischt die Übereignungspflicht gegenüber dem ursprünglichen Käufer. Damit wird auch eine bereits eingetragene Auflassungsvormerkung unwirksam und das Grundbuch insoweit unrichtig. Zur Löschung im Grundbuch ist aber die Löschungsbewilligung des Käufers als Vormerkungsberechtigtem erforderlich (§ 19 GBO), da das Erlöschen des gesicherten Anspruchs dem Grundbuchamt nicht in öffentlicher Form nachweisbar ist (§ 22 GBO). Der Verkäufer kann vom Erstkäufer Bewilligung der Löschung verlangen – sowohl als Eigentümer aus dinglicher Anspruchsgrundlage (§ 894 BGB) wie schuldrechtlich – beim Rücktritt aus vertraglicher Anspruchsgrundlage (§ 346 Abs. 1 BGB) beziehungsweise bei auflösender Bedingung oder Vertragsaufhebung aus Bereicherungsrecht (§ 812 Abs. 1 S. 2 Var. 1 BGB). Hat der Käufer – wie typischerweise – noch keine Zahlungen auf den Kaufpreis und keine anderen Leistungen an den Verkäufer erbracht, so kann er auch keine Zug um Zug zu erfüllenden Gegenansprüche geltend machen.

III. Kostenersatz für den (ursprünglichen) Käufer

Wenn sich der ursprüngliche Käufer – oft nur schweren Herzens – damit abgefunden hat, dass er das Grundstück nicht bekommt und seine Auflassungsvormerkung löschen lassen muss, wird er die Löschung erst bewilligen wollen, wenn er alle ihm zu erstattenden Kosten zurückgezahlt erhalten hat. Der Erstattungsanspruch geht aber weniger weit, als der Käufer möglicherweise meint. Und der Käufer kann die Löschung der Auflassungsvormerkung nicht gesetzlich von der vorherigen Zahlung abhängig machen. Vertraglich wird hingegen häufig – und sinnvollerweise – Löschung erst nach Zahlung vereinbart.

1. Kein Anspruch gegen Verkäufer auf Kostenersatz aufgrund der Rückabwicklung

Die Rückabwicklung des ursprünglichen Kaufvertrages verpflichtet den Verkäufer nicht zum Ersatz der Vertragskosten des ursprünglichen Käufers.

a) Betrachten wir zunächst die praktisch häufigere Rückabwicklung aufgrund vorbehaltenen Rücktrittsrechts nach §§ 346 ff. BGB. Die Rückgewährpflicht des § 346 Abs. 1 BGB erfasst die Vertragskosten nicht.[13] Vertragskosten sind auch keine (notwendigen) Verwendungen im Sinne des § 347 Abs. 2 S. 1 BGB (die zu ersetzen wären, soweit der Rückgewährschuldner seinerseits zu Wertersatz verpflichtet ist). Vielmehr fallen Vertragskosten unter „sonstige Aufwendungen"; diese sind nach § 347 Abs. 2 S. 2 BGB bei Rücktritt nur „zu ersetzen, soweit der Gläubiger durch diese bereichert wird". Die herrschende Meinung sieht keine Bereicherung des Eigentümers.[14] Eine Mindermeinung bejaht hingegen eine Bereicherung, soweit der Rückgewährschuldner zu Wertersatz verpflichtet ist, weil der Rückgewährschuldner dann um diesen Wertersatz bereichert sei (also höchstens bis zur Höhe des jeweils geschuldeten Wertersatzes).[15] Meist wird es auf den Meinungsstreit nicht ankommen, weil der Besitz noch nicht übergeben ist und damit kein Wertersatz geschuldet ist. Im Übrigen halte ich die Mehrheitsmeinung für richtig: Der Verkäufer ist um den Wertersatz nicht bereichert, weil er ja sonst die Sache hätte selbst nutzen können.

Der Verkäufer ist auch nicht unmittelbar um die Vertragskosten bereichert: Für die Kosten der Eintragung der Auflassungsvormerkung fehlt es schon deshalb an einer Bereicherung, da die Vormerkung nur dem Schutz des Käufers dient, auch wenn der Verkäufer den Eintragungsantrag (mit)gestellt hat. Eine Bereicherung könnte man allenfalls für die Hälfte der Beurkundungskosten des Kaufvertrages diskutieren, da diese der Verkäufer bei Fehlen einer vertraglichen Regelung als gesamtschuldnerischer Kostenschuldner (§ 2 GNotKG) im Innenverhältnis zu tragen gehabt hätte. Aber auch hierfür bleibt meines Erachtens die vertragliche Kostentragungspflicht des Erstkäufers bestehen (die durch den Rücktritt ja nicht aufgehoben wird), so dass keine rechtsgrundlose Bereicherung des Verkäufers vorliegt.

---

[13] BGH NJW 2009, 66; NJW 2010, 2651; Gaier in MüKoBGB, 9. Aufl. 2022, BGB § 346 Rn. 72; anderer Ansicht Krois/Lindner WM 2011, 442 (446f.).
[14] Gaier WM 2002, 1 (7); H. Schmidt in BeckOK BGB, 67. Ed. 1.8.2023, BGB § 347 Rn. 6; Gaier in MüKoBGB, 9. Aufl. 2022, BGB § 347 Rn. 22.
[15] Kaiser/Sittmann-Haury in Staudinger, 2022, BGB § 347 Rn. 59.

b) Ist nach Bereicherungsrecht rückabzuwickeln (bei auflösender Bedingung oder Vertragsaufhebung ohne vertragliche Regelung der Rechtsfolgen), so ist das Ergebnis meines Erachtens dasselbe. Für die Grundbuchkosten der Vormerkung fehlt es an einer Bereicherung des Verkäufers. Die vertragliche Aufteilung der Beurkundungskosten wird meines Erachtens im Zweifel durch die auflösende Bedingung oder die Vertragsaufhebung nicht beseitigt.

c) Aus Rücktritt beziehungsweise Bereicherung hat daher der Erstkäufer meines Erachtens keinerlei Kostenerstattungsanspruch gegen den Verkäufer – und kann insoweit keinen Gegenanspruch gegen dessen Löschungsanspruch geltend machen.

2. Kostenersatz aufgrund Vorkaufsrechtsausübung

a) Anspruchsgrundlage

Wir wissen natürlich alle, dass am Ende der Vorkaufsberechtigte die Vertragskosten tragen muss. Rechtsgrundlage ist § 464 Abs. 2 BGB. Im Gesetzestext steht zwar nur:

„*Mit der Ausübung des Vorkaufsrechts kommt der Kauf zwischen dem Berechtigten und dem Verpflichteten unter den Bestimmungen zustande, welche der Verpflichtete mit dem Dritten vereinbart hat.*"

Daher muss der Vorkaufsberechtigte alle Vertragskosten übernehmen, die nach dem ursprünglichen Kaufvertrag der Käufer zu tragen gehabt hätte. Unmittelbar einsichtig ist dies für die Kosten des durch die Vorkaufsrechtsausübung zustande gekommenen neuen Kaufvertrages.

Nach Rechtsprechung und allgemeiner Ansicht gilt dies aber ebenso für die Vertragskosten des Erstvertrages und für dessen Rückabwicklung im Grundbuch.[16] Das ist zwar nicht logisch zwingend. Denn unmittelbar regelt der Erstvertrag nur die Kosten, die ohne Vorkaufsrechtsausübung anfallen; eine über das Gesetz hinausgehende Kostentragungspflicht für den Vorkaufsberechtigten könnten die Parteien des Erstkaufvertrages gar nicht regeln (vgl. § 465 BGB). Aber es macht Sinn, diese Kosten dem Vorkaufsberechtigten aufzuerlegen, weil er als einziger einen Vorteil aus der Vorkaufsrechtsausübung hat.

b) Anspruchsberechtigter

Anspruchsberechtigt aus dem durch Vorkaufsrechtsausübung zustande gekommenen Kaufvertrag ist nur der Verkäufer, nicht der Erstkäufer. Denn der Erstkäufer ist nicht Vertragspartei des neuen Kaufvertrages. Das ist misslich, soweit der Erstkäufer bereits Vertragskosten bezahlt hat. Man könnte überlegen, ob der Verkäufer verpflichtet ist, seinen Anspruch gegen den Vorkaufsberechtigten auf Ersatz der vom Erstkäufer bereits verauslagten Vertragskosten an den Erstkäufer abzutreten.

Das ist aber nicht erforderlich. Denn die Rechtsprechung gibt dem Erstkäufer insoweit einen unmittelbaren gesetzlichen Anspruch aus Bereicherungsrecht –

---

[16] BGH DNotZ 1978, 507.

und zwar aufgrund Zahlung auf fremde Schuld (§ 812 Abs. 1 S. 1 Var. 2 BGB).[17] Denn auch wenn der Erstkäufer bei Zahlung meinte, dadurch eine eigene Verpflichtung aus dem Erstkaufvertrag zu erfüllen, hat sich mit der Vorkaufsrechtsausübung herausgestellt, dass er damit eine Verpflichtung des Vorkaufsberechtigten erfüllt hat.

Soweit die Vertragskosten des Erstkaufvertrages also noch nicht bezahlt sind, hat der Verkäufer einen Freistellungsanspruch gegen den Vorkaufsberechtigten. Soweit sie schon vom Erstkäufer bezahlt sind, hat der Erstkäufer einen Bereicherungsanspruch gegen den Vorkaufsberechtigten. (De lege ferenda wäre einfacher gewesen, dem Erstkäufer bei Vorkaufsrechtsausübung ausdrücklich einen unmittelbaren Anspruch gegen den das Vorkaufsrecht Ausübenden zu geben. Damit hätte der Gesetzgeber aber die Konstruktion eines bloßen Vertragsverhältnisses zwischen Verkäufer und Vorkaufsberechtigtem durchbrechen müssen. Daher hilft man sich über das Bereicherungsrecht.)

c) Vormerkungslöschung gesetzlich nicht von Kostenersatz abhängig

Wenn sich der Anspruch des Erstkäufers auf Kostenersatz aber nur gegen den Vorkaufsberechtigten richtet, nicht gegen den Verkäufer, so kann der Erstkäufer gegen den Löschungsanspruch des Verkäufers auch nicht einwenden, dass er erst seine Kosten ersetzt haben möchte. Weigert sich daher der Erstkäufer, seine Vormerkung löschen zu lassen, und verklagt ihn der Verkäufer (= Eigentümer), so verliert der Erstkäufer meines Erachtens den Prozess, ohne dass der Verkäufer mehr als die Wirksamkeit des Rücktritts (oder den Eintritt der auflösenden Bedingung) nachweisen müsste.

Natürlich kann man das vertraglich anders regeln. Beurkundet der Notar einen dreiseitigen Vertrag zwischen Verkäufer, Erstkäufer und Vorkaufsberechtigtem, so ist es sinnvolle und übliche Vertragsgestaltung, den Vollzug der Löschung von der vorherigen Zahlung des geschuldeten Kostenersatzes abhängig zu machen. Das ist aber ein Vorteil, den der Käufer aus dem dreiseitigen Vertrag hat – nicht etwa sein gesetzliches Recht.

3. Zu ersetzende Vertragskosten

Welche Kosten muss der Vorkaufsberechtigte tragen beziehungsweise dem Erstkäufer ersetzen, wenn der Erstkaufvertrag – wie üblich – regelt, dass der Käufer die Notar- und Grundbuchkosten des Kaufvertrages und seines Vollzuges zu tragen hat (gegebenenfalls mit Ausnahme bestimmter, näher definierter Kosten für die Löschung von Grundpfandrechten und anderen Vorbelastungen)?

---

[17] BGH BB 1960, 964; OLG Frankfurt a. M. MittBayNot 2013, 125 mit Anmerkung Schermaier = NotBZ 2012, 452 mit Anmerkung H. Schmidt NotBZ 2012, 441.

a) Kosten des Erstvertrages

Aufgrund der Vorkaufsrechtsausübung muss der Vorkaufsberechtigte die Vertragskosten des ursprünglichen Kaufvertrages tragen, die sonst der Erstkäufer zu tragen gehabt hätte. In der Regel hat der Käufer diese bis zur Vorkaufsrechtsausübung bereits gezahlt, so dass sie ihm zu ersetzen sind.

Dies sind zunächst die Beurkundungskosten des Erstvertrages. Auch soweit der Berechtigte das Vorkaufsrecht zu einem geringeren Preis als dem im Erstverkauf vereinbarten Kaufpreis ausgeübt hat (etwa nach § 28 Abs. 3 BauGB oder Art. 39 Abs. 8 BayNatSchG), sind die Beurkundungsgebühren für den Erstvertrag aus dem dort vereinbarten Kaufpreis als Geschäftswert angefallen und entsprechend auch in voller Höhe zu ersetzen. Und auch soweit der Vorkaufsberechtigte Gebührenermäßigung beanspruchen könnte, für den Erstkaufvertrag aber keine Gebührenermäßigung bestand, muss er die vollen Gebühren des Erstkaufvertrages tragen beziehungsweise ersetzen.[18]

Auch die Vollzugs- und Betreuungsgebühr sind zum Zeitpunkt der Vorkaufsrechtsausübung in aller Regel schon angefallen. Denn auch die Betreuungsgebühr fällt bereits mit Ausführung der ersten Betreuungstätigkeit an.[19] Hat der Notar zum Beispiel die Fälligkeit des Kaufpreises zu überwachen, beginnt die Betreuungstätigkeit bereits dann, wenn der Notar im Rahmen des Vollzugs tätig wird, indem er Lastenfreistellungserklärungen anfordert.[20] Auch wenn danach das Vorkaufsrecht ausgeübt wird und deshalb der Erstkaufvertrag nicht weiter vollzogen wird, ist damit die Betreuungsgebühr für den Erstkaufvertrag bereits angefallen.

Zu den zu ersetzenden Kosten gehören auch die Gebühren für öffentlich-rechtliche Genehmigungen oder Bescheinigungen über Nichtbestehen oder Nichtausübung des Vorkaufsrechts – und zwar meines Erachtens auch dann, wenn im Erstkaufvertrag (wie häufig) nur von den „Notar- und Grundbuchkosten" des Vertrages und seines Vollzuges/seiner Durchführung die Rede ist.[21] Denn damit sind pars pro toto auch die Kosten für erforderliche Genehmigungen, Vorkaufsrechtsverzichte et cetera gemeint. Die Beschränkung auf „Notar- und Grundbuchkosten" soll insbesondere klarstellen, dass kein Beteiligter weitere Kosten (wie zum Beispiel für Rechtsberatung, Finanzierung und Ähnliches) verlangen kann. (Für Genehmigungen, Vorkaufsrechtsverzichte et cetera fallen meist auch nur Beträge von jeweils bis zu 50 Euro an.)

---

[18] BGH DNotZ 1978, 507.
[19] Korintenberg/Tiedtke, 22. Aufl. 2022, GNotKG KV 22200 Rn. 9; Notarkasse A.d.ö.R., Streifzug durch das GNotKG, 13. Aufl. 2021, Rn. 1115.
[20] Korintenberg/Tiedtke, 22. Aufl. 2022, GNotKG KV 22200 Rn. 16.
[21] So etwa die Formulierungen bei Herrler in BeckNotar-HdB, 7. Aufl. 2019, § 1 Rn. 988; Hertel in Würzburger Notarhandbuch, 6. Aufl. 2022, Teil 2 Kap. 2 Rn. 4. Ausdrücklich erwähnt sind sie hingegen bei Basty/Franck in Kersten/Bühling, Formularbuch und Praxis der Freiwilligen Gerichtsbarkeit, 27. Aufl. 2023, § 32 Rn. 20X (Kosten „der erforderlichen Genehmigungen und Zeugnisse"); Otto in Münchener Vertragshandbuch Bürgerliches Recht, Band 5, 8. Aufl. 2020, Muster I. 1. § 13 („etwaige Kosten für Genehmigungen und Negativatteste"); Leitzen in Wurm/Wagner/Zartmann, Das Rechtsformularbuch, 17. Aufl. 2015, Kap. 43 Rn. M 43.1 („einschließlich etwaiger Genehmigungen und Zeugnisse").

b) Eintragung und Löschung der Auflassungsvormerkung

Auch die Kosten für Eintragung und Löschung der Auflassungsvormerkung für den Erstkäufer muss der Vorkaufsberechtigte nach der Rechtsprechung ersetzen.[22] Dies umfasst auch die Kosten für die Unterschriftsbeglaubigung (oder Beurkundung) der Löschungsbewilligung und für die Überwachung einer vom Erstkäufer dem Notar auferlegten Treuhandauflage. Auch diese Gesetzesauslegung ist nicht logisch zwingend, aber sinnvoll. Damit verschiebt man die beim Erstkäufer nutzlos gewordenen Kosten auf den Vorkaufsberechtigten, dem das Grundstück zufällt.

c) Notarkosten der Auflassung und der Abwicklung des durch die Vorkaufsrechtsausübung zustande gekommenen Kaufvertrages

Dem Grund nach unproblematisch ist, dass der Vorkaufsberechtigte alle Kosten für den Vollzug des neuen Kaufvertrages zu tragen hat. Welche Kosten anfallen, behandle ich nach der Frage, was eigentlich nach der Vorkaufsrechtsausübung noch beurkundet werden muss – oder sinnvollerweise noch beurkundet wird.

4. Maklerhonorar

Beim Maklerhonorar ist zwischen dem Anspruch gegen den Erstkäufer und dem Anspruch gegen den Verkäufer (= Eigentümer) zu unterscheiden.

a) Makleranspruch gegen Verkäufer bleibt trotz Vorkaufsrechtsausübung bestehen

Der Provisionsanspruch des Maklers gegen den Verkäufer bleibt nach allgemeiner Ansicht durch die Vorkaufsrechtsausübung unberührt.[23] Zwar hat der Makler den Vorkaufsberechtigten nicht als Käufer nachgewiesen beziehungsweise den Kaufvertrag mit diesem nicht vermittelt. Wohl aber war der vom Makler nachgewiesene Erstkäufer und der mit diesem vermittelte beziehungsweise infolge des Nachweises zustande gekommene Erstkaufvertrag kausal für den Kaufvertrag mit dem Vorkaufsberechtigten. Dies genügt auch wertungsmäßig für die Kongruenz zwischen dem nachgewiesenen/vermittelten und dem abgeschlossenen Vertrag.

Strittig ist dies, wenn das Vorkaufsrecht zu einem geringeren als dem im Erstkaufvertrag vereinbarten Kaufpreis ausgeübt wird (etwa nach § 28 Abs. 3 BauGB, Art. 39 Abs. 8 BayNatSchG). Dann verneint die Literatur mehrheitlich die Kongruenz zwischen dem Erstkaufvertrag und dem durch Vorkaufsrechtsausübung zustande gekommenen Kaufvertrag.[24] Ebenso verneinen Rechtsprechung und Literatur allgemein die Zurechnung (und damit einen Maklerlohnanspruch), wenn mit

---

[22] BGH DNotZ 1982, 629 (630).
[23] RGZ 157, 243 (244); Althammer in MüKoBGB, 9. Aufl. 2023, BGB § 652 Rn. 184; Arnold in Staudinger, 2021, BGB §§ 652, 653 Rn. 114; anderer Ansicht aufgrund Auslegung des Maklervertrages beziehungsweise selbständigen Provisionsversprechens im konkreten Fall OLG Celle NJW-RR 1996, 629.
[24] Würdinger, Allgemeine Rechtsgeschäftslehre und Unvollkommenheiten des Hauptvertrages im Immobilienmaklerrecht, 2005, S. 158; Arnold in Staudinger, 2021, BGB §§ 652, 653 Rn. 114; anderer Ansicht Eggert, Die Maklerprovision bei Hauptvertragsstörungen und Pflichtverletzungen, 2006, S. 130.

20–25% oder mehr Abschlag gegenüber dem mit dem Makler anvisierten Kaufpreis verkauft wird.[25] Hier fehlt es nicht an der Kausalität, aber an der wertungsmäßigen Zurechnung (beziehungsweise der Kongruenz beider Verträge): Der Verkäufer steht ohnehin schlechter da, da er für das Grundstück nur weniger als den ursprünglich vereinbarten Kaufpreis erhält. Dafür hat er den Makler nicht eingeschaltet.

b) Makleranspruch gegen Erstkäufer entfällt mit Vorkaufsrechtsausübung

Der Makleranspruch gegen den Erstkäufer entfällt hingegen grundsätzlich mit der Vorkaufsrechtsausübung,[26] weil der nachgewiesene beziehungsweise vermittelte Vertrag dann zwar zunächst zustande gekommen, er aber von vornherein mit dem Risiko der Vorkaufsrechtsausübung belastet ist. Nach der Vorkaufsrechtsausübung hat der Erstkäufer nichts mehr von dem Kaufvertrag.

Nach der wohl herrschenden Literaturmeinung gilt dies nur bei einem dinglich wirkenden Vorkaufsrecht (für das § 1098 Abs. 2 BGB unmittelbar oder entsprechend gilt) oder bei einem Vorkaufsrecht, das eine Grundbuchsperre bewirkt (wie das gemeindliche Vorkaufsrecht nach § 28 Abs. 1 S. 2 BauGB), nicht bei einem rein schuldrechtlichen Vorkaufsrecht – auch nicht beim Mietervorkaufsrecht des § 577 BGB.[27] Die Literatur argumentiert damit, dass es dem Verkäufer ja freistünde, welchen Vertrag er erfüllt. Dies erscheint mir jedenfalls beim gesetzlichen Mietervorkaufsrecht des § 577 BGB ein merkwürdiges Argument, wenn sich der Verkäufer bei Nichterfüllung des Mietervorkaufsrechts Schadensersatzansprüchen bis hin zum entgangenen Gewinn ausgesetzt sieht,[28] während er vom Erstkaufvertrag aufgrund des in der Regel vorbehaltenen Rücktritts unschwer wieder loskommt. Der Erstkäufer wird sehr verwundert reagieren, wenn man ihm sagt, dass er dann trotzdem die Maklerprovision zahlen müsste, obwohl er die Wohnung nicht bekommt. (In der Praxis stellt sich das Problem nicht, wenn in den konkreten Kaufvertrag ein Vertrag zugunsten des Maklers als Dritten aufgenommen wurde, so dass letztlich der Vorkaufsberechtigte die Maklerprovision zahlen muss. Aber das – theoretische – Ergebnis der Literatur bleibt mir unverständlich.)

Bei Immobilienverkäufen geht es meist um dingliche Vorkaufsrechte oder Vorkaufsrechte mit Grundbuchsperre (mit Ausnahme des Mietervorkaufsrechts). Meist kommt es also auf den Meinungsstreit nicht an. Der Erstkäufer wird in aller Regel von seiner Provisionspflicht frei.

---

[25] OLG Celle MDR 2007, 1410 (27–33% Abweichung im konkreten Fall); OLG Dresden NJW-RR 2009, 931 (allgemein 25% Grenze); OLG München MDR 2010, 615 (auch bei hochpreisigem individuellem Seegrundstück keine Kongruenz bei mehr als 25% Abweichung); Althammer in MüKoBGB, 9. Aufl. 2023, BGB § 652 Rn. 161.
[26] RGZ 157, 243 (244); DR 1939, 2107 (2108); BGH MDR 1963, 303; NJW 1982, 2662 (2663); BGHZ 131, 318 (321) = MittBayNot 1997, 97; NJW 1999, 2271; anderer Ansicht Kempen, Der Provisionsanspruch des Zivilmaklers bei fehlerhaftem Hauptvertrag, 1984, 196 ff.
[27] Althammer in MüKoBGB, 9. Aufl. 2023, BGB § 652 Rn. 184; Arnold in Staudinger, 2021, BGB §§ 652, 653 Rn. 115 f.; BGH NJW 1999, 2271.
[28] BGH NJW 2015, 1516.

c) Übernahmepflicht des Vorkaufsberechtigten für vom Verkäufer geschuldetes Maklerhonorar

Das vom Käufer zu zahlende Maklerhonorar gehört nach allgemeiner Meinung nicht zu den von dem das Vorkaufsrecht Ausübenden nach § 464 Abs. 2 BGB beziehungsweise § 812 Abs. 1 S. 1 Var. 2 BGB zu übernehmenden beziehungsweise zu ersetzenden Kosten. Rechtsdogmatisch ist das schlüssig, weil der Maklervertrag nicht Teil des Kaufvertrages, sondern ein getrennter Vertrag mit anderen Vertragsparteien ist. Wertungsmäßig überzeugt mich das Ergebnis nicht, weil der Vorkaufsberechtigte dadurch besser gestellt ist als der Erstkäufer. Wertungsmäßig kann man zwar einwenden, dass es zwischen Eigentümer und Vorkaufsberechtigtem keines Maklers zum Nachweis der Kaufmöglichkeit bedarf – allerdings möglicherweise doch zum Vermitteln des Kaufvertrages, vor allem für die Höhe des Kaufpreises. Denn sonst hätte der Eigentümer ja gleich an den Vorkaufsberechtigten verkauft. Die Parteien des ursprünglichen Kaufvertrages finden es jedenfalls in der Regel nicht fair, dass der Vorkaufsberechtigte kein Maklerhonorar zahlen muss. Diese Einschätzung kann ich nachvollziehen.

Nach der Rechtsprechung muss der Vorkaufsberechtigte die Maklerprovision nur dann übernehmen, wenn und soweit sich der Erstkäufer auch gegenüber dem Verkäufer zu deren Zahlung verpflichtet hat. In der Regel erfolgt dies in Form eines echten Vertrages zugunsten Dritter (§§ 328, 335 BGB). Dies wertet die Rechtsprechung dann als Bestandteil des Kaufvertrages, der nach § 464 Abs. 2 BGB auch den Vorkaufsberechtigten bindet.[29] Erforderlich, aber auch genügend, ist ein Anspruch des Verkäufers auf Zahlung der Maklerprovision an den Makler. Es ist nicht erforderlich, dass zunächst nur der Verkäufer die Maklerprovision schuldet und dies im Kaufvertrag anteilig auf den Käufer übergewälzt wird. Unzureichend wäre hingegen die bloße äußerliche Verbindung des Kaufvertrages mit einem rechtlich selbständigen Maklerlohnversprechen („Der Käufer erkennt an, aufgrund des hiermit abgeschlossenen Kaufvertrages dem Makler … eine Provision von … zu schulden") ohne Anspruch des Verkäufers.

Diese Rechtslage bringt den Notar in eine Zwickmühle: Einerseits verstößt er gegen notarielles Berufsrecht, wenn er ohne Anlass eine Maklerklausel vorschlägt[30] – andererseits werden ihm die Parteien des ursprünglichen Kaufvertrages im Fall der Vorkaufsrechtsausübung möglicherweise vorhalten, warum er keine Maklerklausel vorgeschlagen habe und der Vorkaufsberechtigte nun besser wegkommt als der Erstkäufer. (Auch der Makler wird dies gegebenenfalls dem Notar vorhalten – aber die Interessen des Maklers sind für die Kaufvertragsgestaltung grundsätzlich nicht relevant.)

---

[29] BGHZ 131, 318 = NJW 1996, 654.
[30] BGHZ 203, 280 = DNotZ 2015, 461 mit Anmerkung Rachlitz = ZfIR 2015, 260 mit Anmerkung Grziwotz; dazu Anmerkung Lerch WuB 2015, 411; H. Schmidt JurBüro 2015, 262 und Suppliet NotBZ 2015, 190; dazu Aufsatz Gaier ZNotP 2015, 282. Ferner Hertel in Herrler/Hertel/Kesseler, Aktuelle Probleme der notariellen Vertragsgestaltung im Immobilienrecht 2015/2016, DAI-Vortragsskript Februar/März 2016, S. 95ff.

Theoretisch gibt es eine Lösung für dieses Dilemma, nämlich eine Maklerklausel immer dann – aber auch nur dann vorzuschlagen, wenn konkret die Ausübung eines Vorkaufsrechts droht. Bei einem im Grundbuch eingetragenen Vorkaufsrecht ist daher in aller Regel eine Maklerklausel sinnvoll, ebenso im Regelfall bei einem Mietervorkaufsrecht. Beim Verkauf von Wohnungs- oder Teileigentum oder von Erbbaurechten wird der Notar aber sonst nie von sich aus eine Maklerklausel vorschlagen.

Beim Verkauf von Grundstücken (im engeren Sinn) versagt aber das Abgrenzungskriterium. Denn hier kann der Notar häufig nicht beurteilen, ob ein Vorkaufsrecht nach §§ 24 ff. BauGB oder nach Naturschutzrecht tatbestandlich besteht – geschweige denn, wie wahrscheinlich die Vorkaufsrechtsausübung ist. Hier immer eine Maklerklausel vorzuschlagen, würde gegen das notarielle Berufsrecht verstoßen. Der Notar sollte daher hier nur dann eine Maklerklausel vorschlagen, wenn ihm erkennbar ist, dass ausnahmsweise ein konkretes Risiko besteht, dass ein öffentlich-rechtliches Vorkaufsrecht ausgeübt wird (zum Beispiel, weil ein Gewässer auf dem Grundstück liegt). Es wird also immer wieder Fälle geben, in denen Notar und Kaufvertragsparteien von der Vorkaufsrechtsausübung überrascht sind und daher keine Maklerklausel im Kaufvertrag enthalten ist.

Deutlich einfacher wäre das Ergebnis, wenn die Rechtsprechung (oder besser der Gesetzgeber) sich entschließen würde, eine Vereinbarung des Erstkäufers über eine übliche und angemessene Maklerprovision immer auch zulasten des Vorkaufsberechtigten wirken zu lassen. Dogmatisch ist allerdings schwierig, das de lege lata zu begründen.

Hingegen ist eine Vereinbarung, wonach der Vorkaufsberechtigte dem Käufer bei Vorkaufsrechtsausübung die bereits gezahlte Maklerprovision ersetzen muss, auch in einem Individualvertrag als unzulässiger Vertrag zu Lasten Dritter unwirksam.[31]

Hat der Käufer bereits an den Makler gezahlt, kann er entweder den nun rechtsgrundlos gezahlten Betrag vom Makler kondizieren oder (wenn der Kaufvertrag eine wirksame Maklerklausel in Form eines Vertrages zugunsten Dritter enthält) sich den Anspruch des Maklers gegen den Vorkaufsberechtigten abtreten lassen.

5. *Grunderwerbsteuer*

Der für den ursprünglichen Kauf ergangene Grunderwerbsteuersteuerbescheid wird nach § 16 Abs. 1 GrEStG auf Antrag aufgehoben und eine bereits bezahlte Grundsteuer zurückgezahlt. Rechtsgrundlage ist in der Regel nicht etwa § 16 Abs. 1 Nr. 1 GrEStG (Rückgängigmachung aufgrund vorbehaltenen Rücktrittsrechtes), sondern § 16 Abs. 1 Nr. 2 GrEStG (Rückgängigmachung aufgrund Rechtsanspruchs). Denn auch ein vertraglich vereinbartes Rücktrittsrecht unterfällt § 16 Abs. 1 Nr. 2 GrEStG, wenn es für den Fall der „Nichterfüllung von Vertragsbedingungen" (also für erst nachträglich eingetretene Umstände) eingeräumt ist[32] –

---

[31] KG GE 2023, 547 = LSK 2023, 13182.
[32] BFHE 118, 239 = MittBayNot 1977, 31 Rn. 9; Koppermann in Behrens/Wachter, 2. Aufl. 2022, GrEStG § 16 Rn. 91; Pahlke, 7. Aufl. 2023, GrEStG § 16 Rn. 62; Viskorf/Loose, 20. Aufl. 2022, GrEStG § 16 Rn. 43.

hier für den Fall, dass das Eigentum wegen der Vorkaufsrechtsausübung nicht übertragen wird.

Die Zwei-Jahresfrist des § 16 Abs. 1 Nr. 1 GrEStG ist daher meines Erachtens nicht relevant. In aller Regel wäre sie ohnehin eingehalten (und werden die Beteiligten vorsorglich versuchen, sie einzuhalten). Bei einem längerdauernden (Rechts-)Streit über die Wirksamkeit der Vorkaufsrechtsausübung kann es aber im Einzelfall vorkommen, dass der ursprüngliche Vertrag erst nach mehr als zwei Jahren rückabgewickelt wird.

Beide Tatbestände des § 16 Abs. 1 GrEStG erfordern die vollständige Rückgängigmachung des ursprünglichen Kaufvertrages. Zum einen muss der Kaufvertrag zivilrechtlich aufgehoben beziehungsweise unwirksam geworden sein – in der Regel dadurch, dass der Rücktritt erklärt wurde und zugegangen ist (und damit der Übereignungsanspruch erloschen ist). Darüber hinaus muss der Vertrag aber auch tatsächlich rückabgewickelt sein. Insbesondere muss auch die Auflassungsvormerkung des Käufers gelöscht[33] und ein allfällig bereits gezahlter Kaufpreisteil zurückgezahlt sein.

Anstelle der Löschung der Auflassungsvormerkung genügt auch, dass die grundbuchtaugliche Löschungsbewilligung des Käufers dem Verkäufer beziehungsweise dem Notar auflagefrei vorliegt.[34] Der Löschungsantrag muss also noch nicht gestellt sein. Hingegen genügt nicht, wenn die Verwendung der Löschungsbewilligung (wie meist) von Treuhandauflagen abhängt, insbesondere vom Ersatz von Vertragskosten an den ursprünglichen Käufer.

Solange sich der Käufer weigert, seine Auflassungsvormerkung löschen zu lassen, erhält er daher die gezahlte Grunderwerbsteuer auch nicht zurück. Versucht der Käufer den Verkäufer unter Druck zu setzen, indem er die Löschung der Auflassungsvormerkung zurückhält, so kann er so lange auch die Grunderwerbsteuer nicht zurückverlangen. Schlimmstenfalls, falls doch ein Fall des § 16 Abs. 1 Nr. 1 GrEStG vorliegt, kriegt er nach Ablauf von zwei Jahren seit Wirksamwerden des Kaufvertrages die gezahlte Grunderwerbsteuer gar nicht mehr zurück.

Das Erfordernis, dass für die vollständige Rückabwicklung auch der bereits gezahlte Kaufpreis zurückgezahlt ist, dürfte in der Regel keine Rolle spielen, da der Käufer den Kaufpreis typischerweise (zur Vermeidung ungesicherter Vorleistungen) erst nach Vorliegen des Vorkaufsrechtsverzichts zahlt.

6. Kein Ersatz sonstiger Aufwendungen

Ein enttäuschter Käufer könnte auf die Idee kommen, auch sonstige nutzlose Aufwendungen oder gar Schadensersatz zu fordern. § 464 Abs. 2 BGB gibt aber nur Anspruch auf die nach dem Vertrag zu übernehmenden Kosten, nicht etwa auf
- Finanzierungskosten (zum Beispiel Nichtabnahmeentschädigung der Bank),

---

[33] BFHE 209, 158 = NJW-Spezial 2005, 387; BFH/NV 2006, 127; BFH/NV 2006, 1700 Rn. 16 = DStRE 2006, 1359; Koppermann in Behrens/Wachter, 2. Aufl. 2022, GrEStG § 16 Rn. 63; Pahlke, 7. Aufl. 2023, GrEStG § 16 Rn. 32; Viskorf/Loose, 20. Aufl. 2022, GrEStG § 16 Rn. 64.
[34] BFHE 220, 555 = BStBl. II 2008, 882.

- Beratungs- und Planungskosten für die Bebauung des Vertragsgrundstücks oder im Zusammenhang mit der Rückabwicklung,
- sonst nutzlose Aufwendungen (zum Beispiel Fahrtkosten zu Besichtigungen oder Notarterminen),
- eigene Zeit (verlorene Arbeitszeit für Vorbereitung des Vertrages oder für Notartermine),
- entgangener Gewinn (aus Nutzung oder Weiterveräußerung des Grundstücks).

Derartige weitergehende Ansprüche kämen allenfalls bei culpa in contrahendo oder bei arglistiger Täuschung in Betracht – etwa wenn der Verkäufer bewusst wahrheitswidrig behauptet hätte, dass der Vorkaufsberechtigte schon erklärt habe, sein Vorkaufsrecht nicht ausüben zu wollen.

IV. Beurkundung zur Abwicklung der Vorkaufsrechtsausübung

1. Mindesterfordernis und sinnvoller Regelungsumfang

a) Mindestens Beurkundung der sachenrechtlichen und grundbuchverfahrensrechtlichen Erklärungen sowie der Vollmachten

Wir haben gesehen, dass mindestens folgende Erklärungen zu beurkunden sind:
- dingliche Erklärungen, nämlich Auflassung vom Eigentümer an den Vorkaufsberechtigten, gegebenenfalls auch die Bewilligung der Auflassungsvormerkung für den Vorkaufsberechtigten;
- Vollmachten, nämlich Vollzugsvollmachten von Eigentümer und Vorkaufsberechtigten für den Notar (insbesondere für die Bewilligung der Eigentumsumschreibung nach Zahlung), gegebenenfalls auch Finanzierungsvollmacht des Verkäufers für den Vorkaufsberechtigten;
- Löschungsbewilligung für die Auflassungsvormerkung des Erstkäufers (Unterschriftsbeglaubigung genügt).

b) Anpassung der Regelungen zwischen Eigentümer und Vorkaufsberechtigtem

Wenn Eigentümer und Vorkaufsberechtigter ohnehin die Auflassung vor dem Notar erklären müssen, so kann man in der Urkunde auch gleich die zwischen ihnen erforderlichen Anpassungen des ursprünglichen Kaufvertrages regeln. Theoretisch ergibt sich zwar alles aus dem Gesetz (§ 464 Abs. 2 BGB). Aber häufig kann nicht alles wörtlich aus dem ursprünglichen Kaufvertrag übernommen werden, sondern sind Anpassungen erforderlich – zum Beispiel, wenn der ursprüngliche Kaufvertrag feste Daten enthält. Der Inhalt der Anpassung ergibt sich zwar aus dem Gesetz. Aber bekanntlich kann man unterschiedlicher Ansicht darüber sein, was Inhalt des Gesetzes ist. Deshalb macht es Sinn, die erforderlichen Anpassungen einvernehmlich zu regeln. Was anzupassen ist, haben wir ja schon besprochen (→ I. 5.).

c) Regelungen zwischen Erstkäufer und Vorkaufsberechtigem

Der Erstkäufer kann sich theoretisch mit der Erteilung seiner Löschungsbewilligung begnügen – und mit einer Treuhandauflage, wonach der Notar die Löschungsbewilligung nur nach Zahlung der näher spezifizierten Kosten des Erstvertrages verwenden darf.

Auch hier regelt man sinnvollerweise mehr. Zum einen sollte die Treuhandauflage bindend sein und wird man den Erstkäufer zur Löschung verpflichten, wenn seine Treuhandauflage erfüllt wird. Die Bindung kann man befristen, so dass der Erstkäufer seine Treuhandauflage nach Ablauf der Bindungsfrist einseitig widerrufen oder ändern kann. Noch besser für den Erstkäufer ist, wenn sich der Vorkaufsberechtigte ausdrücklich vertraglich zur Zahlung verpflichtet. Dann ist auch die Bindungsfrist entbehrlich. Die verfrühte Löschung vermeidet man meines Erachtens am elegantesten dadurch, dass der Erstkäufer den Notar zu Löschung der Vormerkung bevollmächtigt – und die Beteiligten den Notar bindend anweisen, die Löschung nach Nachweis der Zahlung des vereinbarten Kostenersatzes vorzunehmen.

2. Beste Lösung und praktischer Regelfall: Dreiseitiger Vertrag

a) Warum dreiseitiger Vertrag

Die beste – und in der Praxis wohl übliche – Lösung ist, all diese Regelungen in eine gemeinsame dreiseitige Vereinbarung zwischen Verkäufer, Erstkäufer und Vorkaufsberechtigtem zu packen.[35] Denn die Regelungen zwischen Verkäufer und Erstkäufer (über die Modalitäten der Rückabwicklung) hängen zusammen mit den Regelungen zwischen Verkäufer und Vorkaufsberechtigtem (über die Abwicklung des Verkaufs an den Vorkaufsberechtigten). Insbesondere sollten Erstkäufer und Vorkaufsberechtigter auch untereinander Regelungen über den Ersatz der Vertragskosten Zug um Zug gegen Löschung der Vormerkung treffen. In einem dreiseitigen Vertrag kann man die Vereinbarungen zwischen allen drei Beteiligten am einfachsten unterbringen. Auch steht bei einer dreiseitigen Vereinbarung schon mit Unterzeichnung fest, dass die lastenfreie Eigentumsumschreibung kurzfristig vollziehbar ist.

b) Inhalt eines dreiseitigen Vertrages

Typischerweise enthält ein solcher dreiseitiger Vertrag folgende Elemente:
- Sachverhalt: Grundbuchstand, Erstkaufvertrag als Vorurkunde, Vorkaufsrechtsausübung, Rücktrittserklärung des Verkäufers gegenüber dem Erstkäufer.
- Bestätigung der Wirksamkeit der Vorkaufsrechtsausübung: Erklärung der Beteiligten, dass sie sich einig sind, dass die Vorkaufsrechtsausübung wirksam war und dass dadurch ein Kaufvertrag zwischen Verkäufer und Vorkaufsberechtigtem zustande gekommen ist, für dessen Klarstellung und Abwicklung die Beteiligten nachstehende Vereinbarungen treffen.

---

[35] Vertragsmuster siehe etwa Hertel in Würzburger Notarhandbuch, 6. Aufl. 2022, Teil 2 Kap. 8 Rn. 97.

- Rückabwicklung des Kaufvertrages mit dem Erstkäufer: Verkäufer und Erstkäufer sind sich einig, dass der ursprüngliche Kaufvertrag infolge der Vorkaufsrechtsausübung (und des Rücktritts des Verkäufers) rückabgewickelt wird.
- Löschung der Auflassungsvormerkung: Der Erstkäufer bevollmächtigt den Notar, die Löschung der für ihn eingetragenen Auflassungsvormerkung zu bewilligen. Der Notar wird angewiesen, die Löschung erst zu bewilligen, wenn ihm die Zahlung der zu ersetzenden Vertragskosten nachgewiesen ist (durch schriftliche Zahlungsbestätigung des Erstkäufers oder eines Kreditinstituts).
- Ersatz Vertragskosten: Der Vorkaufsberechtigte verpflichtet sich, dem Erstkäufer die von diesem für den Erstkauf und die Finanzierungsgrundschuld verauslagten Notar- und Grundbuchkosten, wie sie im dreiseitigen Vertrag im Einzelnen aufgelistet sind, zu ersetzen beziehungsweise ihn davon freizustellen. Vorteil des dreiseitigen Vertrages ist, dass damit die Höhe der zu ersetzenden Kosten unstreitig gestellt wird: Dann weiß der Erstkäufer, dass er diese Kosten sicher erhält – und weiß der Vorkaufsberechtigte, dass der Erstkäufer keine höheren Forderungen mehr geltend machen kann.
- Anpassung der Regelungen im Erstkauf für den Kaufvertrag zwischen Verkäufer und Vorkaufsberechtigten – insbesondere zu Kaufpreisfälligkeit (gegebenenfalls mit Zwangsvollstreckungsunterwerfung), Besitzübergang, Beschaffenheit (siehe oben → I. 5.). Am besten geht man dafür die Regelungen des Erstkaufvertrages Punkt für Punkt durch. Wo es Anpassungsbedarf gibt, kopiert man die Regelung aus dem Erstvertrag und passt sie an. Für alles, was unverändert gilt, verweist man auf den Erstvertrag. Am Ende würde ich nochmals pauschal auf den Erstvertrag verweisen.
- Grundbucherklärungen: Auflassung an und gegebenenfalls Auflassungsvormerkung für den Vorkaufsberechtigten (mit Vorlagesperre et cetera entsprechend des Erstkaufvertrages).
- Finanzierungsvollmacht an den Vorkaufsberechtigten (durch Verweisung auf den Erstvertrag als Vorurkunde).
- Notarvollmacht (aus Vorurkunde kopiert oder Verweisung).
- Notarielle Belehrung, Kosten, Abschriften: Hier sollte meines Erachtens klarstellend auch geregelt werden, ob der Vorkaufsberechtigte die Maklergebühr zahlen muss. (Daran haben die Vertragsparteien des Erstkaufvertrages ein Interesse, da der Vorkaufsberechtigte nicht besser stehen soll als der ursprüngliche Käufer.)
- Antrag auf Rückerstattung der Grunderwerbsteuer (im Rahmen einer der abschließenden Klauseln – sei es bei der Notarvollmacht, bei Kosten/Steuern oder bei Abschriften): Der ursprüngliche Käufer beauftragt und bevollmächtigt den Notar, für ihn die Rückerstattung der Grunderwerbsteuer zu beantragen, wenn die Auflassungsvormerkung im Grundbuch gelöscht ist. Dann schickt der Notar dem Grunderwerbsteuerfinanzamt zusammen mit dem Antrag auf Rückerstattung der Grunderwerbsteuer auch die Unbedenklichkeitsbescheinigung zurück, die ihm das Finanzamt übersandt hatte.
- Im Rahmen der Hinweise oder im Anschreiben zum Entwurf kann der Notar darauf hinweisen, dass die Gebühren durch Einbeziehung der Löschungsbewilligung des ursprünglichen Käufers in den dreiseitigen Vertrag nicht steigen, sondern sogar sinken gegenüber einer getrennten Beglaubigung (siehe nachfolgend → IV. 5.).

3. Aufteilung auf zwei Urkunden erfordert Abstimmungsbedarf

Denkbar ist natürlich, nur einen zweiseitigen Vertrag zwischen Verkäufer und Vorkaufsberechtigtem zu beurkunden – und getrennt davon die Löschungsbewilligung des ursprünglichen Käufers einzuholen. Das funktioniert aber nur, wenn sich Erstkäufer und Vorkaufsberechtigter einig sind, welche Kosten der Vorkaufsberechtigte dem Erstkäufer ersetzen muss. Ansonsten kann man den Vertrag zwischen Verkäufer und Vorkaufsberechtigtem nicht vollziehen. Denn der Vorkaufsberechtigte muss den Kaufpreis erst zahlen, wenn die Löschungsbewilligung des ursprünglichen Käufers unter vollziehbaren Treuhandauflagen vorliegt. Das klappt nicht, wenn in der Vereinbarung zwischen Verkäufer und Vorkaufsberechtigtem nur ein geringer Ersatz vorgesehen ist als der Erstkäufer fordert.

Eine Zahlungspflicht des Vorkaufsberechtigten gegenüber dem Erstkäufer kann man bei einer Aufteilung in zwei Urkunden nur im Wege eines echten Vertrages zugunsten Dritter (§ 328 BGB) begründen.

Eine solche Aufteilung ist also machbar, wenn alle Beteiligten sich einig sind. Einfacher ist aber dann, alle Beteiligten an einen Tisch zu bringen und alle Regelungen in eine Urkunde aufzunehmen. Dann kann man gegebenenfalls bei der Beurkundung noch auftretende Fragen oder Meinungsunterschiede sogleich mit allen Beteiligten regeln.

4. Notlösung: Zweiseitiger Vertrag

Es bleiben Fälle, in denen der ursprüngliche Käufer nicht zur Löschung der Vormerkung bereit ist – aus Enttäuschung darüber, das Grundstück doch nicht erwerben zu können, oder um weitergehende (Zahlungs-)Ansprüche durchzusetzen. Möglicherweise sind sich aber Eigentümer und Vorkaufsberechtigter durchaus einig und wollen den Vertrag vollziehen. Auch dies kann man regeln.

a) Problem: Blockade, wenn Vorkaufsberechtigter unberechtigte Forderungen für Löschungsbewilligung erhebt

Bei entsprechender Anwendung der Regelungen des Erstkaufvertrages muss der Vorkaufsberechtigte den Kaufpreis erst zahlen, wenn dem Notar auch die Löschungsbewilligung des Erstkäufers in unterschriftsbeglaubigter Form vorliegt – und deren Löschung nur von der Zahlung von Vertragskosten abhängig ist, zu deren Ersatz der Vorkaufsberechtigte nach § 464 Abs. 2 BGB verpflichtet ist (siehe oben → I. 5. b). Erhebt der ursprüngliche Käufer unberechtigte Forderungen, so droht eine Blockade: Der Vorkaufsberechtigte will – verständlicherweise – nicht mehr zahlen, als er muss. Er kann aber gegen den ursprünglichen Käufer nicht aus eigenem Recht vorgehen.

b) Löschungsklage des Verkäufers

Eine Lösungsmöglichkeit ist, dass der Eigentümer gegen den ursprünglichen Käufer auf Löschung der Auflassungsvormerkung klagt. Der Eigentümer hat einen doppelten Löschungsanspruch, sowohl schuldrechtlich aus Vertrag (aus Rücktrittsrecht) beziehungsweise Bereicherung (bei einer auflösenden Bedingung) wie aus dinglichem Recht (§ 894 BGB). Der Erstkäufer hat zwar einen Anspruch auf Ersatz seiner Vertragskosten. Dieser Ersatzanspruch richtet sich aber nur gegen den Vorkaufsberechtigten, nicht gegen den Verkäufer. Der Verkäufer gewinnt also seinen Löschungsprozess, egal welchen Ersatzanspruch der Erstkäufer hat (siehe oben → III. 2. b–c).

Erleidet der Verkäufer durch die verzögerte Erteilung der Löschungsbewilligung einen Schaden (etwa infolge der späteren Kaufpreiszahlung), so kann er diesen Schaden gegebenenfalls gleich mit einklagen.

Die Löschungsklage ist eigentlich einfach zu gewinnen. Möglicherweise scheut aber der Verkäufer gleichwohl vor einem Prozess und dem dafür erforderlichen Aufwand an Geld, Zeit und Nerven zurück. Dann geht zunächst gar nichts vorwärts.

c) Zahlung trotz fortbestehender Erstkäufervormerkung

Theoretisch könnte nun der Vorkaufsberechtigte den Verkäufer verklagen und ihn so zwingen, die Löschung der Käufervormerkung zu betreiben. Das ist aber umständlich. Einfacher kann der Vorkaufsberechtigte die Blockade auflösen, wenn er den Kaufpreis an den Verkäufer zahlt, obwohl die Löschungsbewilligung für die Auflassungsvormerkung des Erstkäufers noch nicht vorliegt (oder nur unter Treuhandauflagen, die über die vom Vorkaufsberechtigten zu tragenden Vertragskosten hinausgehen). Denn nach Kaufpreiszahlung kann das Eigentum auf den Vorkaufsberechtigten umgeschrieben werden. Als Eigentümer kann der Vorkaufsberechtigte den Erstkäufer aus dinglichem Recht nach § 894 BGB auf Löschung der Auflassungsvormerkung verklagen. Im Prozess muss er nur beweisen, dass der Übereignungsanspruch des ursprünglichen Käufers nicht mehr besteht, das heißt dass der Verkäufer wirksam vom ursprünglichen Kaufvertrag zurückgetreten ist. Das Bestehen eines Vorkaufsrechts und die Vorkaufsrechtsausübung lassen sich in der Regel einfach nachweisen – beim dinglichen Vorkaufsrecht durch die Grundbucheintragung, bei einem öffentlich-rechtlichen Vorkaufsrecht häufig durch bestandskräftigen Verwaltungsakt über die Vorkaufsrechtsausübung. Ist im ursprünglichen Kaufvertrag ein Rücktrittsrecht für den Fall der Vorkaufsrechtsausübung vereinbart, so muss der Vorkaufsberechtigte nur noch den Zugang der Rücktrittserklärung des Verkäufers nachweisen. Gegebenenfalls kann der Verkäufer den Rücktritt nochmals erklären und durch Einwurfeinschreiben oder Ähnlichem einen Zugangsnachweis schaffen.

Der ursprüngliche Käufer wird natürlich seine Ansprüche auf Kostenersatz geltend machen – sei es als Zurückbehaltungsrecht (§ 273 BGB), sei es im Wege einer Widerklage. Wenn aber der Vorkaufsberechtigte bereits vorprozessual anbietet, die (von ihm ziffernmäßig benannten) berechtigten Ansprüche des Erstkäufers Zug um Zug gegen Erteilung einer unterschriftsbeglaubigten Löschungserklärung zu zahlen, trägt er kein Prozessrisiko (es sei denn, er erkennt berechtigte Zahlungsansprüche nicht an).

Möglicherweise ist der Vorkaufsberechtigte eher als der Verkäufer bereit, einen Prozess gegen den Erstkäufer anzustrengen, weil er an der Grundstücksnutzung interessiert ist und/oder weil er prozesserfahrener als der Verkäufer ist (etwa wenn die öffentliche Hand das Vorkaufsrecht gegenüber einem Privatmann als Verkäufer ausgeübt hat). In diesem Fall kann in einem zweiseitigen Vertrag zwischen Verkäufer und Vorkaufsberechtigtem auch ausdrücklich geregelt werden, dass sich der Vorkaufsberechtigte verpflichtet, den Kaufpreis auch ohne Löschung der Vormerkung des Erstkäufers zu zahlen.

5. Kostenvergleich: Dreiseitiger Vertrag billiger als zweiseitiger Vertrag

Möglicherweise ist der Vorkaufsberechtigte zunächst skeptisch, wenn ihm der Notar einen dreiseitigen Vertrag vorschlägt, weil er befürchtet, dass er dann höhere Kosten tragen müsste als erforderlich – insbesondere als bei einer nur zweiseitigen Vereinbarung mit dem Verkäufer. Anders als erwartet, kostet aber der dreiseitige Vertrag nicht mehr, sondern weniger an Notargebühren als der zweiseitige Vertrag.

a) Löschungsbewilligung bei zweiseitigem Vertrag gesondert zu bewerten

Denn zur Abwicklung ist in beiden Fällen die Löschungsbewilligung für die Auflassungsvormerkung des Erstkäufers erforderlich. Die Kosten hierfür muss ebenfalls der Vorkaufsberechtigte tragen. Wird die Löschungsbewilligung im dreiseitigen Vertrag mitbeurkundet, löst sie keine zusätzlichen Gebühren aus. Denn die Löschungsbewilligung des Erstkäufers betrifft denselben Beurkundungsgegenstand wie die Auflassung und ist daher bei Mitbeurkundung im dreiseitigen Vertrag nicht gesondert zu bewerten (§ 109 Abs. 1 GNotKG).[36]

Wird die Löschungsbewilligung hingegen getrennt beglaubigt, kostet sie extra. Für die getrennte Beglaubigung fällt eine 0,5-Gebühr aus dem vollen Kaufpreis an (Nr. 24102 KV GNotKG) – gegebenenfalls zuzüglich einer 0,5-Betreuungsgebühr aus dem an den Erstkäufer zu zahlenden Betrag, wenn der Erstkäufer dem Notar eine entsprechende Treuhandauflage zur Verwendung der Löschungsbewilligung erteilt (Nr. 22200 oder 22201 KV GNotKG). Im Ergebnis dürfte die getrennte Beglaubigung der Löschungsbewilligung die Notargebühren um circa ein Sechstel erhöhen.

Die inhaltlich bessere Lösung ist also auch die billigere Lösung. Gegebenenfalls kann der Notar schon im Anschreiben oder im Vertragsentwurf darauf hinweisen, um mögliche Missverständnisse beim Vorkaufsberechtigten auszuräumen.

b) Kosten für Vereinbarung zwischen Verkäufer und Vorkaufsberechtigtem

Bei beiden Gestaltungen identisch ist hingegen die Bewertung der Vereinbarungen zwischen Verkäufer und Vorkaufsberechtigtem, nämlich:[37]
– Auflassung: 0,5-Gebühr aus dem vollen Kaufpreis (§§ 97 Abs. 1, 47 GNotKG, Nr. 21101 KV GNotKG).

---

[36] Notarkasse A.d.ö.R., Streifzug durch das GNotKG, 13. Aufl. 2021, Rn. 181.
[37] Vgl. Notarkasse A.d.ö.R., Streifzug durch das GNotKG, 13. Aufl. 2021, Rn. 181.

– Vereinbarungen zur Abwicklung des durch die Vorkaufsrechtsausübung zustande gekommenen Kaufvertrages (meines Erachtens einschließlich einer gegebenenfalls erklärten Bewilligung einer Auflassungsvormerkung für den Vorkaufsberechtigten): 2,0-Gebühr aus 10–20% des Kaufpreises (§ 36 Abs. 1 GNotKG, Nr. 21100 KV GNotKG).
– Gegebenenfalls Finanzierungsvollmacht (unbeschränkt oder bis zur Kaufpreishöhe): 1,0-Gebühr aus dem halben Kaufpreis (§§ 98 Abs. 1, 47 GNotKG, Nr. 21200 KV GNotKG).
– Nach der Vergleichsberechnung (§ 94 Abs. 2 GNotKG) ist anstelle der vorstehenden drei Gebühren eine 2,0-Gebühr aus dem vollen Kaufpreis anzusetzen, wenn dies ausnahmsweise kostengünstiger ist.
– Vollzugsgebühr (soweit Vollzugstätigkeiten anfallen): 0,5-Gebühr aus dem vollen Kaufpreis (§ 112 GNotKG, Nr. 22110 KV GNotKG), in der Regel aber höchstens 50 Euro (da in der Regel allenfalls eine Erklärung zum Vorkaufsrecht nach BauGB einzuholen ist, Nr. 22112 KV GNotKG).
– Betreuungsgebühr (Fälligkeitsmitteilung, Vorlagesperre Auflassung): 0,5-Gebühr aus dem vollen Kaufpreis (§ 113 Abs. 1 GNotKG, Nr. 22200 KV GNotKG).

Wenn hier der Vorkaufsberechtigte besorgt fragt, ob denn gleich ein ganzer neuer Vertrag erforderlich sei – oder ob nicht die Beurkundung der Auflassung genüge, so kann ihn der Notar darauf hinweisen, dass von den aufgezählten Gebühren nur der zweite Punkt auf die Anpassung der Vertragsbedingungen entfällt (also eine 2,0-Gebühr aus lediglich 10–20% des Kaufpreises). Dies dürfte nur ein knappes Viertel der Notargebühren für den dreiseitigen Vertrag ausmachen. An den Grundbuchgebühren ändert sich dadurch gar nichts.

V. Vorbereitung im Kaufvertrag

Betrachten wir zuletzt, quasi im Rückspiegel, was man mit Blick auf eine mögliche Vorkaufsrechtsausübung bereits im Kaufvertrag regeln kann, um die Rückabwicklung des ursprünglichen Kaufvertrages zu erleichtern und beide Vertragsparteien abzusichern.

1. Rücktrittsrecht bei Vorkaufsrechtsausübung

Wird das Vorkaufsrecht ausgeübt, so ist der Verkäufer aus zwei Kaufverträgen verpflichtet: Einerseits ist er aufgrund des ursprünglichen Kaufvertrages zur Übereignung an den Erstkäufer verpflichtet, andererseits muss er aufgrund der Vorkaufsrechtsausübung auch an den Vorkäufer übereignen. Erfüllen kann er natürlich nur eine Übereignungspflicht. Auch wenn im Kaufvertrag nichts ausdrücklich geregelt ist, ergibt sich möglicherweise eine konkludente Vereinbarung über eine auflösende Bedingung[38] oder ein Rücktrittsrecht des Verkäufers. Jedenfalls wird den

---
[38] BayObLGZ 1997, 223 = DNotZ 1998, 478 (beim Verkauf eines mit einem dinglichen Vorkaufsrecht belasteten Grundstücks).

Verkäufer kein Verschulden gegenüber dem Käufer treffen, wenn er bei einem gesetzlichen oder dinglich wirkenden Vorkaufsrecht an den Vorkaufsberechtigten übereignet.

Sinnvollerweise regelt man die Frage ausdrücklich im Kaufvertrag. Denkbar sind drei Gestaltungen:
1. entweder eine auflösende Bedingung für den Fall der Vorkaufsrechtsausübung
2. oder ein Rücktrittsrecht des Verkäufers (und gegebenenfalls auch des Käufers)
3. oder der bloße Ausschluss von Schadensersatzansprüchen.

Eine auflösende Bedingung für den Fall der Vorkaufsrechtsausübung wäre gegenüber dem Vorkaufsberechtigten unwirksam (§ 465 BGB). Gegenüber dem Erstkäufer kann sie aber wirksam vereinbart werden.[39] Als Gestaltung erscheint sie mir persönlich aber zu starr. Sie beendet den Erstkauf wie ein Fallbeil. Eine flexiblere Lösung ist aber manchmal vorzugswürdig, etwa falls die Ausübung des Vorkaufsrechts streitig ist oder eine zunächst erfolgte Ausübung vom Vorkaufsberechtigten nicht weiterverfolgt wird.

Der bloße Ausschluss von Schadensersatzansprüchen des Käufers klingt zunächst einmal sehr elegant, weil man nicht gleich entscheiden muss, ob nun die Vorkaufsrechtsausübung wirksam ist oder nicht. Aber irgendwann will auch der Erstkäufer wissen, ob er eigentlich noch an den Vertrag gebunden ist – und will der Verkäufer die Auflassungsvormerkung des Erstkäufers aus dem Grundbuch herausbringen. Beides setzt jeweils voraus, dass der Vertrag beendet werden kann. Häufig werden sich die Beteiligten dann einvernehmlich auf eine Vertragsaufhebung einigen. Als Gestaltung sinnvoller erscheint mir aber eine einseitige Lösungsmöglichkeit.

Persönlich schlage ich daher in meinen Vertragsentwürfen ein Rücktrittsrecht vor, wenn (möglicherweise) ein Vorkaufsrecht besteht – also wegen §§ 24ff. BauGB bei jedem Grundstückskaufvertrag im engeren Sinn (hingegen beim Wohnungskauf nur, wenn möglicherweise ein Mietervorkaufsrecht eingreift). Meines Erachtens sollte nicht nur der Verkäufer, sondern auch der Käufer zum Rücktritt berechtigt sein. Denn wenn sich Vorkaufsberechtigter und Verkäufer länger streiten, ob die Vorkaufsrechtsausübung wirksam ist, sollte der Käufer diesen Schwebezustand für seine Person beenden können. Nach meinem Vorschlag besteht das Rücktrittsrecht nicht nur, wenn die Wirksamkeit der Vorkaufsrechtsausübung unstreitig feststeht, sondern „auch wenn die Wirksamkeit der Ausübung länger als drei Monate streitig ist."[40] Damit will ich insbesondere Fälle erfassen, in denen der Eigentümer gegen die Ausübung eines öffentlich-rechtlichen Vorkaufsrechts durch Widerspruch und Anfechtungsklage vorgeht – und ebenso Fälle, in denen etwa die form- oder fristgerechte Ausübung zwischen Eigentümer und Vorkaufsberechtigtem streitig ist. Denn dann hat jedenfalls der Erstkäufer ein berechtigtes Interesse, den Schwebezustand zu beenden – aber auch der Verkäufer, wenn er etwa vergleichsweise die Vorkaufsrechtsausübung als wirksam anerkennen will.

---
[39] BGH NJW 1987, 890.
[40] Hertel in Würzburger Notarhandbuch, 6. Aufl. 2022, Teil 2 Kap. 2 Rn. 4 Ziff. VI.

Regelungsbedürftig ist auch die Form der Rücktrittserklärung. Sinnvoll erscheint mir, Schriftform zu verlangen, damit der Rücktritt eindeutig und beweisbar ist. Die Rechtsfolgen des Rücktritts muss man nicht regeln; sie ergeben sich aus dem Gesetz (§§ 346 ff. BGB). Nur falls ausnahmsweise schon Zahlungen auf den Kaufpreis (oder andere Leistungen) vor Entscheidung über die Vorkaufsrechtsausübung vorgesehen sind, kann sich empfehlen, die gesetzliche Rückabwicklung Zug-um-Zug im Vertrag näher zu regeln.

Beim Grundstückskauf (im engeren Sinn) regle ich auch den Fall, dass das Vorkaufsrecht nur für eine Teilfläche ausgeübt wird – indem ich dem Erstkäufer die Möglichkeit gebe, in jedem Fall am Kaufvertrag für die Restfläche festzuhalten, auch wenn die Kaufpreisaufteilung zwischen Vorkaufsfläche und Restfläche strittig ist, indem er für die Restfläche den nach der Zahlung des Vorkaufsberechtigten für die Teilfläche auf den ursprünglich vereinbarten Kaufpreis noch fehlenden Restbetrag zahlt (siehe oben → I. 6.).

2. Auflösend bedingte Käufervormerkung?

Die auflösend bedingte Käufervormerkung ist in den letzten Jahren das Gestaltungsmittel der Wahl geworden, wenn man eine Löschungserleichterung bei Nichtzahlung des Verkäufers oder bei einem vertraglichen Rücktrittsrecht des Käufers in den Vertrag aufnehmen will.[41]

Als Gestaltungsmittel zur Löschung der Käufervormerkung bei Vorkaufsrechtsausübung wurde die auflösend bedingte Käufervormerkung – soweit mir ersichtlich – noch nicht diskutiert. Vorteil einer auflösend bedingten Käufervormerkung ist, dass sie ohne Mitwirkung des Erstkäufers gelöscht werden kann. Die auflösende Bedingung beseitigt die Gefahr, dass der ursprüngliche Käufer die Vormerkungslöschung unberechtigt verweigert und die Vorkaufsrechtsausübung faktisch zu blockieren versucht – etwa aus Enttäuschung, dass sein Kauf gescheitert ist, oder weil er weitergehende (aber unberechtigte) Ersatzforderungen durchsetzen will.

Doch ist die Löschung der Vormerkung ein äußerst scharfes Schwert, da sie den Schutz des Käufers restlos beseitigt. Die Bedingung müsste daher so gestaltet werden, dass die Vormerkung nur dann gelöscht wird, wenn feststeht – oder doch nahezu sicher ist – dass einerseits der Übereignungsanspruch des Käufers nicht mehr besteht und andererseits seine berechtigten Gegenforderungen erfüllt oder jedenfalls gesichert sind. Für die Grundfälle, in denen die auflösende Vormerkung jetzt in der Vertragspraxis eingesetzt wird, nämlich die Vormerkungslöschung bei Nichtzahlung des Käufers oder bei Ausübung eines im Vertrag vorbehaltenen Rücktrittsrechts, kann man dies sinnvoll gestalten – beim Rücktrittsrecht allerdings nur, wenn der Eintritt des Rücktrittsgrundes und die gegebenenfalls Zug um Zug zu leistende Rückzahlung vom Notar einigermaßen sicher festgestellt werden kann.

---

[41] Aufbauend auf einem Vorschlag von Hagenbucher MittBayNot 2003, 249 – mit Formulierungsvorschlägen. In der Rechtsprechung wurde die Löschungserleichterung aufgrund Eigenurkunde des Notars zum Beispiel anerkannt von KG FGPrax 2016, 250; OLG Oldenburg RNotZ 2017, 486; OLG Schleswig DNotI-Report 2016, 121; dazu Grüner notar 2016, 428.

Bei der Vorkaufsrechtsausübung ist die Gestaltung zumindest schwieriger: Zum einen kann der Notar nicht sicher feststellen, ob das Vorkaufsrecht wirksam ausgeübt wurde. Er kann sich zwar die Ausübungserklärung vorlegen lassen und den Verkäufer erklären lassen, wann ihm die Ausübungserklärung zuging. Bei einem öffentlich-rechtlichen Vorkaufsrecht kann der Notar aber kaum feststellen, ob die Voraussetzungen für die Vorkaufsrechtsausübung im konkreten Fall tatsächlich bestanden. Eher noch kann er feststellen, ob der Verwaltungsakt – nach Angabe von Behörde und Eigentümer – bestandskräftig geworden ist.

Auch welche Kosten dem Käufer konkret zu ersetzen sind, kann der Notar ohne Mitwirkung des Erstkäufers nur teilweise feststellen. Der Notar weiß zwar abstrakt, welche Arten von Kosten zu ersetzen sind. Auch kann er ausrechnen, wie hoch etwa die Grundbuchgebühren sind oder die Gebühren für Negativatteste oder Vorkaufsrechtsverzichtserklärungen. Er weiß aber nicht, ob der Erstkäufer diese Gebühren schon gezahlt hat. Und eine Rückzahlung an den Erstkäufer (als Voraussetzung für die Vormerkungslöschung) funktioniert praktisch nur, wenn der Erstkäufer seine Kontonummer mitteilt oder die Kontonummer für die Rückzahlung schon im ursprünglichen Kaufvertrag festgehalten wird.

Eine solche Gestaltung ist möglich. Man könnte sie etwa in eine Klausel einbauen, wonach die Auflassungsvormerkung des Käufers erlischt (auflösende Bedingung), wenn der Notar durch Eigenurkunde feststellt, dass der gesicherte Übereignungsanspruch, soweit ihm erkennbar, erloschen ist (wie sie etwa verwendet wird, wenn der Verkäufer wegen Nichtzahlung des Verkäufers zurückgetreten ist).[42] Der Notar kann angewiesen werden, das Erlöschen (auch) dann festzustellen, wenn der Verkäufer erklärt, wegen einer Vorkaufsrechtsausübung vom Kaufvertrag zurückgetreten zu sein, sofern

– der Verkäufer dem Notar die Schreiben über Vorkaufsrechtsausübung und Rücktritt und in Kopie vorlegt und
– der Käufer nicht binnen drei Monaten nach Absendung einer Mitteilung des Notars hierüber schriftlich nachgewiesen hat, dass er entweder gegen den Rücktritt oder gegen die Vorkaufsrechtsausübung Rechtsmittel eingelegt hat.

Zusätzlich würde ich regeln, dass der Notar die Erklärung nur vorlegen darf, wenn der Verkäufer alle dem Käufer nach § 464 Abs. 2 BGB zu ersetzenden Vertragskosten (insbesondere die Notarkosten des Kaufvertrages und der Finanzierungsgrundschuld, die Grundbuchgebühren für die Eintragung der Auflassungsvormerkung und die Finanzierungsgrundschuld), soweit der Käufer dem Notar bis zur Erstellung der Eigenurkunde einen Zahlungsbeleg vorgelegt hat (insbesondere einen auszugsweisen Kontoauszug in Kopie oder einen Ausdruck aus dem Online-Banking) dem Käufer auf dessen Konto IBAN DE … bei der … Bank/Sparkasse zurückgezahlt und hierfür dem Notar einen Zahlungsbeleg vorgelegt hat. Weitergehende gesetzliche Pflichten des Verkäufers beziehungsweise des Vorkaufsberechtigten zum Kostenersatz beziehungsweise zur Freistellung (insbesondere nach § 464 Abs. 2 BGB) bleiben unberührt.

---

[42] Hertel in Würzburger Notarhandbuch, 6. Aufl. 2022, Teil 2 Kap. 2 Rn. 413.

Man kann grundsätzlich zweifeln, ob es sinnvoll ist, eine solche Klausel vorzuschlagen. Denn die Klausel wird nur benötigt, falls der (Erst-)Käufer unberechtigt die Löschung seiner Vormerkung verweigert. Die Klausel bringt den Notar dann in eine (vorläufig) streitentscheidende Position. Die Streitentscheidung ist aber Sache der Gerichte, nicht der Notare. Und der öffentlichen Hand, die in den meisten Fällen vorkaufsberechtigt ist, ist es eher als einem Privatmann zuzumuten, bei unberechtigter Löschungsverweigerung gerichtlich auf Löschung zu klagen.

Auch wenn man keine grundsätzlichen Bedenken hat, sprechen praktische Gründe dagegen, eine solche Klausel als Standardlösung zu verwenden. Denn die Gestaltung ist aufwendig. Sie können es im Detail anders gestalten, aber sehr viel kürzer und einfacher wird es nicht werden. Vielleicht würden Sie selbst sogar noch ein, zwei Punkte ergänzen. Als Standardlösung für jeden Grundstückskauf erscheint es mir zu aufwendig. Auch wenn öffentlich-rechtliche Vorkaufsrechte, insbesondere nach §§ 24 ff. BauGB, bei einem Grundstücksverkauf abstrakt sehr häufig möglich sind, greifen sie doch konkret nur in wenigen Fällen ein und werden noch seltener ausgeübt.

Meines Erachtens kann man eine auflösende Bedingung für die Käufervormerkung erwägen, wenn eine höhere Wahrscheinlichkeit für die Vorkaufsrechtsausübung besteht – ähnlich wie die Fälle, in denen (ausnahmsweise) eine Maklerklausel als Vertrag zugunsten Dritter aufgenommen wird.

3. Maklerklausel

Bekanntlich darf der Notar grundsätzlich nicht von sich die Aufnahme einer Maklerklausel in den Kaufvertrag vorschlagen, die dem Makler einen eigenen beziehungsweise zusätzlichen Anspruch gibt. Denn die Klausel ist nicht für die Vertragsabwicklung erforderlich und nutzt keiner der Kaufvertragsparteien etwas.[43]

Ein Ausnahmefall – meines Erachtens der einzig praktisch relevante Ausnahmefall – ist, wenn die Ausübung eines Vorkaufsrechts konkret droht. Das heißt aber nicht, dass nun bei jedem Grundstückskauf (im engeren Sinn) eine Maklerklausel angebracht ist – auch wenn bei jedem Grundstückskauf ein Vorkaufsrecht nach §§ 24 ff. BauGB denkbar ist, sondern nur, wenn im Einzelfall ein konkretes erhöhtes Risiko für die Vorkaufsrechtsausübung besteht. Die Aufnahme einer solchen Maklerklausel muss der eindeutige Ausnahmefall bleiben.

Damit ist der Notar in einer Zwickmühle, weil er von sich aus nur selten erkennen kann, ob eine Vorkaufsrechtsausübung droht. Es wird also immer Fälle geben, in denen keine Maklerklausel in den Vertrag aufgenommen wurde, weil die konkrete Gefahr der Vorkaufsrechtsausübung nicht gesehen wurde (siehe oben → III.4.). Das ist für den betroffenen Makler im Einzelfall unbefriedigend, aber de lege lata nicht zu ändern.

---

[43] BGHZ 203, 280 = DNotZ 2015, 461.

4. Mitteilung an den Vorkaufsberechtigten

Üblicherweise übernimmt der Notar für den Vorkaufsverpflichteten die Mitteilung des Vertragsinhalts an den Vorkaufsberechtigten (§ 469 Abs. 1 S. 1 BGB). Dies sollte durch Übersendung einer Ausfertigung (gegebenenfalls einer auszugsweisen Ausfertigung) erfolgen, da mit der Ausfertigung zugleich die Vollmacht des Notars zur Mitteilung nachgewiesen ist (vgl. § 174 S. 1 BGB).

Ist eine Privatperson vorkaufsberechtigt, so empfiehlt sich, dass der Notar klarstellt, dass er Person und Anschrift des Vorkaufsberechtigten nicht selbst ermittelt, sondern dass deren Ermittlung Sache der Beteiligten selbst (vor allem des Verkäufers) ist.[44] So kann man in der Urkunde etwa formulieren, dass der vorkaufsberechtigte Mieter „nach Angabe Frau/Herr ..." ist, und dass der Notar zur Versendung „an die von den Beteiligten mitgeteilte Adresse" angewiesen wird.

---

[44] Vgl. BGH DNotZ 1984, 636.

ELKE HOLTHAUSEN-DUX/KAI-UWE OPPER

Herausforderungen bei der Verlängerung von Wohnungserbbaurechten

I. Einleitung und Problemstellung

Laut einer im Auftrag des Deutschen Erbbaurechtsverbands erstellten Umfrage unter Erbbaurechtsgebern laufen bis 2030 knapp ein Fünftel der Erbbaurechtsverträge der Umfrageteilnehmer aus.[1] Eine beim Auslaufen erforderlich werdende Verlängerung stellt die Beteiligten regelmäßig vor große Herausforderungen.[2] Oft sind viele Personen zu beteiligen und widerstreitende Interessen auszugleichen, so dass ein erheblicher zeitlicher Vorlauf benötigt wird. Es empfiehlt sich daher, eine solche Verlängerung rechtzeitig in Angriff zu nehmen.

Eine besondere Herausforderung besteht bei der Verlängerung von Wohnungserbbaurechten.[3] Hier ist, jedenfalls bei Fehlen anderweitiger Regelungen, die Mitwirkung aller Wohnungserbbauberechtigten erforderlich. Sofern auch nur ein einziger Wohnungserbbauberechtigter der Verlängerung nicht zustimmt oder nicht auffindbar ist, ist eine Verlängerung nicht möglich – mit der Folge, dass sämtliche Wohnungserbbaurechte bei ihrem Fristablauf erlöschen.

Im Rahmen dieses Beitrags werden verschiedene Gestaltungsvarianten vorgestellt, mit denen versucht wird, dieses meist ungewollte Szenario zu vermeiden. Zunächst soll auf die Begründung von Wohnungserbbaurechten (→ II.) sowie auf ihre Verlängerung (→ III.) eingegangen werden, bevor Lösungsansätze bei Verlängerungsproblemen und vorsorgliche Gestaltungsmöglichkeiten zur Vermeidung erörtert werden (→ IV.) und abschließend ein Fazit gezogen wird und ein Ausblick erfolgt (→ V.).

II. Begründung von Wohnungserbbaurechten

Die Begründung und rechtliche Begleitung von Wohnungserbbaurechten bedarf einiger Vorlaufzeit und gründlicher Planung. Eine besondere Herausforderung besteht aufgrund der zu trennenden Rechtsverhältnisse zwischen dem Eigentümer des

---

[1] Pressemitteilung des Deutschen Erbbaurechtsverbands e.V. vom 7.3.2023, https://www.erbbaurechtsverband.de/fileadmin/user_upload/Aktuelles/_processed_/PM_Erbbaurechtsverband_Kongress_ablaufende_Erbbaurechte.pdf.
[2] Vgl. Weber ZWE 2019, 251; Dieckmann ErbbauZ 2023, 2; Dieckmann ErbbauZ 2023, 38.
[3] Sofern nachstehend von Wohnungserbbaurechten die Rede ist, umfasst dies auch Teilerbbaurechte.

Grundstücks und dem/den Erbbauberechtigten nach dem ErbbauRG einerseits und zwischen den Wohnungserbbauberechtigten nach dem WEG andererseits, die jedes für sich bereits ausreichend komplex sind.

Das Wohnungserbbaurecht wird in § 30 Abs. 1 WEG legaldefiniert. Danach ist ein Wohnungserbbaurecht das Sondereigentum an einer Wohnung in einem aufgrund eines Erbbaurechts errichteten oder noch zu errichtenden Gebäude verbunden mit dem Bruchteil an dem zugehörigen gemeinschaftlichen Erbbaurecht.[4] Wie bei Erbbaurechten fällt damit auch bei Wohnungserbbaurechten das Eigentum an dem Grundstück und dem darauf errichteten Gebäude und den darin befindlichen Wohnungen auseinander, vergleiche § 12 ErbbauRG.

Erforderlich für das Entstehen von Wohnungserbbaurechten ist im ersten Schritt, dass ein Erbbaurecht an einem Grundstück bestellt wurde und vor der grundbuchmäßigen Bildung von Wohnungserbbaurechten wirksam entstanden, also seinerseits grundbuchlich vollzogen ist. Dieses Erbbaurecht kann in einem zweiten Schritt genau wie ein Grundstück nach den Vorschriften des WEG geteilt werden. Wie bei der Begründung von Wohnungseigentum kommen auch für die Begründung von Wohnungserbbaurechten zwei Möglichkeiten in Betracht: Gemäß § 30 Abs. 2 WEG in Verbindung mit § 8 WEG kann ein (auch alleiniger) Erbbauberechtigter (zum Beispiel ein Bauträger) durch einseitige Erklärung gegenüber dem Grundbuchamt das bestellte Erbbaurecht in separate Wohnungserbbaurechte aufteilen. Sind mehrere Personen Erbbauberechtigte in Bruchteilsgemeinschaft können diese nach § 30 Abs. 1 WEG in Verbindung mit § 3 WEG auch durch Teilungsvertrag Wohnungserbbaurechte begründen und sich gegenseitig das Sondereigentum an bestimmten Wohneinheiten zuweisen. Hierzu bedarf es nach § 11 Abs. 1 ErbbauRG in Verbindung mit § 873 BGB der Einigung der Beteiligten sowie der Eintragung im Grundbuch.

Der Eigentümer des Grundstücks muss der Aufteilung des Erbbaurechts in Wohnungserbbaurechte nicht zustimmen, kann ihr also, sofern nichts anderes vereinbart worden ist, auch nicht widersprechen. Dies liegt daran, dass die Begründung der Wohnungserbbaurechte durch Teilungserklärung weder eine Veräußerung noch eine Belastung und damit auch kein zustimmungspflichtiges Rechtsgeschäft im Sinne des § 5 ErbbauRG ist. Bei der vertraglichen Begründung durch mehrere Erbbauberechtigte verändern sich wiederum die beteiligten Personen nicht, sodass das zugrunde liegende Rechtsverhältnis der Erbbauberechtigten gegenüber dem Eigentümer nicht berührt ist.[5] Der Eigentümer ist vor diesem Hintergrund nicht schutzbedürftig. Sofern der Eigentümer gleichwohl einer Begründung von Wohnungserbbaurechten kritisch gegenübersteht, kann deren Begründung im Erbbaurechtsvertrag – allerdings nur schuldrechtlich – an die Zustimmung des Eigentümers geknüpft werden. Auch wäre es möglich, die Begründung von Wohnungserbbaurechten als Heimfallgrund im Sinne des § 2 Nr. 4 ErbbauRG festzulegen. In dem Fall wäre das Erbbaurecht (gegen Entschädigung) an den Eigentümer zurückzuübertragen.

---

[4] Schneider in Bärmann, 15. Aufl. 2023, WEG § 30 Rn. 4.
[5] Krafka in MüKoBGB, 9. Aufl. 2023, WEG § 30 Rn. 8.

Die Wohnungserbbaurechte entstehen, sobald die Wohnungserbbaugrundbücher angelegt sind, vergleiche § 30 Abs. 3 WEG. Für jedes Wohnungserbbaurecht ist ein besonderes Wohnungserbbaugrundbuch anzulegen, während das ursprüngliche Erbbaugrundbuch geschlossen wird (§ 30 Abs. 3 S. 2 WEG in Verbindung mit § 7 Abs. 1 S. 3 WEG). Damit können die einzelnen Einheiten selbständig übertragen und in den Abteilungen II und III des Grundbuchs belastet werden. Wohnungserbbaurechte bieten damit aufgrund des Wegfalls des Bodenanteils angesichts des (noch immer) sehr hohen Immobilien-Preisniveaus eine günstigere Alternative gegenüber vollwertigem Wohnungseigentum und sind grundsätzlich geeignet, „ein Instrument im Bausteinkasten der Politik für bezahlbares Wohnen" zu sein.[6]

III. Verlängerung von Wohnungserbbaurechten

Ein (Wohnungs-)Erbbaurecht erlischt, als in der Praxis regelmäßig zeitlich beschränktes dingliches Recht, durch Zeitablauf.

Wenn dies verhindert werden soll, muss das Wohnungserbbaurecht vor Zeitablauf verlängert werden. Die Verlängerung des Wohnungserbbaurechts ist eine Inhaltsänderung und bedarf der Einigung zwischen dem Grundstückseigentümer und den Wohnungserbbauberechtigten sowie der Eintragung in den Grundbüchern, vergleiche § 11 Abs. 1 ErbbauRG in Verbindung mit §§ 873, 877 BGB.

Zudem müssen die dinglich Berechtigten *am Grundstück* der Verlängerung gemäß §§ 877, 876 BGB zustimmen, da die Verlängerung des Erbbaurechts sich auf ihre Rechtsposition auswirkt. So stellt ein Erbbaurecht für die nachrangigen Gläubiger beziehungsweise dinglich Berechtigten des Grundstücks eine grundbuchliche Belastung in Abteilung II des Grundbuchs des Erbbaugrundstücks dar, die in der Regel die Werthaltigkeit ihres eigenen Rechts stark beeinträchtigt.

Eine Zustimmung der dinglich Berechtigten *an den Wohnungserbbaurechten* ist demgegenüber bei einer bloßen Verlängerung des Erbbaurechts nach überwiegender Auffassung nicht erforderlich.[7] Dies wird damit begründet, dass deren rechtliche Interessen durch eine Verlängerung (anders als etwa bei einer vorzeitigen Aufhebung) des Erbbaurechts nicht beeinträchtigt werden. Vielmehr dürften die dinglich Berechtigten regelmäßig ein originäres eigenes Interesse an einer Verlängerung haben, da ihre Rechte andernfalls gemeinsam mit dem Wohnungserbbaurecht erlöschen würden. Dies gilt besonders für die dinglich Berechtigten in Abteilung II des Grundbuchs, da sich deren Rechte, anders als bei den Gläubigern aus Abteilung III, nicht an dem Entschädigungsanspruch für das Bauwerk fortsetzen, § 29 ErbbauRG. Anders sieht es hingegen aus, wenn – wie häufig – außer der Verlängerung noch weitere Änderungen erfolgen sollen, zum Beispiel eine Erhöhung des Erbbauzinses. Dann ist gemäß §§ 873, 876, 877 BGB in Verbindung mit § 11 ErbbauRG auch die Zustimmung der dinglich Berechtigten am Erbbaurecht erforderlich.

---

[6] Weber ZWE 2019, 251 (257).
[7] Dieckmann ErbbauZ 2023, 2 (5) mit weiteren Nachweisen.

Sobald auch nur einer der Wohnungserbbauberechtigten oder ein zustimmungspflichtiger dinglich Berechtigter die Zustimmung zur Verlängerung verweigert und eine Verlängerung daher nicht zustande kommt, erlischt das Erbbaurecht in Form der aus ihm gebildeten Wohnungserbbaurechte zum vorgesehenen Zeitablauf.[8] Das Sondereigentum der Wohnungserbbauberechtigten an den gebildeten Sondereigentumseinheiten fällt in sich zusammen und das Eigentum an dem im Erbbaurecht errichteten Gebäude geht insgesamt auf den Grundstückseigentümer über. Dieser hat gemäß § 27 Abs. 1 ErbbauRG grundsätzlich für das Bauwerk eine Entschädigung zahlen, kann diese Entschädigungspflicht aber gemäß § 27 Abs. 2 ErbbauRG dadurch abwenden, dass er dem Wohnungserbbauberechtigten die Verlängerung des Erbbaurechts anbietet. Lehnt auch nur einer der Wohnungserbbauberechtigten die Verlängerung ab, droht der Verlust der Entschädigungsforderung insgesamt.[9]

IV. Lösungsansätze bei Verlängerungsschwierigkeiten und Gestaltungsmöglichkeiten zur Vermeidung

Wie dargelegt, droht den Wohnungserbbauberechtigten bei Fristablauf des Erbbaurechts – einmal abgesehen von der wenig befriedigenden und noch dazu unsicheren Entschädigungsforderung für das Bauwerk – der vollständige Verlust ihrer Rechte, sollten ihre Erbbaurechte nicht verlängert werden können. Um das Erlöschen möglichst zu vermeiden, werden verschiedene Lösungsansätze erwogen. Diese sind zum Teil präventiver Natur und erfordern entsprechende Regelungen in den zugrunde liegenden Vertragswerken (→ 2.), zum Teil bestehen jedoch auch Überlegungen, bereits bestehende Erbbaurechte auch ohne solche Präventivregelungen durch die entsprechende Anwendung gesellschaftsrechtlicher Grundsätze vor ihrem Erlöschen durch Zeitablauf noch zu retten (→ 1.).

1. Mitwirkungspflichten des nicht zur Verlängerung bereiten Erbbauberechtigten?

Seit einigen Jahren wird diskutiert, ob zu Gunsten der zustimmungswilligen Erbbauberechtigten ein Anspruch auf Mitwirkung gegenüber dem nicht zur Verlängerung bereiten Erbbauberechtigten besteht (→ a).[10] Dieser Anspruch könnte entweder auf Zustimmung zur Verlängerung (→ b) oder auf Veräußerung an andere Erbbauberechtigte beziehungsweise die Gemeinschaft der Erbbauberechtigten gerichtet sein (→ c).

---

[8] Vgl. Schneider in Bärmann, 15. Aufl. 2023, WEG § 30 Rn. 160; Winkler/Schlögel, Erbbaurecht, 7. Aufl. 2021, § 3 Rn. 128.
[9] Vgl. zur Problemlage Dieckmann ErbbauZ 2023, 2 (64); Weber ZWE 2019, 251 (252).
[10] Schneider in Bärmann, 15. Aufl. 2023, WEG § 30 Rn. 121; Weber ZWE 2019, 251 (253ff.); Schneider ZfIR 2018, 589 (594).

a) Treuepflichten als Anspruchsgrundlage

Die Rechtsgrundlage eines solchen Anspruchs könnte sich aus gegenseitigen Treuepflichten ergeben und wäre über § 894 ZPO gerichtlich durchzusetzen. In der Rechtsprechung ist seit längerem anerkannt, dass, ähnlich wie zwischen Gesellschaftern einer Gesellschaft, auch zwischen Wohnungseigentümern ein wohnungseigentumsrechtliches Treueverhältnis besteht.[11] Ausfluss dieser Treuepflichten ist etwa der Anpassungsanspruch des § 10 Abs. 2 WEG, demnach ein Eigentümer die Anpassung einer Vereinbarung verlangen kann, soweit ein Festhalten an der Regelung aus schwerwiegenden Gründen unter Berücksichtigung aller Umstände des Einzelfalles unbillig erscheint.[12] Dieser Anspruch betrifft jedoch nur schuldrechtliche Vereinbarungen und nicht, wie im Falle der Verlängerung der Wohnungserbbaurechte, das sachenrechtliche Grundverhältnis, sodass ein etwaiger Anspruch jedenfalls nicht auf § 10 Abs. 2 WEG gestützt werden kann.[13]

Rechtsprechung zur Frage, ob die Treuepflichten nicht nur für die Wohnungseigentümer, sondern auch für Wohnungserbbauberechtigte gelten, ist, soweit ersichtlich, nicht vorhanden. Der BGH begründet das Vorliegen von Treuepflichten bei Wohnungseigentümern mit der Gemeinschaftsbezogenheit des WEG, die sich insbesondere dadurch zeige, dass die Gemeinschaft gemäß § 11 WEG grundsätzlich unauflöslich sei.[14] Zwar ist eine Wohnungserbbaurechtsgemeinschaft typischerweise nur auf Zeit errichtet. Allerdings sind die Wohnungserbbauberechtigten gemäß § 30 Abs. 3 S. 2 WEG für die Dauer ihres Erbbaurechts in demselben Maße den Regelungen des WEG unterworfen wie Wohnungseigentümer mit dem einzigen Unterschied, dass sie nicht Miteigentümer des Grundstücks, sondern Mitberechtigte am Erbbaurecht sind. Die Grundprinzipien des WEG – und daher auch die damit einhergehenden Treuepflichten – sind somit zwischen den Erbbauberechtigten anwendbar.

Ein Anspruch dürfte jedoch nur dann bestehen, wenn die Verweigerung der Zustimmung zur Verlängerung als grob unbillig zu bewerten ist und damit ein Verstoß gegen den Grundsatz von Treu und Glauben (§ 242 BGB) vorliegt.[15]

b) Pflicht zur Verlängerung?

Als Ausdruck der Treuepflichten wäre zunächst eine Verpflichtung des sich der Verlängerung verweigernden Erbbauberechtigten denkbar, der Verlängerung doch zuzustimmen.[16]

Durch die Verlängerung würden alle Wohnungserbbaurechte zeitlich weiterlaufen, den Wohnungsbauberechtigten also als Form des Immobilieneigentums weiter

---

[11] Vgl. etwa BGH NJW 2013, 1962 (1963); ZWE 2014, 208; ZWE 2012, 319; ZWE 2007, 32; ZWE 2000, 23.
[12] Schubert in MüKoBGB, 9. Aufl. 2022, BGB § 242 Rn. 217; Armbrüster ZWE 2002, 333 (339f.).
[13] BGH NJW-RR 2012, 1036 (1037).
[14] BGHZ 121, 22 (35). In dieser Richtung bereits BGHZ 106, 222 (226f.).
[15] Vgl. BGH NJW-RR 2012, 1036 (1037).
[16] Dies andenkend Weber ZWE 2019, 251 (254).

zur Verfügung stehen. Hierdurch würden alle Wohnungserbbauberechtigten wirtschaftliche Vorteile erlangen, da sie weiterhin Inhaber des Wohnungserbbaurechts sind, es nutzen, belasten und/oder veräußern können.

Allerdings stehen diesen Vorteilen auch erhebliche Belastungen gegenüber. Dies betrifft insbesondere die sich aus dem Erbbaurecht ergebenden Kostentragungs- und Zahlungspflichten. So wäre der gegen seinen Willen verlängernde Berechtigte zur Zahlung des Erbbauzinses nach § 9 ErbbauRG, einer Umlage nach § 16 Abs. 2 WEG, zur Kostentragungspflicht bei baulichen Veränderungen am Bauwerk nach § 21 WEG und sogar zum kostenpflichtigen Wiederaufbau bei Beschädigung des Bauwerks nach § 22 WEG, jeweils entsprechend anwendbar über § 30 Abs. 3 S. 2 WEG, verpflichtet.

Diese Belastungen sind derart gravierend, dass eine Zustimmungsverweigerung, ohne ausdrückliche vertragliche Verpflichtung und allein auf Grundlage des Treueverhältnisses, kaum als grob unbilliger Verstoß gegen das Gemeinschaftsverhältnis zu bewerten ist.

c) Pflicht zur Veräußerung?

Anstelle einer Verlängerungsverpflichtung kommt als weitere Möglichkeit eine Verpflichtung des sich weigernden Erbbauberechtigten zum Verkauf seines Wohnungserbbaurechts in Betracht. Käufer wäre in dem Fall die Gemeinschaft der Wohnungserbbauberechtigten als Anspruchsberechtigte. Diese könnte ihr Recht bei Bedarf aber auch an Dritte, etwa interessierte Wohnungserbbauberechtigte, übertragen.

aa) Voraussetzungen einer Veräußerungspflicht

Ein Anspruch der Gemeinschaft der Wohnungserbbauberechtigten auf Veräußerung gegenüber dem sich weigernden Berechtigten kommt in Betracht, wenn die Verweigerung der Zustimmung zum Verkauf eines Wohnungserbbaurechts, durch den die Verlängerung des Erbbaurechts erst möglich gemacht würde, einen Verstoß gegen Treu und Glauben darstellt und mithin als grob unbillig zu bewerten ist.

Als grob unbillig hat die Rechtsprechung in der Vergangenheit beispielsweise die verweigerte Mitwirkung bei einem Sachverhalt bewertet, bei dem aufgrund von Abweichungen bei der Bebauung bestimmten Miteigentumsanteilen keine Sondereigentumseinheit zugeordnet werden konnte. Die übrigen Wohnungseigentümer wurden vom BGH daher auf Grundlage von § 242 BGB verurteilt, den Gründungsakt so zu ändern, dass der sondereigentumslose Miteigentumsanteil nicht weiter bestehen bleibt.[17]

Der Sachverhalt betraf damit einen Fall, bei dem bereits bei Teilung beziehungsweise Bebauung ein folgenreicher Fehler unterlaufen war, der eine Änderung des Gründungsakts erforderlich machte, um die (übrigen) in der Teilungserklärung vorgesehenen Sondereigentumseinheiten entsprechend eintragen zu können.

Bei der Verweigerung der Verlängerung eines Wohnungserbbaurechts liegt der Sachverhalt dagegen anders. Hier wurden die Wohnungserbbaurechte von vorn-

---

[17] BGH NJW 2004, 1798 (1800).

herein lege artis und mit einer für Erbbaurechte typischen Befristung bestellt, es kommt lediglich aufgrund der verweigerten Zustimmung beziehungsweise dem verweigerten Verkauf einzelner Erbbauberechtigter nicht zu einer Verlängerung. Dabei handelt es sich jedoch nicht um erst nachträglich eingetretene Ereignisse, die bei der ursprünglichen Gestaltung nicht vorhersehbar waren. Vielmehr entspricht es dem typischen Risiko einer nachträglichen Vertragsänderung, dass diese nicht die Zustimmung aller Beteiligten findet.

In Betracht kommt allerdings eine Parallele zu der Rechtsprechung des BGH zum sanierungsunwilligen Gesellschafter einer Personengesellschaft.[18] Danach muss ein Gesellschafter unter bestimmten Bedingungen aus der Gesellschaft ausscheiden, wenn er sich bei einer sanierungsbedürftigen und zugleich auch sanierungsfähigen Gesellschaft einer Kapitalerhöhung verschließt. Dies wird damit begründet, dass der Gesellschafter einer GbR oder OHG persönlich haftet, sodass ein Ausscheiden aus der Gesellschaft für ihn sogar vorteilhaft, der Ausschluss für ihn sogar mitunter wünschenswert sein kann.

Diese Rechtsprechung lässt sich jedoch ebenfalls nicht ohne weiteres auf die Gemeinschaft der Wohnungserbbauberechtigten übertragen. Zwar ließe sich argumentieren, dass auch der ausgeschlossene Erbbauberechtigte durch den Verkauf profitieren würde. Dem lässt sich aber entgegnen, dass der Erbbauberechtigte auch bei einem Erlöschen der Erbbrauchrechte über § 27 ErbbauRG Entschädigungsansprüche für das Bauwerk hat, die dem Erlös bei dem Verkauf zumindest nahekommen würden. Zudem erscheinen die Bindungen der Gesellschafter einer Personengesellschaft enger als die zwischen Erbbauberechtigten. Einer Personengesellschaft tritt man bei, um mit der Gesellschaft dauerhaft wirtschaftlichen Erfolg zu haben und von ihr finanziell zu profitieren. Dabei ist es im Wirtschaftsleben nicht ungewöhnlich, dass auch (ursprünglich ungeplante) Investitionen erforderlich werden. Anders liegt es bei Erbbaurechten. Es ist für Erbbaurechte typisch, dass sie infolge Zeitablaufs wieder erlöschen (vergleiche § 27 Abs. 1 ErbbauRG und die oben zitierte Pressemitteilung des Deutschen Erbbaurechtsverbands e.V. vom 7.3.2023 zum Auslaufen zahlreicher Erbbaurechte in den kommenden Jahren). Es besteht also kein derart enges, auf Dauer angelegtes Vertrauensverhältnis in den wirtschaftlichen Bestand wie im Gesellschaftsrecht, dass hierdurch Verpflichtungen zur Veräußerung hergeleitet werden könnten. Aufgrund des typischerweise nur befristeten Charakters eines Erbbaurechts würde es stattdessen sogar dessen Wesen widersprechen, sollte die Verweigerung einer nachträglichen Verlängerung durch den Berechtigten einen treuwidrigen Verstoß darstellen können.

bb) Zwischenergebnis

Damit sprechen nach hier vertretener Sichtweise die besseren Argumente gegen das Vorliegen eines grob unbilligen Verstoßes gegen Treu und Glauben, sollte sich ein Erbbauberechtigter weigern, sein Erbbaurecht zu verlängern oder zu veräußern. Die Rettung auslaufender Erbbaurechte kann über diesen Lösungsansatz daher (wohl) nicht gefunden werden.

---

[18] Vgl. BGH NZG 2009, 1347.

2. Präventivregelungen zur Erleichterung einer Verlängerung

Ist ohne eine ausdrückliche Regelung eine Zustimmungs- oder Veräußerungsverpflichtung des sich weigernden Wohnungserbbauberechtigten nach alledem wohl nicht gegeben, empfiehlt es sich umso mehr, bereits bei Begründung der Wohnungserbbaurechte Regelungen zu treffen, die verhindern, dass ein einziger sich weigernder oder unerreichbarer Erbbauberechtigter die Verlängerung aller Erbbaurechte torpedieren kann.

Solche Vereinbarungen sind als Regelungen, die das sachenrechtliche Grundverhältnis betreffen, nicht in der Gemeinschaftsordnung, sondern in dem Erbbaurechtsvertrag zu treffen.

a) Regelungen zur automatischen Verlängerung

Der BGH hat bereits vor mehr als 50 Jahren eine Regelung für zulässig erklärt, wonach das Erbbaurecht automatisch um eine bestimmte Anzahl von Jahren verlängert wird, sofern innerhalb einer bestimmten Frist vor Ablauf des Erbbaurechts keine Einwände von Erbbaurechtsgeber oder Erbbaurechtsnehmer gegen die Verlängerung erhoben werden.[19] Diese Regelung wurde durch den BGH als zulässige aufschiebende Bedingung, die zu einer tatsächlichen Verlängerung des Erbbaurechts mit dinglicher Wirkung führt und nicht als unzulässige auflösende Bedingung im Sinne von § 1 Abs. 4 ErbbauRG angesehen.

Aufgrund dieser Rechtsprechung ist es möglich, im Erbbaurechtsvertrag Regelungen zu treffen, die es erlauben, die Wohnungserbbaurechte ohne allseitige Mitwirkung zu verlängern. Entsprechende Regelungen sollten idealerweise so gestaltet sein, dass die Berechtigten nicht aktiv tätig werden müssen, damit sich die Wohnungserbbaurechte verlängern. Vielmehr bieten sich Widerspruchslösungen an, die dazu führen, dass die Nicht-Mitwirkung oder Nicht-Erreichbarkeit eines Berechtigten nicht automatisch zum Erlöschen der Erbbaurechte führt. Zudem können bestimmte Quoren an die Geltendmachung von Widersprüchen geknüpft werden. Damit würde nicht schon ein einziger Widerspruch genügen.

In der Literatur werden sowohl einmalige Verlängerungsmöglichkeiten[20] als auch mehrfache Verlängerungsoptionen[21] diskutiert.

aa) Mehrfache Verlängerung mit vormerkungsgesicherter Heimfallregelung

Eine mehrfache Verlängerungsregelung (zum Beispiel eine Verlängerung alle fünf Jahre um weitere fünf Jahre) hat den Vorteil, dass das Erbbaurecht dauerhaft weiterbesteht, sofern nicht der Grundstückseigentümer oder das vorher festgelegte Quorum der Erbbauberechtigten kein Interesse mehr an der Verlängerung hat und ihr widerspricht.

Gegen diese Variante wird angeführt, dass sie für den Eigentümer des Erbbaugrundstücks nicht attraktiv sei, weil ihm § 9a Abs. 1 S. 2 ErbbauRG bei Erbbaurechten zu Wohnzwecken die Anpassung des Erbbauzinses an die veränderten Bo-

---

[19] BGH NJW 1969, 2043 (2046).
[20] So Dieckmann ErbbauZ 2023, 2 (10).
[21] So Weber ZWE 2019, 251 (256f.).

denwerte untersagt.[22] Das ist grundsätzlich richtig. Dem lässt sich jedoch entgegenhalten, dass aufgrund dieser Vorschrift zwar eine Erbbauzinsgleitklausel, die Bodenwertsteigerungen berücksichtigt, unzulässig ist. Eine – neue – vertragliche Vereinbarung des Grundstückseigentümers mit den Wohnungserbbauberechtigten über den Erbbauzins, die eine solche Bodenwertsteigerung berücksichtigt, wird jedoch allgemein für zulässig gehalten.[23] Der Grundstückseigentümer, der eine solche Anpassung durchsetzen will, könnte daher die Nichterhebung eines Widerspruchs gegen die Verlängerung der Wohnungserbbaurechte von einer solchen Anpassung des Erbbauzinses abhängig machen.

Schwierig umzusetzen ist diese Lösung jedoch dadurch, dass die Vereinbarung über die entsprechende Anpassung des Erbbauzinses mit allen Wohnungserbbauberechtigten getroffen werden muss, also auch mit solchen, die kein Interesse an der Verlängerung des Erbbaurechts haben, das erforderliche Quorum für einen die Verlängerung ausschließenden Widerspruch jedoch nicht erreichen. Diese Wohnungserbbauberechtigten hätten kaum einen Anreiz, an einer Neufestsetzung des Erbbauzinses mitzuwirken, der die eingetretenen Bodenwertsteigerungen berücksichtigt. Diese missliche Konstellation ließe sich aber dadurch auflösen, dass dem Eigentümer zusätzlich ein Heimfallanspruch im Sinne des § 2 Nr. 4 ErbbauRG in Verbindung mit § 32 Abs. 1 S. 1 ErbbauRG des Inhalts zugestanden wird, dass ein Wohnungserbbauberechtigter, der nicht an einer von der Mehrheit der Wohnungserbbauberechtigten gebilligten Erhöhung des Erbbauzinses mitwirkt, zur Übertragung seines Wohnungserbbaurechts an den Grundstückseigentümer verpflichtet ist. Ein solcher Heimfallanspruch hätte nur schuldrechtliche Wirkung, könnte aber durch eine Vormerkung gesichert werden, und zwar nach inzwischen wohl herrschender Meinung bereits ab Vereinbarung und nicht erst ab Verwirklichung des geregelten Heimfallgrundes.[24] Soweit die Gegenmeinung für ihre Argumentation die Entscheidung des BGH zur nur schuldrechtlichen Wirkung des Heimfallanspruchs[25] heranzieht, ist dem entgegenzuhalten, dass der BGH sich in dieser Entscheidung lediglich beiläufig zustimmend zur Vormerkungsfähigkeit des Heimfallanspruchs nach dessen Entstehung äußert, sich aber nicht grundsätzlich mit seiner Vormerkungsfähigkeit auseinandersetzt. Dies war nicht Gegenstand der Entscheidung. Diese Auslegung wird auch gestützt durch Stresemann,[26] die als frühere Vorsitzende des V. Zivilsenats des BGH an der zitierten Entscheidung beteiligt war und

---

[22] Dieckmann ErbbauZ 2023, 2 (10).
[23] Weiß in MüKoBGB, 9. Aufl. 2023, ErbbauRG § 9a Rn. 5; Dieckmann ErbbauZ 2023, 2 (10); Weber ZWE 2019, 251 (256f.).
[24] Weber ZWE 2019, 251 (256); Dieckmann ErbbauZ 2023, 38 (40), der allerdings noch davon ausgeht, dass die herrschende Meinung dies anders beurteilt; Winkler/Schlögel, ErbbauRG, 7. Aufl. 2021, § 4 Rn. 97a; Weiß in MüKoBGB, 9. Aufl. 2023, ErbbauRG § 3 Rn. 3 mit § 2 Rn. 7; Hustedt in Ingenstau/Hustedt, 12. Aufl. 2022, ErbbauRG § 2 Rn. 82; DNotI-Gutachten vom 17.1.2018, Abruf-Nr. 158754; Stresemann in Weber, Aktuelle Herausforderungen im Immobilienrecht, 2017, S. 27 (36); anderer Ansicht Rapp in Staudinger, 2021, ErbbauRG § 2 Rn. 20; Maaß in BeckOK BGB, 67. Ed. 1.8.2023, ErbbauRG § 2 Rn. 14; Maaß in Bauer/Schaub, 4. Aufl. 2018, GBO AT F Rn. 79.
[25] BGH DNotZ 2016, 448 Rn. 27.
[26] Stresemann in Weber, Aktuelle Herausforderungen im Immobilienrecht, 2017, S. 27 (36).

die Vormerkungsfähigkeit auch des noch nicht entstandenen Heimfallanspruchs ausdrücklich bejaht.

Unbilligkeitserwägungen wegen des durch die vorstehend skizzierte Heimfallregelung faktisch ausgeübten Zwangs für den Wohnungserbbauberechtigten, einer Erhöhung des Erbbauzinses zuzustimmen, könnte dadurch begegnet werden, dass als Inhalt des Heimfallanspruchs vereinbart wird, dass die Rückübertragung des Wohnungserbbaurechts erst zum Ablauf der ursprünglichen Laufzeit für das Erbbaurecht verlangt werden kann.[27]

bb) Nur einmalige (kurze) Verlängerung

Wird stattdessen eine nur einmalige (und noch dazu möglicherweise nur kurze) Verlängerung vorgesehen, steht zu befürchten, dass dieser „Warnschuss"[28] ungehört verhallt und dass sich nach Ablaufen der Gnadenfrist die bei der Verlängerung von Wohnungserbbaurechten gegebenen Herausforderungen mit unverminderter Intensität erneut stellen. Die mehrfache Verlängerungsklausel ist demgegenüber geeignet, eine dauerhafte Lösung zu ermöglichen.

b) Heimfall

Ein anderer Lösungsansatz setzt auf eine Heimfallregelung ohne automatische Verlängerung der Wohnungserbbaurechte.[29]

aa) Möglicher Anknüpfungspunkt für eine entsprechende Heimfallregelung

Der Heimfallgrund könnte daran anknüpfen, dass ein Wohnungserbbauberechtigter die Mitwirkung an der vom Eigentümer und der Mehrheit der Wohnungserbbauberechtigten gewünschten Verlängerung des Erbbaurechts verweigert und sie bis zu einem bestimmten Zeitpunkt vor dem Auslaufen des Erbbaurechts nicht verbindlich zusagt. Es liegt auf der Hand, dass ein solcher Anspruch einerseits nur zeitnah zum Ablauf des Erbbaurechts ausgeübt werden dürfte. Die verbleibende Frist bis zum Ablauf des Erbbaurechts muss aber andererseits lang genug bemessen sein, damit dem Wohnungserbbauberechtigten ausreichend Bedenkzeit verbleibt, ob er der Verlängerung zustimmen will und – für den Fall, dass nicht – genügend Zeit für Durchsetzung und Erfüllung des Heimfallanspruchs verbleibt.[30] Ein Heimfallgrund wäre dann nur in der Person des Wohnungserbbauberechtigten gegeben, der die Mitwirkung an der Verlängerung verweigert und nur für dessen Wohnungserbbaurecht (sogenannter Einzelheimfall).[31]

---

[27] Ausführlich zu diesem Lösungsansatz Weber ZWE 2019, 251 (256).
[28] Vgl. Dieckmann ErbbauZ 2023, 38 (47).
[29] Vgl. ausführlich Dieckmann ErbbauZ 2023, 38 (39f.).
[30] Dieckmann ErbbauZ 2023, 38 (39).
[31] Dieckmann ErbbauZ 2023, 38 (39); Winkler/Schlögel, Erbbaurecht, 7. Aufl. 2021, § 3 Rn. 126.

bb) Unzulässige Beeinträchtigung der Rechte des vom Heimfall betroffenen Wohnungserbbauberechtigten?

Eine Heimfallregelung wie vorstehend skizziert führt dazu, dass der Wohnungserbbauberechtigte sein Erbbaurecht vor Ablauf der regulären Dauer des Erbbaurechts verliert, wenn er einer Verlängerung nicht zustimmt, und einem erheblichen „Verlängerungsdruck" ausgesetzt ist, wenn er dies vermeiden will. Damit ein solcher Eingriff in die Rechte des Erbbauberechtigten nicht von vornherein als unvertretbar angesehen werden muss, bedarf es einer umfassenden Kompensation des Wohnungserbbauberechtigten für den Rechtsverlust, den er erleidet. Wie eine solche Kompensation aussehen könnte, wird ausführlich und überzeugend von Dieckmann dargestellt:[32] Sie könnte zum einen in der Einräumung eines auf die Restlaufzeit des Erbbaurechts befristeten dinglichen Nutzungsrechts des Wohnungserbbauberechtigten bestehen, das den Eigentümer von der Nutzung ausschließt. Da ein solches dingliches Nutzungsrecht nicht vererblich wäre, wäre außerdem für den Fall des Versterbens des Erblassers ein aktiv vererblicher Anspruch auf Einräumung eines inhaltsgleichen dinglichen Nutzungsrechts zu vereinbaren, vermittels dessen der Erbe oder Vermächtnisnehmer des Wohnungserbbauberechtigten identische Nutzungsbefugnisse bis zum ursprünglich vorgesehenen Ende des Erbbaurechts erhält. Mit einem solchen „Paket" stünde der ehemals Wohnungserbbauberechtigte wirtschaftlich nur unerheblich schlechter da als vor der Rückübertragung des Erbbaurechts auf den Eigentümer in Folge der Heimfallregelung. Die Veräußerungs- und Belastungsoption, die er als Wohnungserbbauberechtigter zusätzlich hätte, wären angesichts der verbleibenden kurzen Restlaufzeit für das Erbbaurecht eine eher theoretische Option.

Zusätzlich zu dem einzuräumenden dinglichen Nutzungsrecht und der vererblichen Neubestellungsverpflichtung wäre dem nicht verlängerungswilligen weichenden Wohnungserbbauberechtigten ein Geldbetrag in Höhe der Entschädigung bei Zeitablauf als Vergütung nach § 32 ErbbauRG zu zahlen.

Auf solche Art kompensiert, dürfte der Eingriff in die Rechte des Erbbauberechtigten durch die Heimfallregelung vertretbar sein, zumal auch die berechtigten Interessen der an einer Verlängerung interessierten Wohnungserbbauberechtigten in die Abwägung mit einbezogen werden müssen.[33] Abgesichert durch Rechtsprechung oder auch nur eine starke herrschende Meinung in der Literatur ist die vorstehend skizzierte Lösung aber nicht, so dass sich der Rechtsgestalter, der auf sie zurückgreift, auf unsicherem Boden bewegt.

c) Ankaufsrecht für den Grundstückseigentümer

Eine weitere vorsorgende Gestaltungsmöglichkeit wird in der Vereinbarung eines (nur schuldrechtlichen) Ankaufsrechts für den Grundstückseigentümer gesehen, gegebenenfalls kumulativ zu einer Heimfallregelung wie zu →b) beschrieben.[34]

---

[32] Dieckmann ErbbauZ 2023, 38 (39).
[33] Dieckmann ErbbauZ 2023, 38 (39).
[34] Dieckmann ErbbauZ 2023, 38 (40).

Die Bedingungen wären sowohl für das Ankaufsrecht des Eigentümers als auch für die dem nicht verlängerungswilligen Wohnungserbbauberechtigten zustehende Gegenleistung („Kompensation") ähnlich zu regeln wie bei der Ausgestaltung des Heimfallanspruchs. Heimfallanspruch und Ankaufsrecht haben nur schuldrechtliche Wirkung.[35] Sowohl bei dem Heimfallanspruch als auch bei dem Ankaufsrecht stellt sich die Frage der grundbuchlichen Wahrung der durch sie gesicherten Ansprüche durch Vormerkung. Die Vormerkungsfähigkeit der aufschiebend bedingten Ansprüche aus dem Ankaufsrecht wird überwiegend bejaht.[36] Für die Vormerkungsfähigkeit der aus einem Heimfallanspruch resultierenden Rückübertragungsansprüche auch schon vor Eintreten des Heimfallgrundes gilt dies inzwischen wohl ebenfalls,[37] muss aber zurzeit noch als weniger gesichert angesehen werden. Aus Vorsichtsgründen scheint daher eine Kombination von Heimfall und Ankaufsrecht angeraten.

d) Bestellung eines unbefristeten Erbbaurechts

aa) Grundsätzliches

Des Weiteren wird diskutiert, die Schwierigkeiten bei der Verlängerung von Wohnungserbbaurechten zu vermeiden, indem ein unbefristetes Erbbaurecht bestellt wird mit Rückholmöglichkeiten für den Grundstückseigentümer bei gleichzeitiger Begründung einer voraussetzungsgleichen Ankaufspflicht auf Verlangen eines oder mehrerer Wohnungserbbauberechtigten.

Dem steht nicht im Wege, dass Erbbaurechte in aller Regel befristet bestellt werden. Eine solche Befristung ist zwar verkehrsüblich, aber vom Erbbaurechtsgesetz nicht vorgegeben. Auch die Bestellung unbefristeter („ewiger") Erbbaurechte ist möglich, solange sich der Grundstückseigentümer damit nicht dauerhaft jeglicher eigener Nutzungsmöglichkeit für das Grundstück begibt und das Grundstückseigentum wegen dauernder Aushöhlung seines Inhalts als Scheinrecht anzusehen ist.[38]

bb) Rückholrecht für den Eigentümer

Der Annahme einer solchen Aushöhlung des Grundstückseigentums ließe sich dadurch entgegenwirken, dass dem Grundstückseigentümer ein Rückholrecht für das Erbbaurecht eingeräumt wird, das erstmals zu einem Zeitpunkt ausgeübt werden kann, der ansonsten als Endbefristung für das Erbbaurecht gewählt werden würde. Die Konditionen des Rückholrechts könnten sich an den gesetzlichen Ansprüchen orientieren, die ein Erbbauberechtigter bei Erlöschen seines Erbbaurechts

---

[35] So für das Ankaufsrecht BGH DNotZ 2016, 448 Rn. 17.
[36] Dieckmann ErbbauZ 2023, 38 (41); Linde/Richter, Erbbaurecht und Erbbauzins, 3. Aufl. 2001, Rn. 204 sowie, allerdings für das Ankaufsrecht des Erbbauberechtigten nach § 2 Nr. 7 ErbbauRG, Hustedt in Ingenstau/Hustedt, 12. Aufl. 2022, ErbbauRG § 2 Rn. 109; Winkler/Schlögel, Erbbaurecht, 7. Aufl. 2021, § 4 Rn. 162; anderer Ansicht Rapp in Staudinger, 2021, ErbbauRG § 2 Rn. 32b.
[37] Siehe → IV. 2. a) aa) mit Fn. 24.
[38] Weiß in MüKoBGB, 9. Aufl. 2023, ErbbauRG § 1 Rn. 75; Rapp in Staudinger, 2021, ErbbauRG § 1 Rn. 30; Winkler/Schlögel, Erbbaurecht, 7. Aufl. 2021, § 2 Rn. 146.

durch Zeitablauf hat, zum Beispiel durch Verpflichtung des sein Rückholrecht ausübenden Grundstückseigentümers zur Zahlung einer Geldsumme an den Erbbauberechtigten, die dessen Entschädigungsforderung bei Erlöschen des Erbbaurechts durch Zeitablauf entspricht.

Denkbar wäre es, ein solches Rückholrecht als Heimfallregelung oder als Ankaufsrecht im Sinne eines schuldrechtlichen Übertragungsanspruchs auszugestalten.[39]

cc) Ausreichende Berücksichtigung der Interessen des Erbbauberechtigten durch Erwerbspflicht des Eigentümers?

Damit nicht zwar der Eigentümer die Möglichkeit hat, das Erbbaurecht zurückzuholen, der Erbbauberechtigte aber möglicherweise gegen seinen Willen an ein ewiges Erbbaurecht gebunden bleibt, müsste der Rückholmöglichkeit des Eigentümers ein Andienungsrecht des Erbbauberechtigten mit Erwerbspflicht des Eigentümers zu identischen Konditionen entsprechen. Eine inhaltliche Ausgestaltung eines solchen Andienungsrechts, die den Interessen des Erbbauberechtigten gerecht wird, erscheint möglich. Sie könnte jedoch nicht mit dinglicher Wirkung zum Inhalt des Erbbaurechts gemacht, sondern nur schuldrechtlich vereinbart werden.[40] Dies gilt zwar für die unter → bb) erörterten Rückholrechte des Grundstückseigentümers gleichermaßen. Anders als sie könnte das Andienungsrecht des Erbbauberechtigten aber nicht durch Eintragung einer Vormerkung im Grundbuch gesichert werden. Eine bloße Verpflichtung des Grundstückseigentümers zur Weitergabe seiner Erwerbspflicht im Falle einer Veräußerung des Erbbaugrundstücks mit Auferlegung einer entsprechenden Weitergabeverpflichtung an alle weiteren Erwerber wie Dieckmann[41] sie vorschlägt, scheint demgegenüber ein unzureichender Ersatz. Die Ausgewogenheit dieses Lösungsansatzes erscheint daher fraglich.

V. Fazit und Ausblick

Die vorstehenden Ausführungen können nur Schlaglichter auf die wichtigsten Lösungsansätze werfen, die im Zusammenhang mit den Herausforderungen bei der Verlängerung von Wohnungserbbaurechten diskutiert werden. Eine erschöpfende Befassung ist im Rahmen dieses Beitrags nicht möglich. Dies ist der Komplexität der Materie und der Tatsache geschuldet, dass gesetzliche Regelungen, die dieser Komplexität gerecht werden, nicht vorhanden sind. Letzteres ist darin begründet, dass bei Inkrafttreten der Erbbaurechtsverordnung (dem heutigen Erbbaurechtsgesetz) im Jahr 1919 das Wohnungseigentumsgesetz, in dessen § 30 das Wohnungserbbaurecht geregelt ist, noch nicht in Kraft getreten war. Bei späteren Reformen des Erbbaurechtsgesetzes und des Wohnungseigentumsgesetzes wollte der Gesetzgeber diese schwierige Thematik offensichtlich nicht in Angriff nehmen.

---

[39] Vgl. dazu im Einzelnen Dieckmann ErbbauZ 2023, 38 (43f.).
[40] Dieckmann ErbbauZ 2023, 38 (43).
[41] Dieckmann ErbbauZ 2023, 38 (43f.).

Dies ist umso bedauerlicher, als es der wirtschaftlichen Bedeutung des Wohnungserbbaurechts nicht gerecht wird.

Allen vorgestellten Lösungsansätzen für die sich bei der Verlängerung von Wohnungserbbaurechten ergebenden Herausforderung ist gemeinsam, dass sie kompliziert sind und nicht auf dem Boden einer gesicherten Rechtsprechung erfolgen. Auch in der gängigen erbbaurechtlichen Literatur wird dieses komplexe Thema bisher eher stiefmütterlich behandelt. Die in den vorstehenden Ausführungen vielfach zitierten Aufsätze von Weber[42] und Dieckmann[43] bilden insoweit eine rühmliche Ausnahme. Als relativ gesichert können anhand der Rechtsprechung des BGH lediglich die Vorschläge zu einer automatischen – einmaligen oder mehrmaligen – Verlängerung von Wohnungserbbaurechten mit Widerspruchsmöglichkeit für Erbbaurechtsausgeber und Erbbaurechtsnehmer angesehen werden.[44] Weitere Rechtsprechung zu verschiedenen Zweifelsfragen im Zusammenhang mit der Verlängerung von Wohnungserbbaurechten ist in der nächsten Zeit zu erwarten, wenn eine große Zahl von Wohnungserbbaurechten ausläuft und – was zu befürchten ist – nicht immer eine zufriedenstellende Lösung für alle Beteiligten gefunden wird. Wünschenswert wäre es, dass stattdessen wie vielfach gefordert der Gesetzgeber tätig wird und Handlungsoptionen schafft, die vernünftig wären, aber de lege lata nicht gegeben sind. Gesetzesänderungen könnte es zum einen auf der Ebene des Wohnungseigentumsrechts und zum anderen auf der Ebene des Erbbaurechts geben. So könnte eine Sonderregelung für die Verlängerung des Wohnungserbbaurechts eingeführt und ein Mehrheitsbeschluss der Wohnungserbbauberechtigten gesetzlich zugelassen werden. Für Wohnungserbbauberechtigte, die zu einer Verlängerung nicht bereit sind, könnte möglicherweise ein Interessenausgleich über die gesetzliche Einführung eines vom Grundstückseigentümer zu tragenden Entschädigungsanspruchs gefunden werden, der sich an § 27 Abs. 2 ErbbauRG orientiert. Vorzugswürdig wäre es aber wohl, den Lösungsansatz im Erbbaurecht zu suchen und das bisherige Konzept des Wohnungserbbaurechts aufzubrechen, indem dem Erbbaurechtsausgeber die Möglichkeit eingeräumt wird, Wohnungseigentum zu begründen, an den einzelnen Einheiten Erbbaurechte zu bestellen und sie so rechtlich zu verselbständigen.[45]

---

[42] Weber ZWE 2019, 251.
[43] Dieckmann ErbbauZ 2023, 2 und ErbbauZ 2023, 38.
[44] Siehe dazu → IV. 2.
[45] Vgl. zu alledem ausführlich Weber ZWE 2019, 251 (257f.).

CHRISTOPHER KEIM

Rechtsfolgen der auf den zugewendeten Erbteil beschränkten Ausschlagung des Längerlebenden beim Berliner Testament

I. Taktische Ausschlagung der Alleinerbenstellung des Ehegatten

Auch dem Jubilar dürfte in seiner notariellen Praxis sicher schon mehr als einmal folgende Fallkonstellation begegnet sein: Die Ehegatten hatten vor Jahrzehnten ein gemeinschaftliches Testament errichtet. Ein Partner, inzwischen zu einem gewissen Wohlstand gelangt, verstirbt plötzlich, ohne dass das „Uralttestament" angepasst worden ist. Durch die darin enthaltene Alleinerbenstellung des überlebenden Ehegatten werden beim Tod des erstversterbenden Elternteils die erbschaftsteuerlichen Freibeträge der Kinder (§ 16 Abs. 1 Nr. 2 ErbStG) nicht genutzt und beim Tod des Längerlebenden geht darüber hinaus das gesamte ungeschmälerte Vermögen beider Ehegatten auf einmal auf die Kinder über, was erneut erbschaftsteuerlich nachteilig ist. Um dieses Ergebnis zu korrigieren, könnte der überlebende Ehegatte gemäß § 1948 BGB die Erbschaft als testamentarischer Erbe ausschlagen und gleichzeitig als gesetzlicher Erbe annehmen. Damit wäre er bei gesetzlichem Güterstand neben den Kindern gemäß §§ 1931 Abs. 1, 1371 Abs. 1 BGB nur zur Hälfte Erbe.[1] Der Nachlass würde erbschaftsteuerlich günstiger verteilt. Da mit dem Tod des zuerst verstorbenen Elternteils bereits Vermögenswerte an die Kinder geflossen sind, vermindert sich auf diese Weise auch deren erbschaftsteuerlicher Erwerb nach dem Letztversterbenden. Wenn das Verhältnis mit den Kindern gut ist, wird der Längerlebende die Nachteile einer Erbengemeinschaft gerne dem Ziel der Erbschaftsteuerersparnis unterordnen.[2]

II. Die Vorschrift des § 1948 BGB

Es fragt sich aber, ob die Ausschlagung des überlebenden Ehepartners zum gewünschten Ergebnis des Eintritts der gesetzlichen Erbfolge führt. Denn Voraussetzung des § 1948 Abs. 1 BGB ist, dass der von Todes wegen Berufene ohne die ausgeschlagene Verfügung überhaupt als gesetzlicher Erbe berufen wäre. Das Wort „Verfügung" im Sinne des § 1948 BGB meint nicht das Testament oder den Erbvertrag als Ganzes, sondern einzig diejenige konkrete Verfügung, welche die Einsetzung des Ausschlagenden zum Inhalt hat.[3] Nur wenn der Ausschlagende bei Weg-

---

[1] Keim ZEV 2020, 393 (394).
[2] Keim ZEV 2020, 393 (394); Weidlich MittBayNot 2023, 504 (505).
[3] Otte in Staudinger, 2017, BGB § 1948 Rn. 2.

fall dieser und Bestehenbleiben aller anderer die Erbfolge betreffender Verfügungen kraft Gesetzes Erbe wäre, sind die Voraussetzungen des § 1948 BGB erfüllt. Andernfalls kann der Erblasser zwar seine Ausschlagung auf seine Stellung als gewillkürter Erbe beschränken. Seine gleichzeitig erklärte Annahme der Erbschaft als gesetzlicher Erbe oder aber seine Annahme durch Verstreichenlassen der Ausschlagungsfrist gehen aber ins Leere, wenn das Testament selbst für den Fall des Wegfalls des Ausschlagenden ausdrücklich einen Ersatzerben (§ 2096 BGB) vorsieht, ferner in den Fällen der vermuteten Ersatzerbschaft (§§ 2102 Abs. 1, 2069 BGB) und der Anwachsung (§ 2094 BGB). Denn wird die Erbschaft ausgeschlagen, so gilt gemäß § 1953 Abs. 1 BGB der Anfall an den Ausschlagenden als nicht erfolgt und die Erbschaft fällt demjenigen an, welcher berufen sein würde, wenn der Ausschlagende zur Zeit des Erbfalls nicht gelebt hätte; § 1953 Abs. 2 BGB. Um festzustellen, wer auf diese Weise zum Zuge kommt, ist folglich zunächst zu prüfen, ob ein Ersatzerbe eingesetzt ist (§ 2096 BGB). Bei der Ausschlagung durch einen Abkömmling des Erblassers kann sich die Berufung seiner Abkömmlinge aus § 2069 BGB ergeben. Soweit kein Ersatzerbe berufen ist (§ 2099 BGB), kommt auch vorrangig vor der gesetzlichen Erbfolge die Anwachsung zugunsten verbliebener Miterben nach § 2094 BGB in Betracht.[4]

III. Besonderheiten beim Berliner Testament?

1. Keine Ersatzerben als Nacherben

Welche Rechtsfolgen eintreten, wenn bei einem klassischen Berliner Testament der überlebende Ehepartner lediglich die gewillkürte Alleinerbeinsetzung ausschlägt, ist umstritten. Die Auslegungsregel des § 2102 Abs. 1 BGB, nach der ein Nacherbe im Zweifel auch als Ersatzerbe berufen ist, greift bei der Einheitslösung des § 2269 BGB nicht ein, da die Kinder nicht Nacherben des Erstversterbenden sind, sondern ausschließlich den längerlebenden Elternteil beerben.[5]

2. Literaturmeinung: keine stillschweigende Ersatzerbeneinsetzung der Schlusserben

Nach einer in der Literatur vertretenen Auffassung soll die Erbregelung in einem Berliner Testament in erster Linie darauf abzielen, beim ersten Erbfall den überlebenden Ehegatten zu begünstigen, sodass nicht anzunehmen sei, dass es dem überlebenden Ehegatten verwehrt sein soll, sich durch Ausschlagung mit dem geringeren gesetzlichen zu begnügen und dadurch den Schlusserben schon beim ersten Erbfall einen Teil des Nachlasses zukommen zu lassen.[6] Zu einem Anfall der ge-

---

[4] Otte in Staudinger, 2017, BGB § 1948 Rn. 2; Weidlich in Grüneberg, 82. Aufl. 2023, BGB § 1948 Rn. 2.
[5] Ivo ErbR 2018, 674 (681); Keim ZEV 2020, 393 (395).
[6] Leipold in MüKoBGB, 9. Aufl. 2022, BGB § 1948 Rn. 8; Kiunke, Die Begrenzbarkeit der Ausschlagung auf die gewillkürte Erbschaft gemäß § 1948 BGB, 2005, S. 42; Heinemann in BeckOGK, 1.7.2023, BGB § 1948 Rn. 22.

samten Erbschaft an die Kinder als stillschweigend eingesetzte Ersatzerben führe die Ausschlagung nicht.

Insbesondere Leipold bezweifelt bereits, ob in einem Berliner Testament die Schlusserbeneinsetzung überhaupt als Ersatzerbeneinsetzung beider Ehegatten für den jeweils Verstorbenen anzusehen sei. Selbst wenn man die Schlusserben als Ersatzerben des vorversterbenden Ehegatten ansehen würde, könnten die zu Schlusserben eingesetzten Kinder nur den Nachlass des überlebenden Ehegatten erben, nicht aber den Nachlass des Erstverstorbenen.[7] Da auf die Schlusserben mit dem zweiten Erbfall ein anderer Nachlass übergehe als der, den der erstverstorbene Ehegatte hätte vererben können, könnten sie nicht Ersatzerben, sondern insofern nur originäre Erben nach dem zweitverstorbenen Ehegatten sein.[8]

3. Gegenauffassung: Schlusserben als Ersatzerben bei Ausschlagung des Längerlebenden

Dem steht jedoch die vor allem in der Rechtsprechung wohl überwiegend vertretene Auffassung[9] gegenüber, die mit unterschiedlicher Begründung regelmäßig für den Fall der Ausschlagung eine stillschweigende Ersatzerbeneinsetzung der Schlusserben – also meistens der Kinder – annimmt.[10] Zumindest im Falle einer bindenden Schlusserbenbestimmung soll eine ergänzende Auslegung dazu führen, dass mit der Schlusserbeneinsetzung gleichzeitig die Ersatzerbeneinsetzung der Kinder für den ersten Erbfall gewollt war. Dem mutmaßlichen Willen der Ehegatten bei Testamentserrichtung entspreche es in der Regel, dass nach der von ihnen gewollten und im gemeinschaftlichen Testament zugrunde gelegten Nachlassplanung das Vermögen des Erstversterbenden auf jeden Fall – auch bei einer Ausschlagung des Längerlebenden – an die Schlusserben fällt.[11]

IV. Sind die Schlusserben Ersatzerben?

Zunächst ist zu konstatieren, dass das BGB den Begriff des Schlusserben nicht erwähnt. Es fragt sich daher, unter welche Norm des BGB diese Art der Erbeinsetzung zu subsumieren ist. Es handelt sich um eine spezielle Form der Ersatzerbeneinsetzung im Sinne des § 2096 BGB, da beide Ehepartner die gemeinsamen Kinder als Erben für den Fall des Vorversterbens, also eines Wegfallgrundes des anderen Partners, berufen. Die Besonderheit besteht lediglich darin, dass zwei Per-

---

[7] Leipold ZEV 2023, 309 (310).
[8] Leipold ZEV 2023, 309 (310).
[9] Ob diese Meinung nun herrschend ist, dürfte für ihre Richtigkeit keine Rolle spielen, dazu Leipold ZEV 2023, 309.
[10] OLG Frankfurt a. M. ZEV 1995, 257 (458); OLG Stuttgart BWNotZ 1979, 11; OLG Brandenburg ZEV 2023, 308; OLG Düsseldorf BeckRS 2023, 20909; J. Mayer ZEV 1998, 50; Britz RNotZ 2001, 389; Ivo ErbR 2018, 674 (681); Keim ZEV 2020, 393 (395).
[11] OLG Frankfurt a. M. ZEV 1995, 257 (458); OLG Stuttgart BWNotZ 1979, 11; OLG Brandenburg ZEV 2023, 308; OLG Düsseldorf BeckRS 2023, 20909; J. Mayer ZEV 1998, 50; Britz RNotZ 2001, 389; Ivo ErbR 2018, 674 (681); Keim ZEV 2020, 393 (395).

sonen gemeinsam testieren und beide die gleichen Ersatzerben einsetzen. Die rechtlichen Wirkungen des Berliner Testaments gemäß § 2269 BGB lassen sich genauso durch zwei aufeinander abgestimmte Einzeltestamente der Eheleute herbeiführen, in denen jeder Ehegatte seinen Partner zum Erben und ersatzweise für den Fall von dessen Vorversterben die gemeinsamen Kinder zu Ersatzerben einsetzt.[12] Beide Eheleute setzen die Kinder daher zu Ersatzerben ein, aber eben nur für den Fall des Vorversterbens des anderen Teils, also für einen ganz bestimmten Wegfallgrund.[13] Es fragt sich daher, ob dem Ehegattentestament auch für den nicht vorhergesehenen Fall des Wegfalls infolge der Ausschlagung eine Regelung zu entnehmen ist. Ist dies der Fall, geht diese gemäß § 1937 BGB der gesetzlichen Erbfolge vor.[14]

Es handelt sich auch um denselben Nachlass, nämlich den des jeweils konkret testierenden Partners, gleich ob der andere Ehegatte durch Ausschlagung oder durch Tod wegfällt. Auch dies verdeutlicht die Aufspaltung in zwei Urkunden: Jeder Ehegatte für sich bestimmt den anderen Ehegatten zu seinem Erben, ersatzweise die gemeinsamen Kinder. Ist der andere Partner durch sein Vorversterben bereits weggefallen, vergrößert sich nur der Umfang dieses Nachlasses dadurch, dass der Erblasser vom anderen Partner bereits dessen Vermögen geerbt hat. Das ändert aber nichts daran, dass die Kinder dieselbe Person beerben, gleich ob der andere Partner wegen seines Vorversterbens oder aufgrund seiner Ausschlagung weggefallen ist. Die Schlusserbeneinsetzung ist also eine Ersatzerbeneinsetzung der Kinder für den Fall des Vorversterbens des anderen Partners.[15]

Für eine ergänzende Auslegung im Sinne einer umfassenden Ersatzerbeneinsetzung spricht folglich bereits die Auslegungsregel des § 2097 BGB: Danach ist derjenige, der für den Fall, dass er nicht Erbe sein kann, zum Ersatzerben eingesetzt ist, im Zweifel auch für den Fall eingesetzt, dass er nicht Erbe sein will. Die Bestimmung der Schlusserben in einem Berliner Testament regelt unzweifelhaft eine ersatzweise Erbeinsetzung der Kinder durch beide Ehegatten, von denen sich nur diejenige des Längerlebenden verwirklicht, da der primär zum Erben eingesetzte andere Ehegatte durch sein Vorversterben weggefallen ist.[16] Nach § 2097 BGB gilt diese auf einen Fall des unfreiwilligen Wegfalls, nämlich den des Vorversterbens des anderen Ehegatten, beschränkte Ersatzerbeneinsetzung im Zweifel auch für die Ausschlagung als Fall des freiwilligen Wegfalls der Erbenstellung. Läge insofern nur ein Einzeltestament vor, hätte man an diesen Auslegungsgrundsätzen keinen Zweifel.

---

[12] Dazu müsste noch das gemeinsame Testieren zum Ausdruck gebracht werden, vgl. Musielak in MüKoBGB, 9. Aufl. 2022, BGB § 2267 Rn. 22.
[13] Keim ZEV 2018, 681 (682).
[14] Kanzleiter ZNotP 2015, 54f.
[15] So jetzt ausdrücklich auch OLG München BeckRS 2023, 31461.
[16] Keim ZEV 2018, 681 (682).

V. Abweichende Auslegung wegen gemeinschaftlichem Testieren?

1. Kein abweichender Wille bei gemeinsamem Testieren

Ergibt sich aber möglicherweise aus dem gemeinsamen Testierwillen beider Ehegatten beim gemeinschaftlichen Testament eine abweichende Willensrichtung gegen eine Ersatzbestimmung der Kinder auch für den Fall der Ausschlagung? Bei der vollständigen Ausschlagung des Längerlebenden spielt die Frage einer stillschweigenden Ersatzerbenbestimmung der Kinder allerdings regelmäßig keine Rolle, weil beim Wegfall des ausschlagenden Ehegatten gesetzliche und gewillkürte Erbfolge zum gleichen Ergebnis führen.[17] Schlägt der Überlebende dagegen nur die testamentarische Erbeinsetzung (§ 1948 BGB) aus, so muss geprüft werden, ob eine stillschweigende Ersatzerbenregelung die gesetzliche Erbfolge verdrängt, oder dies wegen des gemeinsamen Testierens vielleicht anders zu beurteilen ist. Letzteres ist aber abzulehnen: Die beabsichtigte Erbeinsetzung der Kinder durch einen Ehegatten erfolgt regelmäßig unabhängig davon, ob das Vermögen des Testierenden bereits durch die Beerbung des vorverstorbenen anderen Ehegatten gemehrt worden ist oder nicht, weil der Erblasser als Erster gestorben ist. In der Schlusserbeneinsetzung kommt der Wille jedes einzelnen Elternteils zum Ausdruck, unabhängig von der Verfügung des anderen Teils die gemeinsamen Kinder zu begünstigen.[18] Die gemeinsamen Kinder stehen beiden Ehepartnern nahe.

2. Vorrang der testamentarisch eigesetzten Schlusserben auch bei Ausschlagung

Dies zeigt sich auch, wenn die Eheleute nur einzelne ihrer Kinder zu Schlusserben bestimmt haben. Diese Entscheidung wird in der Regel auf dem gemeinsam gefassten Willen beider Eheleute beruhen, andernfalls hätten sie nicht gemeinsam testiert. Schlägt der überlebende Ehegatte nun die Erbschaft komplett aus allen Berufungsgründen aus, so würde, falls man keine Ersatzerbeneinsetzung der ausdrücklich bedachten Kinder annehmen würde, auf diese Weise die gesetzliche Erbfolge eintreten. Dies würde ohne den Willen des vorverstorbenen Partners dem ursprünglich enterbten Kind wieder eine Miterbenstellung als gesetzlichem Erben verschaffen. Das widerspricht aber dem Willen des Vorverstorbenen, der dies gerade nicht wollte. Es liegt stattdessen nahe, dass in diesem Fall der Nachlass direkt nur an die von ihm ausdrücklich bestimmten Kinder fallen soll.[19]

Im Einzelfall kann dies sicher auch einmal anders sein: Soutier nennt als Beispiel, dass die Eheleute eine ungleiche Verteilung unter den Schlusserben nur im alleinigen Interesse des längerlebenden Ehegatten bestimmt haben.[20] Angesichts der Verfügung in einem gemeinschaftlichen Testament dürfte dies aber einen Ausnahmefall darstellen. Schließlich sind die beiderseitigen Verfügungen Ergebnis und Ausdruck

---

[17] Soutier MittBayNot 2014, 511 (512).
[18] Deshalb stehen die jeweiligen Schlusserbeneinsetzungen der Kinder durch ihre Eltern auch regelmäßig nicht im Verhältnis der Wechselbezüglichkeit zueinander, Weidlich in Grüneberg, 82. Aufl. 2023, BGB § 2270 Rn. 5.
[19] Soutier MittBayNot 2014, 511 (513).
[20] Soutier MittBayNot 2014, 511 (513).

eines gemeinsam gefassten Entschlusses beider Teile.[21] Lässt sich dabei keine Übereinstimmung der beiderseitigen Vorstellungen und Absichten feststellen, ist auf den Willen des Erblassers abzustellen. Dieser hat aber für einen bestimmten Wegfallgrund, nämlich das Vorversterben seines primär eingesetzten Erben, eine Verfügung getroffen, nämlich nicht alle Kinder zu bedenken. Es spricht daher wenig dagegen, dass dies auch dann so gewollt ist, wenn der Erblasser zuerst stirbt und daher nur sein eigenes Vermögen ohne den Zuerwerb durch seinen Ehegatten vererben möchte. Das gemeinsame Verfügen beider Ehegatten in einem gemeinschaftlichen Testament ändert daher nichts daran, dass in der Einsetzung der gemeinsamen Kinder zu Schlusserben regelmäßig auch eine Ersatzerbeneinsetzung durch jeden der testierenden Elternteile zu sehen ist.

VI. Keine Ersatzerbeneinsetzung wegen der Befreiung aus der Bindung nach § 2271 Abs. 2 S. 1 Hs. 2 BGB?

1. Problem: „Mitnahme" des gesetzlichen Erbteils und trotzdem Befreiung von der Bindung?

Auch die Regelung des § 2271 Abs. 2 S. 1 Hs. 2 BGB spricht nicht gegen,[22] sondern gerade für eine Ersatzberufung der Kinder. Nach dieser Vorschrift kann der überlebende Ehegatte seine wechselbezügliche Verfügung aufheben und damit seine Testierfreiheit wiedererlangen, wenn er das ihm Zugewandte ausschlägt. Nach der hier vertretenen „Ersatzerbenlösung" ist diese Voraussetzung erfüllt, auch wenn der Längerlebende nur die gewillkürte Erbenstellung ausschlägt, da er als gesetzlicher Erbe gar nicht zum Zuge kommt. Der überlebende Ehegatte könnte also über seinen eigenen Nachlass anderweitig von Todes wegen verfügen, erkauft durch den Verlust seiner Erbenstellung. Das ist genau das, was der Gesetzgeber mit der Regelung des § 2271 Abs. 2 S. 2 Hs. 2 BGB gewollt hat.[23] Die Probleme entstehen erst, wenn man mit der Gegenmeinung annimmt, der längerlebende Ehegatte bliebe gesetzlicher Erbe, da er nach dem Wortlaut des Gesetzes trotzdem aus der Bindung befreit wäre. Sie versucht eine Lösung darin zu finden, dass dem das testamentarische Erbrecht ausschlagenden Ehegatten beim ersten Erbfall das gesetzliche Erbrecht (neben dem Abkömmling) zugesprochen wird, zugleich aber seine Bindung an die Schlusserbeinsetzung erhalten bleiben soll.[24] Zu diesem Ergebnis käme man, wenn man als Voraussetzung für den Wegfall der Bindungswirkung nach § 2271 Abs. 2 S. 1 BGB generell verlange, dass nicht nur die testamentarische, sondern auch die gesetzliche Erbposition ausgeschlagen werde.[25]

---

[21] Dazu grundlegend J. Mayer/Sammet in Reimann/Bengel/Dietz, Testament und Erbvertrag, 7. Aufl. 2020, BGB vor § 2265 Rn. 7 ff.
[22] So aber Leipold ZEV 2023, 309 (310).
[23] BGH NJW 2021, 1455 (1456).
[24] Leipold ZEV 2023, 309 (310).
[25] Leipold ZEV 2023, 309 (310).

In der Tat ist die Frage der Befreiung von der Bindung gemäß § 2271 Abs. 2 S. 1 Hs. 2 BGB durch die bloße Ausschlagung des testamentarisch zugewandten Erbteils hoch umstritten. Nach dem Wortlaut des § 2271 Abs. 2 S. 1 Hs. 2 BGB ist die Ausschlagung des gesetzlichen Erbteils nicht erforderlich, um die Testierfreiheit wiederzuerlangen. Der überwiegenden Meinung erscheint dieses Ergebnis aber je nach Höhe des gesetzlichen Erbteils unbillig.[26]

2. Auffassungen zur Korrektur des Ergebnisses

Um diese Konsequenz zu vermeiden, werden unterschiedliche Lösungen vorgeschlagen: Nach einer Meinung führt die Ausschlagung des testamentarisch Zugewandten nur dann zur Wiederherstellung der Testierfreiheit, wenn der gesetzliche Erbteil erheblich hinter dem zugewandten gewillkürten Erbteil zurückbleibt, wobei für die erforderliche Vergleichsberechnung die Erhöhung des gesetzlichen Erbteils aufgrund des § 1371 Abs. 1 BGB mit zu berücksichtigen sei.[27] Andere argumentieren, dass der Ehegatte, der den gesetzlichen Erbteil annehme, jedoch abweichend von dem gemeinschaftlichen Nachlassplan auch über das so vom anderen Ehegatten teilweise erlangte Vermögen testieren wolle, sich widersprüchlich verhalte.[28] Eine dritte Meinung versucht die Lösung des Problems direkt über eine extensive Auslegung des § 2271 Abs. 2 S. 1 BGB und versteht unter dem Zugewendeten auch den gesetzlichen Erbteil, denn zugewendet sei auch, was nicht durch Enterbung vorenthalten werde.[29] Nach der „Bedingungstheorie" soll regelmäßig oder zumindest möglicherweise im Falle einer solchen Ausschlagung eine bedingte Enterbung hinsichtlich des gesetzlichen Erbteils anzunehmen sein, was im Wege einer konkreten erläuternden oder ergänzenden Auslegung anzunehmen sei.[30] Als Indiz für eine bedingte Enterbung wird zum Einen angesehen, wenn der Wert des testamentarischen Erbteils in etwa dem Gesetzlichen entspricht. Die auflösende Bedingung tritt danach ein, wenn der Überlebende aufgrund der durch die Ausschlagung ermöglichten Lösung von der Bindung seine Verfügung aufhebt.[31]

3. Stellungnahme zu den Auffassungen

Alle Meinungen, die das Recht des Ehegatten, durch die Ausschlagung die Testierfreiheit wiederzuerlangen, ablehnen, mögen rechtspolitisch zu befürworten sein, sie widersprechen jedoch sowohl dem Wortlaut und finden auch in der Entste-

---

[26] J. Mayer/Sammet in Reimann/Bengel/Dietz, Testament und Erbvertrag, 7. Aufl. 2020, BGB § 2271 Rn. 50f.
[27] KG NJW 1991, 330; Litzenburger in BeckOK BGB, 67. Ed. 1.8.2023, BGB § 2271 Rn. 35; Leipold ZEV 2023, 309 (310); offen gelassen in BGH NJW 2011, 1353 (1354).
[28] Musielak ZErb 2008, 189.
[29] Otte in Staudinger, 2017, BGB § 1948 Rn. 11.
[30] Tiedtke FamRZ 1991, 1259 (1264); Weidlich in Grüneberg, 82. Aufl. 2023, BGB § 2271 Rn. 18; Raff in Staudinger, 2017, BGB § 2271 Rn. 80.
[31] Musielak in MüKoBGB, 9. Aufl. 2022, BGB § 2271 Rn. 25; sehr gute Darstellung des Meinungsstandes bei J. Mayer/Sammet in Reimann/Bengel/Dietz, Testament und Erbvertrag, 7. Aufl. 2020, BGB § 2271 Rn. 51 ff.

hungsgeschichte des § 2271 Abs. 2 S. 1 BGB keine Stütze.[32] Die letztgenannte Auffassung setzt mit der Annahme einer stillschweigenden Enterbung meines Erachtens an der richtigen Stelle an, nämlich beim mutmaßlichen Willen des zuerst verstorbenen Ehegatten, hätte er die Ausschlagung des Längerlebenden vorhergesehen. In einigen Fällen kommt sie damit zum gleichen Ergebnis wie bei Annahme einer stillschweigenden Ersatzerbeneinsetzung der Kinder, nämlich dazu, dass die Ausschlagung zwar möglich ist und dem überlebenden Ehegatten auch die Testierfreiheit über seinen eigenen Nachlass eröffnet. Denn die Kinder sind die testamentarischen Erben und werden auch durch die Enterbung gemäß § 1938 BGB aufgrund der dann ohne den Ehegatten geltenden gesetzlichen Erbfolge die alleinigen Erben. Bei der Berücksichtigung des Vorranges der ergänzenden Auslegung vor der gesetzlichen Erbfolge bleibt die Auffassung aber methodisch auf halbem Wege stehen, indem sie nur eine Enterbung des treuwidrig handelnden Ehegatten annimmt, obwohl doch in dem gemeinschaftlichen Testament schon der Wille erkennbar ist, wer letztlich den Nachlass bekommen soll, nämlich die gemeinsamen Kinder. Ganz abgesehen davon ist die Feststellung eines Enterbungswillens im Einzelfall schwierig, was zu erheblichen Rechtsunsicherheiten führt: Insbesondere wenn der Wert des testamentarisch hinterlassenen Erbteils wesentlich größer als der des Gesetzlichen ist, kann auch nach dieser Auffassung nicht davon ausgegangen werden, dass der Erblasser für den Fall der Aufhebung der wechselbezüglichen Verfügung durch den Längerlebenden dessen völlige Enterbung wollte.[33] Das ist aber die in der Praxis am häufigsten vorkommende Gestaltung.[34] Soll es danach also in den meisten Fällen bei dem als ungerecht empfundenen Ergebnis der doppelten Begünstigung des Längerlebenden verbleiben? Hinzu kommt, dass die ausdrückliche Enterbung gemäß § 1938 BGB gegenüber der bloßen Nichtberücksichtigung aufgrund vorrangiger Ersatzerbenbestimmung das schärfere Schwert ist, bliebe sie doch sogar beim Wegfall der Kinder im Zweifel bestehen.[35] Die Annahme eines derart weitreichenden echten Enterbungswillens ist recht weit hergeholt und wirkt sehr gekünstelt.[36] Die Annahme einer stillschweigenden Ersatzbestimmung der Schlusserben ermöglicht dagegen gerechte Ergebnisse: Der Längerlebende wird durch seine Ausschlagung frei, über sein Vermögen wieder letztwillig zu verfügen, verliert aber seine Erbenstellung nach dem Tod des zuerst verstorbenen Partners. Einer zweifelhaften und im Ergebnis unsicheren einschränkenden Auslegung des § 2271 Abs. 2 S. 1 Hs. 2 BGB bedarf es dagegen nicht. Dies entspricht auch üblicherweise dem Willen des Erstversterbenden: Setzen Eltern in einem gemeinschaftlichen Testament ihre Kinder zu Schlusserben ein, so sollen die Kinder nach dem Willen der Eltern nach dem Tode des Längstlebenden das dann noch vorhandene Vermögen – auch, soweit es ursprünglich Vermögen des Erstversterbenden war – bekommen. Dem mutmaßlichen Willen der Ehegatten bei Testa-

---

[32] J. Mayer/Sammet in Reimann/Bengel/Dietz, Testament und Erbvertrag, 7. Aufl. 2020, BGB § 2271 Rn. 51 ff.; Weidlich in Grüneberg, 82. Aufl. 2023, BGB § 2271 Rn. 18.
[33] Musielak in MüKoBGB, 9. Aufl. 2022, BGB § 2271 Rn. 25.
[34] Nämlich bei gegenseitiger Alleinerbeneinsetzung.
[35] Weidlich in Grüneberg, 82. Aufl. 2023, BGB § 1938 Rn. 2.
[36] J. Mayer/Sammet in Reimann/Bengel/Dietz, Testament und Erbvertrag, 7. Aufl. 2020, BGB § 2271 Rn. 55.

mentserrichtung entspricht es deshalb in der Regel, dass nach der von ihnen gewollten und im gemeinschaftlichen Testament zugrunde gelegten Nachlassplanung das Vermögen des Erstversterbenden auf jeden Fall an die Schlusserben fällt, auch bei einer Ausschlagung des länger Lebenden. Das wäre nicht gewährleistet, wenn der länger lebende Ehegatte sich über die Ausschlagung gemäß § 2271 Abs. 2 S. 1 BGB von der Bindungswirkung des gemeinschaftlichen Testaments löst und gemeinsam mit den Kindern gesetzlicher Erbe würde.[37]

VII. Frei widerrufliche Schusserbeneinsetzung

Anders kann die Frage der stillschweigenden Ersatzberufung der Kinder dann zu beurteilen sein, wenn ihre Schlusserbenbestimmung frei widerruflich angeordnet wurde. Denn wenn der Überlebende ausdrücklich frei sein soll, über den eigenen und den ererbten Nachlass zu verfügen, so kann das ein Indiz dafür sein, dass der Längerlebende auch bei einer Ausschlagung seinen gesetzlichen Erbteil erhalten soll, ohne dass der Nachlass sofort komplett an die Schlusserben fällt. Wenn der längerlebende Ehegatte sogar über das gesamte Vermögen beider Ehegatten völlig frei verfügen kann, so soll es möglicherweise erst recht möglich sein, auf einen Teil des Erbes des zuerst verstorbenen Teils zu verzichten und sich mit dem gesetzlichen Erbteil zu begnügen. Aber auch das führt nicht unbedingt zur Geltung der gesetzlichen Erbfolge: Der mutmaßliche Erblasserwille ist vorrangig zu ermitteln, bevor die gesetzliche Erbfolge eintritt. Hat der Erblasser die Kinder als Schlusserben ungleich bedacht, so möchte er sicher, dass im Übrigen diese Verteilung des Nachlasses auch bei einer Ausschlagung des Ehepartners nach § 1948 BGB beibehalten bleiben soll. Denn der überlebende Ehegatte hat nur ausgeschlagen und nicht etwa neu testiert. Er hat folglich von seinem unbeschränkten Änderungsrecht gerade keinen Gebrauch gemacht. Die Ausschlagung führt also in solchen Fällen wohl regelmäßig dazu, dass der überlebende Ehepartner zwar seinen gesetzlichen Erbteil erhält, aber im Übrigen die im Testament zu Schlusserben eingesetzten Kinder, aber eben nur diese, testamentarische Ersatzerben sein sollen.

VIII. Patchworkfamilie

1. Vollständige Erbausschlagung des Längerlebenden

Dass auch bei einseitigen Kindern eines Ehegatten in einer Patchworkfamilie durchaus ein abweichender Wille angenommen werden kann, zeigt ein Beschluss des OLG Hamm aus dem Jahr 2014:[38] Die Ehegatten hatten keine gemeinsamen

---

[37] OLG Brandenburg ZEV 2023, 308 (309); OLG Düsseldorf BeckRS 2023, 20909 Rn. 40; Keim ZEV 2020, 393 (395).
[38] OLG Hamm MittBayNot 2014, 537; von Heinemann in BeckOGK, 1.7.2023, BGB § 1948 Rn. 33 Fn. 75 unzutreffend als Beleg gegen eine stillschweigende Ersatzberufung beim Berliner Testament angeführt.

Kinder und sich gegenseitig zu Alleinerben eingesetzt. Zu Erben des länger lebenden Ehegatten wurden zu gleichen Teilen die Tochter des Ehemanns aus erster Ehe und der Neffe der Ehefrau eingesetzt. Nach dem Tod des Ehemannes wollte die Ehefrau die Regelungen für den Schlusserbfall ändern. Sie schlug daher die Erbschaft aus, um sich von der Bindungswirkung nach § 2271 Abs. 2 BGB befreien zu können. Es fragte sich nun, wer nach der Ausschlagung gemäß § 1953 Abs. 2 BGB als Ersatzerbe an die Stelle der Ehefrau getreten ist. Eine ausdrückliche Ersatzerbenregelung enthielt das Testament nicht.[39]

Das OLG verneinte eine Ersatzerbenstellung des Neffen der ausschlagenden Witwe. Mit der Ausschlagung erlangt der überlebende Ehegatte bei einem gemeinschaftlichen Ehegattentestament gemäß § 2271 Abs. 2 S. 1 Hs. 2 BGB seine Testierfreiheit zurück. Dadurch verliert auch die Tochter des zuerst verstorbenen Ehegatten ihre durch die Bindung gesicherte Aussicht, nach dem Tod des überlebenden Ehegatten dessen Erbe zu werden. Sie hat als Stiefkind nicht einmal einen Pflichtteil.[40]

Es spreche daher nichts dafür, dass in einem solchen Fall der zuerst verstorbene Ehegatte das Erbrecht seines eigenen Kindes oder eigenen Verwandten derart beschränken wollte, dass nunmehr nach ihm auch der Verwandte des Längerlebenden miterbt. Nach Ansicht des OLG Hamm tritt daher gesetzliche Erbfolge ein. Kanzleiter bejaht die Entscheidung im Ergebnis, kritisiert jedoch meines Erachtens zu Recht, dass sich dieses Ergebnis richtigerweise aus einer ergänzenden Auslegung des Testamentes herleiten lasse, die der gesetzlichen Erbfolge vorgehe.[41] Auch hier ist der Vorrang der gewillkürten Erbfolge zu beachten. Im entschiedenen Fall hatte die Ehefrau aus allen Berufungsgründen ausgeschlagen, ihre Ausschlagung also nicht auf den testamentarisch zugewandten Erbteil beschränkt. Daher kommt man auch bei Annahme der gesetzlichen Erbfolge zum gleichen Ergebnis wie bei einer Ersatzerbenstellung der Tochter des Erblassers.

2. Ausschlagung nach § 1948 BGB

Erst recht muss in einem solchen Fall aber der Vorrang der Ersatzerbeneinsetzung allein der Tochter des Erstverstorbenen beachtet werden, wenn die Ehefrau versucht, über eine bloße Ausschlagung nur ihrer Alleinerbeneinsetzung gemäß § 1948 BGB sich den gesetzlichen Erbteil zu erhalten. Würde man in diesem Fall eine alleinige Ersatzerbeneinsetzung der Tochter des vorverstorbenen Ehemannes verneinen, so hätte sie ihre Testierfreiheit gemäß § 2271 Abs. 2 S. 1 Hs. 2 BGB zurück. Sie könnte auf diese Weise nicht nur über ihr eigenes Vermögen, sondern auch über das von ihrem Ehegatten aufgrund gesetzlicher Erbfolge ererbte Vermögen zum Nachteil der Tochter ihres verstorbenen Ehemannes abweichend letztwillig verfügen. Dieses Ergebnis widerspricht aber offensichtlich dem Willen des vorverstorbenen Ehemannes, insbesondere wenn das meiste Vermögen von ihm stammt.[42]

---

[39] OLG Hamm MittBayNot 2014, 537.
[40] OLG Hamm MittBayNot 2914, 537.
[41] Kanzleiter ZNotP 2015, 54 und ZEV 2015, 249 (252f.).
[42] Kanzleiter ZNotP 2015, 54.

Falls die Ehefrau durch die Ausschlagung ihre Testierfreiheit zurückerlangen möchte und sie damit die gemeinsame Schlusserbeneinsetzung verhindert, soll doch der Nachlass des Erstverstorbenen nicht zur Belohnung noch zur Hälfte an die Witwe fließen, die ihn dann jemand anderem vererben kann. Viel näher als der Eintritt der gesetzlichen Erbfolge liegt dann eine alleinige Ersatzerbeneinsetzung der eigenen Tochter des zuerst Verstorbenen.

IX. Erbvertrag ohne Rücktrittsvorbehalt

1. Keine Befreiung aus der Bindung durch Ausschlagung

Während bei einem gemeinschaftlichen Testament der längerlebende Ehegatte auch beim Vorliegen von wechselbezüglichen Verfügungen seine erbrechtliche Verfügungsbefugnis durch Ausschlagung gemäß § 2271 Abs. 2 BGB wiedererlangen kann, besteht diese Möglichkeit bei einem Erbvertrag grundsätzlich nicht. Wurde die Schlusserbeneinsetzung in einem Erbvertrag nicht einseitig, sondern erbvertraglich bindend getroffen, kann sie nur beseitigt werden, wenn ein Rücktritt oder eine Änderungsbefugnis vorbehalten worden sind.[43] Ändert bei einem Erbvertrag die Ausschlagung des längerlebenden Ehegatten aber nichts an der Geltung der bindend angeordneten Schlusserbeinsetzung, spricht zunächst viel dafür, dass diese auch als Ersatzerbfolge für den Erstversterbenden gelten soll. Denn der Wille der Erblasser, dass das gemeinschaftliche Vermögen den Schlusserben zufallen soll, tritt dadurch noch stärker hervor. Bejaht man aber eine Ersatzerbeneinsetzung der Schlusserben, so geht diese auch dann der gesetzlichen Erbfolge vor, wenn der Überlebende nur die testamentarische Alleinerbeneinsetzung ausschlagen möchte. Für die gesetzliche Erbfolge bleibt folglich kein Raum.[44]

2. Ergänzende Auslegung: Gesetzlicher Erbteil und Erhalt der Bindung

Denkbar wäre aber auch eine ergänzende Auslegung in die Richtung, dass der Erstversterbende auf den Eintritt der Ersatzerbfolge nicht unbedingt Wert legt, da durch die Ausschlagung nach § 1948 BGB die Bindung an die Schlusserbfolge erhalten bleibt. Auf diese Weise wird die Schlusserbfolge nur in Höhe der gesetzlichen Erbteile der Kinder sozusagen teilweise vorgezogen, wogegen der Erstverstorbene sicher nichts einzuwenden hat. Trotzdem sollte vom Grundsatz ausgegangen werden, dass auch eine stillschweigende Ersatzerbeneinsetzung der gesetzlichen Erbfolge vorgeht. Allerdings ist die strenge erbvertragliche Bindung insofern ein Indiz für einen möglicherweise abweichenden Willen, dass in diesem speziellen Fall der Ausschlagung die Ersatzerbfolge nicht eintreten soll, beziehungsweise nur für das Beteiligungsverhältnis der eingesetzten Schlusserben am nicht aufgrund gesetzlicher Erbfolge an den Ehegatten fallenden „Resterbteil" weiter gelten soll.

---

[43] Soutier MittBayNot 2014, 511 (513).
[44] So zu Recht Soutier MittBayNot 2014, 511 (513) für die vollständige Erbausschlagung des Längerlebenden bei der Patchworkfamilie.

3. Patchworksituation

Bei einem Erbvertrag ohne Rücktrittsvorbehalt wäre auch die Patchworkkonstellation im Fall des OLG Hamm anders zu beurteilen: Hier ist davon auszugehen, dass jeder Partner nur deshalb auch den Verwandten des Partners zum Schlusserben bestimmt hat, weil umgekehrt der andere Ehegatte auch den Verwandten des anderen bedacht hat.[45] Da die Ausschlagung diese Nachlassverteilung nicht gefährdet, weil ja mangels Geltung des § 2271 Abs. 2 S. 1 Hs. 2 BGB die Bindung erhalten bleibt, kann davon ausgegangen werden, dass der Erstversterbende diese Verteilung auch auf seinen Tod weiterhin wünscht. Die stillschweigende Ersatzerbeneinsetzung (auch des nur dem Längerlebenden nahestehenden anderen Schlusserben) bliebe folglich auch bei einer Ausschlagung bestehen. Denkbar ist aber auch hier, dass sie sich nur noch auf den Restnachlass beziehen soll und der mutmaßliche Wille des Erstversterbenden möglicherweise dahin geht, dass der Überlebende durch die Ausschlagung nach § 1948 BGB durchaus seinen gesetzlichen Erbteil erhalten soll.[46] Denn er gefährdet ja durch seine Ausschlagung die weiterbestehende Bindung an die Schlusserbenbestimmung nicht.

4. Rücktrittsvorbehalt

Demgegenüber gelten die Auslegungsgrundsätze des gemeinschaftlichen Testaments,[47] wenn ein lebzeitiges Rücktrittsrecht vorbehalten war, sodass sich der Längerlebende gemäß § 2298 Abs. 2 S. 3 BGB durch die Ausschlagung wie beim gemeinschaftlichen Testament aus der Bindung befreien kann.[48]

X. Gestalterische Hinweise

Im Interesse der Rechtssicherheit sollte sowohl in einem Erbvertrag als auch in einem gemeinschaftlichen Ehegattentestament eindeutig geregelt werden, ob die Schlusserbeneinsetzung auch eine umfassende Ersatzerbeneinsetzung sein soll.[49] Hierfür genügt die einfache Klausel:

> Die Schlusserben sind gleichzeitig Ersatzerben.[50]

Ob es stattdessen empfehlenswert ist, umgekehrt dem längerlebenden Ehegatten ausdrücklich zu erlauben, durch die Ausschlagung gemäß § 1948 BGB den gesetzlichen Erbteil zu erlangen, ist jedoch zu bezweifeln. Rechtstechnisch wäre dies dadurch zu verwirklichen, dass für diesen Fall die Schlusserbeneinsetzung ausdrücklich nicht als Ersatzerbeneinsetzung anzusehen wäre. Die dadurch entstehende Erbengemeinschaft ist meines Erachtens aber problematisch, insbesondere für den

---

[45] Keim DNotZ 2020, 805 (810).
[46] Soutier MittBayNot 2014, 511 (513).
[47] Siehe → III. 3.
[48] Soutier MittBayNot 2014, 511 (513).
[49] Weidlich MittBayNot 2023, 504 (505).
[50] Britz RNotZ 2001, 389.

verwitweten Partner, der seine Verfügungsbefugnis über die Nachlassgegenstände mit den Kindern teilen müsste, § 2040 BGB. Vorzuziehen sind beim Tod des Erstversterbenden anfallende Vermächtnisse zugunsten der Kinder, möglicherweise auch flexibel durch Anordnung eines Zweckvermächtnisses gemäß § 2156 BGB, verbunden mit umfassenden Bestimmungsbefugnissen des überlebenden Ehegatten nach §§ 2151 ff. BGB.[51]

Wegen der unsicheren Rechtsfolgen bleibt eine auf den testamentarisch hinterlassenen Erbteil beschränkte Ausschlagung nach § 1948 BGB, um beispielsweise aus erbschaftsteuerlichen Erwägungen eine Verteilung des Nachlasses nach der gesetzlichen Erbfolge herbeizuführen, riskant. In der Regel wird diese nach der hier und von den Oberlandesgerichten vertretenen Meinung scheitern, da die Ersatzerbfolge der zu Schlusserben eingesetzten Kinder vorrangig ist.

Auch eine Anfechtung der taktischen Ausschlagung, die nicht die beabsichtigte Erbfolge herbeigeführt hat, wegen Inhaltsirrtums nach § 119 Abs. 1 BGB, ist nach neuerer Rechtsprechung des Bundesgerichtshofs nicht möglich, da es sich bei der Fehlvorstellung über die Person des Nächstberufenen danach nur um einen bloßen unbeachtlichen Motivirrtum handelt.[52] Vorzuziehen, weil in ihren Rechtsfolgen klar kalkulierbar, ist stattdessen die vollständige Ausschlagung der Erbenstellung des Längerlebenden gegen Gewährung einer Abfindung, die die Kinder als Nachlassverbindlichkeit gemäß § 3 Abs. 2 Nr. 4 ErbStG erbschaftsteuerlich abziehen können.[53]

XI. Ausschlagung mit Rechtsbedingung?

Um das Risiko einer fehlgeleiteten Ausschlagung zu vermeiden, könnte man den Anfall an eine bestimmte Person als ausdrückliche Bedingung zum Inhalt der Ausschlagungserklärung machen.[54] Eine solche Ausschlagungserklärung verstößt aber möglicherweise gegen das Verbot einer bedingten Ausschlagung gemäß § 1947 BGB. Danach können die Wirkungen von Annahme und Ausschlagung einer Erbschaft nicht vom Eintritt eines zukünftigen Ereignisses im Sinne des § 158 BGB abhängig gemacht werden.[55]

Streitig beurteilt wird die Frage, ob man Annahme und Ausschlagung von einem vergangenen oder gegenwärtigen Ereignis abhängig machen kann, dessen Eintritt für den Erklärenden nur subjektiv ungewiss ist. Solche Bedingungen fallen zwar nicht unter § 158 BGB, da die Ausschlagung nicht von einem zukünftigen Ereignis

---

[51] Zum sogenannten „Supervermächtnis" insbesondere Streppel DNotZ 2021, 259; von Oertzen ZEV 2020, 144; Wachter ErbR 2019, 621; Keim ZEV 2016, 6.
[52] BGH ZEV 2023, 372 mit Anmerkung Muscheler; insofern kann das Argument des BGH, der Ausschluss der Anfechtung wegen eines Irrtums über die Person des Nächstberufenen sei gerade im Interesse der Rechtssicherheit geboten, nicht überzeugen, dazu Keim ErbR 2021, 1012 (1015).
[53] Ivo ErbR 2018, 674 (681) mit Formulierungsvorschlag.
[54] Ivo ErbR 2018, 674 (679); Keim ZEV 2020, 393 (400).
[55] Eickelberg ZEV 2018, 489 (490); Ivo ErbR 2018, 674 (679).

abhängig gemacht wird.[56] Ob § 1947 BGB auch solche Gegenwarts- oder Rechtsbedingungen verbietet, ist noch nicht abschließend geklärt.

Die wohl überwiegende Meinung spricht sich inzwischen für die Zulässigkeit bloßer Rechtsbedingungen aus, da aus objektiver Sicht der Eintritt des Ereignisses beziehungsweise die Rechtslage, also der unmittelbare Anfall an den Dritten, gemäß § 1953 Abs. 2 BGB feststeht.[57] Voraussetzung muss aber sein, dass die Rechtsbedingung wirklich gegenwärtig ist: Folglich kann nur der unmittelbare Anfall an eine dritte Person gemäß § 1953 Abs. 2 BGB zum Inhalt der Ausschlagung gemacht werden. Der Ausschlagende darf seine Erklärung dagegen nicht etwa an weitere noch nicht eingetretene Ereignisse, wie zum Beispiel die Erbannahme durch den Nächstberufenen koppeln. In seinem Beschluss aus dem Jahre 2023 hat allerdings der Bundesgerichtshof angedeutet, dass er die Zulässigkeit einer unter einer derartigen Rechtsbedingung erklärten Ausschlagung wohl verneint.[58] Bis zu einer höchstrichterlichen Entscheidung dieser Frage kann diese Gestaltung daher das Problem, dass die Person des Nächstberufenen nicht sicher feststeht, nicht lösen. Es bleibt daher nur, vor einer taktischen Ausschlagung eines werthaltigen Nachlasses genau zu prüfen, an wen das Erbe dadurch fällt. Lässt sich dies nicht sicher feststellen, so bliebt das Instrument äußerst risikobehaftet.

XII. Fazit

Es entspricht in der Regel dem mutmaßlichen Willen der Ehegatten, dass nach dem gemeinschaftlichen Testament das Vermögen des Erstversterbenden auf jeden Fall an die Schlusserben fällt, auch bei einer Ausschlagung des Längerlebenden. Dies wäre nicht gewährleistet, wenn der längerlebende Ehegatte sich durch Ausschlagung nach der vorgenannten Regelung von der Bindungswirkung des gemeinschaftlichen Testaments lösen könnte und trotzdem zusammen mit den Kindern gesetzlicher Erbe werden würde.

Zumindest im Falle einer bindenden Schlusserbenbestimmung wird eine ergänzende Auslegung dazu führen, dass mit der Schlusserbeinsetzung gleichzeitig eine Ersatzerbeinsetzung der Kinder für den ersten Erbfall gewollt war. Ein freier Änderungsvorbehalt für den längerlebenden Ehegatten und eine erbvertraglich streng bindende Schlusserbeneinsetzung ohne Rücktrittsvorbehalt können aber für die Möglichkeit der Ausschlagung der Alleinerbenstellung des Längerlebenden sprechen, ohne dass er dadurch seinen gesetzlichen Erbteil verliert.

---

[56] Ivo ErbR 2018, 674 (680.)
[57] Leipold in MüKoBGB, 9. Aufl. 2022, BGB § 1947 Rn. 3, 6; Weidlich in Grüneberg, 82. Aufl. 2023, BGB § 1947 Rn. 2; OLG Düsseldorf ZEV 1998, 429; Keim RNotZ 2006, 602 (608); Eickelberg ZEV 2018, 489 (491); Ivo ErbR 2018, 674 (680); dagegen Lange/Kuchinke, Erbrecht, 5. Aufl. 2001, § 8 IV 1; Specks ZEV 2007, 356; offen gelassen in BayObLGZ 1977, 163 (169).
[58] BGH ZEV 2023, 372 (373); Schmidt ErbR 2023, 524 (525); Weidlich MittBayNot 2023, 504 (506).

CHRISTIAN KESSELER

Recycling im Grundbuch – Irrungen und Wirrungen bei Eintragung der Vormerkung

Kein Rechtskonstrukt hat Nobert Frenz und mich mehr begleitet als die Vormerkung. Schon beim ersten Seminar, zu dem ich damals vom Fachinstitutsleiter des DAI eingeladen wurde, ging es im Rahmen vollstreckungsfester Vertragsgestaltung um die Vormerkung. Und auch bei der letzten Jahresarbeitstagung war sie zuverlässiger Begleiter. Nur ein nichtrheinischer Narr kann Böses unterstellen, wenn sie zur Festschrift nun unter der Überschrift des Recyclings steht.

I. Vorbemerkung

Die Vormerkung ist wahrscheinlich das am schwierigsten einzuordnende Rechtsinstitut des Sachenrechts und gleichzeitig dessen größter Fremdkörper. Das BGB hat sich grundsätzlich dafür entschieden, schuldrechtliche Ansprüche von dinglichen Rechten zu trennen – das Abstraktionsprinzip sorgt für die getrennte Betrachtung der Rechtsverhältnisse. Die Vormerkung dagegen ist ein Zwitter. Sie hat gesetzlich geregelte dingliche Wirkungen, ist aber ohne den durch sie gesicherten Anspruch ohne jede Bedeutung.[1] Erlischt der durch sie gesicherte Anspruch oder entsteht dieser erst gar nicht, ist sie nicht mehr als ein Grundbucheintrag. Das unterscheidet die Vormerkung fundamental von dem auf den ersten Blick nicht unähnlichen Rechtsinstrument der Hypothek. Auch diese dient der Sicherung eines Anspruchs und bindet so Schuld- und Sachenrecht zusammen. Anders als die Vormerkung aber existiert die Hypothek als dingliches Recht auch nach dem Ende des Anspruchs in Form des Eigentümerrechts nach § 1163 BGB weiter. Für die dinglichen Wirkungen der Hypothek fingiert das Gesetz in § 1138 BGB dem gutgläubigen Erwerber gegenüber sogar die Existenz der durch das Grundbuch ausgewiesenen gesicherten Forderung. Eine entsprechende Regelung zur Vormerkung gibt es nicht.[2]

---

[1] So ganz aktuell wieder BGHZ 235, 277.
[2] Und wird für diese auch nicht rechtserweiternd anerkannt, so schon BGHZ 25, 16 (23 f.); seither ständige Rechtsprechung, BGH NJW 1981, 446 (447); NJW 1994, 2947; BGHZ 235, 277.

II. Rechtsnatur der Vormerkung

Wenn die Vormerkung kein dingliches Recht ist, was ist sie dann? Diese Frage wird seit Schaffung des Rechtsinstituts heiß diskutiert.

1. Entstehung

Im ersten Aufschlag zum BGB war die Vormerkung noch nicht vorgesehen. Was es gab, war die vorläufige Eintragung zum Schutze bestehender dinglicher Rechte, den heute in § 899 BGB normierten Widerspruch. Auf die Vormerkung zur Sicherung von obligatorischen Ansprüchen auf Einräumung oder Aufhebung von dinglichen Rechten wurde bewusst verzichtet;[3] das Abstraktionsprinzip ließ die Vormerkung als systemsprengende Anomalie[4] erscheinen. Die Möglichkeit, im Wege der einstweiligen Verfügung ein gerichtliches Veräußerungsverbot zu erwirken und eintragen zu lassen, erschien ausreichend. In ihrer heutigen Form der §§ 883–888 BGB ist diese erst durch die Beratungen der Zweiten Kommission in die Entwürfe zum BGB gekommen, letztlich aus praktischen Erwägungen und entgegen den rechtsdogmatischen Bedenken.

2. Funktion

Die Funktion der Vormerkung lässt sich in einem Satz zusammenfassen: Die Vormerkung sichert dem Gläubiger die aktuell bestehende Erfüllungsfähigkeit des Schuldners zu einem auf dingliche Rechtsänderung an einem Immobiliarrecht gerichteten Anspruch für die Zukunft.[5] Damit hat sie vor allem die Aufgabe, durch Kenntlichmachung des Anspruchs im Grundbuch den Gläubiger dagegen zu schützen, dass durch Eigen- oder Zwangsverfügungen des Schuldners dessen Erfüllung beeinträchtigt wird. Einen entsprechenden Mechanismus für Nicht-Immobiliarrechte gibt es nicht.

3. Rechtsnatur

Ist die Vormerkung im Grund ein systemfremdes Konstrukt, fällt folgerichtig ihre dogmatische Einordnung schwer. Systemfremdes lässt sich kaum systematisch einordnen. Eine begriffliche Einordnung durch den Gesetzgeber wäre sicher von Vorteil, es gibt sie nur nicht.

Von der Rechtsprechung wird sie als ein Sicherungsmittel eigener Art behandelt, das in einzelnen Richtungen dingliche Wirkungen entfaltet.[6] Dem hat sich die überwiegende Literatur angeschlossen.[7] Im Kern lässt sie sich danach über ihre Funktion definieren. In welcher Rechtsnatur sie dies tut, bleibt letztlich offen.

---

[3] §§ 844, 845 E I; siehe dazu Motive III S. 239 ff. = Mugdan III S. 132 ff.
[4] Dazu Kesseler in Staudinger, 2020, BGB § 883 Rn. 2.
[5] Kesseler NJW 2012, 2765 (2767).
[6] BGHZ 25, 16 (23 f.); BGHZ 60, 46 (49); BayObLGZ 2000, 4 (6).
[7] Lettmaier in MüKoBGB, 9. Aufl. 2023, BGB § 883 Rn. 5; Herrler in Grüneberg, 83. Aufl. 2024, BGB § 883 Rn. 2; Ertl Rpfleger 1977, 345 (346); Schneider DNotZ 1982, 523 (533);

Eingeordnet wurde sie aber auch schon als
- besonderer Typus eines echten dinglichen Rechts,[8]
- jus ad rem und obligatio in rem scripta,[9]
- Verfügungsbeschränkung/Veräußerungsverbot,[10]
- Analogie zur bedingten Verfügung.[11]

Heute noch prominent vertreten ist die Auffassung, bei der Vormerkung handele es sich um einen Grundbuchvermerk ohne eigenen Rechtscharakter.[12]

Ganz ausgeblendet werden kann die Frage nicht, da deren unterschiedliche Beantwortung eben auch unterschiedliche Folgen auf der Ebene des Beginns und des Endes der Wirkungen des Vermerks hat.

III. Wiederverwendung von Grundbucheintragungen

Der Begriff der Wiederverwendung von Grundbucheintragungen klingt zunächst einmal fremd. Da die Aufhebung eines Rechts neben der Aufgabeerklärung nach § 875 Abs. 1 BGB als Spiegeltatbestand des § 873 Abs. 1 BGB auch die Löschung im Grundbuch vorsieht, kommt eine Wiederverwendung zunächst schon einmal nicht in Betracht. Gleichwohl kann es vergleichbare Konstellationen dann geben, wenn sich im Grundbuch die Eintragung eines Rechts findet, das aber aufgrund nie erklärter, fehlerhafter oder angefochtener Einigungserklärung nie entstanden ist. Ob und inwieweit in solchen Fällen eine Nutzung des Eintragungsvermerks möglich ist, ist durchaus streitig.

Holen dieselben Beteiligten eine ehemals unwirksame Einigung nach, entsteht das Recht auch dann, wenn die frühere Eintragung für eine andere Einigung erfolgte. Die früher auch in der Rechtsprechung herrschend vertretene Auffassung, es müsse ein innerer Zusammenhang zwischen Einigung und Eintragungsumsetzung bestehen,[13] wird heute so nicht mehr vertreten.[14]

Streitig ist im Wesentlichen nur noch, ob Einigung und Eintragung in einem inneren Zusammenhang zueinander stehen müssen. Er entzündet sich an der Auslegung des Begriffs der „Eintragung der Rechtsänderung" im § 873 Abs. 1 BGB:

Tiedtke Jura 1981, 354 (370); Preuss AcP 201 (2001), 580 (587); Schippers DNotZ 2002, 779 (781); Westermeyer Rpfleger 2003, 347.

[8] Fuchs LZ 1914, 139 (145) und Gruchot 46 (1902), 549 (561 f.); Hellwig, Wesen und subjektive Begrenzung der Rechtskraft, 1901, S. 254; Hesse DFG 1938, 85 (86); Kempf JuS 1961, 22; Wunner NJW 1969, 113 (114 ff.); Neumann JW 1902, 455; Priester ArchBürgR 22 (1903), 175.

[9] Knoke FS Güterbock, 1910, 419; siehe zu weiteren Nachweisen Kesseler in Staudinger, 2020, BGB § 883 Rn. 24.

[10] Nachweise zum älteren Schrifttum bei Gursky in Staudinger, 2013, BGB § 883 Rn. 331.

[11] Kupisch JZ 1977, 486 (493); von Stamm, Die Auflassungsvormerkung, 2003, S. 31 ff.

[12] Prominent zuletzt vertreten von Larenz, Methodenlehre der Rechtswissenschaft, 6. Aufl. 1991, S. 472 f. und Assmann, Die Vormerkung, 1998, S. 315 ff., 326 f.; dem zuneigend Kesseler in Staudinger, 2020, BGB § 883 Rn. 25.

[13] Siehe dazu C. Heinze in Staudinger, 2018, BGB § 873 Rn. 211.

[14] BGHZ 143, 175 (182); Wieling AcP 209 (2009), 577 (578 ff.); Lettmaier in MüKoBGB, 9. Aufl. 2023, BGB § 873 Rn. 111; C. Heinze in Staudinger, 2018, BGB § 873 Rn. 212 mit weiteren Nachweisen.

Bedeutet dies, dass der Prozess der Veränderung abgebildet werden muss oder reicht es, dass das Ergebnis verzeichnet ist? Kann also ein aufgrund gescheiterter Einigung bloß Buchberechtigter Inhaber einer Rechtsposition (Eigentum, beschränktes dingliches Recht) nur dann aufgrund der bestehenden Einigung das Recht erwerben, wenn diese Einigung mit dem Verfügenden erfolgt, der Ausgangsverfügender war (= Prozesseintragung),[15] oder ist dies auch durch den neuen Rechtsinhaber möglich (= Ergebniseintragung)? Die herrschende Meinung versteht den Begriff der Eintragung mit dem BGH im letzterem Sinne.[16]

IV. Wiederverwendung der Vormerkung

Für die Vormerkung liegt diese Frage gleichzeitig einfacher und komplizierter. Einfacher deshalb, weil es für die Vormerkung naturgemäß an einer dem § 875 Abs. 1 BGB entsprechenden Vorschrift mangelt und so deren Wirkungen (und damit sie selbst) erlöschen können, auch ohne dass es der Löschung im Grundbuch bedarf. Schwieriger deshalb, weil die Frage, was denn für das Entstehen der Vormerkung im Grundbuch eingetragen werden muss und was diese Eintragung bedeutet, im Gesetz nicht wirklich beantwortet wird.

Für die Praxis relevant geworden ist die Frage der Wiederverwertbarkeit einer Vormerkung nicht durch die entsprechende intensive Diskussion in der Literatur, sondern durch Entscheidungen des BGH in dieser Frage.

1. BGHZ 143, 175 – *Novation*

Ihren Ausgang genommen haben nahezu alle Diskussionen zu dieser Frage in der Entscheidung des V. Zivilsenats des BGH aus dem Jahr 1999.[17] Im Rahmen eines Grundstücksgeschäfts hatten Beteiligte zunächst einen Kaufvertrag über 340.000 DM geschlossen, diesen aber nach Eintragung der Vormerkung aufgehoben und durch einen neuen Kaufvertrag über 255.000 DM ersetzt. Der beurkundende Notar ließ keine neue Vormerkung eintragen, sondern verwendete die bestehende Vormerkung für den zweiten Kaufvertrag weiter, wobei diese aber erneut bewilligt wurde. Zu Eintragungen im Grundbuch bei der Vormerkung kam es nicht, wohl aber nachträglich zu der einer Zwangshypothek.

Die beiden Leitsätze des BGH dazu lauteten:

1. Eine erloschene Auflassungsvormerkung kann durch erneute Bewilligung ohne Grundbuchberichtigung und inhaltsgleiche Neueintragung wieder zur Sicherung eines neuen deckungsgleichen Anspruchs verwendet werden.

---

[15] So Cohn JR 1928, 27; Krause in Ring/Grziwotz/Schmidt-Räntsch, 5. Aufl. 2022, BGB § 873 Rn. 55; C. Heinze in Staudinger, 2018, BGB § 873 Rn. 213 mit weiteren Nachweisen.
[16] BGH NJW 1973, 613; BGHZ 143, 175; Wieling AcP 209 (2009), 577 (587 f.); Lettmaier in MüKoBGB, 9. Aufl. 2023, BGB § 873 Rn. 111; Streuer Rpfleger 1988, 516.
[17] BGHZ 143, 175 = DNotZ 2000, 639 mit kritischer Anmerkung Wacke = JR 2001, 58 mit kritischer Anmerkung Schubert = Rpfleger 2000, 153 mit ablehnender Anmerkung Streuer = MittBayNot 2000, 104 mit ablehnender Anmerkung Demharter = ZfIR 2000, 206 mit kritischer Anmerkung Volmer.

2. Der Rang der neu bewilligten Vormerkung bestimmt sich nicht nach der alten Eintragung, sondern nach dem Zeitpunkt der neuen Bewilligung.

So bezieht sich die Vormerkung auf einen gänzlich neuen Anspruch, ohne dass aus dem Grundbuch dazu etwas ersichtlich wäre.

Schlüsselargument dabei war die aus dem Recht der dinglichen Rechte ohne weitere Diskussion der Besonderheiten der Vormerkung übernommene Überlegung, dass, solange die Vormerkung „nicht gelöscht oder ihre Löschung beantragt wird, [...] sie auch wieder werthaltig werden [kann]. Allerdings gilt dies nicht uneingeschränkt. Vielmehr müssen die Eintragung und eine nachträgliche Bewilligung einander entsprechen."[18] Ausdrücklich keinen Unterschied soll es machen, ob es sich bei der Vormerkung um eine bislang (mangels Anspruchsentstehung) nicht gebrauchte oder eine aufgrund Erlöschen des Anspruchs wieder freie Vormerkung handelt. „In allen diesen Fällen wären eine Löschung und Neueintragung des gleichen Rechts bzw. der gleichen Vormerkung unnötiger Formalismus." Grundlage dieser Überlegung ist, dass das, was im Grundbuch bei der Vormerkung eingetragen wird, nur das dingliche Anspruchsziel des Anspruchs ist, dass also die Eintragung nur die dinglich relevanten Teile abbildet und die Anspruchsvoraussetzungen nur durch die Bewilligung mit dieser Eintragung verknüpft werden.

2. BGH NJW 2008, 578 – Modifikation

Im Jahr 2007 kam es zu einer Folgeentscheidung des BGH[19] in ähnlicher Sache. Im Ausgangsvertrag hatte sich eine Übernehmerin verpflichtet, das Grundstück zu Lebzeiten der Übergeber nicht zu veräußern, nicht zu belasten und nicht baulich zu verändern, andernfalls bestünde ein (vormerkungsgesicherter) Rückübertragungsanspruch für den Übergeber. Im Folgevertrag wurden diese Rückforderungsgründe unter anderem um Scheidung, Konkurs- oder Vergleichsverfahren und Zwangsvollstreckung erweitert. Zur Vormerkung hieß es:

„*Die bereits im Grundbuch [...] eingetragene Rückauflassungsvormerkung dient auch zur Absicherung der Rückauflassungsansprüche der Übertragsgeber [...] aufgrund der vorstehend getroffenen Vereinbarungen.*"

Die beiden Leitsätze lauten hier:

1. Eine zur Sicherung eines durch Rücktritt bedingten Rückauflassungsanspruchs eingetragene Vormerkung kann, ohne dass es einer erneuten Eintragung bedürfte, durch Bewilligung auf weitere Rücktrittsgründe erstreckt werden (Fortführung von BGHZ Band 143 Seite 175ff.).

2. Der Rang der durch die Vormerkung weiter gesicherten Ansprüche bestimmt sich nach dem Zeitpunkt der neuen Bewilligung.

---

[18] BGHZ 143, 175.
[19] BGH DNotZ 2008, 514 mit Anmerkung Amann = JuS 2008, 467 mit Anmerkung Schmidt = MittBayNot 2008, 212 mit Anmerkung Demharter = NZI 2008, 325 mit Anmerkung Kesseler = ZIP 2008, 893 mit Anmerkung Mitlehner.

Es ging also nicht um die Ersetzung eines erloschenen Anspruchs durch einen anderen neuen Anspruch, sondern um die Änderung des Anspruchs auf der Ebene der Anspruchsvoraussetzungen bei gleichbleibendem Anspruchsziel. Die Begründung des Gerichts ergab sich letztlich logisch aus den Erwägungen der Entscheidung aus dem Jahr 1999. Muss schon für einen gänzlich neuen Anspruch keine neue Vormerkung eingetragen werden, dann muss dies auch für die insoweit geringere Änderung der Beifügung weiterer Entstehungsgründe gelten.

3. Kritik in der Literatur

Der BGH ist für beide Entscheidungen heftig kritisiert worden.[20] Mangels Eintragung des Anspruchs sind dem Missbrauch Tür und Tor durch Veränderung der Anspruchsvoraussetzungen und Unterlegung eines neuen, möglicherweise sogar eines weiteren Anspruchs geöffnet. Hinzu kommt der von der Vormerkung gesetzte Anschein einer viel früheren Sicherung. Als praktisch äußerst unangenehm hat es sich auch erwiesen, dass durch die außerhalb des Grundbuchs mögliche Unterlegung neuer oder veränderter Ansprüche alte Vormerkungen sich nicht mehr nach den Bestimmungen des § 22 GBO wegen Unrichtigkeitsnachweis löschen lassen.

4. BGHZ 193, 183

Als Reaktion auf die harsche Kritik aus der Praxis hat der V. Zivilsenat mit seiner Entscheidung aus dem Jahr 2012[21] seine Aussagen aus den beiden vorangegangenen Entscheidungen ein wenig konkretisiert beziehungsweise eingefangen.[22] Im konkreten Fall sollte eine für einen Rückkaufsanspruch eingetragene Vormerkung nach den Überlegungen der Beteiligten auch als Sicherung eines potentiellen Übereignungsanspruchs aus Rücktritt aus einem weiteren Kaufvertrag dienen. Der BGH führte aus:

„Dieser Gedanke kann nur bei Veränderungen des ursprünglichen Anspruchs durch die an der Eintragung der Vormerkung Beteiligten herangezogen werden oder wenn die ursprünglich gesicherte Rechtsänderung durch Vereinbarungen mit dem wahren Berechtigten nachträglich herbeigeführt werden soll."

Grundlage dieser Überlegung ist, dass das, was im Grundbuch bei der Vormerkung eingetragen wird, nur das dingliche Anspruchsziel des Anspruchs ist, dass also

---

[20] Unter weiteren anderen: Volmer ZfIR 2000, 207; Schubert JR 2001, 61 (62); Demharter MittBayNot 2000, 106; MittBayNot 2008, 214 und Rpfleger 2006, 256 (257); Zimmer NJW 2000, 2978; JZ 2008, 91; JZ 2010, 1015 (1017) und JZ 2012, 1134; Everts ZfIR 2012, 589 (591); Streuer Rpfleger 2000, 155f.; Böttcher RpflStud 2002, 7 (17); NotBZ 2008, 401 und ZfIR 2008, 91; Kesseler EWiR 2008, 583 (584) und NZI 2008, 327 (328); Krauss notar 2012, 317 (322); Alf/Hintzen ZinsO 2006, 481 (482); Heggen RNotZ 2008, 213 (215); überwiegend kritisch auch Amann MittBayNot 2000, 197 und DNotZ 2008, 520 (522).
[21] BGHZ 193, 183.
[22] Wobei man durchaus festhalten darf, dass die Aufnahme der Entscheidung in der Besprechungsliteratur euphorischer und optimistischer (Wiggers FGPrax 2012, 47; Amann NotBZ 2012, 201 und Ising NotBZ 2012, 256) ausgefallen ist, als die Begründung des Beschlusses dies tatsächlich trägt.

die Eintragung nur die dinglich relevanten Teile abbildet, gleichwohl aber die Anspruchsvoraussetzungen durch die Bewilligung mit dieser Eintragung verknüpft werden. Grenzen bestehen damit insoweit, als es nicht zur Nutzung einer Eintragung für eine andere als die ursprüngliche Anspruchsbeziehung, also kein Personenwechsel, und auch nicht für ein anderes Anspruchsziel, also keine andere dingliche Veränderung, genutzt werden kann.

V. Die rechtsdogmatischen Grabenlinien

Diskutiert wird die Wiederverwendbarkeit der Vormerkung vornehmlich aus dem Gesichtspunkt der Rechtspraxis. Im Grunde aber liegt dieser der tiefe rechtsdogmatische Streit nach deren Rechtsnatur (siehe oben → II. 3.) zugrunde: Was ist die Vormerkung und was bedarf es zu ihrer Entstehung?

1. Einigung und Eintragung?

Die herrschende Lehre und die Rechtsprechung gehen davon aus, dass es für die Entstehung der Vormerkung eines Wollenselements der Bewilligung bedarf. Schon diese These ist nicht so eindeutig, wie dies aus der schieren Vielzahl der Publikationen[23] erscheinen mag. Ausgangstatbestand der Vormerkungseintragung ist die einstweilige Verfügung, zu der die Bewilligung nur die freiwillige Alternative ist. Das ändert aber nicht deren Rechtscharakter: So wie der einstweiligen Verfügung kein Element des Wollens des Schuldners innewohnt, so mangelt es auch der Vormerkung an dem materiellen Inhalt. Die einstweilige Verfügung kennt als Voraussetzung allein den Anspruch. Die Vormerkung entsteht durch Eintragung des Anspruchs – nicht durch die willentliche Herstellung des Anspruchsschutzes.

Der Bewilligung also den Rechtscharakter zuzuweisen, den der BGH dieser einräumt, erscheint schon auf dieser Grundlage als äußerst zweifelhaft.

2. Wird nur der Anspruch eingetragen oder ist es ein vom Anspruch abweichendes Instrument?

Mit der Frage, was eigentlich Eintragungsinhalt der Vormerkung ist, sind wir ganz am Anfang dieses Beitrags, bei der Frage nämlich, welchen Rechtscharakter die Vormerkung aufweist.

Die Rechtsprechung und die herrschende Lehre sehen in der Vormerkung ein eigenes Sicherungsinstrument des Sachenrechts, wie auch immer dessen dogmatische Ausgestaltung im Detail auch ist. Daraus resultiert zum einen, dass es der ergänzenden Bewilligung im Sinne eines materiellen Willensaktes zu deren Entstehung bedarf, zum anderen aber auch, dass diese durch eine einfache Löschung des Vermerks nicht erlischt. Nur wenn diese Überlegung eingreift, kann es über-

---

[23] Gursky in Staudinger, 2013, BGB § 885 Rn. 3; Assmann in BeckOGK, 1.8.2023, BGB § 883 Rn. 18 – jeweils mit weiteren Nachweisen; siehe auch Herrler in Grüneberg, 83. Aufl. 2024, BGB § 885 Rn. 8; Demharter MittBayNot 2000, 106 (107); Kohler DNotZ 2011, 808 (825).

haupt den Gedanken der Novation geben. Ist es nämlich nur der Anspruch selbst, der im Grundbuch verzeichnet wird und durch seine einfache Verzeichnung die Schutzwirkungen der Vormerkung erhält, dann muss ein neuer Anspruch notwendigerweise eine eigene Eintragung erhalten. Die für einen anderen Anspruch vorgenommene Eintragung kann keine Schutzwirkungen für neue Ansprüche entfalten.

Ist die Vormerkung dagegen Vermerk ohne eigenen Rechtscharakter, zeigt sie also nur die Existenz eines Anspruchs an, während sich die Folgen dieser Existenzanzeige dann ohne Weiteres ergeben, erlischt sie mit Löschung und taugt auch nicht für weitere Verwendung. Sie braucht dann aber auch entgegen der Überlegung der Rechtsprechung bei einer inhaltlichen Änderung des Anspruchs, der sich noch in den Grenzen dessen bewegt, was die Existenz des Anspruchs bestehen lässt, keine weitere Bewilligung oder gar die Eintragung.

3. Wird nur das sachenrechtliche Ziel eingetragen?

Was tatsächlicher Inhalt der Eintragung der Vormerkung ist, bestimmt sich ebenfalls wesentlich danach, als was diese erkannt wird.

Ist sie bloßer Vermerk des Anspruchs, geht es bei der Frage ausschließlich darum, wieviel an Eintragung erforderlich ist, dass der Anspruch als im Grundbuch vermerkt gilt. Die Eintragung hat dann bloßen Registrierungscharakter und muss also nur darauf abgeklopft werden, was als Registrierung ausreicht. Aus Sicht Dritter kommt gegebenenfalls hinzu, dass für diese der Umfang der Belastung erkennbar sein sollte, also der Rechtsgedanke des § 874 BGB.

Ist die Vormerkung dagegen eigenständiges sachenrechtliches Rechtsinstitut, muss sie nicht nur Identifizierungsanforderungen hinsichtlich des Anspruchs genügen, sie muss gleichzeitig auch das Erfüllen, was zur Existenz des Rechtsinstituts gehört. Inhaltlich kann das für die Eintragung zum gleichen Ergebnis führen, das Verständnis des Vermerks ist damit aber ein anderes. Ausreichende Identifizierung des Anspruchs steht dem Existenzerfordernis der Vormerkung gegenüber. Dafür mag es ausreichen, dass bloß das sachenrechtliche Anspruchsziel verzeichnet wird. BGHZ 193, 183 scheint hier aber von der von Teilen der Literatur in BGHZ 143, 175 interpretierten ausschließlichen Beschränkung auf das dingliche Ziel abzurücken und durch die Betonung der zugrundeliegenden Anspruchsbeziehung – auch wenn diese nur aus der Eintragungsbewilligung ersichtlich sein sollte – eine Grenze zu ziehen. Danach scheint gesichert, dass jedenfalls neben dem dinglichen Anspruchsziel auch die Personen der Anspruchsbeziehung zum dinglichen Inhalt des so definierten Rechtsinstituts gehören. Ob das aber auch, wie Amann dies meint,[24] die Vormerkung auf alle Elemente des durch die Bewilligung vorgegebenen Inhalts limitiert, ist auf Grundlage der bisherigen Entscheidungen des BGH nicht vollständig gesichert. Das nämlich würde gelten, wenn die Beteiligten durch den Inhalt ihrer Bewilligung vorgeben könnten, was inhaltsprägender Bestand der Vormerkung als Rechtsinstitut ist. Eine direkte Erwähnung des § 874 BGB enthält die Entschei-

---

[24] Amann MittBayNot 2010, 451 (455 f.).

dung allerdings nicht, auch wenn die Überlegungen des Senats zur insoweit bestehenden Parallelität der Vormerkung mit den dinglichen Rechten dies sicher nahelegt.

VI. Schlussbetrachtung

Die drei Entscheidungen des BGH zur Novation und Modifikation von Vormerkungen haben viel rechtstheoretisches Material geliefert, sich auch in den kommenden Jahren weiter mit dem Thema auseinandersetzen zu dürfen und zu müssen. Interessant dabei ist, dass es die rechtsdogmatische Einordnung der Vormerkung ist, die die wesentlichen Fragen dominiert. Glücklicherweise hat die Praxis sich entgegen früheren Befürchtungen nicht dazu verführen lassen, in größerem Umfang von diesen Gestaltungsmöglichkeiten Gebrauch zu machen.

WOLFGANG KRÜGER

Ein kühnes Unterfangen (?)

I. Worum geht es

Klimaschutz geht uns alle an. Dieser Satz traf schon immer zu, erlangte aber erst in den letzten Jahren die allgemeine Zustimmung sowohl der veröffentlichten als auch der tatsächlich in der Bevölkerung vorherrschenden Meinung. Ausfluss dessen ist, dass das Thema im Koalitionsvertrag der derzeit regierenden Parteien einen exponierten Platz einnimmt. Schon in der Präambel angesprochen, wird ihm ein eigener umfangreicher Abschnitt unter der Überschrift „Klimaschutz in einer sozial-ökologischen Marktwirtschaft" gewidmet, findet aber auch in anderen Zusammenhängen, etwa in der Außenpolitik, Erwähnung und besondere Herausstellung dort durch eine eigens eingerichtete Stelle einer Staatssekretärin und Sonderbeauftragten für internationale Klimapolitik.[1] Dass der Klimaschutz indes nicht nur eine Sache derer „da oben" ist, sondern überall in unserer Gesellschaft als Aufgabe begriffen wird, zeigt sich, wenn man den Eingangssatz in eine der gebräuchlichen Internetsuchmaschinen eingibt. Neben Verlautbarungen von Landesministerien[2] und Städten[3] finden sich auch eher unerwartete Ergebnisse wie eine Pressemitteilung des Marburger Bundes Hessen vom 21.9.2019,[4] eine Verlautbarung des Deutschen Frauenrats vom 2.8.2022[5] oder eine Mitgliederwerbung der Naturfreundejugend.[6]

Angesichts dessen verwundert es nicht, dass das Thema auch die Gerichte erreicht hat. Die Rede ist hier nicht von Verwaltungsgerichtsprozessen zu Konflikten, die im Umfeld des Bundesimmissionsschutzgesetzes angesiedelt sind und die es schon immer gegeben hat. Vielmehr geht es um eine erst in den letzten Jahren zu beobachtende Spezies von Prozessen, in denen es einzelne oder auch Umweltorganisationen unternommen haben, die Justiz im Kampf um die Eindämmung der Folgen des Klimawandels einzubinden. Gewisses Aufsehen haben in diesem Zusammenhang zuletzt Verfassungsbeschwerden erregt, denen das Bundesverfas-

---

[1] Zum Vorstehenden https://www.bundesregierung.de/breg-de/service/gesetzesvorhaben/koalitionsvertrag-2021-1990800.
[2] Zum Beispiel des Bayerischen Staatsministeriums für Umwelt, Gesundheit und Verbraucherschutz: https://www.nachhaltigeernaehrung.de/fileadmin/Klimaschutz/stmugv-plakate-ern-klimaschutz.pdf.
[3] Etwa Stadt Aachen: https://www.aachen.de/de/stadt_buerger/energie/activfuersklima/start/klimaschutz_geht_alle_an/index.html.
[4] https://www.marburger-bund.de/hessen/pressemitteilung/klimaschutz-geht-uns-alle.
[5] Mit der Mission: „Eine wirksame und gerechte Klimapolitik muss auf Geschlechtergerechtigkeit basieren", https://www.frauenrat.de/klimaschutz-geht-alle-an/.
[6] https://www.naturfreundejugend.at/wissenswertes/klimawandel-geht-uns-alle-etwas-an/.

sungsgericht teilweise stattgegeben und dabei insoweit Neuland betreten hat, als es eine „eingriffsähnliche Vorwirkung" von Grundrechten erkannt hat, aus der es ein schützenswertes Recht auf ein möglichst hohes Maß an Freiheit auch in der Zukunft herleitet, das den Gesetzgeber dazu verpflichtet, zum Klimaschutz erforderliche Maßnahmen so zu steuern, dass die damit einhergehenden freiheitseinschränkenden Wirkungen nicht ungleich auf die Generationen verteilt werden.[7] Unabhängig davon, ob man die Entscheidung als zu weitgehend, nämlich als unzulässigen Eingriff in die Kompetenz des Gesetzgebers wird ansehen können,[8] so bleibt sie strukturell zweifellos im Rahmen der dem Verfassungsgericht nach Art. 93 Abs. 1 Nr. 4a GG zugewiesenen Aufgabe, über Verfassungsbeschwerden zu entscheiden, die jedermann mit der Behauptung erheben kann, durch die öffentliche Gewalt in einem Grundrecht verletzt zu sein. Die Entscheidung mag daher in ihrem Ausmaß möglicherweise überrascht haben, sie ist indes systemkonform.

Ob man dies auch für zivilrechtliche Klagen sagen kann, die Ziele des Klimaschutzes mit der Verfolgung individueller Interessen verbinden, kann demgegenüber eher in Zweifel gezogen werden.[9] Solche Klagen richten sich naturgemäß nicht gegen den Gesetzgeber oder staatliche Institutionen, sondern gegen private Unternehmer, die betriebsbedingt klimaschädliche Stoffe emittieren. Dass es öffentlich-rechtlichen und privatrechtlichen Immissionsschutz nebeneinander und bisweilen mit durchaus unterschiedlichen Ergebnissen gibt, wenngleich sich die Rechtsprechung um eine Harmonisierung bemüht hat,[10] ist nichts Besonderes.[11] Freilich hat der privatrechtliche Immissionsschutz seine Wurzeln im Nachbarrecht (§ 906 BGB), und gemessen daran ist der Fall, um den sich derzeit das OLG Hamm[12] zu kümmern hat und um den es im Folgenden geht, durchaus etwas Besonderes.

Es geht um die Klage eines peruanischen Landwirts gegen den Energiekonzern RWE.[13] Der Kläger ist Miteigentümer eines Wohnhauses in einer Stadt, die am Fuße der Anden unterhalb eines Gletschersees liegt. In der Region kann es zu Erdbeben und Erdrutschen kommen, die in der Vergangenheit schon zu Gletscherseeausbrüchen mit einer Überflutung der Stadt geführt haben. Bei einer erneuten Flutwelle befürchtet der Kläger eine Überschwemmung auch seines Hauses. Bedrohlich erscheint ihm der gefährlich hohe Wasserstand des Gletschersees, dessen

---

[7] BVerfG NJW 2021, 1723. Man kann der Entscheidung nicht nachsagen, dass sie eingängig formuliert sei, dass je aus einem Obersatz die ihn begründenden Folgesätze deduziert werden könnten und dass Wiederholungen als Stilmittel vernachlässigt würden.

[8] So etwa Boehme-Neßler in einem Zeitungsinterview, https://www.nwzonline.de/politik/interview-mit-oldenburger-verfassungsrechtler-karlsruhe-ueberschreitet-grenzen-bei-klimagesetz_a_51.1

[9] Zur Kritik eingehend Wagner NJW 2021, 2256.

[10] Siehe dazu Krüger ZflR 2007, 2.

[11] Zum Verhältnis von § 906 BGB und den Vorschriften des Umwelthaftungsgesetzes, das ebenfalls zivilrechtlichen Schutz bietet, Petersen, Duldungspflicht und Umwelthaftung, 1996; zum eingeschränkten (→ III. 4.) Anwendungsbereich des UmwHG Paschke FS Säcker, 2021, 61 (72).

[12] OLG Hamm – 5 U 15/17; nähere Informationen zu dem Verfahren finden sich im Internet unter https://germanwatch.org/de/14198.

[13] Siehe im Folgenden Pressemitteilung des OLG Hamm vom 8.11.2017 zum Aktenzeichen 5 U 15/17.

Absenkung trotz staatlicher Maßnahmen langfristig bisher nicht gelungen ist. Den hohen Wasserstand führt er auf das durch weltweite Treibhausgasemissionen ausgelöste Abschmelzen des Gletschers zurück. Mitverantwortlich sei die Beklagte, weil sie zu 0,47 % zu den Treibhausgasemissionen beitrage. Ziel seiner Klage, die er auf einen Haupt- und diverse Hilfsanträge stützt, ist es, die Beklagte wegen dieser prozentualen Mitverantwortung in Anspruch zu nehmen, und zwar in erster Linie mit der Feststellung einer entsprechenden kostenmäßigen Beteiligung an den zur Abwendung der Überflutungsgefahr erforderlichen Schutzmaßnahmen. Das Landgericht Essen hat die Klage abgewiesen.[14] Das Oberlandesgericht Hamm hält die Klage mit dem Hauptantrag für schlüssig und ist in eine Beweisaufnahme eingetreten.[15]

II. Einige Bemerkungen zum Ansatz der Klage in der ersten Instanz

1. Überlegungen des Landgerichts

Das LG Essen hatte – wie man so sagt – kurzen Prozess gemacht. Mit dem Hauptantrag hatte der Kläger die Feststellung begehrt, dass die Beklagte verpflichtet sei, anteilsmäßig die Kosten für geeignete Schutzmaßnahmen zu tragen; den Anteil sollte das Gericht nach § 287 ZPO schätzen. Diesen Antrag hielt das Gericht mangels hinreichender Bestimmtheit für unzulässig; § 287 ZPO sei zudem nicht einschlägig. Der erste und der zweite Hilfsantrag teilten das Schicksal des Hauptantrags. Ziel des ersten Hilfsantrags war es, die Beklagte zu verpflichten, durch geeignete Maßnahmen sicherzustellen, dass das Wasservolumen des Gletschersees im Umfang ihres nach § 287 ZPO zu bestimmenden Verursachungsbeitrags reduziert werde. Der zweite Hilfsantrag ging auf Zahlung von 17.000 Euro „an den Gemeindezusammenschluss X", gedacht als Beteiligung an den Kosten geeigneter Schutzmaßnahmen.

Mit dem zweiten Hilfsantrag kann man in der Tat wenig anfangen. Wer mag der „Gemeindezusammenschluss X" sein? Über die Frage der Bestimmtheit der Klageanträge und den vom Kläger angestrebten Rückgriff auf § 287 ZPO[16] wird man ebenfalls diskutieren können. Was aber doch in jedem Fall verwundert, ist, dass das Landgericht § 139 Abs. 1 S. 2 ZPO nicht die erforderliche Beachtung geschenkt hat. Die Norm verpflichtet den Richter, auf das Stellen sachdienlicher Anträge zu achten. Dazu gehört es, bei unklaren und unbestimmten Anträgen einzugreifen und auf eine Korrektur hinzuwirken.[17] Dass dies von vornherein aussichtslos gewesen wäre, wird man, wie auch die in der Berufungsinstanz geänderten Anträge zeigen, nicht annehmen können.

---

[14] LG Essen NVwZ 2017, 734.
[15] Zum Beweisbeschluss siehe Pressemitteilung des OLG Hamm vom 30.11.2017.
[16] Für die Anwendbarkeit dieser Norm zum Beispiel BGHZ 66, 70.
[17] Siehe nur Fritsche in MüKoZPO, 6. Aufl. 2020, ZPO § 139 Rn. 21 mit weiteren Nachweisen.

Die Zulässigkeitshürde nahm hingegen ein weiterer „äußerst hilfsweise" gestellter Antrag auf Zahlung von 6.384 Euro an den Kläger. Aus dem Tatbestand des Urteils erfährt man nicht, was es mit diesem Antrag auf sich hat. Aus den Entscheidungsgründen scheint dessen Hintergrund indes durch. Der Eigentümer, der eine Beeinträchtigung seines Eigentums selbst beseitigt hat, könne von dem nach § 1004 Abs. 1 S. 1 BGB an sich hierzu verpflichteten Störer Ersatz der zu der Störungsbeseitigung erforderlichen Aufwendungen verlangen, weil er ein Geschäft des Störers besorgt habe oder – wenn sich die Voraussetzungen einer (berechtigten) Geschäftsführung ohne Auftrag nicht feststellen ließen – weil der Störer unter Einsparung eigener Aufwendungen von seiner Beseitigungspflicht frei geworden und deshalb ungerechtfertigt bereichert sei. Auf den Fall bezogen bedeutet das, dass das Gericht es im Ansatz für möglich hält, der Kläger habe die Beeinträchtigung durch Vornahme von Sicherungsmaßnahmen auf Kosten der Beklagten beseitigen können. Scheitern lässt das Gericht den Anspruch aber dann daran, dass eine Störereigenschaft der Beklagten – ob Handlungs- oder Zustandsstörer bleibt offen – mangels Kausalität nicht angenommen werden könne.

2. Kritische Anmerkungen

Die Frage der Störereigenschaft und der Kausalität mag schwierig sein. Sie stellt sich bei dem vom Landgericht gewählten Ansatz indes nicht. Das wird schnell offenbar, wenn man ein wenig genauer hinschaut.

An sich ist der Gedanke des Landgerichts nicht falsch: Hätte der Kläger die Aufwendungen (Kosten für Schutzmaßnahmen) in Höhe des verlangten Betrages anstelle der eigentlich dazu verpflichteten Beklagten erbracht, so kommt ein Anspruch in Betracht, freilich wohl eher aus §§ 684 S. 1, 818 BGB (oder aus § 812 Abs. 1 S. 1 BGB) als aus §§ 683 S. 1, 677, 670 BGB; denn die Übernahme des Geschäfts entsprach nicht dem Willen der Beklagten. Nur ist es entgegen der Annahme des Gerichts eher zweifelhaft, ob hier ein Beseitigungsanspruch nach § 1004 Abs. 1 S. 1 BGB in Rede steht. Welche Eigentumsbeeinträchtigung sollte beseitigt werden? Es droht die Gefahr einer Eigentumsverletzung, es liegt aber keine Beeinträchtigung vor; es sei denn, man könnte schon die Gefahr einer Eigentumsverletzung als Eigentumsbeeinträchtigung ansehen. Das kann weder generell bejaht noch generell verneint werden. Vorsorgemaßnahmen, so heißt es in einer Entscheidung des BGH,[18] seien in der Regel der Sphäre des Geschädigten zuzurechnen, nicht der des Schädigers, weil ihnen der Bezug zu einer konkreten Rechtsverletzung fehle. Die Entscheidung ist zwar zu einem Schadensersatzanspruch ergangen. Es ist aber nichts dafür ersichtlich, dass sie nicht auf einen Beseitigungsanspruch übertragen werden kann. Deliktsrechtlicher Eigentumsschutz und Abwehrschutz nach § 1004 BGB sind im Tatbestand strukturell vergleichbar.[19]

---

[18] BGH NJW 1992, 1043 (1044); dazu Ahrens VersR 2019, 645 (648).

[19] Vgl. Raff in MüKoBGB, 9. Aufl. 2023, BGB § 1004 Rn. 3. Dass beim Schadensersatzanspruch Verschulden hinzutreten muss und beim Beseitigungsanspruch teilweise verlangt wird, der Störer müsse einen Vorteil aus dem Eingriff erlangen (Usurpationstheorie, dazu Spohnheimer in BeckOGK, 1.11.2023, BGB § 1004 Rn. 37 mit weiteren Nachweisen), ändert an der ansonsten strukturellen Vergleichbarkeit nichts.

Anders ist der Fall zu beurteilen, wenn die Beeinträchtigung konkret droht, sozusagen vor der Tür steht.[20] Dieser konkrete Bezug zu einem (drohenden) Schadensfall ist allerdings Voraussetzung; die Überlegung allein, dass der potentiell Geschädigte im Rahmen seiner Schadensminderungspflicht Schutzmaßnahmen vornimmt, von denen ein späterer Schädiger profitiere, trägt nicht. Die Schutzmaßnahmen müssen dem Schädiger bzw. dem, dessen Schädigung unmittelbar bevorsteht, zugutekommen.[21] Erst die konkret drohende Schädigung ist als Beeinträchtigung abwehrbar, und ihre zur Vermeidung oder Minderung aufgewendeten Kosten sind dann berücksichtigungsfähig. Ob eine solche unmittelbar drohende Überflutungsgefahr besteht, ist Tatfrage, nach den bekannten Umständen indes nicht von vornherein auszuschließen.

Besteht kein Beseitigungsanspruch, ist der Kläger nicht schutzlos. Er kann sich grundsätzlich mit einem (vorbeugenden) Unterlassungsanspruch wehren. Es ist anerkannt, dass über den Wortlaut der Vorschrift hinaus ein Unterlassungsanspruch auch bei Gefahr einer erstmaligen Beeinträchtigung gegeben sein kann.[22] Einen solchen Anspruch könnte der Kläger indes nicht anstelle der Beklagten selbst erfüllen. Eine Beeinträchtigung unterlassen kann nur der dazu Verpflichtete, nicht der Gläubiger.[23] Die Treibhausgase, die die Beklagte emittiert, kann der Kläger nicht zu emittieren unterlassen.

Unabhängig von diesen Überlegungen scheint es vor allem an einer anderen Voraussetzung für die vom Landgericht in Erwägung gezogenen Ansprüche zu fehlen. Ein Beseitigungsanspruch wie auch ein (vorbeugender) Unterlassungsanspruch ist nur im Falle der Rechtswidrigkeit des Eingriffs gegeben. Das Erfordernis der Widerrechtlichkeit ergibt sich aus § 1004 Abs. 2 BGB. Danach ist der Anspruch ausgeschlossen, wenn der Eigentümer zur Duldung verpflichtet ist. Dieser Zusammenhang scheint vom Oberlandesgericht Hamm in zweiter Instanz in Frage gestellt zu werden. Im folgenden Abschnitt soll davon die Rede sein.

III. Einige Bemerkungen zur Entwicklung des Rechtsstreits in zweiter Instanz

1. Bisherige Erwägungen des Oberlandesgerichts

In zweiter Instanz sind die Anträge modifiziert worden. Mit dem Hauptantrag begehrt der Kläger nun die Feststellung, dass die Beklagte verpflichtet sei, sich in Höhe ihres Anteils an den globalen Treibhausemissionen, den er mit 0,47% veranschlagt, an den Kosten für geeignete Schutzmaßnahmen zu beteiligen. Diesen Antrag hält das Oberlandesgericht – bislang – für schlüssig. Der Prozess befindet sich im Stadium der Beweisaufnahme (durchgeführte Ortsbesichtigung, Einholung eines Gutachtens). In einem Hinweisbeschluss vom 1.2.2018 hat das Oberlandes-

---

[20] BGH NJW 1992, 1043 (1044); BGHZ 59, 286 (288).
[21] Vgl. BGHZ 32, 280; Oetker in MüKoBGB, 9. Aufl. 2022, BGB § 249 Rn. 178.
[22] BGH NJW 2004, 3701 (3702) mit weiteren Nachweisen; Klinck in Staudinger, Eckpfeiler des Zivilrechts, 7. Aufl. 2020, Rn. 211.
[23] Siehe näher Ahrens VersR 2019, 645 (647).

gericht seine vorläufige Rechtsauffassung dargelegt.[24] Es geht, wie das Landgericht, von einem Beseitigungsanspruch nach § 1004 BGB aus und von einem Anspruch auf anteilige Kostenerstattung im Falle der Beseitigung der Beeinträchtigung durch den Kläger selbst.[25] Sodann konstatiert es, dass „die Rechtswidrigkeit der Beeinträchtigung nach herrschender Meinung maßgeblich mit dem Fehlen einer Duldungspflicht aus § 1004 Abs. 2 BGB des Eigentümers einhergeht […]"[26]. „Anders formuliert", so heißt es weiter, müsse der dem Eigentumsinhalt widersprechende Zustand rechtswidrig sein, nicht die dazu führende Handlung. Und schließlich verweist es darauf, dass, soweit das Allgemeininteresse der Einstellung eines Betriebes entgegenstehe, „ein Anspruch auf Ausgleichsleistungen in Geld gegeben sein dürfte."

Auch wenn man in einem Hinweisbeschluss, in dem das Gericht den Parteien seine vorläufige Einschätzung der Rechtslage unterbreitet, noch nicht die Präzision erwarten kann, die von den späteren Ausführungen im Urteil verlangt werden darf, so lassen diese Hinweise doch Fragen offen und erwecken den Anschein, noch nicht ganz zu Ende gedacht zu sein. Bei einem Versuch, die Ansätze des Oberlandesgerichts auf ihre Tragfähigkeit zu überprüfen beschränke ich mich auf zwei Fragen, die der Rechtswidrigkeit und die eines Ausgleichsanspruchs in Geld.

2. Rechtswidrigkeit

Wenn ich die Auffassung des Oberlandesgerichts richtig verstanden habe, dann meint es wohl, die Handlung der Beklagten könne rechtmäßig sein. Das ändere aber nichts daran, dass ein Beseitigungsanspruch bestehe, wenn der „dem Eigentumsinhalt widersprechende Zustand" rechtswidrig sei.

Prüfen wir, ob dies zutrifft. Es beruft sich für seine Meinung auf zwei Entscheidungen des Bundesgerichtshofs.[27] Beide Entscheidungen missversteht das Oberlandesgericht. Sie tragen seine Auffassung nicht.

a) BGH – V ZR 79/68[28]

Es ging um die Klage eines Grundstückseigentümers gegen seinen Nachbarn aus § 1004 Abs. 1 BGB auf Unterlassung von Emissionen, nämlich geruchsintensiver Rauchgase, die vom Betrieb der Ölheizung des Nachbarn herrührten. Die Klage hatte in allen drei Instanzen Erfolg, weil die Gerichte eine Duldungspflicht nach § 906 BGB verneinten. Die Frage, die für die Erwägungen des Oberlandesgerichts von Bedeutung wäre, nämlich ob eine rechtswidrige Beeinträchtigung trotz rechtmäßigen Handelns gegeben sein kann, stellte sich nicht. Zwischen Erfolg und

---

[24] https://germanwatch.org/sites/germanwatch.org/files/static/21158.pdf.
[25] Als Anspruchsgrundlage werden – ungenau – die Vorschriften der „§§ 683, 684, 670 bzw. § 812 BGB" zitiert.
[26] Eigenartige Formulierung, sie geht nicht „maßgeblich" einher, vielmehr schließt die Duldungspflicht die Rechtswidrigkeit im Regelfall aus, siehe nur Raff in MüKoBGB, 9. Aufl. 2023, BGB § 1004 Rn. 192ff.
[27] BGH NJW-RR 2003, 953 (955); WM 1971, 278 (279).
[28] BGH WM 1971, 278.

Handlung bestand ein Gleichklang: der Beklagte durfte keine Gase emittieren (keine Duldungspflicht des Klägers), und das Ergebnis (Geruchsbeeinträchtigung) war ein (in der Diktion des Oberlandesgerichts) „dem Eigentumsinhalt widersprechender Zustand".

b) BGH – V ZR 175/02[29]

Die auf § 812 Abs. 1 S. 1 BGB gestützte Klage ging auf Erstattung von Kosten für die Beseitigung einer Fernwärmeleitung, die einstmals von dem Heizkraftwerk des benachbarten Krankenhauses betrieben worden war und über die auch der Kläger Fernwärme bezog. Nachdem die Fernwärmelieferung beendet worden und eine Wiederaufnahme der Versorgung ausgeschlossen war, verlangte der Kläger von dem Eigentümer des Krankenhausgrundstücks die Entfernung der Leitungen. Da die Beklagte dies ablehnte, entfernte der Kläger die Leitungen selbst und verlangte – soweit hier von Interesse – Erstattung der dafür aufgewendeten Kosten. Das Berufungsgericht gab der Klage statt; die Revision der Beklagten blieb erfolglos. Der BGH bejahte einen Anspruch unter dem Gesichtspunkt der ungerechtfertigten Bereicherung, da der Kläger die Beklagte von einer ihr obliegenden Verpflichtung befreit habe. Die Verpflichtung, die Leitung zu beseitigen, ergab sich aus § 1004 Abs. 1 BGB, weil die einstmals aufgrund Vertrages bestehende Duldungspflicht mit der Kündigung des Versorgungsvertrages und der endgültigen Einstellung der Wärmelieferung erloschen war. Auch dieser Entscheidung kann nicht entnommen werden, dass der BGH eine Klage auf Beseitigung einer Beeinträchtigung trotz Duldungspflicht für möglich erachtet; die Duldungspflicht war ja gerade erloschen.

c) Möglicher Grund für die Irritation

Die eigentümliche Auffassung des Oberlandesgerichts beruht möglicherweise auf Begründungselementen in den Entscheidungen, die, isoliert betrachtet, zu Missverständnissen haben führen können. In der ersten Entscheidung wird die als streitig bezeichnete Frage aufgeworfen, ob die Haftung nach § 1004 Abs. 1 BGB voraussetze, dass der Störer rechtswidrig gehandelt habe.[30] Die Frage war nicht entscheidungserheblich und im Übrigen unscharf; denn bei dem konkret in Rede stehenden Unterlassungsanspruch ist man sich im Wesentlichen einig, dass fehlende Duldungspflicht mit Rechtswidrigkeit gleichgesetzt werden kann.[31] Was der BGH mit dem Hinweis angesprochen hat, wird deutlicher in der zweiten Entscheidung. Dort heißt es, bei der Haftung der Beklagten, und zwar als Betreiberin der Leitungen und damit als Zustandsstörerin, komme es nicht auf die „Rechtswidrigkeit des Eingriffs" an, sondern auf den „dem Inhalt des Eigentums widersprechende[n] Zustand."[32] Diese Aussage hängt mit der einst vornehmlich im Deliktsrecht unter dem Stichwort Erfolgs- oder Handlungsunrecht geführten Diskussion um die zutreffende Einordnung der Rechtswidrigkeit zusammen. Der Streit kann inzwischen als

---

[29] BGH NJW-RR 2003, 953.
[30] BGH WM 1971, 278 (279).
[31] Vgl. Raff in MüKoBGB, 9. Aufl. 2023, BGB § 1004 Rn. 192 mit weiteren Nachweisen.
[32] BGH NJW-RR 2003, 953 (955).

überholt gelten,[33] da die herrschende Meinung zu einem Kompromiss zwischen beiden Ansätzen gefunden hat.[34] Grob skizziert heißt das: Bei unmittelbaren Eingriffen in eines der von § 823 Abs. 1 BGB geschützten Rechte und Rechtsgüter indiziert die Rechts- beziehungsweise Rechtsgutverletzung die Rechtswidrigkeit des Eingriffs (Lehre vom Erfolgsunrecht), bei mittelbar herbeigeführter Rechtsgutverletzung muss zur Bejahung der Rechtswidrigkeit festgestellt werden, dass das Handeln objektiv pflichtwidrig (Sorgfaltspflichtverletzung) war (Lehre vom Handlungsunrecht).[35]

Was bedeutet das für den Bereich des Beseitigungs- und Unterlassungsanspruchs? Es entspricht dem Gedanken einer einheitlichen Rechtsordnung, von einem einheitlichen Rechtswidrigkeitsbegriff auszugehen, der auch dem negatorischen und quasinegatorischen Rechtsschutz zugrunde zu legen ist. Folglich ist davon auszugehen, dass auch hier die unmittelbare Herbeiführung einer Eigentumsbeeinträchtigung die Rechtswidrigkeit des Tuns indiziert.[36] Der Zustandsstörer hingegen haftet nicht für eine Handlung, die unmittelbar eine Eigentumsbeeinträchtigung ausgelöst hat, sondern für einen Zustand als Quelle der Beeinträchtigung, den er zu verantworten hat. Das ist nach der ständigen Rechtsprechung des V. Zivilsenats des BGH dann der Fall, wenn die Beeinträchtigung wenigstens mittelbar auf den Willen des Eigentümers oder Besitzers des Grundstücks zurückgeht, das die Störungsquelle bildet. Ob dies der Fall ist, kann – so der BGH – nicht begrifflich, sondern nur in wertender Betrachtung von Fall zu Fall festgestellt werden. Entscheidend sei, ob es Sachgründe gibt, dem Eigentümer oder Besitzer die Verantwortung für ein Geschehen aufzuerlegen. Dies sei zu bejahen, wenn sich aus der Art der Nutzung des Grundstücks eine Sicherungspflicht, also eine Pflicht zur Verhinderung möglicher Beeinträchtigungen, ergibt.[37] Die Verletzung einer solchen Sicherungspflicht ist nichts anderes als die Pflichtverletzung, deren es zur Feststellung der Rechtswidrigkeit bei mittelbar herbeigeführter Rechtsgutverletzung im Deliktsrecht bedarf (Lehre vom Handlungsunrecht, siehe oben). Bezogen auf den Fall der Fernwärmeleitung bedeutet das, dass zwar – in der Terminologie der BGH-Entscheidung – der Zustand dem Inhalt des Eigentums widerspricht, dass das für eine Haftung aber nur ausreicht, weil der Betreiber als Zustandsstörer für die Beeinträchtigung verantwortlich ist. Er hat die Leitung betrieben und unterhalten. Der BGH hat das nicht übersehen; denn er bejaht „die weitere Voraussetzung, wonach die Beeinträchtigung – wenigstens – mittelbar auf ihren Willen zurückgehen muss."[38] Nur der beeinträchtigende Zustand würde eine Haftung nicht tragen. Die Formulierung, auf den rechtswidrigen Erfolg komme es an, nicht auf den rechtswidrigen Eingriff, ist also nicht korrekt, und der BGH handelt auch nicht danach. Ein rechtswidriges Verhalten des Störers muss hinzutreten, sei es, dass schon

---

[33] Siehe auch Ahrens VersR 2019, 645 (648).
[34] Siehe nur Wagner in MüKoBGB, 8. Aufl. 2020, BGB § 823 Rn. 7.
[35] Näher Wagner in MüKoBGB, 8. Aufl. 2020, BGB § 823 Rn. 7 mit weiteren Nachweisen.
[36] BGH WM 1971, 278 (279).
[37] BGH NJW 2018, 1542 Rn. 7; NJW-RR 2011, 739 Rn. 12; BGHZ 157, 33 (42) – jeweils mit weiteren Nachweisen.
[38] BGH NJW-RR 2003, 953 (955).

die willentliche Herbeiführung des Erfolgs die Widerrechtlichkeit indiziert, sei es, dass die Verantwortung für den rechtswidrigen Erfolg „wenigstens mittelbar auf den Willen" desjenigen zurückgeht, der die Quelle der Beeinträchtigung beherrscht und für ihren Zustand verantwortlich ist. Im konkreten Fall war es recht einfach. Die Beeinträchtigung des Nachbargrundstücks durch die Leitung war aufgrund des Versorgungsvertrages rechtmäßig und daher vom Kläger zu dulden. Sie wurde rechtswidrig, als der Vertrag gekündigt wurde. Dass die Kündigung rechtmäßig war, ist dermaßen irrelevant, dass dessen Erwähnung im Urteil stört, und keineswegs – anders als die Formulierung insinuiert[39] – ein Grund, das Gewicht auf die Rechtswidrigkeit des Erfolgs zu legen und das Verhalten auszublenden.

Gleichwohl steckt in dem Ansatz des Oberlandesgerichts, dass der Kläger sich gegen die Emissionen der Beklagten wehren könne, obwohl deren Betriebe im Rahmen des Rechts geführt werden, etwas Richtiges. Um das einsichtig zu machen, will ich mich im Folgenden zunächst mit dem Ausgleichsanspruch befassen. Dafür gibt es – im konkreten Zusammenhang – drei mögliche Rechtsgrundlagen, den Anspruch nach § 906 Abs. 2 S. 2 BGB, den in Analogie zu dieser Vorschrift von der Rechtsprechung entwickelten nachbarrechtlichen Ausgleichsanspruch und den sich aus § 14 S. 2 BImSchG ergebende Schadensersatzanspruch.

3. Ausgleichsanspruch

Mit dem Beschluss vom 1.2.2018 hatte das Oberlandesgericht den Hinweis erteilt, dass „ein Anspruch auf Ausgleichsleistungen in Geld gegeben sein dürfte" (→ II. 1.), wenn das Allgemeininteresse dem Verlangen nach einer Einstellung eines Betriebes entgegenstehe. Man weiß nicht so recht, was es mit dieser, zumal im Ungefähren („dürfte") gehaltenen Bemerkung auf sich hat. Wollte das Gericht damit dem naheliegenden Einwand begegnen, dass ein Anspruch auf Unterlassung von Treibhausgasen die Einstellung des Betriebes zur Folge haben kann und dass dies ein kaum vermittelbares Ergebnis wäre? Wenn dies die Motivation des Gerichts gewesen sein sollte, so wäre dem Anliegen kein Erfolg beschieden. Denn der Kläger verlangt ja keinen Ausgleich in Geld, weil er die Emission dulden muss, sondern Ersatz von Aufwendungen für die Abwendung von Beeinträchtigungen, die er seiner Auffassung nach – und das ist Voraussetzung für den geltend gemachten Anspruch – gerade nicht zu dulden hat. Auch im Übrigen trifft der Hinweis nicht ins Schwarze. Er bringt uns aber, beabsichtigt oder unbeabsichtigt, zu dem an sich zutreffenden Ansatz, dass es Fallkonstellationen gibt, in denen jemand eine rechtswidrige Einwirkung dulden muss und dafür einen Geldausgleich erhält. Wenn die Einwirkung rechtswidrig ist, muss sie der Betroffene an sich abwehren können. Das wäre der Weg zu dem vom Oberlandesgericht vorausgesetzten Anspruch nach § 1004 BGB. Liegt das Gericht trotz des etwas verwirrenden und die Sache nicht treffenden Hinweises also doch richtig? Sehen wir uns dazu

---

[39] Es heißt dort: „Daß die Beklagte […] zur Kündigung berechtigt war, ist für den Abwehranspruch aus § 1004 BGB ohne Belang. Entscheidend ist insoweit nicht die Rechtswidrigkeit des Eingriffs, sondern der dem Inhalt des Eigentums widersprechende Zustand […]".

zunächst die BGH-Entscheidung an, auf die sich das Oberlandesgericht als Referenz für seinen vorsorglichen Hinweis beruft.[40]

a) BGH – V ZR 39/99

Die auf § 1004 BGB gestützte Klage eines Grundstückseigentümers richtete sich gegen den Eigentümer des Nachbargrundstücks und gegen dessen Mieter, der dort ein Drogenhilfezentrum betrieb. Die Störungen, um die es ging, bestanden in den typischen und erwartbaren Misshelligkeiten, die ein solches Zentrum mit sich bringt: Menschenansammlungen von Nutzern und Dealern vor und auf dem Grundstück des Klägers, die den Zugang behinderten, Verschmutzungen durch zurückgelassene gebrauchte Spritzen. Der Kläger verlangte in erster Linie die Einstellung des Betriebes und mit einem Hilfsantrag das Ergreifen geeigneter Maßnahmen, um sein Grundstück zugangs- und frei von Verunreinigungen zu halten. Das Oberlandesgericht wies den Hauptantrag ab und gab der Klage mit dem Hilfsantrag (soweit hier von Interesse)[41] statt. Der BGH bestätigte diesen Teil der Entscheidung.[42] Er bejahte die Voraussetzungen eines Abwehranspruchs nach § 1004 Abs. 1 BGB wegen der festgestellten Übergriffe und Behinderungen und rechnete sie den Beklagten als mittelbaren Handlungsstörern zu. Es ließ den Abwehranspruch auf Einstellung des Betriebs aber an dem an der Drogenhilfeeinrichtung bestehenden Allgemeininteresse scheitern. Nach der ständigen Rechtsprechung des BGH könne ein Abwehranspruch, der die Einstellung eines Betriebes oder einer Anlage zur Folge hätte, ausgeschlossen sein, wenn die störenden Einwirkungen der Erfüllung von Aufgaben dienten, die im Allgemeininteresse lägen und von öffentlich-rechtlichen Trägern oder, wie hier, von unmittelbar dem öffentlichen Interesse verpflichteten gemeinwichtigen Einrichtungen ausgingen.[43]

b) Kurzer Überblick über die Entwicklung des nachbarrechtlichen Ausgleichsanspruchs

Die Rechtsprechung zu solchen gesteigerten Duldungspflichten zugunsten gemeinwichtiger Betriebe hat eine lange Tradition, die auf das Reichsgericht zurückgeht. Eisenbahnunternehmen waren Nutznießer dieser Rechtsprechung,[44] später ging es um Autobahnen,[45] Omnibuslinien,[46] Hochspannungsleitungen,[47] Mülldeponien,[48] um nur einige Beispiele zu nennen.[49] Diese gesteigerte Duldungspflicht forderte aus Gründen der Billigkeit eine Kompensation auf Seiten des Duldungspflichtigen. Die Rechtsprechung fand diese Kompensation in einem verschuldensunabhängigen Ausgleichsanspruch in Geld, der zunächst bürgerlich-rechtlicher

---

[40] BGHZ 144, 200.
[41] Weitere Klageziele des Hilfsantrags spielen für unsere Untersuchung keine Rolle.
[42] Zum Ausgleichsanspruch sogleich.
[43] BGHZ 144, 200 (205) mit weiteren Nachweisen.
[44] RGZ 70, 150 (152); RGZ 58, 130 (134).
[45] BGHZ 29, 314 (317).
[46] BGH NJW 1960, 2335.
[47] BGHZ 60, 119 (122).
[48] BGH NJW 1980, 770.
[49] Zu allem näher Hagen FS Hermann Lange, 1992, 483 (485 f.).

Aufopferungsanspruch genannt und auf einen allgemeinen, in unterschiedlichen Vorschriften zum Ausdruck gekommenen Rechtsgedanken gestützt wurde.[50] Alsbald fand man die Grundlage des Anspruchs in dem Gebot der Rücksichtnahme im nachbarlichen Gemeinschaftsverhältnis, ausgerichtet an § 906 BGB,[51] welche Vorschrift seinerzeit aber noch keine Ausgleichsregelung enthielt, wie wir sie heute in Abs. 2 S. 2 der Norm finden. Der Anspruch hat im Laufe der Jahrzehnte vielfältige Ausprägungen und Weiterentwicklungen durch die Rechtsprechung erfahren, zum Beispiel durch Anwendung auch auf Grobimmissionen[52] und auf an sich nicht abwehrfähige negative Einwirkungen,[53] aber auch durch gesetzliche Anpassungen, die die höchstrichterliche Rechtsprechung aufnahmen beziehungsweise darauf reagierten.[54] Folge dieser Entwicklung ist, dass wir es heute mit zwei trotz ihrer Ähnlichkeit durchaus unterschiedlichen Ausgleichsansprüchen zu tun haben, mit einem gesetzlichen in § 906 Abs. 1 S. 2 BGB geregelten Anspruch und mit einem in Analogie zu dieser Norm entwickelten nachbarrechtlichen Ausgleichsanspruch.[55] Der gesetzliche Anspruch gewährt einen Ausgleich in Geld für die auferlegte Duldungspflicht wesentlicher Beeinträchtigungen, die der Emittent mit wirtschaftlich zumutbaren Maßnahmen nicht verhindern kann. Es geht also um einen Ausgleich in besonderen Fällen rechtmäßiger Emissionen.[56] Der von der Rechtsprechung analog zu dieser Norm entwickelte verschuldensunabhängige nachbarrechtliche Ausgleichsanspruch setzt demgegenüber an einer rechtswidrigen Einwirkung auf ein Grundstück an. Er setzt voraus, dass von einem Grundstück im Rahmen von privatwirtschaftlicher Benutzung rechtswidrige Einwirkungen auf ein anderes Grundstück ausgehen, die der Eigentümer oder Besitzer des betroffenen Grundstücks nicht dulden muss, aus besonderen Gründen jedoch nicht gemäß § 1004 Abs. 1 BGB (oder § 862 Abs. 1 BB) unterbinden kann, sofern er hierdurch Nachteile erleidet, die das zumutbare Maß einer entschädigungslos hinzunehmenden Beeinträchtigung übersteigen.[57] Die besonderen Gründe, die den von der Beeinträchtigung Betroffenen daran hindern, den Abwehranspruch geltend zu machen, können rechtlicher oder tatsächlicher Art sein.[58] Einen solchen nachbarrechtlichen Ausgleichsanspruch hielt der BGH in der Entscheidung über das Drogenhilfezentrum für gegeben.[59] Er tritt als Sekundäranspruch[60] an die Stelle des aus Rechtsgründen

---

[50] In Parallele zu einem öffentlich-rechtlichen Entschädigungsanspruch bei enteignendem Eingriff. Referenznormen waren unter anderem §§ 74, 75 Einl.ALR, § 26 GewO.
[51] RGZ 154, 161 (167).
[52] BGHZ 58, 149; BGHZ 28, 225.
[53] BGHZ 113, 384.
[54] Novellen vom 22.12.1959 (BGBl. I 781) und vom 21.9.1994 (BGBl. I 2457).
[55] Zur Terminologie Brückner in MüKoBGB, 9. Aufl. 2023, BGB § 906 Rn. 179.
[56] Brückner in MüKoBGB, 9. Aufl. 2023, BGB § 906 Rn. 179; Klimke in BeckOGK, 1.8.2023, BGB § 906 Rn. 187; Fritzsche in BeckOK BGB, 68. Ed. 1.8.2023, BGB § 906 Rn. 82.
[57] Aus der umfangreichen Rechtsprechung einige wahllos herausgegriffene Beispiele: BGHZ 48, 98; BGHZ 72, 289; BGHZ 111, 158; BGHZ 155, 99; BGHZ 160, 232. Weitere Entscheidungen bei Brückner in MüKoBGB, 9. Aufl. 2023, BGB § 906 Rn. 195 mit Fn. 496.
[58] Siehe nur Brückner in MüKoBGB, 9. Aufl. 2023, BGB § 906 Rn. 196 mit Beispiel und weiteren Nachweisen.
[59] BGHZ 144, 200 (208f.).
[60] BGHZ 155, 99 (101).

nicht durchsetzbaren Anspruchs auf Einstellung des Betriebes, vom BGH treffend „Kompensation der Abwehrlücke durch Geldausgleich" genannt.[61] Dass es sich bei dieser Fallkonstellation um einen rechtswidrigen Eingriff handelt, kommt auch dadurch zum Tragen, dass die Abwehransprüche, die nicht auf eine Einstellung des Drogenhilfezentrums zielten (Hilfsanträge), Erfolg hatten. Insoweit besteht keine Duldungspflicht aus übergeordneten Gründen.

4. Zurück zur Frage der Rechtswidrigkeit

Was gewinnen wir hieraus für die Frage der Rechtswidrigkeit und den Ansatz des Oberlandesgerichts? Soweit wir uns im Anwendungsbereich des § 906 BGB bewegen, sind zu duldende Einwirkungen auf ein Nachbargrundstück rechtmäßige Einwirkungen, denen nicht mit einem Abwehranspruch nach § 1004 BGB begegnet werden kann, für die der für die Beeinträchtigung Verantwortliche aber einen Ausgleich in Geld nach Abs. 2 S. 2 der Norm leisten muss. Anders beim analog dazu entwickelten nachbarrechtlichen Ausgleichsanspruch. Er kommt nur bei rechtswidrigen Einwirkungen in Betracht, ist also grundsätzlich abwehrfähig nach § 1004 BGB. Nur wird dem Betroffenen aus übergeordneten Gründen oder weil er faktisch nicht durchsetzbar ist, die Möglichkeit genommen, diesen Anspruch geltend zu machen. An dessen Stelle tritt der Ausgleichsanspruch in Geld.

Ganz ähnlich verhält es sich mit § 14 BImSchG. Soweit ersichtlich, war in den Vorüberlegungen des Oberlandesgerichts Hamm von dieser Norm nicht die Rede. Sie ist ähnlich aufgebaut wie § 906 BGB und ist wie diese eine Vorschrift des privaten Nachbarrechts.[62] Vom Ansatz des Oberlandesgerichts wäre sie daher ebenfalls in den Blick zu nehmen. Das Verhältnis der beiden Vorschriften zueinander wird nicht ganz einheitlich beurteilt.[63] Überwiegend wird vertreten, dass ein Schadensersatzanspruch nach § 14 S. 2 BImSchG nur in Betracht komme, wenn eine Duldungspflicht nur nach Satz 1 der Norm, also aufgrund bestandskräftiger Genehmigung der Anlage besteht, nicht indes, wenn der Betroffene die Einwirkung schon nach § 906 Abs. 2 S. 1 BGB nicht verbieten kann.[64] Ausgehend hiervon besteht im Wesentlichen Einigkeit, dass es sich bei § 14 S. 2 BImSchG auch um einen Ausgleich für rechtswidrige, aber von einem genehmigten Betrieb ausgehende und deswegen zu duldende Emissionen handelt. Der Schadensersatzanspruch nach § 14 S. 2 BImSchG setzt nämlich einen privatrechtlichen Abwehranspruch voraus.[65] Ein Abwehranspruch, etwa nach § 1004 BGB, kann sich nur gegen rechtswidrige Eingriffe richten. So fügt sich dann auch die von der herrschenden Meinung befürwortete[66] Abgrenzung von § 14 BImSchG zu § 906 BGB: Nur was nicht schon nach § 906 BGB zu dulden und daher rechtmäßig ist, vielmehr an sich abwehrfähig

---

[61] BGHZ 144, 200 (209).
[62] BGHZ 102, 350 (352).
[63] Roth in Staudinger, 2020, BGB § 906 Rn. 76.
[64] BGHZ 69, 105 (110); Roth in Staudinger, 2020, BGB § 906 Rn. 76. – Siehe noch sogleich im Text.
[65] BGHZ 102, 350 (353); BGHZ 69, 105 (110); Jarass, Bundes-Immissionsschutzgesetz, 14. Aufl. 2022, BImSchG § 14 Rn. 22; Roth in Staudinger, 2020, BGB § 906 Rn. 76.
[66] Siehe oben im Text bei Fn. 64.

(und daher rechtswidrig) und erst aufgrund staatlicher Betriebsgenehmigung hinzunehmen ist, fällt unter § 14 S. 2 BImSchG.

Der Unterschied zwischen § 906 BGB und § 14 BImSchG ist auf den ersten Blick vielleicht überraschend. Denn in beiden Fällen geht es um Duldung von beeinträchtigenden Einwirkungen. Während aber im einen Fall (§ 906 BGB) die Duldung zur Rechtmäßigkeit führt, bleibt es im anderen Fall (§ 14 BImSchG) trotz Duldungspflicht bei der Widerrechtlichkeit des Eingriffs. Wie lässt sich das erklären? Die Vorschrift des § 906 BGB regelt, welche Einwirkungen unter welchen Voraussetzungen in einer Nachbarschaft von den Grundstückseigentümern (und -besitzern) wechselseitig zu dulden sind. Alles, was sich in diesem Duldungsrahmen vollzieht, ist rechtmäßig und kann deswegen nicht abgewehrt werden. Der Ausgleichsanspruch in Geld ist Teil des Interessenausgleichs: Der einzelne darf zwar unter bestimmten Voraussetzungen auch jenseits der Wesentlichkeitsschwelle emittieren (bei Ortsüblichkeit), muss dafür aber zahlen. Anders § 14 BImSchG. Die Vorschrift setzt einen Abwehranspruch voraus: „Aufgrund privatrechtlicher […] Ansprüche zur Abwehr benachteiligender Einwirkungen […]" und beschränkt diesen Anspruch auf das Verlangen nach Vorkehrungen zum Ausschluss der benachteiligenden Wirkungen. Der Geldanspruch tritt an die Stelle des Abwehranspruchs, wenn Vorkehrungen nicht durchführbar oder wirtschaftlich nicht vertretbar sind. Diese Regelung ist dem nachbarrechtlichen Ausgleichsanspruch in analoger Anwendung des § 906 Abs. 2 S. 2 BGB (also bei rechtswidrigen Einwirkungen) nicht unähnlich. Hier wie dort ist der an sich gegebene Abwehranspruch rechtlich oder praktisch ausgeschlossen.

5. Bedeutung für den Ansatz des Oberlandesgerichts

Der Ansatz des Oberlandesgerichts passt sowohl für einen in Analogie zu § 906 Abs. 2 S. 2 BGB entwickelten nachbarrechtlichen Ausgleichsanspruch wie zu einem Anspruch aus § 14 S. 2 BImSchG. Denn in beiden Fällen wäre Anknüpfungspunkt ein abwehrfähiger Eingriff. § 1004 BGB wäre grundsätzlich anwendbar, und der Kläger könnte eine etwaige Beeinträchtigung selbst beseitigen und den Aufwand nach §§ 684 S. 1, 818 BGB oder nach § 812 Abs. 1 S. 1 BGB ersetzt verlangen. Es bliebe freilich die Frage, ob das, was der Kläger verlangt, die Beseitigung einer schon konkreten Beeinträchtigung bedeutet (→ II. 2.). Immerhin, das bleibt festzuhalten, findet der Ansatz des Oberlandesgerichts, in den Hinweisen des Gerichts im Diffusen verborgen, eine Stütze im Konzept des privaten Immissionsschutzes.

Das alles hilft dem Kläger gleichwohl nicht. Es fehlt an einer Grundvoraussetzung für alle in Betracht kommenden Normen.

Beginnen wir mit einem Anspruch aus § 906 Abs. 2 S. 2 BGB. Treibhausgase fallen unmittelbar unter die von Abs. 1 der Norm erfassten unwägbaren Stoffe. Woran es indes fehlt, ist das Erfordernis benachbarter Grundstücke. § 906 BGB ist die Generalnorm des zivilrechtlichen Nachbarschutzes, die die widerstreitenden Interessen im nachbarlichen Gemeinschaftsverhältnis zum Ausgleich bringen soll.[67] Zwar ist

---

[67] BGHZ 198, 327 Rn. 8 mit weiteren Nachweisen; Brückner in MüKoBGB, 9. Aufl. 2023, BGB § 906 Rn. 1.

dazu nicht Voraussetzung, dass das Grundstück, von dem die Emissionen ausgehen, in unmittelbarer Nachbarschaft zu dem betroffenen Grundstück liegt, die Grundstücke müssen nicht aneinander grenzen.[68] Auch entferntere Emissionsquellen können erfasst werden.[69] Die Beeinträchtigung muss aber zurechenbare Folge eines auf dem entfernter liegenden Grundstück eingerichteten Betriebes sein.[70] Das hat der BGH in einer Entscheidung, in der es um Fluglärm ging, zum Beispiel für einen Flugplatz bejaht, der vier bis fünf Kilometer von dem beeinträchtigten Grundstück entfernt war, weil das Grundstück innerhalb des nach §§ 2ff. FlugLSchG festgesetzten Lärmschutzbereichs lag. Doch darf nicht aus dem Blick geraten, dass es um Nachbarrecht geht. § 906 BGB liegt die Erkenntnis zugrunde, dass ein gewisses Maß an Emissionen auf engem Raum unvermeidlich ist[71] und nach einem interessegerechten Ausgleich verlangt. Mit einem solchen nachbarrechtlichen Interessenausgleich hat der Fall um den Gletschersee in Peru nichts gemein. Selbst bei großzügigster Betrachtung kann ein Grundstück in Peru nicht als Nachbargrundstück einer Betriebsstätte in Deutschland angesehen werden. Abgesehen von dieser räumlichen Komponente fehlt es auch im Übrigen an einem Sachzusammenhang, der es rechtfertigen könnte, die Emissionen, von denen das Grundstück des Klägers betroffen ist, den Betrieben der Beklagten zuzuordnen. Es mag unterstellt werden, dass die Beklagte zu 0,47% an dem weltweiten Ausstoß von Treibhausgasen beteiligt ist. Vorstellbar ist auch, dass sich die Gasmoleküle einigermaßen gleichmäßig verteilen und daher überall auf der Welt zum Klimawandel beitragen.[72] Im Sinne der „conditio sine qua non-Formel" mag folglich eine Kausalkette (auch) auf die Betriebe der Beklagten hinführen.[73] Eine in dieser Weise ermittelte Mitverursachung bietet aber keine Grundlage für eine Anwendung des § 906 BGB. Dazu ist das Geschehen zu vielgestaltig. Die Beteiligung der Beklagten an dem Ganzen ist vor dem Hintergrund einer jahrhundertelangen Emissionsgeschichte zu sehen.[74] Der Klimawandel hat sich langsam aufgebaut und beruht auf einer unübersehbaren Vielzahl von kleinen und großen Emissionen unterschiedlicher Intensität und Dauer und unterschiedlicher Quellen, von der Landwirtschaft bis zur Großindustrie. Ein solches komplexes und globales Geschehen ist mit den von § 906 BGB erfassten individualisierbaren Kausalbeziehungen zwischen benachbarten Grundstücksnutzern nicht vergleichbar.[75]

Für einen Anspruch aus § 906 Abs. 2 S. 2 BGB analog (verschuldensunabhängiger nachbarrechtlicher Ausgleichsanspruch) sieht die Beurteilung nicht anders aus. Auch dieser Anspruch setzt, worauf schon sein Name hinweist, ein nachbarliches

---

[68] Klimke in BeckOGK, 1.8.2023, BGB § 906 Rn. 74; Fritzsche in BeckOK BGB, 68. Ed. 1.8.2023, BGB § 906 Rn. 35.
[69] BGH NZM 2019, 893 Rn. 23: mehrere 100 Meter; BGHZ 69, 105 (111ff.): Fluglärm von einem 4–5 km entfernten Flugplatz.
[70] BGH NZM 2019, 893 Rn. 23.
[71] Vgl. Brückner in MüKoBGB, 9. Aufl. 2023, BGB § 906 Rn. 1.
[72] Dazu Frank NVwZ 2018, 960 und NVwZ 2017, 664.
[73] Vgl. Frank NVwZ 2018, 960 (961).
[74] Siehe Wagner NJW 2021, 2256 (2262).
[75] Vgl. BGHZ 102, 350 (353f.) zu der insoweit vergleichbaren Vorschrift des § 14 BImSchG (Waldschäden); siehe auch Ahrens VersR 2019, 645 (652).

Gemeinschaftsverhältnis voraus; es geht auch hier um den Ausgleich widerstreitender Interessen unter Nachbarn. Das nachbarliche Gemeinschaftsverhältnis trägt die Analogie zusammen mit dem Gedanken, dass der Betroffene bei einer nicht abwehrbaren rechtswidrigen Beeinträchtigung (analoger Fall) nicht schlechter stehen dürfe als bei einer rechtmäßigen Einwirkung.[76]

Dasselbe gilt für § 14 BImSchG. Auch diese Norm regelt Immissionen im nachbarlichen Bereich. Fernwirkungen, wie sie durch Treibhausgase überall auf der Welt und ohne einen örtlichen Bezug hervorgerufen werden können, werden nicht erfasst.[77] Der BGH hat dies für durch globale Luftverunreinigungen (vor allem Schwefeloxid und Stickoxid) verursachte Waldschäden entschieden.[78] Trotz der Unterschiede in der Wirkungsweise der verunreinigenden Stoffe,[79] die in dem einen Fall (Waldschäden) eine Zurückverfolgung auf den einzelnen Emittenten unmöglich macht, im anderen Fall (Treibhausgase) eine (naturwissenschaftliche) Kausalität hingegen zwischen Emittent und Klimaerwärmung darstellbar erscheinen lässt, sind die haftungsrelevanten Umstände vergleichbar. Es handelt sich um ein komplexes Geschehen über lange Zeiträume und riesige Entfernungen (Atmosphäre) im Zusammenwirken mit vielfältigen Komponenten (chemische Prozesse hier: Waldschäden, physikalische dort: Klimaerwärmung), das nicht in den Anwendungsbereich des Gesetzes fällt.

IV. Resümee

Vom Ende her gedacht drängt alles dazu, die Klage für eine eher absurde Idee zu halten. Das wird ein wenig dadurch verdeckt, dass der Kläger nur eine Beteiligung der Beklagten an der Vornahme von Schutzmaßnahmen verlangt. Was sollte daran vernunftwidrig sein. Die Beklagte trägt zur Klimaveränderung bei, also, so ließe sich folgern, soll sie sich auch an den Maßnahmen beteiligen, die zur Abwendung der Gefahren vonnöten sind, die mit der Klimaveränderung einher gehen. Doch geht es um weit mehr, als um die hier in Rede stehenden Kosten für Schutzmaßnahmen. Es geht um einen Beseitigungs- und/oder Unterlassungsanspruch und, wenn dieser kraft Gesetzes oder aus übergeordneten Gründen des Allgemeininteresses nicht durchsetzbar ist, um einen Ausgleichsanspruch oder Schadensersatzanspruch in Geld, der weit größere Dimensionen erreichen kann. Auf die noch sehr viel weiter reichenden Folgen hat Wagner aufmerksam gemacht, nämlich darauf, dass durch die willkürliche Auswahl von Emittenten, die ein Kläger in Anspruch nimmt, gravierende Eingriffe in den Wettbewerb verbunden sind, ohne dass das eigentliche Ziel, Klimaschutz zu befördern, erreicht wird.[80] Alle diese Fol-

---

[76] Zum Vorstehenden BGHZ 155, 99 (103).
[77] BGHZ 102, 350 (353f.); Jarass, 14. Aufl. 2022, BImSchG § 14 Rn. 11a; Guckelberger in Kotulla, 2004, BImSchG § 14 Rn. 51; Ahrens VersR 2019, 645 (652); anderer Ansicht Frank NVwZ 2018, 960.
[78] BGHZ 102, 350.
[79] Dazu Frank NVwZ 2017, 664 (667f.).
[80] Siehe im Einzelnen Wagner NJW 2021, 2256 (2261f.).

gen liegen außerhalb des Regelungskonzepts des Nachbarrechts. Klimaschutz ist eine politische Aufgabe, die ein globales Zusammenwirken erfordert. Eine auf Individualschutz ausgerichtete, Normen gestützte Klage ist der falsche Weg. Das sollte eigentlich allgemeiner Konsens sein, weil es offensichtlich ist. Wenn man indes vor dem Offensichtlichen die Augen verschließt und sich ins Dickicht der Normen begibt, wenn man deren grundsätzliche Unanwendbarkeit ausblendet und sich mit den einzelnen Tatbestandsmerkmalen befasst, dann ist es gar nicht mal so einfach, zum richtigen Ergebnis zu gelangen. Es mag für unsere Konstellation vielleicht etwas übertrieben sein, ein wenig in diese Richtung geht es aber schon: „Das Abwegige entzieht sich zupackender Kritik."[81]

---

[81] Herzberg JA 1986, 541 (543).

PETER LIMMER

Videobeurkundung und Auslandsbeurkundung

I. Einführung

Eine der bisher nicht vollständig beantworteten und immer noch heftig umstrittenen Fragen des Beurkundungsrechts ist die Frage der Anerkennung von Beurkundungen durch ausländische Notare. Hauptschauplatz ist das Gesellschaftsrecht und das Immobilienrecht. Es wird immer wieder diskutiert, ob und unter welchen Voraussetzungen ein ausländischer Notar die inländischen Vorschriften der Beurkundung und auch der Beglaubigung erfüllen kann. Einige Urteile, auch des Bundesgerichtshofs, haben in bestimmten Bereichen Rechtssicherheit geschaffen. Dennoch bleiben viele Fragen offen. Ein neuer Diskussionsbereich hat sich durch die Einführung der Beurkundung und Beglaubigung durch Videokommunikation ergeben. Lieder hat bereits auf die wettbewerbsmäßigen Implikationen hingewiesen:[1] Die Diskussion über die Wirksamkeit von Auslandsbeurkundungen gesellschaftsrechtlicher Vorgänge, namentlich der Gründung von Gesellschaften mit beschränkter Haftung und Aktiengesellschaften sowie von Umwandlungsmaßnahmen nach dem Umwandlungsgesetz, fokussiere in der Vergangenheit maßgeblich auf den schweizerischen Notar. Gegenwärtig rücke verstärkt die notarielle Tätigkeit österreichischer Amtsträger in den Fokus. Bisweilen werde im deutschen Schrifttum sogar offensiv für den Gang nach Österreich geworben. Neben behaupteten Kostenvorteilen[2] sei die Inanspruchnahme notarieller Dienstleistungen österreichischer Notare auch deshalb besonders attraktiv, weil nach österreichischem Recht mehr Vorgänge als die GmbH-Gründung unter Verwendung eines Videokommunikationssystems abgewickelt werden könnten als nach deutschem Recht. Auch das vermeintlich weniger strenge Verfahren der österreichischen Fernbeurkundung und -beglaubigung könnte auch für den deutschen Rechtsverkehr attraktiv sein. Es ist daher zu untersuchen, ob solche ausländischen Fernbeurkundungen auch in Deutschland anerkannt werden können.[3]

---

[1] Lieder NZG 2022, 1043.
[2] Unter Hinweis auf Schuster RDi 2021, 496 Rn. 32 ff.
[3] Vgl. dazu bereits Lieder NZG 2022, 1043 und OLG Celle NZG 2023, 1087.

II. Online-Beurkundung und Online-Beglaubigung

1. Online-Beurkundung nach §§ 16a ff. BeurkG in Verbindung mit § 2 Abs. 3 GmbHG

Durch das Gesetz zur Umsetzung der Digitalisierungsrichtlinie (DiRUG) vom 5.7.2021,[4] mit welchem die Digitalisierungsrichtlinie der EU, die Teil des Company Law Package[5] ist, umgesetzt wurde, wurde die sogenannte Online-Beurkundung zur Gründung einer GmbH ermöglicht.[6] Durch das Gesetz vom 15.7.2022 zur Ergänzung der Regelungen zur Umsetzung der Digitalisierungsrichtlinie (DiREG)[7] wurden weitere Felder digitaler Maßnahmen geschaffen, insbesondere die Online-Beurkundung für einstimmig gefasste Beschlüsse zur Änderung des GmbH-Gesellschaftsvertrags einschließlich Kapitalmaßnahmen. § 16a Abs. 1 BeurkG sieht seit 1.8.2022 vor, dass die Beurkundung von Willenserklärungen mittels des von der Bundesnotarkammer nach § 78p BNotO betriebenen Videokommunikationssystems nach den dort genannten Vorschriften erfolgen kann, soweit dies durch Gesetz zugelassen ist. § 16b Abs. 1 S. 1 BeurkG bestimmt, dass bei der Beurkundung von Willenserklärungen mittels Videokommunikation eine elektronische Niederschrift über die Verhandlung aufgenommen werden muss. Auf die elektronische Niederschrift sind nach § 16b Abs. 1 S. 2 BeurkG die Vorschriften über die Niederschrift, das heißt §§ 8 ff. BeurkG, entsprechend anzuwenden, soweit in § 16b Abs. 2–5 BeurkG sowie in §§ 16c–16e BeurkG nichts anderes bestimmt ist. Nach § 16a Abs. 1 BeurkG kann die Beurkundung von Willenserklärungen mittels des von der Bundesnotarkammer betriebenen Videokommunikationssystems nach den folgenden Vorschriften erfolgen, soweit dies durch Gesetz zugelassen ist. Das DiRUG hatte zunächst nur die Online-Gründung einer Gesellschaft mit beschränkter Haftung und einer Unternehmergesellschaft bei einer Bargründung erlaubt (§ 2 Abs. 3 S. 1 GmbHG). Durch das DiREG wurde der Anwendungsbereich der Online-Gründung ab dem 1.8.2023 auch auf Sachgründungen ausgeweitet (§ 2 Abs. 3 S. 2 und 3 GmbHG). Ausgenommen sind lediglich Sachgründungen unter Einbringung von Gegenständen, deren Übertragung ihrerseits beurkundungspflichtig ist (zum Beispiel Grundstücke oder GmbH-Anteile). Für diese Beurkundungsgegenstände ist das Online-Verfahren weiterhin nicht zugelassen. Außerdem wurden durch das DiREG auch einstimmige Gesellschafterbeschlüsse, auch zur Satzungsänderung einschließlich Kapitalmaßnahmen (Erhöhung und Herabsetzung

---

[4] BGBl. 2021 I 3338.
[5] COM(2018) 239; dazu Knaier GmbHR 2018, 148 und GmbHR 2018, 560; J. Schmidt Der Konzern 2018, 229; Lieder NZG 2018, 1081; Noack DB 2018, 1324; Teichmann ZIP 2018, 2451; Bock DNotZ 2018, 643.
[6] Zum DiRUG vgl. Knaier GmbHR 2021, 169; J. Schmidt ZIP 2021, 112; Ulrich GmbHR 2021, 35; Bock RNotZ 2021, 326; Linke NZG 2021, 309; Freier NotBZ 2021, 161; Meier/Szalai ZNotP 2021, 306; Krafka RDi 2022, 86; Teichmann GmbHR 2021, 1237.
[7] BGBl. 2022 I 1146; vgl. zum DiREG Heckschen/Knaier NZG 2022, 885; Bochmann NZG 2022, 531; Braun DNotZ 2022, 725; Weinreich BWNotZ 2022, 245; Wicke GmbHR 2022, 516; Franke/Schreiber RDi 2022, 116.

des Stammkapitals) in den Anwendungsbereich des Online-Verfahrens mit einbezogen. Dies gilt auch für die notarielle Errichtung von Vollmachten im Sinne des § 2 Abs. 2 S. 1 GmbHG. Trotz der Erweiterung durch das DiREG sind nicht alle Beschlüsse, insbesondere solche, die nicht einstimmig gefasst werden, der Fernbeurkundung zugänglich.[8]

2. Online-Beglaubigung nach § 40a BeurkG

Das DiRUG hat aber auch in § 40a BeurkG erstmals die öffentliche Beglaubigung qualifizierter elektronischer Signaturen mittels Videokommunikation (Fernbeglaubigung) zugelassen. § 40a Abs. 1 S. 1 BeurkG bestimmt, dass eine qualifizierte elektronische Signatur nur beglaubigt werden soll, wenn sie in Gegenwart des Notars oder mittels des von der Bundesnotarkammer nach § 78p BNotO betriebenen Videokommunikationssystems anerkannt worden ist. § 40a Abs. 1 S. 1 BeurkG sieht daher prinzipiell zwei Verfahrensweisen vor, nach denen die Beglaubigung einer qualifizierten elektronischen Signatur erfolgen kann. Zum einen kann die Beglaubigung im Rahmen eines Präsenzverfahrens derart vorgenommen werden, dass das zu beglaubigende Dokument bereits mit einer qualifizierten elektronischen Signatur versehen ist oder vor Ort versehen wird und diese sodann in Gegenwart der Notarin oder des Notars anerkannt wird (Präsenzbeglaubigung). Die Beglaubigung kann mittels Videokommunikation allerdings derzeit nur erfolgen, soweit dies durch Gesetz zugelassen ist (§ 40a Abs. 1 S. 2 BeurkG). Das DiRUG hatte in § 12 HGB zunächst die öffentliche Beglaubigung mittels Videokommunikation nur zugelassen für die Anmeldung durch Einzelkaufleute, für Gesellschaften mit beschränkter Haftung, Aktiengesellschaften, Kommanditgesellschaften auf Aktien und für Genossenschaften. Durch das Gesetz vom 15.7.2022 zur Ergänzung der Regelungen zur Umsetzung der Digitalisierungsrichtlinie (DiREG) wurden weitere Anwendungsbereiche zur Online-Beglaubigung geschaffen und diese umfasst nun sämtliche Handels-, Genossenschafts- und Partnerschaftsregisteranmeldungen. In den § 12 Abs. 1 S. 2 HGB, § 157 S. 2 GenG, § 5 Abs. 2 PartGG ist nunmehr allgemein geregelt, dass öffentliche Beglaubigung mittels Videokommunikation gemäß § 40a BeurkG zulässig ist. Danach ist die Errichtung originär elektronischer Urkunden möglich bei amtlichen Beglaubigungen zum Handels-, Partnerschafts- und Genossenschaftsregister, zum Vereinsregister, Übernahmeerklärungen im Rahmen einer Kapitalerhöhung.

---

[8] Vgl. dazu Rachlitz in BeckOGK, 1.6.2023, BeurkG § 16a Rn. 87 ff.

III. Auslands-Beurkundung und Auslands-Beglaubigung

1. Beurkundung durch im Ausland bestellte Notare

a) Überblick

Die Beurkundung eines ausländischen Notars im Inland verstößt gegen das deutsche Territorialitätsprinzip und ist damit nach deutschem Recht nichtig.[9] Hiervon zu trennen ist die Frage, ob die Beurkundung eines ausländischen Notars im Inland anerkannt wird. Hier spielen eine Reihe von Fragen des Internationalen Privatrechts sowie der Gleichwertigkeit eine Rolle.

b) Formstatut

Zur Einordnung von ausländischen Beurkundungen ist zunächst die Frage des anwendbaren Rechts festzustellen (Formstatut).[10] Die Frage, welche Form auf ein schuldrechtliches Geschäft anzuwenden ist, wird grundsätzlich nach Art. 11 Abs. 1 EGBGB beziehungsweise Art. 11 Rom I-VO gesondert angeknüpft. Nach Art. 11 Abs. 1 EGBGB ist ein Rechtsgeschäft formgültig, wenn es entweder die Formerfordernisse des Rechts, das auf das seinen Gegenstand bildende Rechtsverhältnis anzuwenden ist (sogenanntes Geschäftsrecht), oder des Rechts des Staates erfüllt, in dem es vorgenommen wird (sogenannte Ortsform).[11] Im Bereich der von der Rom I-VO[12] erfassten Schuldverträge geht allerdings die Regelung in Art. 11 Rom I-VO vor. Auch insoweit bleibt es bei der Alternativanknüpfung, wie sie auch Art. 11 Abs. 1 EGBGB vorsieht. In erster Linie entscheidet das Geschäftsstatut über die Form des Rechtsgeschäfts; das Rechtsgeschäft ist allerdings auch wirksam, wenn es der Ortsform genügt. Ist etwa deutsches Recht Geschäftsstatut, so gilt nach Art. 11 Abs. 1 Rom I-VO beziehungsweise Art. 11 Abs. 1 EGBGB grundsätzlich § 311b BGB für den Grundstückskaufvertrag, so dass nach deutschem Recht eine

---

[9] BGH DNotZ 2015, 944 mit Anmerkung Rachlitz = NJW 2015, 3034 mit Anmerkung Waldhoff = MittBayNot 2016, 72 mit Anmerkung Huttenlocher; Preuß in Armbrüster/Preuß, 9. Aufl. 2022, BeurkG § 2 Rn. 28 ff.

[10] Vgl. hierzu Reithmann/Stelmaszczyk in Reithmann/Martiny, Internationales Vertragsrecht, 9. Aufl. 2021, Rn. 5.521 ff.; Armbrüster in Armbrüster/Preuß, 9. Aufl. 2022, BeurkG § 1 Rn. 61 ff.; Spellenberg in MüKoBGB, 8. Aufl. 2021, Rom I-VO Art. 18 Rn. 43 ff. und EGBGB Art. 11 Rn. 86 ff.; Schäuble in Hausmann/Odersky, Internationales Privatrecht in der Notar- und Gestaltungspraxis, 4. Aufl. 2021, § 16 Rn. 204 ff.; Gößl in BeckOGK, 1.6.2023, BeurkG § 2 Rn. 30 ff.

[11] Vgl. hierzu Reithmann/Stelmaszczyk in Reithmann/Martiny, Internationales Vertragsrecht, 9. Aufl. 2021, Rn. 5.521 ff.; Bindseil DNotZ 1992, 275; Schütze DNotZ 1992, 66; Langhein Rpfleger 1996, 45; Gutachten DNotI-Report 1995, 33; Armbrüster in Armbrüster/Preuß, 9. Aufl. 2022, BeurkG § 1 Rn. 61 ff.; Hertel in Staudinger, 2023, BeurkG Rn. 722 ff.; Spellenberg in MüKoBGB, 8. Aufl. 2021, Rom I-VO Art. 18 Rn. 43 ff. und EGBGB Art. 11 Rn. 86 ff.; Schäuble in Hausmann/Odersky, Internationales Privatrecht in der Notar- und Gestaltungspraxis, 4. Aufl. 2021, § 16 Rn. 204 ff.; Gößl in BeckOGK, 1.6.2023, BeurkG § 2 Rn. 30 ff.

[12] Verordnung (EG) 593/2008 des Europäischen Parlaments und des Rates vom 17.6.2008 über das auf vertragliche Schuldverhältnisse anzuwendende Recht. Sie ist am 17.12.2009 in Kraft getreten und gilt für alle EU-Staaten mit Ausnahme von Dänemark und Großbritannien, vgl. dazu Martiny in Reithmann/Martiny, Internationales Vertragsrecht, 9. Aufl. 2021, Rn. 1.49 ff. mit weiteren Nachweisen.

notarielle Beurkundung erforderlich wäre. Für den Kaufvertrag und seine Wirksamkeit genügt aber auch die Einhaltung der Ortsform, also auch die Beurkundung durch einen ausländischen Notar und sogar ein privatschriftlicher Vertrag, wenn dies nach der Ortsform für Grundstückskaufverträge genügend ist.[13]

Dieser allgemeine Grundsatz der Anknüpfung von Formvorschriften findet allerdings vielfältige Einschränkungen. Bei schuldrechtlichen Verträgen über Grundstücke bestimmt Art. 11 Abs. 4 Rom I-VO – ähnlich wie früher Art. 9 Abs. 6 EVÜ – beziehungsweise Art. 11 Abs. 4 EGBGB, dass abweichend von den Art. 11 Abs. 1–3 Rom I-VO Verträge, die ein dingliches Recht an einer unbeweglichen Sache zum Gegenstand haben, den Formvorschriften des Staates, in dem die unbewegliche Sache belegen ist, unterliegen, sofern diese Vorschriften nach dem Recht dieses Staates unabhängig davon gelten, in welchem Staat der Vertrag geschlossen wird oder welchem Recht dieser Vertrag unterliegt, und von ihnen nicht durch Vereinbarung abgewichen werden darf. Wenn der Belegenheitsstaat für die Form ausschließlich und zwingend sein Recht beruft, dann hat dies bei Grundstückskaufverträgen Vorrang. § 311 b Abs. 1 BGB wurde allerdings nach der herrschenden Meinung nicht als eine derartige Formvorschrift, die unbedingten Geltungswillen hat, angesehen.[14]

Die notarielle Beurkundung lässt sich zumindest bei Bauträgerverträgen, Time-Sharing-Verträgen und sonstigen spezifischen Verträgen damit rechtfertigen, dass dadurch auch öffentlich-rechtliche Zwecke des Belegenheitsstaates erfüllt werden, so dass unter diesen Umständen auch die Formvorschrift des § 311 b BGB als international zwingende Vorschrift im Sinne des Art. 9 Rom I-VO anzusehen ist. Dies wurde nochmals von Gesetzgeber deutlich gemacht durch die Einführung des § 17 Abs. 2 a BeurkG. Am 1.8.2002 ist diese Vorschrift durch das OLG-Vertretungsänderungsgesetz vom 23.7.2002[15] in Kraft getreten. Hierdurch wurden neue und bedeutende Amtspflichten des Notars zur Gestaltung des Beurkundungsverfahrens bei Verbraucherverträgen begründet. Nach § 17 Abs. 2a S. 2 BeurkG „soll" der Notar bei Verbraucherverträgen darauf hinwirken, dass die rechtsgeschäftlichen Erklärungen des Verbrauchers von diesem persönlich oder durch eine Vertrauensperson abgegeben werden (Nr. 1) und der Verbraucher ausreichend Gelegenheit erhält, sich vorab mit dem Gegenstand der Beurkundung auseinander zu setzen (Nr. 2). Damit wird ein erheblicher Sozialschutz im Vorfeld des Vertragsschlusses erreicht. Es ist nicht einzusehen, dass dieser Schutz durch Wahl eines Rechtes außer Kraft gesetzt wird, das die Formvorschrift nicht kennt.[16]

---

[13] Vgl. die frühere Rechtsprechung zum EGBGB: RGZ 121, 154; IPRspr. 1931, Nr. 20; BGH IPRspr. 1970, Nr. 17; OLG Stuttgart OLGZ 1981, 257; Winkler v. Mohrenfels in Staudinger, 2013, EGBGB Art. 11 Rn. 65 f. und Rom I-VO Art. 11 Rn. 100 f.; Spellenberg in MüKoBGB, 8. Aufl. 2021, EGBGB Art. 11 Rn. 183.

[14] Vgl. Regierungsbegründung, BT-Drs. 10/504, 49; Spellenberg in MüKoBGB, 8. Aufl. 2021, EGBGB Art. 11 Rn. 183; Thorn in Grüneberg, 82. Aufl. 2023, EGBGB Art. 11 Rn. 20; Winkler v. Mohrenfels in Staudinger, 2021, EGBGB Art. 11 Rn. 65 f. und Rom I-VO Art. 11 Rn. 100 f.

[15] BGBl. 2002 I 2850.

[16] Vgl. Limmer in Reithmann/Martiny, Internationales Vertragsrecht, 9. Aufl. 2021, Rn. 6.852 ff.

Art. 11 Abs. 4 EGBGB bestimmt, dass über die Formgültigkeit von Verfügungsgeschäften bezüglich Sachen, also auch den Eigentumsübergang, allein das Geschäftsrecht entscheidet, das heißt die lex rei sitae. Die Ortsform ist damit ausgeschlossen. Deutsche Grundstücke können daher nur durch eine notariell beurkundete Auflassung übereignet werden. Darüber hinaus ist bezüglich der Auflassung der materiell-rechtlichen Vorschrift des § 925 Abs. 1 S. 2 BGB und dem hiermit verbundenen Zweck zu entnehmen, dass die Auflassung deutscher Grundstücke nur von deutschen Notaren beurkundet werden kann.[17] Hierfür sprechen nicht nur historische Gründe, die aus der Entstehungsgeschichte der Norm abzuleiten sind, sondern vor allem auch sachliche Erwägungen:[18] Der Notar hat bei der Beurkundung der Auflassung nicht nur Pflichten den Beteiligten gegenüber, sondern auch eine Verantwortung für die Richtigkeit des Grundbuches. Schließlich obliegen dem Notar eine Reihe von Mitteilungspflichten steuer- oder öffentlich-rechtlicher Art (zum Beispiel gegenüber Grunderwerbsteuerstelle, Gutachterausschuss et cetera), die nur durch einen inländischen Notar eingehalten werden können. Auch andere Länder, die die spezifische dingliche Verfügung kennen, lassen die Beurkundung durch ausländische Notare nicht zu,[19] so zum Beispiel die Schweiz[20] oder die Niederlande, wo nach Art. 3:29 B. W. Eigentumsübertragungen an niederländischen Grundstücken nur vor einem niederländischen Notar vorgenommen werden können. Diese Zuständigkeitsbeschränkung ist auch angesichts der Einbindung des sachenrechtlichen Transformationsaktes in das mit öffentlichem Glauben ausgestattete Grundbuchwesen sachgerecht. Der Notar ist Teil des Registrierungsverfahrens und damit für die Richtigkeit des Grundbuches verantwortlich. Er prüft vielfältige Wirksamkeitselemente, die das Grundbuchamt nicht prüfen kann. Im Beschluss vom 13.2.2020 hat der BGH entschieden, dass für die Auflassung bestimmte Form nur durch eine Erklärung durch die gleichzeitig anwesenden Beteiligten vor einem im Inland bestellten Notar gewahrt werden kann.[21] Der BGH hat dies sehr eingehend begründet: Hierfür sprechen nach Ansicht des BGH nicht nur historische Gründe, die aus der Entstehungsgeschichte der Norm abzuleiten sind, sondern vor allem auch sachliche

---

[17] Siehe BGH WM 1968, 1171; OLG Köln DNotZ 1972, 489; KG NJW-RR 1986, 1462; LG Ellwangen BWNotZ 2000, 45; Reithmann/Stelmaszczyk in Reithmann/Martiny, Internationales Vertragsrecht, 9. Aufl. 2021, Rn. 5.362 ff.; Armbrüster in Armbrüster/Preuß, 9. Aufl. 2022, BeurkG § 1 Rn. 63 ff.; Schäuble in Hausmann/Odersky, Internationales Privatrecht in der Notar- und Gestaltungspraxis, 4. Aufl. 2021, § 16 Rn. 204 ff.; Gößl in BeckOGK, 1.6.2023, BeurkG § 2 Rn. 30 ff.; Limmer in Reithmann/Martiny, Internationales Vertragsrecht, 9. Aufl. 2021, Rn. 6.852 ff.; Thorn in Grüneberg, 82. Aufl. 2023, EGBGB Art. 11 Rn. 9; Demharter, 33. Aufl. 2023, GBO § 20 Rn. 15; Kanzleiter DNotZ 2007, 222 (224 f.); Döbereiner ZNotP 2001, 465 ff.; Jansen, FGG, Band 3, 1971, BeurkG Einl. Rn. 31; Winkler NJW 1972, 985; zweifelnd Kropholler ZHR 140 (1976), 394 (410); Riedel DNotZ 1955, 521; Blumenwitz DNotZ 1968, 712; Schöner/Stöber, Grundbuchrecht, 16. Aufl. 2020, Rn. 3337; Bausback DNotZ 1996, 254; anderer Ansicht Heinz RIW 2001, 928.
[18] Siehe eingehend Döbereiner ZNotP 2001, 465.
[19] Löber DNotZ 1993, 789.
[20] Siehe Wachter RNotZ 2001, 65 (73).
[21] BGH DNotZ 2020, 742 mit Anmerkung Raff = MittBayNot 2021, 65 mit Anmerkung Strauß = RIW 2020, 461 mit Anmerkung Lehmann/Krysa; Lieder NZG 2020, 1081.

Erwägungen:[22] Die fachliche Expertise der im Inland bestellten Notare und die fachlichen Anforderungen an die zur Entgegennahme von Auflassungen ermächtigten Konsularbeamten stellten sicher, dass die Auflassungen nicht nur den materiell-rechtlichen Vorgaben etwa § 925 Abs. 2 BGB, sondern auch den grundbuchtechnischen Vorgaben entsprechen. Bei den im Inland bestellten Notaren und den zur Entgegennahme von Auflassungen ermächtigten Konsularbeamten könne auch davon ausgegangen werden, dass sie die mit den Vorgaben für die Auflassung in § 925 Abs. 1 S. 1 BGB verknüpften verbraucherschützenden Ziele, nämlich den Schutz der Beteiligten vor unüberlegten, weil zum Beispiel gar nicht geschuldeten, Auflassungen und die Unterrichtung über zwischenzeitliche Verfügungen durch Einsichtnahme in das Grundbuch sicherstellen. Auch europarechtlich sei die Einschränkung zulässig, wie der EuGH in der Sache „Pieringer" bestätigt habe.

c) Auslandsbeurkundung im Gesellschaftsrecht

Im Gesellschaftsrecht ist die Auffassung herrschend, dass die Vorgänge, die die Struktur der Gesellschaft betreffen, zwingend den Formvorschriften des Wirkungsstatuts unterliegen, also sich nach dem Recht richten, dem die Gesellschaft selbst untersteht (Gesellschaftsstatut).[23] Für die Einschränkung der Anknüpfung der Formvorschriften im Gesellschaftsrecht auf das Wirkungsstatut spricht die Tatsache, dass insbesondere öffentliche Interessen durch die Formvorschriften des Wirkungsstatuts geschützt werden, nämlich Rechtssicherheit, Verkehrsschutz und Richtigkeitsgewähr öffentlich-rechtlicher Register.[24] Gerade bei Kapitalgesellschaften haben Strukturänderungen wie Gründung, Satzungsänderung, Abschluss eines Unternehmensvertrages, Verschmelzung, Spaltung, Umwandlung et cetera nicht nur für die unmittelbar an dem Vorgang beteiligten Personen erheblichen Einfluss, sondern für Dritte (Gläubiger, zukünftige Gesellschafter), den öffentlichen Rechtsver-

---

[22] Siehe eingehend auch Döbereiner ZNotP 2001, 465; Lieder NZG 2020, 1081; Herrler NotBZ 2020, 391.
[23] So KG DNotZ 2019, 134; DNotZ 2019, 141; OLG Hamm NJW 1974, 1057; OLG Karlsruhe RIW 1979, 567; KG NZG 2018, 304; ZIP 2018, 1878 (1879); AG Köln RIW 1989, 991; AG Fürth MittBayNot 1991, 30; LG Augsburg MittBayNot 1996, 318; AG Berlin-Charlottenburg RNotZ 2016, 119; Lieder NZG 2022, 104 f.; Reithmann/Stelmaszczyk in Reithmann/Martiny, Internationales Vertragsrecht, 9. Aufl. 2021, Rn. 5.279 ff.; Armbrüster in Armbrüster/Preuß, 9. Aufl. 2022, BeurkG § 1 Rn. 72 ff.; Braunfels in Heidel, Aktienrecht, 5. Aufl. 2019, AktG § 23 Rn. 4; Seibt in Schmidt/Lutter, 3. Aufl. 2015, AktG § 23 Rn. 17; Koch, 17. Aufl. 2023, AktG § 23 Rn. 10; Körber/König in Bürgers/Körber/Lieder, 5. Aufl. 2021, AktG § 23 Rn. 7; Limmer in BeckOGK, 1.7.2023, AktG § 23 Rn. 23; Röhricht in Großkommentar zum Aktiengesetz, 5. Aufl. 2015, AktG § 23 Rn. 48; Pentz in MüKoAktG, 5. Aufl. 2019, AktG § 23 Rn. 30; Bayer in Lutter/Hommelhoff, 21. Aufl. 2023, GmbHG § 2 Rn. 18, 27; Schervier NJW 1992, 593; Ebenroth/Wilken JZ 1991, 1064; Goette FS Boujong, 1996, 137; v. Randenbergh GmbHR 1996, 909; Wolff ZIP 1995, 1491; Winkler, 21. Aufl. 2023, BeurkG Einl. Rn. 61 ff.; Großfeld/Berndt RIW 1996, 630; Kindler AG 2007, 721 (725); Gutachten DNotI-Report 1995, 219; Hertel in Staudinger, 2023, BeurkG Rn. 726; Cramer DStR 2018, 747 (748); Cziupka EwiR 2018, 137; Heckschen DB 2018, 685 (687); Hermanns RNotZ 2018, 271; Lieder ZIP 2018, 805 (808); Stelmaszczyk GWR 2018, 103; Weber MittBayNot 2018, 215; Wicke GmbHR 2018, 380; anderer Ansicht Thorn in Grüneberg, 82. Aufl. 2023, EGBGB Art. 11 Rn. 8 ff.
[24] Vgl. Gutachten DNotI-Report 1995, 219.

kehr und die Rechtssicherheit allgemein.[25] Die Einhaltung der Form des Wirkungsstatuts, also die notarielle Beurkundung durch einen deutschen Notar, sichert nicht nur die Richtigkeit der Registereintragung, sondern umfassenden Verkehrsschutz durch „strukturelle" Richtigkeitsgewähr im Gesellschaftsrecht.[26] Auch der Entwurf für ein Gesetz zum Internationalen Privatrecht der Gesellschaften, Vereine und juristischen Personen sieht die Unzulässigkeit der Ortsform vor.[27]

d) Gleichwertigkeitsprüfung, Substitution

Ergibt sich aufgrund der internationalen privatrechtlichen Formvorschriften, dass die Form des Geschäftsstatuts einzuhalten ist und sieht dieses notarielle Beurkundung vor, dann stellt sich im zweiten Schritt die Frage, inwieweit auch ein ausländischer Notar die inländische Form der notariellen Beurkundung erfüllen kann. Diese Frage lässt sich nicht einheitlich beantworten, sondern es kommt auf den spezifischen Schutzzweck der Formvorschrift an.[28] Bei der Auslegung der Formvorschrift muss entschieden werden, inwieweit die Beurkundung durch einen ausländischen Notar der inländischen gleichwertig ist (Substitution).[29] Notarielle Formvorschriften dienen nicht nur dem Schutz der Beteiligten durch Überlegungssicherung und Belehrungssicherung, sondern auch generell dem Rechtsverkehr durch erhöhte Beweissicherung und der Gerichtsentlastung.[30] Insbesondere bei sol-

---

[25] Vgl. auch den grundlegenden „Supermarkt-Beschluss" BGHZ 105, 324 (338) = NJW 1989, 295; vgl. auch OLG Hamburg NJW-RR 1993, 1317.

[26] Hommelhoff DNotZ-Sonderheft 1989, 104 (111); Lieder ZIP 2018, 805 (806f.); ZIP 2018, 1517 (1518ff.) und NZG 2022, 1043f.; Goette FS Boujong, 1996, 131 (142).

[27] Vgl. Referentenentwurf, abrufbar unter http://www.bmj.de/media/rchive/2751.pdf; dazu Leuering ZRP 2008, 73 (77); C. Schneider BB 2008, 566 (574); Wagner/Timm IPRax 2008, 81 (88).

[28] Vgl. Winkler, 21. Aufl. 2023, BeurkG Einl. Rn. 54; Reithmann, Allgemeines Urkundenrecht, 1972, Rn. 573ff.; Armbrüster in Armbrüster/Preuß, 9. Aufl. 2022, BeurkG § 1 Rn. 61ff.; Hertel in Staudinger, 2023, BeurkG Rn. 723ff.; Winkler v. Mohrenfels in Staudinger, 2019, EGBGB Art. 11 Rn. 285ff., 293f.; Spellenberg in MüKoBGB, 8. Aufl. 2021, EGBGB Art. 11 Rn. 77ff., 86ff.; Lieder ZIP 2018, 805 (810) und ZIP 2018, 1517 (1522).

[29] Vgl. zur Substitution BGH DNotZ 2014, 457; DNotZ 2015, 207 mit Anmerkung Hüren zur Beurkundung der Hauptversammlung einer AG; KG DNotZ 2019, 141; DNotZ 2019, 134; ausführlich auch AG Berlin-Charlottenburg RNotZ 2016, 119; dazu Küller NJW 2014, 1994; Heckschen BB 2014, 462; Tebben DB 2014, 585; Herrler GmbHR 2014, 225; Wicke DB 2013, 1099; Lieder/Ritter notar 2014, 187; Lieder NZG 2022, 104; Bayer GmbHR 2013, 897 (911); BGHZ 80, 76; OLG Stuttgart IPRspr. 1981, Nr. 10a; OLG Düsseldorf RIW 1989, 225; OLG München RIW 1998, 148; Reithmann, Allgemeines Urkundenrecht, 1972, Rn. 573; Reithmann NJW 2003, 185ff.; Armbrüster in Armbrüster/Preuß, 9. Aufl. 2022, BeurkG § 1 Rn. 61ff.; Hertel in Staudinger, 2023, BeurkG Rn. 723; Kröll ZGR 2000, 111; Reithmann/Stelmaszczyk in Reithmann/Martiny, Internationales Vertragsrecht, 9. Aufl. 2021, Rn. 5.318ff.; Wolfsteiner DNotZ 1978, 532; Kropholler ZHR 140 (1976), 394 (410); Bokelmann NJW 1975, 1625; Mann ZHR 138 (1974), 448 (453ff.); Spellenberg in MüKoBGB, 8. Aufl. 2021, EGBGB Art. 11 Rn. 77ff., 86ff.; sehr ausführlich mit Darstellung auch der Entwicklung und des heutigen Standes und mit umfassenden Nachweisen Winkler v. Mohrenfels in Staudinger, 2013, EGBGB Art. 11 Rn. 285ff., 293f.; Cramer DStR 2018, 747 (748); Cziupka EWiR 2018, 137; Heckschen DB 2018, 685 (687); Hermanns RNotZ 2018, 271; Lieder ZIP 2018, 805 (808); Stelmaszczyk GWR 2018, 103; Weber MittBayNot 2018, 215; Wicke GmbHR 2018, 380; Stelmaszczyk RNotZ 2019, 177.

[30] Limmer in Frenz/Miermeister, 5. Aufl. 2020, BNotO § 20 Rn. 8ff.

chen Beurkundungen, die Grundlage für eine Register- oder Grundbucheintragung sind, erfüllt der Notar durch Einhaltung des spezifischen Beurkundungsverfahrens öffentlich-rechtliche Aufgaben: Legalitätskontrolle (§ 14 Abs. 2 BNotO), Identitätskontrolle (§ 10 BNotO), Prüfung der Geschäftsfähigkeit (§ 11 BNotO), Prüfung der Vertretungsmacht (§ 12 BNotO). Mit der Wahrnehmung dieser auch im öffentlichen Interesse bestehenden Pflichten wird die Richtigkeit der zum Zwecke des öffentlich-rechtlichen Verkehrsschutzes geschaffenen Register und Grundbücher garantiert. Damit ist der Notar Teil des Register- und Grundbuchverfahrens und nimmt damit genuin Zwecke des inländischen Rechts wahr, die durch einen ausländischen Notar so nicht wahrgenommen werden können. Darüber hinausgehend hat der Gesetzgeber dem Notar vielfältigste Mitteilungspflichten des öffentlichen und Steuerrechts auferlegt, deren Erfüllung allein im öffentlichen Interesse erfolgt und die zwingend mit der Beurkundung verknüpft sind.[31] Die notarielle Beurkundung dient daher nicht nur dem Zweck der Errichtung einer beweissichernden Urkunde und dem Beteiligtenschutz, sondern vielfältigsten öffentlich-rechtlichen, steuerrechtlichen und Verkehrsschutzinteressen. Da ausländische Notare weder den öffentlich-rechtlichen und steuerrechtlichen Mitteilungspflichten noch dem inländischen Verkehrsschutz und dem inländischen Register- und Grundbuchverfahren verpflichtet sind, gewinnt in Literatur und Rechtsprechung die Meinung an Zuwachs, dass bei solchen Fällen eine ausländische Beurkundung der inländischen nicht gleichwertig sein kann.[32] Die Frage ist aber im Einzelnen noch sehr umstritten.[33] In der Literatur wird vermehrt angesichts aktueller Entwicklungen besonders auch im gesetzgeberischen Bereich zu Recht darauf hingewiesen, dass der Standpunkt der bisherigen herrschenden Meinung, wonach es auf eine „oberflächliche" Gleichwertigkeit der Beurkundungssysteme ankommt, die bestehende Rechtsunterschiede und die speziellen Aufgaben des deutschen Notars gegenüber dem deutschen Staat zu wenig berücksichtigt und deshalb das pauschale Gleichwertigkeitspostulat fraglich ist.[34] Insbesondere im Bereich der nach § 15

---

[31] Limmer in Frenz/Miermeister, 5. Aufl. 2020, BeurkG § 18 Rn. 65 ff.

[32] AG Berlin-Charlottenburg RNotZ 2016, 119 mit eingehender und überzeugender Begründung; Reithmann/Stelmaszczyk in Reithmann/Martiny, Internationales Vertragsrecht, 9. Aufl. 2021, Rn. 5.318 ff.; Winkler, 21. Aufl. 2023, BeurkG Einl. Rn. 54 ff.; LG Augsburg MittBayNot 1996, 318; Lichtenberger FS Schippel, 1996, 729 ff.; Götte FS Boujong, 1996, 131 (139 ff.); Großfeld in Staudinger, 1998, IntGesR Rn. 431 ff.; Langhein, Kollisionsrecht, 1994, S. 100 ff.; Langhein Rpfleger 1996, 45; Schervier NJW 1992, 595; König/Götte/Bormann NZG 2009, 881; Böttcher ZNotP 2010, 6; Braun DNotZ 2009, 585; Bauer/Anders BB 2012, 593.

[33] Vgl. Nachweise bei Thorn in Grüneberg, 82. Aufl. 2023, EGBGB Art. 11 Rn. 8 ff.; Reithmann/Stelmaszczyk in Reithmann/Martiny, Internationales Vertragsrecht, 9. Aufl. 2021, Rn. 5.318 ff.; Spellenberg in MüKoBGB, 8. Aufl. 2021, EGBGB Art. 11 Rn. 77 ff., 86 ff.; vgl. auch die Diskussion nach der BGH-Entscheidung DNotZ 2014, 457; dazu Küller NJW 2014, 1994; Heckschen BB 2014, 462; Tebben DB 2014, 585; Herrler GmbHR 2014, 225; Wicke DB 2013, 1099; Lieder/Ritter notar 2014, 187; Bayer GmbHR 2013, 897 (911); Cramer DStR 2018, 747 (748); Cziupka EWiR 2018, 137; Heckschen DB 2018, 685 (687); Hermanns RNotZ 2018, 271; Lieder ZIP 2018, 805 (808); Stelmaszczyk GWR 2018, 103; Weber MittBayNot 2018, 215; Wicke GmbHR 2018, 380; Stelmaszczyk RNotZ 2019, 177.

[34] Vgl. Bayer in Lutter/Hommelhoff, 12. Aufl. 2023, GmbHG § 2 Rn. 19 und § 15 Rn. 27; Goette DStR 1996, 709 f.; Reithmann NJW 2003, 185 (186 ff.); Ulmer in Ulmer/Habersack/

GmbHG beurkundungspflichtigen Abtretung eines GmbH-Anteils ist eine Diskussion durch das MoMiG[35] und die dadurch neu geschaffene Gesellschafterliste nach § 40 Abs. 2 GmbHG entstanden.[36] Nach § 40 Abs. 2 GmbHG hat der Notar, der die Übertragung von GmbH-Geschäftsanteilen beurkundet, die Pflicht, aus der Übertragung resultierende Änderungen der Gesellschafterstruktur in einer neuen Gesellschafterliste zu erfassen und diese von ihm unterzeichnet an das Handelsregister und die Gesellschaft zu übermitteln. Die Literatur geht zum Teil davon aus, dass ein ausländischer Notar dieser Pflicht wegen Fehlens von Amtsbefugnissen in Deutschland nicht nachkommen und dementsprechend auch keine gleichwertige Beurkundung mehr durchführen kann.[37] Das LG Frankfurt ist dieser Meinung gefolgt.[38] Der BGH hat dies allerdings abgelehnt und entschieden, dass das Registergericht eine zum Handelsregister eingereichte Gesellschafterliste nicht bereits aus dem Grund zurückweisen darf, weil sie von einem Notar mit Sitz in Basel (Schweiz) eingereicht worden ist.[39] Zu beachten ist allerdings, dass in der Schweiz seit dem 1.1.2008 die Übertragung von Geschäftsanteilen nur noch der Schriftform bedarf (Art. 785 Abs. 1 OR). Die Zulassung der Ortsform mit der Konsequenz, dass auch eine privatschriftliche Vereinbarung nach Art. 785 OR für die Anteilsabtretung ausreicht, widerspricht eindeutig dem durch die Neufassung der §§ 16 Abs. 1 und 3, 40 Abs. 2 GmbHG nochmals verstärkten Zweck, im Falle von Anteilsübertragungen ein hohes Maß an Rechtssicherheit zu leisten.[40] Allerdings hat das KG sowohl die Beurkundung der Gründung einer deutschen GmbH[41] als auch die Beurkundung eines Verschmelzungsvertrages nach UmwG[42] durch einen Schweizer Notar mit Amtssitz in Bern beziehungsweise Basel als gleichwertig angesehen. Diese Entscheidungen sind mit der überwiegenden Literatur abzulehnen,[43] da die in den jeweiligen Kantonen der Schweiz geltenden Beurkundungsgesetze deutlich vom deutschen BeurkG abweichen: zum Beispiel ist keine Verlesung – das Zentralelement

---

Winter, 2005, GmbHG § 2 Rn. 17a; König/Götte/Bormann NZG 2009, 881; Böttcher ZNotP 2010, 6; Braun DNotZ 2009, 585; Bauer/Anders BB 2012, 593.

[35] Gesetz zur Modernisierung des GmbH-Rechts und zur Bekämpfung von Missbräuchen (MoMiG) vom 23.10.2008, BGBl. I 2026.

[36] Vgl. Diehn DNotZ 2019, 146 (147); Cramer DStR 2018, 746; Cziupka EWiR 2018, 137; Lieder ZIP 2018, 805; Mayer/Barth IWRZ 2018, 128; Pogorzelski notar 2018, 403; Stelmaszczyk RNotZ 2019, 177; Strauß MittBayNot 2021, 65 (72).

[37] Bayer DNotZ 2009, 887; Link RNotZ 2009, 199; Rodewald GmbHR 2009, 196 (197); Böttcher ZNotP 2010, 6 (9 ff.); Braun DNotZ 2009, 585; Preuß RNotZ 209, 529 (533); König/Götte/Bormann NZG 2009, 1069.

[38] LG Frankfurt a. M. NJW 2010, 683 mit Anmerkung Pilger.

[39] Vgl. BGH DNotZ 2014, 457; dazu Küller NJW 2014, 1994; Heckschen BB 2014, 462; Tebben DB 2014, 585; Herrler GmbHR 2014, 225; Wicke DB 2013, 1099; Lieder/Ritter notar 2014, 187.

[40] Bayer DNotZ 2009, 887; Pilger NJW 2010, 683; Böttcher ZNotP 2010, 6 (11); Lieder/Ritter notar 2014, 187.

[41] KG DNotZ 2019, 134; anders die Vorinstanz AG Berlin-Charlottenburg RNotZ 2016, 119.

[42] KG DNotZ 2019, 141; vgl. dazu Stelmaszczyk RNotZ 2019, 177.

[43] Stelmaszczyk RNotZ 2019, 177; Diehn DNotZ 2019, 141; Cramer DStR 2018, 746 (751); Cziupka EWiR 2018, 137 (138); Reithmann/Stelmaszczyk in Reithmann/Martiny, Internationales Vertragsrecht, 9. Aufl. 2021, Rn. 5.279 ff.; Armbrüster in Armbrüster/Preuß, 9. Aufl. 2022, BeurkG § 1 Rn. 72 ff.

des deutschen Beurkundungsverfahrens – vorgesehen.[44] Darüber hinaus ist es fraglich, ob ein ausländischer Notar die vertieften Kenntnisse des deutschen Gesellschaftsrechts haben kann, die den Standards entspricht, die die deutsche Rechtsprechung, vor allem die Haftungsrechtsprechung, vom deutschen Notar verlangt, zum Beispiel zur Haftung bei Belehrung über die Gefahren einer verdeckten Sacheinlage. Insofern ist es widersprüchlich, den deutschen Notar zur umfangreichen Belehrung qua Haftung zu verpflichten, bei ausländischen Notaren aber davon abzusehen.[45] Darüber hinaus ist die Annahme des KG, dass der Schweizer Notar über ausländisches Recht beraten muss, falsch.[46]

2. Beglaubigung durch im Ausland bestellte Notare

Die allgemeine Form einer öffentlichen Urkunde in Form der Beglaubigung, insbesondere Unterschriftsbeglaubigung nach § 40 BeurkG nach deutschem Recht (zum Beispiel im Sinne des § 29 GBO) kann auch durch eine von einem ausländischen Notar ausgestellte Urkunde prinzipiell erreicht werden. Auch hier wird man auf die Frage der Gleichwertigkeit beziehungsweise die Möglichkeit der Substitution[47] abstellen müssen, allerdings nur für die Frage, ob nach dem ausländischen Recht eine öffentliche Urkunde vorliegt, zum Beispiel ob bei einer Unterschriftsbeglaubigung durch den ausländischen Notar eine öffentliche Urkunde gegeben ist. Für die Substitution einer deutschen Unterschriftsbeglaubigung durch eine ausländische Unterschriftsbeglaubigung wird von Hertel gefordert, dass die ausländische Beglaubigung von einer mit einer entsprechenden öffentlichen Befugnis ausgestatteten Person vorgenommen wurde, dass die Beglaubigung nach dem maßgeblichen ausländischen Recht wirksam vorgenommen wurde und dass das ausländische Recht dieser Beglaubigungsform ebenfalls Beweiskraft und Echtheitsvermutungen ähnlich §§ 416, 418, 440 Abs. 2 ZPO beimisst.[48] Reithmann stellt darauf ab, ob der ausländische Notar als Organ der Rechtspflege handelt; deshalb sei eine Beglaubigung durch eine Person, die keiner Aufsicht unterliege nicht substituierbar im Sinne des § 129 BGB.[49] Im Ergebnis wird man es genügen lassen müssen, wenn ein Notar nach seinem Rechtssystem zu derartigen Aufgaben offiziell befugt ist und das Verfahren eine dem deutschen Recht gleichwertige Gewähr für die Echtheit der

---

[44] Vgl. Diehn DNotZ 2019, 141; Cramer DStR 2018, 746 (751); Cziupka EWiR 2018, 137 (138).
[45] Vgl. auch Stelmaszczyk GWR 2018, 103 (106).
[46] Vgl. dazu Heckschen DB 2018, 685 (688f.); Weber MittBayNot 2018, 219f. mit Nachweisen zum Schweizer Recht.
[47] Vgl. KG DNotZ 2022, 607; Winkler, 21. Aufl. 2023, BeurkG Einl. Rn. 66; v. Hein in MüKoBGB, 9. Aufl. 2024, IPR Einl. Rn. 252 ff.; Reithmann/Stelmaszczyk in Reithmann/Martiny, Internationales Vertragsrecht, 9. Aufl. 2021, Rn. 5.318 ff.; Lieder NZG 2022, 1043 (1053); Stelmaszczyk notar 2022, 82 (86 f.); Hug, Die Substitution im IPR, 1983; Manse FS W. Lorenz, 1991, 689; Schaub in Bauer/Schaub, 5. Aufl. 2023, GBO Internationaler Urkundenverkehr Rn. 599 ff.
[48] Hertel in Staudinger, 2023, BeurkG Rn. 157.
[49] Reithmann/Stelmaszczyk in Reithmann/Martiny, Internationales Vertragsrecht, 9. Aufl. 2021, Rn. 5.310.

Unterschrift gibt.[50] Das KG[51] hat allerdings zu Recht entschieden, dass eine der nach deutschem Recht erfolgten Unterschriftsbeglaubigung gleichwertige Beurkundung dann nicht vorliegt, wenn der ausländische Notar lediglich ihm vorgelegte Unterschriften mit anderen Unterschriften vergleicht, die ihm schon vorlagen. Das heißt eine Fernbeglaubigung, die nach dem ausländischem Recht möglicherweise zulässig ist, genügt nicht dem deutschen Gleichwertigkeitsgebot.[52] Es spricht dabei ein Erfahrungssatz des internationalen Rechtsverkehrs dafür, dass ausländische Notare die für sie maßgeblichen Zuständigkeits- und Formvorschriften beachten. Sofern also die Echtheit der ausländischen öffentlichen Urkunde feststeht und keine gewichtigen Anhaltspunkte für ihre fehlerhafte oder kompetenzwidrige Errichtung vorliegen, kann man sich auf den genannten Erfahrungssatz verlassen und ist an ihn gebunden.[53]

IV. Auslands-Beurkundung und Online-Beurkundung

1. Überblick

Durch das Gesetz zur Umsetzung der Digitalisierungsrichtlinie (DiRUG) vom 5.7.2021,[54] wurde wie bereits ausgeführt, die sogenannte Online-Beurkundung zur Gründung einer GmbH ermöglicht.[55] Durch das Gesetz vom 15.7.2022 zur Ergänzung der Regelungen zur Umsetzung der Digitalisierungsrichtlinie (DiREG)[56] wurden weitere Erweiterungen digitaler Maßnahmen geschaffen, insbesondere die Online-Beurkundung für einstimmig gefasste Beschlüsse zur Änderung des GmbH-Gesellschaftsvertrags einschließlich Kapitalmaßnahmen. Es stellt sich auch in diesem Zusammenhang die Frage, inwieweit die Online-Beurkundung durch einen ausländischen Notar gleichwertig ist.[57] Dabei sind zwei Fragen zu trennen: Erstens erfüllt eine ausländische Videobeurkundung das Gleichwertigkeitsprinzip und zweitens sind die inhaltlichen Anwendungsbegrenzungen, die sich im

---

[50] Vgl. auch Reithmann/Stelmaszczyk in Reithmann/Martiny, Internationales Vertragsrecht, 9. Aufl. 2021, Rn. 5.310 ff.
[51] KG DNotZ 2022, 607; OLG Karlsruhe NZG 2022, 1603.
[52] OLG Karlsruhe NZG 2022, 1603; KG DNotZ 2022, 607; Lieder NZG 2022, 1043 (1053); Stelmaszczyk notar 2022, 82 (86 f.).
[53] OLG Zweibrücken MittRhNotK 1999, 241 (242); LG Darmstadt MittBayNot 2008, 317; LG Wuppertal RNotZ 2005, 123; Demharter, 33. Aufl. 2023, GBO § 29 Rn. 50 ff.; Armbrüster in Armbrüster/Preuß, 9. Aufl. 2022, BeurkG § 1 Rn. 54; Roth IPRax 1994, 86 (87).
[54] BGBl. 2021 I 3338.
[55] Zum DiRUG vgl. Knaier GmbHR 2021, 169; J. Schmidt ZIP 2021, 112; Ulrich GmbHR 2021, 35; Bock RNotZ 2021, 326; Linke NZG 2021, 309; Freier NotBZ 2021, 161; Meier/Szalai ZNotP 2021, 306; Krafka RDi 2022, 86; Teichmann GmbHR 2021, 1237.
[56] BGBl. 2022 I 1146; vgl. zum DiREG Heckschen/Knaier NZG 2022, 885; Bochmann NZG 2022, 531; Braun DNotZ 2022, 725; Weinreich BWNotZ 2022, 245; Wicke GmbHR 2022, 516; Franke/Schreiber RDi 2022, 116.
[57] Vgl. dazu Heckschen/Knaier NZG 2022, 885 (886 f.); Lieder ZRP 2022, 102 (104); Gutachten DNotI-Report 2023, 9 (11 ff.); Lieder NZG 2022, 1043 (1048 ff.); Strauß MittBayNot 2022, 429 (432); Sander in BeckOK BNotO, 8. Ed. 1.8.2023, BNotO § 20 Rn. 40.

deutschen Recht aus § 16a Abs. 1 BeurkG in Verbindung mit § 2 Abs. 3 GmbHG ergeben, eingehalten.

2. Substitution der Online-Beurkundung

a) Notarielle Beurkundung als Teil des Registersystems

Notarielle Urkunden haben gerichtsentlastende Funktion und eine besondere volkswirtschaftliche ökonomische Effizienz. So hat zum Beispiel die zwingende Einschaltung des Notars im Vorfeld einer Register- und Grundbucheintragung eine deutliche Gerichtsentlastung dadurch zur Folge, dass der Notar eine Legalitätskontrolle nach § 14 Abs. 2 BNotO vornimmt, notarielle Urkunden eine erhöhte Beweissicherung bewirken und durch die Belehrung und Verpflichtung zur gerechten Vertragsgestaltung auch eine höhere inhaltliche Bestandskraft der Urkunden erreicht wird. Register sind in erster Linie Publizitätsmittel, die die Sicherheit des Rechtsverkehrs dadurch garantieren, dass wichtige Informationen kundgegeben werden, die im Interesse der Öffentlichkeit und auch zum Schutz der am Wirtschaftsleben teilnehmenden Personen jedermann zugänglich sind.[58] In einer arbeitsteiligen Gesellschaft, die auf einer freien Marktwirtschaft beruht, stellt das Handelsregister neben dem Grundbuch eine Informationseinrichtung dar, die für bedeutende Geschäftsvorfälle eine wichtige Rolle spielt. Die im Handelsregister enthaltenen Informationen sind Grundlagen für Vertragsschlüsse und andere wichtige Entscheidungen von Investoren, Unternehmen und Verbrauchern. Es liegt daher im öffentlichen Interesse, die Richtigkeit, Vollständigkeit, Aktualität und leichte Zugänglichkeit des Registers so weit wie möglich zu gewährleisten.[59] Sowohl beim Grundstück als auch beim Unternehmen gibt es Rechtsverhältnisse, die für die Rechtsstellung eines Dritten, der in Ansehung des Grundstücks beziehungsweise Unternehmens ein Rechtsgeschäft vornimmt, erheblich werden. Diese Rechtsverhältnisse sind, wenn sie allein auf dem Gestaltungswillen des Grundstückseigentümers beziehungsweise Unternehmensinhabers beruhen, für die Öffentlichkeit meist nicht zuverlässig erkennbar. Zu diesem Zweck werden die für den Rechtsverkehr wichtigen Informationen zuverlässig und mit Vertrauensschutz in den verschiedenen Registern beziehungsweise Grundbüchern ausgestaltet und veröffentlicht. Die Register beziehungsweise Grundbücher dienen somit dem öffentlichen Interesse nach Verkehrsschutz.[60] Der Gesetzgeber hat aber durch bestimmte Formerfordernisse – die notarielle Beurkundung oder Beglaubigung – sichergestellt, dass schon im Vorfeld Notare in das Registrierungssystem eingeschaltet sind. In der Regel bedürfen Eintragungen in ein Grundbuch oder Handelsregister der öffentlichen Beglaubigung oder sogar der Beurkundung durch einen Notar. Der Gesetzgeber hat also als Grundlage für Eintragungen in diese Register eine bestimmte Form der Urkunde vorgeschrieben und damit einen Teil der Verantwortung für den Inhalt des Registers auf den Notar verlagert. Die Notare sind daher

---

[58] Vgl. zum Handelsregister Limmer Notarius International 1997, 32.
[59] Vgl. Zipp/Auer, Vom Handelsregister zum Firmenbuch, 1997, S. 25.
[60] Vgl. auch Reithmann, Vorsorgende Rechtspflege, 1989, S. 56.

Teil des einheitlichen Registrierungsverfahrens und nehmen hierbei eigene öffentliche Aufgaben wahr, die letztendlich der Registereintragung und damit auch dem Staatsinteresse dienen. Dadurch, dass der Notar die Beteiligten über die rechtliche Wirksamkeit des Rechtsgeschäfts unterrichten und dafür sorgen muss, dass der Rechtsordnung entsprechende wirksame Urkunden errichtet werden, werden die Gerichte deutlich von unwirksamen oder der Rechtsordnung widersprechenden Urkunden entlastet (Gerichtsentlastungsfunktion oder Filterfunktion).[61] Schließlich führen die umfangreichen Pflichten des Notars zur Belehrung und ausgewogenen Vertragsgestaltung[62] dazu, dass diese zu deutlich weniger Rechtsstreitigkeiten führen als nicht beurkundete Verträge. Der Notar ist dabei für die unzweideutige Textfassung der öffentlichen Urkunde mit dem Beweiswert der Vollständigkeit und Richtigkeit verantwortlich.[63] Auch hierdurch werden generell die Rechtsordnungen und die Gerichte von Streitigkeiten entlastet. Der Gesetzgeber hat diese Richtigkeitsfunktion zum Beispiel im Rahmen der Entlastung des handelsrechtlichen Registerverfahrens berücksichtigt, als er bei der Novellierung des § 9c GmbHG und des § 38 Abs. 3 AktG die Prüfungspflichten des Gerichts bezüglich der notariell beurkundeten Satzung beschränkte und damit die Verantwortung des Notars hervorhob.[64] Die Bedeutung dieser Aufgaben des Notars im Vorfeld für die Richtigkeit des Grundbuchs oder Registers darf nicht unterschätzt werden, gerade der Vergleich mit Ländern, die den Notar nicht kennen, zeigt, welche erheblichen Schutzprobleme bestehen, wenn keine Präventivkontrolle besteht.[65] Derartige Register sind leicht Ziel von betrügerischen Aktionen und bieten keinerlei Verkehrsschutz.[66] Durch das Gesetz zur Neuordnung der Aufbewahrung von Notariatsunterlagen und zur Einrichtung des Elektronischen Urkundenarchivs bei der Bundesnotarkammer sowie zur Änderung weiterer Gesetze vom 1.6.2017[67] wurden in § 378 Abs. 3 FamFG und § 15 GBO neue Prüfungs- und Einreichungspflichten im Grundbuch- und Registerverkehr eingeführt, die diese Kontroll- und Filterfunktion durch den Notar gesetzlich festlegen.[68] Danach sind sämtliche Anmeldungen in Grundbuch- und Registersachen mit Ausnahme der Genossenschafts- und Partnerschaftsregistersachen vor ihrer Einreichung für das Registergericht von einem

---

[61] Hertel in Staudinger, 2023, BeurkG Rn. 23, 25 ff.; Baumann MittRhNotK 1996, 6 (19); Priester DNotZ-Sonderheft 2001, 52 (64); Gesell/Herresthal/Limmer, Vollharmonisierung im Privatrecht, 2009, S. 20, 188; Keim MittBayNot 1994, 2 (5); Kilian in Diehn, 2. Aufl. 2019, BNotO § 20 Rn. 77 ff.; Sander in BeckOK BNotO, 8. Ed. 1.8.2023, BNotO § 20 Rn. 7.

[62] Frenz in Frenz/Miermeister, 5. Aufl. 2020, BeurkG § 17 Rn. 1 ff.

[63] Vgl. Jerschke ZNotP 2001, 89 (90); Jerschke FS Hagen, 1999, 289; Kilian in Diehn, 2. Aufl. 2019, BNotO § 20 Rn. 77 ff.

[64] Geändert durch das Handelsrechtsreformgesetz vom 22.6.1998 (BGBl. I 1474).

[65] Vgl. dazu zum Beispiel Vogel FS Max Planck Institut für Privatrecht, 2001, 1065 = notar 2002, 45 zu den Problemen des schwedischen Grundstücksverkehrs; Franzmann MittBayNot 2009, 346 zu Betrugsrisiken im englischen Grundstücksrecht. Vgl. auch Mauch ZvglRWiss 106 (2007), 272 zum Systemvergleich im Gesellschaftsrecht.

[66] Vgl. Mauch ZvglRWiss 106 (2007), 272; Limmer FS 200 Jahre Heymann, 2015, 449.

[67] BGBl. 2017 I 1396.

[68] Vgl. dazu Attenberger MittBayNot 2017, 335 (336); Diehn/Rachlitz DNotZ 2017, 487 (489 f.); Gutachten DNotI-Report 2017, 89 (90); Ott BWNotZ 2017, 146; Weber RNotZ 2017, 427; Krafka NZG 2017, 889.

Notar auf Eintragungsfähigkeit zu prüfen. Somit ist der Notar verpflichtet, dafür Sorge zu tragen, dass nur sachgerecht abgefasste und vollständige Anmeldungen beim Registergericht eingereicht werden. Auch die Gesetzesbegründung macht die Funktion deutlich:[69] Durch die Regelungen solle die Sicherstellung eines funktionierenden Grundbuch- und Registerwesens gewährleistet werden. Die Überprüfung von Anmeldungen in Registersachen auf Grundlage der dem Notar zur Verfügung stehenden Erkenntnismittel werde mit dem vorgeschlagenen § 378 Abs. 3 FamFG unabhängig von der Beurkundung oder Beglaubigung ausdrücklich als notarielle Amtspflicht und registerrechtliche Verfahrensvorschrift geregelt. Durch die Regelung werde die faktische Filter- und Entlastungsfunktion des Notars im Interesse der Sicherung der hohen Qualität, Schnelligkeit und Effizienz der registergerichtlichen Eintragungsverfahren gesetzlich verankert. Als Verfahrensvorschrift sei der vorgeschlagene § 378 Abs. 3 FamFG beziehungsweise § 15 GBO zugleich formelle Voraussetzung im Eintragungsverfahren. Dadurch werde sichergestellt, dass in allen Fällen vorab die Prüfung der Anmeldung auf Eintragungsfähigkeit erfolgt und die Registergerichte ausschließlich sachgerecht formulierte Anmeldungen erhalten.

b) Sicherheitsstandards der Videobeurkundung nach §§ 16a ff. BeurkG

Angesichts dieser Funktion der notariellen Urkunde für die Funktionsfähigkeit und Verlässlichkeit der Register ist es nur konsequent, dass der Gesetzgeber bei der Einführung der Videobeurkundung hohe technische und inhaltliche Prüfungsstandards durch den Notar geschaffen hat. Die Regierungsbegründung zum DiRUG hat dazu festgestellt, dass durch die gesetzlichen Vorgaben auch die Funktionsfähigkeit und Verlässlichkeit der Handels-, Genossenschafts- und Partnerschaftsregister gewahrt werden und zugleich ihrer Rolle und Bedeutung für den Rechts- und Geschäftsverkehr Rechnung getragen werden. Dabei soll den Notarinnen und Notaren sowie den Registergerichten weiterhin entscheidende Bedeutung zukommen.[70] Die Online-Beurkundung ist gemäß § 16a Abs. 1 BeurkG ausschließlich über das von der Bundesnotarkammer betriebene Videokommunikationssystem nach § 78p BNotO zulässig. Die Bundesnotarkammer erhält dementsprechend gemäß §§ 78 Abs. 1 S. 2 Nr. 10, 78p BNotO als weitere Pflichtaufgabe den Aufbau und den Betrieb eines solchen Videokommunikationssystem. In den §§ 16a ff. BeurkG sind die bisherigen Verfahrensvorgaben des BeurkG in die digitale Welt transformiert worden, technisch auf höchstem Standard damit die Rechtssicherheit der Urkunde gewahrt ist. Das System setzt sich unter anderem aus folgenden Elementen zusammen:
– Videokommunikationssystem betrieben von der Bundesnotarkammer, die als unter der Aufsicht des Bundesministeriums der Justiz stehende Körperschaft des öffentlichen Rechts als in besonderer Weise geeignet anzusehen ist, Sicherheit, Manipulationsresistenz und Zuverlässigkeit des Videokommunikationssystems zu gewährleisten.[71]

---

[69] Vgl. BT-Drs. 18/10607, 106.
[70] Begründung DiRUG-Regierungsentwurf, BT-Drs. 19/28177, 1.
[71] Begründung DiRUG-Regierungsentwurf, BT-Drs. 19/28177, 126.

- § 16b BeurkG: Übertragung der bisherigen Mechanismen in die digitale Welt: Vorlesen der Urkunde, Genehmigung, qualifizierte elektronische Signaturen an Stelle von Unterschriften et cetera.
- § 16c BeurkG: Strenge und technisch abgesicherte Identitätsprüfung,[72] dadurch soll nicht nur die Urkunde gesichert, sondern auch staatliche Belange geschützt werden (Kampf gegen Terrorismusfinanzierung, Steuerhinterziehung, Insolvenz- und sonstigen Wirtschaftsstraftaten). Eine verlässliche Identifizierung der Beteiligten ist im Ergebnis unabdingbar, um Schäden für die Beteiligten und die Allgemeinheit zu vermeiden.[73]

Angesichts dieser hohen Sicherheitsstandards, die das DiRUG vorschreibt, wird eine Gleichwertigkeit durch ausländische Systeme kaum gegeben sein. Insbesondere die weiteren staatlichen Aufgaben wie Bekämpfung von Geldwäsche und Steuerdelikten und Ähnliches kann der ausländische Notar gar nicht erfüllen, ohne gegen seine eigenen staatlichen Vorschriften zu verstoßen. Darüber hinaus kommt die Gleichwertigkeitsprüfung überhaupt nur in Frage, sofern auch das deutsche Recht eine Online-Beurkundung vorsieht.[74] Für die Gleichwertigkeit ist es neben einem zweistufigen Identifizierungsverfahren zusätzlich erforderlich, dass das verwendete Videokommunikationssystem technisch, aber auch institutionell gleichwertig ist, das heißt durch einen Hoheitsträger wie die Bundesnotarkammer betrieben werden muss.[75] So besteht zum Beispiel keine Gleichwertigkeit der Online-Beurkundung einer Abtretung von GmbH-Anteilen durch einen österreichischen Notar, da das österreichische Beurkundungsrecht eine Beurkundung im Fernbeurkundungsverfahren vorsieht und eine derartige das deutsche Beurkundungsrecht Geschäftsanteilsübertragungen kein Fernbeurkundungsverfahren vorsieht, sondern nur ein Präsenzbeurkundungsverfahren.[76] Im Übrigen entsprechen die technischen Standards nicht dem deutschen, so dass eine Gleichwertigkeit von vornherein ausscheidet.[77] Lieder[78] hat daher zu Recht festgestellt, dass die sachliche Gleichwertigkeit des ausländischen Online-Verfahrens voraussetzt, dass es ein zweistufiges Identifizierungsverfahren unter Verwendung einer eID mit dem Sicherheitsstandard „hoch" und eines Lichtbildabgleichs vorsieht und dass außerdem das Beurkundungsverfahren einen hoheitlichen Charakter aufweist. Hinter diesen Standards bleibe das österreichische Online-Verfahren deutlich zurück. Zum einen gewährleiste es kein zweistufiges Identifizierungsverfahren, sondern sei – solange Österreich keine eID im Regelbetrieb habe – einem einfachen Videoidentifizierungsverfahren nachgebildet. Zum anderen könnten sich österreichische Notare der Einschaltung externer privater Dienstleister bedienen.

---

[72] Vgl. dazu Rachlitz in BeckOGK, 1.6.2023, BeurkG § 16c Rn. 9ff.
[73] Begründung DiRUG-Regierungsentwurf, BT-Drs. 19/28177, 138.
[74] Sander in BeckOK BNotO, 8. Ed. 1.8.2023, BNotO § 20 Rn. 40.
[75] Sander in BeckOK BNotO, 8. Ed. 1.8.2023, BNotO § 20 Rn. 40; Stelmaszczyk notar 2022, 82 (87f.); Strauß MittBayNot 2022, 429 (432); Lieder ZRP 2022, 102 (104).
[76] Gutachten DNotI-Report 2023, 9.
[77] Gutachten DNotI-Report 2023, 9.
[78] Lieder NZG 2022, 1043.

3. Gleichwertigkeit der Online-Beglaubigung

a) Verfahren der Online-Beglaubigung

Das DiRUG hat, wie bereits ausgeführt, in § 40a BeurkG erstmals die öffentliche Beglaubigung qualifizierter elektronischer Signaturen mittels Videokommunikation (Fernbeglaubigung) zugelassen.[79] § 40a Abs. 1 S. 1 BeurkG bestimmt, dass eine qualifizierte elektronische Signatur nur beglaubigt werden soll, wenn sie in Gegenwart des Notars oder mittels des von der Bundesnotarkammer nach § 78p BNotO betriebenen Videokommunikationssystems anerkannt worden ist. Die Möglichkeit der Fernbeglaubigung ohne körperliche Anwesenheit beim Notar wird ebenfalls streng geregelt: Eine qualifizierte elektronische Signatur soll nach der zweiten Alternative des § 40a Abs. 1 S. 1 nur beglaubigt werden, wenn sie mittels des von der Bundesnotarkammer nach § 78p BNotO betriebenen Videokommunikationssystems anerkannt worden ist. Danach kann die Beglaubigung einer qualifizierten elektronischen Signatur auch im Online-Verfahren ohne körperliche Anwesenheit über das von der Bundesnotarkammer betriebene Videokommunikationssystem erfolgen. Dazu wird ein Dokument im Rahmen des Online-Verfahrens über das Videokommunikationssystem durch mit einer qualifizierten elektronischen Signatur versehen, welche dann mittels Videokommunikation anerkannt wird.[80] Das Verfahren ist nur zulässig, wenn hierfür das nach § 78p BNotO von der Bundesnotarkammer betriebene Videokommunikationssystem verwendet wird.[81] Die Anerkennung erfolgt wie bei § 40 BeurkG[82] in Gegenwart des Notars. Dies setzt räumliche und visuelle Kenntnisnahme voraus, wobei sich die Einheitlichkeit des Ortes auch auf die Urkunde und die anerkannte Unterschrift beziehen muss. Unzulässig sind demgemäß Anerkennungen ohne Vorlage der Urkunde, telefonische oder schriftliche Anerkennung, da auch hier die Einheitlichkeit des Ortes fehlt.[83] Die Begründung zum Regierungsentwurf erläutert, warum ein Vollziehen wie bei § 40 BeurkG nicht in Betracht kommt:[84] Die bei der Beglaubigung einer Unterschrift nach § 40 Abs. 1 BeurkG ebenfalls mögliche Variante eines Vollziehens der Unterschrift in Gegenwart der Notarin oder des Notars kommt bei der Beglaubigung einer qualifizierten elektronischen Signatur nicht in Betracht, weil die Notarin oder der Notar – im Rahmen des Präsenzverfahrens – zwar den Vorgang des

---

[79] Vgl. Berthold DNotZ 2022, 813; Heckschen/Knaier NZG 2021, 1093; Keller/Schümmer NZG 2021, 573; Kienzle DNotZ 2021, 590; Linke NZG 2021, 309; Stelmaszczyk/Kienzle GmbHR 2021, 849.

[80] Vgl. BT-Drs. 19/28177, 127; Kienzle DNotZ 2021, 590 (602ff.); Freier NotBZ 2021, 161 (163); Berthold DNotZ 2022, 813; Winkler, 21. Aufl. 2023, BeurkG § 40a Rn. 7; Kruse in Armbrüster/Preuß, 9. Aufl. 2022, BeurkG § 40a Rn. 2ff.; Theilig in BeckOGK, 1.11.2022, BeurkG § 40a Rn. 1ff.; Bremkamp in BeckOK BeurkG, 8. Ed. 15.9.2022, BeurkG § 40a Rn. 3.

[81] Theilig in BeckOGK, 1.11.2022, BeurkG § 40a Rn. 18; Winkler, 21. Aufl. 2023, BeurkG § 40a Rn. 7.

[82] Limmer in Frenz/Miermeister, 5. Aufl. 2020, BeurkG § 40 Rn. 12ff.

[83] Vgl. Theilig in BeckOGK, 1.11.2022, BeurkG § 40a Rn. 15; Winkler, 21. Aufl. 2023, BeurkG § 40 Rn. 34; Lerch, 5. Aufl. 2016, BeurkG § 40 Rn. 9; Tebben in Armbrüster/Preuß, 9. Aufl. 2022, BeurkG § 40 Rn. 20; Hertel in Staudinger, 2023, BeurkG Rn. 69; BGH DNotZ 1988, 259 mit Hinweis auf die dienstrechtlichen Folgen einer sogenannten Fernbeglaubigung.

[84] BT-Drs. 19/28177, 127.

Eingebens einer zur Erzeugung der Signatur notwendigen PIN durch die Erschienene oder den Erschienenen sinnlich wahrnehmen könnte, nicht aber die Erzeugung der Signatur selbst, bei der es sich um einen rein elektronischen Vorgang handelt.

Neu durch das DiRUG eingefügt ist § 39a Abs. 4 BeurkG.[85] Die Vorschrift regelt, wie im Falle der Beglaubigung einer qualifizierten elektronischen Signatur der notwendige Bezug zwischen dem einfachen elektronischen Zeugnis (Beglaubigungsvermerk) und dem mit der zu beglaubigenden Signatur versehenen elektronischen Dokument herzustellen ist. Die Verbindung erfolgt durch kryptographische Verfahren.[86] Es wird vorgegeben, dass bei der Beglaubigung einer qualifizierten elektronischen Signatur der Bezug zwischen dem Zeugnis und dem mit der zu beglaubigenden qualifizierten elektronischen Signatur versehenen elektronischen Dokument durch kryptografische Verfahren nach dem Stand der Technik herzustellen ist, wenn das Zeugnis nicht in dem mit der zu beglaubigenden qualifizierten elektronischen Signatur versehenen elektronischen Dokument enthalten ist. Ist das Zeugnis bereits in dem mit der zu beglaubigenden qualifizierten elektronischen Signatur versehenen elektronischen Dokument enthalten, so besteht der notwendige Bezug zwischen dem elektronischen Zeugnis (Beglaubigungsvermerk) und dem zu beglaubigenden elektronischen Dokument bereits.[87] Möglich wäre es, dass der Beglaubigungsvermerk in dem elektronischen Ausgangsdokument ergänzt wird. Allerdings ist dies grundsätzlich nur so lange möglich, wie die Beteiligten das Ausgangsdokument noch nicht qualifiziert elektronisch signiert haben, danach sind Ergänzungen ausgeschlossen.[88] Es bedarf dann nach § 39a Abs. 4 BeurkG der Herstellung des Bezugs zwischen dem notariellen Zeugnis und dem elektronischen Dokument, welches mit der zu beglaubigenden qualifizierten Signatur versehen ist, durch kryptografische Verfahren nach dem Stand der Technik.[89]

Am wichtigsten für den Beweiswert ist die Identitätsfeststellung,[90] die in § 40a Abs. 4 BeurkG dadurch geregelt ist, dass auf § 10 Abs. 1, 2 und 3 S. 1 BeurkG verwiesen wird. Der Notar soll danach im Beglaubigungsvermerk die Person des Beteiligten so genau bezeichnen, dass Zweifel und Verwechslungen ausgeschlossen sind (§ 10 Abs. 1 BeurkG). Außerdem soll sich aus der Niederschrift ergeben, ob der Notar die Beteiligten kennt oder wie er sich Gewissheit über ihre Person verschafft hat (§ 10 Abs. 2 S. 1 BeurkG). Diese Identitätsprüfung, die auch im Beglaubigungsvermerk niedergelegt ist, begründet nach § 415 Abs. 1 ZPO als öffent-

---

[85] Limmer in Frenz/Miermeister, 5. Aufl. 2020, BeurkG § 39a Rn. 30f.
[86] Vgl. Berthold DNotZ 2022, 813 (820ff.); Frohn in BeckOK BeurkG, 8. Ed. 15.9.2022, BeurkG § 39a Rn. 40f.; Theilig in BeckOGK, 1.11.2022, BeurkG § 39a Rn. 35ff.; Winkler, 21. Aufl. 2023, BeurkG § 39a Rn. 50.
[87] Theilig in BeckOGK, 1.11.2022, BeurkG § 39a Rn. 35; Frohn in BeckOK BeurkG, 8. Ed. 15.9.2022, BeurkG § 39a Rn. 40f.
[88] Berthold DNotZ 2022, 813 (820f.); Theilig in BeckOGK, 1.11.2022, BeurkG § 39a Rn. 38; Frohn in BeckOK BeurkG, 8. Ed. 15.9.2022, BeurkG § 39a Rn. 40f.
[89] Berthold DNotZ 2022, 813 (820f.); Theilig in BeckOGK, 1.11.2022, BeurkG § 39a Rn. 38f.
[90] Tebben in Armbrüster/Preuß, 9. Aufl. 2022, BeurkG § 40 Rn. 22ff.; Grziwotz in Grziwotz/Heinemann, 3. Aufl. 2018, BeurkG § 40 Rn. 40; Hertel in Staudinger, 2023, BeurkG Rn. 74ff.

liche Urkunde vollen Beweis dafür, dass eine Personenidentität des Erklärenden gegeben ist. § 16c BeurkG schreibt für die Feststellung der Beteiligten mittels Videokommunikation ein zweistufiges Verfahren vor.[91] Zum einen ist die elektronische Übermittlung eines Lichtbildes erforderlich, zum anderen ist ein elektronischer Identitätsnachweis (üblicherweise eine eID) erforderlich. Die Begründung zum Regierungsentwurf erläutert dazu:[92] Nach Art. 13j Abs. 4 in Verbindung mit Art. 13g Abs. 3 Buchst. b und Art. 13b GesR-RL habe die Identifizierung des Beteiligten auch bei der Online-Einreichung von Urkunden und Informationen von Gesellschaften – entsprechend den Anforderungen an die Identifizierung im Rahmen der Online-Gründung von Gesellschaften – anhand elektronischer Identifizierungsmittel des Ursprungsmitgliedstaates oder elektronischer Identifizierungsmittel anderer Mitgliedstaaten, die nach Art. 6 eIDAS-VO anerkannt würden, zu erfolgen. Dabei habe die Identifizierung der Person, welche die qualifizierte elektronische Signatur mittels Videokommunikation anerkannt habe, aufgrund des Verweises in Satz 2 auf § 16c BeurkG-E in der gleichen Weise wie beim Online-Verfahren nach den §§ 16a–16e BeurkG-E zu erfolgen. Auch hier sei die Identifizierung durch die Notarin oder den Notar im Wege eines Abgleichs des elektronisch ausgelesenen Lichtbildes, mit dem im Rahmen der Videokommunikation übermittelten Abbild des Beteiligten notwendig, um eine ansonsten ohne größere Hindernisse mögliche verdeckte Stellvertretung auszuschließen. Nur auf diesem Wege könne das hohe Maß an Verlässlichkeit einer Identifikation durch die Notarin oder den Notar im Präsenzverfahren annäherungsweise erreicht werden.

b) Substitution der Online-Beglaubigung

Angesichts der vorgenannten sehr hohen Standards erscheint es fraglich, dass eine ausländische Fernbeglaubigung, die diese Standards nicht vorsieht, der deutschen Beglaubigung gleichwertig ist. Vor diesem Hintergrund hat das KG zu Recht zum Luxemburger Notar entschieden, dass eine der nach deutschem Recht erfolgten Unterschriftsbeglaubigung gleichwertige Beurkundung dann nicht vorliegt, wenn der ausländische Notar lediglich ihm vorgelegte Unterschriften mit anderen Unterschriften vergleicht, die ihm schon vorlagen.[93] Das OLG Celle war allerdings der Auffassung, dass eine in Österreich erfolgte Beglaubigung nach Überprüfung der Unterschriftsleistung im Wege elektronischer Kommunikation nach § 79 Abs. 9 österreichische Notariatsordnung einer Unterschriftsbeglaubigung durch einen deutschen Notar nach dem Beurkundungsgesetz gleichwertig ist.[94] Diese Entscheidung ist abzulehnen, da das OLG Celle eben nicht die Gleichwertigkeit der technischen und inhaltlichen Prüfverfahren beurteilt hat, sondern sich nur auf eine oberflächliche Gleichwertigkeit bezieht. Lieder hat zu Recht nachgewiesen, dass

---

[91] Forschner MittBayNot 2022, 536 (540); Theilig in BeckOGK, 1.11.2022, BeurkG § 40a Rn. 40ff.; Winkler, 21. Aufl. 2023, BeurkG § 40a Rn. 15ff.; Bremkamp in BeckOK BeurkG, 8. Ed. 15.9.2022, BeurkG § 40a Rn. 32ff.; Kruse in Armbrüster/Preuß, 9. Aufl. 2022, BeurkG § 40a Rn. 9ff.
[92] Begründung Regierungsentwurf DiRUG, BT-Drs. 19/28177, 128.
[93] KG NZG 2022, 926.
[94] OLG Celle NZG 2023, 1087.

gerade die österreichische Fernbeglaubigung nicht diese Standards erfüllt.[95] Zum einen ist mangels hoheitlichem Träger schon nicht die Sicherheit des Onlinesystems gewährleistet. Die österreichischen Notare können sich auch der Einschaltung eines kommerziellen, externen Dienstleisters bedienen. Ferner weist Lieder daraufhin, dass das österreichische Online-Verfahren im Gegensatz zum deutschen Recht weder ein zweistufiges Identifizierungsverfahren (vgl. § 40a Abs. 4 S. 2 BeurkG in Verbindung mit § 16c BeurkG) noch die Verwendung eines von einer staatlichen Stelle betriebenen Videokommunikationssystems (vgl. § 40a Abs. 1 S. 1 BeurkG) vorsieht. Dementsprechend fehle es bei der von einem österreichischen Notar unter Verwendung eines von einem privaten Dienstleister betriebenen Videokommunikationssystems vorgenommenen Beglaubigung, bei der die Identifizierung der Beteiligten auch nur im Rahmen eines Videoidentifikationsverfahrens durchgeführt wird, von vornherein an der sachlichen Gleichwertigkeit im Vergleich mit einem deutschen Online-Beglaubigungsverfahren.[96] Dem ist uneingeschränkt zuzustimmen.

V. Zusammenfassung

Durch das Gesetz zur Umsetzung der Digitalisierungsrichtlinie (DiRUG) wurde im deutschen Recht erstmals eine nicht papiergebundene Beurkundung und Beglaubigung mittels Videokommunikation in eng begrenzten Bereichen des GmbH-Rechts geschaffen. Zum Schutz des deutschen Registerwesens wurden hohe technische und institutionelle Vorgaben geschaffen, die die bisherigen ausländischen Systeme nicht annähernd erfüllen. Insbesondere die Vorgabe, dass als Träger des Onlinesystems eine öffentliche Körperschaft fungiert, die unter der Aufsicht des Bundesministeriums der Justiz steht, gewährleistet in besonderer Weise Sicherheit, Manipulationsresistenz und Zuverlässigkeit des Videokommunikationssystems. Insofern scheidet schon aus diesen Gründen eine Gleichwertigkeit der ausländischen Online-Beurkundung oder -Beglaubigung aus. Darüber hinaus kann der ausländische Notar die mit der Beurkundung verbundenen weiteren staatlichen Aufgaben wie Bekämpfung von Geldwäsche und Steuerdelikten und Ähnliches gar nicht erfüllen, da ihm diese Aufgaben nicht obliegen. Es bleibt zu hoffen, dass die Judikatur sich nicht auf eine oberflächliche Gleichwertigkeitsprüfung beschränkt und damit die Zuverlässigkeit des deutschen Registerwesens beeinträchtigt.

---

[95] Lieder NZG 2022, 1042 (1052 ff.).
[96] Lieder NZG 2022, 1043 (1053).

MATTHIAS LOOSE

Zurechnung von Grundstücken bei der Grunderwerbsteuer

I. Einleitung

Der Grunderwerbsteuer unterliegt nicht nur der eigentliche Grundstückserwerb. Die sogenannten Ergänzungstatbestände (§ 1 Abs. 2a–3a GrEStG) erfassen zudem den Anteilserwerb an grundbesitzenden Gesellschaften. Während nach § 1 Abs. 2a und 2b GrEStG der Wechsel von mindestens 90% des Gesellschafterbestands von grundbesitzenden Personen- und Kapitalgesellschaften innerhalb von zehn Jahren als steuerbarer Erwerbsvorgang Grunderwerbsteuer auslöst, unterliegen nach § 1 Abs. 3 GrEStG die Anteilsvereinigung von 90% der Gesellschaftsanteile in der Hand eines Gesellschafters oder die Übertragung bereits vereinigter Anteile der Besteuerung.

Hintergrund dieser sogenannten Ergänzungstatbestände ist die Annahme, dass die Übertragung der Gesellschaftsanteile an den grundbesitzenden Gesellschaften (sogenannter Share Deal) der Übertragung der der Gesellschaft gehörenden Grundstücke (sogenannter Asset Deal) gleichkommt. Die Vorschriften fingieren einen Grundstückserwerb, allerdings unterschiedlich. § 1 Abs. 2a und 2b GrEStG fingieren den Erwerb der Grundstücke einer „fiktiv alten" Gesellschaft durch eine „fiktiv neue" Gesellschaft. § 1 Abs. 3 Nr. 1 und 2 GrEStG (sogenannte Anteilsvereinigung) fingieren einen Erwerb der Grundstücke der Gesellschaft durch denjenigen, in dessen Hand sich die Anteile in Höhe von mindestens 90% „vereinigen". § 1 Abs. 3 Nr. 3 und 4 GrEStG fingieren den Erwerb der bereits in einer Hand vereinigten Anteile durch den Erwerber. In allen Fällen bleiben die Grundstücke zivilrechtlich im Eigentum der jeweiligen Gesellschaften.

Die Ergänzungsvorschriften wurden zuletzt mit Wirkung ab dem 1.7.2021 verschärft. Die Beteiligungsgrenzen wurden in allen Tatbeständen von zuvor 95% auf 90% herabgesetzt, der Betrachtungszeitraum bei § 1 Abs. 2a GrEStG auf zehn Jahre erweitert und mit § 1 Abs. 2b GrEStG eine § 1 Abs. 2a GrEStG entsprechende Regelung für Kapitalgesellschaften neu eingefügt.

§ 1 Abs. 2a–3a GrEStG setzen nach ihrem Wortlaut voraus, dass der Gesellschaft, deren Anteile übertragen werden, ein oder mehrere inländische Grundstücke „gehören". Wann und unter welchen Voraussetzungen ein Grundstück einer Gesellschaft „gehört" ist im Gesetz nicht festgelegt. Das Tatbestandsmerkmal war durch die Rechtsprechung näher zu bestimmen. Wie die nachfolgenden Ausführungen zeigen, war dies nicht ganz einfach.

II. Grunderwerbsteuerrechtliche Zurechnung

In der Vergangenheit hatte der BFH bereits entschieden, dass das „Gehören" nicht nach zivilrechtlichen, sondern allein nach grunderwerbsteuerrechtlichen Grundsätzen zu beurteilen ist.[1] Im dortigen Streitfall hatte eine Gesellschaft ein Grundstück unter einer aufschiebenden Bedingung erworben. Nach Abschluss des Kaufvertrags und vor Eintritt der Bedingung wurden die Anteile an der Gesellschaft, die zuvor von zwei Gesellschaftern zur Hälfte gehalten wurden, in der Hand eines Gesellschafters vereinigt. Die Gesellschaft hatte bereits Grundstücke wirksam erworben. In Bezug auf diese Grundstücke war der Tatbestand des § 1 Abs. 3 Nr. 1 GrEStG erfüllt, nicht jedoch – so der BFH – in Bezug auf das Grundstück, das unter der aufschiebenden Bedingung erworben worden war.

Die Entscheidung zeigt zweierlei. Zum einen, dass bei der Erfüllung der Ergänzungstatbestände § 1 Abs. 2a–3a GrEStG immer auf das jeweilige Grundstück abzustellen ist. So kann es sein, dass einer Gesellschaft bestimmte Grundstücke im Sinne dieser Vorschriften „gehören" und andere Grundstücke nicht. Zum anderen wird deutlich, dass für die Frage des „Gehörens" nicht auf das zivilrechtliche Eigentum der Gesellschaft an dem jeweiligen Grundstück abgestellt werden kann. Das folgt schon daraus, dass das Grunderwerbsteuerrecht selbst nicht an den Eigentumswechsel anknüpft. Nach § 1 Abs. 1 Nr. 1 GrEStG führt bereits der (wirksame) Abschluss des Rechtsgeschäfts, das einen Anspruch auf Übereignung eines Grundstücks begründet, zu einem steuerbaren Erwerb.

Nach damaliger Auffassung des BFH „gehört" ein Grundstück einer Gesellschaft im Sinne des § 1 Abs. 3 GrEStG, wenn es ihr im Zeitpunkt der Entstehung der Steuerschuld für den nach § 1 Abs. 3 GrEStG der Grunderwerbsteuer unterliegenden Vorgang aufgrund eines unter § 1 Abs. 1–3a GrEStG fallenden Erwerbsvorgangs grunderwerbsteuerrechtlich zuzurechnen ist. Ist der grunderwerbsteuerliche Tatbestand (noch) nicht verwirklicht, zum Beispiel weil er noch vom Eintritt einer Bedingung abhängt, ist das Grundstück der Gesellschaft (noch) nicht zuzurechnen. Spiegelbildlich „gehört" ein Grundstück dann nicht (mehr) zum Vermögen der Gesellschaft, wenn es zwar noch in ihrem Eigentum steht, beziehungsweise ihr bewertungsrechtlich zuzurechnen ist, es aber vor Entstehung der Steuerschuld Gegenstand eines Veräußerungsvorgangs im Sinne der § 1 Abs. 1, 2, 3 oder 3a GrEStG war.[2]

III. Zurechnung innerhalb eines Konzerns

Legt man das Tatbestandsmerkmal „gehören" in § 1 Abs. 2a–3a GrEStG wie dargelegt grunderwerbsteuerrechtlich aus, stellt sich die Frage, welcher Gesellschaft innerhalb eines mehrgliedrigen Konzerns ein Grundstück „gehört". Ist das Grundstück zum Beispiel immer der Konzernmuttergesellschaft an der Spitze der Betei-

---

[1] BFH BStBl. II 2015, 402.
[2] BFH BStBl. II 2006, 137; BStBl. II 2012, 292; BStBl. II 2015, 402.

ligungskette zuzurechnen oder den jeweiligen Konzerngesellschaften, die selbst den grunderwerbsteuerbaren Erwerbsvorgang verwirklicht haben?

Diese Rechtsfrage war unter anderem Gegenstand eines Revisionsverfahrens, das auch noch eine Reihe weiterer interessanter Rechtsfragen betraf.[3] Im konkreten Streitfall ging es nicht um einen Grundstückserwerb nach § 1 Abs. 1 Nr. 1 GrEStG, also einen „normalen" Grundstückserwerb, sondern um einen Erwerb nach § 1 Abs. 3 GrEStG. Die Frage war, welche Gesellschaft innerhalb des mehrgliedrigen Konzerns den Tatbestand verwirklicht hat und wem aufgrund dessen die Grundstücke einer – unstreitig – grundbesitzenden Gesellschaft zuzurechnen waren.

Der BFH hat die Gelegenheit genutzt und ausgeführt, dass ein einer Untergesellschaft gehörendes Grundstück der Obergesellschaft grunderwerbsteuerrechtlich nur zuzurechnen ist, wenn die Obergesellschaft es selbst aufgrund eines Erwerbsvorgangs nach § 1 Abs. 1–3a GrEStG erworben hat.[4] Die bereits entschiedenen Grundsätze zur Zurechnung von Grundstücken gelten danach auch bei mehrstöckigen Beteiligungen, bei denen eine Obergesellschaft an einer grundbesitzenden Gesellschaft unmittelbar oder mittelbar beteiligt ist. Der bloße Erwerb des Grundstücks durch die Untergesellschaft führt daher nicht zu einer automatischen Zurechnung bei der Obergesellschaft beziehungsweise im Falle mehrstöckiger Beteiligungsketten bei den Obergesellschaften.[5]

Das bloße Halten einer Beteiligung in einer bestimmten Höhe reicht für die Zurechnung also nicht aus. Das folgt schon aus dem Regelungszweck der Ergänzungstatbestände. Die Tatbestände sind gerade deshalb erforderlich, weil die Grundstücke einer Gesellschaft dem Gesellschafter nicht automatisch, sondern nur dann zuzurechnen sind, wenn die jeweiligen Erwerbstatbestände aufgrund von Vorgängen des Rechtsverkehrs erfüllt sind. Hinzu kommt, dass einer Obergesellschaft auch nicht allein wegen der Beteiligung an einer Untergesellschaft deren Grundstück nach § 1 Abs. 2 GrEStG zugerechnet werden. Die Einwirkungsmöglichkeiten eines Gesellschafters auf Gesellschaftsebene reichen für eine Verwertungsbefugnis im Sinne des § 1 Abs. 2 GrEStG ebenfalls nicht aus. Das folgt aus der Systematik des Grunderwerbsteuerrechts, das Gesamthandsgemeinschaften und Kapitalgesellschaften als eigene Rechtssubjekte behandelt.[6]

IV. Zurechnung nach Übertragung der Verwertungsbefugnis

Das Urteil zur Zurechnung innerhalb eines mehrstufigen Konzerns hat die Praxis überrascht, obwohl der BFH darin nur die bereits bekannten Grundsätze weitergeführt und auf mehrstufige Beteiligungsketten übertragen hatte. Große Gestaltungsmöglichkeiten oder gar Besteuerungslücken tun sich durch die Entscheidung nicht auf, weil die Ergänzungstatbestände § 1 Abs. 2a–3a GrEStG jeweils auch den mittelbaren Übergang von Beteiligungen an grundbesitzenden Gesellschaften erfas-

---

[3] BFHE 275, 373.
[4] BFHE 275, 373 Rn. 25.
[5] BFHE 275, 373 Rn. 25.
[6] BFH BStBl. II 2016, 715 Rn. 13 mwN.

sen. Daher besteht keine Notwendigkeit, einer Obergesellschaft allein aufgrund ihrer Beteiligung an einer Untergesellschaft deren Grundstücke zuzurechnen. Zugegebenermaßen wird es jedoch schwieriger, innerhalb eines Konzerns herauszufinden, ob zum Beispiel beim Wechsel im Gesellschafterbestand der Muttergesellschaft der Tatbestand des § 1 Abs. 2b GrEStG – unmittelbar – in Bezug auf der Muttergesellschaft „gehörende" Grundstücke oder – mittelbar – in Bezug auf den Tochtergesellschaften „gehörende" Grundstücke" verwirklicht ist.

In einer weiteren, ganz aktuellen Entscheidung, die die Zurechnung oder Nichtzurechnung nach § 1 Abs. 2 GrEStG betraf, hat der BFH dies noch einmal klargestellt und verdeutlicht.[7] Danach ist ein inländisches Grundstück einer Gesellschaft im Zeitpunkt der Entstehung der Steuerschuld für den nach § 1 Abs. 3 GrEStG der Grunderwerbsteuer unterliegenden Rechtsvorgang zuzurechnen, wenn sie zuvor in Bezug auf dieses Grundstück einen unter § 1 Abs. 1 GrEStG oder einen unter § 1 Abs. 2 GrEStG fallenden Erwerbsvorgang verwirklicht hat. Für Zwecke des § 1 Abs. 3 GrEStG ist es ihr nicht mehr zuzurechnen, wenn ein Dritter in Bezug auf dieses Grundstück einen unter § 1 Abs. 1 GrEStG (und die Verwertungsbefugnis einschließenden) oder einen unter § 1 Abs. 2 GrEStG fallenden Erwerbsvorgang verwirklicht hat.[8]

Der BFH hat seine Rechtsprechung also etwas angepasst und zunächst den Focus auf die beiden Erwerbstatbestände § 1 Abs. 1 GrEStG (Grundstückserwerb) und § 1 Abs. 2 GrEStG (Erwerb der Verwertungsbefugnis) gelegt. Einer Gesellschaft „gehört" ein Grundstück in jedem Fall, wenn sie einen dieser beiden Tatbestände verwirklicht hat. Es „gehört" ihr nicht mehr, wenn sie das Grundstück nach § 1 Abs. 1 GrEStG veräußert hat oder nach § 1 Abs. 2 GrEStG die Verwertungsbefugnis am Grundstück übertragen hat. Der BFH stellt sprachlich korrekt immer auf die Verwirklichung des Erwerbstatbestands (§ 1 Abs. 1 GrEStG oder § 1 Abs. 2 GrEStG) ab.

Für den Ergänzungstatbestand § 1 Abs. 3 GrEStG hat der BFH nun klargestellt, dass ein (nach den vorstehenden Grundsätzen) einer anderen (!) Gesellschaft zuzurechnendes inländisches Grundstück einer Gesellschaft zuzurechnen ist, wenn sie zuvor hinsichtlich dieses Grundstücks einen unter § 1 Abs. 3 oder 3a GrEStG fallenden (fiktiven) Erwerbsvorgang verwirklicht hat.[9] Maßgeblich ist immer der Zeitpunkt der Verwirklichung des Tatbestands.

Neu waren die Aussagen darüber, wann ein zuvor nach § 1 Abs. 3 GrEStG erworbenes Grundstück einer Gesellschaft nicht (mehr) zuzurechnen ist. Es ist ihr für Zwecke des § 1 Abs. 3 GrEStG in dem Moment nicht mehr zuzurechnen, in dem ein Dritter in Bezug auf dieses Grundstück einen unter § 1 Abs. 3 oder 3a GrEStG fallenden Erwerbsvorgang verwirklicht; dasselbe gilt, wenn ihre Beteiligung an der grundbesitzenden Gesellschaft unter 95% (heute 90%) sinkt oder der grundbesitzenden Gesellschaft nach den allgemeinen Grundsätzen das Grundstück nicht mehr zuzurechnen ist.[10]

---

[7] BFH DStR 2023, 700.
[8] BFH DStR 2023, 700 Rn. 25.
[9] BFH DStR 2023, 700 Rn. 26.
[10] BFH DStR 2023, 700 Rn. 26.

Nunmehr ist klar, dass ein Grundstück einer (Unter)Gesellschaft, das Gegenstand eines Erwerbsvorgangs nach § 1 Abs. 3 GrEStG war, nicht allein der Obergesellschaft „gehört". Verkauft die Obergesellschaft die Beteiligung, kann dies erneut § 1 Abs. 3 GrEStG auslösen. Sinkt die Beteiligung der Obergesellschaft an der grundbesitzenden (Unter)Gesellschaft wieder unter 90% oder verkauft die (Unter)Gesellschaft das Grundstück nach § 1 Abs. 1 GrEStG oder überträgt die Unter(Gesellschaft) nach § 1 Abs. 2 GrEStG die Verwertungsbefugnis an dem Grundstück einem Dritten, ist das Grundstück auch nicht mehr der Obergesellschaft zuzurechnen.

Auch diese Erkenntnis ist keine wirkliche Überraschung, wurde in der Klarheit aber bislang noch nicht ausgesprochen. Die früheren, zum Teil irreführenden Formulierungen hat der BFH ausdrücklich aufgegeben und zugleich betont, dass es stets um die Auslegung des Begriffs „gehören" in den Ergänzungstatbeständen § 1 Abs. 2a–3a GrEStG geht. Die Verwirklichung von anderen Erwerbstatbeständen nach § 1 GrEStG bleibt hiervon ausdrücklich unberührt.[11]

V. Zusammenfassung und Ausblick

Die Entscheidungen des BFH haben erhebliche praktische Bedeutung. Die wichtige Rechtsfrage, wann ein Grundstück einer Gesellschaft im Sinne des § 1 Abs. 3 GrEStG „gehört", ist nun ein Stück weit geklärt, wenngleich nicht auszuschließen ist, dass ergänzende Zweifelsfragen an den BFH herangetragen werden. Nach Auffassung des BFH gelten die aufgestellten Grundsätze auch für die Zurechnung eines Grundstücks für Zwecke des § 1 Abs. 2a, 2b und 3a GrEStG. Die Verwirklichung von anderen Erwerbstatbeständen nach § 1 GrEStG bleibt ausdrücklich unberührt.

Ungeklärt ist noch der Zusammenhang zwischen der Zurechnung von Grundstücken und der Rückgängigmachung von Erwerbsvorgängen nach § 16 GrEStG. Wenn die Verwirklichung des Tatbestands für die Zurechnung maßgeblich sein soll, dann muss eigentlich die Rückgängigmachung eines Erwerbsvorgangs in beide Richtungen – zugunsten und zuungunsten des Steuerpflichtigen – auf den jeweiligen Ergänzungstatbestand § 1 Abs. 2a–3a GrEStG zurückwirken. Entschieden ist dies noch nicht.

Offen ist auch noch das Verhältnis der Ergänzungstatbestände zueinander. § 1 Abs. 2a und 2b GrEStG knüpfen an den Übergang der Gesellschaftsanteile an (sogenanntes closing). § 1 Abs. 3 GrEStG ist demgegenüber bereits erfüllt, wenn das Rechtsgeschäft (wirksam) geschlossen ist, dass einen Anspruch auf Übertragung der Anteile begründet (sogenanntes signing). Da die beiden Erwerbstatbestände in der Regel zeitlich auseinanderfallen, könnte sich auch die Frage der Zurechnung der Grundstücke jeweils neu stellen. Das gilt jedenfalls dann, wenn im Zeitraum zwischen dem sogenannten signing und dem sogenannten closing Erwerbstatbestände durch die Gesellschaft in Bezug auf einzelne Grundstücke verwirklicht werden,

---

[11] BFH DStR 2023, 700 Rn. 29.

also Grundstücke an- oder verkauft werden oder die Verwertungsbefugnis an einem Grundstück erworben oder übertragen wird.

Die Frage, wann ein Grundstück einer Gesellschaft „gehört" bleibt also weiter spannend und kompliziert.

INGEBORG PUPPE

Die notarielle Beurkundung eines Scheingeschäfts

Wenn Parteien von einem Notar ein nach § 117 BGB nichtiges Scheingeschäft beurkunden lassen, so kann das nur den Zweck haben, einen Dritten über den Abschluss und die Gültigkeit dieses Scheingeschäfts zu täuschen. Der harmloseste Fall dieser Art ist noch der, dass sie den Kaufpreis für ein Grundstück zu niedrig angegeben haben, um Steuern und Gebühren zu sparen. Schon weniger harmlos ist der umgekehrte Fall: Die Parteien geben den Kaufpreis zu hoch an, um die Bank, die den Kauf finanzieren soll, über den Wert des Grundstücks zu täuschen und so eine Vollfinanzierung zu erreichen. Dennoch hat der BGH in einem solchen Fall den Notar vom Vorwurf der Falschbeurkundung freigesprochen, obwohl dieser wusste, dass die Parteien einen höheren Kaufpreis angegeben hatten, als sie in Wirklichkeit verabreden wollten, weil der Verkäufer dem Käufer unter den Augen des Notars über den fingierten Kaufpreisanteil eine Quittung ausstellte. Der Notar habe, so die Begründung des Urteils, das zu beurkunden, was die Parteien beurkunden lassen wollten.[1] Nur auf diese Tatsache, dass die Parteien dem Notar erklärt haben, einen bestimmten Vertragstext beurkunden lassen zu wollen, bezieht sich demgemäß auch die erhöhte Beweiskraft der Beurkundung.

Diese Entscheidung wurde zum leading case für die Frage, was die Bedeutung der Beurkundung von Willenserklärungen ist. Die Literatur hat sich ihr durchweg angeschlossen.[2] Auch ich habe dies getan und dadurch Abhilfe zu schaffen versucht, dass ich die Beurkundung deshalb für unvollständig und damit unrichtig erklärt habe, weil die nicht valutierte Quittung in Wahrheit ein Teil des Kaufvertrags sei.[3] Aber nun glaube ich, die Frage, was der Notar bei der Aufnahme einer Erklärungsurkunde im Sinne von § 415 ZPO eigentlich beurkundet, worauf sich also seine Wahrheitspflicht und die sogenannte erhöhte Beweiskraft einer solchen Urkunde erstreckt, grundsätzlicher angehen zu müssen.

Die Beurkundung einer Willenserklärung wird von der Rechtsprechung und der herrschenden Lehre so behandelt, als bezeuge der Erklärende vor dem Notar, dass

---

[1] BGH NStZ 1986, 550f.
[2] Erb in MüKoStGB, 4. Aufl. 2022, StGB § 271 Rn. 20; Heine/Schuster in Schönke/Schröder, 30. Aufl. 2019, StGB § 271 Rn. 20; Hecker in Schönke/Schröder, 30. Aufl. 2019, StGB § 348 Rn. 10; Zieschank in Leipziger Kommentar, 4. Aufl. 2021, StGB § 271 Rn. 43; Hoyer in Systematischer Kommentar, 9. Aufl. 2019, StGB § 271 Rn. 20; Wessels/Hettinger/Engländer, Strafrecht, Besonderer Teil 1, 46. Aufl. 2022, § 19 Rn. 904; Heinrich in Arzt/Weber/Heinrich/Hilgendorf, Strafrecht, Besonderer Teil, 46. Aufl. 2022, § 33 Rn. 10; Heinrich in Hilgendorf/Kudlich/Valerius, Handbuch des Strafrechts, Band 5, 2020, § 51 Rn. 69.
[3] Puppe/Schumann in Nomoskommentar, Band 4, 6. Aufl. 2023, StGB § 348 Rn. 10 und § 271 Rn. 19.

er einen Willen bestimmten Inhalts habe. Bezeichnend spricht man auch von der „Behauptungswahrheit" der Urkunde.[4] Damit ist aber der Rechtsvorgang, den der Notar beurkundet nicht richtig beschrieben. Der Mandant behauptet nicht, einen bestimmten Willen zu haben, er setzt diesen Willen in die Tat um. Eine Willenserklärung ist ein Rechtsakt, also ein performativer Akt, durch den nicht über den Willen zu einer Rechtsänderung berichtet wird, sondern die Rechtsänderung selbst bewirkt wird[5] und zwar durch einen Sprechakt.

Als Sprechakt ist eine Willenserklärung einzigartig, indem sie nicht nur durch eine Kommunikation Wirkungen in der Psyche anderer verursachen kann, sondern unmittelbare Wirkungen in der sozialen Wirklichkeit, und zwar, vergleichbar mit einer Zauberformel, nur dadurch, dass Worte ausgesprochen oder niedergeschrieben werden. In früheren Zeiten haben sich Juristen den Kopf zerbrochen, um dieses Phänomen zu erklären.[6] Heute nimmt man es einfach hin, weil ohne die unmittelbare Rechtswirkung von Erklärungen keine Ausübung von Rechten, keine rechtliche Privatautonomie und auch kein staatliches Rechtshandeln möglich ist.

Diese Wirkung von Willenserklärungen hängt nicht davon ab, ob die Erklärung den wirklichen Inhalt des Willens des Erklärenden wiedergibt. Ist das nicht der Fall, dann muss er die Erklärung anfechten, um ihre Wirkung zu beseitigen.

Es ist also schief, mit der herrschenden Lehre die Wahrheit der Beurkundung einer Dispositiverklärung zu begründen, indem man unterscheidet zwischen der Tatsache, dass jemand eine Willenserklärung abgegeben hat, die wahr ist, und der Wahrheit der Willenserklärung selbst, die nur dann gegeben sein soll, wenn der Inhalt der Erklärung den wirklichen Willen des Erklärenden wiedergibt.[7] Eine Willenserklärung, besser Dispositionserklärung, ist nicht wahr oder falsch, sondern geschehen oder nicht geschehen.

Ob der Erklärende den entsprechenden Willen wirklich hat, ist nach § 116 BGB grundsätzlich irrelevant. Nur wenn der Erklärungsadressat weiß, dass das Erklärte nicht gewollt ist und damit einverstanden ist, liegt nach § 117 BGB ein Scheingeschäft vor, also kein Rechtsgeschäft. Die Parteien eines Scheingeschäfts im Sinne von § 117 BGB, anders als bei einer Mentalreservation im Sinne von § 116 BGB, geben gar keine Dispositiverklärungen ab, sie tun nur so. Aber die Abgabe von Willenserklärungen wird vom Notar beurkundet und dies ist der Inhalt einer Zeugnisurkunde, für den nach § 415 ZPO die volle Beweiskraft der notariellen Urkunde gilt. Die Beurkundung eines Scheingeschäfts ist also unwahr.

---

[4] Heinrich in Arzt/Weber/Heinrich/Hilgendorf, Strafrecht, Besonderer Teil, 46. Aufl. 2022, § 33 Rn. 10; Heinrich in Hilgendorf/Kudlich/Valerius, Handbuch des Strafrechts, Band 5, 2020, § 51 Rn. 69.
[5] Neuner, Allgemeiner Teil des Bürgerlichen Rechts, 13. Aufl. 2023, § 30 Rn. 6.
[6] Vgl. Kyriaki Archavlis, Die juristische Willenserklärung – eine sprechakttheoretische Analyse, 2015, S. 84 ff.
[7] Hoyer in Systematischer Kommentar, 9. Aufl. 2019, StGB § 271 Rn. 20; Heine/Schuster in Schönke/Schröder, 30. Aufl. 2019, StGB § 271 Rn. 20; Hecker in Schönke/Schröder, 30. Aufl. 2019, StGB § 348 Rn. 10; Erb in MüKoStGB, 4. Aufl. 2022, StGB § 271 Rn. 20; Heinrich in Arzt/Weber/Heinrich/Hilgendorf, Strafrecht, Besonderer Teil, 46. Aufl. 2022, § 33 Rn. 10; Heinrich in Hilgendorf/Kudlich/Valerius, Handbuch des Strafrechts, Band 5, 2020, § 51 Rn. 69.

Weiß der Notar, dass es sich um ein Scheingeschäft handelt, so ist er also nach § 348 StGB wegen Falschbeurkundung im Amt strafbar. Praktisch bedeutungsvoller dürfte es sein, dass die Parteien sich wegen mittelbarer Falschbeurkundung nach § 271 StGB strafbar machen, wenn sie den Notar darüber täuschen. Täuschen sie ihn nicht und beurkundet er die Scheinerklärungen gleichwohl, so tritt der seltene Fall ein, dass der Notar nach § 348 StGB strafbar ist und zugleich die Parteien nach § 271 StGB. Zwar bedienen sich die Parteien hier nicht des Notars als vorsatzloses Werkzeug, aber das ist nach dem Wortlaut des § 271 StGB gar nicht erforderlich. Die Parteien müssen lediglich die unwahre Beurkundung bewirken, also unmittelbar kausal für deren Entstehung sein. Das ist der Fall, denn der Notar kann die Scheinerklärungen nur beurkunden, wenn die Parteien sie vor ihm abgegeben haben.

WOLFGANG REETZ

Die Ausschlussbestimmung nach § 1638 BGB im „Geschiedenentestament"

I. Ausgangsfälle und Regelungsbedürfnisse

Im Jahre 1995 hat der Jubilar mit einem Aufsatz in der DNotZ[1] zu Recht auf die Bedeutung familienrechtlicher Anordnungen für die notarielle Praxis hingewiesen und deren „unverdientes Schattendasein" samt „Schrifttumslücke" beklagt. Der Aufsatz war wegweisend. Eine dieser familienrechtlichen Anordnungen betrifft den Ausschluss der elterlichen Vermögensverwaltung nach § 1638 BGB im Regelungskontext des sogenannten „Geschiedenentestaments". Dessen Bestandsaufnahme dienen die nachfolgenden Überlegungen.

In Anlehnung an Frenz[2] sollen zunächst die nachfolgenden Beispiele in die Regelungsthemen einführen:

1. Die vermögende F und der M haben nach einer schwirigen Scheidung ihrer Ehe weiterhin das gemeinsame Sorgerecht für ihr minderjähriges Kind K inne. F möchte unbedingt ausschließen, dass nach ihrem Tode der M (alleine) die Vermögenssorge über den Nachlass, den K von ihr erlangen werde, ausübt.
2. Wie Nr. 1, nur hat die F im Zuge der Scheidung das alleinige Sorgerecht nach § 1671 Abs. 1 S. 2 Nr. 1 BGB erlangt.
3. F und M waren eine nichteheliche Lebensgemeinschaft und haben sich getrennt; M hat in „guten Tagen" die Vaterschaft des K wirksam anerkannt (§§ 1592 Nr. 2, 1594, 1595 Abs. 1 und 3 BGB), zudem haben F und M für K wirksam eine gemeinsame Sorgeerklärung (§ 1626a Abs. 1 BGB) abgegeben.
4. Wie Nr. 3, ohne zuvor eine Sorgeerklärung abgegeben zu haben, haben F und M nach der Geburt des gemeinsamen Kindes K geheiratet und sind später (wie unter Nr. 1) geschieden worden.
5. Wie zu jeder vorherigen Konstellation, allerdings hat F das gemeinschaftliche Kind K in ihrem Testament zum Alleinerben berufen. Ihr ist die Vorstellung unerträglich, dass M als Erbe der gemeinschaftlichen Kinder oder auf andere Weise („Nur weil er deren Erzeuger ist!") an ihr Vermögen oder die Früchte des Vermögens kommen könnte, und zwar unabhängig davon, ob K zum Zeitpunkt ihres Todes minder- oder volljährig ist.

Der F wird für alle Konstellationen geraten, das Thema „M" durch ein qualifiziertes „Geschiedenentestament" zu lösen. Da K noch minderjährig ist, müsse in dessen Rahmen durch familienrechtliche Anordnung sichergestellt werden, dass der gegebenenfalls die F überlebende M bis zur Volljährigkeit des K nicht über den Umweg des Sorgerechts doch noch an das Vermögen der F komme.

---

[1] Frenz, Familienrechtliche Anordnungen, DNotZ 1995, 908.
[2] Frenz DNotZ 1995, 908.

II. „Plakative" Begrifflichkeit

Bereits die Ausgangsbeispiele Nr. 1–5 zeigen auf, dass der Begriff des „Geschiedenentestaments" mit seiner Festlegung auf die „geschiedene Ehe" eine plakative Verkürzung für eine Vielzahl von Lebenssachverhalten darstellt, bei denen ein (rechtlicher) Elternteil mit aller Kraft verhindern will, dass der andere (rechtliche) Elternteil von jeglicher Verwaltung und zudem von jeder dinglichen Teilhabe an dem Vermögen ausgeschlossen wird, das das gemeinschaftliche Kind von dem verfügenden Elternteil von Todes wegen erlangen könnte. Es ist also nicht notwendigerweise die „geschiedene Ehe" der Angelpunkt des gewünschten Regelungserfolges, sondern vielmehr die gescheiterte oder gelegentlich nie vorhandene persönliche Beziehung zu dem anderen Elternteil des gemeinschaftlichen Kindes.

Die Motive, von denen sich ein Elternteil leiten lässt, den anderen Elternteil von jeder Verwaltung (und mittelbaren Teilhabe) an dem von ihm stammenden Nachlass, den das rechtlich gemeinschaftliche Kind von Todes wegen erwerben könnte, auszuschließen, sind ebenso vielfältig wie es die persönlichen Beziehungen der Eltern gewesen sein mögen. Nicht selten kommt der Eindruck auf, der Erblasser-Elternteil wolle dem oder der „Ex" über das „Geschiedenentestament" und seine Anordnungen noch ein „Statement" zur gescheiterten Beziehung zukommen lassen; gelegentlich hat sich der andere Elternteil auch als gefährlich unfähig im Umgang mit fremdem Vermögen erwiesen.

Geht es um das Verhindern der (mittelbaren) erbrechtlichen Teilhabe am ererbten Vermögen des Kindes (außerhalb des Anwendungsbereichs des § 1649 Abs. 2 BGB), ist damit die gesetzliche Erbfolge zweiter Ordnung (§ 1925 Abs. 1 BGB) zugunsten des überlebenden Elternteils nach dem Tode des gemeinschaftlichen Kindes gemeint, und zwar nachdem das Kind seinerseits Vermögen von dem vorverstorbenen Erblasser-Elternteil von Todes wegen erlangt hatte. In der Praxis wird die (mittelbare) erbrechtliche Teilhabe des überlebenden Elternteils mit unterschiedlicher Wirkung im Detail durch die Anordnung der Vor- und Nacherbschaft (§ 2100 BGB),[3] von Vor- und Nachvermächtnissen (§§ 2191 Abs. 2, 2106 Abs. 1 BGB)[4] oder durch sogenannte Herausgabevermächtnisse[5] als Variante des Nachvermächtnisses, jeweils gepaart mit einer weitreichenden Verwaltungstestamentsvollstreckung (§ 2209 BGB), erreicht. Die erbrechtlichen Aspekte des „Geschiedenentestaments" sind nicht Gegenstand der hiesigen Bestandsaufnahme zu § 1938 BGB.

---

[3] Statt aller Litzenburger in BeckOK BGB, 67. Ed. 1.8.2023, BGB § 2100 Rn. 8 mit weiteren Nachweisen.
[4] Ausführlich Muscheler AcP 28 (2008), 69.
[5] Zusammenfassend Müller-Engels in BeckOGK, 1.10.2023, BGB § 2177 Rn. 31 ff.

III. Anordnung nach § 1638 BGB im Kontext des „Geschiedenentestaments"

1. Zeitlicher Rahmen: Minderjährigkeit und Sorgerecht

Ausgangspunkt der hier interessierenden Ausschlussbestimmung nach § 1638 BGB ist das (potentielle) alleinige Vermögenssorgerecht des überlebenden Elternteils und damit die Phase des Erwerbs von Todes wegen nach dem Erblasser-Elternteil während der Minderjährigkeit des gemeinsamen Kindes. Ist das Kind volljährig, entfällt jede Art der elterlichen Sorge. Der Erblasser-Elternteil wird in einem solchen Fall seine Regelungsziele mit erbrechtlichen Gestaltungen verfolgen. Während also Anordnungen nach § 1638 BGB in der Kautelarpraxis des „Geschiedenentestaments" beinahe immer mit erbrechtlichen Ausschlussbestimmungen einhergehen, gilt dies für den umgekehrten Fall schon infolge des zeitlich begrenzten Anwendungsbereichs des Sorgerechts gerade nicht.

2. Regelungsziele: gänzlicher Ausschluss oder (positive) Verwaltungsanordnungen

Werden familienrechtliche Verwaltungsanordnungen im Kontext des „Geschiedenentestaments" gewünscht, ist das Regelungsziel überwiegend der gänzliche Ausschluss nach § 1638 Abs. 1 BGB. Zugleich sollen dem sodann (allein) sorgeberechtigten Elternteil die Einkünfte aus dem ererbten Vermögen des gemeinschaftlichen Kindes, die zu dessen ordnungsmäßiger Verwaltung und für den Unterhalt des Kindes nicht benötigt werden, nicht für den eigenen Unterhalt verwendet werden dürfen (vgl. § 1649 Abs. 2 BGB; Beispiel Nr. 5). Das gilt auch für den Unterhalt (einseitiger) minderjähriger Geschwister des erbenden Kindes.

Abseits der (vielfach dominanten) emotionalen Motive für die Anordnung des gänzlichen Verwaltungsausschlusses, können in seltenen Einzelfällen jedoch auch nachvollziehbare strategische Überlegungen des Erblasser-Elternteils im Vordergrund stehen, zu deren Verwirklichung es des Ausschlusses nach § 1638 BGB gerade nicht bedarf: Gilt die Sorge des Erblasser-Elternteils nämlich eher der „guten Verwaltung" des Nachlassvermögens (oder einzelner Gegenstände des Nachlasses), kommen als Alternative inhaltliche Ausgestaltungen der bei dem überlebenden Elternteil verbleibenden Verwaltung nach § 1639 Abs. 1 BGB in Betracht. Beispiele hierfür sind Anordnungen zur Unternehmensfortführung, zum Abstimmungsverhalten in Gesellschafterversammlungen, zur Geldanlage, zur Verwendung des Vermögens zur Ausbildung des Kindes et cetera.

Ähnliche Überlegungen können zur Vermeidung von Nachteilen einer Betriebsaufspaltung – neben der zielgerichteten Anordnung der Testamentsvollstreckung – auch durch die Anordnung des Verwaltungsausschlusses nach § 1638 Abs. 1 BGB mit der Folge der Zuwendungspflegschaft (nunmehr § 1811 BGB) maßgebend sein.[6] Während nämlich Beteiligungen von Eltern (einem Elternteil) und volljährigen Kindern am Besitz- beziehungsweise Betriebsunternehmen regelmäßig keine personelle und sachliche Verflechtung begründen, gilt dies grundsätzlich nicht bei Beteiligung eines minderjährigen Kindes und des überlebenden El-

---

[6] Zusammenfassend Vosseler/Udwari ZEV 2022, 135.

ternteils.[7] Nach Auffassung des BFH[8] verhindert eine Zuwendungspflegschaft (damals: Ergänzungspflegschaft) in Bezug auf die Gesellschafterstellung des minderjährigen Kindes an der Betriebskapitalgesellschaft, dass dessen Stimmen dem sorgeberechtigten, überlebenden Elternteil (und Mitgesellschafter) zuzurechnen sind, weil der Zuwendungspfleger kraft Amtes allein die Interessen des Minderjährigen zu verfolgen hat.

(Positive) Verwaltungsanordnungen des Erblasser-Elternteils nach § 1639 Abs. 1 BGB sind mit solchen im Rahmen einer Dauertestamentsvollstreckung nach § 2209 S. 1 BGB vergleichbar.

IV. Alleiniges Sorgerecht des nach § 1638 Abs. 1 BGB ausgeschlossenen (rechtlichen) Elternteils

Sachlicher Ausgangspunkt familienrechtlicher Anordnungen im klassischen „Geschiedenentestament" ist die Abwehr der (alleinigen) Vermögenssorge des überlebenden, rechtlichen Elternteils über den Nachlass, den das gemeinsame minderjährige Kind vom Erblasser-Elternteil von Todes wegen erlangt. Dabei sind die Fallgestaltungen zur Erlangung der alleinigen Vermögenssorge, immer gedacht als Teil des umfassenden Sorgerechts des überlebenden (rechtlichen) Elternteils, vielfältiger als gedacht:

1. Vermögenssorge als Teilaspekt elterlicher Sorge

Das elterliche Sorgerecht (§§ 1626–1698b BGB) steht dem oder den Berechtigten (und Verpflichteten) grundsätzlich umfassend zu. Zum Inhalt zählt unter anderem die Vermögenssorge einschließlich der gesetzlichen Vertretung des Kindes (§§ 1626 Abs. 1 S. 2 Alt. 2, 1629 Abs. 1 S. 1 BGB). Zum Vermögen des Kindes zählt auch dasjenige, das das Kind vom Erblasser-Elternteil von Todes wegen erlangt. Die im Blickpunkt des § 1638 BGB stehende Vermögenssorge umfasst wiederum das Recht des Sorgerechtsinhabers, das Vermögen des Kindes, also auch den Nachlass des Erblasser-Elternteils, in Besitz zu nehmen und sämtliche diesen etwa betreffende, vermögensrechtliche Entscheidungen zu treffen. Ein (eigenes oder fremdnütziges) Nutzungsrecht steht dem Sorgerechtsinhaber am Kindsvermögen bereits kraft Gesetzes nicht zu; Lasten hat er korrespondierend nicht zu tragen. An die Stelle des Nutzungsrechts tritt gewissermaßen das Recht des Sorgerechtsinhabers, die Einkünfte aus dem Kindesvermögen nach dem Bestreiten der Verwaltungskosten und des Unterhaltes für das Kind auch für den eigenen Unterhalt zu verwenden (vgl. § 1649 Abs. 2 Alt. 1 BGB). Alles das gilt es nach Auffassung des Erblasser-Elternteils zu verhindern.

---

[7] BFHE 273, 61 = ZEV 2021, 777; siehe auch BFHE 141, 536 = BStBl. II 1984, 714.
[8] Vgl. BFHE 273, 61 Rn. 40ff. = ZEV 2021, 777, dem Fall lag allerdings ein Wegfall der gesetzlichen Vertretungsbefugnis nach § 1824 Abs. 2 BGB in Verbindung mit § 181 BGB zugrunde.

2. Grundfall des Sorgerechtserwerbs: Geburt des gemeinschaftlichen Kindes in der Ehe der Eltern

Nach dem Grundfall des § 1626 Abs. 1 BGB sind die (rechtlichen) Eltern bei der Geburt eines gemeinsamen Kindes miteinander verheiratet (vgl. auch §§ 1591, 1592 Nr. 1 BGB); ihnen steht kraft Gesetzes die elterliche Sorge, einschließlich der hier interessierenden Vermögenssorge (§ 1626 Abs. 1 S. 2 Alt. 2 BGB), ab Vollendung der Geburt gemeinsam zu.[9] Sie vertreten das Kind zwingend gemeinschaftlich (für die Aktivvertretung: § 1629 Abs. 1 S. 2 BGB). Vater und Mutter können das Kind allerdings insoweit nicht vertreten, als ein Betreuer nach § 1824 BGB von der Vertretung des Betreuten ausgeschlossen wäre (§ 1629 Abs. 2 S. 2 BGB).

Gleichgültig nach welchem Tatbestand die gemeinsame Sorge der (rechtlichen) Eltern auch immer erlangt worden ist, üben beide Elternteile das Sorgerecht in eigener Verantwortung und in gegenseitigem Einvernehmen aus. Sie sind bei Meinungsverschiedenheiten grundsätzlich zur Herbeiführung einer Einigung verpflichtet (§ 1627 BGB); falls erforderlich, kann im Einzelfall eine gerichtliche Entscheidung erforderlich werden (vgl. § 1628 BGB). Zur Einschränkung oder Beendigung der gemeinsamen Sorge bedarf es einer gerichtlichen Entscheidung nach § 1671 BGB.

Stirbt einer der nach dem Grundfall des § 1626 Abs. 1 BGB gemeinsam sorgeberechtigten Elternteile vor dem anderen, steht dem überlebenden Elternteil kraft Gesetzes (§ 1680 Abs. 1 BGB) die alleinige elterliche Sorge zu. Das gilt selbstverständlich auch für den hier interessierenden Teilaspekt der Vermögenssorge. Allein die Tatsache, dass die Ehe der Eltern vor dem Tod eines Elternteils möglicherweise geschieden wurde, beziehungsweise sie nicht nur vorübergehend getrennt lebten, ändert am Fortbestand der gemeinsamen Sorge nichts, sofern keine Entscheidung des Familiengerichts zur gänzlichen oder teilweisen Übertragung der elterlichen Sorge erfolgt war (vgl. § 1671 Abs. 1 BGB). Damit bleiben die Wirkungen des § 1680 Abs. 1 BGB von einer Scheidung der Eltern oder von einem nicht nur vorübergehenden Getrenntleben regelmäßig unberührt (= Beispiel Nr. 1); der Regelungsbedarf für den Erblasser-Elternteil entsteht.

3. Gemeinschaftliches Kind der nicht miteinander verheirateten Eltern: Sorgeerklärung der rechtlichen Eltern

Waren die Eltern bei der Geburt des gemeinsamen Kindes nicht miteinander verheiratet, heiraten jedoch später, erlangen sie kraft Gesetzes mit der Eheschließung ex nunc die gemeinsame – umfassende – elterliche Sorge (§ 1626a Abs. 1 Nr. 2 BGB), wenn die Mutter bis dahin nach § 1626a Abs. 3 BGB allein und uneingeschränkt sorgeberechtigt war oder eine gerichtliche Sorgerechtsentscheidung zur Alleinsorge eines Elternteils geführt hatte (Ausnahme: § 1666 BGB). War die Mutter in ihrem Sorgerecht beschränkt, entsteht die gemeinsame elterliche Sorge in dem Umfang, in dem sie der Mutter vor der Eheschließung zustand.

---

[9] Vgl. statt aller Veit in BeckOK BGB, 67. Ed. 1.8.2023, BGB § 1626 Rn. 56.

Stirbt einer der Elternteile, kommt abermals § 1680 Abs. 1 BGB zur Anwendung; eine Scheidung oder Trennung der Eltern bleibt auch in diesem Fall ohne Einfluss (= Beispiel Nr. 4).

Geben die Mutter und ein Mann, der nicht notwendig der genetische Vater sein muss zumeist aber sein wird, nach Anerkennung seiner Vaterschaft (§§ 1592 Nr. 2, 1594, 1595 Abs. 1 und 3 BGB) gemeinsam eine wirksame Sorgeerklärung nach § 1626a Abs. 1 Nr. 1 BGB gegenüber der zuständigen Stelle ab, erlangen sie kraft Gesetzes ebenfalls das gemeinsame Sorgerecht. Ein häufig anzutreffender Anwendungsbereich für Sorgeerklärungen nach § 1626a Abs. 1 Nr. 1 BGB ist die „nichteheliche Lebensgemeinschaft der Eltern" eines gemeinschaftlichen Kindes. Beim Tode eines Elternteils kommt erneut § 1680 Abs. 1 BGB zur Anwendung und führt zur Alleinsorge des länger lebenden Elternteils (= Beispiel Nr. 3).

4. Gemeinschaftliches Kind der nicht miteinander verheirateten Eltern: gemeinschaftliche Sorge gegen den Willen der allein sorgeberechtigten Mutter

Gemeinsames Sorgerecht der rechtlichen, jedoch nicht miteinander verheirateten Eltern kann – ausnahmsweise – nach § 1626a Abs. 1 Nr. 3 in Verbindung mit Abs. 2 BGB gegen den Willen des bis dahin allein sorgeberechtigten Elternteils,[10] also zumeist der Mutter (§ 1626a Abs. 3 BGB), aufgrund eines Antrags des anderen Elternteils, nämlich des rechtlichen Vaters, durch Beschluss des Familiengerichts zu Lebzeiten beider Elternteile begründet werden, soweit dies dem Kindeswohl nicht widerspricht. Betroffen ist hiervon natürlich auch die hier interessierende Vermögenssorge. Trägt die bis dahin allein sorgeberechtigte Mutter keine Gründe vor, die der Übertragung der gemeinsamen elterlichen Sorge entgegenstehen, und sind solche Gründe auch sonst nicht ersichtlich, wird vermutet, dass die gemeinsame elterliche Sorge dem Kindeswohl nicht widerspricht (sogenannte negative Kindeswohlprüfung).

Beim Tod der Mutter kommt abermals § 1680 Abs. 1 BGB zur Anwendung und führt sodann zur Alleinsorge des länger lebenden Vaters. Für das Nachlassvermögen kann die Mutter auf § 1638 BGB zurückgreifen.

5. Gemeinschaftliches Kind der nicht miteinander verheirateten Eltern: Alleinsorge nach dem Tod der allein sorgeberechtigten Mutter

Nach § 1680 Abs. 2 BGB erlangt der bisher kein Sorgerecht innehabende Elternteil (zumeist der Vater) durch familiengerichtliche Übertragung das alleinige Sorgerecht, wenn der nach § 1626a Abs. 3 BGB oder nach § 1671 BGB das alleinige Sorgerecht innehabende Elternteil (zumeist die Mutter) verstirbt und die Übertragung dem Wohl des Kindes nicht widerspricht (sogenannte negative Kindeswohlprüfung). Die familiengerichtliche Übertragung der alleinigen Sorge ist der gesetzliche Regelfall und im Zweifelsfall vorzunehmen. Will der Vater keine Ver-

---

[10] Nach dem Wortlaut der Norm kann auch die alleinsorgeberechtigte Mutter den „vordergründig sorgeunwilligen" Vater in das gemeinsame Sorgerecht einbinden; vgl. BT-Drs. 17/11048, 16; Götz in Grüneberg, 82. Aufl. 2023, BGB § 1626a Rn. 9; Schumann FF 2013, 339 (342).

antwortung für das Kind übernehmen, widerspricht die Sorgerechtsübertragung regelmäßig dem Kindeswohl.

Die Rechtsfolgen des § 1680 Abs. 2 BGB empfinden in der forensischen Praxis vor allem allein sorgeberechtigte Mütter als schwer erträglich, wenn sie mit dem Vater des gemeinschaftlichen Kindes zum Zeitpunkt der Geburt nicht verheiratet waren (vgl. § 1592 Nr. 1 BGB in Verbindung mit § 1626a Abs. 3 BGB) und nach der Geburt „sitzengelassen" wurden. Gleiches gilt für die ebenfalls von § 1680 Abs. 2 BGB erfassten Tatbestände der Übertragung der Alleinsorge durch familiengerichtlichen Beschluss, nachdem die rechtlichen Eltern zunächst gemeinsam sorgeberechtigt waren und sodann nicht nur vorübergehend getrennt lebten beziehungsweise geschieden wurden und es infolgedessen zur familiengerichtlichen Sorgerechtsübertragung auf einen Elternteil gekommen war (§ 1671 BGB; Beispiel Nr. 2).

Nach § 1680 Abs. 3 BGB gelten Abs. 1 und 2 für Fallgestaltungen der gerichtlichen Sorgerechtsentziehung (anstelle des Versterbens) entsprechend.

Das Regelungsbedürfnis des Erblasser-Elternteils liegt auf der Hand.

V. *Die Ausschlussbestimmung nach § 1638 Abs. 1 BGB (Anwendungsbereiche)*

1. Sachlicher Anwendungsbereich

§ 1638 Abs. 1 BGB setzt im hier interessierenden Sachzusammenhang voraus, dass das minderjährige Kind von Todes wegen gegenwärtig vorhandene Vermögenswerte des Erblasser-Elternteils erlangt,[11] auf welche sich grundsätzlich die Vermögenssorge durch den überlebenden, allein sorgeberechtigten Elternteil bezieht (beziehungsweise ohne Anordnung beziehen könnte).

Der Erwerb durch das minderjährige Kind, auf den sich letztlich die Ausschlussbestimmung beziehen soll, kann kraft gesetzlicher Erbfolge (§ 1924 Abs. 1 BGB) oder durch Verfügung von Todes wegen erfolgen. Bezieht sich die Ausschlussbestimmung nach § 1638 Abs. 1 BGB auf den Erwerb von Todes wegen, muss sie allerdings durch letztwillige Verfügung (§ 1937 BGB) vorgenommen werden.[12] Sie kann dabei Teil eines Einzeltestamentes (§ 2087 Abs. 1 BGB), eines gemeinschaftlichen Testamentes (§ 2265 BGB) oder eines Erbvertrages (§ 2299 Abs. 1 BGB) sein. Die Ausschlussbestimmung hat zwingend einseitigen Charakter, kann also weder vertragsgemäß bindend noch wechselbezüglich getroffen werden.[13]

Keine Voraussetzung einer wirksamen Ausschlussbestimmung ist indes, dass sie in derselben Verfügung von Todes wegen enthalten sein muss, durch die der Erblasser-

---

[11] Vgl. Kerscher in BeckOGK, 1.10.2023, BGB § 1638 Rn. 5 (keine bloßen Erwerbschancen).
[12] Veit in BeckOK BGB, 67. Ed. 1.8.2023, BGB § 1638 Rn. 6; Huber in MüKoBGB, 8. Aufl. 2020, BGB § 1638 Rn. 7; Frenz DNotZ 1995, 908 (915); vgl. auch OLG Hamm MittBayNot 2015, 416.
[13] Frenz DNotZ 1995, 908 (915); Huber in MüKoBGB, 8. Aufl. 2020, BGB § 1638 Rn. 7; Heilmann in Staudinger, 2016, BGB § 1638 Rn. 12; Kerscher in BeckOGK, 1.10.2023, BGB § 1638 Rn. 16.

Elternteil dem Kind Nachlass zuwendet.[14] Wäre dies erforderlich, käme keine Ausschlussbestimmung für den Erwerb des Kindes kraft gesetzlicher Erbfolge vom Erblasser-Elternteil in Betracht.

Die Ausschlussbestimmung des (späteren) Erblasser-Elternteils „bei" einer lebzeitigen Zuwendung an das Kind erfasst dessen späteren Erwerb von Todes von demselben Elternteil wegen nicht, wenn kein gesonderter Ausschluss durch letztwillige Verfügung erfolgt ist.

Erfasst werden durch den Wortlaut des § 1638 Abs. 1 BGB der Erwerb aufgrund Vermächtnisses, in Erfüllung einer Auflage und die Pflichtteilsberechtigung.[15] Seit dem 1.1.2023[16] ist im reformierten Wortlaut des § 1638 Abs. 1 BGB (vgl. auch § 1639 Abs. 1 BGB) als Erwerbstatbestand auch die unentgeltliche Zuwendung auf den Todesfall ausdrücklich erwähnt; damit sollen (möglicherweise überflüssig)[17] Verträge zugunsten Dritter angesprochen werden. Das tatsächliche Problem der unentgeltlichen Zuwendung auf den Todesfall, nämlich zu welchem Zeitpunkt die Ausschlussbestimmung zu erfolgen hat, blieb indes trotz der Reform im Wortlaut des § 1638 Abs. 1 BGB (gesetzgeberisch) ungelöst.

Die Ausschlussbestimmung kann im Übrigen unter einer Bedingung oder Zeitbestimmung getroffen werden, beispielsweise für den Abschluss einer (attestiert erfolgreichen) Therapie des überlebenden Elternteils oder für den Fall dessen Wiederverheiratung.[18]

Ob die Ausschlussbestimmung durch Verfügung von Todes wegen erbrechtlich oder familienrechtlich zu qualifizieren ist, ist umstritten.[19]

2. Persönlicher Anwendungsbereich; Anordnungsmotivation

Grundsätzlich enthält § 1638 Abs. 1 BGB keine Einschränkungen zur Person des Zuwendenden und korrespondierend des Anordnenden.[20] Im Kontext des „Geschiedenentestaments" kommt allerdings nur ein Erblasser-Elternteil in Betracht.[21] Die Zulässigkeit des Ausschlusses der Vermögenssorge des anderen Elternteils durch Bestimmung des Erblasser-Elternteils ist durch den Wortlaut des § 1638 Abs. 3 BGB ausdrücklich erfasst und unstreitig.[22]

---

[14] Huber in MüKoBGB, 8. Aufl. 2020, BGB § 1638 Rn. 7; Heilmann in Staudinger, 2016, BGB § 1638 Rn. 12; Veit in BeckOK BGB, 67. Ed. 1.8.2023, BGB § 1638 Rn. 6; Kerscher in BeckOGK, 1.10.2023, BGB § 1638 Rn. 11; Ott NJW 2014, 3473 (3475); Frenz DNotZ 1995, 908 (915); Heilmann in Staudinger, 2016, BGB § 1638 Rn. 12.
[15] Heilmann in Staudinger, 2016, BGB § 1638 Rn. 7.
[16] Gesetz zur Reform des Vormundschafts- und Betreuungsrechts vom 4.5.2021 (BGBl. I 882); vgl. auch BT-Drs. 19/24445, 185; DNotI-Report 2021, 165.
[17] Vgl. Müller-Engels in BeckOK BGB, 67. Ed. 1.8.2023, BGB § 1837 Rn. 7.
[18] Vgl. KG FamRZ 1962, 432 (435); Veit in BeckOK BGB, 67. Ed. 1.8.2023, BGB § 1638 Rn. 7; Huber in MüKoBGB, 8. Aufl. 2020, BGB § 1638 Rn. 10; Frenz DNotZ 1995, 908 (915).
[19] Instruktiv und für eine erbrechtliche Qualifikation OLG Hamm MittBayNot 2015, 416.
[20] Vgl. Veit in BeckOKBGB, 67. Ed. 1.8.2023, BGB § 1638 Rn. 3; Heilmann in Staudinger, 2016, BGB § 1638 Rn. 3.
[21] Vgl. zu Berechtigung der Eltern Huber in MüKoBGB, 8. Aufl. 2020, BGB § 1638 Rn. 9; Heilmann in Staudinger, 2016, BGB § 1638 Rn. 3.
[22] Vgl. statt aller Götz in Grüneberg, 82. Aufl. 2023, BGB § 1638 Rn. 2.

Unerheblich ist das Ausschlussmotiv des „Erblasser-Elternteils"; eine Begründungspflicht besteht nicht.[23] Sittenwidrigkeit der Ausschlussbestimmung oder eine Anfechtung durch den ausgeschlossenen Elternteil kommen nicht in Betracht, auch nicht, wenn sich der „Erblasser-Elternteil" offensichtlich am „Ex" rächen möchte. Das Familiengericht kann die Ausschlussbestimmung weder aufheben noch abändern.[24]

3. Zusammentreffen unterschiedlicher Zuwendungen zugunsten des minderjährigen Kindes

Unerwartete Friktionen können beim Zusammentreffen von Zuwendungen von Todes wegen und dem Erwerb des Kindes durch Zuwendung unter Lebenden auftreten. Hat etwa in den guten Tagen der Ehe die später in dem „Geschiedenentestament" die Ausschlussbestimmung treffende Mutter dem Kind aus erbschaftsteuerlichen Gründen, nämlich zur mehrfachen Ausnutzung der Freibeträge nach § 16 Abs. 1 Nr. 2 ErbStG in Verbindung mit § 14 Abs. 1 S. 1 ErbStG, bereits Vermögen unter Lebenden zukommen lassen und hat die Mutter im Zeitpunkt dieser lebzeitigen Zuwendung (vgl. den Wortlaut in § 1638 Abs. 1 BGB: „[...] bei [...]") keine auf diese Zuwendung bezogene Ausschlussbestimmung getroffen, kann sie diese nicht mehr nachholen, auch nicht im Rahmen einer nachfolgenden Verfügung von Todes wegen.[25] Gleiches gilt für (gegebenenfalls „steuermotivierte") Großelternzuwendungen an das Enkelkind unter Lebenden. Verstirbt nunmehr die Mutter, die zwar für ihren Nachlass in dem „Geschiedenentestament" den Verwaltungsausschluss des „Ex" bestimmt hat, erlangt der besagte „Ex" dennoch die Vermögenssorge (vgl. § 1680 Abs. 1 BGB) über diejenigen Vermögensgegenstände, die das Kind bereits unter Lebenden von seiner Mutter (oder den Großeltern mütterlicherseits) erlangt hatte und für die kein Verwaltungsausschluss „bei" der jeweiligen Zuwendung angeordnet worden war. Im Rahmen der Vermögenssorge kommt es dann zum möglicherweise problembeladenen Aufeinandertreffen eines Zuwendungspflegers nach § 1811 BGB und des „unbeliebten Ex" über Vermögensgegenstände aus verschiedenen Zuwendungsherkünften.

Wenden Dritte, beispielsweise die Großeltern, ihrem minderjährigen Enkel unter Lebenden Vermögenswerte zu, kann es in wohlüberlegten Einzelfällen (zum Beispiel „Krisenehe", Scheidung oder Getrenntleben der Kindseltern) daher ratsam sein, die Frage der Ausschlussbestimmung oder der inhaltlich gestalteten Vermögensverwaltung zu stellen. Bedenken Großeltern ihr Enkelkind aus der gescheiterten Beziehung zum Schwiegerkind von Todes wegen, kann wiederum der Hin-

---

[23] Vgl. Kerscher in BeckOGK, 1.10.2023, BGB § 1638 Rn. 13 mit weiteren Nachweisen; Veit in BeckOK BGB, 67. Ed. 1.8.2023, BGB § 1638 Rn. 7; Huber in MüKoBGB, 8. Aufl. 2020, BGB § 1638 Rn. 6.
[24] Kerscher in BeckOGK, 1.10.2023, BGB § 1638 Rn. 10 mit weiteren Nachweisen; Heilmann in Staudinger, 2016, BGB § 1638 Rn. 31; Ott NJW 2014, 3473 (3475).
[25] OLG Naumburg FamRZ 2003, 1406 (1407); KG FamRZ 1962, 432 (435); Gernhuber/Coester-Waltjen, Familienrecht, 7. Aufl. 2020, § 61 Rn. 4 Fn. 13; Heilmann in Staudinger, 2016, BGB § 1638 Rn. 14; Kerscher in BeckOGK, 1.10.2023, BGB § 1638 Rn. 19; Wedemann FamRZ 2009, 1197 (1200ff.).

weis wertvoll sein, dass auch sie (gegebenenfalls nachträglich) eine Anordnung nach § 1638 Abs. 1 BGB durch Verfügung von Todes wegen treffen beziehungsweise nachholen sollten, falls sie die Ausschlussmotive des eigenen Kindes teilen oder eigene haben. Anordnungen der Kindsmutter helfen in einer solchen Konstellation nicht.

VI. Die Ausschlussbestimmung durch letztwillige Verfügung

1. Die zumindest „angedeutete" Ausschlussbestimmung des Erblasser-Elternteils

Die Ausschlussbestimmung des Erblasser-Elternteils setzt eine darauf gerichtete Erklärung in einer letztwilligen Verfügung voraus;[26] dabei sind wiederum die erbrechtlichen Formvorschriften zu beachten. Ist der Ausschluss gewollt, sollte dies in der letztwilligen Verfügung klar zum Ausdruck gebracht werden. Die Kombination aus Ausschlussbestimmung und Testamentsvollstreckung ist sinnvoll und wird in der Praxis regelmäßig empfohlen. Der Ratschlag ergibt sich vordringlich daraus, dass die Testamentsvollstreckung das Erreichen der Volljährigkeit des erbenden Kindes und damit die Zuwendungspflegschaft „überlebt" und die weitergeführte Verwaltung vom Erblasser-Elternteil für sinnvoll erachtet wird.[27]

Ob ein Verwaltungsausschluss gewollt ist, ist nötigenfalls im Weg der Auslegung zu ermitteln;[28] die Maßgaben der „Andeutungstheorie"[29] sind zu beachten. Ein wirksamer Verwaltungsausschluss kann beispielsweise in der testamentarischen Benennung eines Pflegers liegen,[30] obwohl der Ausschluss nicht ausdrücklich benannt ist. Das BayObLG[31] sieht allerdings in der Ausschließung eines allein sorgeberechtigten Elternteils (hier: Tochter des Erblassers) von der „Nutznießung" an dem Vermögen, das der Erblasser dem Kind (hier: Enkelkind des Erblassers und Kind der eigenen Tochter) zugewendet hat, noch keine Ausschlussbestimmung zur elterlichen Vermögenssorge im Sinne des § 1638 Abs. 1 BGB. Vielmehr soll es sich lediglich um eine Beschränkung der Einkünfteverwendung nach § 1649 Abs. 2 BGB handeln, die im Zweifel gerichtlich durchsetzbar sei. Die Bestellung eines Zuwendungspflegers (nunmehr: § 1811 BGB) soll deshalb nicht erfolgen können.

Andererseits hat ebenfalls das BayObLG[32] entschieden, dass in der Enterbung eines Elternteils (hier: Tochter des Erblassers) eines Minderjährigen (also des Enkels

---

[26] Kerscher in BeckOGK, 1.10.2023, BGB § 1638 Rn. 10; Wedemann FamRZ 2009, 1197 (1199).
[27] Vgl. Huber in MüKoBGB, 8. Aufl. 2020, BGB § 1638 Rn. 9; Staake NJW 2021, 3687 (3689).
[28] Vgl. Frenz DNotZ 1995, 908 (915); OLG Brandenburg FamRZ 2019, 1247 (1248); BayObLG Rpfleger 1989, 411f.; Huber in MüKoBGB, 8. Aufl. 2020, BGB § 1638 Rn. 8; Kerscher in BeckOGK, 1.10.2023, BGB § 1638 Rn. 12.1.
[29] Statt aller Litzenburger in BeckOK BGB, 67. Ed. 1.8.2023, BGB § 2084 Rn. 20f.
[30] OLG München JFG 21, 181 (187); Erman/Döll, 17. Aufl. 2023, BGB § 1638 Rn. 8.
[31] BayObLG Rpfleger 1982, 180; siehe auch LG Dortmund NJW 1959, 2264 (Leitsatz); Kerscher in BeckOGK, 1.10.2023, BGB § 1638 Rn. 18; Huber in MüKoBGB, 8. Aufl. 2020, BGB § 1638 Rn. 8.
[32] BayObLG NJW 1964, 2110; Huber in MüKoBGB, 8. Aufl. 2020, BGB § 1638 Rn. 8.

des Erblassers) durchaus eine Ausschlussbestimmung dergestalt liegen kann, dass das dem Enkel von Todes wegen zufallende Vermögen gerade nicht vom enterbten Elternteil verwaltet werden soll. Das soll auch dann ein mögliches Auslegungsergebnis sein, wenn der Enkel nicht testamentarisch bedacht, sondern kraft gesetzlicher Erbfolge durch die Enterbung seiner Mutter zum Zuge kommt. Unabhängig davon, ob man dieser Ansicht folgt, sollte das Testament die Frage des möglicherweise naheliegenden Verwaltungsausschlusses ausdrücklich regeln. Das gilt erst recht, wenn die Erbeinsetzung des Enkelkindes ausdrücklich erfolgt und die Enterbung des eigenen Kindes bewirkt. Vielfach wird sich in diesem Kontext auch die (ergänzende) Anordnung einer Testamentsvollstreckung anbieten.

2. „Angedeutete" Ausschlussbestimmung durch Anordnung der Testamentsvollstreckung?

Findet sich im Testament des (geschiedenen und sorgeberechtigten) Erblasser-Elternteils lediglich die Anordnung einer Testamentsvollstreckung und ist der berufene Testamentsvollstrecker ausdrücklich nicht der überlebende (sodann allein sorgeberechtigte) „Ex", folgt daraus bei wohlwollender Auslegung, dass der im Übrigen unbenannte „Ex" von der Verwaltung des Vermögens nach § 1638 Abs. 1 BGB ausgeschlossen sein soll. Anders sieht das allerdings die wohl herrschende Meinung in Rechtsprechung und Literatur.[33] Ob im Einzelfall die Anordnung der Testamentsvollstreckung bis zum Erreichen der Volljährigkeit des Kindes (= Wegfall des Sorgerechts) das Auslegungsergebnis zugunsten einer Ausschlussbestimmung verbessert und ob die Anordnung der Testamentsvollstreckung insoweit der „Andeutungstheorie" genügt, ist ungeklärt. Jedenfalls bleibt eine klare Anordnung wünschenswert, denn obwohl sich die elterliche Vermögenssorge und die daraus abgeleiteten Befugnisse des Zuwendungspflegers nach § 1811 BGB einerseits und die Aufgaben des berufenen Testamentsvollstreckers nach §§ 2197 ff. BGB andererseits überschneiden, bleiben signifikante Unterschiede, die das Auslegungsergebnis beeinflussen könnten:[34]

– Nur dem Zuwendungspfleger steht das Recht der Ausschlagung (und Annahme) der Erbschaft/des Vermächtnisses zu (hierzu → VII. 3.) und nur er ist zur Geltendmachung des Pflichtteilsanspruchs sowie zur Verwaltung der hieraus erlangten Mittel berechtigt.
– Nur das Vertreterhandeln des Zuwendungspflegers unterliegt den familiengerichtlichen Genehmigungserfordernissen der §§ 1850–1854 BGB und den spezifischen Beschränkungen nach §§ 1845 ff. BGB, von denen allerdings teilweise Befreiung erteilt werden kann.
– Nur der Zuwendungspfleger unterliegt als gesetzlicher Vertreter der regelmäßigen familiengerichtlichen Kontrolle.

---

[33] BayObLG Rpfleger 1982, 180; FamRZ 1989, 1342 (1342 f.); OLG Brandenburg BeckRS 2019, 4980; LG Dortmund NJW 1959, 2264; Kerscher in BeckOGK, 1.10.2023, BGB § 1638 Rn. 18; Huber in MüKoBGB, 8. Aufl. 2020, BGB § 1638 Rn. 9.
[34] Nach Löhnig NJW 2016, 3035.

Betrachtet man die Anordnungsbefugnis des § 1638 Abs. 1 BGB aus der Perspektive einer nach § 2289 Abs. 1 BGB oder § 2271 Abs. 1 S. 2 BGB unwirksamen angeordneten Testamentsvollstreckung durch den Erblasser-Elternteil, kann wiederum die Umdeutung in eine zulässige Ausschlussbestimmung in Betracht kommen.

VII. Reichweite und Inhalt der Ausschlussbestimmung

1. Reichweite der Ausschlusswirkung

Die Ausschlusswirkung nach § 1638 Abs. 1 BGB erfasst nicht nur die rechtliche, sondern auch die tatsächliche Seite jeder Sorgemaßnahme; sie erfasst damit insbesondere die korrespondierenden Vertretungsbefugnisse durch den überlebenden Elternteil. Tritt der ansonsten allein sorgeberechtigte Elternteil dennoch im Namen des Kindes in Bezug auf Gegenstände des Nachlassvermögens auf, liegt ein Fall der Vertretung ohne Vertretungsmacht vor (§§ 177 ff. BGB). Zulasten des Kindes sind in derartigen Fällen die Grundsätze der Anscheins- und Duldungsvollmacht nicht anwendbar. Andere – dennoch vorgenommene – Verwaltungsmaßnahmen, die keine Vertretungsfälle darstellen, sind im Verhältnis zum Minderjährigen als Geschäftsführung ohne Auftrag (§§ 677 ff. BGB) zu werten.[35]

Die vom Anfall der Erbschaft und nicht erst ab der gerichtlichen Bestellung des Zuwendungspflegers der Erbschaft an wirksame Ausschlusswirkung nach § 1638 Abs. 1 BGB[36] führt schließlich auch dazu, dass der überlebende Elternteil keinen Antrag auf Erteilung eines Erbscheins für das Kind stellen kann.[37] Hat der Erblasser-Elternteil neben dem Verwaltungsausschluss Testamentsvollstreckung angeordnet, schließt die Ausschlusswirkung auch die Befugnis des überlebenden Elternteils zur Antragstellung auf Entlassung des Testamentsvollstreckers ein.[38]

Mit der Ausschlussbestimmung (und der kombinierten Benennung eines Zuwendungspflegers) kann der Erblasser-Elternteil im Übrigen in guter Absicht das Ziel verfolgen, dass die familiengerichtlichen Genehmigungserfordernisse nach §§ 1850–1854 BGB zum Schutz des Kindes zur Anwendung gelangen und der überlebende Elternteil insoweit „entlastet" ist.

---

[35] BGHZ 106, 96 = NJW 1989, 984; Kerscher in BeckOGK, 1.10.2023, BGB § 1638 Rn. 15; Veit in BeckOK BGB, 67. Ed. 1.8.2023, BGB § 1638 Rn. 7; Huber in MüKoBGB, 8. Aufl. 2020, BGB § 1638 Rn. 11; Staake NJW 2021, 3687 (3689).

[36] OLG Frankfurt a. M. NJW-RR 1997, 580; Huber in MüKoBGB, 8. Aufl. 2020, BGB § 1638 Rn. 12; Staake NJW 2021, 3687 (3689).

[37] OLG Frankfurt a. M. NJW-RR 1997, 580; Kerscher in BeckOGK, 1.10.2023, BGB § 1638 Rn. 15; Veit in BeckOK BGB, 67. Ed. 1.8.2023, BGB § 1638 Rn. 7; Huber in MüKoBGB, 8. Aufl. 2020, BGB § 1638 Rn. 19.

[38] Vgl. BGHZ 106, 96 = NJW 1989, 984; Kerscher in BeckOGK, 1.10.2023, BGB § 1638 Rn. 15.1; Huber in MüKoBGB, 8. Aufl. 2020, BGB § 1638 Rn. 18.

2. Verwaltungsausschluss für den gesamten Nachlass oder einzelne Nachlassgegenstände

Die Ausschlussbestimmung kann das gesamte, dem Kind von Todes wegen zugewandte Vermögen des Erblasser-Elternteils erfassen, – a maiore ad minus – aber auch auf einzelne oder eine Mehrzahl einzelner Nachlassgegenstände beschränkt werden.[39]

Die „selektive" Ausschlussbestimmung des überlebenden Elternteils und die korrespondierende Benennung eines Zuwendungspflegers kann (gegebenenfalls in Kombination mit einer Testamentsvollstreckung) beispielsweise ein Instrument zur Unternehmensfortführung darstellen. Möglicherweise hält der Erblasser-Elternteil beschränkt auf den Unternehmensbereich eine bloße Verwaltungsanordnung nach § 1639 BGB für nicht ausreichend. Ähnliche Erwägungen könnten für einen „selektiven" Ausschluss der Verwaltung von Gesellschaftsbeteiligungen im Nachlass des Erblasser-Elternteils eine Rolle spielen, wenn auch der überlebende Ehegatte Gesellschafter ist und bei Beschlussfassungen et cetera nach § 1825 Abs. 2 BGB in Verbindung mit § 181 BGB von der Vertretung des Kindes ausgeschlossen wäre. Statt der Bestellung eines Ergänzungspflegers nach § 1809 BGB hätte das Familiengericht durch Beschluss den vom Erblasser benannten Zuwendungspfleger nach § 1811 BGB zu berufen.

Familiengerichtliche Genehmigungserfordernisse, wie sie für das Vertreterhandeln des Zuwendungspflegers nach den §§ 1850–1854 BGB einzuhalten sind, können im Rahmen einer Verwaltungsanordnung nach § 1639 Abs. 1 BGB nicht implementiert werden, auch nicht zur Vermeidung der (gegebenenfalls „selektiven") Ausschlussbestimmung nach § 1638 Abs. 1 BGB. Erst recht können keine familiengerichtlichen Genehmigungserfordernisse begründet werden, die über diejenigen nach den §§ 1850 BGB hinausgehen.[40]

Kraft Gesetzes und ohne gesondertes Bestimmungserfordernis durch den Erblasser-Elternteil erstreckt sich der Verwaltungsausschluss nach § 1638 Abs. 2 BGB auf das, was das Kind aufgrund eines Rechts (rechtsgeschäftlich oder kraft Gesetzes) erwirbt, das zu dem Vermögen gehört, von dessen Verwaltung der überlebende Elternteil ausgeschlossen ist. Die Ausschlusswirkung erfasst ebenso die unmittelbaren und mittelbaren Sach- und Rechtsfrüchte einer Sache (§ 99 BGB) sowie wie Nutzungen (§ 100 BGB).[41] Der Ausschluss der Verwaltung des Surrogats bezieht sich zudem auf das, was das Kind als Ersatz für die Zerstörung, Beschädigung oder Entziehung eines Gegenstands erlangt, von dessen Verwaltung der andere Elternteil ausgeschlossen ist.

Nach § 1649 Abs. 2 Alt. 1 BGB erstreckt sich die Ausschlusswirkung schließlich auch auf die Einkünfteverwendung aus dem von der Verwaltung ausgeschlossenen Nachlassvermögen des Kindes. Der ansonsten (allein) sorgeberechtigte, überlebende Elternteil kann derartige Einkünfte nach dem Bestreiten der Verwaltungs-

---

[39] Kerscher in BeckOGK, 1.10.2023, BGB § 1638 Rn. 11; Staake NJW 2021, 3687 (3689); Ott NJW 2014, 3473 (3475).
[40] Vgl. Staake NJW 2021, 3687 (3689); Ott NJW 2014, 3473 (3475).
[41] Heilmann in Staudinger, 2016, BGB § 1638 Rn. 34; Veit in BeckOK BGB, 67. Ed. 1.8.2023, BGB § 1638 Rn. 9 ff.

kosten und des Unterhaltes für das Kind folglich nicht für seinen eigenen Unterhalt verwenden (= Beispiel Nr. 5). In einer letztwilligen Verfügung des Erblasser-Ehegatten hat der ausdrücklich aufgenommene Ausschluss der Einkünfteverwendung demnach eine lediglich deklaratorische und klarstellende Funktion.

3. Sind Ausschlagung (und Annahme) ausschließbare Vermögensverwaltung?

Bis zur Entscheidung des BGH vom 29.6.2016[42] hat die herrschende Meinung[43] die Ansicht vertreten, dass durch den Ausschluss des überlebenden und sorgeberechtigten Elternteils von der Vermögensverwaltung nicht dessen (vorgelagertes) Recht betroffen sei, die Zuwendung als gesetzlicher Vertreter des Kindes auszuschlagen (§§ 1929 Abs. 1, 1643 Abs. 3, 1944 BGB; § 1851 Nr. 1 BGB neue Fassung) oder anzunehmen. Das sollte auch dann gelten, wenn bereits ein Ergänzungspfleger (heute: Zuwendungspfleger) bestellt worden war. Der BGH, der in dieser Frage unter anderem dem Jubilar ausdrücklich gefolgt ist,[44] hat das Recht der Ausschlagung (und Annahme) hingegen eindeutig und allein der Vermögenssorge zugeordnet und damit vollständig dem Anwendungsbereich des § 1638 BGB und im Ergebnis dem Zuständigkeitsbereich des Zuwendungspflegers unterstellt. Vermögensverwaltung beginne bereits mit dem Anfall der Erbschaft, auf den Regelungsgehalt des § 1953 Abs. 1 BGB nahm diese Rechtsprechung dabei wenig Rücksicht. Richtig dürfte indes sein, dass auch die mit dem (vorläufigen) Anfall verbundenen persönlichen Belange des Minderjährigen eine ausschließliche Zuordnung der Ausschlagung zur Vermögensverwaltung ausschließen.[45] Zudem weist Muscheler[46] zutreffend und pointiert darauf hin, dass die „Entscheidung über Annahme und Ausschlagung der Erbschaft [...] keine Maßnahme der Verwaltung des Geerbten [ist], sondern eine Entscheidung darüber, ob es überhaupt etwas zu verwalten gibt".

VIII. Bestellung des Zuwendungspflegers

1. Grundlagen

Wird die Vermögenssorge des allein sorgeberechtigten und überlebenden Elternteils ausgeschlossen, bedarf es der Bestellung eines „Zuwendungspflegers" (§ 1811 BGB) als einem besonderen Fall der rechtlichen Verhinderung des sor-

---

[42] BGH ZEV 2017, 33 mit Anmerkung Muscheler = MittBayNot 2017, 595 mit Anmerkung Suttmann = FamRZ 2016, 1660 mit Anmerkung Zorn.
[43] OLG Karlsruhe FamRZ 1965, 573f.; OLG Düsseldorf FamRZ 2007, 2091 (2093); KGJ 48, 22; Heilmann in Staudinger, 2016, BGB § 1638 Rn. 7, 16 mit weiteren Nachweisen; Huber in MüKoBGB, 6. Aufl. 2011, BGB § 1638 Rn. 15; Kerscher in BeckOGK, 1.10.2023, BGB § 1638 Rn. 20 f.; Veit in BeckOKBGB, 67. Ed. 1.8.2023, BGB § 1638 Rn. 5 f.; Götz in Palandt, 75. Aufl. 2016, BGB § 1638 Rn. 2; Damrau ZEC 2001, 176 (178) mit weiteren Nachweisen; Ott NJW 2014, 3473 (3474).
[44] Frenz DNotZ 1995, 908 (913 ff.); Krug FPR 2011, 268 (270).
[45] Vgl. OLG Saarbrücken NJW-RR 2015, 1099; Staake NJW 2021, 3687 (3691) für den Unternehmensbereich.
[46] Muscheler ZEV 2017, 33.

geberechtigten Elternteils. Nach dem reformierten Wortlaut des § 1811 Abs. 1 S. 1 Nr. 1 BGB ist auch der Erwerb durch unentgeltliche Zuwendung auf den Todesfall erfasst, was klarstellen soll, dass es sich überhaupt um einen Anwendungsfall der Zuwendungspflegschaft handelt (hierzu → V. 1.). Eine konkrete Bedürfnisprüfung zur Bestellung eines Zuwendungspflegers ist nicht anzustellen; das Bedürfnis wird vom Gesetz unterstellt.[47] Das Erfordernis zur Einrichtung einer Pflegschaft ist dem Familiengericht im Übrigen unverzüglich anzuzeigen (§ 1809 Abs. 2 BGB).

Die Zuwendungspflegschaft ist notwendigerweise eine Dauerpflegschaft; sie endet kraft Gesetzes mit dem Eintritt der Volljährigkeit des erbenden Kindes (und des Sorgerechts überhaupt). Eine abweichende Bestimmung des Erblasser-Elternteils, insbesondere die vielfach gewünschte „Verlängerung" über die Volljährigkeit des Kindes hinaus, ist unwirksam,[48] kann aber gegebenenfalls als Anordnung der Testamentsvollstreckung ausgelegt werden.

2. Person des Zuwendungspflegers

Der Erblasser-Elternteil kann grundsätzlich jede beliebige Person als Zuwendungspfleger benennen, Auswahlkriterien enthält das Gesetz nicht.[49] Die von dem Erblasser-Elternteil bestimmte Person darf allerdings dann durch das Familiengericht übergangen werden, wenn ansonsten das Kindeswohl (objektiv) gefährdet wäre oder das Kind ab seinem vollendeten 14. Lebensjahr der Bestellung widerspricht. Der Erblasser-Elternteil kann für einen solchen Fall Vorsorge durch eine Ersatzberufung treffen (§ 1811 Abs. 2 S. 2 BGB in Verbindung mit § 1783 Abs. 1 Nr. 2 und 3 BGB).

Der Erblasser-Elternteil kann den (überlebenden) Elternteil nicht gleichzeitig von der Vermögensverwaltung nach § 1638 Abs. 1 BGB ausschließen und dennoch zum Zuwendungspfleger nach § 1811 Abs. 2 S. 1 Nr. 1 BGB berufen, auch nicht hinsichtlich einzelner Nachlassgegenstände. Keinesfalls sollte der Erblasser-Ehegatte die Benennung des Zuwendungspflegers ausdrücklich einem Dritten überlassen; die Zulässigkeit derartiger Regelungen ist im Ergebnis umstritten.[50] Die Befugnisse des Erblasser-Elternteils reichen wohl nicht so weit, eine bestimmte Person von der Pflegschaft auszuschließen.[51]

In der Beurkundungspraxis sollte aus dem Gesichtspunkt des „sicheren Weges" heraus berücksichtigt werden, dass der von dem Erblasser-Elternteil im „Geschiedenentestament" gegebenenfalls benannte Testamentsvollstrecker, der das Amt auch tatsächlich annimmt, nicht zugleich nach § 1811 Abs. 2 S. 1 Nr. 1 BGB als Zu-

---

[47] BayObLG FamRZ 1989, 1342 (1343); Bettin in BeckOK BGB, 67. Ed. 1.8.2023, BGB § 1811 Rn. 2.
[48] OLG Hamm FamRZ 2010, 1997; Bettin in BeckOK BGB, 67. Ed. 1.8.2023, BGB § 1811 Rn. 3.
[49] Vgl. Staake NJW 2021, 3687 (3690) mit weiteren Nachweisen.
[50] Vgl. Schneider in MüKoBGB, 8. Aufl. 2020, BGB § 1917 Rn. 6; Staake NJW 2021, 3687 (3690) mit weiteren Nachweisen.
[51] Vgl. BayObLGZ 1977, 105 (111).

wendungspfleger bestimmt wird.[52] Zwar scheidet die Bestellung als Zuwendungspfleger wohl erst dann aus, wenn konkrete Anhaltspunkte dafür bestehen, dass die berufene Person (= Testamentsvollstrecker) als Zuwendungspfleger die Belange in Bezug auf den Nachlass nicht ordnungsgemäß wahrnehmen wird.[53] Allerdings vertritt der Zuwendungspfleger die Interessen des Minderjährigen auch gegenüber der „Amtsführung" des Testamentsvollstreckers. Der sich hieraus gegebenenfalls ergebende Interessenwiderspruch durch „Ämterhäufung" sollte nach hiesiger Ansicht bereits im Ansatz vermieden und kann gegebenenfalls durch Ersatzbenennungen entschärft werden.

Ohne Verwaltungsbefugnis kann der überlebende – im Übrigen allein sorgeberechtigte – Elternteil namens des Kindes keine Beschwerde gegen die Auswahlentscheidung des Erblasser-Ehegatten nach § 1811 Abs. 2 S. 1 Nr. 1 BGB erheben. Im eigenen Namen kann der überlebende Elternteil allerdings die Wirksamkeit der testamentarischen Anordnung rügen.[54]

3. Der „befreite" Zuwendungspfleger

Der Erblasser-Elternteil kann den (von ihm) benannten Zuwendungspfleger im nachfolgenden Umfang von grundsätzlich bestehenden Pflichten aus der Vermögensverwaltung und gesetzlichen Vertretung einzeln oder umfassend Befreiung erteilen. Die befreiungsfähigen Pflichten sind:

– das bei einem Kreditinstitut verzinslich angelegte Geld durch eine Sperrvereinbarung zu sichern (§ 1811 Abs. 2 S. 1 Nr. 2 BGB in Verbindung mit § 1845 Abs. 1 BGB);
– Wertpapiere in einem Depot in Einzel- oder Sammelverwahrung zu halten (§ 1811 Abs. 2 S. 1 Nr. 2 BGB in Verbindung mit § 1843 BGB);
– das Anlegen von Geld und die Verwahrung von Wertpapieren dem Familiengericht mitzuteilen (§ 1811 Abs. 2 S. 1 Nr. 2 BGB in Verbindung mit § 1846 BGB);
– für das Anlegen von Geld die familiengerichtliche Genehmigung einzuholen (§ 1811 Abs. 2 S. 1 Nr. 2 BGB in Verbindung mit § 1848 BGB);
– für die Verfügung über Geldforderungen und Wertpapiere die familiengerichtliche Genehmigung einzuholen (§ 1811 Abs. 2 S. 1 Nr. 2 BGB in Verbindung mit § 1849 BGB);
– Rechnung zu legen (§ 1811 Abs. 2 S. 1 Nr. 2 BGB in Verbindung mit § 1865 BGB).

Ist der „befreite" Zuwendungspfleger auch von der Rechnungslegung befreit, hat er stattdessen dem Familiengericht nach § 1811 Abs. 2 S. 3 BGB in Verbindung mit § 1859 Abs. 1 S. 2 und 3 BGB jährlich eine Bestandsübersicht des seiner Verwaltung unterliegenden Vermögens einzureichen; der Zeitraum kann auf bis zu fünf Jahre verlängert werden.

---

[52] Vgl. OLG Schleswig NJW-RR 2007, 1597 (1598); aA Kerscher in BeckOGK, 1.10.2023, BGB § 1638 Rn. 18.1 unter Verweis auf BGH DNotZ 2008, 782.
[53] OLG Hamm MittBayNot 2018, 46 mit Anmerkung Ott; BGH DNotZ 2008, 782.
[54] Grundsätzlich Staake NJW 2021, 3687 (3690) unter Hinweis auf Huber in MüKoBGB, 8. Aufl. 2020, BGB § 1638 Rn. 16; Kerscher in BeckOGK, 1.10.2023, BGB § 1638 Rn. 18.

Die Befreiung sollte erwogen werden, wenn der Erblasser-Elternteil einen Familienangehörigen, beispielsweise den eigenen Bruder oder die eigene Schwester als Zuwendungspfleger benennt.

IX. Fazit und Muster

Die Kritik des Jubilars an der geringen Beachtung familienrechtlicher Anordnungsmöglichkeiten war berechtigt; das zeigt schon allein die Vielfalt der Fragestellungen zu § 1638 BGB im Rahmen des „Geschiedenentestaments". Die Bestandsaufnahme hat gezeigt, dass die Gestaltungsmöglichkeiten vielfältig sind und insbesondere das Zusammentreffen von lebzeitigen Zuwendungen mit denjenigen von Todes wegen zu Problemen führen kann.

Das Muster eines Verwaltungsausschlusses mit Bestimmung des Zuwendungspflegers unter Berücksichtigung vorstehender Aspekte könnte wie folgt aussehen:

§ ...
Beschränkung der Vermögenssorge,
Zuwendungspflegerberufung

(1) Ich bestimme hiermit, dass – unabhängig von den Regelungen dieses Testamentes – der Vater meiner Tochter..., nämlich der vorgenannte Herr..., die meiner Tochter nach Maßgabe der Anordnungen in diesem Testament von Todes wegen zugewandten Erbschafts- und/oder Vermögensgegenstände in keiner Weise verwalten soll (§ 1638 BGB). Das gilt in gleicher Weise für Vermögenswerte, die meine Tochter in Erfüllung von Pflichtteilsansprüchen oder für die Ausschlagung der Zuwendung in Bezug auf meinen Nachlass erlangt.

(2) Ich berufe hiermit zur Verwaltung des vorgenannten Vermögens meine Schwester Frau... als Zuwendungspflegerin, bis meine Tochter die Volljährigkeit erreicht hat. Für den Fall, dass meine Schwester das Amt als Testamentsvollstreckerin gemäß § ... dieser Urkunde annimmt, berufe ich zur Verwaltung des Vermögens Frau..., geboren am ..., wohnhaft in ..., ersatzweise Frau..., geboren am ..., wohnhaft in ... als Zuwendungspflegerin. Für die berufenen Zuwendungspflegerinnen ordne ich sämtliche in § 1811 Abs. 2 Nr. 2 BGB vorgesehenen Befreiungen an.

(3) Dem vorgenannten Vater meiner Tochter, Herrn..., entziehe ich klarstellend das Recht, Einkünfte meiner Tochter..., die diese aus ererbtem Vermögen bzw. Vermögenswerten nach Abs. 1 erlangt, zu seinem Unterhalt zu verwenden (§ 1649 Abs. 2 BGB).

ADOLF REUL

Formerfordernisse bei Gesellschaftervereinbarungen

I. Einleitung

Im Rahmen der Beteiligung von Investoren an Start-Ups (Venture Capital) werden häufig sogenannte Gesellschaftervereinbarungen getroffen. Darin werden Regelungen zwischen den Beteiligten vereinbart, die – anders als Regelungen in der Satzung – nur schuldrechtlichen Charakter haben und gerade nicht wie Satzungen der Handelsregisterpublizität unterliegen. Namentlich die fehlende Publizität und damit die Geheimhaltung ist wesentlicher Zweck einer solchen Gesellschaftervereinbarung, könnte diese Vereinbarungen regelmäßig doch ohne weiteres auch in der Satzung der Gesellschaft vereinbart werden, vorbehaltlich freilich des Grundsatzes der Satzungsstrenge bei Aktiengesellschaften nach § 23 Abs. 5 AktG.

Inhaltlich geht es in einer solchen Gesellschaftervereinbarung zum einen regelmäßig darum, die Finanzierungsbeiträge der einzelnen Investoren festzulegen, sei es, dass die Investoren sich verpflichten, eine Kapitalbeteiligung im Rahmen einer Kapitalerhöhung zu übernehmen (mit zusätzlicher Vereinbarung eines Agios, sogenannte „Beteiligungsvereinbarung") oder dass die Investoren sich – gegebenenfalls zusätzlich – verpflichten, der Gesellschaft ein Darlehen zur Verfügung zu stellen. Die Darlehen werden dabei oft auch als Wandeldarlehen ausgestaltet, bei denen die Investoren das Recht haben, ihren Darlehensrückforderungsanspruch in eine Kapitalbeteiligung (in der Regel zu bevorzugten Konditionen) umzuwandeln. Ebenso gibt es Gestaltungen mit einer Wandelungspflicht, das heißt die Gesellschaft entscheidet, ob sie das Wandeldarlehen zurückbezahlt oder ob sie dem Investor stattdessen eine Kapitalbeteiligung an der Gesellschaft gewährt, der Investor mithin zur Wandelung verpflichtet ist und er anstelle der Darlehensrückzahlung neue Anteile übernehmen muss.

In einer solchen Gesellschaftervereinbarung wird dabei meist auch die Verpflichtung begründet, die Satzung der Gesellschaft zu ändern, zum Beispiel eine Kapitalerhöhung zu beschließen, und/oder die Satzung auch im Übrigen ganz oder teilweise neu zu fassen. Darüber hinaus enthält eine solche Gesellschaftervereinbarung standardmäßig Regelungen für den Fall des Exits sowie Mitverkaufsrechte und Mitverkaufspflichten, Ankaufsrechte, Vorkaufsrechte, et cetera.

Da es sich bei diesen Start-Ups ganz überwiegend um Gesellschaften in der Rechtsform einer GmbH handelt, stellt sich die Frage, ob und wenn ja in welchen Fällen und mit welchem Umfang diese im Zusammenhang mit einer Beteiligung an einer GmbH getroffenen Gesellschaftervereinbarungen beurkundungsbedürftig sind.

II. Entscheidung des OLG Zweibrücken vom 17.5.2022

Anlass für die vorstehende Fragestellung gibt die Entscheidung des OLG Zweibrücken vom 17.5.2022 – 8 U 30/19.[1] In dem zugrundeliegenden Fall ging es um Ansprüche gegen den Geschäftsführer einer alsdann in die Insolvenz gefallenen GmbH nach § 64 GmbHG alte Fassung (jetzt § 15b InsO) wegen verbotswidriger Zahlungen nach Eintritt der Zahlungsunfähigkeit beziehungsweise Überschuldung. Zwei Investoren gewährten der Gesellschaft auf privatschriftlicher Basis Wandeldarlehen. Neben einem Wandelungsrecht für die Darlehensgläubiger war in den Wandeldarlehensverträgen weiter unter bestimmten Voraussetzungen eine Wandelungspflicht vorgesehen. Schließlich enthielten die Wandeldarlehensverträge eine qualifizierte Rangrücktrittsvereinbarung. Die Investoren waren zunächst nicht an der Gesellschaft beteiligt. Eine der Investoren erwarb nach Abschluss der Darlehensverträge Geschäftsanteile an der Gesellschaft. Nach Hinweis auf eine etwaige Beurkundungspflicht der Wandeldarlehensverträge forderten die Investoren im Hinblick auf deren mangelnde Form mit Fristsetzung erfolglos die Rückzahlung der ausgereichten Darlehen. Danach kam es zu den mit der Klage beanstandeten Rückzahlungen vom Geschäftskonto der Gesellschaft.

Das OLG bejahte für diese Zahlungen vom Geschäftskonto wegen des bestehenden Jahresfehlbetrages von circa 223.000 Euro und eines negativen Eigenkapitals von circa 444.000 Euro eine Überschuldung im Sinne der Insolvenzordnung und damit einen Anspruch nach § 64 GmbHG alte Fassung. Stille Reserven oder sonstige Vermögenswerte seien nicht vorhanden gewesen. Für eine positive Fortführungsprognose fehlte es an einem ausreichenden Sachvortrag.

Darüber hinaus sei die Gesellschaft zahlungsunfähig gewesen. Die Gesellschaft sei nicht in der Lage gewesen, die zur Begleichung ihrer fälligen und eingeforderten Verbindlichkeiten notwendigen Finanzmittel innerhalb einer Karenzfrist von zwei Wochen zu beschaffen. Solche fälligen und nicht beglichenen Verbindlichkeiten seien im Hinblick auf die geltend gemachten Darlehensrückforderungsansprüche gegeben. Die Darlehensverträge seien nicht formwirksam zustande gekommen. Da in ihnen eine Wandelungspflicht enthalten gewesen sei, wäre die Form des § 55 Abs. 1 GmbHG zu beachten gewesen. Danach bedarf es der notariellen Beglaubigung der Unterschrift des Übernehmers bei der Eingehung einer Verpflichtung zur Übernahme von GmbH-Geschäftsanteilen.

Weiter führte das OLG aus, naheliegend sei darüber hinaus eine Formnichtigkeit des Wandeldarlehensvertrags ebenso aus anderen Gründen, etwa weil auch nach § 53 Abs. 2 GmbHG eine notarielle Beurkundung erforderlich gewesen wäre. Dafür spreche die Verpflichtung der Gesellschaft zu einer verbindlichen satzungsändernden Kapitalerhöhung bei Ausübung des Wandelungsrechts durch die Investoren.

Der BGH hat die eingelegte Revision nicht zugelassen und auch die Nichtzulassungsbeschwerde zurückgewiesen.[2] Da das OLG seine Entscheidung auch

---

[1] OLG Zweibrücken NZG 2022, 1696.
[2] BGH BeckRS 2023, 10279.

mit dem Vorliegen einer Überschuldungssituation begründet habe, die hiergegen in der Beschwerde über die Nichtzulassung der Revision vorgetragenen Rügen die Zulassung der Revision jedoch nicht rechtfertigten, hat der BGH zur Frage der Beurkundungsbedürftigkeit einer Pflicht zur Übernahme neuer GmbH-Geschäftsanteile mit der damit einhergehenden Verpflichtung zur Durchführung einer Satzungsänderung bei einer GmbH nicht abschließend Stellung genommen.

III. Formbedürftigkeit von Gesellschaftervereinbarungen im GmbH-Recht und die Argumentation des OLG Zweibrücken

1. Formerfordernis nach § 55 GmbHG

Das OLG Zweibrücken führt aus, der Wandeldarlehensvertrag sei gemäß § 125 BGB nichtig, weil er wegen der darin enthaltenen Wandelungsverpflichtung für die Investoren wegen § 55 Abs. 1 GmbHG hätte beurkundet werden müssen. Der Senat schließe „sich dieser Wortlaut und Zweck der Regelung des § 55 Abs. 1 GmbHG gerecht werdenden und daher überzeugenden [...] Auffassung jedenfalls für den Fall der Übernahme eines Geschäftsanteils durch eine gesellschaftsfremde Person an." Das OLG verweist dabei auf eine Entscheidung des OLG München[3] und auf Fundstellen in der Literatur.[4]

§ 55 Abs. 1 GmbHG verlangt bei der Kapitalerhöhung einer GmbH für die Übernahme neuer Geschäftsanteile eine notariell beurkundete oder zumindest notariell beglaubigte Erklärung des Übernehmers. In der Literatur ist jedoch umstritten, ob § 55 GmbHG auch auf die bloße Verpflichtungserklärung eines Gesellschafters oder eines Dritten entsprechend anwendbar ist.[5] Der BGH hat diese Frage bislang nicht entschieden.[6]

Schon der Wortlaut der Vorschrift trägt die Entscheidung des OLG Zweibrücken nicht. § 55 Abs. 1 GmbHG spricht von der (eigentlichen) Übernahmeerklärung. Im vorliegenden Fall ging es aber nicht um die Übernahme selbst, sondern nur um die Verpflichtung, erst bei einer künftigen Kapitalerhöhung neue Anteile zu übernehmen.[7]

Auch der Zweck des § 55 Abs. 1 GmbHG rechtfertigt diese Auffassung entgegen der Ansicht des OLG Zweibrücken nicht. Zweck des § 55 Abs. 1 GmbHG ist die Beweissicherung und die Rechtssicherheit. Die Vorschrift dient der Aufklärung der Öffentlichkeit und der Eintragung im Handelsregister. Sie soll für den Rechts-

---

[3] OLG München NZG 2005, 756.
[4] Ziemons in BeckOK GmbHG, 57. Ed. 1.8.2023, GmbHG § 55 Rn. 100 mit weiteren Nachweisen.
[5] Bejahend Ziemons in BeckOK GmbHG, 57. Ed. 1.8.2023, GmbHG § 55 Rn. 100; Priester/Tebben in Scholz, 13. Aufl. 2022, GmbHG § 55 Rn. 117; Sieger/Schulte GmbHR 2002, 1050; verneinend Hoene/Eickmann GmbHR 2017, 854 (855 ff.).
[6] BGH NZI 2020, 425 Rn. 28.
[7] Beckmann/Winter NZG 2022, 1701.

verkehr sicher die Kapitalgrundlage der Gesellschaft nachweisen.[8] Sie erleichtert damit auch die Prüfung durch das Registergericht im Hinblick auf die spätere Eintragung der Kapitalerhöhung im Handelsregister. Die Vorschrift dient damit dem Schutz des Rechtsverkehrs, der Gläubiger und künftiger Gesellschafter.[9] Dem ist genügt, wenn erst die eigentliche Übernahmeerklärung nach dem tatsächlichen Beschluss über die Kapitalerhöhung beurkundet oder notariell beglaubigt wird.[10] Die Übernahmeverpflichtung vor der Kapitalerhöhung spielt für die Gläubiger und die Öffentlichkeit keine Rolle.[11]

Eine „Warnfunktion" für den Übernehmer hat das Formgebot des § 55 Abs. 1 GmbHG nach herrschender Meinung dagegen nicht.[12] Lediglich eine Mindermeinung geht davon aus, dass § 55 Abs. 1 GmbHG auch eine solche Warnfunktion besitze.[13] Jedenfalls dann, wenn ein gesellschaftsfremder Dritter sich im Rahmen einer Kapitalerhöhung an einer GmbH beteilige, sei er schützenswert. Gehe es um den unmittelbaren Erwerb bereits bestehender Geschäftsanteile, sei die Verpflichtungserklärung des Erwerbers bereits nach § 15 Abs. 4 GmbHG beurkundungsbedürftig. Von daher könne es keinen Unterschied machen, ob sich die Verpflichtungserklärung des Dritten auf schon bestehende oder erst noch im Zuge der Kapitalerhöhung entstehende Geschäftsanteile erstrecke.[14] In beiden Fällen bestehe eine Beurkundungspflicht.

Ergänzend wird dabei weiter auf die Entscheidung RGZ 148, 385 (395) verwiesen. Das Reichsgericht vergleicht die Frage der Formbedürftigkeit der Verpflichtungserklärung zum Beitritt eines neuen Gesellschafters in eine bereits bestehende GmbH durch Übernahme neuer Geschäftsanteile aus einer Kapitalerhöhung mit dem Fall der Formbedürftigkeit eines Vorvertrages auf Gründung einer GmbH. Nach Auffassung des Reichsgerichts sei ein solcher Vorvertrag stets beurkundungsbedürftig, da andernfalls die Regelung des § 2 Abs. 1 GmbHG und der damit bezweckte Schutz der Beteiligten durch die mit der notariellen Beurkundung einhergehende Beratung vereitelt würde.[15] Sei sonach aber der Vorvertrag zur Gründung einer GmbH beurkundungspflichtig, gelte nichts anderes für die Verpflichtung zum

---

[8] OLG München NZG 2005, 756 (757); Lieder in MüKoGmbHG, 4. Aufl. 2022, GmbHG § 55 Rn. 172, 206; Ulmer/Casper in Habersack/Casper/Löbbe, 3. Aufl. 2021, GmbHG § 55 Rn. 73, 99; Servatius in Noack/Servatius/Haas, 23. Aufl. 2022, GmbHG § 55 Rn. 40; Schnorbus in Rowedder/Pentz, 7. Aufl. 2022, GmbHG § 55 Rn. 48; Altmeppen, 11. Aufl. 2023, GmbHG § 55 Rn. 19.
[9] Ulmer/Casper in Habersack/Casper/Löbbe, 3. Aufl. 2021, GmbHG § 55 Rn. 73, 99.
[10] Frase/Primbs RFamU 2023, 93 (94).
[11] Beckmann/Winter NZG 2022, 1701.
[12] OLG München NZG 2005, 756 (757); OLG Zweibrücken BeckRS 2020, 55607 Rn. 81; Beckmann/Winter NZG 2022, 1701; Schnorbus in Rowedder/Pentz, 7. Aufl. 2022, GmbHG § 55 Rn. 61.
[13] Fastrich in Baumbach/Hueck, 20. Aufl. 2013, GmbHG § 55 Rn. 40; Ziemons in BeckOK GmbHG, 57. Ed. 1.8.2023, GmbHG § 55 Rn. 100; Altmeppen, 11. Aufl. 2023, GmbHG § 55 Rn. 26.
[14] Altmeppen, 11. Aufl. 2023, GmbHG § 55 Rn. 26.
[15] Fastrich in Noack/Servatius/Haas, 23. Aufl. 2022, GmbHG § 2 Rn. 33 mit weiteren Nachweisen.

Beitritt in eine bereits bestehende GmbH durch Übernahme neuer Geschäftsanteile aus einer Kapitalerhöhung.

Diese von der Mindermeinung vorgetragenen Gründe rechtfertigen deren Ansicht nicht. § 55 Abs. 1 GmbHG hat – wie bereits dargelegt – keine Warnfunktion.[16] Dafür spricht ferner, dass § 55 Abs. 1 GmbHG bei der Übernahmeerklärung die notarielle Beurkundung mit der notariellen Beglaubigung gleichstellt. Würde § 55 Abs. 1 GmbHG eine solche Warnfunktion beinhalten, so wäre diese nur im Rahmen einer notariellen Beurkundung nach §§ 6 ff. BeurkG gewährleistet, nicht aber bei einer notariellen Beglaubigung. Nur im Rahmen einer notariellen Beurkundung von Willenserklärungen der Beteiligten ist der Notar nach § 17 Abs. 1 BeurkG verpflichtet, die Beteiligten über die rechtliche Tragweite ihrer Erklärungen zu belehren.[17] Eine solche Belehrungspflicht ist bei der bloßen Unterschriftsbeglaubigung nach § 40 Abs. 2 BeurkG vom Gesetz nicht vorgesehen. Nur ausnahmsweise wird eine solche Belehrung geschuldet, wenn der Notar das Schriftstück, unter dem die Unterschrift beglaubigt werden soll, selbst entworfen hat.[18] Zwingend ist dies aber nicht. Eine Unterschriftsbeglaubigung kann ohne weiteres auch unter Schriftstücken erfolgen, die die Beteiligten mitbringen und die der beglaubigte Notar nicht entworfen hat.[19] Die Tätigkeit des Notars beschränkt sich bei der Unterschriftsbeglaubigung nach § 40 Abs. 1 BeurkG nur auf die exakte Feststellung des Beteiligten, der seine Unterschrift vor dem Notar geleistet oder anerkannt hat, sowie nach § 40 Abs. 2 BeurkG darauf, ob Gründe nach den §§ 14, 15 BNotO, §§ 3 ff. BeurkG bestehen, ob der Notar seine Amtstätigkeit verweigern muss oder nicht.[20]

Schließlich „hinkt" auch der Vergleich der hier in Rede stehenden Formbedürftigkeit der Übernahmeverpflichtung neuer Geschäftsanteile aus einer Kapitalerhöhung mit der Formbedürftigkeit der Verpflichtung zum Erwerb schon bestehender Geschäftsanteile. Die Formbedürftigkeit bei der Übertragung von bereits bestehenden Geschäftsanteilen nach § 15 Abs. 3 und 4 GmbHG soll den Beweis der Anteilsinhaberschaft sicherstellen sowie die Veräußerbarkeit und den spekulativen Handel von und mit GmbH-Geschäftsanteilen erschweren. Der Beurkundungszwang soll dagegen nicht auch dazu dienen, die Beteiligten vor den Folgen einer Beteiligung an einer GmbH und den damit einhergehenden Pflichten zu warnen.[21] Der auf der Warnfunktion der notariellen Form beruhende Übereilungsschutz der am Abtretungsvorgang Beteiligten sowie sonstige Wirkungen der Beurkundung stellen insoweit bloße Rechtsreflexe dar.[22]

---

[16] Schnorbus in Rowedder/Pentz, 7. Aufl. 2022, GmbHG § 55 Rn. 61.
[17] Winkler, 20. Aufl. 2022, BeurkG § 17 Rn. 4; Köther in Bremkamp/Kindler/Winnen, 2023, BeurkG § 17 Rn. 2.
[18] Winkler, 20. Aufl. 2022, BeurkG § 40 Rn. 41, 48; Boor in Bremkamp/Kindler/Winnen, 2023, BeurkG § 40 Rn. 30, 32, jeweils mit weiteren Nachweisen.
[19] Ebenso Harenberg NZG 2023, 211 (213).
[20] Theilig in BeckOGK, 15.4.2023, BeurkG § 40 Rn. 26 ff.
[21] BGH NZG 2017, 476 Rn. 19; BGHZ 13, 49; Weller/Reichert in MüKoGmbHG, 4. Aufl. 2022, GmbHG § 15 Rn. 16 ff.; Servatius in Noack/Servatius/Haas, 23. Aufl. 2022, GmbHG § 15 Rn. 21; Harenberg NZG 2023, 211 (215).
[22] BGHZ 141, 207 (211); GmbHR 1997, 605 (606); Weller/Reichert in MüKoGmbHG, 4. Aufl. 2022, GmbHG § 15 Rn. 19.

Von daher geht auch der Verweis auf RGZ 149, 385 (395) fehl. Das Gesetz unterscheidet im Rahmen des § 55 Abs. 1 GmbHG bei der Form der Übernahmeerklärung nicht zwischen einem Altgesellschafter und einem Neugesellschafter. In beiden Fällen kann die Übernahmeerklärung notariell beurkundet, aber ganz einfach auch nur unterschriftsbeglaubigt werden.

Nichts anderes ergibt sich schließlich aus der vom OLG Zweibrücken in Bezug genommenen Entscheidung des OLG München aus dem Jahre 2005.[23] Dort ging es um die Verpflichtung zur Übernahme neuer Geschäftsanteile durch einen Gesellschafter einer GmbH. Das OLG München verneint unter Hinweis auf die vorgenannte Entscheidung des Reichsgerichts RGZ 148, 385 (395) eine Formbedürftigkeit der Übernahmeverpflichtung nach § 55 Abs. 1 BeurkG. Gehe ein GmbH-Gesellschafter die Verpflichtung zur Übernahme neuer Geschäftsanteile bei einer Kapitalerhöhung ein, sei der Fall nicht mit dem vom Reichsgericht beigezogenen Fall der Formbedürftigkeit des Vorvertrags zur Gründung einer GmbH mit dem Formgebot des § 2 Abs. 1 GmbHG vergleichbar. Eine weitere Begründung für diese Ansicht bleibt das OLG schuldig. Wie gezeigt, trägt die Entscheidung RGZ 148, 385 (395) diese Auffassung aber gerade nicht.

Aus alledem folgt, dass die bloße Verpflichtung zur Übernahme neuer Geschäftsanteile den Zweck des § 55 Abs. 1 GmbHG nicht tangiert. Die Verpflichtung zur Übernahme neuer Geschäftsanteile ist weder von Bedeutung für die Beweissicherung und die Aufklärung der Öffentlichkeit noch für die Eintragung der Kapitalerhöhung im Handelsregister. Ein Nachweis über die Kapitalgrundlage der Gesellschaft geht mit einer solchen Beurkundung der bloßen Verpflichtungserklärung nicht einher. Entscheidend kommt es allein auf die tatsächliche Übernahme der neuen Geschäftsanteile aus der beschlossenen Kapitalerhöhung an, nicht aber auf die Verpflichtung zu einer Übernahme. Dies gilt unabhängig davon, ob die neuen Anteile ein Altgesellschafter oder ein Neugesellschafter übernimmt. § 55 Abs. 1 GmbHG rechtfertigt daher das Erfordernis der notariellen Beurkundung oder Beglaubigung der Verpflichtung zur Übernahme neuer GmbH-Geschäftsanteile aus einer Kapitalerhöhung nicht.

2. Formerfordernis nach § 53 GmbHG

Ohne dass es darauf ankommt, hat das OLG Zweibrücken für seine Ansicht, dass der Wandeldarlehensvertrag formnichtig sei, auch noch auf § 53 Abs. 2 GmbHG hingewiesen. Hiernach ist ein Beschluss der Gesellschafter einer GmbH über eine Satzungsänderung beurkundungspflichtig. Der Wandeldarlehensvertrag enthalte eine verbindliche Verpflichtung zu einer satzungsändernden Kapitalerhöhung bei Ausübung der Wandelungsoption bzw. bei Eintritt der die Wandelungsverpflichtung auslösenden Umstände. Nach Auffassung des OLG Zweibrücken spreche daher Vieles dafür, mangels notarieller Beurkundung auch insoweit von der Formnichtigkeit des zugrunde liegenden Gesellschafterbeschlusses auszugehen. Auch dieses Argument trägt die Entscheidung nicht.

---

[23] OLG München NZG 2005, 756 (757).

Ausgangspunkt ist, dass die Gesellschaft im Falle der Wandelung dem Darlehensgeber die in Rede stehenden Anteile gewähren muss. Unproblematisch ist dies, wenn die Gesellschaft eigene Geschäftsanteile hat, beziehungsweise über ein genehmigtes Kapital verfügt und damit bei einer Wandelung dem Wandeldarlehensgläubiger Geschäftsanteile gewähren kann. Ist dies nicht der Fall und gibt es auch keine Altgesellschafter, die der Gesellschaft die im Falle der Wandelung erforderlichen Geschäftsanteile zur Verfügung stellen, muss die Gesellschaft eine (normale) Kapitalerhöhung durchführen. Alternativ in Betracht kommt die Schaffung eines (neuen) genehmigten Kapitals. Die damit geschaffenen neuen Geschäftsanteile können dann den Gläubigern bei Wandelung der Darlehensforderungen gewährt werden.

Sowohl die Kapitalerhöhung als auch die Schaffung eines genehmigten Kapitals stellen eine Satzungsänderung dar. Die Zuständigkeit liegt in beiden Fällen ausschließlich bei den Gesellschaftern, nicht aber bei der Gesellschaft.[24] Notwendig ist in beiden Fällen ein satzungsändernder Gesellschafterbeschluss. Dieser Beschluss bedarf nach § 53 Abs. 2 GmbHG der notariellen Beurkundung. Ist sonach aber ein Gesellschafterbeschluss erforderlich, ergibt sich von selbst, dass eine Verpflichtung hierzu grundsätzlich nur die Gesellschafter eingehen können, nicht aber die Gesellschaft.

Um hier eine wirksame Verpflichtung zur Durchführung einer solchen Satzungsänderung zu erreichen, die im Ernstfall auch im Wege der Zwangsvollstreckung durchgesetzt werden kann, ist zuvörderst an einen Stimmbindungsvertrag der Altgesellschafter mit dem Wandeldarlehensgeber zu denken. In diesem Stimmbindungsvertrag verpflichten sich die Altgesellschafter gegenüber dem Wandeldarlehensgeber, bei Vorliegen der Wandelungsvoraussetzungen eine Gesellschafterversammlung durchzuführen, dort für eine Kapitalerhöhung in der gehörigen Form zu stimmen, die Wandeldarlehensgeber als Übernehmer der neuen Geschäftsanteile zuzulassen und dabei auf das eigene Bezugsrecht zu verzichten.[25]

Als Alternative denkbar ist aber auch eine Verpflichtung der Gesellschaft zu einer solchen Satzungsänderung und damit zu einer solchen Kapitalerhöhung. Wegen der zwingenden Zuständigkeit der Gesellschafter für Satzungsänderungen können die Geschäftsführer eine solche Verpflichtung jedoch nur eingehen, wenn sie durch Beschluss der Gesellschafter zu dieser genau bestimmten Satzungsänderung in dem konkreten Einzelfall ermächtigt werden.[26]

Diese Alternative liegt wohl der Entscheidung des OLG Zweibrücken zugrunde. In dem dritten Leitsatz führt das Gericht aus, es spreche vieles dafür, dass der einem Wandeldarlehensvertrag mit einem einseitigen Wandelungsrecht für den Darlehensnehmer zugrunde liegende Gesellschafterbeschluss nach § 53 Abs. 2 GmbHG beurkundungspflichtig sei.

---

[24] Harbarth in MüKoGmbHG, 4. Aufl. 2022, GmbHG § 53 Rn. 58.
[25] Beckmann/Winter NZG 2022, 1701 (1702).
[26] Harbarth in MüKoGmbHG, 4. Aufl. 2022, GmbHG § 53 Rn. 139; Flechk ZGR 1988, 104 (110 ff.); Priester/Tebben in Scholz, 13. Aufl. 2022, GmbHG § 53 Rn. 35; Beckmann/Winter NZG 2022, 1701 (1702).

Das OLG Zweibrücken verweist zur Begründung seiner Ansicht auf den Supermarktbeschluss des BGH[27] sowie auf einzelne Literaturstellen.[28] Das Gericht verschweigt dabei jedoch, dass die Frage der Beurkundungsbedürftigkeit eines solchen Ermächtigungsbeschlusses, wie er für die Eingehung der Verpflichtung zur Durchführung einer Satzungsänderung verlangt wird, tatsächlich umstritten ist.

Die wohl herrschende Ansicht verneint eine Beurkundungspflicht für einen solchen Ermächtigungsbeschluss wie sie auch ganz allgemein eine Beurkundungspflicht eines Stimmbindungsvertrages für die rechtswirksame Verpflichtung zu einer Satzungsänderung verneint.[29] Diese Auffassung stützt sich dabei wiederum auf den Zweck des Formgebots in § 53 Abs. 2 GmbHG. Das Beurkundungsgebot des § 53 Abs. 2 GmbHG diene der Beweissicherung über das Zustandekommen des Beschlusses über eine Satzungsänderung und der Erleichterung der registergerichtlichen Prüfung im Rahmen der Eintragung der Satzungsänderung im Handelsregister.[30] Eine Warn- und/oder Belehrungsfunktion wird der notariellen Beurkundung im Rahmen des § 53 Abs. 2 GmbHG nicht beigemessen.[31]

Anderer Ansicht ist allerdings der BGH, der davon spricht, dass das Beurkundungserfordernis eines satzungsändernden Beschlusses nach § 53 Abs. 2 GmbHG nicht nur der Beweissicherung diene, sondern auch eine Warnfunktion beziehungsweise Belehrungsfunktion habe.[32]

Diese Auffassung geht jedoch zu weit. § 53 Abs. 2 GmbHG verlangt die Beurkundung der satzungsändernden „Beschlüsse." Eine Beurkundung der einzelnen Stimmabgaben der Gesellschafter als deren Willenserklärungen sieht das Gesetz nicht vor. Damit können satzungsändernde Beschlüsse (auch) in der Form einer Tatsachenbeurkundung gemäß §§ 36, 37 BeurkG beurkundet werden. Hierbei bestehen für den Notar nach dem Gesetz keine Warn- und Belehrungspflichten. Diese gibt es nach § 17 BeurkG nur bei der Beurkundung von Willenserklärungen gemäß §§ 6 ff. BeurkG. § 17 BeurkG findet bei der Beurkundung in der Form von

---

[27] BGHZ 105, 324 = NJW 1989, 295 (298) zur Beurkundungsbedürftigkeit von Grundlagenbeschlüssen mit satzungsänderndem Charakter.
[28] Hoene/Eickmann GmbHR 2017, 854 (855); Priester/Teppen in Scholz, 13. Aufl. 2022, GmbHG § 53 Rn. 35; Bayer in Lutter/Hommelhoff, 21. Aufl. 2023, GmbHG § 53 Rn. 40.
[29] Harbarth in MüKoGmbHG, 4. Aufl. 2022, GmbHG § 53 Rn. 140; Ulmer/Casper in Habersack/Casper/Löbbe, 3. Aufl. 2021, GmbHG § 53 Rn. 42; Beckmann/Winter NZG 2022, 1701 f.; Harenberg NZG 2023, 211 (217 f.); Hoffmann in Michalski/Heidinger/Leible/Schmidt, 4. Aufl. 2023, GmbHG § 53 Rn. 50; Sieger/Schulte GmbHR 2002, 1050 (1052); anderer Ansicht Wicke, 4. Aufl. 2020, GmbHG § 53 Rn. 23.
[30] Harbarth in MüKoGmbHG, 4. Aufl. 2022, GmbHG § 53 Rn. 140; Ulmer/Casper in Habersack/Casper/Löbbe, 3. Aufl. 2021, GmbHG § 53 Rn. 49; Beckmann/Winter NZG 2022, 1701 f.
[31] Harbarth in MüKoGmbHG, 4. Aufl. 2022, GmbHG § 53 Rn. 71, 140; Ulmer/Casper in Habersack/Casper/Löbbe, 3. Aufl. 2021, GmbHG § 53 Rn. 49; Noack in Noack/Servatius/Haas, 23. Aufl. 2022, GmbHG § 53 Rn. 71; Beckmann/Winter NZG 2022, 1701 f.
[32] BGHZ 80, 76 (79): Warn- und Beweisfunktion, daneben Belehrungsfunktion, die jedoch verzichtbar ist; BGHZ 105, 324 (338): Beweissicherung, materielle Richtigkeitsgewähr, Prüfungs- und Belehrungsfunktion; OLG Hamm, 1057 (1058): Beratung und Belehrung; ebenso Wicke, 4. Aufl. 2020, GmbHG § 53 Rn. 23; anders aber Wicke in MüKoGmbHG, 4. Aufl. 2022, GmbHG § 53 Rn. 140, 146.

Tatsachenbeurkundungen aber keine Anwendung.[33] Nur dann, wenn freiwillig die Gesellschafterversammlung einer GmbH mit dem satzungsändernden Beschluss in der Form der Beurkundung von Willenserklärungen beurkundet wird – was zulässig ist, weil die Beurkundung in der Form der Beurkundung von Willenserklärungen das strengere Beurkundungsverfahren im Verhältnis der Beurkundung in der Form einer Tatsachenbeurkundung darstellt und die strengere Form die einfachere Form beinhaltet[34] –, besteht auch eine Belehrungspflicht für den Notar nach § 17 BeurkG.

Der herrschenden Ansicht ist somit zu folgen. Der Zweck der Beurkundung des § 53 Abs. 2 BeurkG verlangt keine Beurkundung auch der bloßen Verpflichtung zur Durchführung einer Satzungsänderung. Dient die Vorschrift ihrem Zweck nach der Beweissicherung über das Zustandekommen eines satzungsändernden Beschlusses und der Erleichterung der registergerichtlichen Prüfung und somit ganz allgemein der Rechtssicherheit,[35] so genügt es, wenn der eigentliche satzungsändernde Beschluss notariell beurkundet wird. Die bloße Verpflichtung zur Satzungsänderung hat nur Bedeutung für die Vertragsbeteiligten selbst, nicht aber für den Rechtsverkehr und schon gar nicht für das Handelsregister.

Aus der Tatsache, dass in der Praxis die Notare satzungsändernde Beschlüsse bei GmbHs regelmäßig in der Form der Beurkundung von Willenserklärungen beurkunden und die Notare hierbei (selbstverständlich) die Beteiligten auch gemäß § 17 BeurkG belehren, kann daher auch im Umkehrschluss nicht gefolgert werden, die Beurkundungspflicht des § 53 Abs. 2 BeurkG diene der Warnung und Belehrung der Beteiligten. Wie sonst auch ist diese Warn- und Belehrungsfunktion auch hier allein Rechtsreflex der gesetzlichen Beurkundungspflicht.

Nichts anderes ergibt sich schließlich, wenn die Verpflichtung zur Satzungsänderung nicht wie in dem Fall des OLG Zweibrücken über einen Ermächtigungsbeschluss der Gesellschafter abgesichert wird, sondern mittels Stimmbindungsverträge. Aus § 53 Abs. 2 GmbHG kann eine Beurkundungspflicht für Stimmbindungsverträge nicht hergeleitet werden. Wie vorstehend ausgeführt, rechtfertigt der Zweck dieser Vorschrift ein Beurkundungserfordernis nicht und zwar auch dann nicht, wenn Gegenstand des Stimmbindungsvertrages eine Satzungsänderung ist.[36] Für die Sicherheit des Rechtsverkehrs und die Eintragung der

---

[33] BGHZ 203, 68; Ganter DNotZ 2016, 483 (500); Gutachten DNotI-Report 2021, 46; Winkler, 21. Aufl. 2023, BeurkG vor § 36 Rn. 14.
[34] OLG München DNotZ 2011, 142 (146); Boor in Bremkamp/Kindler/Winnen, 2023, BeurkG § 36 Rn. 5; Grziwotz/Heinemann, 3. Aufl. 2018, BeurkG § 36 Rn. 6; Winkler, 21. Aufl. 2023, BeurkG vor § 36 Rn. 15; Limmer in Frenz/Miermeister, 5. Aufl. 2020, BeurkG § 36 Rn. 1.
[35] Harbarth in MüKoGmbHG, 4. Aufl. 2022, GmbHG § 53 Rn. 140; Ulmer/Casper in Habersack/Casper/Löbbe, 3. Aufl. 2021, GmbHG § 53 Rn. 49; Beckmann/Winter NZG 2022, 1701 f.
[36] BGH BeckRS 1983, 00494; OLG Köln BeckRS 2003, 4618; Born in BeckOGK, 15. 4. 2023, GmbHG § 53 Rn. 210; Sieger/Schulte GmbHR 2002, 1050 (1051); Drescher in MüKoGmbHG, 4. Aufl. 2022, GmbHG § 47 Rn. 249; Harbarth in MüKoGmbHG, 4. Aufl. 2022, GmbHG § 53 Rn. 146; Heckschen/Weitbrecht in Heckschen/Heidinger, Die GmbH in der Gestaltungs- und Beratungspraxis, 5. Aufl. 2023, Kap. 8 Rn. 262; Herget/Mingau DStR 2001, 1219; anderer Ansicht Wicke, 4. Aufl. 2020, GmbHG § 53 Rn. 23; Schnorbus in Rowedder/Pentz, 7. Aufl. 2022, GmbHG § 53 Rn. 84, dort Fn. 288.

Satzungsänderung im Handelsregister kommt es allein auf den satzungsändernden Beschluss selbst an, nicht aber auf einen davor abgeschlossenen Stimmbindungsvertrag, bei der späteren Gesellschafterversammlung für die Satzungsänderung zu stimmen.

IV. Sonstige Fälle einer möglichen Formbedürftigkeit einer Gesellschaftervereinbarung

1. Pflicht zur Gründung einer GmbH

Werden Gesellschaftervereinbarungen vor Gründung der GmbH selbst geschlossen, enthalten diese regelmäßig die Verpflichtung, die GmbH auch zu gründen und dabei Geschäftsanteile zu übernehmen. In Betracht kommt damit das Beurkundungserfordernis des § 2 Abs. 1 GmbHG.

Zweck der Formvorschrift des § 2 Abs. 1 GmbHG ist das Interesse des Rechtsverkehrs, durch die Prüfungspflicht des Notars die Grundlagen der GmbH klarzustellen (Rechtssicherheit) und die Gründer mit der im Rahmen der Beurkundung einhergehenden Belehrung durch den Notar über die Rechtsfolgen der Gründung zu informieren (Warnfunktion).[37] Die Gründung der GmbH erfolgt durch Abgabe übereinstimmender Willenserklärungen der Gründer. Das Beurkundungsverfahren bei Gründung einer GmbH richtet sich damit ausschließlich nach den §§ 6 ff. BeurkG.[38] Damit ist die Belehrung der Beteiligten durch den Notar nach § 17 BeurkG sichergestellt. Eine Beurkundung als sogenannte Tatsachenbeurkundung nach §§ 36 ff. BeurkG ist nicht statthaft.

Damit diese Funktion der notariellen Beurkundung der Gründung der GmbH nicht ins Leere geht, bedarf auch ein Vorvertrag zur Gründung einer GmbH nach einhelliger Ansicht in Rechtsprechung und Literatur der notariellen Beurkundung.[39] Eine Gesellschaftervereinbarung, die eine Verpflichtung zur Gründung einer GmbH enthält, unterfällt damit dem Beurkundungserfordernis des § 2 Abs. 1 GmbHG.[40]

---

[37] BGH WM 1988, 163 (164); C. Jaeger in BeckOK GmbHG, 57. Ed. 1.8.2023, GmbHG § 2 Rn. 8; Ulmer/Löbbe in Habersack/Casper/Löbbe, 3. Aufl. 2019, GmbHG § 2 Rn. 13.
[38] Altmeppen, 11. Aufl. 2023, GmbHG § 2 Rn. 14; Bormann/Stelmaszczyk in Michalski/Heidinger/Leible/Schmidt, 4. Aufl. 2023, GmbHG § 2 Rn. 48 ff.; Servatius in Noack/Servatius/Haas, 23. Aufl. 2022, GmbHG § 2 Rn. 8; Stelmaszczyk in BeckOGK, 15.4.2023, GmbHG § 2 Rn. 57.
[39] BGH NJW-RR 1988, 288; C. Jaeger in BeckOK GmbHG, 57. Ed. 1.8.2023, GmbHG § 2 Rn. 29; Ulmer/Löbbe in Habersack/Casper/Löbbe, 3. Aufl. 2019, GmbHG § 2 Rn. 51; Heckschen/Stelmaszczyk in Heckschen/Heidinger, Die GmbH in der Gestaltungs- und Beratungspraxis, 5. Aufl. 2023, Kap. 4 Rn. 4.
[40] Heckschen/Stelmaszczyk in Heckschen/Heidinger, Die GmbH in der Gestaltungs- und Beratungspraxis, 5. Aufl. 2023, Kap. 4 Rn. 2 ff.; Tholen/Weiß GmbHR 2016, 915; Thelen RNotZ 2020, 121 (122 ff.).

2. Pflicht zur Neufassung der Satzung

Gesellschaftervereinbarungen beinhalten oftmals die Verpflichtung der Beteiligten, die Satzung der Gesellschaft insgesamt neu zu fassen, also nicht nur – wie in dem Fall des OLG Zweibrücken – eine Verpflichtung zu einer Kapitalerhöhung.

Für die Beurkundungspflicht einer solchen Verpflichtung zu einer vollständigen Satzungsneufassung gilt nichts anderes, als wenn nur die Verpflichtung zu einer Kapitalerhöhung vereinbart wird. Tangiert ist allein die Beurkundungspflicht für satzungsändernde Gesellschafterbeschlüsse nach § 53 Abs. 2 GmbHG. Für den Zweck des Formgebots des § 53 Abs. 2 GmbHG – Beweissicherung und Erleichterung der registerrechtlichen Prüfung des satzungsändernden Beschlusses[41] – spielt eine Verpflichtung zur Vornahme einer Satzungsänderung keine Rolle. Maßgeblich ist erst der eigentliche Beschluss der Gesellschafterversammlung, mit der die Satzung geändert wird. Für die Sicherheit des Rechtsverkehrs und die Prüfung der Eintragung der Satzungsänderung im Handelsregister ist die Verpflichtung zur Vornahme der Satzungsänderung irrelevant. Sie muss daher auch nicht beurkundet werden.

3. Pflicht zur Übernahme neuer Geschäftsanteile außerhalb eines Wandeldarlehens, Beteiligungsvertrag

Die von den Investoren im Rahmen einer Gesellschaftervereinbarung eingegangenen Verpflichtungen bestehen zum Teil auch nur darin, bei einer Kapitalerhöhung neue Geschäftsanteile zu übernehmen. Zum Teil wird insoweit auch nur vom „Beteiligungsvertrag" gesprochen.[42] In diesem Beteiligungsvertrag wird vereinbart, dass die neuen Geschäftsanteile nicht zum Nennwert, sondern zusätzlich mit einem korporativen oder schuldrechtlichen Agio ausgegeben werden.[43] Damit korrespondiert die Verpflichtung der Gesellschaft respektive ihrer Gesellschafter, die Kapitalerhöhung zu beschließen und die Satzung entsprechend zu ändern.

Zur Frage der Formbedürftigkeit kann auf die vorstehenden Ausführungen zur Frage der Beurkundungsbedürftigkeit eines Wandeldarlehensvertrages nach § 55 Abs. 2 GmbHG und/oder nach § 53 Abs. 2 GmbHG verwiesen werden. Es macht keinen Unterschied, ob die Verpflichtung zur Übernahme neuer Geschäftsanteile beziehungsweise die Verpflichtung zur Satzungsänderung in einem Wandeldarlehensvertrag oder isoliert in einer Gesellschaftervereinbarung enthalten ist. Die §§ 55 Abs. 2, 53 Abs. 2 GmbHG sind in keinem Fall einschlägig. Eine Beurkundungspflicht besteht nicht.

---

[41] Harbarth in MüKoGmbHG, 4. Aufl. 2022, GmbHG § 53 Rn. 140; Ulmer/Casper in Habersack/Casper/Löbbe, 3. Aufl. 2021, GmbHG § 53 Rn. 49; Beckmann/Winter NZG 2022, 1701 f.
[42] Heckschen/Stelmaszczyk in Heckschen/Heidinger, Die GmbH in der Gestaltungs- und Beratungspraxis, 5. Aufl. 2023, Kap. 4 Rn. 4.
[43] Heckschen/Salomon in Heckschen/Heidinger, Die GmbH in der Gestaltungs- und Beratungspraxis, 5. Aufl. 2023, Kap. 10 Rn. 30.

4. Wandeldarlehen ohne Wandelungspflicht

Weiter sind Gestaltungen in Gesellschaftervereinbarungen denkbar, in denen sich die Investoren gegebenenfalls neben einer direkten Kapitalbeteiligung zur Gewährung „einfacher" Wandeldarlehen verpflichten, bei denen nur die Investoren die Möglichkeit haben, ihre Darlehensforderung in eine Kapitalbeteiligung umzuwandeln, dazu aber keine Pflicht ihrerseits besteht. Aus Sicht der Investoren sind diese Gestaltungen eher zu bevorzugen: Entwickelt sich das Investment vorteilhaft, können sie ihre Darlehensforderung in eine Kapitalbeteiligung wandeln und haben so die Chance, am unternehmerischen Erfolg der Gesellschaft teilzuhaben. Entwickelt sich das Investment dagegen schlecht, können sie ihr Darlehen zurückfordern – vorbehaltlich einer etwaigen Insolvenz beziehungsweise Gläubigeranfechtung. Insoweit kann die Gesellschaft von sich aus nicht die Darlehensrückzahlung durch die Hingabe einer Kapitalbeteiligung wählen (Wandlungspflicht), was für die Gesellschaft möglicherweise im Hinblick auf eine angespannte Liquidität oder gar drohende Zahlungsunfähigkeit von Vorteil wäre. Jedenfalls in gewisser Weise ist daher das Risiko des ganzen oder teilweisen Verlusts des Investments geringer als bei einer direkten Kapitalbeteiligung.[44]

In Bezug auf die Frage der Formbedürftigkeit gilt auch bei einem solchen Wandeldarlehen ohne Wandelungspflicht das oben Gesagte. Eine Beurkundungsbedürftigkeit nach § 55 GmbHG scheidet von vornherein aus, da es bei einem solchen Wandeldarlehen gerade keine Verpflichtung des Investors gibt, neue Geschäftsanteile zu übernehmen.

Eine Beurkundungspflicht kommt daher nur unter dem Aspekt der für die Gesellschaft beziehungsweise für die Altgesellschafter bestehenden Verpflichtung zur Satzungsänderung (Kapitalerhöhung) in Betracht. Der Zweck des Formgebots des § 53 Abs. 2 GmbHG wird jedoch durch eine solche Verpflichtung zur Satzungsänderung nicht berührt. Eine Beurkundungsbedürftigkeit scheidet damit aus. Auf die vorstehenden Ausführungen kann verwiesen werden.

5. Sonderfall: Wandeldarlehen und Gewährung eigener Anteile beziehungsweise Anteile von Altgesellschaftern

Anders ist die Rechtslage in dem Sonderfall dagegen, wenn bei Abschluss eines Wandeldarlehens bereits feststeht, dass im Falle der Ausübung des Wandelungsrechts durch den Investor oder die Gesellschaft, bereits vorhandene eigene Anteile durch die Gesellschaft gewährt werden oder die dem Investor zu gewährenden Anteile durch einen anderen Gesellschafter zur Verfügung gestellt werden. Soweit sich die Gesellschaft oder ein Altgesellschafter im Rahmen des Wandeldarlehens verpflichtet, eigene Anteile an den Investor bei Ausübung des Wandelungsrechts an diesen zu übertragen, liegt ein Fall des § 15 Abs. 4 GmbHG vor. Der Wandeldarlehensvertrag muss daher beurkundet werden.

---

[44] Vgl. hierzu Klemens/Sambulski WM 2023, 311; Harenberg NZG 2023, 211; Hoene/Eickmann GmbHR 2017, 854.

Dieser Fall ist jedoch zu unterscheiden von dem Fall, dass die Gesellschaft zum Zeitpunkt des Abschlusses des Wandeldarlehensvertrages (noch) gar keine eigenen Anteile hält und es auch keinen Altgesellschafter gibt, der bereit ist, seine Anteile ganz oder teilweise an den Investor zu übertragen beziehungsweise es sich die Gesellschaft offenhalten will, wie sie die eingegangene Verpflichtung zur Gewährung von Anteilen an den Investor bei Ausübung des Wandelungsrechts erfüllt.

Eine Beurkundungspflicht nach § 15 Abs. 4 GmbHG scheidet in diesem Fall aus. Es fehlt an der Bestimmtheit der eingegangenen Verpflichtung. Vergleichbar ist dieser Fall mit der im Rahmen des § 311b Abs. 1 BGB bekannten Fragestellung zur Beurkundungspflicht eines Gesellschaftsvertrages einer Gesellschaft bürgerlichen Rechts oder Offenen Handelsgesellschaft/Kommanditgesellschaft: Der Gesellschaftsvertrag ist beurkundungsbedürftig, wenn sich der Zweck der Gesellschaft auf den Erwerb und/oder die Veräußerung eines bestimmten Grundstücks bezieht. Ist der Gesellschaftszweck dagegen „offen" formuliert, etwa dahingehend, dass Zweck der Gesellschaft der Erwerb sowie die Verwaltung und Veräußerung von Immobilien ist, so scheidet eine Beurkundungspflicht aus.[45]

6. Abtretung von Geschäftsanteilen

§ 15 Abs. 3 GmbHG fordert für die Abtretung eines GmbH-Geschäftsanteils einen in notarieller Form geschlossenen Vertrag. Dieses Formerfordernis für die Abtretung gilt auch, wenn es um die Abtretung eines künftigen Geschäftsanteils geht.[46] Ebenso greift das Formerfordernis bei einer Abtretung von Geschäftsanteilen, die von einer Bedingung abhängig sind.[47]

Eine solche Abtretung künftiger Geschäftsanteile wie auch die Abtretung von Geschäftsanteilen unter einer Bedingung kann ebenso Gegenstand einer Gesellschaftervereinbarung sein (antizipierte Anteilsabtretung). Zu denken ist etwa an den Fall, dass ein neuer Investor seine Anteile, die er zum Beispiel erst im Rahmen der anstehenden Kapitalerhöhung übernehmen wird, aufschiebend bedingt bei Eintritt bestimmter Ereignisse an die Gesellschaft selbst oder an einen anderen Gesellschafter abtritt (zum Beispiel „Bad Leaver Klausel," „Vesting-Klausel"). Die Gesellschaftervereinbarung ist damit in dieser Fallkonstellation beurkundungsbedürftig.

---

[45] Ruhwinkel in MüKoBGB, 9. Aufl. 2022, BGB § 311b Rn. 40; Herrler/Berkefeld in Hauschild/Kallrath/Wachter, Notarhandbuch Gesellschafts- und Unternehmensrecht, 3. Aufl. 2022, § 14 Rn. 20; Schumacher in Staudinger, 2018, BGB § 311b Abs. 1 Rn. 116.

[46] RGZ 74, 357; RGZ 87, 246; BGHZ 21, 242 (245); BGHZ 21, 378 (383); BGHZ 141, 208 (212); Seibt in Scholz, 13. Aufl. 2022, GmbHG § 15 Rn. 12; Löbbe in Habersack/Casper/Löbbe, 3. Aufl. 2019, GmbHG § 15 Rn. 127; Altmeppen, 11. Aufl. 2023, GmbHG § 15 Rn. 81; Ebbing in Michalski/Heidinger/Leible/Schmidt, 4. Aufl. 2023, GmbHG § 15 Rn. 122.

[47] Weller/Reichert in MüKoGmbHG, 4. Aufl. 2022, GmbHG § 15 Rn. 31; Löbbe in Habersack/Casper/Löbbe, 3. Aufl. 2019, GmbHG § 15 Rn. 128; Verse in Henssler/Strohn, Gesellschaftsrecht, 5. Aufl. 2021, GmbHG § 15 Rn. 7f.; Ebbing in Michalski/Heidinger/Leible/Schmidt, 4. Aufl. 2023, GmbHG § 15 Rn. 118.

7. Mitverkaufsrechte/Mitverkaufspflichten

§ 15 Abs. 4 GmbHG sieht ferner die notarielle Beurkundung einer Vereinbarung vor, in welcher die Verpflichtung zur Abtretung eines GmbH-Geschäftsanteils begründet wird. Das Formgebot des § 15 Abs. 4 GmbHG hat den Zweck, den spekulativen Handel mit GmbH-Geschäftsanteilen zu erschweren. Weiter dient das Formgebot der Beweissicherung, wer Inhaber der Geschäftsanteile ist.[48] Eine Warnfunktion gegenüber den Urkundsbeteiligten hat die notarielle Beurkundung nach § 15 Abs. 4 GmbHG dagegen nicht. Diese Warnfunktion besteht freilich reflexartig.[49]

Von § 15 Abs. 4 GmbHG sind neben „normalen" Veräußerungsverträgen auch solche Vereinbarungen erfasst, die unter einer Bedingung getroffen werden.[50] Ebenso unterfällt das Angebot zur Veräußerung von Geschäftsanteilen dem Formgebot des § 15 Abs. 4 GmbHG.[51] Auch die Annahme des Angebots ist beurkundungspflichtig, denn erst die Annahme löst ja die Veräußerungspflicht aus.[52] Auch ein Vorvertrag, der die Parteien zum Abschluss eines Kausalgeschäftes mit primärer Abtretungspflicht zwingt, unterliegt der notariellen Form.[53] Andernfalls wäre es ein Leichtes, den mit der Beurkundungspflicht nach § 15 Abs. 4 GmbHG verbundenen Zweck der Erschwerung der Übertragung von Geschäftsanteilen auszuhebeln.[54]

Umstritten ist die Rechtslage, ob § 15 Abs. 4 GmbHG auch die Verpflichtung zur Übertragung „künftiger" Geschäftsanteile erfasst, wenn also der Vorvertrag vor Gründung der Gesellschaft beziehungsweise vor einer Kapitalerhöhung geschlossen wird. Überwiegend wird vertreten, dass auch in diesem Fall der Vorvertrag beurkundungspflichtig ist.[55] Nach anderer Ansicht ist eine solche Verpflichtung dagegen formfrei.[56] Verwiesen wird dabei auf eine Entscheidung des BGH zum Vertrag über

---

[48] BGHZ 13, 49 (51f.); BGHZ 75, 352 (353 ff.); NJW 1996, 3338 Rn. 33; Löbbe in Habersack/Casper/Löbbe, 3. Aufl. 2019, GmbHG § 15 Rn. 43; Weller/Reichert in MüKoGmbHG, 4. Aufl. 2022, GmbHG § 15 Rn. 16 ff., 80; Servatius in Noack/Servatius/Haas, 23. Aufl. 2022, GmbHG § 15 Rn. 21.

[49] BGH NJW 1996, 3338 (3339); BGHZ 141, 207 (211); Bayer in Lutter/Hommelhoff, 21. Aufl. 2023, GmbHG § 15 Rn. 1; Weller/Reichert in MüKoGmbHG, 4. Aufl. 2022, GmbHG § 15 Rn. 18, 80.

[50] BGH NJW-RR 1989, 291; Weller/Reichert in MüKoGmbHG, 4. Aufl. 2022, GmbHG § 15 Rn. 33.

[51] Löbbe in Habersack/Casper/Löbbe, 3. Aufl. 2019, GmbHG § 15 Rn. 86; Weller/Reichert in MüKoGmbHG, 4. Aufl. 2022, GmbHG § 15 Rn. 97.

[52] BGHZ 21, 242 (247); Weller/Reichert in MüKoGmbHG, 4. Aufl. 2022, GmbHG § 15 Rn. 97; Ebbing in Michalski/Heidinger/Leible/Schmidt, 4. Aufl. 2023, GmbHG § 15 Rn. 76.

[53] Weller/Reichert in MüKoGmbHG, 4. Aufl. 2022, GmbHG § 15 Rn. 90; Schmidt-Leithoff/Görner in Rowedder/Pentz, 7. Aufl. 2022, GmbHG § 15 Rn. 20.

[54] Löbbe in Habersack/Casper/Löbbe, 3. Aufl. 2019, GmbHG § 15 Rn. 79; Weller/Reichert in MüKoGmbHG, 4. Aufl. 2022, GmbHG § 15 Rn. 90.

[55] BGHZ 21, 242 (245); BGHZ 29, 300 (303); ZIP 1999, 925; Seibt in Scholz, 13. Aufl. 2022, GmbHG § 15 Rn. 12, 50; Löbbe in Habersack/Casper/Löbbe, 3. Aufl. 2019, GmbHG § 15 Rn. 60; Ebbing in Michalski/Heidinger/Leible/Schmidt, 4. Aufl. 2023, GmbHG § 15 Rn. 85; Verse in Henssler/Strohn, Gesellschaftsrecht, 6. Aufl. 2023, GmbHG § 15 Rn. 73.

[56] Servatius in Noack/Servatius/Haas, 23. Aufl. 2022, GmbHG § 15 Rn. 35.

eine Erwerbstreuhand über Geschäftsanteile an einer GmbH, der noch vor Gründung der GmbH geschlossen wurde.[57]

Diese Entscheidung kann jedoch nicht verallgemeinert werden, da Gegenstand und Zweck der Vereinbarung über die Erwerbstreuhand in solchen Fällen die Ermöglichung einer mittelbaren (gegebenenfalls verdeckten) Gründungsbeteiligung für den Treugeber ist. Der Normzweck des § 15 Abs. 4 GmbHG (der Anteil soll nicht Gegenstand des freien, spekulativen Handelsverkehrs werden) wird hierbei nicht berührt, denn der Anteilserwerb des Treuhänders beruht auf seiner unmittelbaren Beteiligung am Gründungsvorgang, hat also nichts mit einem Handel mit Geschäftsanteilen zu tun.[58] Weiter richtet sich die Verpflichtung zur Veräußerung künftiger Geschäftsanteile ja auf die Zeit nach Gründung der Gesellschaft. Dann aber ist der Normzweck des § 15 Abs. 4 GmbHG tangiert, denn jedenfalls für die Zeit nach Gründung soll ja der spekulative Handel mit GmbH-Geschäftsanteilen erschwert werden. Der herrschenden Ansicht ist daher zu folgen. Auch der Vorvertrag über die Verpflichtung zur Abtretung künftiger Geschäftsanteile unterfällt daher dem § 15 Abs. 4 GmbHG.

Derartige Verpflichtungen zur Übertragung von Geschäftsanteilen sind regelmäßig Gegenstand von Gesellschaftervereinbarungen. Sie enthalten üblicherweise sogenannte Mitverkaufsrechte (Tag-Along-Klauseln) und/oder Mitverkaufspflichten (Drag-Along-Klauseln), Ankaufs-/Vorkaufsrechte, sowie Andienungsrechte (Put-Optionen) und Andienungspflichten (Call-Optionen). Diese Verpflichtungen zur Übertragung von Geschäftsanteilen sind dann noch vom Eintritt bestimmter Bedingungen abhängig. Häufig ist dabei auch die Gestaltung, dass die von der Veräußerungspflicht erfassten Geschäftsanteile bei Eintritt bestimmter Vorausaussetzungen der Gesellschaft, den anderen Gesellschaftern oder von der Gesellschaft benannten Dritten zum Erwerb angeboten werden.

Damit besteht eine Beurkundungspflicht der Gesellschaftervereinbarung nach § 15 Abs. 4 GmbHG auch in dieser Fallgruppe.

8. Durchführung von Umwandlungen nach dem UmwG

Ein Beurkundungserfordernis kann sich auch unter dem Aspekt ergeben, dass sich die Beteiligten einer Gesellschaftervereinbarung zur Durchführung einer Umwandlung nach dem UmwG verpflichten. Denkbar ist eine solche Verpflichtung etwa, wenn es um die Gesellschaftervereinbarung einer GmbH geht und sich die Gesellschafter verpflichten, unter bestimmten Voraussetzungen einen Formwechsel in eine Aktiengesellschaft zu beschließen, etwa um einen Börsengang (IPO) vorzubereiten.[59]

Der Abschluss eines Verschmelzungsvertrages wie auch die damit einhergehenden Beschlüsse in den Gesellschafterversammlungen bedürfen nach §§ 6, 13 Abs. 3

---

[57] BGHZ 141, 207; Löbbe in Habersack/Casper/Löbbe, 3. Aufl. 2019, GmbHG § 15 Rn. 205; Weller/Reichert in MüKoGmbHG, 4. Aufl. 2022, GmbHG § 15 Rn. 214; Verse in Henssler/Strohn, Gesellschaftsrecht, 6. Aufl. 2023, GmbHG § 15 Rn. 122.
[58] Löbbe in Habersack/Casper/Löbbe, 3. Aufl. 2019, GmbHG § 15 Rn. 205; Verse in Henssler/Strohn, Gesellschaftsrecht, 6. Aufl. 2023, GmbHG § 15 Rn. 122.
[59] Thelen RNotZ 2020, 121 (139).

UmwG der notariellen Beurkundung. Gleiches gilt wegen § 125 UmwG für Spaltungsfälle. Auch der Formwechselbeschluss muss nach § 193 Abs. 3 UmwG notariell beurkundet werden. Ob dieses für den eigentlichen Umwandlungsvertrag beziehungsweise Umwandlungsbeschluss geltende Formgebot auch für die bloße Verpflichtung, an einer solchen Maßnahme mitzuwirken, gilt, ist noch nicht höchstrichterlich entschieden.

Soweit die Literatur diese Fragestellung aufwirft, wird – wie vorstehend bei den anderen in Betracht kommenden Formvorschriften – auch hier auf den Zweck der im Umwandlungsgesetz enthaltenen Formvorschriften abgestellt.[60] Sieht man den Zweck der Vorschriften zuvörderst in einer Beweissicherung und in einer Erleichterung der registergerichtlichen Prüfung und damit in der Gewährung von Rechtssicherheit und Gesetzmäßigkeit des Verfahrens, scheidet eine Beurkundungspflicht für die Verpflichtung zur Mitwirkung einer Umwandlungsmaßnahme aus. Diesem Zweck des Formgebots der §§ 6, 13 Abs. 3, 125 und 193 Abs. 3 UmwG würde es genügen, wenn allein der Verschmelzungsvertrag beziehungsweise die entsprechenden Beschlüsse notariell beurkundet werden. Die bloße Verpflichtung zur Durchführung einer Umwandlungsmaßnahme spielt dabei keine Rolle. Stellt man dagegen darauf ab, dass die Formvorschriften neben diesem Zweck auch dem Schutz der Beteiligten dienen (Warn- und Belehrungsfunktion), wird man eine Beurkundungspflicht auch bereits für die Verpflichtung zur Durchführung einer Umwandlungsmaßnahme annehmen müssen.[61]

Dieser Ansicht ist zu folgen. Das gesamte Umwandlungsgesetz ist geprägt durch seinen detaillierten Minderheitenschutz (zum Beispiel Informationsrechte, Prüfungspflichten, Erfordernis qualifizierter Mehrheiten bei der Beschlussfassung, Abfindungsregeln). Teil dieses Systems der Schutzvorschriften sind damit auch die Vorschriften über die Beurkundungspflichten im Umwandlungsgesetz. Die Beurkundungspflichten im Umwandlungsgesetz dienen von daher nicht nur der Rechtssicherheit und der Erleichterung der registergerichtlichen Prüfung, sondern auch und vor allem dem Schutz der Beteiligten.[62] Diese Schutzfunktion der notariellen Beurkundung würde ausgehebelt, wenn man die Pflicht zur notariellen Beurkundung nicht auch auf die Verpflichtung zur Mitwirkung bei einer solchen Umwandlungsmaßnahme erstrecken würde, denn die schuldrechtliche Verpflichtung zu einer Umwandlungsmaßnahme nimmt ja diese faktisch vorweg.[63]

---

[60] Heckschen/Stelmaszczyk in Heckschen/Heidinger, Die GmbH in der Gestaltungs- und Beratungspraxis, 5. Aufl. 2023, Kap. 4 Rn. 38; Thelen RNotZ 2020, 121 (139); Hermanns DNotZ 2013, 9 (13) und ZIP 2006, 2296 (2298).

[61] LG Paderborn NZG 2000, 899 (900); Heckschen in Widmann/Mayer, Umwandlungsrecht, 2/2022, § 13 Rn. 231.1; Heckschen/Stelmaszczyk in Heckschen/Heidinger, Die GmbH in der Gestaltungs- und Beratungspraxis, 5. Aufl. 2023, Kap. 4 Rn. 40; Thelen RNotZ 2020, 121 (139); Hermanns DNotZ 2013, 9 (13).

[62] Heckschen/Stelmaszczyk in Heckschen/Heidinger, Die GmbH in der Gestaltungs- und Beratungspraxis, 5. Aufl. 2023, Kap. 4 Rn. 38; Thelen RNotZ 2020, 121 (139); Hermanns DNotZ 2013, 9 (13).

[63] Heckschen/Stelmaszczyk in Heckschen/Heidinger, Die GmbH in der Gestaltungs- und Beratungspraxis, 5. Aufl. 2023, Kap. 4 Rn. 38; Thelen RNotZ 2020, 121 (139).

Enthalten Gesellschaftervereinbarungen eine Verpflichtung zur Mitwirkung bei Umwandlungsmaßnahmen, besteht daher unter diesem Gesichtspunkt ebenfalls eine Beurkundungspflicht.

9. Güterstandsklauseln

Häufig enthalten Gesellschaftervereinbarungen sogenannte „Güterstandsklauseln." Werden – wie üblich – in der Gesellschaftervereinbarung Mitverkaufsrechte und Mitverkaufspflichten vereinbart beziehungsweise sind darin antizipierte (aufschiebend bedingte) Abtretungen von Geschäftsanteilen enthalten, muss gewährleistet sein, dass diese Abtretungen bei Eintritt der Bedingung ohne Weiteres wirksam sind beziehungsweise die in der Gesellschaftervereinbarung enthaltenen Mitverkaufsrechte und Mitverkaufspflichten ohne weiteres erfüllt werden können. Probleme bestehen dann, wenn Gesellschafter im gesetzlichen Güterstand verheiratet sind und die Beteiligung an der Gesellschaft deren gesamtes oder nahezu gesamtes Vermögen umfasst. Verfügungen über diese Vermögenswerte sind dann nur zulässig, wenn der Ehegatte nach § 1365 BGB zustimmt, es sei denn, der Vertragspartner ist gutgläubig, das heißt er hat keine positive Kenntnis davon, dass vorliegend das gesamte oder nahezu gesamte Vermögen betroffen ist.[64] Soweit die Beteiligung eines Gesellschafters in den Zugewinn fällt, kann es weiter zu Problemen bei einem etwaigen Zugewinnausgleich kommen.

All dies kann mittels einer Güterstandsklausel in der Gesellschafterversammlung vermieden werden. Mit der Güterstandsklausel verpflichten sich die Gesellschafter, die Beteiligung an der Gesellschaft vom Zugewinn auszuschließen. Desgleichen verpflichten sie sich darin, die Beteiligung an der Gesellschaft aus dem Anwendungsbereich des § 1365 BGB herauszunehmen. Zur Umsetzung dieser Verpflichtungen ist der Abschluss eines Ehevertrages erforderlich. Für einen Ehevertrag besteht nach § 1410 BGB eine Beurkundungspflicht.

Umstritten ist, ob die Beurkundungspflicht eines Ehevertrages auch auf die Güterstandsklausel in einem Gesellschaftsvertrag oder einer Gesellschaftervereinbarung durchschlägt. Die Rechtsprechung hat sich dazu noch nicht geäußert. Die wohl überwiegende Ansicht verneint eine Beurkundungspflicht des Gesellschaftsvertrages nur wegen der darin enthaltenen Güterstandsklausel mit der Verpflichtung zum Abschluss eines Ehevertrages.[65] Nach anderer Ansicht gilt jedoch auch hier das Formgebot des § 1410 BGB, denn damit wird eine unmittelbar gegenüber Dritten wirkende Verpflichtung zum Abschluss eines Ehevertrages begründet.[66]

Meines Erachtens greift das Formgebot des § 1410 BGB bei einer Güterstandsklausel in einem Gesellschaftsvertrag nicht. Der Zweck des § 1410 BGB, die Be-

---

[64] BGHZ 43, 174 (176f.); BGHZ 64, 246 (247); Koch in MüKoBGB, 9. Aufl. 2022, BGB § 1365 Rn. 35 mit weiteren Nachweisen; Siede in Grüneberg, 82. Aufl. 2023, BGB § 1365 Rn. 8.
[65] Siede in Grüneberg, 82. Aufl. 2023, BGB § 1410 Rn. 1; Hölscher NJW 2016, 3057; Wenckstern NJW 2014, 1335 (1340); Kuhn BWNotZ 2008, 86 (87); Gassen RNotZ 2004, 424 (439); offenlassend Munzig in Münch, Familienrecht in der Notar- und Gestaltungspraxis, 4. Aufl. 2023, § 12 Rn. 80.
[66] Wachter GmbH-StB 2006, 234 (238); Brambring DNotZ 2008, 724 (734).

teiligten vor dem unbedachten Abschluss eines Ehevertrages zu schützen,[67] rechtfertigt die notarielle Beurkundung nicht. Der durch eine Güterstandsklausel verpflichtete Gesellschafter ist nicht schützenswert, da es um den Abschluss eines für ihn vorteilhaften Ehevertrages geht.[68] Der an sich schützenswerte andere Ehepartner ist an dem Gesellschaftsvertrag nicht beteiligt. Eine Gesellschaftervereinbarung mit einer Güterstandsklausel ist daher nicht nach § 1410 BGB beurkundungspflichtig.

V. Umfang der Formbedürftigkeit

Besteht nach den vorstehenden Ausführungen eine Beurkundungspflicht, stellt sich die Frage nach deren Umfang. Zur Beurkundungspflicht nach § 15 Abs. 4 GmbHG gilt nach Ansicht der Rechtsprechung und der überwiegenden Literatur ebenso wie bei der Beurkundungspflicht nach § 311b Abs. 1 BGB der Grundsatz der Vollständigkeit. Alle Vereinbarungen, die in einem rechtlichen Zusammenhang mit der beurkundungspflichtigen Abrede über die Veräußerung von GmbH-Geschäftsanteilen stehen, unterfallen ebenso der Beurkundungspflicht des § 15 Abs. 4 GmbHG.[69]

Diese Auffassung ist zutreffend. Dem Zweck der Vorschrift, den Handel mit GmbH-Geschäftsanteilen zu erschweren, wird nur dann genüge geleistet, wenn nicht nur die Verpflichtung zur Übertragung von Geschäftsanteilen, sondern alle damit zusammenhängenden Nebenabreden dem Formgebot unterworfen werden.[70]

Soweit die Pflicht zur notariellen Beurkundung auch den Schutz der Beteiligten umfasst, wie dies insbesondere bei der Beurkundungspflicht der Gründung einer GmbH, aber auch bei Umwandlungsvorgängen der Fall ist, gilt der Vollständigkeitsgrundsatz erst recht. Beurkundungsbedürftig ist daher in all diesen Fällen die gesamte Gesellschaftervereinbarung.

VI. Formbedürftigkeit von Gesellschaftervereinbarungen im Aktienrecht

Gesellschaftervereinbarungen gibt es nicht nur bei Gesellschaften mit beschränkter Haftung. Auch im Aktienrecht finden sich vielfältige Vereinbarungen der Aktionäre außerhalb der Satzung der Aktiengesellschaft, sogenannte Aktionärsver-

---

[67] Münch in MüKoBGB, 9. Aufl. 2022, BGB § 1410 Rn. 1 f.
[68] Münch in MüKoBGB, 9. Aufl. 2022, BGB § 1410 Rn. 4.
[69] BGH NJW 2002, 142; NJW 1969, 2049 f.; GmbHR 2001, 815 (816); OLG Düsseldorf MDR 1978, 668; OLG Hamburg BB 2007, 398 (400); Altmeppen, 11. Aufl. 2023, GmbHG § 15 Rn. 72; Servatius in Noack/Servatius/Haas, 23. Aufl. 2022, GmbHG § 15 Rn. 30; Bayer in Lutter/Hommelhoff, 21. Aufl. 2023, GmbHG § 15 Rn. 57; Weller/Reichert in MüKoGmbHG, 4. Aufl. 2022, GmbHG § 15 Rn. 107; Seibt in Scholz, 13. Aufl. 2022, GmbHG § 15 Rn. 66; anderer Ansicht Tholen/Weiß GmbHR 2016, 916 (918 f.).
[70] Thelen RNotZ 2020, 121 (140).

einbarungen.[71] Die Frage, ob Aktionärsvereinbarungen beurkundet werden müssen, wird – soweit ersichtlich – nirgends eingehend erörtert. Inwieweit die vorstehenden Überlegungen auch auf das Aktienrecht übertragen werden können, ist im Hinblick auf die zum Teil unterschiedlichen Vorschriften im GmbHG einerseits und im AktG andererseits im Einzelfall zu prüfen.

1. Pflicht zur Gründung einer AG

Die Gründung einer AG bedarf nach § 23 Abs. 1 S. 1 AktG der notariellen Beurkundung. Die Beurkundung dient dazu, die Beteiligten zu warnen und sie mit den für sie bei der Teilnahme an der Gründung einer AG verbundenen Pflichten und Haftungsrisiken vertraut zu machen. Ferner dient die Beurkundung auch der Belehrung der Beteiligten. Dieser Schutzzweck rechtfertigt es, dass nicht nur die Gründung einer AG selbst, sondern auch der Vorvertrag, mit dem sich die Beteiligten zur Gründung einer AG verpflichten, notariell beurkundet werden muss.[72]

Ist Inhalt der Gesellschafter- oder Aktionärsvereinbarung die Gründung einer AG, ist somit auch die Aktionärsvereinbarung insgesamt beurkundungsbedürftig.

2. Pflicht zur Satzungsänderung beziehungsweise Neufassung der Satzung

Satzungsändernde Beschlüsse müssen im Aktienrecht nach §§ 179 Abs. 2, 130 Abs. 1 S. 1 und 3 AktG ebenso wie im GmbH-Recht notariell beurkundet werden. Der Beurkundungszweck erstreckt sich dabei auf die Dokumentation der Willensbildung der Hauptversammlung und dient damit in erster Linie der Rechtssicherheit und Transparenz. Die notarielle Niederschrift soll eine verlässliche Unterlage über die Ergebnisse der Beschlussfassung schaffen.[73]

Dieser Zweck der notariellen Beurkundung wird erreicht durch die Beurkundung des satzungsändernden Beschlusses der Hauptversammlung selbst. Eine Beurkundung auch der Verpflichtung, in der Hauptversammlung für eine solche Satzungsänderung oder Satzungsneufassung zu stimmen, spielt hierfür keine Rolle.

Vor diesem Hintergrund scheidet daher ebenso wie im GmbH-Recht die Beurkundung einer Aktionärsvereinbarung, die eine Verpflichtung zu einer Satzungsänderung oder Satzungsneufassung enthält, aus.

3. Pflicht zur Zeichnung von Aktien

Die Übernahme neuer Aktien aus einer Kapitalerhöhung erfolgt durch Zeichnung. § 185 Abs. 1 S. 1 AktG sieht für die Zeichnung Schriftform vor. Für die Verpflichtung zur Zeichnung von neuen Aktien kann daher keine strengere Form

---

[71] Mayer MittBayNot 2006, 281; Sickinger in Münchener Anwaltshandbuch Aktienrecht, 3. Aufl. 2018, § 11; Sailer-Coceani in Münchener Handbuch des Gesellschaftsrechts, Band 4, 5. Aufl. 2020, § 6 Rn. 13f.
[72] RGZ 156, 129 (138); BGH WM 1988, 163 (164); KG AG 2004, 321; Koch, 17. Aufl. 2023, AktG § 23 Rn. 17.
[73] BGHZ 127, 107 (113); AG 1994, 466 (467); OLG Düsseldorf ZIP 2003, 1597 (1599); Noack/Zetzsche in Zöllner/Noack, Kölner Kommentar, 3. Aufl. 2011, AktG § 130 Rn. 3 f.; Koch, 17. Aufl. 2023, AktG § 130 Rn. 1; Reul AG 2002, 543 (544).

gelten als für die Zeichnung selbst. Eine Beurkundungspflicht einer Aktionärsvereinbarung scheidet insoweit aus.

4. Wandeldarlehen mit/ohne Wandelungspflicht

Im Aktienrecht gibt es in § 221 AktG anders als im GmbH-Recht eine ausdrückliche Vorschrift für die Ausgabe von Wandelschuldverschreibungen. Die Ausgabe solcher Schuldverschreibungen ist nur zulässig aufgrund eines Hauptversammlungsbeschlusses. Dieser Beschluss bedarf nach § 221 Abs. 1 S. 2 AktG grundsätzlich einer Dreiviertel-Kapitalmehrheit und muss daher nach § 130 Abs. 1 S. 1 und 3 AktG notariell beurkundet werden.

Auch bei der Ausgabe von Wandelschuldverschreibungen ist der Zweck der notariellen Beurkundung nach § 130 AktG die Dokumentation und Beweissicherung der Beschlussfassung der Hauptversammlung. Insoweit kommt es auf eine etwaige Verpflichtung zur Ausgabe von Wandelschuldverschreibung nicht an. Eine Beurkundungspflicht für eine Aktionärsvereinbarung mit der Verpflichtung zur Ausgabe von Wandelschuldverschreibungen kann daraus nicht abgeleitet werden.

Ohne Bedeutung ist dabei, ob nur die Gläubiger dieser Wandelschuldverschreibungen ein Umtauschrecht haben oder auch die AG selbst („Wandelungspflicht"). § 221 Abs. 1 AktG unterscheidet beide Fälle nicht.

Nichts anderes gilt für den Investor, der eine solche Wandelungsverschreibung mit einem Wandelungsrecht für die Gesellschaft zeichnet und er bei entsprechender Ausübung durch die Gesellschaft zur Zeichnung neuer verpflichtet ist. Die Zeichnung verlangt nach § 185 Abs. 1 S. 1 AktG lediglich Schriftform. Eine notarielle Beurkundung einer Aktionärsvereinbarung wegen der darin enthaltenen Verpflichtung zur Zeichnung neuer Aktien aus einer Kapitalerhöhung kann daher nicht gefordert werden.

5. Mitverkaufsrechte/Mitverkaufspflichten

Die Übertragung von Aktien gehört zum Wesen der Aktiengesellschaft. Formvorschriften bestehen nicht. Allenfalls kann bei Namensaktien nach § 68 Abs. 2 AktG die Übertragung von Aktien an die Zustimmung der Gesellschaft geknüpft werden. Damit ist auch die Verpflichtung zur Übertragung von Aktien stets formfrei möglich. Eine Beurkundungspflicht scheidet daher von vornherein aus.

6. Durchführung von Umwandlungen nach dem UmwG

Ist eine Aktiengesellschaft an einer Umwandlungsmaßnahme nach dem Umwandlungsgesetz beteiligt, gibt es im Hinblick auf die Formbedürftigkeit im Gegensatz zur GmbH keine Besonderheiten. Es kann daher auf die obigen Ausführungen verwiesen werden (→ IV. 8.). Die Verpflichtung in einer Aktionärsvereinbarung, an einer Umwandlungsmaßnahme mitzuwirken, begründet daher ebenso wie im GmbH-Recht auch im Aktienrecht eine Beurkundungspflicht für die Aktionärsvereinbarung.

7. Güterstandsklauseln

Auch im Hinblick auf in einer Aktionärsvereinbarung enthaltene Güterstandsklauseln kann auf die obigen Ausführungen zum GmbH-Recht verwiesen werden (→ IV. 9.). Eine Beurkundungspflicht der Aktionärsvereinbarung mit einer Güterstandsklausel kann mit der Formvorschrift des § 1410 BGB nicht begründet werden.

8. Umfang der Beurkundungsbedürftigkeit

Ist hiernach eine Aktionärsvereinbarung beurkundungspflichtig, bestehen im Hinblick auf den Umfang des Beurkundungserfordernisses keine Besonderheiten. Wie gezeigt besteht hier das Beurkundungserfordernis zum einen bei der Verpflichtung zur Gründung einer AG. Es wird abgeleitet aus der Regelung des § 23 Abs. 1 S. 1 AktG. Zum andern besteht ein Beurkundungserfordernis bei der Verpflichtung zur Mitwirkung bei Umwandlungsmaßnahmen. Grundlage sind hier die Formvorschriften des UmwG. In beiden Fällen hat die Beurkundung nicht nur die Funktion der Beweissicherung, der Dokumentation und der Erleichterung der registergerichtlichen Prüfung. Die Beurkundung dient darüber hinaus auch dem Schutz der Beteiligten (Warnfunktion, Belehrungsfunktion). Diesem Schutz der Beteiligten wird die notarielle Beurkundung einer Aktionärsvereinbarung nur gerecht, wenn sie insgesamt mit allen Nebenabreden beurkundet wird. Es gilt somit ebenso wie im GmbH-Recht auch bei der Beurkundung von Aktionärsvereinbarungen der Vollständigkeitsgrundsatz.

VII. Zusammenfassung

Gesellschaftervereinbarungen im GmbH-Recht sind nur dann notariell beurkundungspflichtig, wenn darin eine Verpflichtung zur Gründung einer GmbH enthalten ist, wenn darin Mitverkaufsrechte und/oder Mitverkaufspflichten oder eine Verpflichtung zur Mitwirkung an Umwandlungsmaßnahmen enthalten sind. In allen übrigen Fällen kann eine Gesellschaftervereinbarung ohne Beachtung einer Form abgeschlossen werden. Dies gilt namentlich auch für Wandeldarlehensverträge.

Für Aktionärsvereinbarungen gelten grundsätzlich dieselben Überlegungen, einzig mit der Ausnahme, dass dort auch Mitverkaufsrechte und/oder Mitverkaufspflichten keine Beurkundungspflichten auslösen.

Ist nach diesen Überlegungen eine Gesellschaftervereinbarung oder eine Aktionärsvereinbarung beurkundungsbedürftig, gilt in beiden Fällen der Vollständigkeitsgrundsatz. Es ist die gesamte Gesellschaftervereinbarung oder Aktionärsvereinbarung mit allen Nebenabreden zu beurkunden.

JOHANNA SCHMIDT-RÄNTSCH

Zulässiger und unzulässiger Inhalt von Dienstbarkeiten

Die Verfasserin hat auf den von dem Jubilar organisierten und geleiteten Jahresarbeitstagungen des Notariats zehn Jahre lang bis September 2021 zu den „Aktuellen Entwicklungen im Bereich der Grundpfandrechte und des Grundbuchrechts" referiert und dabei Hinweise für die notarielle Praxis herausgearbeitet. Immer wieder war dabei über Fälle zu berichten, in denen die Bestellung von Dienstbarkeiten nicht oder nicht besonders gut gelungen war. Die dabei gewonnenen Hinweise zur Vertragsgestaltung sollen in dem folgenden Beitrag vorgestellt werden.

I. Ausgestaltung der dinglichen Berechtigung

1. Ausübungsstelle

a) Fallbeispiel: Fahrzeughalle[1]

Die Parteien sind Eigentümer benachbarter landwirtschaftlich genutzter Grundstücke. Der Kläger darf über das Grundstück des Beklagten mit landwirtschaftlichen Fahrzeugen auf seine Äcker fahren. Wo genau der Weg verläuft, lässt sich der Bewilligungsurkunde nicht entnehmen. Unstreitig ist zwischen den Parteien nur, dass der Weg ursprünglich über eine Hoffläche führte und nach Einrichtung von Parkplätzen auf dieser Hoffläche nunmehr an der Grundstücksgrenze verläuft. Der Beklagte errichtete an der Grenze eine Wagenhalle, die nach der Behauptung des Beklagten den Weg einengt, sodass er jetzt nicht mehr mit seinem Mähdrescher vorbeifahren kann. Er verlangt deren Beseitigung. Wie ist die Rechtslage, wenn
a) die Parteien den Weg dorthin verlegen wollten,
b) die Parteien vereinbart haben, dass die neue Ausübungsstelle Inhalt des Rechts werden sollte? Hat es Bedeutung, ob die Rechtsänderung eingetragen ist?

b) Lösung des Fallbeispiels

Grundlage des geltend gemachten Anspruchs sind §§ 1027, 1004 Abs. 1 BGB. Danach kann der Dienstbarkeitsberechtigte die Beseitigung einer Beeinträchtigung der ihm mit der Dienstbarkeit eingeräumten Befugnis, hier die Benutzung des Wegs, verlangen. Das setzt hier voraus, dass der von dem Kläger benutzte Weg auf dem Grundstück des Beklagten der Weg ist, den er nach dem Inhalt der Dienstbar-

---
[1] BGH WM 2006, 336.

keit benutzen darf. Das ist nicht eindeutig, weil der Weg bei Bestellung der Dienstbarkeit an einer anderen Stelle verlief als jetzt. Daraus folgt indes nicht, was das OLG aber angenommen hatte, dass der jetzt vorhandene Weg nicht Gegenstand der Dienstbarkeit ist. Die Festlegung der Ausübungsstelle muss nämlich nicht in der Bewilligung erfolgen. Das ergibt der Umkehrschluss aus § 1023 Abs. 1 S. 2 BGB. Danach besteht der Anspruch auf Verlegung der Ausübungsstelle auch, wenn sie durch Rechtsgeschäft festgelegt worden ist. Diese Regelung setzt gedanklich voraus, dass es auch anders, nämlich durch eine Verständigung über die tatsächliche Ausübung, möglich ist. Eine rechtsgeschäftliche Festlegung war hier nicht erfolgt. Aus der tatsächlichen Ausübung folgt aber, dass die Ausübungsstelle zunächst dort war, wo der Weg zunächst verlief. Wie es dazu kam, dass der Kläger jetzt den Weg an der Grenze des Grundstücks benutzt, hatte das OLG nicht festgestellt und deswegen auch nicht, ob die Veränderung rechtlich wirksam war.

Der BGH zeigt auf, welche Möglichkeiten überhaupt bestanden haben.[2] Wäre die Ausübungsstelle in der Bestellungsurkunde festgelegt worden, hätte sie nur durch Änderung des Inhalts der Dienstbarkeit und deren Eintragung in das Grundbuch nach §§ 873, 877 BGB geändert werden können. Hier war die Ausübungsstelle aber in der Bestellungsurkunde nicht festgelegt worden. In dieser Lage konnten sich die Parteien darüber verständigt haben, dass zur Überfahrt auf das herrschende Grundstück nach der Errichtung der Parkplätze an der ursprünglichen Ausübungsstelle der jetzt vorhandene Weg an der Grundstücksgrenze benutzt wird. Eine solche Verlegung wäre rechtlich möglich, wie sich aus § 1023 Abs. 1 S. 1 BGB ergibt. Unter den in dieser Vorschrift bestimmten Voraussetzungen besteht ein Anspruch auf Verlegung der Ausübungsstelle, wenn diese durch tatsächliche Übung bestimmt worden ist. Dieser Anspruch wird durch eine entsprechende Änderung der Ausübung erfüllt. Eine Änderung der Dienstbarkeit und die Eintragung dieser Änderung in das Grundbuch nach §§ 873, 877 BGB ist dazu nicht erforderlich. Eine Verlegung der Ausübungsstelle auf diesem Weg ist auch möglich, wenn die Voraussetzungen nach § 1023 Abs. 1 S. 1 BGB nicht vorliegen, sich die Beteiligten aber darauf einigen.[3] Denkbar wäre allerdings auch, dass die Parteien sich nicht bloß über die Verlegung der Ausübungsstelle verständigen, sondern diese Verlegung auch für die Zukunft hatten festschreiben wollen. Das wäre nur durch Änderung des Inhalts der Dienstbarkeit möglich, weil die künftige Verlegung durch tatsächliche Ausübung dann ausgeschlossen werden soll und darin eine Änderung des Inhalts der Dienstbarkeit liegt, die nach §§ 873, 877 BGB nur durch eine entsprechende Einigung und Eintragung der Änderung in das Grundbuch erreichbar ist. Da es an den erforderlichen Feststellungen fehlte, hat der BGH das Berufungsurteil aufgehoben und die Sache an das Berufungsgericht zurückverwiesen.

---

[2] BGH WM 2006, 336 (337); Schmidt-Räntsch in Dannemann/Schulze, German Civil Code, BGB § 1023 Rn. 2.
[3] BGH WM 2006, 336 (337).

c) Hinweise für die Urkundsgestaltung

Bei der Errichtung einer Urkunde über die Bestellung einer Dienstbarkeit, aber auch bei der Begründung von Dienstbarkeiten etwa in einem Kaufvertrag über eine Grundstücksteilfläche, müssen sich die Parteien also entscheiden, ob sie die Ausübungsstelle der Dienstbarkeit durch Rechtsgeschäft oder durch Ausübung bestimmen wollen. Das Gesetz geht davon aus, dass die Bestimmung durch Ausübung die Regel und die durch Rechtsgeschäft die Ausnahme ist. In der Sache selbst wird es vielleicht eher darauf ankommen, welche Bedeutung der Ausübungsstelle zukommt. Bei einem Recht zur Überquerung eines Ackers zur Bestellung eines anderen Ackers mag es nicht entscheidend darauf ankommen, wo das Recht ausgeübt werden kann. Wie der Beispielsfall zeigt, muss das nicht immer richtig sein. Bei anderen Grundstücken wird es wohl doch wichtiger sein, die Ausübungsstelle festzulegen. Deren genaue Lage kann etwa bei industriell genutzten Grundstücken sogar existentiell sein.[4] Spätestens dann erscheint eine Bestimmung der Ausübungsstelle durch Rechtsgeschäft angeraten. Das hat zwar zur Folge, dass die Änderung dann nur nach Maßgabe von §§ 873, 877 BGB erfolgen und auch zusätzliche Kosten verursachen kann. Diese lohnen sich aber angesichts des Gewinns an Rechtssicherheit. Die Bestimmung der Ausübungsstelle durch Rechtsgeschäft muss hinreichend bestimmt sein; bei Wege- und Leitungsrechten sind keine hohen Anforderungen zu stellen.[5] Sie kann auch durch tatsächliche Übung festgelegt werden. Die Änderung erfolgt im ersten Fall durch Änderungsvertrag nach § 873 BGB, im zweiten Fall durch Absprache unabhängig von § 873 BGB.

2. Klarheit und Bestimmtheit der einzuräumenden Befugnisse

a) Fallbeispiel: Heizungsanlage[6]

Die Parteien sind Eigentümer benachbarter Grundstücke. Im Vorgriff auf die Teilung des vorher einheitlichen Grundstücks wurde das nunmehr im Eigentum der Klägerin stehende Grundstück mit einer Grunddienstbarkeit zugunsten des jeweiligen Eigentümers des nunmehr den Beklagten gehörenden Grundstücks belastet. Inhalt der Grunddienstbarkeit ist nach der in Bezug genommenen Eintragungsbewilligung die Befugnis des Eigentümers des herrschenden Grundstücks, unter anderem „von dem auf dem nördlichen Grundstücksteil befindlichen Heizungskessel aufgrund entsprechender dort installierter Leitungen Heizkraft für das auf dem südlichen Grundstücksteil befindliche Haus zu beziehen, unter Beteiligung an den ermittelten und ausscheidbaren Heizungskosten". Die Reparaturkosten an gemeinsam benützten Einrichtungen haben die beteiligten Eigentümer zu gleichen Teilen zu tragen. Die Klägerin plant den Austausch des auf ihrem Grundstück befindlichen Heizungskessels, an dessen Kosten sich die Beklagten nicht beteiligen wollen. Daher verlangt die Klägerin die Feststellung, dass die Beklagte Heizkraft

---

[4] Vgl. zum Beispiel den Fall BGH ZfIR 2015, 434.
[5] Beispiel: OLG Hamm NJW-RR 2014, 21.
[6] BGH ZNotP 2021, 29; dazu Schmidt-Räntsch ZNotP 2020, 447 (451).

nicht aus einem anderen als dem bei Bestellung der Dienstbarkeit auf dem dienenden Grundstück befindlichen Heizungskessel beziehen dürfen. Zu Recht?

b) Lösung des Fallbeispiels

Die Klägerin hatte in einem Vorprozess die Beteiligung der Beklagten an den Kosten der Erneuerung klageweise erreichen wollen. Ihre Klage hatte vor dem OLG keinen Erfolg, das gemeint hatte, der Begriff der „Reparaturkosten" umfasse die Kosten eines Austausches der Heizung nicht. Nunmehr verlangt die Klägerin die Feststellung, dass die Beklagten nur die bei der Bestellung der Dienstbarkeit vorhandene Heizungsanlage nutzen dürfen, aber nicht die erneuerte. Dieser Klage hat das OLG stattgegeben, möglicherweise auch, um ein salomonisches Gesamtergebnis zu erreichen. Dem erteilt der BGH eine Absage. Der Erfolg der Klage hing von der Auslegung der Dienstbarkeit ab. Da sich dieser aus der Bewilligung ergibt und auf diese nach den – hier eingehaltenen – Maßgaben von § 874 BGB verwiesen werden darf, kam es auf die Auslegung der Bewilligung an. Diese unterliegt als quasi verlängerte Grundbucheintragung vollen Umfangs der Nachprüfung durch das Revisionsgericht.[7] Zur Ermittlung des Inhalts einer Dienstbarkeit ist nach ständiger Rechtsprechung des BGH vorrangig auf Wortlaut und Sinn der Grundbucheintragung und der nach § 874 BGB in Bezug genommenen Eintragungsbewilligung abzustellen, wie er sich für einen unbefangenen Betrachter als nächstliegende Bedeutung des Eingetragenen ergibt; Umstände außerhalb dieser Urkunden dürfen jedoch insoweit mit herangezogen werden, als sie nach den besonderen Verhältnissen des Einzelfalls für jedermann ohne weiteres erkennbar sind.[8]

Auf dieser Grundlage sieht der BGH keinen Anhaltspunkt dafür, dass sich die Dienstbarkeit nur auf den bei ihrer Eintragung auf dem dienenden Grundstück vorhandenen Heizungskessel bezieht. „Benützen eines Grundstücks in einzelnen Beziehungen" meine einen dauernden oder fortgesetzten oder doch mehr oder weniger häufigen, regelmäßig wiederkehrenden Gebrauch machen von dem Grundstück zu bestimmten Zwecken". Diese Voraussetzung liege auch bei einer Beschränkung der Mitnutzung einer Anlage auf deren technische Lebensdauer oder deren nach den rechtlichen Vorgaben erlaubten Nutzungsdauer vor.[9] Nächstliegend sei die Beschränkung des von einer Dienstbarkeit umfassten Rechts zur (Mit-)Nutzung einer Anlage auf dem dienenden Grundstück auf die Lebens- oder rechtlich zulässige Nutzungsdauer aber nur, wenn sich diese in eindeutiger Weise aus der Grundbucheintragung und der bei der Auslegung berücksichtigungsfähigen Umstände ergebe.[10] Regelmäßig solle durch eine solche Dienstbarkeit eine dauerhafte Sicherung etwa der Versorgung des herrschenden Grundstücks mit bestimmten Medien erreicht werden. Die Beschränkung des Nutzungsrechts auf die vorhandene Anlage laufe diesem Ziel zuwider. Eine Beschränkung auf den vorhan-

---

[7] BGH ZfIR 2019, 398 Rn. 29; ZWE 2019, 322 Rn. 7 und ZNotP 2021, 29 Rn. 6.
[8] BGH NJW-RR 2003, 1235f. und ZNotP 2021, 29 Rn. 6.
[9] BGH ZNotP 2021, 29 Rn. 8; vgl. Mohr in MüKoBGB, 9. Aufl. 2023, BGB § 1018 Rn. 29; Weber in Staudinger, 2017, BGB § 1018 Rn. 93.
[10] BGHZ 92, 351 (355f.) und ZNotP 2021, 29 Rn. 9.

denen Heizungskessel sei hier nicht festzustellen. Der Begriff „befindlich" lasse nur eine Beschreibung des Heizungskessels erkennen, nicht aber, dass das Recht auf seine Lebensdauer begrenzt werden sollte. Das folge auch nicht aus dem Zweck der Dienstbarkeit, die eine Versorgung des herrschenden Grundstücks mit Heizwärme jedenfalls so lange habe sichern sollen, wie auf dem dienenden Grundstück ein Heizungskessel betrieben werde. Schließlich ließen sich auch aus der Kostentragungsregelung keine schlüssigen Argumente für eine Begrenzung des Rechts auf die Lebensdauer des Heizungskessels ableiten. Erstens sei nicht zwingend, dass „Reparaturkosten" die Kosten einer Erneuerung nicht umfassten. Zweitens könne eine entsprechende Beschränkung aber auch den Sinn gehabt haben, dem Eigentümer des dienenden Grundstücks freie Hand bei der Entscheidung zu geben, ob, wann und gegen was der alte Heizungskessel getauscht werde.[11] Dieser Hinweis hat es in sich. Eingeräumt ist nur ein Mitbenutzungsrecht an dem Heizungskessel. Würde sich die Klägerin etwa für eine Beheizung durch Fernwärme entscheiden, liefe es leer.

c) Hinweise für die Urkundsgestaltung

Der Beispielfall zeigt, wie wichtig eine möglichst klare und eindeutige Beschreibung der einzuräumenden Befugnisse ist. Es erscheint auch ratsam, möglichst allgemein verständliche Begriffe zu verwenden und auch zu berücksichtigen, dass althergebrachte Begriffe im Lauf der Zeit ungebräuchlich werden können und dann nicht mehr verstanden werden. Beispiele aus der Rechtsprechung: Eine Grunddienstbarkeit, die zum „Überwegen" eines Grundstücks berechtigt, ist ein Geh- und Fahrrecht.[12] Darf der Berechtigte einer Grunddienstbarkeit das dienende Grundstück „als Übergang benutzen", so hat auch er ein Geh- und Fahrrecht und darf das Grundstück auch mit dem Auto benutzen.[13] Ein Geh- und Fahrweg, der nach der Bewilligung auch zum „Verweilen" des Grundstück berechtigt, umfasst einen beliebigen Aufenthalt auf der Ausübungsstelle dagegen nur, wenn es ausdrücklich auch so in das Grundbuch eingetragen wird, also zum Beispiel als Geh-, Fahr- und *Verweil*recht.[14]

3. Erkundung des Sachverhalts

a) Fallbeispiel: Nutzlose Garage[15]

Die Parteien sind Eigentümer benachbarter Wohngrundstücke. Auf der Grundstücksgrenze steht eine Garage, die zu dem Grundstück der Kläger gehört und sich zu einem Teil auf dem Grundstück der Beklagten befindet. Auch die Zufahrt, die die Garage mit der Straße verbindet, liegt teilweise auf dem Grundstück der Beklagten. Zugunsten des klägerischen Grundstücks ist eine von dem Rechtsvorgän-

---

[11] BGH ZNotP 2021, 29 Rn. 11–13.
[12] BGH MittBayNot 2004, 124 und MittBayNot 2004, 190.
[13] BGH MittBayNot 2022, 42.
[14] BGH RNotZ 2022, 198.
[15] BGH ZfIR 2014, 143.

ger der Beklagten bewilligte Grunddienstbarkeit eingetragen, wonach der Überbau zu dulden ist. Nachdem die Beklagten das dienende Grundstück erworben hatten, verboten sie den Klägern, die Garagenzufahrt wie bisher zu befahren. Die Kläger nehmen die Beklagten auf Duldung der Zufahrt in Anspruch. Zu Recht?

b) Lösung des Fallbeispiels

Grundlage des geltend gemachten Duldungsanspruchs sind §§ 1027, 1004 Abs. 1 S. 1 BGB. Danach kann der Berechtigte einer Dienstbarkeit die Beseitigung einer Störung verlangen. Erfasst wird dabei nicht nur die Störung in der Ausübung der Dienstbarkeit, sondern, wie hier, auch die Vorenthaltung des Grundstücks, auf dem die Dienstbarkeit ausgeübt werden darf. Der in § 1027 BGB in Bezug genommene § 1004 BGB übernimmt für die Rechtsverwirklichung die Funktion des – anders als beim Nießbrauch (vgl. § 1065 BGB) – in § 1027 BGB für die Dienstbarkeit nicht in Bezug genommenen § 985 BGB.[16] Es kam deshalb darauf an, welchen Inhalt die den Klägern eingeräumte Grunddienstbarkeit hat, ob sie die Beklagten nur zur Duldung des Überbaus der Garage oder auch zur Duldung einer Benutzung des Grundstücks als Zuweg zur Garage verpflichtete. Das bestimmt sich nach dem Inhalt der Dienstbarkeit, wie er sich aus der in Bezug genommenen Dienstbarkeit ergibt. Deren Auslegung unterliegt, wie bereits ausgeführt, in vollem Umfang der revisionsrechtlichen Prüfung, weil es sich um die Auslegung einer Grundbucheintragung handelt. Bei der Auslegung ist vorrangig auf den Wortlaut und den Sinn des Eintrags und der in Bezug genommenen Eintragungsbewilligung abzustellen, wie er sich für einen unbefangenen Betrachter als nächstliegende Bedeutung des Eingetragenen ergibt. Außerhalb dieser Urkunden liegende Umstände dürfen nur insoweit mit herangezogen werden, als sie nach den besonderen Verhältnissen des Einzelfalles für jedermann ohne weiteres erkennbar sind.[17] Ein von der Eintragung im Grundbuch abweichender Wille der die Dienstbarkeit bestellenden Parteien muss dagegen bei der Auslegung des Inhalts des dinglichen Rechts unbeachtet bleiben, weil sonst der Eintragung ihre eigenständige Bedeutung als rechtsbegründender Akt (§ 873 BGB) entzogen würde.[18]

Danach hatte die Dienstbarkeit allein die Duldung des Überbaus in Form der Garage zum Inhalt. Das ist zulässig. Die gesetzliche Pflicht zur Duldung eines Überbaus nach § 912 BGB könnte zwar nicht Inhalt einer Dienstbarkeit sein. Wenn jedoch – wie hier – nach einem Eigengrenzüberbau nicht ohne weiteres klar ist, welches der beteiligten Grundstücke das Stammgrundstück ist und welches das überbaute, können solche Zweifel durch die Bestellung einer Dienstbarkeit behoben werden.[19] So lag es hier. Damit war den Klägern aber nicht geholfen. Denn eine Dienstbarkeit zur Sicherung eines Überbaus verpflichtet den Eigentümer des dienenden Grundstücks nur zur Duldung der Überbauung, aber nicht dazu, auch

---

[16] Vgl. BGHZ 187, 185 Rn. 19 und ZfIR 2015, 111 Rn. 11, 13.
[17] BGHZ 92, 351 (355); BGHZ 145, 16 (20f.); NJW 2002, 1797 (1798) und ZfIR 2014, 143 Rn. 6.
[18] BGH NJW 1960, 673; NJW 2002, 1797 (1798) und ZfIR 2014, 143 Rn. 6.
[19] BGH ZfIR 2014, 143 Rn. 9.

den Zugang zu der Überbauung zu dulden.[20] Der BGH hat bei der Auslegung auch den Lageplan berücksichtigt, der der Bewilligung beigefügt war. Aus diesem ergab sich aber schon die Zufahrt nicht und auch nicht, dass die Einfahrt in die Garage nur zu erreichen war, wenn man einen kleinen Teil des dienenden Grundstücks in Anspruch nahm. Auch eine gesetzliche Duldungspflicht nach § 912 BGB bestand nicht. Es lag zwar ein Eigengrenzüberbau vor, auf den § 912 BGB anwendbar ist. Die Duldungspflicht nach § 912 BGB umfasst aber nicht den Zugang zur Überbauung auf dem dienenden Grundstück.[21]

c) Hinweise für die Urkundsgestaltung

Das Beispiel zeigt die Bedeutung einer sorgfältigen Sachverhaltsaufklärung bei der Vorbereitung der Bestellung einer Dienstbarkeit auf. Hier war zwar eine Karte beschafft und der Bewilligung beigefügt worden. Die Karte war aber zu grob und entsprach auch nicht den tatsächlichen Verhältnissen. Vor allem hatten die Beteiligten das Augenmerk allein auf den Garagenkörper gelegt und aus den Augen verloren, dass es nicht allein um den Erhalt des Baukörpers, sondern auch um die Absicherung der bestimmungsgemäßen Nutzung ging.

II. Dingliche Absicherung von Pflichten

1. Unterhaltungspflichten

a) Fallbeispiel: Tordurchfahrt[22]

Die Kläger sind Eigentümer nebeneinander liegender Innenstadtgrundstücke, die eine gemeinsame Häuserfront zu einer Innenstadtstraße und einen gemeinsamen Hof haben. Dort werden die in den Häusern befindlichen Geschäfte beliefert. Zu dem Hof gelangt man über das an der Ecke angrenzende, ebenfalls bebaute Grundstück des Beklagten. Sein Haus hat eine unterkellerte Durchfahrt, die dieser auch selbst benutzt. Im Keller unterhält der Beklagte selbst Lagerräume. An der Durchfahrt besteht eine altrechtliche Dienstbarkeit (Art. 184 S. 2 EGBGB). Die Parteien streiten vor dem BGH mangels entsprechender Vereinbarungen zum Inhalt der Dienstbarkeiten darüber, ob sich die Berechtigten an den Unterhaltungskosten zu beteiligen haben. Der BGH bejaht im Gegensatz zum OLG eine Unterhaltungspflicht. Warum?

b) Lösung des Fallbeispiels

Das OLG folgte der damals herrschenden Ansicht, dass eine Pflicht des Berechtigten zur Beteiligung an den Lasten der Unterhaltung einer auf dem dienenden Grundstück bestehenden Anlage nur besteht, wenn er das alleinige Nutzungsrecht

---

[20] BGH ZfIR 2014, 143 Rn. 10f.
[21] BGH ZfIR 2014, 143 Rn. 15.
[22] BGHZ 161, 115.

hat oder wenn eine Unterhaltungspflicht nach § 1021 BGB vereinbart ist.[23] Beides war hier nicht der Fall. Der Beklagte war zur Benutzung von Hofdurchfahrt und Hofnutzung ebenfalls berechtigt; die (von dem OLG nicht vorgenommene und im Revisionsverfahren nachgeholte) Auslegung der Bewilligung der (altrechtlichen) Dienstbarkeit durch den BGH ergab keine entsprechende Unterhaltungsregelung. Dabei blieb der BGH aber nicht stehen. Er stellt die seinerzeit herrschende Meinung in Frage und gelangt zum gegenteiligen Ergebnis. Aus § 1021 BGB folge nur, dass in den dort genannten Fällen die – an sich nach § 1018 BGB nicht zulässige – Vereinbarung einer Verpflichtung zum Handeln mit reallastartiger Wirkung (§ 1021 Abs. 2 BGB) zulässig ist und es der zusätzlichen Bestellung einer Reallast neben der Dienstbarkeit nicht bedarf. Die Verteilung der Unterhaltslast bei der Mitbenutzung einer Anlage auf dem dienenden Grundstück durch dessen Eigentümer bestimme sich demgegenüber nach § 1020 BGB, wonach der Berechtigte bei der Ausübung der Dienstbarkeit das Interesse des Eigentümers tunlichst zu schonen hat und nach § 1020 S. 2 BGB auch eine von ihm gehaltene Anlage in ordnungsgemäßem Zustand zu halten hat, soweit das Eigentümerinteresse das erfordert. Die Verpflichtung zur Schonung der Interessen des Grundstückseigentümers erfordere auch eine Beteiligung an den Lasten.[24] Zur Ausfüllung der Lastenverteilung könne auf das Recht der Gemeinschaft zurückgegriffen werden, insbesondere auf die Regelung in § 742 BGB, wonach im Zweifel eine hälftige Beteiligung anzunehmen sei. Weil hier aber mit Blick auf den Kellerraum des Beklagten unter der Durchfahrt eine größere Beteiligung des Eigentümers in Betracht kam, entschied der BGH den Fall nicht durch; er verwies die Sache vielmehr insoweit an das Berufungsgericht zur neuen Verhandlung und Entscheidung an das OLG zurück.

c) Hinweise für die Urkundsgestaltung

Diese Änderung der Rechtsprechung eröffnet die Möglichkeit, die Unterhaltung von Anlagen auf dem dienenden Grundstück als Inhalt der Dienstbarkeit und damit mit dinglicher Wirkung zu regeln. Das in Normen wie § 1020 BGB zum Ausdruck kommende Begleitschuldverhältnis einer Dienstbarkeit besteht zwar kraft Gesetzes und kann als solches nicht in das Grundbuch eingetragen werden.[25] Das gesetzliche Begleitschuldverhältnis ist wegen des im Sachenrecht geltenden Typenzwangs auch grundsätzlich nicht dispositiv,[26] kann also nicht ohne Weiteres individuell ausgestaltet werden. § 1021 Abs. 1 BGB lässt jedoch hinsichtlich der Unterhaltung von Anlagen Ausnahmen zu, die dann sowohl bei der Bestellung der Dienstbarkeit als auch nachträglich durch Änderung des Dienstbarkeitsinhalts vereinbart werden können.[27] Solche Vereinbarungen bedürfen nach §§ 873, 877 BGB der Eintragung in das Grundbuch des dienenden Grundstücks, die aber – als zu-

---

[23] Nachweise in BGHZ 161, 115 (119).
[24] Nachweise in BGHZ 161, 115 (121); Schmidt-Räntsch in Dannemann/Schulze, German Civil Code, BGB § 1022 Rn. 11.
[25] OLG München NJOZ 2018, 138 (139).
[26] Grziwotz ZfIR 2017, 445 (446).
[27] Grziwotz ZfIR 2017, 445 (446).

gelassene Änderung des gesetzlichen Inhalts einer Dienstbarkeit – auch möglich ist.[28] Eine Eintragung in das Grundbuch auch des herrschenden Grundstücks ist nicht erforderlich.[29] Zulässig sind Änderungen der Unterhaltungs-, aber auch nur der Kostenlast. Es kann also abweichend von § 1020 BGB in Verbindung mit §§ 741 ff. BGB analog nicht nur geregelt werden, wer die Unterhaltungsarbeiten durchführen beziehungsweise organisieren muss, sondern auch „bloß" eine Verteilung der damit verbundenen Kosten.[30] Vorgesehen werden könnte je nach Interessenlage, dem Eigentümer des dienenden Grundstücks die Last oder „nur" die Kosten der Unterhaltung einer Anlage auf dem dienenden Grundstück aufzuerlegen und zu übertragen (§ 1021 Abs. 1 S. 1 BGB) oder umgekehrt dem Eigentümer des herrschenden Grundstücks, soweit er sie nicht ohnehin schon nach § 1020 S. 2 BGB zu tragen hat (§ 1021 Abs. 1 S. 2 BGB). Auch die Aufteilung der Unterhaltungslast in den Fällen des § 1020 S. 2 BGB und des § 1022 BGB könnte geändert werden. Möglich ist nicht nur die einseitige Auferlegung der Unterhaltungs- oder der Kostenlast auf einen der beteiligten Eigentümer beziehungsweise Berechtigten, sondern auch eine Kostenteilung.[31] Die Verteilung der Unterhaltungs- und der Kostenlast kann auch in Fällen geregelt werden, in denen mehreren Berechtigten gleichrangige Rechte am selben dienenden Grundstück zustehen. Beispiel wäre die Regelung der Unterhaltungs- und Kostenlast an einem mit einem Wege- und Leitungsrecht belasteten Grundstück, das der Eigentümer dieses Grundstücks mitbenutzen darf.[32] In einer solchen Fallgestaltung bestehen auf Grund der Dienstbarkeiten dingliche Rechtsverhältnisse zwischen dem Eigentümer des dienenden Grundstücks und den einzelnen Eigentümern der herrschenden Grundstücke beziehungsweise persönlich aus der Dienstbarkeit Berechtigten. Die Berechtigten können bei Streit untereinander über den Umfang ihrer Benutzungsrechte voneinander nach Maßgabe von § 1024 BGB eine Regelung der Benutzung des dienenden Grundstücks verlangen. Der Eigentümer des dienenden Grundstücks könnte von ihnen analog § 745 BGB die einheitliche Wahrnehmung der Unterhaltungspflicht für die der Ausübung der Dienstbarkeit dienenden Anlagen verlangen, wenn anders eine geordnete und sachgerechte Erfüllung dieser Pflicht nicht gewährleistet ist.[33] Ob und unter welchen Voraussetzungen Regelungen nach § 1024 BGB in das Grundbuch eingetragen werden können, ist umstritten.[34] Entsprechendes dürfte für eine Regelung nach § 745 Abs. 2 BGB zwischen dem Grundstückseigentümer des dienenden Grundstücks und den Berechtigten aus den Dienstbarkeiten gelten. Anerkannt ist aber, dass bei einer Verteilung der Unterhaltungslast und der Kosten der Unterhaltung auf den Grundstückseigentümer die Belastung des Berechtigten so bemessen werden darf, wie es den Anteilen nach einer gedach-

---

[28] OLG München NJOZ 2018, 138 (139).
[29] Grziwotz in Erman, 17. Aufl. 2023, BGB § 1021 Rn. 2; Grziwotz ZfIR 2017, 445 (446); Böttcher in Lemke, Immobilienrecht, 2. Aufl. 2016, BGB § 1022 Rn. 10; J. Weber in Staudinger, 2017, BGB § 1021 Rn. 1.
[30] Grziwotz ZfIR 2017, 445 (446).
[31] Einzelheiten: Grziwotz ZfIR 2017, 445 (447).
[32] Vgl. etwa den Fall BGH DNotZ 2019, 753.
[33] BGH ZNotP 2019, 381 Rn. 10.
[34] Nachweise bei J. Weber in Staudinger, 2017, BGB § 1024 Rn. 10.

ten Regelung nach § 1024 BGB beziehungsweise analog § 745 Abs. 2 BGB entspräche. Voraussetzungen ist „nur", dass die Anteile eindeutig bestimmt werden.[35] Denkbar wäre aber auch, eine solche Verteilungsregelung zu entwerfen und ihre Einhaltung zur Bedingung für die Ausübung der jeweiligen Dienstbarkeiten durch die Berechtigten zu machen. Entschieden ist das für ein Nutzungsentgelt.[36] Für die anteiligen Unterhaltungslasten gilt nichts anderes. Eine solche Regelung könnte mit einem Anspruch nach §§ 1027, 1004 BGB durchgesetzt werden.

2. Modalitäten der Rechtsausübung

a) Fallbeispiel: Stillgelegtes Tor[37]

Die Klägerin und der Beklagte sind Eigentümer benachbarter, hintereinanderliegender Einfamilienhausgrundstücke. Zu dem hinteren, im Eigentum des Beklagten stehenden „Hammergrundstück", gehört ein circa 1,50 Meter breiter und 30 Meter langer Weg entlang dem Grundstück der Klägerin, der zur öffentlichen Straße führt. Die Klägerin räumte dem Rechtsvorgänger des Beklagten 1994 an einer parallel zu dem Weg verlaufenden Teilfläche ihres Grundstücks mit einer Breite von ebenfalls 1,50 Meter und einer Länge von 30 Meter ein Geh-, Fahr- und Versorgungsleitungsrecht in Form einer Grunddienstbarkeit ein, die in das Grundbuch eingetragen wurde. Die Eintragungsbewilligung vom 9.5.1994 enthält unter anderem die Regelung: „Der Berechtigte darf an der Straßengrenze auf seine Kosten auch ein Tor errichten." Das Tor wurde errichtet und betrieben, von dem Beklagten aber außer Betrieb genommen; das Tor steht seitdem offen. Ein Torpfosten steht auf dem Grundstück der Klägerin, die die Wiederinbetriebnahme erreichen will. Kann sie das?

b) Lösung des Fallbeispiels

Der Klage war im Ergebnis erfolglos, weil die Vereinbarung neben der Wegenutzung nur das Recht des Beklagten zur Errichtung eines Tores vorsah, die Wegenutzung aber nicht von der Unterhaltung des Torbetriebs abhängig machte. Schuldrechtliche Ansprüche schieden deshalb von vornherein aus.[38] Auch Überlegungen, aus dem Sachenrecht Ansprüche zu begründen, führten nicht zum Erfolg. Die Klägerin meinte, der Betrieb des Tores sei Teil einer Unterhaltungspflicht des Beklagten. Ein solcher Anspruch ließ sich aber weder aus §§ 921, 922 und 1004 BGB noch aus § 1020 S. 2 BGB oder § 1021 Abs. 1 S. 1 BGB ableiten. Der erste Anspruch entfiel schon deshalb, weil er nur besteht, wenn das Rechtsverhältnis nicht dinglich geregelt ist. Das war hier aber mit der Einräumung der Dienstbarkeit geschehen. Die Rechte der Klägerin richteten sich deshalb allein nach deren Inhalt.[39] Aus § 1020 S. 2 BGB ließ sich ein Anspruch nicht ableiten. Zur Unterhaltung der Anlage ist

---

[35] OLG München NJOZ 2018, 138 (139f.).
[36] BGH ZNotP 2021, 417 Rn. 11.
[37] BGH NJW-RR 2020, 897.
[38] BGH NJW-RR 2020, 897 Rn. 9.
[39] BGH NJW-RR 2020, 897 Rn. 6.

der Dienstbarkeitsberechtigte nach dieser Vorschrift nämlich nur verpflichtet, soweit das Integritätsinteresse des Eigentümers betroffen ist. Er muss also dafür sorgen, dass von der Anlage keine Beeinträchtigungen für das dienende Grundstück ausgehen, dass die Anlage verkehrssicher ist und gegebenenfalls auch dafür, dass sie ordentlich aussieht.[40] Nicht geschützt ist dagegen das Benutzungsinteresse des Eigentümers; der Betrieb einer Anlage zum Zwecke der Mitnutzung kann daher über § 1020 S. 2 BGB nicht erreicht werden.[41] Dem Benutzungsinteresse des Eigentümers des dienenden Grundstücks trägt zwar die Regelung in § 1021 Abs. 1 S. 2 BGB Rechnung, indem sie die Möglichkeit eröffnet, dem Berechtigten die Last für die Unterhaltung der Anlage zu übertragen.[42] Von dieser Möglichkeit haben die Parteien hier aber nicht Gebrauch gemacht. Sie haben es im Gegenteil dabei bewenden lassen, dem Beklagten das Recht einzuräumen, ein Tor zu errichten. Sie haben weder eine Pflicht vorgesehen, das Tor zu errichten, noch eine Pflicht, es zu unterhalten.[43]

c) Hinweise für die Urkundsgestaltung

Die Frage, ob ein aus einer Dienstbarkeit Berechtigter ein an dem Weg angebrachtes Tor hinnehmen oder auch verschließen muss, hat den BGH des Öfteren beschäftigt.[44] Nicht nur im Beispielsfall zeigt sich dann nicht selten, dass sich der Rechtsstreit hätte vermeiden lassen, hätte man sich schon bei der Bestellung der Dienstbarkeit mit den einschlägigen Fragen befasst. Sicher, man darf zum Inhalt einer Dienstbarkeit keine Handlungspflicht des Eigentümers des dienenden Grundstücks machen. Es ist aber möglich, eine entsprechende Unterhaltungspflicht festzulegen oder, wenn unsicher erscheint, ob bestimmte angestrebte Regularien noch Unterhaltungspflichten sind, die Ausübung der Dienstbarkeit von deren Einhaltung abhängig zu machen. Im vorliegenden Fall hätte sich die Klägerin schon bei der Bestellung überlegen sollen, ob sie dem Beklagten die Einräumung des Tors nur gestatten oder ob sie ihn zu Errichtung und Betrieb des Tors verpflichten wollte. Im zweiten Fall hätte sie jedenfalls die Benutzung des Wegs von der Einhaltung einer solchen „Verpflichtung" abhängig machen können.[45] Ein solches Gestaltungspotential sollte nach Möglichkeit schon bei der Bestellung genutzt werden. Veranlassung dazu hat der Notar, wenn die Dienstbarkeit im Zusammenhang mit einem beurkundungspflichtigen Geschäft, etwa im Rahmen eines Teilflächenverkaufs, begründet werden soll. Er könnte die Beteiligten aber auch im Rahmen seiner Prüfung nach § 15 Abs. 3 GBO auf Defizite hinweisen.

---

[40] BGHZ 161, 115 (122) und NJW-RR 2020, 897 Rn. 10.
[41] BGH NJW-RR 2020, 897 Rn. 10.
[42] BGH NJW-RR 2020, 897 Rn. 11.
[43] BGH NJW-RR 2020, 897 Rn. 14f.
[44] Vgl. außer dem Fallbeispiel zum Beispiel BGHZ 161, 115; ZNotP 2015, 142 und ZNotP 2021, 485; dazu Schmidt-Räntsch ZNotP 2022, 1 (3).
[45] Schmidt-Räntsch in Dannemann/Schulze, German Civil Code, BGB § 1022 Rn. 3.

3. Entgeltzahlung

a) Fallbeispiel: Ärger mit der Tiefgarage[46]

Der Klägerin gehört ein Innenstadt-Hotel in einer Großstadt. Bei der Errichtung des Hotels war ein Teil der nachzuweisenden Stellplätze in Geld abgelöst worden; die übrigen Stellplätze sollten auf dem Nachbargrundstück errichtet werden. Bei dessen Verkauf an die Beklagte wurde 1981 eine Grunddienstbarkeit zur Sicherung dieser Stellplätze begründet. Nach der Bewilligung dürfen auf dem Grundstück bis zu 30 Autos abgestellt und dazu die Zufahrten benutzt werden. Nach der Erklärung der Bewilligung heißt es in der Urkunde, für die Einräumung des Rechts habe der Berechtigte eine angemessene und ortsübliche Nutzungsgebühr zu entrichten. Hierfür habe der Verkäufer zu sorgen und einzustehen. 1982 bis 1984 wurde auf dem dienenden Grundstück ein Bauwerk mit Tiefgarage errichtet. Die Klägerin verlangt nunmehr erstmals die Gewährung des Zugangs zu 30 Stellplätzen in der Tiefgarage. Zu Recht?

b) Lösung des Fallbeispiels

Der von der Klägerin geltend gemachte Anspruch auf Gewährung des Zugangs zu den Parkplätzen in der Tiefgarage auf dem Grundstück der Beklagten folgt aus § 1027 BGB. In der Vorschrift wird zwar nur auf § 1004 BGB verwiesen, anders als etwa in § 1065 BGB für den Nießbrauch nicht auch auf § 985 BGB. Das ist aber unschädlich. Die Beeinträchtigung einer Dienstbarkeit liegt nämlich auch in der Vorenthaltung des dienenden Grundstücks.[47] Deshalb konnte die Klägerin auf Grund der Dienstbarkeit die Überlassung von Stellplätzen in der Tiefgarage verlangen, wenn die Nutzung der Stellplätze nicht von der Zahlung eines Nutzungsentgelts abhängig gemacht worden sind und wenn die Dienstbarkeit nicht nach § 1028 BGB erloschen ist. Unbestritten ist, dass der Bestand einer Dienstbarkeit durch die Zahlung eines Entgelts bedingt werden kann.[48] Ob auch die Möglichkeit besteht, die Ausübung der Dienstbarkeit unter die Bedingung der Zahlung eines Nutzungsentgelts zu stellen, ist dagegen umstritten. Die überwiegende Meinung bejaht die Frage.[49] Ein Teil des Schrifttums verneint sie.[50] Der BGH folgt der überwiegenden Meinung. Wenn schon der Bestand der Dienstbarkeit selbst unter die Bedingung der Zahlung eines Entgelts gestellt werde könne, müsse dies erst recht für die weniger einschneidende Bedingung der Ausübung des Rechts durch eine Entgeltzahlung gelten. Aus § 925 Abs. 2 BGB ergebe sich ferner, dass eine solche Bedingung auch unter Berücksichtigung des Abstraktionsprinzips möglich sei. Es bestehe auch ein anerkennenswertes praktisches Interesse an einer solchen Gestaltungsmöglich-

---

[46] BGH ZNotP 2021, 417; dazu Schmidt-Räntsch ZNotP 2022, 1.
[47] BGHZ 187, 185 Rn. 18.
[48] BGH ZNotP 2021, 417 Rn. 11; Otto in Nomoskommentar, 4. Aufl. 2019, BGB § 1018 Rn. 102; J. Weber in Staudinger, 2017, BGB § 1018 Rn. 14; Stürner in Soergel, 13. Aufl. 1999, BGB § 1018 Rn. 40; Kleine Holthaus/Keiser ZfIR 2009, 396 (398).
[49] Nachweise bei BGH ZNotP 2021, 417 Rn. 9.
[50] Nachweise bei BGH ZNotP 2021, 417 Rn. 10.

keit.[51] Es hätte im vorliegenden Fall auch genügt, wenn sich eine Bedingung der Rechtsausübung durch die Zahlung eines Nutzungsentgelts aus der Bewilligung ergeben hätte. Denn anders die Bedingung des Rechts selbst[52] muss die Bedingung der Rechtsausübung durch ein Entgelt nicht in das Grundbuch selbst eingetragen werden.[53] Die Bewilligung enthielt aber eine solche Bedingung nicht. In der Urkunde insgesamt war zwar die Klausel enthalten, für die Einräumung des Rechts habe der Berechtigte eine angemessene und ortsübliche Nutzungsgebühr zu entrichten. Schon diese Formulierung war nicht eindeutig. Entscheidend war aber der Umstand, dass diese Klausel in die Urkunde nicht als Teil der Bewilligungserklärung aufgenommen worden war. Sie folgt vielmehr im Anschluss an die den Vollzug der Eintragung betreffenden Erklärungen zu dem davor begründeten dinglichen Recht. Diese beendeten die dazu getroffenen dinglichen Regelungen. Die Regelung war deshalb eine schuldrechtliche Regelung, in die die Klägerin aber nicht eingetreten war. Damit blieb noch die Frage des Erlöschens der Dienstbarkeit durch die Errichtung des Bauwerks mit Tiefgarage. Sie setzt nach § 1028 BGB zunächst eine Beeinträchtigung der Stellplatzdienstbarkeit voraus. Sie liegt vor, wenn die Tiefgarage nur unter Mitwirkung der Beklagten – zum Beispiel durch eine Schranke mit von der Beklagten ausgegebenen Karten – zugänglich ist und andere Parkmöglichkeiten auf dem dienenden Grundstück nicht bestehen.[54] Außerdem musste der Anspruch auf Verschaffung des Zugangs die Verjährungsfrist von 30 Jahren verstrichen[55] sein. Beides war nicht festgestellt und führte zur Aufhebung des Berufungsurteils und zur Zurückverweisung der Sache an das Berufungsgericht.

c) Hinweise für die Urkundsgestaltung

Der Fall zeigt mit der Möglichkeit, die Ausübung einer Dienstbarkeit von Bedingungen abhängig zu machen, eine wichtige Gestaltungsperspektive auf. Es ist zwar, von der Unterhaltung von Anlagen abgesehen, nicht möglich, Handlungspflichten zum Inhalt einer Dienstbarkeit zu machen. Ein oft gleichwertiges Ergebnis lässt sich aber mit Ausübungsbedingungen erreichen. Sie können die Gestaltung auch vereinfachen. Statt schuldrechtlicher Entgelt- und anderer Verpflichtungen, die gegenüber Rechtsnachfolgern nur wirken, wenn sie schuldrechtlich weitergegeben werden, kann mit entsprechenden Ausübungsbedingungen eine einfachere und weniger fehleranfällige Sicherung solcher „Pflichten" erreicht werden.

Eine weitere Lehre, die sich aus dem Fall ziehen lässt, betrifft die Urkundengestaltung. Bei der Gestaltung der Urkunde sollte – wie wir das aus der Gestaltung von Erbbaurechten kennen – auch bei Dienstbarkeiten sorgfältig zwischen der Beschreibung des Inhalts des dinglichen Rechts und den schuldrechtlichen Verpflichtungen trennen. Es sollte überlegt werden, welche Modalitäten den Beteiligten wichtig sind, und diese sollten deshalb nach Möglichkeit in den den Rechtsinhalt

---

[51] BGH ZNotP 2021, 417 Rn. 11.
[52] BGH ZfIR 2021, 32 Rn. 20.
[53] BGH ZNotP 2021, 417 Rn. 12.
[54] BGH ZNotP 2021, 417 Rn. 24, 25 f.
[55] BGH NJW 2014, 3780 Rn. 13, 16.

betreffenden Abschnitt der Urkunde aufgenommen werden. Dieser Abschnitt endet – wie die Auslegung des BGH im vorliegenden Fall zeigt – regelmäßig mit den die Bestellung der Dienstbarkeit betreffenden Erklärungen. Was danach folgt, gehört im Zweifel nicht zum Rechtsinhalt.

4. Aufgabepflicht

a) Fallbeispiel: Totschlägerfall[56]

Dem Beklagten und seinem Bruder gehörte zu je 1/2 Miteigentumsanteil ein Grundstück, das mit einem Zweifamilienhaus bebaut ist. Er übertrug seinem Bruder seinen Miteigentumsanteil, behielt sich aber ein lebenslanges Wohnrecht an der Wohnung im Obergeschoss vor. Der Vertrag wurde vollzogen. Eines Tages erschlug er seinen Bruder im Streit und wurde wegen Tatschlags zu einer Freiheitsstrafe von elf Jahren verurteilt, die er derzeit verbüßt. Seine Mutter, die seinen Bruder beerbt hat, verlangt von ihm die Zustimmung zur Löschung des Wohnrechts. Sie wohnt selbst nicht auf dem Grundstück, wohl aber die geschiedene Ehefrau des erschlagenen Bruders, die wieder mit diesem zusammenlebte. Die Vorinstanzen haben die Klage abgewiesen. Zu Recht?

b) Lösung des Fallbeispiels

Zu denken war zunächst an einen Anspruch auf Grundbuchberichtigung nach § 894 BGB. Der setzt die Unrichtigkeit des Grundbuchs und damit hier voraus, dass die Dienstbarkeit kraft Gesetzes oder aus einem anderen Grund erloschen war. In Betracht kam zunächst ein Erlöschen durch Wegfall des Dienstbarkeitsvorteils nach § 1019 S. 1 BGB. Diese Vorschrift ist zwar auch auf beschränkte persönliche Dienstbarkeiten anwendbar, obwohl sie in § 1092 Abs. 2 BGB nicht genannt ist.[57] Eine Dienstbarkeit erlischt nach § 1019 BGB aber nur, wenn das mit der Dienstbarkeitsbestellung verfolgte Interesse endgültig entfallen ist.[58] Daran fehlte es hier schon deshalb, da der Beklagte zu einer zeitigen Freiheitsstrafe verurteilt worden war.[59] Die Klägerin meinte weiter, ein Erlöschen der Dienstbarkeit in Anlehnung an die Rechtslage im österreichischen Recht mit einer in der Klage liegenden Kündigung der Dienstbarkeit begründen zu können. Dem folgt der BGH nicht. Dienstbarkeiten sind im deutschen – anders im österreichischen[60] – Recht nicht kraft Gesetzes kündbar.[61] Eine entsprechende Bedingung war hier nicht vereinbart. Auch einen aus § 313 BGB oder § 242 BGB abgeleiteten Anspruch auf Aufgabe des Rechts verneint der BGH.[62] § 313 BGB ist nicht anwendbar. Grundlage des – dinglichen – Vertrags über die Bestellung eines Wohnungsrechts sei die schuldrechtliche

---

[56] BGH NJW-RR 2017, 140.
[57] BGHZ 41, 209 (212ff.); NJW 1985, 1025 und MittBayNot 2009, 374 Rn. 11.
[58] BGHZ 41, 209 (213f.); NJW 1985, 1025; OLG Celle NZM 2005, 39 (40); vgl. auch BGH NJW 1984, 2157 (2158); NJW 2008, 3123 (3124) und VIZ 1999, 225 (226f.).
[59] NJW-RR 2017, 140 Rn. 15.
[60] Dazu BGH NJW-RR 2017, 140 Rn. 20–22.
[61] BGH NJW-RR 2017, 140 Rn. 7.
[62] BGH NJW-RR 2017, 140. Rn. 12.

Verpflichtung, die ihr zugrunde liegt; nur deren Grundlage könne entfallen. Entsprechendes gelte für das Begleitschuldverhältnis, das mit der Bestellung des Wohnungsrechts kraft Gesetzes entstehe.[63] Auch ein Aufgabeanspruch aus § 242 BGB schied hier aus. Das RG hatte einen solchen Anspruch zwar angenommen, wenn sich die bei deren Bestellung zugrundeliegenden Verhältnisse nachträglich endgültig entscheidend verändert haben, wenn die dem Berechtigten verbleibenden geringen Vorteile in einem groben Missverhältnis zu den dem Verpflichteten entstehenden Nachteilen stehen und wenn sich diese durch eine Einschränkung der Wegenutzung nicht beheben lassen.[64] Dem ist der BGH bislang nicht gefolgt. Er hat vielmehr wiederholt betont, für einen derartigen, auf § 242 BGB gestützten Löschungsanspruch könne, wenn überhaupt, nur dann Raum sein, falls erhebliche Nachteile, welche das dienende Grundstück durch Bestehenbleiben oder Ausübung der betreffenden Dienstbarkeit erleide, in keinem vernünftigen Verhältnis mehr zu einem bloß geringfügigen Nutzen stünden, den sie für den Berechtigten habe.[65] Daran fehlte es hier. Es sprach zwar einiges dafür, dass es der auf dem Grundstück lebenden Partnerin des getöteten Bruders nicht zumutbar war, dem – nach § 1093 Abs. 3 BGB zur Mitnutzung der zum gemeinschaftlichen Gebrauch der Bewohner bestimmten Anlagen und Einrichtungen berechtigten – Beklagten im Alltag zu begegnen. Zu berücksichtigen war aber, dass sich dieser Nachteil mit einem weniger einschneidenden Mittel abwenden ließ: Der Beklagte war nach § 10120 S. 2 BGB zur schonenden Ausübung und damit verpflichtet, von seinem Wohnungsrecht nicht selbst Gebrauch zu machen, sondern es nach Maßgabe von § 1092 Abs. 1 S. 2 BGB einem Dritten zum Gebrauch zu überlassen.[66] Die weitere Frage, ob mit Rücksicht auf die Schenkung des Miteigentumsanteils eine entschädigungslose Aufgabe in Betracht kam, stellte sich deshalb nicht.[67]

c) Hinweise für die Urkundsgestaltung

Wie gut oder schlecht sich die beiden Brüder bis zur Beurkundung der Schenkungsvereinbarung verstanden haben und ob ihr später entstandener tragischer Streit vorhersehbar war, wissen wir nicht. Der Fall zeigt aber, dass bei Rechtsverhältnissen, die auf lange Zeit angelegt sind, Konflikte und Zerwürfnisse nicht auszuschließen sind und der dann entstehenden Situation durch eine sachgerechte Vertragsgestaltung Rechnung getragen werden kann. Solche Gestaltungsmöglichkeiten lassen sich regelmäßig effektiver nutzen, wenn sie bei der Begründung des – hier also bei der Beurkundung des Schenkungsvertrags – angesprochen und einvernehmlich geregelt werden. Hier hätte man an eine auflösende Bedingung des Wohnungsrechts durch eine Kündigung aus wichtigem Grund und die Wirksamkeit einer solchen Kündigung durch das Angebot einer nicht bestimmten Entschädigungszahlung vorsehen können. Denkbar wäre auch gewesen, die persönliche Aus-

---

[63] BGH NJW 2008, 3703 Rn. 16f.
[64] RGZ 169, 180 (183).
[65] BGH WM 1965, 589 (591); WM 1967, 582 (584); WM 1967, 580 (581); WM 1970, 193 (195); NJW-RR 1999, 376 (377) und NJW-RR 2017, 140 Rn. 14.
[66] BGH NJW-RR 2017, 140 Rn. 24–28.
[67] Dazu BGH NJW-RR 2017, 140 Rn. 30.

übung der Dienstbarkeit unter die auflösende Bedingung einer Kündigung aus wichtigem Grund zu stellen und dann nur die Nutzung durch Überlassung an einer Dritten (§ 1092 Abs. 1 S. 2 BGB) zuzulassen. Wichtig ist mir an dieser Stelle der Hinweis, solche Gestaltungsmöglichkeiten gleich anzusprechen und mit den Beteiligten sachgerecht zu lösen.

III. Fallstricke

1. Gestaltungsübermaß

a) Fallbeispiel: Ausgetrickst[68]

A und B sind Grundstücksnachbarn. Für den jeweiligen Eigentümer des Grundstücks von B ist im Grundbuch des Grundstücks von A eine auf 99 Jahre befristete Dienstbarkeit mit folgender Kurzbezeichnung eingetragen: „Recht auf Nutzung als Spielfläche, Grünfläche, Kfz-Stellfläche, Bebauungsrecht." Nach der Bewilligung darf B eine näher bezeichnete Teilfläche auf dem Grundstück des A 99 Jahre lang unter Ausschluss des A in der nach den jeweils gültigen öffentlich-rechtlichen Vorschriften zulässigen Weise nutzen, insbesondere als Spielfläche, Grünfläche, Kfz-Stellfläche oder durch Bebauung jedweder öffentlich-rechtlich zulässiger Art. A verkauft sein Grundstück. Die Käufer halten die Dienstbarkeit für ungültig und beantragen beim Grundbuchamt vollständige Löschung. Was meinen Sie?

b) Lösung des Fallbeispiels

Die Käufer hatten hier keine Grundbuchberichtigungsklage gegen B nach § 894 BGB erhoben, sondern den Weg über einen Berichtigungsantrag nach §§ 22 Abs. 1 S. 1, 53 Abs. 1 2 GBO an das Grundbuchamt gewählt. Ein solcher Antrag kann nicht schlechthin auf eine Unrichtigkeit des Grundbuchs gestützt werden. Erforderlich ist vielmehr – soweit hier von Interesse – die Unzulässigkeit der angegriffenen Eintragung. Um diese Frage ging es hier. Die Käufer waren der Ansicht, dass die Dienstbarkeit mit dem in der Bewilligung beschriebenen Inhalt unzulässig sei, weil sie den Berechtigten nicht nur zur Nutzung des Grundstücks in einzelnen Beziehungen, sondern zu dessen umfassender Nutzung berechtige. Damit hatten sie im Grundsatz Recht. Nach der Bewilligung war der Berechtigte nicht nur zu den nach der Einleitung „insbesondere" bezeichneten Einzelnutzungen berechtigt, sondern zu jeder zulässigen Nutzung. Dem Eigentümer des dienenden Grundstücks sollte keine Nutzung mehr verbleiben. Eine solche Regelung ist nach § 1018 BGB auch dann unzulässig, wenn dem Berechtigten nicht das ganze Grundstück, sondern nur eine Teilfläche zur – uneingeschränkten – Nutzung überlassen werden soll.[69] Die Überlassung einer Teilfläche gewinnt nur bei der Frage Bedeutung, ob

---

[68] BGH ZfIR 2015, 204.
[69] BGH ZfIR 2015, 204 Rn. 14 und ZfIR 2019, 274 Rn. 19; Einzelheiten bei Schmidt-Räntsch in Dannemann/Schulze, German Civil Code, BGB § 1019 Rn. 8.

die notwendige Beschränkung auf die Nutzung in einzelnen Beziehungen im Sinne des § 1018 BGB überschritten ist, weil dem Eigentümer des dienenden Grundstücks bei wirtschaftlicher Betrachtung keine sinnvolle Nutzung mehr bleibt. Diese streitige[70] Frage musste der BGH bislang nicht entscheiden. Eine Überschreitung der Gestaltungsgrenze ist auch unter wirtschaftlichen Erwägungen nicht gegeben, wenn dem Eigentümer des dienenden Grundstücks die Nutzung einer Teilfläche verbleibt.[71] Für die Überlassung der Teilfläche selbst ist dagegen auf den Inhalt der Eintragung und der Bewilligung abzustellen. Erlaubt er – wie hier – eine uneingeschränkte Nutzung, ist er unzulässig.[72] Erlaubte er etwa „nur" die uneingeschränkte Nutzung einer Anlage auf dem Grundstück, wäre er dagegen zulässig.[73]

Obwohl die Bewilligung einen unzulässig weiten Inhalt hatte, war die Dienstbarkeit nicht nichtig, der Berichtigungsantrag deshalb unbegründet. Bei der Eintragung der Dienstbarkeit in das Grundbuch hatte der Grundbuchrechtspfleger diese nämlich mit den Schlagworten „Recht auf Nutzung als Spielfläche, Grünfläche, Kfz-Stellfläche, Bebauungsrecht" beschrieben. Mit diesem eingetragenen Inhalt war die Dienstbarkeit aber zulässig, weil es dabei (formal) um die Nutzung in einzelnen Beziehungen im Sinne des § 1018 BGB handelte.[74] Auch die Bezugnahme war sowohl grundbuchrechtlich (§ 44 GBO) als auch materiell-rechtlich (§ 874 BGB) zulässig, weil sie der Ausfüllung der in der Eintragung verwendeten Schlagwörter diente.[75] Gültig ist die Bezugnahme aber auch nur insoweit. Der über die Konkretisierung der Schlagworte hinausgehende Inhalt der Bewilligung macht die Eintragung zwar nicht unwirksam;[76] er wird aber nicht Teil der Eintragung und bleibt damit rechtlich wirkungslos.[77] In einer solchen Fallgestaltung muss die Bezugnahme auf die Bewilligung korrigiert und klargestellt werden, dass sie sich nicht auf alle Teile der Bewilligung bezieht, sondern nur auf die Nutzungen, die in der Eintragung im Grundbuch genannt sind.[78]

c) Hinweise für die Urkundsgestaltung

Der Fall gibt Veranlassung, die bisherige Praxis bei der Formulierung sehr umfangreicher Dienstbarkeiten zu überdenken. Bislang war man davon ausgegangen, dass die Erfordernisse des § 1018 BGB durch die Beschränkung der Nutzungsbefugnisse aus der Dienstbarkeit auf eine mehr oder weniger große Teilfläche eingehalten werden können. Das trifft nicht zu. Vielmehr muss sich auch die Beschreibung des Inhalts einer auf eine Teilfläche des dienenden Grundstücks beschränkte Dienstbarkeit auf die Gewährung der Nutzung des dienenden Grundstücks in einzelnen Beziehungen beschränken. Dabei kommt es auf den formalen Inhalt der Be-

---

[70] Zum Meinungsstand BGH ZfIR 2019, 274 Rn. 26.
[71] BGH NJW 1992, 1101; ZfIR 2015, 204 Rn. 21 und ZfIR 2019, 274 Rn. 26.
[72] BGH ZfIR 2015, 204 Rn. 14.
[73] BGH ZfIR 2019, 274 Rn. 24.
[74] BGH ZfIR 2015, 204 Rn. 16 ff.
[75] BGH ZfIR 2015, 204 Rn. 20.
[76] BGH ZfIR 2015, 204 Rn. 25.
[77] BGH ZfIR 2015, 204 Rn. 23, 25.
[78] BGH ZfIR 2015, 204 Rn. 29; vgl. auch den bei juris abgedruckten Tenor der Entscheidung.

willigung an. Unerheblich ist dagegen, jedenfalls bei der Beschränkung der Nutzungsbefugnisse aus der Dienstbarkeit auf eine Teilfläche des Grundstücks, ob die so beschränkte Dienstbarkeit nicht nur formal, sondern auch inhaltlich substanzielle Befugnisse übriglässt. Denn das ist, wie bereits ausgeführt, bei der Beschränkung auf eine Teilfläche der Fall. Bei der Beschreibung des Inhalts der Dienstbarkeit in der Bewilligung sollten deshalb „Chapeau-Klauseln", die dem Berechtigten – wie im vorgestellten Fall – eine weite Befugnis einräumen, die durch Beispiele illustriert wird, nur mit Vorsicht verwandt werden. Aber auch bei der Aufzählung einzelner Befugnisse ohne eine solche Chapeau-Klausel sollte der Entwurfsverfasser das Formulierungsergebnis noch einmal darauf überprüfen, ob die Aufzählung nicht am Ende doch erschöpfend und damit letztlich doch unzulässig ist. Gerade im unternehmerischen Bereich geraten sogenannte Mieter- und andere Dienstbarkeiten nicht selten ungemein ausführlich. Das muss nicht zur Unzulässigkeit des Rechts führen. Es erscheint aber ratsam zu prüfen, ob die Befugnisse nicht in einer überschaubaren Zahl von Einzelbefugnissen zusammengefasst werden können. Eine solche Strukturierung hätte zudem den Vorteil, dass sie es leichter macht, die Bewilligung mit Kurzbeschreibung des Inhalts der Dienstbarkeit zu versehen, mit der das Recht in das Grundbuch eingetragen werden muss. Hier hatte der Grundbuchrechtspfleger die in der Bewilligung genannten Beispielsbefugnisse als Kurzbeschreibung der Dienstbarkeit eingetragen und damit im Ergebnis die Wirksamkeit des Rechts „gerettet". Weitere Einzelheiten zu diesem Aspekt folgen bei der Vorstellung des folgenden Fallbeispiels Dirnenwohnheim.

2. *Bedeutung der Schlagworte*

a) Fallbeispiel: Dirnenwohnheim[79]

Das OLG Karlsruhe gab einer Grundbuchberichtigungsklage gegen die Eintragung einer Dienstbarkeit mit folgendem Verbot statt:

„In dem auf dem Grundstück errichteten Gebäude dürfen keine Dirnenpensionen eingerichtet und betrieben werden. Die Wohnräume dürfen nicht an Bardamen oder Personen überlassen werden, welche der Unzucht nachgehen bzw. häufig wechselnden Geschlechtsverkehr ausüben."

Sie wurde als „beschränkte persönliche Dienstbarkeit wegen Verwendung des Grundstücks für die Stadt X" in das Grundbuch eingetragen. Das OLG begründete die Verurteilung mit der mangelnden Bestimmtheit des Rechts. Die gegen die Verurteilung zur Abgabe der Löschungsbewilligung eingelegte Nichtzulassungsbeschwerde wies der BGH zurück, weil zwar nicht die gegebene, wohl aber eine andere Begründung das Urteil trage. Warum?

---

[79] OLG Karlsruhe MDR 2013, 1213.

b) Lösung des Fallbeispiels

Der geltend gemachte Grundbuchberichtigungsanspruch setzte nach § 984 BGB die Unrichtigkeit des Grundbuchs, hier also die Unwirksamkeit des Verbots zugunsten der Stadt, voraus. Das OLG hatte die Unwirksamkeit aus der fehlenden Bestimmtheit abgeleitet. Schon der Begriff Dirnenpension sei unklar, jedenfalls aber sei der zweite Satz zu unbestimmt. Eine Reduktion der Dienstbarkeit auf den zulässigen Inhalt sei nicht zulässig.[80] Dem folgt der BGH nicht.[81] Das aber half der Stadt nicht. Die Dienstbarkeit war aus einem anderen Grund unwirksam. Eine Dienstbarkeit kann wirksam nur eingetragen werden, wenn in das Grundbuch nicht nur „Grunddienstbarkeit" oder „beschränkte persönliche Dienstbarkeit" oder – wie hier – eine mehr oder weniger nichtssagende Beschreibung eingetragen wird. Die Wirksamkeit der Eintragung setzt eine wenigstens schlagwortartige Kennzeichnung des wesentlichen Inhalts des einzutragenden Rechts voraus.[82] Diese fehlte hier. Die beschränkte persönliche Dienstbarkeit war hier nur mit einem sehr allgemeinen, nichtssagenden Zusatz eingetragen worden und deshalb nicht entstanden.[83]

c) Hinweise für die Urkundsgestaltung

Die Bestimmung der schlagwortartigen Kennzeichnung des Rechts wird in der Praxis meist den Rechtspflegerinnen und Rechtspflegern der Grundbuchämter überlassen. Das ist natürlich möglich und funktioniert in der Regel auch. Es ist aber möglich, die schlagwortartige Kennzeichnung des Rechts selbst – etwa in einer Überschrift der Bewilligung – festzulegen. Bei der Errichtung der Bewilligung lässt sich am besten beurteilen, welche Rechte aus der Dienstbarkeit entscheidend sind und welche Schlagworte sich aus der Bewilligung ableiten lassen.[84] Ihre zweckmäßige Auswahl kann im Ernstfall für den Bestand der zu bestellenden Dienstbarkeit entscheidend sein. Dieses Gestaltungspotential sollte genutzt werden.

IV. Zusammenfassung und Lehren

1. In der Bestellungsurkunde sollte sorgsam zwischen dem dinglichen Inhalt des Rechts unterschieden und der dingliche Inhalt des Rechts klar und eindeutig gekennzeichnet werden.
2. Die Bestellungsurkunde sollte sich nicht mit der Beschreibung des dinglichen Rechts begnügen, sondern diese Beschreibung mit den in das Grundbuch einzutragenden Schlagworten – gewissermaßen als „Überschrift" beginnen. Dies kann für das Recht „überlebenswichtig" sein.

---

[80] OLG Karlsruhe MDR 2013, 1213 (1214).
[81] BGH BeckRS 2014, 14867.
[82] BGHZ 35, 378 (382); WM 2006, 2226 Rn. 13; NJW 2014, 311 Rn. 8; BeckRS 2014, 14867 und ZfIR 2015, 204 Rn. 17.
[83] BGH BeckRS 2014, 14867.
[84] Zu diesem Aspekt: BGH ZfIR 2015, 204 Rn. 24f.

3. Bei der Beschreibung des Rechts sollte darauf geachtet werden, dass nach ihrem Text substantielle Befugnisse für den Eigentümer übrigbleiben. Sonst droht Nichtigkeit wegen unzulässigen Inhalts. Das gilt insbesondere für sogenannte Mieterdienstbarkeiten.
4. Andere als Unterhaltspflichten können zwar nicht als solche zum Inhalt des Rechts gemacht werden. Sie können aber oft Gegenstand von Bedingungen für den Fortbestand oder die Ausübung des Rechts sein und auf diese Weise dingliche Wirkung erlangen.
5. Eine Dienstbarkeit kann auf diesem Wege auch kündbar werden. Das kann sich bei einem besonderen Näheverhältnis zwischen Verpflichteten und Berechtigten anbieten.

MATHIAS SCHMOECKEL

Die Legitimität historisch gewachsener Verhältnisse. Zur Rechtmäßigkeit des Nur-Notariats in der frühen Rechtsprechung des BVerfG

I. Einleitung

Wie kann es sein, dass man in Kleve zum Notar oder zum Rechtsanwalt ernannt wird, während man dagegen im zehn Kilometer entfernten rechtsrheinischen Emmerich Anwalt und Notar sein kann beziehungsweise muss? Beides liegt im Landgerichtsbezirk Kleve, das damit über zwei unterschiedliche Formen des Notariats verfügt, die kurz meist „Nur-Notare" und „Anwaltsnotare" genannt werden. Rheinländer wissen, dass das bekannte Gesetz Napoleons (*loi 25 Ventôse an XI* = 16.3.1803) das französische Notariat im Rheinland und Hamburg einführte. Es bewirkte die Spezialisierung der Notare als Urkundsbeamte; Anwälte dürfen daher nicht als Notare, Notare nicht als Anwälte arbeiten. In Preußen hatte man kurz zuvor den Anwälten grundsätzlich gestattet, nachdem die Reform der Advokatur zuvor diese mit zu wenig Aufgaben und Einkommen ausgestattet hatte, ebenso als Notare zu amtieren.[1] In den Gebieten des Nur-Notariats arbeitete man also entweder als Anwalt oder als Notar: Man wurde zunächst als Anwalt zugelassen und durfte später nach einigen Jahren im Beruf auch Notar werden. Wenn hierin eine Diskriminierung liegen sollte, könnte sie Anwälte genauso wie Notare betreffen.

1957 wurden mehrere Klagen von Rechtsanwälten des linksrheinischen Gebiets mit dem französischen Nur-Notariat eingereicht mit demselben Begehr; Anwälte wollten zum Notariat zugelassen werden. Schon vorher gab es Klagen von Rechtsanwälten, die im Linksrheinischen Notare werden wollten, um das Nur-Notariat zu kippen. Es ist aussagekräftig, dass es umgekehrt keine Fälle von Notaren zu geben scheint, die auch Rechtsanwälte werden wollten; unausgesprochen ging es also um eine besondere Attraktivität des rheinischen Nur-Notariats.

Weitere Klagen zur gleichen Zeit legen nahe, dass hier konzertiert vorgegangen wurde. Schon seit 1954 verfolgte der Düsseldorfer Rechtsanwalt Dr. Walter Wilde offenbar das Ziel, das Nur-Notariat anzugreifen, indem er seine Zulassung als Notar im Gebiet des Nur-Notariats beantragte. Dafür erwirkte er zunächst sogar die Zu-

---

[1] Roth in Schmoeckel/Schubert, Handbuch zur Geschichte des deutschen Notariats seit der Reichsnotariatsordnung von 1512, 2012, S. 475–495; Schubert in Schmoeckel, Form – Verfahren – Struktur. Entwicklungen im Notarberuf seit 1800, 2019, S. 132 ff.; Schmoeckel in Deutscher Anwaltverein, Anwälte und ihre Geschichte, 2011, S. 80 – alle mit weiterer Literatur.

stimmung der Anwaltschaft für sein Begehr.² Eine ähnliche Klage des Hildener Anwalts Hans Knop wurde umgehend vom Spiegel ausgiebig diskutiert.³ Dr. Wilde klagte nach Ablehnung seines Antrags durch das Ministerium letztlich bis zum Bundesverfassungsgericht, das 1964 darüber beschloss. Mit seiner Verfassungsbeschwerde wurde das Verfahren des Rechtsanwalts Dr. Peter Bongartz aus Bergheim/Erft verbunden. Parallel dazu gab es Verfassungsbeschwerden der Anwälte Dr. Bloem und Fischer in Mannheim,⁴ die sich gegen das badische Amtsnotariat richteten, ferner eine Reihe von Verfassungsbeschwerden von Hamburger Notaren und Rechtsanwälten.⁵ Ein Parallelverfahren wurde durch einen Vorlagebeschluss des Oberlandesgerichts Stuttgart für ein Normenkontrollverfahren durchgeführt und am selben Tag durch ein unabhängiges Urteil beendet.⁶ Aufgrund einer Berufung in einem anderen Verfahren musste sich auch das Oberverwaltungsgericht Münster mit der Sache beschäftigen.⁷

Die Verfahren zwischen 1957 und 1964 wurden von berühmten Juristen begutachtet und brachten eine ganze Reihe höchstrichterlicher Urteile, auch des Bundesverfassungsgerichts. Die Klage des Dr. Wilde soll im Folgenden näher dargestellt werden. Aufmerksam darauf wurde ich durch eine Übersicht über die Notar-bezogenen Akten des Landesarchivs Nordrhein-Westfalen, das mir die ersten Unterlagen verschaffte. Inzwischen sind jedoch auch die Unterlagen der ersten Jahre des Bundesverfassungsgerichts zugänglich.⁸ Dabei soll es nicht um die juristische Bewer-

---

² Telegramm von Rechtsanwalt Wilde an das Bundesverfassungsgericht am 11.2.1964, Bundesarchiv B 237/90226, Bl. 336–337: „Ich bitte meine Anfrgae [sic] zu entschuldigen sie erklaert sich aus der langen Zeit der Rechtsverfolgung da im Mai 1964 zehn Jahre vergangen sind, seit die Anwaltschaft mit grosser Mehrheit in der Kammerversammlung meinem Antrag, alle Schritte zur Wiedereinfuehrung des Anwaltsnotariats im Lande NRW zu unternehmen, zustimmte".

³ Spiegel, „Napoleons Erbe", Heft 13/1957 vom 26.3.1957, abrufbar unter https://www.spiegel.de/politik/napoleons-erbe-a-77a16aed-0002-0001-0000-000041120721, zuletzt abgerufen am 12.12.2023.

⁴ Vorbescheid des BVerfG vom 27.7.1962 – 1 BvG 178/62.

⁵ Das BMJ nennt im Schreiben vom 13.7.1962 (S. 112) weitere Verfassungsbeschwerden der Rechtsanwälte und Notare Dr. Gerhard Kröger, Hans Willhöft, Dr. Kurt Junge, Dr. Hermann Wilmanns, der Rechtsanwälte Klaus Bielenberg, Werner Witt, Dr. Helmut Junge und Dr. Gustav-Adolf Schmeding (alle Hamburg) sowie den Vorlagebeschluss des OLG Stuttgart vom 11.4.1962 – 1 A 2/61 (Bundesarchiv B 237/92962). Hier leider nicht mehr berücksichtigt werden konnten die Sonderhefte zu diesen Verfahren, weil die 60jährige Schutzfrist zum Zeitpunkt der Drucklegung, wohl aber der Erscheinung des Bandes, noch nicht abgelaufen war, vgl. Schreiben vom 11.10.2023 – AR 5446/23 an den Präsidenten der Rheinischen Notarkammer – ein klarer Fall des Ermessensnichtgebrauchs.

⁶ OLG Stuttgart 11.4.1962 – 1 A 2/61 (Bundesarchiv B 237/92962) auf die Klage von Rechtsanwalt Dr. Fromut Völp gegen das Justizministerium des Landes Baden-Württemberg.

⁷ OVG NRW 18.10.1960 – II A 1492/59, MJBl. NRW 1961, 21.

⁸ Verwendet wurden hier folgende Unterlagen:
Vom Bundesarchiv in Koblenz konnten die Verfahrensakten der drei Verfahren mit dem Aktenzeichen 1 BvR 416/61 (B 237/90224; B 237/90225; B 237/90226), 1 BvR 106/62 (B 237/10912 mit ebenda/a und/b) sowie 1 BvL 8/62 (B 237/92959) und zum Vorlagebeschluss des OLG Stuttgart (B 237/92959 und B 237/92962) eingesehen werden. Die Einsichtnahme der Handakten und Beihefte zu diesen Verfahren lehnte das BVerfG jedoch mit der Begründung ab, dass die Schutzfrist dieser Unterlagen der noch nicht völlig abgelaufenen Schutzfrist von 60 Jahren unterfalle.
Aus dem Landesarchiv NRW wurden verwendet: „Niederschrift über die Sitzung des Interministeriellen Ausschusses für Verfassungsfragen am 19.7.1962, betr.:

tung, um die Nachsubsumtion beziehungsweise die Richtigkeit des Ergebnisses gehen. Vielmehr soll eine Darstellung einer Klage aus den frühen 1960er Jahren dargestellt werden, welche letztlich den *status quo* des Notarrechts bis heute stabilisierte, um die Werte, Wertungen und Eigenheiten der Parteien und ihrer Zeit zu erkunden.

II. Entwicklung der Verfahren

1. Eine Vielzahl von Verfahren

Der Kläger Dr. rer. pol. Walter Wilde, seit 1933 als Rechtsanwalt tätig, wollte in Düsseldorf auch als Notar zugelassen werden. 1959 stellte er einen Antrag an das Justizministerium des Landes NRW, ihn zum Notar zu ernennen. Später stellte er den Hilfsantrag, als Nur-Notar zugelassen zu werden. Mit Bescheid des Justizministers des Landes NRW vom 21.4.1959[9] wurde ihm das verwehrt. Gegen diesen Bescheid erhob er eine Klage vor dem Verwaltungsgericht Düsseldorf. Da das Notariat linksrheinisch wie in Düsseldorf nur von auf Lebenszeit berufenen, hauptberuflichen Notaren ausgeübt wurde, lehnte das Gericht die Klage ab.[10]

Während dieser verschiedenen Verfahren trat die neue Bundesnotarordnung vom 27.2.1961 in Kraft. Für das laufende Verfahren änderte das inhaltlich nicht viel, weil die Einführung des Anwaltsnotariats nach dem neuen Recht ebenso als ausgeschlossen galt. Das Bundesverwaltungsgericht bestätigte am 27.9.1961 allerdings, dass sich ein Anspruch auf Zulassung ergeben könne, soweit das Ermessen überzogen worden sei.[11] Der Notar sei zwar kein Teil des öffentlichen Dienstes, doch habe seine Amtstätigkeit einen hoheitlichen Charakter, weswegen der Gesetzgeber eine weitgehende Freiheit zur Gestaltung des Notariats habe. Im Ergebnis wurde der Antrag daher abgelehnt.

§ 111 Abs. 1 BNotO veränderte immerhin die Zuständigkeit. Für eine öffentlich-rechtliche Klage gegen einen Verwaltungsbescheid der ersten Instanz in einer nicht-disziplinarischen Sache war jetzt das örtliche OLG zuständig, für die Berufung dagegen der Bundesgerichtshof nach § 111 Abs. 1 Nr. 1 BNotO. So kam es

---

1. Verfassungsbeschwerde des Rechtsanwalts Dr. Wilde gegen die §§ 4 Abs. 1, 3 Abs. 2, 4 und 7 Abs. 1 BNotO;
2.a) Verfahren vor dem Bundesverfassungsgericht zur verfassungsrechtlichen Prüfung der §§ 6, 21 und 27 StVG;
2.b) Verfahren vor dem Bundesverfassungsgericht zur verfassungsrechtlichen Prüfung der §§ 21 StVG, 2 und 71 StVZO;
3. Verfassungsbeschwerde des Werner Rockel gegen die §§ 42e und 42f StGB;
4. Verfahren des Ausschusses nach § 72 Abs. 3 GGO.
NW-0180_00633: Schreiben des Präsidenten des BVerfG als Vorsitzender des Ersten Senats vom 27.3.1962 an die Landesregierung des Landes NRW, NW_018_00633;
NW_180_Nr. 633, Rechtsgutachten erstattet von Dr. Joseph H. Kaiser, o. Prof. der Rechte an der Universität Freiburg i.Br. zum Ausschluß der Rechtsanwälte vom Notariat in den Gebieten des Rheinischen Nur-Notariats."

[9] Gz. III B 45 – I A.
[10] LVG Düsseldorf 3.9.1959 – 1 K 2288/59.
[11] BVerwG DNotZ 1962, 149.

1962 zu verschiedenen Entscheidungen des BGH im Rahmen des neuen „Senats für Notarsachen". Nach vorangehenden Rechtsgutachten[12] wurde unter anderem entschieden, dass das Nebeneinander von Anwalts- und Nur-Notariat keinen Verstoß gegen Art. 3 Abs. 1 und 3 GG darstelle.[13] Auch die Prüfung eines öffentlichen Bedürfnisses zur Zulassung weiterer Notare nach § 4 Abs. 1 BNotO würde nicht gegen das Grundrecht der freien Berufswahl verstoßen.[14] Hamburger Rechtsanwälte konnten nicht zu Notarassessoren ernannt werden, weil sie sich hauptberuflich dem Notariat widmen mussten, also nicht weiter nebenher als Rechtsanwälte tätig sein durften.[15] Etwas anderes galt auch nicht speziell für Heimkehrer, also vertriebene Anwaltsnotare, die nun vereinfachte Zulassung als Anwaltsnotare begehrten.[16]

Seit 1961 war die Verfassungsbeschwerde des Dr. Wilde in Karlsruhe anhängig.[17] Dort trafen sich weitere Klagen: Während dieses Verfahren anhängig war, erging eine Entscheidung des Gerichts bezüglich des badischen Amtsnotariats im Bereich Mannheim aufgrund einer Verfassungsbeschwerde der Rechtsanwälte Dr. Bloem und Fischer in Mannheim.[18] Danach sei im Gebiet Mannheim das Grundrecht der Gleichheit nicht verletzt, der Gesetzgeber sei nicht zu einer schematischen Gleichmacherei gezwungen. Mit der Klage des Dr. Wilde wurde eine weitere zum Rheinland verbunden. Am Verkündungstag ergingen dann zwei Entscheidungen zum Notarrecht.

2. Die Klage: „Der unsoziale und ungleiche Ausnahmezustand in dem kleinen Gebiet des früheren rheinischen Rechts"

Für die freie Wahl des Arbeitsplatzes trug Dr. Wilde vor, dass § 3 Abs. 1, § 4 Abs. 2, 4, § 7 Abs. 1 BNotO gegen Art. 1 Abs. 1, Art. 2, Art. 3 Abs. 1, Art. 12 Abs. 1, Art. 19 Abs. 1 und 3, Art. 33 Abs. 5, Art. 72 Abs. 3 und Art. 123 GG verstießen und daher verfassungswidrig seien. So begründete er seinen Anspruch auf Zulassung als Notar. Dr. Wilde wollte die Notare als „freie Berufe" werten.[19] Daher liege kein hoheitlicher Charakter des Notariats vor, welcher dem Gesetzgeber besondere Freiheiten gewähre. Wie beim Landmesser müsse nur dem Recht gemäß Art. 12 Abs. 1 GG und nach dem öffentlichen Wohl[20] entschieden werden. Später argumentierte er, dass der Notar nach einhelliger Meinung Teil der freien Berufe sei, also kein Teil der unmittelbaren Staatsorganisation, so dass dieser Beruf allein

---

[12] Rechtsgutachten des BGH NJW 1954, 225 und NJW 1954, 347.
[13] BGHZ 38, 208–221 = DB 1963, 133.
[14] BGH NJW 1962, 1914.
[15] BGH NJW 1963, 131; ferner BGHZ 38, 222 = NJW 1963, 446.
[16] BVerwG DNotZ 1962, 670; anders BVerwGE DÖV 1961, 343.
[17] Verfassungsbeschwerde 1 BvR 416/61, hier in der Ergänzung vom 21.12.1962.
[18] Vorbescheid des BVerfG vom 27.7.1962 – 1 BvG 178/62.
[19] Klage von Dr. pol. Walter Wilde vom 4.10.1961 (Bundesarchiv B 237/90224, Bl. 7); später wurde die Verfassungsbeschwerde noch begründet (B 237/90226, Bl. 258 ff.) von den Anwälten Prof. Dr. Heinz Meilicke und Klaus Hohlfeld, beide in einer Sozietät mit Dr. Wilde, alle drei Anwälte später dann Verfahrensbevollmächtigte von Dr. Bongartz, deren Klageschrift vom 9.10.1963 (B 237/90226, Bl. 278 ff.).
[20] Näher erst ebenda, Bl. 25.

von Art. 12 GG, nicht von Art. 33 GG geregelt werde. Die bisherige Praxis der Rechtsprechung wirke wie eine absolute Berufssperre; das Nur-Notariat stelle eine objektive Beschränkung der Berufszulassung wie eine Berufssperre dar. Es könne nicht rechtens sein, dass die Notare eines Gerichtsbezirks beziehungsweise Landes zweierlei Recht unterworfen seien.[21]

Doch auch Art. 3 Abs. 1 und 3 GG sei klar verletzt: Während es im Gebiet des Nur-Notariats einen *numerus clausus* für Notare gebe, würde im Geltungsbereich des Anwaltsnotariats auf Antrag ohne Rücksicht auf die bestehende Zahl der Notare die Zulassung erteilt. Die unterschiedliche Regelung im gleichen Bundesland und sogar Gerichtsbezirk sei willkürlich, also ohne einen vernünftigen sachlichen Grund für das Weiterbestehen des Nur-Notariats „in dem kleinen Gebiet des ehemals rheinischen Rechts innerhalb des Landes NRW".[22] Neben der rechtlichen Gleichheit könnten geschichtlich bedingte Argumente oder soziologische, moralische oder aus anderen Gesichtspunkten wünschenswerte Gründe[23] keine Rechtfertigung begründen.

In der Klage heißt es (S. 2), dass, wer aus Kleve oder Düsseldorf komme und Rechtsanwalt sei, nur wegen seiner „Heimat und Herkunft" nicht zum Notariat zugelassen werde. Das stelle eine Verletzung der freien Entfaltung der Persönlichkeit nach Art. 2 Abs. 2 GG, vor allem aber eine Ungleichbehandlung dar: „In keiner Weise erfordert das Gemeinwohl die Aufrechterhaltung dieses ungerechten, unsozialen und ungleichen Ausnahmezustands in dem kleinen Gebiet des früheren rheinischen Rechts innerhalb des Landes NRW". In dieser rhetorisch überdrehten Fassung blieb offen, wieso das Recht unsozial sei oder das Recht nur „früher" rheinisch gewesen sei.

Eine weitere Begründung reichte Dr. Wilde mit einem Schriftsatz vom 20.12.1963 nach.[24] Dabei stützte er sich auf die Rechtsgutachten des BGH, wonach es nicht „auf die geschichtlich bedingte, nicht auf die soziologische, moralische oder aus sonstigen Gesichtspunkten wünschenswerte Gleichheit ankomme, sondern nur auf die rechtliche Gleichheit".[25] Insbesondere die historischen Argumente sollten danach kein Gewicht haben. Die Argumente der Rechtsgutachten hätten die BGH-Beschlüsse vom 25.9.1961[26] und vom 5.11.1962[27] völlig unberücksichtigt gelassen. Doch auch Wilde wollte weiter historisch argumentieren: Statt die fehlende Legitimität des Nur-Notariats weiter zu betonen, betonte er nun, dass auch das Anwaltsnotariat „geschichtlich gewachsen" und „im Rechtsleben fest verwurzelt" sei. Deswegen habe die BNotO beide als gleichwertige Institutionen anerkannt. Schließlich sei es eine ungerechtfertigte Ungleichbehandlung, wenn bei Nur-Notaren der Bedarf an weiteren Notaren geprüft und ihre Zulassung daher oft abgelehnt werde, während beim Anwaltsnotariat jeder Anwalt, der zehn

---

[21] Bundesarchiv B 237/90226, Bl. 279.
[22] Bundesarchiv B 237/90226, Bl. 12.
[23] Bundesarchiv B 237/90226, Bl. 11.
[24] Bundesarchiv B 237/90226, Bl. 320ff.
[25] BGH NJW 1954, 225 und NJW 1954, 347.
[26] Anw.Z (B) 21/61.
[27] NotZ 9/62.

oder 15 Jahre praktiziert habe, einen klagbaren Anspruch auf Zulassung zum Notariat habe. Für diese jahrhundertelange Übung stützte er sich auf eine Entscheidung des OLG Hamburg.[28] Als länderübergreifende Angelegenheit gebe es nach Art. 72 Abs. 2 Nr. 3 GG (in der damaligen Fassung) den Bedarf nach einer bundesweiten Regelung, weil die bestehenden Landesgesetze die Interessen anderer Länder und der Gesamtheit beeinträchtigten.[29]

3. Das Gutachten der Klägerseite: Joseph H. Kaiser

Eine der interessantesten und mit über 30 Seiten und besonders vielen Literaturnachweisen aufwändig gestalteten Abhandlungen dieses Verfahrens ist ein Gutachten, das von Joseph H. Kaiser (1921–1998), Professor des öffentlichen Rechts und Völkerrechts in Freiburg im Breisgau und später Nachlassverwalter von Carl Schmitt, stammt.[30] Es ist datiert auf den 25.8.1961, wurde am 1.3.1962 eingereicht[31] und erwähnt die zwei Verfahren Wilde und Bongartz vor dem Bundesverwaltungsgericht.

Es beginnt historisierend, doch nur mit kurzen Hinweisen. Ziel der Reichsnotarordnung von 1937 sei es gewesen, Reichseinheit im Reich zu stiften mit Hilfe des Nur-Notariats. Bewusst offen gelassen wird dagegen die Frage, ob das Nur-Notariat darüber hinaus in besonderer Weise der NS-Politik entsprach. Diese skizzierte Deutung des Nur-Notariats als Ziel des Nationalsozialismus diskreditiert durch seine Andeutung diese Notarform mehr, als es jede seriöse Ausdeutung vermöchte. Schon hier erweist sich Kaiser als Meister der absichtsvollen, wenn auch letztlich unseriösen Andeutungen.

Die weiteren Gründe stellen das Nur-Notariat als überkommenes, nicht mehr dem Grundgesetz entsprechendes notarielles Berufsrecht dar. Durch Art. 138 GG entstehe kein Schutz, weil hier nur Bayern, Baden und Württemberg geschützt würden. Sehr umfangreich erfolgt die Diskussion, ob das Notariat Amt, Teil der öffentlichen Organisation oder ein freier Beruf sei. Die Begriffe werden dabei kaum erklärt, so dass daraus auch kaum Einsichten gewonnen werden; vielmehr werden jeweils gleich die Ansichten genannt, ob damit eine Einschränkung der Berufsfreiheit nach Art. 12 Abs. 1 GG beziehungsweise eine staatliche Bindung nach Art. 33 GG verbunden sei. Die folgenden dogmatischen Ausführungen schaffen mehr Verwirrung als Klarheit; ohne echte Konsequenzen wird später (S. 21) zwischen einem ideellen und organisatorischen Amtsbegriff unterschieden.

Wüsste man, dass aus dem antiken Amtsbegriff *(officium)* erst die Grundlage des Magistrats-Berufs und damit einer Hierarchisierung der Stellungen im Staatsgefüge erreicht wurde, hätte man schon mehr von der Ordnung begriffen.

---

[28] OLG Hamburg MDR 1959, 336; Bundesarchiv B 237/90224, Bl. 330.

[29] Die Argumentation von Gustav Römer – dazu siehe unten Fn. 42 – lehnte er ab, ohne darauf inhaltlich einzugehen, weil es sich bei dieser Publikation nicht um ein Forschungsgutachten, sondern ein einseitiges Zweckgutachten handele, Bundesarchiv B 237/90224, Bl. 332.

[30] Zu ihm siehe Collin in Cremer, Die Verwaltungsrechtswissenschaft in der frühen Bundesrepublik (1949–1977), 2017, S. 253–267; Jürgen Becker, Nachruf Joseph H. Kaiser, AöR 124 (1999), 305.

[31] Bundesarchiv B 237/90224, Bl. 38.

Recht spät wird die Fragestellung kurz definiert, nämlich ob das Nur-Notariat nach Art. 12, 33 und 3 GG verfassungsmäßig sei. Dabei mache es keinen Unterschied, ob nach Reichsnotarordnung oder der neuen Bundesnotarordnung entschieden würde, insoweit die Einrichtung des Anwaltsnotariat links des Rheins nach beiden Rechten verweigert würde.

Kaiser gelangt zur Auffassung, dass dem Berufsbild des Notars die Eingliederung in die Organisation des öffentlichen Dienstherrn fehle. Ferner gebe es keine Haftung des Staates für Amtspflichtverletzungen, kein öffentlich-rechtliches Dienstverhältnis zum Staat, jedenfalls nach dem Notarassessorat, auch wenn eine Bestallungsurkunde ausgestellt sei und es eine staatliche Aufsicht gebe. Letztlich fehlten damit die Merkmale eines öffentlich-rechtlichen Dienstverhältnisses und es liege ein freier Beruf vor. Daher müsse es auch nach der Rechtsprechung des Bundesverfassungsgerichts einen freien Zugang zum Beruf des Notars geben.[32]

Unproblematisch sei es, dass § 4 Abs. 1 BNotO verlange, dass Notare im Hinblick auf ihre Anzahl gemäß den Erfordernissen bestellt werden müssten. Doch da das Nur-Notariat kein anderer Beruf als Anwaltsnotariat sei, erweise es sich als gravierende objektive Beschränkung des Zugangs zum Notariat. Dabei wird ausgelassen, dass sich jeder zum Notariat in Düsseldorf bewerben kann und die Auswahl nach allgemeinen Kriterien und der Gleichbehandlung getroffen wird, es gab nur keine vereinfachte Zulassung der Anwälte.

Kaiser argumentiert, dass das Recht besonders strenge Anforderungen zur Rechtfertigung dieser Diskriminierung verlange, dies gelinge etwa im Fall der Abwehr nachweisbarer oder höchst wahrscheinlicher schwerer Gefahren für ein überragend wichtiges Gemeinschaftsgut.

Art. 12 GG sei daher anzuwenden und die Freiheit der Berufswahl zu gewährleisten. Zur Rechtfertigung des Nur-Notariats habe man bisher nicht einmal versucht, dass seine Einrichtung besonders schwere Gefahren des Anwaltsnotariat abwehren solle. Die historische Begründung beziehungsweise der Hinweis auf die Gewöhnung der linksrheinischen Bevölkerung falle nur unter die Kategorie „sonstiger Gemeinschaftsinteressen", welche zur Rechtfertigung der Grundrechtsbeschränkung völlig unzureichend sei.

So klang Kaisers Gutachten durchaus überzeugend. Dabei hatte er als echter Magier die Perspektive der Leser so verändert, dass sie kaum den Bluff merkten. Zum einen wurde das Nur-Notariat zu einer historischen Ausnahme gegenüber der Regel des Anwaltsnotariats. Die Tatsache (S. 29), dass die SPD dieses im Zuge der Besprechung der BNotO gefordert, aber nicht durchgesetzt hatte, wäre eigentlich ein Argument gegen diese Annahme. Doch so werden die Anwaltsnotare bei Kaiser zur Regel, denen die Gleichheitsrechte zu gewähren sind anstelle von sämtlichen Bewohnern der Gebiete links des Rheins.

Die Gleichheit von Nur- und Anwaltsnotariat wäre weiterhin eigentlich zu hinterfragen, auch wenn das gleiche Amt ausgeübt wird. Die haupt- oder nebenberufliche Tätigkeit, die Spezialisierung der Tätigkeiten und die Ausbildung wären

---

[32] Mit Verweis auf BVerfGE 11, 40 seit BVerfGE 7, 398.

Gründe für eine differenzierte Behandlung.³³ Doch diese Behauptung wurde so oft wiederholt, dass sie *petitio principis* glaubhaft wurde.

So erscheint plötzlich (S. 29) das Nur-Notariat mit dem Makel der Willkür gekennzeichnet. Daher reichte es nicht mehr, dass es eine taugliche Ordnung des Notariats darstellt. Kaiser zufolge sei es vielmehr nur noch dann legitim, wenn es schwerwiegenden Gefahren des Anwaltsnotariat wehren würde. Das war natürlich unmöglich zu begründen. So konnte bei der Gleichheitsprüfung nur kurz ohne nähere Prüfung die Unzulänglichkeit des Nur-Notariats festgestellt werden. Doch das rückte nur eine falsche Perspektive stärker in den Vordergrund, denn natürlich wurden alle Kandidaten nach dem örtlich geltenden Gesetz gleichbehandelt, es gab nur weder die erleichterte Sonderzulassung für Rechtsanwälte noch die Möglichkeit, den bisherigen Beruf beizubehalten. Die Frage ist, ob Notare und Anwälte beide den einen Beruf des Juristen ausüben oder ob ihre Spezialisierungen bereits eigene Berufe begründen. Betont man die Eigenständigkeit der Urkundsbeamten, kann man die Situation vergleichen mit dem Bäcker, der ohne die besondere Ausbildung allein wegen seiner Affinität zu Speisen auf Zulassung zum Koch klagt. Mit großer Virtuosität wurden hier Scheinperspektiven errichtet, die letztlich verschleiern, dass Kaiser hier das Nur-Notariat insgesamt für verfassungswidrig hielt!

III. *Verfahren in Karlsruhe*

1. *Beteiligung des Bundes: keine lokale Verirrung*

Umfassend lud das Bundesverfassungsgericht Institutionen des Bundes und der Länder ein, zum Verfahren Stellung zu beziehen. Während Bundesrat und Bundestag darauf verzichteten, in der Angelegenheit eine Stellungnahme abzugeben,³⁴ nahm der Bundesminister der Justiz deutlich zugunsten des Nur-Notariats Stellung.³⁵ Die unterschiedlichen regionalen Regelungen des Notariats seien nicht willkürlich, sondern Resultat unterschiedlicher Traditionen, welchen der Gesetzgeber grundsätzlich Rechnung tragen dürfe. Das Nur-Notariat sei keine lokale Verirrung, sondern wurde von der Reichsnotarordnung von 1937 ursprünglich sogar als Endziel der reichsweiten Regelung angesehen. Doch habe man damals und 1957 von einer Vereinheitlichung abgesehen, so dass hier eine ganz bewusste Entscheidung des Bundesgesetzgebers vorliege, der eine grundlegende Umgestaltung für nicht erforderlich angesehen habe. Vielmehr hätten sich beide Formen des Notariats bewährt und das Vertrauen der Bevölkerung erworben; seien also ausgesprochen funktionabel. Eine Diskriminierung nach Art. 3 GG liege nicht vor, weil hier keiner wegen seiner Zugehörigkeit zu einer Personengruppe anders behandelt werde, sondern nur mit Rücksicht auf seine Heimat; diese regionale Unterschei-

---

³³ Zur Geschichte der Notarausbildung siehe Schäfer in Schmoeckel, Form – Verfahren – Struktur. Entwicklungen im Notarberuf seit 1800, 2019, S. 161–199.
³⁴ Bundesarchiv B 237/90224, Bl. 105, 110 (DS IV/423 vom 21.5.1961).
³⁵ Bundesminister der Justiz, 1004 E (848) – 671/62 vom 27.11.1962, Bundesarchiv B 237/90224, Bl. 140 ff.

dung liege aber in den unterschiedlichen Gesetzen begründet. Auch der Notarassessor des Nur-Notariats sei keine Gleichheitsverletzung: diese zusätzliche Qualifikation werde als notwendig für eine gewisse praktische Ausbildung in Notarsachen gehalten, während die Rechtsanwälte erst nach Jahren der Berufsausübung zum Notar ernannt würden und daher die Einarbeitung als Assessor nicht mehr bräuchten.

2. Beteiligung des Landes NRW: historische Legitimität

Aufgrund einer Empfehlung des nordrheinwestfälischen Justizministers[36] gab der Ministerpräsident des Landes am 6.8.1962 eine Erklärung zugunsten des Nur-Notariats ab; in einer eingehenden Argumentation wurde die Verfassungsbeschwerde für unbegründet erachtet. Die Argumentation erfolgte dabei im Wesentlichen historisch. Schon seit Kaiser Maximilians Reichsnotariatsordnung von 1512 habe es Sonderrechte für die Länder gegeben. Alle Modernisierungen hätten am französischen Notarrecht des Rheinlands festgehalten, von der ersten rheinischen Immediat-Justizkommission über die Reformbemühungen der Kaiserzeit, des Nationalsozialismus und der frühen Bundesrepublik. Dabei habe man das Nur-Notariat immer wieder als vorzugswürdig angesehen. Das Preußische Gesetz vom 21.9.1899 habe in Art. 78 das Nur-Notariat als Hauptfall für das notarielle Berufsrecht angesehen; die Reichsnotarordnung von 1937 wollte es zunächst sogar im ganzen Reichsgebiet einführen, während die Bundesnotarordnung lediglich den status quo übernahm. Das Nur-Notariat erschien damals als Grundform des Notariats.[37]

Zusätzlich wies das Land darauf hin, dass die Zahl der Notare nicht wie vorgetragen konstant geblieben, sondern vielmehr in den vergangenen Jahrhunderten nach Bedarf gewachsen sei, wobei nach Stadt und Land differenziert worden sei.[38] § 13 AVNot (Allgemeine Verfügung über Angelegenheiten der Notare) NRW ermögliche sogar, bei besonderem Bedarf Rechtsanwälte als Notare zu ernennen.

3. Gutachten von Ulrich Scheuner: Auslegung der Dreistufentheorie

Die rechtsdogmatische Untermauerung des Nur-Notariats übernahm der Bonner Professor des öffentlichen Rechts, Ulrich Scheuner (1903–1981).[39] Dabei wurde ohne weiteres eingeräumt, dass Art. 12 GG grundsätzlich für alle Berufe

---

[36] Justizminister NRW, Schreiben vom 30.7.1962, 1004 E – II A. 1058 L.
[37] Zur Entwicklung im Rheinland nach 1815 siehe Haferkamp in Schmoeckel/Schubert, Handbuch zur Geschichte des deutschen Notariats seit der Reichsnotariatsordnung von 1512, 2012, S. 547–568; zur weiteren Geschichte im Reich siehe die Beiträge von Kleensang, Pahlow, Gsänger und für die Bundesrepublik Vossius im selben Band.
[38] Die Erhöhung der Notare in NRW wird beziffert mit 1914: 176, 1938: 183, 1962: 208 Notare.
[39] Waldhoff in Internetportal Rheinische Geschichte, abrufbar unter https://www.rheinische-geschichte.lvr.de/Persoenlichkeiten/ulrich-scheuner/DE-2086/lido/57c946bdc9fa65.12942273, zuletzt abgerufen am 12.12.2023; Rüfner in Häberle/Kilian/Wolff, Staatsrechtslehrer des 20. Jahrhunderts. Deutschland, Österreich, Schweiz, 2. Aufl. 2018, S. 777–790; Schlaich, Von der Notwendigkeit des Staates. Das wissenschaftliche Werk Ulrich Scheuners, Der Staat 21 (1982), 1–24; ebenda Scheuner, Differenzierung der Rechtsstellung der Notare in verschiedenen Rechtsgebieten und Verfassungsrecht, Rechtsgutachten, 1–14.

gelte, soweit sie nicht traditionell in der öffentlichen Hand stünden. Es galt also zu fragen, inwieweit dies für Notare der Fall sei. Zudem bildete die Berufsfreiheit in der vom Apothekerurteil (BVerfGE 7, 377 vom 11.8.1958) neu definierten Dreistufentheorie die allseits selbstverständliche Grundlage für die Anwendung von Art. 12 Abs. 1 GG.

Als „staatlich gebundener Beruf" gelte Art. 33 Abs. 5 GG für die Notare, obwohl sie nicht direkt Teil des „öffentlichen Dienstes" seien, doch müsse die Norm mittelbar angewendet werden. Die öffentliche Funktion des Notars werde deutlich in der Rechtswirkung seiner Urkunden, durch seine Teilnahme an der Erfüllung öffentlicher Aufgaben, ebenso anhand seiner Bestallungsurkunde, die ihn zur Amtsausübung berechtigt. All dies stelle ihn in die unmittelbare Nähe zum öffentlichen Dienst.

Nach Kriterien des Apothekenurteils sei der Gesetzgeber berechtigt, Sonderregelungen für diesen Beruf zu treffen, organisatorische Ordnung nach seinem Ermessen zu gestalten, insbesondere zur Verleihung des öffentlichen Amts und zur Ausübung hoheitlicher Befugnisse. Das gelte für das Rechtsanwaltsnotariat ebenso wie für das Amtsnotariat.

Die Zulassung nach dem aktuellen Bedarf an Notaren gemäß § 4 Abs. 1 BNotO sei mit Art. 12 Abs. 1 GG vereinbar, weil der Eingriff zum Schutz der Öffentlichkeit gerechtfertigt sei. Für die Träger eines öffentlichen Amts dürften strenge Zugangsbeschränkungen gelten.

§ 3 BNotO verstoße im Hinblick auf das Nebeneinander von Nur- und Anwaltsnotariat nicht gegen Art. 3 Abs. 1 GG, sofern die Unterschiede gerechtfertigt seien. Schon Art. 138 GG erkenne verschiedene Formen des Notariats an; landesrechtlich dürfe es verschiedene Regelungen geben, weil es keinen bundesweiten Anpassungsdruck gebe. Das Nur-Notariat sei im Rechtsleben seit langem verwurzelt. Es nehme auch keinen Bezug auf Abstammung, Heimat oder Herkunft und verstoße daher nicht gegen den Gleichbehandlungsgrundsatz.

Die Beibehaltung des Notarassessoriats in § 7 BNotO sei wegen der besonderen Bedeutung des Aufgabenbereichs in der Praxis gerechtfertigt und zur Eingewöhnung erforderlich. Zwar gebe es seit langem kein Anwaltsassessoriat mehr, doch dort sei es nicht notwendig. Diese Ungleichbehandlung sei daher sachlich geboten.

Die Kompetenz des Bundesgesetzgebers zur Gesetzgebung im Bereich des Notariats bestimme sich nach Art. 72 Abs. 2 Nr. 3 GG. Der Bundesgesetzgeber werde danach tätig, soweit ein Bedarf nach bundesweiter Regelung feststehe, erst dann bestehe eine Handlungspflicht. Da der Gesetzgeber nicht tätig geworden sei, habe der Bund die Notwendigkeit einer Rechtsvereinheitlichung abgelehnt. Das Grundgesetz bestehe nicht auf der Rechtseinheit in der Bundesrepublik.

4. Bundesnotarkammer: Notare als Staatsorgan

Die Stellungnahme der Bundesnotarkammer vom 16.1.1963 setzte sich vor allem mit den Vorschriften und dem Grundsatz der freien Berufswahl auseinander. Dabei wurde betont, wie sehr das Notariat Teil des Staatsorganismus und ein Beruf im öffentlichen Dienst sei. Nicht Art. 12 Abs. 1 GG, sondern Art. 33 Abs. 3 GG –

der gleiche Zugang von Deutschen zu öffentlichen Ämtern – sei hier jedenfalls vom Rechtsgedanken her einschlägig.

Notare seien Träger eines öffentlichen Amtes, auch wenn sie nicht als Behörde geordnet seien. Sie führten ein Amtssiegel und erfüllten staatliche Rechtsprechungsgewalt, insoweit sie Teil der vorsorgenden Rechtspflege und Teil der freiwilligen Gerichtsbarkeit seien. Deutlich sei ihr Beruf vom Staat selbst geschaffen, während die Tätigkeit etwa der Apotheker keinen Teil der Staatstätigkeit bilde, obgleich der Beruf vom Staat geprägt und geregelt werde. Notare bildeten als selbständiges Rechtspflegeorgan freie Berater zwischen den Mandanten und der Gerichtsbarkeit beziehungsweise den Verwaltungsbehörden.

Öffentliche Ämter könnten auch ohne öffentliche Mittel beziehungsweise Eingliederung in den Haushaltsplan oder staatliche Besoldung ausgeübt werden, zum Beispiel durch Delegation, selbst wenn bei Notaren die Stellung und der Beruf von der Hoheitsgewalt des Staates abgeleitet werde. Das freie Ermessen bei der Gestaltung werde eingeschränkt durch die Notwendigkeit, die Gestaltung zweckgemäß, den örtlichen Verhältnissen und dem Bedarf angemessen zu gestalten. Das treffe bei allen Ausprägungen des Notarberufs in Deutschland zu. Das Nebeneinander verschiedener Notariate sei keine Einschränkung der Freiheit (S. 17) und verletze nicht den Gleichheitssatz, weil es nur die regionale Ausgestaltung des Notarberufs darstelle.

5. Die Rheinische Notarkammer mit Konrad Redeker: staatliche Organisationsgewalt

Die Rheinische Notarkammer in Köln wurde im Verfahren des Dr. Wilde als Beteiligte angesehen; ihr Bevollmächtigter war Rechtsanwalt Dr. Redeker.[40] Ein eigenes Schreiben des Präsidenten der Rheinischen Notarkammer bestätigte die Sicht des Ministerpräsidenten von NRW inhaltlich. Auch hier wurden hauptsächlich historische Ausführungen gemacht, um vorzutragen, dass sich dieses notarielle Berufsrecht bewährt habe und großes Vertrauen in der Gesellschaft genieße.

Juristisch-dogmatische Argumente wurden dagegen in einem Gutachten vom 10.12.1962 durch Konrad Redeker vorgebracht.[41] Es bezog sich auf die Klagen von Dr. Wilde und Dr. Bongartz, die gleich gelagert seien. Recht offen bekannte Scheuner, dass die Einlassungen bisher zu sehr auf die Begriffe wie öffentliches Amt oder freier Beruf abgestellt haben, ohne daraus konkrete Erkenntnisse ableiten zu können. Auszugehen sei von §§ 20–25 BNotO, insbesondere deren Beschreibung des Amts von Notaren. Sie gehörten danach zum Bereich der vorsorgenden Rechtspflege, bildeten einen Teil der staatlichen Daseinsvorsorge als Staatsaufgabe, wenngleich im Rahmen der Rechtsakten von Privaten. Dafür sei Unparteilichkeit nötig (§ 14 BNotO). Die Beurkundung insbesondere sei eine reine Staatsaufgabe, welche den Notaren übertragen sei. Diese unterliegen staatlicher Fachaufsicht (§ 92 BNotO). Rechtsanwälte würden dagegen im privaten Auftrag tätig, jedoch nicht

---

[40] Zu ihm siehe jetzt: Konrad Redeker, Ein Leben für den Rechtsstaat, 2023.
[41] Bundesarchiv B 237/90225, Bl. 160ff.

im Bereich vorsorgender Rechtspflege. Sie müssen Gesetze wahren, doch nicht in unparteilicher Weise.

Redeker präsentierte Literaturstimmen zur Frage, ob der Notar ein freier Beruf sei, ebenso zum Amtsbegriff und zur Einbeziehung der Notare in die Staatsorganisation. Selbst wenn solche Begriffe soziologisch oder vom Bundesverfassungsgericht anerkannt würden, ergäben sich daraus kaum klare juristische Konsequenzen. Anders als der Vermessungsingenieur oder der Kassenarzt, deren Beruf staatlich geregelt würde, bestehe die Tätigkeit des Notars in der Ausübung von Staatsaufgaben. Dabei seien sie als Teil der Staatsfunktionen soweit in die Staatsorganisation einbezogen, dass das Bundesverwaltungsgericht sogar der Auffassung sei, dass hier Art. 12 gegenüber Art. 33 GG zurücktrete. Jedenfalls ließen sich daraus kaum juristische Erkenntnisse gewinnen.

Letztlich sei es der staatlichen Organisationsgewalt überlassen, ob und wie das Notariat geregelt und mit welchen Aufgaben ein Notar betraut werde, solange den Notwendigkeiten der Rechtspflege entsprochen würde. Dabei zeige die Rechtsvergleichung, dass Nur-Notare keine seltene Erscheinung in Europa seien, es ferner vielleicht sogar eine funktionelle Inkompatibilität mit dem Rechtsanwalt gebe (S. 24). Die ungleiche Gestaltung stelle keine Ungleichbehandlung von Personen im Sinne von Art. 3 GG, sondern von Gebieten dar (S. 28). Diese sei historisch überkommen und sei durch Art. 138 GG perpetuiert worden, jedenfalls werde diese Rechtslage seither hingenommen.

Die Annahme der Geltung von Art. 12 GG für Notare verkenne deren hoheitliche Tätigkeit. Das Amt des Notars werde durch §§ 20–25 BNotO geregelt und liege im Bereich der staatlichen vorsorgenden Rechtspflege. Als unparteiischer Betreuer der Beteiligten sei der Notar mit öffentlich-rechtlichen Befugnissen und Pflichten ausgestattet und unterliege der staatlichen Aufsicht. Als Konsequenz der Übertragung hoheitlicher Aufgaben gebe es ein grundsätzliches Nebentätigkeitsverbot. Das Rechtsverhältnis zu den Mandanten sei öffentlich-rechtlicher Natur, während der Rechtsanwalt durch einen zivilrechtlichen Auftrag beschäftigt werde. Dadurch unterscheide sich der Notar klar vom Rechtsanwalt, obgleich es auch hier noch einen Unterschied des Rechtsanwalts zum Typus des freien Berufs nach § 2 Abs. 1 BRAO gebe.

Gemäß dem Bundesverfassungsgericht („Apotheken-Urteil", BVerfGE 7, 397) seien auch Berufe, die dem Staat vorgehalten seien, von Art. 12 GG erfasst. Ferner würde für Berufe des öffentlichen Dienstes nicht allein Art. 12 GG gelten, sondern es seien nach Art. 33 GG Sonderregelungen möglich. Man könne dabei trennen zwischen freien Berufen mit öffentlich-rechtlichen Auflagen, Berufen in der unmittelbaren Staatsorganisation und dazwischen staatlich gebundenen Berufen. Aus dem Begriff des „freien Berufs" lasse sich daher nichts gewinnen. Entscheidend sei das Maß der Einbeziehung in die staatliche Organisationsgewalt. Entscheidend sei, dass das Notariat mit der Urkundentätigkeit einen „öffentlichen Dienst" ausübe, also eine funktional staatliche Aufgabe wahrnehme. Darin liege der wesentliche Unterschied zu den Rechtsanwälten.

Im Juni 1963 reichte der Bevollmächtigte der Rheinischen Notarkammer noch das neu bei Beck in München erschienene Werk des Notars Dr. Gustav Römer ein, zunächst als Typoskript, dann das gesetzte Werk, das inhaltlich letztlich ein weiteres Gutachten zugunsten des Nur-Notariats darstellte.[42] Es plädierte ebenfalls für die Vereinbarkeit des rheinischen Notariats mit dem Grundgesetz, deren zahlenmäßige Beschränkung sowie die Zulässigkeit des Notarassessoriats. In einem weiteren Schriftsatz nahm Redeker Ende 1963 auf eine Entscheidung des Verfassungsgerichts zur Notariatsordnung des Landes Rheinland-Pfalz vom 3.9.1949[43] Stellung, das in derselben französischen Tradition stand und steht.[44] Hier urteilte das Gericht, dass das Landesgesetz deswegen rechtmäßig sei, weil es vor dem Grundgesetz erlassen worden sei; die Gesetzgebungskompetenz wäre erst einen Tag später auf den Bund übergegangen. Das ließ die Hoffnungen eines Dr. Wilde durchaus wachsen. Doch wurde ebenso auf die allgemeine öffentlich-rechtliche Einbindung des Notariats hingewiesen.

Ein drittes Schreiben von Redeker kurz vor dem Urteil[45] ging auf jüngere Argumente ein, indem der Verstoß gegen Art. 3 GG in Abrede gestellt wurde. Irrelevant sei, ob die Grenzen solcher Regelungen mit den Grenzen von Bundesländern oder Gerichtsbezirken übereinstimmen, sondern ob willkürlich oder aus sachlichen Erwägungen entschieden werde. Historisch erwachsene Verhältnisse stellten sicherlich keine Willkür dar. Ferner habe der Beschwerdeführer keinen grundrechtlich geschützten Rechtsanspruch, daher sei er auch nicht in Art. 19 GG verletzt.[46] Ob es tatsächlich einen Rechtsanspruch im Bereich des Anwaltsnotariats gebe, zum Notar zugelassen zu werden, sei fraglich: Die lange Übung reiche dafür nicht aus, vielmehr bräuchte es eine rechtliche Anerkennung, also mindestens eine Verwaltungsvorschrift. Der Vergleich mit dem Landvermesser beziehungsweise Vermessungsingenieur greife nicht, weil dieser nicht in die staatliche Organisationsgewalt einbezogen sei.[47]

IV. Die Urteile: kein freier Beruf

Im Frühjahr 1964 wurde Rechtsanwalt Wilde unruhig und fragte in Karlsruhe nach, wann mit einem Urteil oder einem Termin zur mündlichen Verhandlung zu rechnen sei,[48] viele seiner ursprünglichen Unterstützer seien inzwischen schon gestorben.

Am 5. Mai fällte der Erste Senat mit seinem Präsidenten Dr. Müller und den Richtern Dr. Heck, Dr. Berger, Dr. Scholtissek, Dr. Stein, Rittersbach, Dr. Haager sowie von Brünneck zwei Beschlüsse. Damit wurde die Verfassungsmäßigkeit von

---

[42] Römer, Notariatsverfassung und Grundgesetz, 1963, S. 258 ff.
[43] Roth in Schmoeckel/Schubert, Handbuch zur Geschichte des deutschen Notariats seit der Reichsnotariatsordnung von 1512, 2012, S. 494.
[44] Schriftsatz vom 14.12.1963, Bundesarchiv B 237/90226, Bl. 295–323 in Bezug auf Entscheidung vom 2.4.1963 – 2 BvL 22/60.
[45] Schreiben von Redeker vom 26.3.1964, Bundesarchiv B 237/90226, Bl. 340–344.
[46] Schreiben von Redeker vom 26.3.1964, Bundesarchiv B 237/90226, Bl. 342.
[47] Schreiben von Redeker vom 26.3.1964, Bundesarchiv B 237/90226, Bl. 343.
[48] Telegramm von Rechtsanwalt Wilde an das BVerfG, Bundesarchiv B 237/9022, S. 337, siehe oben Fn. 2.

§ 4 Abs. 1 BNotO zunächst,⁴⁹ sodann die von § 3 Abs. 1 BNotO entschieden.⁵⁰ Der erste Beschluss verband die Verfassungsbeschwerde des Dr. Wilde 1 BvR 416/61 mit dem Verfahren 1 BvR 106/62 und wies beide zurück.

Abgelehnt wurde zunächst die Vorstellung, beim Notar handele es sich um einen freien Beruf. Die Einkünfte aus „selbständiger Tätigkeit" habe es gegeben, als sie noch als „Gebührenbeamte" angesehen wurden.⁵¹ Obgleich das Bundesverwaltungsgericht die Notare nicht als Teil des öffentlichen Dienstes ansehen wollte, habe es immerhin den hoheitlichen Charakter der Amtsführung anerkannt. Der Vergleich zum Vermessungsingenieur beweise nichts, weil die Berufe zu verschieden seien, zumal die Tätigkeit des Vermessungsingenieurs keine der Rechtspflege sei.

Insbesondere habe der Staat Hoheitsgewalt, über die Form des Notariats zu entscheiden. Verschiedene Formen des Notariats verstoßen nicht gegen Art. 3 Abs. 1 GG, sofern sachliche Erwägungen, die in der Materie begründet liegen, vorhanden sind. Das Gericht erinnerte an den Versuch der Reichsnotarordnung, das Anwaltsnotariat abzuschaffen; wegen der großen Zahl der Anwaltsnotare und der Gewöhnung an diese seitens der Gesellschaft wäre die Durchsetzung dieses Verbots jedoch zu schwierig gewesen. Offenbar würden beide Formen als angemessen und taugliche Formen des Notariats angesehen, insbesondere gerade auch das Nur-Notariat.

Die Billigung der Abschaffung des Anwaltsnotariats in Rheinland-Pfalz durch das Bundesverfassungsgericht vom 2.4.1963⁵² berechtige nicht zum Umkehrschluss, dass zwei Notariatsformen nicht nebeneinander im gleichen Land bestehen könnten.

Anderes ergebe sich auch sonst nicht aus dem Grundgesetz: Über Art. 125 Nr. 2 GG sei die Reichsnotarordnung und die abändernden Bestimmungen nach 1945 Bundesrecht geworden. Der Bundesgesetzgeber habe also implizit die Mehrzahl der Notariatsformen selbst hingenommen und weiter geregelt. Wie in Art. 138 GG zeige sich, dass man die Notariatsformen nicht vereinheitlichen müsse.

Die Annahme einer Verletzung von Art. 3 Abs. 3 GG sei abwegig: Es gebe keine Benachteiligung wegen der Herkunft, sondern differenziert werde nach der örtlichen Geltung der Rechtsordnungen; regional gebe es insoweit eine Gleichbehandlung mit allen anderen Personen. Die Handlungsfreiheit schließlich nach Art. 2 Abs. 1 GG sei durch Art. 12 Abs. 1 GG besonders geregelt.

Der zweite Beschluss des Ersten Senats in gleicher Besetzung galt dem Vorlagebeschluss des OLG Stuttgart.⁵³ Er stellte fest, dass § 4 Abs. 1 und § 116 Abs. 1 S. 3 BNotO (1961) mit dem Grundgesetz vereinbar seien. Die von der BNotO beschriebenen Aufgaben des Notars seien in die Tätigkeit des Staats eingebunden, wodurch die Einschränkung der Grundrechte gerechtfertigt sei.⁵⁴ Sie würden tätig

---

⁴⁹ BVerfGE 17, 371 = NJW 1964, 1516.
⁵⁰ BVerfGE 17, 381 = NJW 1964, 1515.
⁵¹ Das BVerfG verweist hier auf § 18 Abs. 1 Nr. 1 EStG 1934, RGBl. I 1005.
⁵² BVerfGE 16, 6 = NJW 1963, 1443.
⁵³ BVerfG – 1 BvL 8/62, Bundesarchiv B 237/90226, Bl. 367 zum Vorlagebeschluss des OLG Stuttgart vom 11.4.1962 – 1 VA 2/61.
⁵⁴ Zur Argumentation BVerfG – 1 BvL 8/62, Bundesarchiv B 237/90226, Bl. 370 ff.

im Rahmen der freiwilligen Gerichtsbarkeit und müssten öffentliche Aufgaben, insbesondere die Erstellung öffentlicher Urkunden, erledigen. Alternativ könnten viele der Aufgaben von Gerichten erledigt werden (§ 167 FGG). Der Notar habe somit ein „öffentliches Amt", wenn er auch nicht zum „öffentlichen Dienst" im engeren Sinne gehöre, also in einem öffentlich-rechtlichen Dienstverhältnis zum Staat stehe wie ein Beamter. Notare hätten einen Amtsbezirk (§ 11 BNotO), ferner einen Amtssitz (§ 10 BNotO), ein Amtssiegel (§ 2 BNotO), leisteten einen Amtseid (§ 13 BNotO), dürften kein sonstiges besoldetes Amt antreten und bedürften der Genehmigung von Nebenbeschäftigungen, schließlich unterlägen sie einer Dienstaufsicht (§ 92 BNotO). Die Regelung dieses Berufs liege daher im staatlichen Ermessen.

Sicherlich sei die Zuordnung zum Staat noch eindeutiger gewesen, als die Notare noch unmittelbare Staatsbeamte, also Gebührenbeamte, waren. Doch die Bezahlung sei nicht entscheidend. Die Herausnahme der Notare aus dem Beamtenstatus bedeutete nicht, dass sich der Staat des Rechts, über die Ausübung der staatlichen Funktion zu bestimmen, begeben habe. Ebenso sei die Beschränkung der Notariatsstellen wie Beamtenstellen daher sachlich begründet; § 4 Abs. 1 BNotO daher mit Art. 12 Abs. 1 GG vereinbar.

V. Ergebnisse

1. Das Monopol der Notare

Das Notariat in Deutschland hat sich seit den 1950er Jahren verändert. In den 1950er Jahren war noch nicht ausgemacht, welchem Modell des Notariats der Vorzug zukommen sollte. Erst vor einem Hintergrund der Normalität der Anwaltsnotare preußischer Prägung in den meisten Teilen Deutschlands konnte man wohl auf die Idee kommen, den Ausschluss der Anwälte vom Notariat gerichtlich überprüfen zu lassen. Der Siegeszug des Nur-Notariats ist dabei nicht ohne diese Judikate des Bundesverfassungsgerichts zu verstehen.

Noch deutlicher als vom Bundesverfassungsgericht beschrieben erwies sich die Alternativität von Gericht und Notariat in der Übertragung der Beurkundungs-Kompetenz ganz auf das Notariat mit der BNotO vom 28.8.1969. Dadurch erhielten die Notare in Deutschland zum ersten Mal ein Beurkundungsmonopol auf Kosten der Gerichte. Was noch heute in vielen europäischen Ländern selbstverständlich ist, nämlich die Beurkundung durch Gerichte, gab es auch noch unter der Reichsnotarordnung von 1937.[55] Hieran zeigt sich, wie diese Kompetenz gleichermaßen durch Gerichte oder Notare erledigt werden kann, wie deutlich also die Beurkundung staatliche Kompetenzen ausübt. Die Übertragung von Gerichten auf Notare betonte dabei die Notwendigkeit besonderer Kenntnisse und Erfahrung, so dass diese Aufgabe nicht nebenher von Gerichten erledigt werden kann, sondern von hauptberuflich wirkenden Experten. Es war dann umso konsequenter, diese

---

[55] Schubert in Schmoeckel/Schubert, Handbuch zur Geschichte des deutschen Notariats seit der Reichsnotariatsordnung von 1512, 2012, S. 645–682.

Tätigkeit nicht nebenher von Anwaltsnotaren erledigen zu lassen, sondern einem spezialisierten Nur-Notariat zu übertragen.

So versteht man auch, warum sich das Nur-Notariat bis heute deutlich in Deutschland territorial ausbreiten konnte. Die Einführung des französischen Notariats im Rheinland und Hamburg mit der bekannten *loi 25 Ventôse an XI* (16.3.1803) war bekanntlich auf Dauer eine Erfolgsgeschichte; gemeint ist hierin vor allem die Spezialisierung allein als Notare.[56] Zunächst wurde das Recht unter preußischer Herrschaft beibehalten und konnte 1862 in Bayern eingeführt werden.[57] Mit der Wiedervereinigung wurde es in die meisten neuen Bundesländer eingeführt, seit 2018 gibt es die Nur-Notare auch in Baden-Württemberg. Doch selbst in den Gebieten des Anwaltsnotariats, in denen also die Juristen als Anwalte und als Notare arbeiten können, zum Beispiel in Westfalen, zeigt sich die Spezialisierung der Anwaltsnotare auf Notariat oder Anwaltschaft als notwendig.[58] Offenbar wird die Spezialisierung der „Urkundsbeamten" zunehmend wichtig und erfordert immer mehr die volle berufliche Aufmerksamkeit. Abgeschlossen ist diese Entwicklung derzeit nicht, sie scheint aber zulasten des Anwaltsnotariats zu gehen.

2. Karlsruhe locuta, causa finita?

So erstaunlich die anfängliche Wandlung des Bundesverfassungsgerichts seit der Gründung von 1951 vom Hüter der Verfassungsmäßigkeit zum selbstbewussten Gestalter deutscher Politik war, so selbstverständlich war ein Jahrzehnt später bereits der dogmatische Umgang mit seinen Judikaten selbst in den innovativsten Lehren. Das Bundesverfassungsgericht nahm eine immer größere Gestaltungsfreiheit für sich in Anspruch, wobei es sich sogar mit der Regierung Adenauer anlegte.[59]

Dabei bildet die Dreistufentheorie des Apotheken-Urteils ein besonderes Beispiel für die Weiterentwicklung der im Grundgesetz genannten Freiheitsrechte.[60] Das hier untersuchte Verfahren zeigt, wie nicht nur das Gericht selbst, sondern geradezu selbstverständlich auch alle anderen Juristen diese Lehre als Konkretisierung des Verfassungsrechts annahmen.

Vieles erscheint in den Schriftsätzen dieser Zeit allerdings anders als heute: die fast selbstverständlichen, selten korrigierten Schreibfehler der Sekretärinnen oder die wenigen Literaturzitate und Fußnoten. Doch auf die Maßstäbe der Berufsfrei-

---

[56] Zur Hamburger Notariatsgeschichte siehe Repgen in Schmoeckel/Schubert, Handbuch zur Geschichte des deutschen Notariats seit der Reichsnotariatsordnung von 1512, 2012, S. 361–386; zur badischen Geschichte siehe Kannowski, ebenda, S. 257–286; zur Nachkriegsgeschichte siehe Vossius, ebenda, S. 213–255.
[57] Hermann, Zur Geschichte des Notariats im links- und rechtsrheinischen Bayern, in Schmoeckel/Schubert, Handbuch zur Geschichte des deutschen Notariats seit der Reichsnotariatsordnung von 1512, 2012, S. 287–324.
[58] Zur Notargeschichte Deutschlands siehe ferner noch die Beiträge von Thier zu Preußen, Haferkamp zur Preußischen Rheinprovinz, Lück zu Sachsen und Schubert zum Norden Deutschlands und zu Württemberg in Schmoeckel/Schubert, Handbuch zur Geschichte des deutschen Notariats seit der Reichsnotariatsordnung von 1512, 2012 – jeweils mit weiteren Beiträgen.
[59] Meinl/Kram JZ 19 (1969), 913 (914).
[60] Darmstädt NJW 2019, 1580 (1583).

heit gemäß dem Apotheken-Urteil oder andere Judikate des Bundesverfassungsgerichts stellten eigentlich alle Texte ab.

Man muss also differenzieren: Das Gericht vollzog im Laufe der Jahrzehnte eine Wandlung, wobei sich seine Macht zunächst weitete. Nicht allen Lehren war jedoch ein solcher Erfolg beschieden wie der Dreistufentheorie zu Art. 12 GG.

Es war dabei ein Glück, dass das Gericht in dieser Sache die Konkurrenz der Modelle weiter zuließ. Nur so konnte das Nur-Notariat seine eben dargestellte Erfolgsgeschichte weiter beschreiten. Hätte das Bundesverfassungsgericht das Nur-Notariat 1964 verboten oder eingeschränkt, hätte es nicht zu dieser Entwicklung vornehmlich durch die Erfahrungen der Praxis kommen können: *Judicial self restraint* gab dem Raum, was sich aufgrund seiner Funktionalität und Angemessenheit in der Praxis durchsetzen konnte.

3. Hermann Conrad als Autorität

Vor allem erstaunlich für heutige Juristen dürfte der ausgiebige Gebrauch historischer Argumentation sein. Schon „Der Spiegel", der zur Sache bereits 1957 ausführlich berichtete, nutzte zur Darstellung des Sachstandes weitgehend ausschließlich eine historische Argumentation.[61] Auch die Gutachten des Ministerpräsidenten sowie des Präsidenten der Notarkammer argumentierten durchweg historisch. Während Redeker dagegen nur wenig auf diese Materie einging, tat Kaiser viel, um durch Anspielungen und Insinuationen historische Schatten auf das Nur-Notariat fallen zu lassen und gleichzeitig – nicht ohne Widerspruch – die nahezu vollkommene Wertlosigkeit „nur historischer" Legitimationen darzutun.

Ein wichtiger Text in diesem Zusammenhang muss noch erwähnt werden. 1960 veröffentlichte der Bonner Rechtshistoriker Hermann Conrad (1904–1972)[62] in der Deutschen Notarzeitschrift einen Beitrag über die Einführung und Geschichte des rheinischen Nur-Notariats.[63] Er geht zurück auf einen Vortrag vor dem Verein für das Rheinische Notariat e.V. in Trier am 26.9.1959, zu dem man Conrad eingeladen hatte. Auch der Publikationsort lässt auf eine Einladung seitens der Notare schließen, die den Aufsatz durchaus für die laufenden Verfahren nutzen konnten. Doch anstelle den Text als Parteigutachten zu verwerten und von vornherein parteiisch gelten zu lassen, scheint der Publikationsort per definitionem dem Text wissenschaftliche Neutralität zu garantieren. So mussten sich auch die verschiedenen Autoren mehr oder weniger mit Conrad und seinen „geschichtlichen Grundlagen des modernen Notariats" auseinandersetzen. Es handelt sich inhaltlich um eine gedrängte Zusammenstellung des Wissens zum Notariat auf der Grundlage von Ferdinand Oesterleys „Das deutsche Notariat" (1842/5) mit eigenen quellenbasierten Einsichten.

---

[61] Spiegel, „Napoleons Erbe", Heft 13/1957 vom 26.3.1957, abrufbar unter https://www.spiegel.de/politik/napoleons-erbe-a-77a16aed-0002-0001-0000-000041120721, zuletzt abgerufen am 12.12.2023.

[62] Zu ihm vgl. Bader, Gedenkrede für Hermann Conrad (1904–1972), gehalten zu Bonn am 17.11.1972, in Rückert/Willoweit, Die Deutsche Rechtsgeschichte in der NS-Zeit, ihre Vorgeschichte und ihre Nachwirkungen, 1995, S. 327–342; Bernoth, Art. Conrad in Handwörterbuch zur deutschen Rechtsgeschichte I, 2. Aufl. 2008, Sp. 881–882.

[63] Conrad DNotZ 1960, 3.

Zur Sache selbst müsste man das Problem zunächst präziser historisch beschreiben: Die deutschen Lehren zum Beamtentum entstanden erst zum Ende des 19. Jahrhunderts lange nach der Einrichtung des Notariats, vor allem als finanziell unabhängig von den Behörden. Bei der Begründung des „Beamtenrechts" vergaß man, wer früher schon in der französischen Tradition als *fonctionnaire public* beschrieben worden war und beschränkte sich phänomenologisch auf die „Gebührenbeamten".[64] Dem Verfassungsgericht ist Recht zu geben insoweit, als die Art der Bezahlung nicht entscheidend sein kann für die Klassifikation. Es besteht also seit der französischen Zeit Einigkeit, dass die Notare im öffentlichen Dienst stehen und der Tradition der Beamten angehören.[65] Warum sollte es nicht künftig mehr Beamten geben, die nicht vom Gehalt, sondern von Gebühren leben?

4. Die Legitimität historisch überkommener Regelungen

Das Verfahren illustriert einen Niedergang des historischen Arguments, das von den Parteien zunächst prominent genutzt, vom Gericht jedoch nur wenig gewürdigt wurde; das Rechtsgutachten des BGH wollte ihm sogar keine Bedeutung zumessen. Doch man muss nicht zum mittelalterlichen Recht zurückkehren, um einer langen Übung Bedeutung zuzumessen. Selbst wenn nur Funktionalität zählt, dann kommt der Gewöhnung an Abläufe eine Bedeutung zu. Der Großteil der Bevölkerung, der nicht Rechtswissenschaft studiert hat, schätzt juristische Fragen nach der Erfahrung der Familie und Freunde ein. Das Berliner Testament wurde sogar vom BGB-Gesetzgeber abgelehnt und nicht mit einer eigenen Regelung aufgenommen. Trotz der deutlichen Nachteile dieses Modells wird es immer noch in der Praxis viel genutzt, wenn Juristen den Erblassern nicht davon abraten können. Solche Wertungen werden offenbar von Generation zu Generation weitergegeben.

Das französische Recht unterstützte im 19. Jahrhundert die Wirtschaft und bürgerliche Liberalität. Dadurch erntete es die Anerkennung der Bevölkerung, die es später gerade auch als Unterschied zum restlichen (Alt-)Preußen schätzte. So gewannen auch die Institutionen des rheinischen Rechts an Popularität. Offenbar gelang es dem Notariat französischer Prägung, über Jahrhunderte einen Nachwuchs zu gewinnen, dessen juristische Leistung gewürdigt und dessen Integrität anerkannt wurde. Das gesellschaftliche Ansehen beruht hier auf einem wahrgenommenen Erfolg von Ausbildung und Institution.

Sicherlich sind Änderungen an einem so wohl eingerichteten System möglich. Doch birgt dies das Risiko, dass dabei versehentlich der Grund des bisherigen Erfolgs beseitigt wird.

Nun ist der Begriff „Reform" ein ideales Beispiel für einen politischen Mythos, weil er nicht anders gedacht werden kann als positiv; niemand kann sich einer Reform entziehen, auch wenn niemand weiß, was der Inhalt sein werde oder ob eine wohleingespielte Regelung betroffen ist. Während man sich heute mit einer Reform als Politiker profiliert, waren die Gesetzgeber des 18. Jahrhunderts grundsätz-

---

[64] Hattenhauer, Geschichte des Beamtentums, 1980, S. 344.
[65] Insoweit rechtsirrig EuGH 24.5.2011 – C-54/08.

lich skeptisch: Jede Änderung könne das beinträchtigen, was bisher die Staatsmaschinerie hätte funktionieren lassen.[66]

Natürlich weiß gerade ein Historiker, dass Veränderungen der gesellschaftlichen Gegebenheiten möglicherweise Änderungen der Gesetze erfordern. Dennoch sind historische Kenntnisse notwendig, um die Genese von Normen und ihren zeitgemäßen Zusammenhang zu verstehen. Während das französische Nur-Notariat beispielsweise einem Plan entsprach, entstand das Anwaltsnotariat eher als Reaktion auf eine fehlgeschlagene Reform und ohne einen großen Plan, geradezu als „Unfall".[67] Gute Erfahrungen in der Geschichte sollten Recht besonders gut legitimieren wie etwa das spezialisierte Notariat; umgekehrt brauchen schlechte Erfahrungen nicht wiederholt zu werden. Wirkungen eines neuen Gesetzes zu prognostizieren, ist angesichts der Komplexität unserer Gesellschaft kaum möglich. Gerade daher sollte man anerkennen, wenn sich ein Recht oder eine Institution bewährt hat.

---

[66] Zum nicht einhaltbaren Ideal der Gesetzgebung Friedrich II. von Preussen, Œuvres de Frédéric le Grand, ed. J. Preuss, Band 9, 1846, S. 11–37, 27.
[67] Schmoeckel, Das Notariat als notwendiger Begleiter, in Deutscher Anwaltverein, Anwälte und ihre Geschichte, 2011, S. 65–90, 80.

HANS-CHRISTOPH SCHÜLLER

Gesellschaftsrecht unter Genehmigungsvorbehalt – ein Beitrag zur rechtlichen Einordnung der Sozietät im hauptberuflichen Notariat

I. *Im Spannungsfeld zwischen Privatrecht und staatlicher Regulierung*

Das notarielle Berufsrecht steht in einem permanenten Spannungsfeld zwischen subjektiven Rechten, die sich aus dem Schutzbereich der Berufsfreiheit nach Art. 12 Abs. 1 GG ergeben, und staatlichen Regulierungen, die sich aus dem öffentlichen Amt des Notars zwingend ergeben.[1] Der hoheitliche Charakter der notariellen Tätigkeit setzt gesetzliche Normen voraus, die einen für die Rechtsuchenden sicheren Rahmen dafür schaffen, dass die Amtsträger die ihnen vom Staat übertragenen Aufgaben ordnungsgemäß erfüllen.[2] Auf dem Gebiet der vorsorgenden Rechtspflege sind dem Notar durch die Wahrnehmung originärer Staatsaufgaben Zuständigkeiten übertragen, die hoheitlich ausgestaltet sein müssen.[3]

Aus der Entscheidung des Gesetzgebers, dass Notarinnen und Notare ihren Beruf wirtschaftlich eigenständig und auf eigenes Risiko ausüben, folgt zwangsläufig eine weitgehende Öffnung des Schutzbereichs aus Art. 12 Abs. 1 GG. Notare sind nach § 1 BNotO unabhängige Träger eines öffentlichen Amtes. Die gesetzlich garantierte Unabhängigkeit beschreibt sicherlich vorrangig die Rechtsstellung des Notars zu dem amtsverleihenden Land.[4] Damit verbunden ist aber auch eine sachliche und wirtschaftliche Unabhängigkeit des Notars als notwendige Voraussetzung für eine berufliche Selbständigkeit.[5]

Der janusköpfige Status der Notare wird zutreffend in der Weise beschrieben, dass sie einen staatlich gebundenen Beruf ausüben.[6] Diese vom Bundesverfassungsgericht in ständiger Rechtsprechung verwendete Definition eröffnet den Korridor zwischen Sonderregelungen, die der Notar in Anlehnung an Art. 33 GG hinzunehmen hat und der Garantie der Berufsfreiheit nach Art. 12 Abs. 1 GG. Es bleibt eine

---

[1] Bormann in Diehn, 2. Aufl. 2019, BNotO § 9 Rn. 1.
[2] Frenz in Frenz/Miermeister, 5. Aufl. 2020, BNotO § 1 Rn. 2.
[3] BVerfG DNotZ 2009, 713 mit Anmerkung Meyer; zuvor bereits BVerfGE 73, 280 (293f.); Eschwey in Schippel/Eschwey, 11. Aufl. 2023, BNotO § 1 Rn. 17; Frenz in Frenz/Miermeister, 5. Aufl. 2020, BNotO § 1 Rn. 18.
[4] Bohrer, Das Berufsrecht der Notare, 1991, Rn. 142; Frenz in Frenz/Miermeister, 5. Aufl. 2020, BNotO § 1 Rn. 29; Plottek in Schönenberg-Wessel/Plottek/Sikora, 2023, BNotO § 1 Rn. 31 ff.
[5] Vgl. hierzu Bohrer, Das Berufsrecht der Notare, 1991, Rn. 145, 305 ff.
[6] BVerfGE 131, 130 = DNotZ 2012, 945; DNotZ 2009, 702 (704); BVerfGE 7, 377 (398).

gemeinsame Aufgabe des Staates und der Selbstverwaltung des Berufsstandes, in diesem Spannungsfeld Maß und Mitte zu finden.

Korrekturen durch die Rechtsprechung sind auch in Zukunft nicht ausgeschlossen. Der Berufsstand darf in seinem Engagement jedoch nicht nachlassen, Eckpfeiler des notariellen Berufsrechts zu verteidigen, gleichzeitig aber gilt es, die politische Tugend zu beachten, auf gesellschaftliche Entwicklungen mit Weitsicht zu reagieren.

II. Die Sozietät – eine Gesellschaft besonderer Art

Den Beruf des Notars in Gemeinschaft mit anderen Berufsträgern auszuüben, ist eine nachvollziehbare und verständliche Überlegung, die verfassungsrechtlich gestützt werden kann. Die Garantie der Berufsfreiheit umfasst auch die Freiheit des Notars, seinen Beruf gemeinsam mit anderen auszuüben.[7] Büroorganisatorische Vorteile sprechen ebenso für eine solche Sozietät wie der fachliche Austausch zwischen den Partnern. Es lassen sich viele Argumente zusammentragen, die eine gemeinsame Berufsausübung nahelegen. Wer eine persönlich wie fachlich gute Partnerschaft erleben durfte, wird sich gerne daran erinnern. Zu bedenken ist aber auch, dass nicht wenige Sozietäten infolge eines Zerwürfnisses zwischen den Partnern scheitern und die Abwicklung der Sozietät mit rechtlichen wie tatsächlichen Schwierigkeiten verbunden sein kann. Für eine gelungene Partnerschaft sind naturgemäß verschiedenen Faktoren bestimmend, nicht zuletzt eine Übereinstimmung in wesentlichen Fragen des Berufsrechts. Auch in diesem Zusammenhang mahnt Schiller's Glocke: „Drum prüfe, wer sich ewig bindet".

Tatsächlich wurde lange Zeit mit dem Eingehen einer Sozietät auch aus der Sicht des Berufsstandes die Erwartung einer dauerhaften Partnerschaft verbunden, die – wenn überhaupt – nur aus wichtigen Gründen getrennt werden konnte. Bestimmend für einen solchen Ausschluss des Kündigungsrechts war wohl vorrangig die Befürchtung, dass ein kündigender Sozius bestehende Mandatsbeziehungen der Sozietät zum unangemessenen Nachteil des früheren Partners auf sich übertragen könnte und eine Kündigung zum Wegfall von Versorgungszusagen führen wird. Diese rein ökonomischen Betrachtungen konnten mit Erfordernissen einer geordneten Rechtspflege nicht begründet werden und waren auch gesellschaftsrechtlich sehr bedenklich.[8]

Richtig ist, dass Sozietätsverhältnisse grundsätzlich auf Dauer angelegt sein sollen. Die Stabilität einer Sozietät ist durchaus als ein Belang der geordneten Rechtspflege zu beachten. So ist nach Maßgabe der Notarverordnung NRW einer Sozietät die Genehmigung zu versagen, wenn eine Notarin oder ein Notar das 60. Lebensjahr bereits vollendet hat, es sei denn, dass eine bestehende Sozietät mit dem Amtsnachfolger des ausgeschiedenen Partners fortgesetzt wird.[9] Sogenannte Abbruch-

---

[7] BVerfG DNotZ 2009, 704; BVerfGE 98, 49 (62) = DNotZ 1998, 754.
[8] § 723 Abs. 3 BGB aF; jetzt § 725 Abs. 6 BGB; zu entsprechenden Absprachen in Verträgen von Freiberuflern Lieder in Erman, 17. Aufl. 2023, BGB § 725 Rn. 26.
[9] § 15 Abs. 3 Nr. 4 NotVO NRW vom 5.10.2016, GV NRW 2016, 837 ff.

sozietäten, die aufgrund des Alters einer der Sozien von vornherein das Ausscheiden eines Sozius im Blick haben, würden in unzulässiger Weise die Personalhoheit der Justizverwaltung berühren.[10]

Andererseits sind die eigenverantwortliche Amtsführung und die Unabhängigkeit des Notars zu gewährleisten. Ein Sozius, der sich in der Rolle eines abhängigen Angestellten sieht, oder der bei der Umsetzung von erforderlichen büroorganisatorischen Maßnahmen gegen den Widerstand seines Partners erfolglos kämpft, muss die Möglichkeit haben, sich aus dieser Sozietät in angemessener und kollegialer Weise zu lösen.[11]

Ein Kündigungsrecht aus übergeordneten Gründen der Rechtspflege wird im Übrigen immer dann gegeben sein, wenn der Amtssitz eines Partners verlegt wird.

Die geltenden Richtlinien der Notarkammern greifen die Thematik der Dauerhaftigkeit beziehungsweise Kündbarkeit der Sozietätsverträge sehr abgewogen und praxisbezogen auf.[12] Die Interessen der Gesellschafter sind mit den Vorgaben des Berufsrechts sachgerecht zu verbinden. Heute sind im Bereich der Rheinischen Notarkammer von 300 hauptamtlich amtierenden Notarinnen und Notaren 122 in Sozietäten verbunden, mithin gut 40%. Diese Zahlen belegen, dass die Sozietät im hauptberuflichen Notariat Normalität erlangt hat.

Es ist naheliegend, dass die gemeinsame Berufsausübung nur in der Form einer Gesellschaft bürgerlichen Rechts erfolgen kann, die durch Abschluss eines Gesellschaftsvertrags nach §§ 705 ff. BGB entsteht.[13] Damit ist auf den ersten Blick der Bereich des Privatrechts mit allen Gestaltungsmöglichkeiten eröffnet, die das Gesellschaftsrecht zur Verfügung stellt. Dies erscheint vor dem Hintergrund der wirtschaftlichen Eigenständigkeit der Berufsausübung folgerichtig. Doch bereits bei der Frage, welche Beiträge die Gesellschafter gemäß § 709 BGB zu leisten haben, ergeben sich mit Rücksicht auf die Höchstpersönlichkeit der notariellen Amtsausübung und im Hinblick darauf, dass das Amt des Notars weder übertragbar noch vererblich ist, wesentliche Einschränkungen bei der Ausgestaltung des Gesellschaftsvertrages. Eine Kapitalgesellschaft als Rechtsform einer Sozietät scheidet daher von vornherein aus. Ebenso können Notare sich nicht in Form einer Partnerschaft nach dem Partnerschaftsgesetz vom 25.7.2004 zusammenschließen, das die Notare bewusst nicht als partnerschaftsfähigen Beruf erwähnt. Die Haftungs- und Vertretungsregeln wären mit dem höchstpersönlichen Amt des Notars nicht vereinbar.[14]

Den allgemeinen Rahmen für die gesellschaftsvertraglichen Vereinbarungen der Sozien gibt § 9 Abs. 3 BNotO, der für hauptamtliche Notare wie für Anwaltsnotare in gleicher Weise verbindlich ist, in eindeutiger und unmissverständlicher Weise vor:

Die Verbindung zur gemeinsamen Berufsausübung oder die gemeinsame Nutzung der Geschäftsräume ist nur zulässig, soweit hierdurch die persönliche und

---

[10] Bischoff in Würzburger Notarhandbuch, 6. Aufl. 2022, Teil 1 Kap. 1 Rn. 55.
[11] Bormann in Diehn, 2. Aufl. 2019, BNotO § 9 Rn. 20.
[12] Einzelne Nachweise bei Bormann in Diehn, 2. Aufl. 2019, BNotO § 9 Rn. 25 ff.
[13] Vgl. Bohrer, Das Berufsrecht der Notare, 1991, Rn. 312 ff.; Strauß in Schippel/Eschwey, 11. Aufl. 2023, BNotO § 9 Rn. 9.
[14] Strauß in Schippel/Eschwey, 11. Aufl. 2023, BNotO § 9 Rn. 11.

eigenverantwortliche Amtsführung, Unabhängigkeit und Unparteilichkeit des Notars nicht beeinträchtigt werden. Damit sind die Grenzen für gesellschaftsrechtliche Vereinbarungen deutlich gezogen. So würde ein Weisungsrecht gegenüber einem Partner eklatant gegen den Grundsatz der Eigenverantwortlichkeit verstoßen. Keiner der beteiligten Notare darf in eine untergeordnete Rolle gedrängt werden. Verstöße gegen die Grundsätze nach § 9 Abs. 3 BNotO führen nach § 134 BGB in der Regel zur Nichtigkeit der getroffenen Vereinbarung. Berufsständische Gesetze im formellen Sinne gehören unbestritten zu den Gesetzen im Sinne von § 134.[15] Auch Satzungen von Berufskammern des öffentlichen Rechts enthalten Gesetze im Sinne von § 134 BGB.[16] Die Nichtigkeit als Rechtsfolge des Verstoßes ist immer dann anzunehmen, wenn es mit dem Sinn und Zweck des Verbotsgesetzes unvereinbar wäre, die durch das Rechtsgeschäft getroffene rechtliche Regelung hinzunehmen und bestehen zu lassen.[17]

Im Zweifel folgt aus dem Verstoß gegen ein gesetzliches Verbot nicht nur eine Teilnichtigkeit, sondern die Gesamtnichtigkeit des Gesellschaftsvertrages.[18] Ob sich im Einzelfall nach den von der Rechtsprechung entwickelten Grundsätzen über die „fehlerhafte Gesellschaft" Einschränkungen der Nichtigkeitsfolge ergeben können, mag dahinstehen.[19] Rechtsunsicherheiten im Bereich von Berufsverbindungen zwischen Notaren sind jedoch im Hinblick auf das öffentliche Amt nicht hinnehmbar.

Die Eigenverantwortlichkeit des Notars als Amtsträger führt somit zu einer Einschränkung der rein zivilrechtlich möglichen Vereinbarungen. Der Sozietätsvertrag kann sich nur auf den wirtschaftlichen und organisatorischen Bereich der Sozietät beziehen, der die Grundlagen für die selbständige Ausübung des Amtes durch jedes einzelne Mitglied der Sozietät schaffen soll.[20] Das öffentliche Amt kann ebenso wenig wie die Amtstätigkeit des Notars Gegenstand privatrechtlicher Vereinbarungen sein.[21]

Das Notaramt als solches ist nicht „vergemeinschaftungsfähig".[22] Deshalb ist es richtig, wenn die Sozietät grundsätzlich als „Innengesellschaft" eingeordnet wird.[23] Dies schließt ein gelegentliches Auftreten nach außen nicht aus, etwa bei Abschluss eines Mietvertrages hinsichtlich gemeinsamer Büroräume; entsprechendes gilt im Hinblick auf Arbeitsverträge mit Mitarbeiterinnen und Mitarbeitern.

Die Begrifflichkeit ist der Sache nachgeordnet: Der Beurkundungsauftrag richtet sich immer an den einzelnen Notar, nicht an die Sozietät als Gesellschaft.[24] Hiervon

---

[15] Sack/Seibl in Staudinger, 2011, BGB § 134 Rn. 26.
[16] Sack/Seibl in Staudinger, 2011, BGB § 134 Rn. 27.
[17] BGH NJW 2011, 373f.; Sack/Seibl in Staudinger, 2011, BGB § 134 Rn. 61.
[18] Im Einzelnen hierzu Sack/Seibl in Staudinger, 2011, BGB § 134 Rn. 57ff.; Arnold in Erman, 17. Aufl. 2023, BGB § 134 Rn. 20.
[19] Vgl. BGHZ NJW 1992, 1501.
[20] Baumann in Frenz/Miermeister, 5. Aufl. 2020, BNotO § 9 Rn. 9; Strauß in Schippel/Eschwey, 11. Aufl. 2023, BNotO § 9 Rn. 4.
[21] Bormann in Diehn, 2. Aufl. 2019, BNotO § 9 Rn. 10.
[22] Außner in Schönenberg-Wessel/Plottek/Sikora, 2023, BNotO § 9 Rn. 16; so der Gesetzentwurf der Bundesregierung vom 22.1.2021, BR-Drs. 55/21, 374f.
[23] So Görk in Schippel/Görk, 10. Aufl. 2021, BNotO § 9 Rn. 5.
[24] Strauß in Schippel/Eschwey, 11. Aufl. 2023, BNotO § 9 Rn. 4; Baumann in Frenz/Miermeister, 5. Aufl. 2020, BNotO § 9 Rn. 9.

ausgehend ist es nach wie vor zu kritisieren, wenn Sozietäten unter der Bezeichnung „Notariat" auftreten, gerne auch verbunden mit einer lokalen Standortbestimmung, so dass der Eindruck einer handelsrechtlichen Firmierung entstehen kann.[25] Neben berufsrechtlichen Bedenken sind haftungsrechtliche Überlegungen nicht von der Hand zu weisen, wenn der Rechtsschein erweckt wird, dass die Gemeinschaft als solche notarielle Dienste anbietet. Der Bundesgerichtshof hat die Verwendung der Bezeichnung „Notariat" noch einmal in seiner Entscheidung vom 23.4.2018 mit deutlichen Worten beanstandet.[26]

Die Berufsverbindung von Notaren ist eine Gesellschaft besonderer Art, deren rechtliche Einordnung einen sorgfältigen Blick in verschiedene Richtungen verlangt. Hierzu gehört nicht zuletzt ein sensibler Umgang in der Außendarstellung der Sozietät.

III. Früher war nicht alles besser – ein Rückblick

Da der Notarberuf als Teil der vorsorgenden Rechtspflege der staatlichen Organisations- und Personalhoheit unterliegt,[27] ist es folgerichtig, dass auch die gemeinsame Berufsausübung eine staatliche Regulierung akzeptieren muss, die die hoheitliche Struktur des Notariats sicherzustellen hat.[28] Die berufliche Verbindung mehrerer Notare darf nicht dazu führen, dass die Organisations- und Personalhoheit des Staates faktisch eingeschränkt oder gar unterlaufen wird. Abstrakten Gefahren für die Erfordernisse einer geordneten Rechtspflege ist in geeigneter Weise zu begegnen. Doch welche Maßnahmen legislatorisch und auf der Verordnungsebene geeignet und erforderlich sind, war jedenfalls seit dem Inkrafttreten der Bundesnotarordnung im Jahr 1961 ein im Berufsstand und innerhalb der Justizverwaltung immer wieder lebhaft diskutiertes Thema, mit dem auch die Rechtsprechung verschiedentlich befasst wurde.[29] Es waren in erster Linie wirtschaftliche Interessen der großen Notariate, die mit den Belangen des Allgemeinwohls in Einklang zu bringen waren. Abzuwägen sind sicherlich auch berufspolitische Argumente, wie etwa die Sicherstellung eines leistungsstarken Notariats in einem immer stärker konkurrierenden Rechtsbesorgungsmarkt. Ein langer, manchmal auch sehr mühsamer Weg führte zu dem heutigen, nach Einschätzung des Verfassers im Berufsstand weitgehend akzeptierten Regelungssystem.

Während die Reichsnotarordnung aus dem Jahr 1937 so gut wie keinen Regelungsbedarf sah (es kann davon ausgegangen werden, dass in Köln und Düsseldorf auch vor dem Zweiten Weltkrieg Notar-Sozietäten bestanden) und in § 10 lediglich vorgab, dass ein Notar, der nicht selbst als Rechtsanwalt zugelassen ist, sich nicht mit einem Rechtsanwalt zu gemeinsamen Berufsausübung verbinden

---

[25] Hierzu auch Strauß in Schippel/Eschwey, 11. Aufl. 2023, BNotO § 9 Rn. 53.
[26] BGH DNotZ 2018, 930.
[27] BVerfGE 17, 371 (379ff.).
[28] Bormann in Diehn, 2. Aufl. 2019, BNotO § 9 Rn. 1ff.
[29] So der nicht nur im Bereich der Rheinischen Notarkammer viel beachtete Beschluss des BGH zur „Dreier-Sozietät" vom 18.7.1994, DNotZ 1996, 179.

oder gemeinsame Geschäftsräume haben darf (nicht einmal die Verordnung zur Ausführung und Ergänzung der Reichsnotarordnung vom 26.6.1937 hielt eine weitergehende Regelung für erforderlich), hat der Gesetzgeber der Bundesnotarordnung vom 24.2.1961 das Thema der Sozietät eingehender behandelt. Allerdings sah der von der Bundesregierung eingebrachte Entwurf eines „Gesetzes über Maßnahmen auf dem Gebiete des Notariats" zunächst nur die wortgetreue Übernahme der Bestimmung in § 10 RhNotO vor.[30] In der Stellungnahme des Bundesrates wurde als Ergänzung ein neuer Absatz 2 angeregt, wonach die Landesregierungen ermächtigt werden, durch Rechtsverordnungen zu bestimmen, dass sich ein zu hauptberuflicher Amtsausübung bestellter Notar nur mit Genehmigung der Aufsichtsbehörde mit einem anderen Notar zur gemeinsamen Berufsausübung verbinden oder gemeinsame Geschäftsräume mit ihm haben kann.[31] Die Landesregierungen sollen der amtlichen Begründung zufolge „ermächtigt werden zu verbieten, dass selbständige Notarstellen dadurch aufgesogen werden, dass sich mehrere Notare zur gemeinsamen Berufsausübung verbinden, wodurch nach Wegfall eines Notars aus der Sozietät einem neuen Notar eine selbständige Berufsausübung praktisch unmöglich gemacht wird." Es darf vermutet werden, dass die Kammern des hauptamtlichen Notariats bei dieser Ergänzung federführend waren. Ob die Kammern schlechte Erfahrungen mit nicht fortgeführten Sozietäten gemacht haben, oder ob die Verordnungsermächtigung rein vorsorglich aufgenommen wurde, bleibt offen. Jedenfalls ist das Problem des „Aufsaugens" einer nicht fortgeführten Sozietät im Bereich der Rheinischen Notarkammer heute in der Weise sachlich vernünftig gelöst, indem der verbleibende, die Sozietät nicht fortsetzende Sozius verpflichtet ist, nach näherer Bestimmung der Richtlinien für die Amtspflichten und sonstigen Pflichten der Kammermitglieder in Verbindung mit der Beitragsordnung außerordentliche Beiträge an die Notarkammer zu entrichten.[32] Dieser Beitrag hat ausgleichenden Charakter und ist nicht etwa Sanktion für die Nichtfortsetzung der Sozietät. Deshalb sind die Beiträge zweckgebunden zu verwenden und dienen der Unterstützung von Amtsinhabern neu besetzter Notarstellen.[33]

Der Rechtsausschuss des Bundestages folgte dem Vorschlag des Bundesrates, allerdings unter Hinweis auf Art. 80 Abs. 1 GG mit dem die Ermächtigung konkretisierenden Zusatz „um den örtlichen Bedürfnissen und Gewohnheiten Rechnung zu tragen".[34] Ob allein damit verfassungsrechtlichen Vorgaben, wonach der Gesetzgeber alle wesentlichen Entscheidungen selbst zu treffen hat und nicht dem Verordnungsgeber überlassen darf,[35] hinreichend Rechnung getragen wurde, mag dahinstehen.

---

[30] BT-Drs. 219/3, Anlage 1.
[31] BT-Drs. 219/3, Anlage 2.
[32] § 113b Nr. 3 BNotO.
[33] Zu der Neuregelung vgl. auch Sikora in Schönenberg-Wessel/Plottek/Sikora, 2023, BNotO § 113b Rn. 11f.
[34] BT-Drs. 3/2128.
[35] BVerfGE 78, 249.

Jedenfalls hat das Dritte Gesetz zur Änderung der Bundesnotarordnung vom 31.8.1998 den Landesregierungen eine verfassungsrechtlich zweifelsfreie Rechtsgrundlage für Verordnungen gegeben, im Rahmen des bestehenden Ermächtigungszwecks weitere Bedingungen und Einzelheiten einer beruflichen Verbindung im Nurnotariat allgemein festzulegen.[36] Ausdrücklich klargestellt wurde in der Neufassung von § 9 Abs. 1 BNotO, dass solche Rechtsverordnungen zum Zweck der „Erfordernisse einer geordneten Rechtspflege" erlassen werden dürfen.[37] Das war eine überfällige Klarstellung, da die Bedürfnisse einer geordneten Rechtspflege in jedem Falle zu berücksichtigen, und „örtliche Bedürfnisse und Gewohnheiten" nur als Beispiel für die zu berücksichtigenden Belange zu sehen sind.[38]

Der Verordnungsgeber des Landes Nordrhein-Westfalen griff die Ermächtigung in § 9 Abs. 2 BNotO nach Inkrafttreten des Gesetzes im Jahr 1961 umgehend auf. In § 1 der Verordnung zur Ausführung der Bundesnotarordnung vom 14.3.1961[39] heißt es kurz und knapp, dass ein zu hauptberuflicher Amtsausübung bestellter Notar sich nur mit Genehmigung des Justizministers mit einem anderen Notar zur gemeinsamen Berufsausübung verbinden oder gemeinsame Geschäftsräume mit ihm haben darf. Das war eine klare Ansage, die faktisch einem Verbot der Sozietät gleichkam. Nach der im Einvernehmen mit der Rheinischen Notarkammer geübten Verwaltungspraxis wurden Sozietäten nur ausnahmsweise genehmigt, nämlich bei Fortführung einer Sozietät mit dem Amtsnachfolger des bisherigen Sozius, oder falls einer der Notare Inhaber einer neu errichteten Notarstelle war. Tendenzen im Hinblick auf eine Liberalisierung wurden erst Ende der 90er Jahre im Berufsstand erkennbar, sicherlich befördert durch die Neufassung von § 9 Abs. 1 BNotO im Rahmen des Dritten Gesetzes zur Änderung der Bundesnotarordnung vom 31.8.1998.[40] Der amtlichen Begründung zufolge „soll die Verbindung zur gemeinsamen Berufsausübung mit anderen Berufsangehörigen großzügiger ausgestaltet sein und die Sicherstellung der Unabhängigkeit und Unparteilichkeit des Notars durch Regelungen im notariellen Berufsrecht und im Beurkundungsrecht gewährleistet werden".[41] Eine Rechtfertigung für die restriktive, im Laufe der Zeit mit Ungleichbehandlungen verbundene Verwaltungspraxis wurde immer schwächer. Die Justizverwaltung des Landes NRW reagierte auf Reformüberlegungen zunächst sehr zurückhaltend, möglicherweise auch vor dem Hintergrund der erfolgreichen Abwehr einer mehrgliedrigen Sozietät, bestehend aus drei und mehr Partnern.[42] Deshalb war für die Justiz eine Lockerung der Genehmigungspraxis nur akzeptabel, wenn hierdurch das Organisationsermessen des Staates nicht in Frage gestellt wird, eine Klarstellung, die durchaus nachvollziehbar war und immer noch berechtigt ist. Die intensiv geführten Diskussionen führten schließlich zu der Verordnung vom 19.1.2000,[43] die im

---

[36] So die amtliche Begründung des Gesetzentwurfs BT-Drs. 13/4184, 22.
[37] BT-Drs. 13/4184, 22.
[38] BVerfG DNotZ 2009, 702 (706).
[39] GV NRW 1961, 163.
[40] BGBl. 1998 I 2586.
[41] BT-Drs. 13/4184.
[42] BGH DNotZ 1996, 179.
[43] GV NRW 2000, 51.

Wesentlichen der heute gültigen „Notarverordnung NRW" vom 5.10.2016 entspricht.[44]

In § 2 Abs. 2 der Verordnung vom 19.1.2000 werden erstmalig einzelne Versagungsgründe für eine Sozietät aufgezählt. Die Erfordernisse einer geordneten Rechtspflege werden damit durch den Verordnungsgeber selbst konkretisiert. Während die bisherige Rechtslage eine besondere Begründung für eine Genehmigung verlangte, öffnet die Verordnung vom 19.1.2000 von ihrer Intention her den Weg in die Sozietät, es sei denn, dass konkrete Versagungsgründe einer Genehmigung entgegenstehen. § 9 Abs. 1 S. 2 BNotO beinhaltet ein präventives Verbot mit Erlaubnisvorbehalt, das Notarsozietäten zwar nicht generell verbietet, sie aber einer vorherigen Kontrolle unterstellt.[45] Der Behörde wird die vorsorgliche Kontrolle ermöglicht, ob sich bestimmte Vorhaben als gesetzeskonform erweisen. Sofern das Vorhaben den gesetzlichen Anforderungen genügt, muss die Kontrollerlaubnis erteilt werden, ohne dass insoweit von einem Regel-Ausnahme-Verhältnis zwischen Erteilung und Versagung der Genehmigung gesprochen werden könnte.[46] Ein Rechtsanspruch auf Erteilung der Genehmigung besteht nicht; es kann in einem Verwaltungsverfahren grundsätzlich nur eine Entscheidung nach pflichtgemäßem Ermessen erfolgen.[47]

In Verbindung mit der Rechtsverordnung vom 19.1.2000, die diesen positiven Ansatz aufgreift, ist der Genehmigungsvorbehalt nach § 9 Abs. 1 S. 2 BNotO verfassungsrechtlich nicht mehr zu beanstanden.[48]

Im Gebiet des hauptberuflichen Notariats haben fast alle Landesjustizverwaltungen von der Verordnungsermächtigung Gebrauch gemacht.[49] Eine sozietätsfreundliche Tendenz darf übereinstimmend festgestellt werden.[50] Differenzierungen ergeben sich bei der Frage einer Sozietätsobergrenze. Nach § 9 Abs. 1 S. 2 Nr. 2 BNotO kann der Verordnungsgeber eine Höchstzahl der beteiligten Berufsangehörigen festsetzen. Auch insoweit hat das dritte Änderungsgesetz zur BNotO vom 31.8.1998 Rechtssicherheit geschaffen.[51] Die bis zu dieser Novellierung in Sachen Großsozietäten getroffenen Personalentscheidungen standen verfassungsrechtlich vielfach auf dünnem Eis.[52]

Es liegt auf der Hand, dass bei größeren Sozietäten die Personalhoheit der Justizverwaltung im Falle der Wiederbesetzung von Notarstellen tangiert sein kann. Der gleiche Zugang zum öffentlichen Amt des Notars gemäß Art. 33 Abs. 2 GG ist ein hohes Gut, das vor abstrakten und konkreten Gefahren zu schützen ist.[53] Ebenso können Unabhängigkeit und Eigenverantwortlichkeit des Notars in der Struktur

---

[44] GV NRW 2016, 837 ff.
[45] BVerfG DNotZ 2009, 702 (706); BGHZ 127, 83 (98); Außner in Schönenberg-Wessel/Plottek/Sikora, 2023, BNotO § 9 Rn. 25.
[46] BGH DNotZ 2005, 870 f.
[47] Außner in Schönenberg-Wessel/Plottek/Sikora, 2023, BNotO § 9 Rn. 25.
[48] BGH DNotZ 2005, 870; BVerfG DNotZ 2009, 702 mit Anmerkung Meyer.
[49] Vgl. die Nachweise bei Strauß in Schippel/Eschwey, 11. Aufl. 2023, BNotO § 9 Rn. 46.
[50] Sehr zurückhaltend die Thüringer Verordnung vom 11.4.2011 (GVBl. 2011, 79).
[51] BGBl. 1998 I 2586.
[52] Vgl. BVerfGE 98, 49 (62).
[53] Vgl. Bormann in Diehn, 2. Aufl. 2019, BNotO § 9 Rn. 18.

einer Großsozietät gefährdet sein. Deshalb ist die Festlegung auf eine Obergrenze richtig und im Interesse der geordneten Rechtspflege notwendig. Bayern, Nordrhein-Westfalen und Rheinland-Pfalz haben eine Höchstzahl von zwei Notaren pro Sozietät bestimmt, aus Sicht der Praxis eine Regelung, die sich bewährt hat. Je weiter die Zahl nach oben geht, umso schwieriger wird die Begründung dafür sein, weshalb gerade an dieser Stelle die Grenze gezogen wird. Der Anschein einer willkürlichen Festlegung ist zu vermeiden, ebenso eine Entscheidung im Einzelfall, die dem Verdacht ausgesetzt sein könnte, von sachfremden Erwägungen bestimmt zu sein.

Die spezifischen hamburgischen Verhältnisse können sicherlich nicht auf andere Gebiete des hauptberuflichen Notariats übertragen werden.[54] Zu lange hat man eine Entwicklung zu immer größeren Sozietätseinheiten zugelassen und sah sich dann kaum lösbaren Problemen und den Interessen betroffener Sozietäten im Zusammenhang mit der Festlegung vertretbarer Obergrenzen ausgesetzt.

IV. Alle Vereinbarungen im Licht der Rechtsverordnungen

Auf der Grundlage der ursprünglichen Verordnung des Landes NRW vom 14.3.1961 konnte man durchaus die Frage stellen, ob nur die Sozietät als solche, oder auch der entsprechende Sozietätsvertrag genehmigungsbedürftig ist. Dieser stand zivilrechtlich sicherlich unter aufschiebender Bedingung einer Genehmigung der Sozietät durch die Landesjustizverwaltung, die vom weiteren Inhalt des Vertrages aber keine Kenntnis nahm und hiervon regelmäßig auch keine Kenntnis nehmen wollte. Über die einzelnen vertraglichen Regelungen war lediglich die Notarkammer informiert, die im Rahmen des Genehmigungsverfahrens um eine Stellungnahme gebeten wurde. Interne Richtlinien bestimmten hierbei das Votum der Kammer, die im Übrigen mit Musterverträgen kollegiale Hilfestellung leistete.

Vor diesem Hintergrund darf bezweifelt werden, ob auch die einzelnen Bestimmungen des Sozietätsvertrages von dem Genehmigungsvorbehalt erfasst wurden.[55] Änderungen beziehungsweise Ergänzungen des Vertrages wird man dann ebensowenig einem Genehmigungserfordernis unterstellen können.

Diese Einschätzung hat sich jedoch mit Erlass der Verordnung des Landes NRW vom 19.1.2000 grundlegend geändert.[56] In § 2 Abs. 2 Nr. 1 der Verordnung NRW wird die vertragliche Vereinbarung über die gemeinsame Berufsausübung einer Kontrolle unterworfen, indem geprüft wird, ob gegen Bestimmungen des Bundes- oder Landesrechts verstoßen wird.[57] Die neue Verordnung vom 19.1.2000 öffnet die Sozietät, stellt aber an das Genehmigungsverfahren im Interesse der geordneten Rechtspflege höhere Anforderungen. Hierzu gehört die Vorlage und Prüfung eines

---

[54] Vgl. hierzu Strauß in Schippel/Eschwey, 11. Aufl. 2023, BNotO § 9 Rn. 43.
[55] Vgl. Lerch in Arndt/Lerch/Sandkühler, 8. Aufl. 2016, BNotO § 9 Rn. 12.
[56] Vgl. auch § 3 Abs. 1 der Bayerischen Notarverordnung vom 10.2.2000, GVBl. 2000, 60; § 1 der Hamburgischen Notarverordnung vom 11.11.2011, HmbGVBl. 2011, 505; § 11 Abs. 4 der Notarverordnung Baden-Württemberg vom 18.9.2017, BW GBl. 2017, 511.
[57] Heute § 15 Abs. 3 Nr. 1 der Verordnung NRW vom 5.10.2016, GV NRW 2016, 837 ff.

konkreten Sozietätsvertrages, der damit in allen seinen Bestimmungen vom Genehmigungsvorbehalt erfasst wird. Die Sozietät wird nur auf der Grundlage eines individuellen Vertrages genehmigt; Blankogenehmigungen sind unzulässig.[58]

Nicht vorgelegte und damit von der Genehmigung nicht erfasste Vereinbarungen bleiben bis zu einer Genehmigung grundsätzlich schwebend unwirksam.[59] Bedarf ein Rechtsgeschäft einer behördlichen Genehmigung, so bedeutet dies zugleich, dass die Vornahme ohne Genehmigung verboten ist. Verstöße gegen die Vorlagepflicht können daher disziplinarrechtliche Konsequenzen nach sich ziehen. Die Anzeigepflicht nach § 27 BNotO ist eine Amtspflicht, der der Notar selbständig nachkommen muss.[60] Sie bezieht sich auf die Verbindung zur gemeinsamen Berufsausübung als solche und folgerichtig auf alle hierüber getroffenen vertraglichen Vereinbarungen, die nach Maßgabe der bestehenden Rechtsverordnungen zu § 9 Abs. 1 S. 2 BNotO im Rahmen des Genehmigungsverfahrens vorzulegen sind.

Dieses Verständnis der Rechtsverordnungen zu § 9 Abs. 1 S. 2 BNotO führt weiter zu der Erkenntnis, dass auch jede Änderung eines Sozietätsvertrages der Genehmigung der Justizverwaltung bedarf, beispielsweise eine Teilzeitregelung, die die Sozien unter Berücksichtigung veränderter persönlicher Umstände festlegen wollen. Die Sozietät bietet organisatorisch vielfältige Möglichkeiten, Beruf und Familie besser miteinander zu verbinden. Das Dritte Gesetz zur Änderung der Bundesnotarordnung[61] hat mit der Einfügung der Bestimmungen gemäß §§ 48b und 48c BNotO Rechtsgrundlagen geschaffen, die auch für vertragliche Teilzeitregelungen eine Orientierung geben. Es ist das in der Gesetzesbegründung hervorgehobene Anliegen des Gesetzgebers, die Vereinbarkeit von Beruf und Familie zu verbessern.[62] Dem können und sollen die Sozien durch eine entsprechende Änderung ihres Vertrages Rechnung tragen. Eine großzügige Genehmigungspraxis von Notarkammer und Justizverwaltung wäre wünschenswert. Die Ausführungsvorschriften zu § 2 der Hamburgischen Notarverordnung[63] enthalten hierzu wertvolle Anregungen.

Einzelne Rechtsverordnungen haben klar und deutlich zum Ausdruck gebracht, dass Änderungen des Sozietätsvertrages genehmigungsbedürftig sind.[64] In den entsprechenden Richtlinien der Rheinischen Notarkammer vom 26.8.2022[65] ist demgegenüber lediglich die Verpflichtung aufgenommen, Änderungen der Vereinbarung der Kammer zur Prüfung vorzulegen (§ 2 Nr. 2).[66] Die Notarverordnung NRW selbst enthält keinen Hinweis zum Fall der Änderung einer Vereinbarung,

---

[58] OLG Köln DNotZ 1974, 762; Baumann in Frenz/Miermeister, 5. Aufl. 2020, BNotO § 9 Rn. 18.
[59] Arnold in Erman, 17. Aufl. 2023, BGB § 134 Rn. 5; Ellenberger in Grüneberg, 83. Aufl. 2024, § 134 Rn. 11a.
[60] Außner in Schönenberg-Wessel/Plottek/Sikora, 2023, BNotO § 27 Rn. 8.
[61] BGBl. 1998 I 2585.
[62] BT Drs. 13/4184.
[63] AV der Behörde für Justiz und Gleichstellung Nr. 21/2013.
[64] So § 3 Abs. 1 BayNotV; § 1 HambNotV; § 11 Abs. 5 BWNotV; § 12 NotVO-MV.
[65] Amtliche Mitteilungen Nr. 2/2022.
[66] Nur eine Anzeigepflicht im Hinblick auf Änderungen des Sozietätsvertrages enthalten § 1 Abs. 4 NotV Brandenburg und § 9 NotV Sachsen.

ebenso wenig die Notarverordnungen Sachsen-Anhalt und Thüringen. Aus dem Gesamtzusammenhang des Regelungssystems ergibt sich jedoch zwingend das Erfordernis einer Genehmigung auch für Änderungen des Sozietätsvertrages. Ausnahmen sind allein vorstellbar für Änderungen, die nicht den amtsbezogenen Kernbereich der Sozietät betreffen und deshalb berufsrechtlich erkennbar keine Relevanz haben, etwa Vereinbarungen zur steuerlichen Behandlung von Personenkraftwagen der Sozien oder auch Urlaubsregelungen im üblichen Rahmen.

Die Vorlage der Änderungsvereinbarung an die Notarkammer und eine Prüfung durch diese ist vorbereitend sicherlich richtig; die Kammer ist jedoch nicht ermächtigt, eine Art von Unbedenklichkeitsbescheinigung zu erteilen und damit den Vorgang abzuschließen. Sie wird in jedem Fall die Änderungsvereinbarung mit einer Stellungnahme der Justizverwaltung vorlegen müssen und damit das Verfahren zur Genehmigung einleiten. Es ist allein der Organisationsgewalt des Staates vorbehalten, die Zahl und den Zuschnitt der Notariate zu bestimmen; die Struktur der Sozietäten ist von diesem Bestimmungsrecht erfasst. Deshalb kann es nicht richtig sein, nur den ursprünglichen Sozietätsvertrag der Justizverwaltung zur Prüfung vorzulegen. Änderungen oder Ergänzungen können ebenso die Bereiche tangieren, die aus Sicht der Justiz auf ihre Zulässigkeit hin zu überprüfen sind. So sind etwa unzulässige Versorgungsleistungen nur zu verhindern, wenn das System keine Lücken lässt und vermeintlich schlaue Umwege verhindert. Bei Teilzeitregelungen ist darauf zu achten, dass die Gewinnverteilung nicht unangemessen verschoben wird. Teilzeitregelungen können auch personalplanerische Belange der Justizverwaltung berühren, so dass auch unter diesem Gesichtspunkt ein Genehmigungsverfahren erforderlich ist.

Im Interesse des Berufsstandes sollte Klarheit darüber bestehen, dass alle Schubladenvereinbarungen, die im Bereich der Sozietät geschlossen werden, im Zweifel nach § 134 BGB unwirksam sind und unwirksam bleiben. Eine bewusste Umgehung der Genehmigungspflicht wird regelmäßig sogar die Nichtigkeit des Rechtsgeschäfts zur Folge haben.[67] Hiervon ist bei allen Nebenabreden auszugehen, die Gewinnverteilungen oder Regelungen zu Versorgungsleistungen an einen ausgeschiedenen Sozius zum Gegenstand haben.

Ob im Einzelfall eine nachträgliche Genehmigung durch die Justizverwaltung zu einer Wirksamkeit der Vereinbarung führen kann, mag offenbleiben. Voraussetzung hierfür ist, dass die Regelung genehmigungsfähig ist. Ein mangels behördlicher Genehmigung schwebend unwirksamer Vertrag wird grundsätzlich nichtig, wenn die Genehmigung unanfechtbar versagt worden ist.[68]

Die Partner sollten ein eigenes Interesse daran haben, im Rahmen der vertraglichen Gestaltung ihrer Sozietät ausschließlich Vereinbarungen zu treffen, die einer nachfolgenden Prüfung standhalten. Rechtliche Auseinandersetzungen sind in jeder Hinsicht sehr belastend und führen nicht selten zu menschlichen Enttäuschungen. Vorsorgende Rechtspflege gilt auch für die eigenen Angelegenheiten.

---

[67] BGH NJW 1968, 1928; Sack/Seibl in Staudinger, 2011, BGB § 134 Rn. 175.
[68] Sack/Seibl in Staudinger, 2011, BGB § 134 Rn. 173; Ellenberger in Grüneberg, 83. Aufl. 2024, BGB § 134 Rn. 11a.

V. Nachfolgeregelungen auf verschiedenen Wegen

Vertragsändernden Charakter hat auch ein Gesellschafterwechsel. Für eine aus Notarinnen beziehungsweise Notaren bestehende Sozietät das Thema eines Gesellschafterwechsels zu erörtern, erscheint auf den ersten Blick überraschend, da das öffentliche Amt weder übertragbar noch vererblich ist. Übertragbar ist jedoch die Beteiligung an dem wirtschaftlichen und organisatorischen Bereich der Gesellschaft, die als solche auch Rechtsbeziehungen zu Dritten haben kann, die bei dem Ausscheiden eines Partners unverändert fortgesetzt werden sollen. Zu denken ist beispielsweise an den bestehenden Mietvertrag über die Praxisräume, die für den Geschäftsbetrieb des Notariats von elementarer Bedeutung sind.

Bei einer Sozietät, die aus mehr als zwei Personen besteht, wird eine Amtsnachfolge im Regelfall durch die von allen Sozien einvernehmlich zu treffende Vereinbarung eines Gesellschafterwechsels in Form der Abtretung des Gesellschaftsanteils des ausscheidenden Partners an seinen Amtsnachfolger vollzogen werden. Dieser Vorgang ist auch bei einer Zweier-Sozietät vorstellbar.

Zivilrechtliche und auch steuerrechtliche Überlegungen bestimmen den Ablauf der Nachfolgeregelung. So ist beispielsweise auch zu regeln, wie der Anteil am Betriebsvermögen der Sozietät auszugleichen ist. Das öffentliche Amt ist nur insoweit tangiert, als die Bestellung des neuen Gesellschafters zum Amtsnachfolger des ausscheidenden Gesellschafters als aufschiebende Bedingung zu vereinbaren ist und im Übrigen die Gesamtvereinbarung nach Maßgabe der entsprechenden Rechtsverordnung der Genehmigung durch Landesjustizverwaltung bedarf. Sicherlich wird es zweckmäßig sein, im Rahmen des Gesellschafterwechsels den Gesellschaftsvertrag der Sozietät insgesamt neu zu fassen.[69]

Es ist also allein privatrechtlichen Überlegungen überlassen, ob die bestehende Sozietät liquidiert und mit dem Amtsnachfolger eine neue Gesellschaft errichtet wird, oder ob innerhalb der bestehenden Gesellschaft ein Gesellschafterwechsel stattfindet. Belange der geordneten Rechtspflege sind hierdurch nicht berührt. Entscheidend ist allein die Transparenz gegenüber der Notarkammer und der Justizverwaltung, die nach Maßgabe der entsprechenden Rechtsverordnungen und den Richtlinien der Kammer einzubinden sind. Deshalb ist es als selbstverständlich anzunehmen, dass auch die Beendigung einer Verbindung der Aufsichtsbehörde anzuzeigen ist.

VI. Balance halten – eine berufsrechtliche Herausforderung

Die Sozietät im hauptberuflichen Notariat bleibt eine berufsrechtliche Herausforderung im Spannungsverhältnis zwischen Gesellschaftsrecht und öffentlich-rechtlichen Regulierungen. Hierbei die erforderliche Balance zu halten, ist für den

---

[69] § 11 Abs. 5 NotarVO BW sieht ausdrücklich vor, dass die Fortführung des Sozietätsvertrages mit einem Dritten der erneuten Genehmigung bedarf; ebenso § 1 Abs. 4 NotV Brandenburg und § 1 Abs. 3 NotV Sachsen-Anhalt.

Berufsstand eine permanente Aufgabe. Sich dieser Aufgabe zu stellen, ist ein wichtiger Beitrag für die Zukunft des Notariats, das auf leistungsstarke Sozietäten unter dem Schutzschirm des öffentlichen Amtes nicht verzichten kann.

Berufsrechtlichen Herausforderungen hat sich der Jubilar während seiner gesamten beruflichen Laufbahn mit Leidenschaft gewidmet. Mit ihm diese Leidenschaft über viele Jahre aktiv geteilt zu haben, war für den Verfasser dieser Zeilen eine große Freude und zugleich ein persönlicher Gewinn.

CHRISTINA STRESEMANN

Treuhandvereinbarungen über ein Grundstück: Formbedürftigkeit und Heilung

I. Einleitung

Der Notar wird stets zur Beurkundung einer Treuhandabrede raten. Die Beteiligten wollen eine solche Vereinbarung aber bisweilen nicht preisgeben und begnügen sich deshalb mit schriftlichen oder mündlichen Abreden. Die Geheimhaltung ist für sich genommen unschädlich, denn ein Treuhandgeschäft ist nicht schon wegen fehlender Offenlegung sittenwidrig.[1] Handelt es sich allerdings um ein Umgehungsgeschäft, dient es der Benachteiligung von Gläubigern oder der Steuerverkürzung, kommen entsprechende Unwirksamkeitsgründe in Betracht. Dagegen sollte das Unbehagen über eine konkrete Treuhandabrede nicht die Anwendung des § 311b Abs. 1 BGB beeinflussen, wie gelegentlich zu beobachten ist.[2] Die höchstrichterliche Rechtsprechung hierzu ist jüngst bekräftigt worden und bedarf lediglich in einem Randbereich kritischer Überprüfung.

II. Die Treuhandabrede

Ein Treuhandverhältnis ist dadurch gekennzeichnet, dass der Treuhänder die dingliche, also nach außen unbegrenzte Rechtsmacht über einen Vermögensgegenstand hat, im Innenverhältnis gegenüber dem Treugeber jedoch verpflichtet ist, das Treugut für diesen zu halten und zu gegebener Zeit auf ihn zu übertragen.[3] Eine Treuhand kann auf Gesetz oder auf Rechtsgeschäft beruhen. Die rechtsgeschäftliche Treuhand ist im Gesetz zwar nicht geregelt; die Vorschriften über den Auftrag (§§ 662ff. BGB) beziehungsweise – bei einer entgeltlichen Treuhand – über die Geschäftsbesorgung (§ 675 Abs. 1 BGB) werden aber als passend erachtet.[4] Eine unentgeltliche Treuhandabrede wird deshalb als Unterfall des Auftrags angesehen.[5] Der genaue Inhalt des Auftrags und etwaige Modifikationen des Auftragsrechts

---

[1] BGH WM 1966, 584 (585).
[2] Siehe zum Beispiel OLG Dresden NotBZ 2017, 391 sowie die Vorinstanzen zu BGH DNotZ 2022, 42 und NJW-RR 2021, 1244.
[3] Schubert in MüKoBGB, 9. Aufl. 2021, BGB § 164 Rn. 59; vgl. auch BGH DNotZ 2004, 128 (130).
[4] F. Schäfer in MüKoBGB, 9. Aufl. 2023, BGB § 662 Rn. 38.
[5] Vgl. BGH WM 2004, 2441 (2442); NJW 2002, 2459 (2460); WM 1995, 2065 (2067); BGHZ 32, 67 (70) = WM 1960, 435 (436); RGZ 160, 52 (59).

ergeben sich aus der zwischen Treuhänder und Treugeber getroffenen Vereinbarung. Sie wird bei einer Verwaltungstreuhand als Treuhandabrede, bei der Sicherungstreuhand als Sicherungsabrede bezeichnet. Diese fiduziarische Abrede beschränkt die dingliche Rechtsmacht des Treuhänders im Innenverhältnis und bildet – in diesem Rechtsverhältnis – den Rechtsgrund für den Erwerb des Treuhandguts durch den Treuhänder.[6]

Je nachdem, wie das Treugut in das Eigentum des Treuhänders gelangt, wird zwischen Übertragungstreuhand, Erwerbstreuhand und Vereinbarungstreuhand unterschieden.[7] Bei einer Übertragungstreuhand überträgt der Treugeber das Treugut auf den Treuhänder.[8] Eine Erwerbstreuhand liegt vor, wenn sich der Treuhänder das Treugut im Auftrag und auf Rechnung des Treugebers von einem Dritten beschafft.[9] Von einer Vereinbarungstreuhand wird gesprochen, wenn der (spätere) Treuhänder bereits Rechtsinhaber des Vermögensgegenstands ist und diesen erst mit Abschluss der Treuhandabrede für den Treugeber hält.[10]

III. Formbedürftigkeit einer Treuhandabrede über ein Grundstück

Ist Treugut ein Grundstück, stellt sich die Frage, inwieweit eine Treuhandvereinbarung der notariellen Beurkundung gemäß § 311b Abs. 1 BGB bedarf.

1. Die Rechtsprechung des BGH

a) *Übertragungstreuhand*

aa) *Schuldrechtliche Grundlage*

Bei der Übertragungstreuhand ist schuldrechtlicher Verpflichtungsgrund für die Übertragung des Grundstücks auf den Treuhänder allein die Treuhandabrede.[11] Sie verpflichtet den Treugeber, das Grundstück auf den Treuhänder zu übertragen, und den Treuhänder, das Grundstück für den Treugeber zu halten. Sie führt außerdem dazu, dass der Treuhänder nach § 667 BGB verpflichtet ist, das Grundstück nach dem Ende des Treuhandverhältnisses an den Treugeber zu übereignen. Haben die Beteiligten zum Schein einen Kaufvertrag beurkunden lassen, ist dieser nichtig und stattdessen die verdeckte, nicht beurkundete Treuhandvereinbarung maßgebend (§ 117 BGB).[12]

---

[6] Vgl. BGH NJW 1990, 2755 (2756) für eine der Übertragung einer Immobilie zugrundeliegende Treuhandabrede sowie BGH NJW 2018, 1683 Rn. 17 für die Sicherungsabrede bei der Bestellung einer Grundschuld.
[7] Vgl. BFHE 183, 518 (525) für einen Gesellschaftsanteil.
[8] Vgl. BFHE 183, 518 (525) für einen Gesellschaftsanteil.
[9] Vgl. BFHE 183, 518 (525) für einen Gesellschaftsanteil.
[10] Vgl. BGH WM 2017, 1573 Rn. 21 für einen Gesellschaftsanteil.
[11] Vgl. BGH NJW 1990, 2755 (2756).
[12] BGH NJW 1990, 2755 (2756).

bb) Welche Verpflichtungen führen zur Beurkundungsbedürftigkeit der Treuhandabrede?

Nach ständiger Rechtsprechung des Bundesgerichtshofs ist eine Treuhandvereinbarung in Form einer Übertragungstreuhand im Hinblick auf die erste Übertragungsverpflichtung des Treugebers und die korrespondierende Erwerbsverpflichtung des Treuhänders gemäß § 311 b Abs. 1 BGB beurkundungsbedürftig.

Dagegen löst die Verpflichtung des Treuhänders, das Grundstück mit Ende des Treuhandverhältnisses an den Treugeber zurück zu übereignen, keine Beurkundungspflicht aus, und zwar unabhängig davon, ob die Treuhandabrede hierzu eine Regelung enthält oder nicht.[13] Denn diese Verpflichtung, so die Begründung, ergibt sich nicht erst aus einer hierauf gerichteten Abrede, sondern bereits aus dem Gesetz, nämlich aus der Vorschrift des § 667 BGB, wonach der Beauftragte das aus der Geschäftsbesorgung Erlangte an den Auftraggeber herauszugeben hat.[14] Daneben stellt der Bundesgerichtshof darauf ab, dass der Beauftragte wirtschaftlich nur „Durchgangsstelle" ist und in Bezug auf die Verpflichtung, das Grundstück an den Treugeber zu übertragen, deshalb nicht des Schutzes des § 311 b Abs. 1 BGB bedarf.[15]

Anders liegt es, wenn die Beteiligten in Bezug auf die Übertragung des Grundstücks auf den Treugeber Regelungen treffen, die weitergehende Verpflichtungen begründen als in § 667 BGB vorgesehen. Hierzu zählen eine Erwerbs*pflicht* des Treugebers[16] und Regelungen, die die gesetzliche Herausgabepflicht des Treuhänders erweitern beziehungsweise verschärfen,[17] also beispielsweise auf Grundstücke oder Grundstücksbestandteile erstrecken, die nicht aus dem Treuhandauftrag erlangt sind. Solche Abreden bedürfen gemäß § 311 b Abs. 1 BGB der notariellen Beurkundung.[18] Keine Verschärfung der Herausgabepflicht des Treuhänders sind bloße Modifikationen oder Beschränkungen, wie die Verpflichtung, das Grundstück auf Weisung des Treugebers an einen Dritten herauszugeben,[19] die Befristung des Anspruchs aus § 667 BGB auf die Lebzeit des Treuhänders[20] oder Regelungen über die Verwertung des Grundstücks für den Fall, dass der Treuhänder fällige Forderungen des Treugebers nicht erfüllt.[21]

---

[13] BGH DNotZ 2022, 42 Rn. 15.
[14] BGH NJW-RR 2021, 1244 Rn. 13; DNotZ 2022, 42 Rn. 15; DNotZ 2018, 828 Rn. 15; NJW 1996, 1960; BGHZ 127, 168 (170) = NJW 1994, 3346; NJW-RR 1994, 317 (318); WM 1990, 1543 (1544); 17.3.1989 – V ZR 321/87, BGHR BGB § 313 S. 1 Treuhand 2; WM 1987, 693 (694); BGHZ 85, 245 (249) = NJW 1983, 566; NJW 1981, 1267 (1268); MDR 1970, 402; WM 1969, 917 (918). Das gilt auch für den Auftrag zum Erwerb eines Miteigentumsanteils: BGHZ 127, 168 (170) = NJW 1994, 3346.
[15] Näher dazu BGH DNotZ 2022, 42 Rn. 17 ff.
[16] BGHZ 85, 245 (251) = NJW 1983, 566 (567).
[17] BGH NJW-RR 2021, 1244 Rn. 18; DNotZ 2022, 42 Rn. 25.
[18] BGH NJW-RR 2021, 1244 Rn. 18; DNotZ 2022, 42 Rn. 25; WM 1990, 1543 (1545); BGHZ 85, 245 (251) = NJW 1983, 566 (567); vgl. auch BGHZ 127, 168 (175) = NJW 1994, 3346 (3347); 17.3.1989 – V ZR 321/87, BGHR BGB § 313 S. 1 Treuhand 2.
[19] BGH NJW-RR 2021, 1244 Rn. 18.
[20] BGH DNotZ 2022, 42 Rn. 26.
[21] BGH DNotZ 2022, 42 Rn. 26.

b) Erwerbstreuhand

aa) Schuldrechtliche Grundlage

Bei einer Erwerbstreuhand erwirbt der Treuhänder das Grundstück von einem Dritten oder in einer Zwangsversteigerung. Im Verhältnis zum Dritten ist Rechtsgrundlage für den Erwerb ein (beurkundungsbedürftiger) Kaufvertrag, in der Zwangsversteigerung bildet der Zuschlag den Erwerbsgrund. Hiervon zu unterscheiden ist die Treuhandabrede. Sie bildet im Verhältnis zum Treugeber den Rechtsgrund dafür, dass der Treuhänder das Grundstück für und auf Rechnung des Treugebers erwirbt und künftig für ihn hält.[22]

bb) Welche Verpflichtungen führen zur Beurkundungsbedürftigkeit der Treuhandabrede?

Der dem Treuhänder erteilte Auftrag, das Grundstück im eigenen Namen zu erwerben, führt dazu, dass die Treuhandabrede auch in dieser Konstellation beurkundungsbedürftig ist.[23] Das gilt gleichermaßen, wenn ein Erwerb in der Zwangsversteigerung den Gegenstand des Auftrags bildet.[24] Dass der Auftrag nur die Vorstufe zum Grundstückserwerb ist, ist unerheblich, denn unter § 311b Abs. 1 BGB fällt auch ein Vertrag, der zum Abschluss eines Grundstücksvertrages verpflichtet (sogenannte mittelbare Verpflichtung zum Grundstückserwerb).[25] In aller Regel ist von einer Erwerbs*pflicht* des (künftigen) Treuhänders auszugehen, denn die Treuhandabrede verpflichtet ihn, das übertragene Geschäft zu besorgen (§ 662 BGB). Ausreichend ist die Abrede, dass der Treuhänder das Grundstück erwerben soll, wenn ihm dies gelingt, wenn also die Kaufverhandlungen oder die Gebote in der Zwangsversteigerung erfolgreich sind; denn auch bedingte Verpflichtungen fallen unter die Formvorschrift des § 311b Abs. 1 BGB.[26] Anders ist es nur, wenn sich feststellen lässt, dass es im Belieben des Treuhänders stehen sollte, ob er das in Aussicht genommene Grundstück erwirbt oder nicht. Trifft den Treuhänder ausnahmsweise keine, auch keine bedingte, Erwerbspflicht, ist die Treuhandrede nicht beurkundungsbedürftig.

Die Verpflichtung des Treuhänders, das Grundstück nach Beendigung des Treuhandauftrags an den Treugeber zu übertragen, löst nach ständiger Rechtsprechung des Bundesgerichtshofs keine Beurkundungspflicht gemäß § 311b Abs. 1 BGB aus. Anders ist es nur, wenn die Beteiligten eine Regelung getroffen haben, die über die gesetzliche Verpflichtung des § 667 BGB hinausgeht. Das für die Übertragungstreuhand dazu Ausgeführte (→ III. 1. a bb) gilt in gleicher Weise für die Erwerbstreuhand.

c) Vereinbarungstreuhand

Bei einer Vereinbarungstreuhand trifft ein Grundstückseigentümer mit dem künftigen Treugeber die Abrede, dass er das bisher auf eigene Rechnung gehaltene

---

[22] Vgl. BGH NJW 1990, 2755 (2756).
[23] BGH DNotZ 2022, 42 Rn. 9 mit weiteren Nachweisen.
[24] BGHZ 85, 245 (250) = NJW 1983, 566 (567).
[25] Vgl. BGH NJW 1981, 1267 (1268).
[26] Vgl. BGH NJW 1981, 1267 (1268).

Grundstück nunmehr als Treuhänder für ihn hält. Diese Form der Treuhand erfordert lediglich den Abschluss eines schuldrechtlichen Vertrags; die dingliche Rechtslage wird nicht verändert. Die für eine echte Treuhand typische dingliche Komponente[27] – die Übertragung des Treuguts auf den Treuhänder – fehlt. Weil es nicht zu einer Eigentumsübertragung kommt, erfordert dieser Teil der Treuhandabrede für sich genommen keine Beurkundung.

Anders ist es in Bezug auf die Verpflichtung des Treuhänders, das Grundstück auf Verlangen des Treugebers an ihn zu übertragen. Im Gegensatz zur Rechtslage bei der Übertragungs- und Erwerbstreuhand löst sie die Beurkundungspflicht nach § 311b Abs. 1 BGB aus.[28] Denn bei der Vereinbarungstreuhand folgt die Übertragungsverpflichtung des Treuhänders nicht aus § 667 BGB. Der Treuhänder hat das Eigentum an dem Grundstück nicht durch den Treuhandauftrag oder dessen Ausführung erlangt; vielmehr hat er es bereits zuvor auf der Grundlage einer eigenständigen, mit der Treuhandabrede nicht zusammenhängenden causa erworben.[29] Entsprechendes gilt, wenn er das Grundstück zunächst auf eigene Rechnung erwerben sollte, um es später dem Auftraggeber zu übertragen[30] oder wenn er vor Vereinbarung der Treuhand bereits ein Anwartschaftsrecht an dem Grundstück erlangt hatte.[31]

2. Die Kritik an der Rechtsprechung des BGH

Die Auffassung des Bundesgerichtshofs, die Rückübertragungsverpflichtung des Treuhänders erfordere bei der Übertragungs- und der Erwerbstreuhand keine Beurkundung nach § 311b Abs. 1 BGB, weil sie unmittelbar aus § 667 BGB folge, ist in der Literatur immer wieder kritisiert worden. Eingewandt wird insbesondere, dass die Herausgabepflicht des Treuhänders keine gesetzliche Verpflichtung sei. Sie folge, da die Vorschrift des § 667 BGB dispositiv sei, vielmehr aus den vertraglichen Vereinbarungen der Beteiligten. Grundlage der Übereignungspflicht des Treuhänders sei das schuldrechtliche Auftragsverhältnis, in das diese Verpflichtung ausdrücklich oder als stillschweigend vereinbarte Vertragsbestimmung übernommen werde.[32]

Stünde der Bundesgerichtshof erstmals vor der Entscheidung, ob die auf ein Grundstück bezogene Treuhandabrede wegen der Übertragungspflicht des Treuhänders beurkundungsbedürftig ist, spräche Einiges dafür, dass er dieser Argumentation nähertreten oder – im Anschluss an eine Entscheidung des II. Zivilsenats zu § 15 Abs. 4 GmbHG[33] – jedenfalls in Zweifel ziehen würde, dass der Verweis auf die Herausgabepflicht nach § 667 BGB allein ausreicht, um die Frage zu beantworten. Nachdem aber eine ständige Rechtsprechung besteht, an der der Bundesgerichtshof

---

[27] Vgl. BGH DNotZ 2004, 128 (130) und BFHE 183, 518 (525).
[28] BGH NJW-RR 2021, 1244 Rn. 23; MDR 1970, 402; WM 1969, 917 (918).
[29] BGH NJW-RR 2021, 1244 Rn. 23.
[30] BGHZ 127, 168 (172) = NJW 1994, 3346 (3347) unter Hinweis auf BGH WM 1967, 610.
[31] BGH NJW-RR 2021, 1244 Rn. 23.
[32] So zum Beispiel Grziwotz DNotZ 2022, 56 (59); Selentin NotBZ 2021, 415 (416f.); Schwanecke NJW 1984, 1585 (1586); weitere Nachweise bei BGH DNotZ 2022, 42 Rn. 14.
[33] BGHZ 141, 208 (211) = NJW 1999, 2594 (2595).

trotz der dagegen erhobenen Kritik über Jahrzehnte festgehalten hat,[34] muss er auch die Voraussetzungen für die Änderung einer solchen Rechtsprechung berücksichtigen. Im Allgemeinen gebieten Rechtssicherheit und Vertrauensschutz in einem solchen Fall nämlich ein Festhalten an der einmal eingeschlagenen Rechtsentwicklung, auf die sich die Praxis eingerichtet hat, es sei denn deutlich überwiegende oder gar zwingende Gründe sprechen für eine Änderung.[35] Dass die Begründung für eine Gesetzesauslegung angreifbar ist, stellt für sich genommen keinen solchen Grund dar. Die Rechtsprechung muss zu Unzuträglichkeiten, nicht hinnehmbaren Widersprüchen, praxisfernen Ergebnissen oder anderen Verwerfungen führen.

Solche gewichtigen Gründe hat der Bundesgerichtshof bislang zu Recht nicht gesehen; dabei ist auch zu berücksichtigen, dass die entgegenstehenden Werte der Rechtssicherheit und des Vertrauensschutzes besonders schwer wiegen, wenn die Rechtsprechungsänderung mit der Gefahr verbunden ist, dass eine unübersehbare Zahl von Verträgen unwirksam wird.

Ob das tatsächlich der Fall wäre, ob also bestehende Treuhandverträge unwirksam würden, wenn sie auch wegen der Übertragungspflicht des Treuhänders der Beurkundung bedürften, lohnt allerdings näherer Betrachtung. Womöglich bliebe eine darauf gerichtete Änderung der Rechtsprechung wegen der Heilungswirkung des § 311b Abs. 1 S. 2 BGB ohne praktische Auswirkungen.

IV. Heilung formunwirksamer Treuhandabreden

1. Heilung mehrerer in einem Vertrag enthaltener Übereignungsverpflichtungen

Infolge einer Heilung nach § 311b Abs. 1 S. 2 BGB wird der beurkundungsbedürftige Vertrag „seinem ganzen Inhalt nach gültig". Im Grundsatz werden alle Vereinbarungen geheilt, aus denen sich der Vertrag nach dem Willen der Parteien zusammensetzt, einschließlich der nicht beurkundeten Abreden und etwaiger anderer Rechtsgeschäfte, die wegen ihrer Verbindung zum Grundstücksgeschäft der Form des § 311b Abs. 1 BGB bedurften. Das gilt auch, wenn sich der Formzwang auf Abreden mit Dritten erstreckt.[36]

Besonderheiten ergeben sich, wenn der Grundstücksvertrag mehrere Übereignungs- beziehungsweise Erwerbsverpflichtungen enthält, also zu mehreren Grundbucheintragungen bezüglich desselben Grundstücks[37] führen kann. Einen allgemeinen Grundsatz des Inhalts, dass auch ein solcher Vertrag mit dem Vollzug der ersten

---

[34] Ausdrücklich in BGHZ 127, 168 (170) = NJW 1994, 3346; 17.3.1989 – V ZR 321/87, BGHR BGB § 313 S. 1 Treuhand 2; BGHZ 85, 245 (249) = NJW 1983, 566.
[35] BGH ZfIR 2020, 501 Rn. 31; BGHZ 85, 64 (66) = NJW 1983, 228; BGHZ 106, 34 = NJW 1989, 714.
[36] BGH NJW 1974, 136.
[37] Sind im ersten Schritt mehrere Grundstücke aufzulassen, müssen Auflassung und Eintragung in das Grundbuch hinsichtlich aller Grundstücke erfolgt sein, damit eine Heilung weiterer Übertragungsverpflichtungen in Betracht kommt; vgl. BGHZ 59, 269 (273) = NJW 1972, 2265 (2267).

Übertragung stets in Gänze geheilt wäre, gibt es nicht.[38] Es ist allerdings auch nicht richtig, dass eine Heilung stets nur in Bezug auf die jeweils erfüllte Erwerbs- oder Übertragungsverpflichtung eintritt.[39] Als geklärt kann gelten, dass Verpflichtungen, die lediglich darauf gerichtet sind, den sachenrechtlichen Vollzug im Verhältnis von Veräußerer und Erwerber rückgängig zu machen, insbesondere ein Wiederkaufsrecht des Verkäufers, bereits mit der Auflassung und der Eintragung des Käufers in das Grundbuch geheilt werden, also infolge der ersten vereinbarten Übereignung.[40] Das gilt auch für eine im Vertrag enthaltene (bedingte) Rückerwerbs*verpflichtung*, die der Verkäufer gegenüber dem Käufer eingegangen ist.[41] Die mit der Eintragung des Käufers eintretende Heilungswirkung erstreckt sich auf die noch ausstehende Übereignungsverpflichtung. Begründet wird dies damit, dass im Verhältnis von Käufer und Verkäufer vereinbarte Rückübertragungs- und Rücknahmeverpflichtungen die durch den Kaufvertrag begründeten Ansprüche und Verpflichtungen von vornherein beschränkten und es deshalb gerechtfertigt sei, von der Gesamtwirksamkeit des Vertrages auszugehen.[42]

Dagegen sollen Verpflichtungen, die zu anderen, im vollzogenen Rechtsgeschäft nicht angelegten Änderungen der Sachenrechtslage führen, erst geheilt sein, wenn (auch) sie vollzogen worden sind. Angenommen wurde dies beispielsweise für die formlose Änderung eines Erbbaurechtsvertrags, durch die sich der Grundstückseigentümer verpflichtet hatte, dem Erbbauberechtigten das Grundstück nach Beendigung des Erbbaurechts zu übereignen; die Heilung des formunwirksamen Erbbaurechtsvertrags durch die Eintragung des Erbbaurechts (§ 11 Abs. 2 ErbbauRG in Verbindung mit § 311b BGB) heilt nicht auch die Formunwirksamkeit der im selben Vertrag vereinbarten Übereignungsverpflichtung des Grundstückseigentümers.[43] Eine Erstreckung der Heilungswirkung wurde ferner verneint hinsichtlich einer Klausel in einem von zwei Erwerbern geschlossenen und später vollzogenen Grundstückskaufvertrag, die im Innenverhältnis eine bestimmte Realteilung des Grundstücks nach dem Eigentumswechsel vorsah.[44]

2. Rechtslage bei der Treuhandabrede

a) Die Rechtsprechung des BGH

Weil eine Treuhandabrede nach der Rechtsprechung des Bundesgerichtshofs nur wegen der Erwerbsverpflichtung des Beauftragten (beziehungsweise der Veräußerungsverpflichtung des Treugebers bei der Übertragungstreuhand) beurkundungsbedürftig ist, beziehen sich Entscheidungen zur Heilung auch nur auf diese Ver-

---

[38] BGH NJW 2002, 2560 (2561); BGHZ 59, 269 (273) = NJW 1972, 2265 (2267).
[39] So aber OLG Dresden NotBZ 2017, 391 (393).
[40] BGH RNotZ 2010, 133 Rn. 18; NJW 1975, 205 (206); BGHZ 59, 269 (272) = NJW 1972, 2265 (2267); 22.1.1958 – V ZR 52/56, LM § 313 BGB Nr. 15; 29.5.1952 – IV ZR 167/51, LM § 313 BGB Nr. 1. Vgl. auch BGH NJW 2002, 2560 (2561).
[41] Vgl. BGHZ 104, 276 (278) = NJW 1988, 2237.
[42] Ruhwinkel in MüKoBGB, 9. Aufl. 2022, BGB § 311b Rn. 95; Berchtold BWNotZ 2019, 4 (9); vgl. auch BGH NJW 2002, 2560 (2561).
[43] BGHZ 59, 269 = NJW 1972, 2265.
[44] BGH NJW 2002, 2560.

pflichtung. Wenn es also heißt, der Formmangel einer nicht beurkundeten Treuhandabrede werde nach § 311b Abs. 1 S. 2 BGB geheilt und die Treuhandabrede ihrem ganzen Inhalt nach wirksam, sobald der Treuhänder das Grundstück von dem Treugeber oder – bei der Erwerbstreuhand – auftragsgemäß von dem Dritten beziehungsweise in der Zwangsversteigerung erworben hat und als Eigentümer in das Grundbuch eingetragen worden ist,[45] betrifft das lediglich die erste durch die Treuhandabrede ausgelöste Erwerbs- beziehungsweise Veräußerungsverpflichtung. Ob sich die Heilung auch auf die noch nicht erfüllte Übertragungsverpflichtung des Treuhänders erstreckt, musste der Bundesgerichtshof nicht klären, da diese Verpflichtung nach seiner Auffassung keinen Beurkundungszwang auslöst.

b) Wenn die Rückübertragungsverpflichtung des Treuhänders beurkundungsbedürftig wäre

Hält man die Treuhandabrede dagegen auch im Hinblick auf die Pflicht des Treuhänders für beurkundungsbedürftig, das Grundstück nach Ende des Treuhandverhältnisses an den Treugeber zu übertragen, stellt sich die Frage, ob die durch den Eigentumserwerb des Treuhänders bewirkte Heilung nach § 311b Abs. 1 S. 2 BGB auch seine Verpflichtung erfasst, das Grundstück später auf den Treugeber zu übertragen.

aa) Übertragungstreuhand

Bei einer Übertragungstreuhand liegt die Parallele zu dem in einem Kaufvertrag vereinbarten Wiederkaufsrecht auf der Hand. Wie die Wiederkaufsabrede schränkt die Rückübertragungsverpflichtung des Treuhänders seine Rechtsposition von vornherein ein; auch geht sie in ihren Wirkungen nicht über die Rückgängigmachung der vor dem Vollzug des ersten Teils der Treuhandabrede bestehenden sachenrechtlichen Lage hinaus. Sie ist kein Fremdkörper innerhalb der Treuhandabrede, sondern – im Gegenteil – ein der Treuhandabrede immanentes Element. Das gilt unabhängig davon, ob die Grundlage der Rückübertragungsverpflichtung in einer vertraglichen Vereinbarung verortet oder unmittelbar der Vorschrift des § 667 BGB entnommen wird. Richtigerweise führt deshalb bereits die erste Übereignung – die Übertragung des Grundstücks vom (künftigen) Treugeber auf den Treuhänder – zur Heilung der gesamten Treuhandabrede.[46]

bb) Erwerbstreuhand

Bei einer Erwerbstreuhand läge es nicht anders. Im Verhältnis von Treuhänder und Treugeber ist, wie dargelegt (→ III. 1. b aa), auch hier die Treuhandabrede Verpflichtungsgrund für den Übergang des Eigentums auf den Treuhänder; hinzu tritt der Vertrag, mit dem der Treuhänder das Grundstück von einem Dritten erwirbt. Mit der Auflassung und der Eintragung des Treuhänders in das Grundbuch wird nicht nur der Kaufvertrag mit dem Dritten vollzogen, sondern zugleich der Form-

---

[45] BGH DNotZ 2022, 42 Rn. 10; DNotZ 2018, 828 Rn. 16; NJW-RR 1994, 317 (318); NJW 1990, 2755 (2756); BGHZ 85, 245 (250f.) = NJW 1983, 566 (567).
[46] Ebenso Selentin NotBZ 2021, 415 (417).

mangel der Treuhandabrede geheilt, der sich aus der fehlenden Beurkundung der vereinbarten Erwerbspflicht des Treuhänders ergibt.[47]

Hielte man die Treuhandabrede auch wegen der Verpflichtung des Treuhänders, das Grundstück an den Treugeber zu übertragen, für beurkundungsbedürftig, wäre die mit dem Eigentumserwerb einhergehende Heilung des Formmangels auf diese Verpflichtung zu erstrecken. Anders als bei der Übertragungstreuhand beschränkt sich diese (zweite) Verpflichtung des Treuhänders allerdings nicht darauf, die bereits erfüllte (erste) Erwerbsverpflichtung rückgängig zu machen. Denn mit der Übertragung des Grundstücks auf den Treugeber am Ende des Treuhandverhältnisses wird dieser erstmals Eigentümer des Grundstücks. Die Übertragungspflicht des Treuhänders geht also über die Wiederherstellung der ursprünglich bestehenden sachenrechtliche Lage hinaus. Das sollte einer Erstreckung der Heilungswirkung aber nicht entgegenstehen.

Erwerbs- und Übereignungsverpflichtungen, die nicht lediglich die bei Vertragsschluss bestehende sachenrechtliche Lage wiederherstellen, können zwar in aller Regel nicht als bloße Beschränkung der zunächst vollzogenen Verpflichtung angesehen werden und gehen auch nicht typischerweise mit dieser einher. Die Veränderung der sachenrechtlichen Lage indiziert vielmehr, dass es sich um eigenständige Verpflichtungen handelt, die über das erfüllte und damit geheilte Rechtsgeschäft hinausgehen,[48] und deshalb von der Heilungswirkung des § 311b Abs. 1 S. 2 BGB nicht erfasst werden. Die Übertragungspflicht des Treuhänders nach Beendigung des Treuhandverhältnisses ist aber keine eigenständige, von dem Grundgeschäft unabhängige Verpflichtung. Es ist jeder Treuhand immanent, dass der Treugeber als wirtschaftlicher Eigentümer das Treugut zu gegebener Zeit zurückverlangen kann. Der Auftrag des Treuhänders, ein Grundstück zu erwerben und für den Treugeber zu halten, kann nicht ohne diese Übertragungsverpflichtung gedacht werden.[49] Erwerbsauftrag und spätere Übereignungsverpflichtung an den Treugeber gehen zwingend Hand in Hand. Wie bei einer Wiederkaufsabrede ist der Erwerb des Treuhänders im Innenverhältnis zum Treugeber von vornherein beschränkt, bei der Übertragungstreuhand ebenso wie bei der Erwerbstreuhand. Dies rechtfertigt es, auch bei der Erwerbstreuhand ungeachtet der neuen sachenrechtlichen Lage, zu der die Erfüllung der Übertragungspflicht des Treuhänders führt, von einer umfassenden Heilung der Treuhandabrede schon nach dem Vollzug des (beurkundungsbedürftigen) Erwerbsauftrags auszugehen.

c) Heilung einer nicht beurkundeten Rückerwerbspflicht des Treugebers

Nicht nur hypothetisch stellt sich die Frage nach der Reichweite einer Heilung gemäß § 311b Abs. 1 S. 2 BGB, wenn in der Treuhandabrede eine Erwerbs*pflicht* des Treugebers vereinbart worden ist. Denn im Gegensatz zu der sich aus § 667 BGB ergebenden Rückübertragungspflicht des Treuhänders, ist eine Erwerbspflicht des Treugebers auch nach der Rechtsprechung des Bundesgerichtshofs beurkundungsbedürftig (→ III. 1. a bb).

---

[47] BGH DNotZ 2022, 42 Rn. 10 mit weiteren Nachweisen.
[48] Ruhwinkel in MüKoBGB, 9. Aufl. 2022, BGB § 311b Rn. 96.
[49] Ebenso Selentin NotBZ 2021, 415 (417).

aa) Die Rechtsprechung des BGH

Bei einem Grundstückskaufvertrag nimmt der Bundesgerichtshof richtigerweise an, dass eine formunwirksam vereinbarte Rückerwerbsverpflichtung des Verkäufers bereits mit dem Vollzug des zugrundeliegenden Kaufvertrages geheilt wird (→ IV. 1.). Dem ist zuzustimmen. Denn wie bei einem Wiederkaufsrecht, dessen Formunwirksamkeit bereits mit der Übereignung des Grundstücks an den Käufer geheilt wird (→ IV. 1.), werden auch bei einer Rückerwerbspflicht des Verkäufers die Rechte und Pflichten der Kaufvertragsparteien lediglich eingeschränkt und die mit dem Vertragsschluss erstrebten sachenrechtlichen Verhältnisse allenfalls rückgängig gemacht, nicht aber darüber hinaus verändert.

Dagegen lehnt der Bundesgerichtshof die Erstreckung der Heilungswirkung auf eine im Treuhandvertrag vereinbarte Erwerbspflicht des Treugebers ohne nähere Begründung ab. Die Erwerbsverpflichtung bleibt nach seiner Auffassung ungeachtet des vereinbarungsgemäßen Grundstückserwerbs durch den Treuhänder formunwirksam; die mit dem Erwerb verbundene Heilung nach § 311b Abs. 1 S. 2 BGB soll sich auf die Erwerbsverpflichtung des Treuhänders beschränken.[50]

bb) Neuer Ansatz

Diese Rechtsprechung sollte überdacht werden. Denn sie steht im Fall der Übertragungstreuhand im Widerspruch zur Reichweite der Heilung bei einer Rückerwerbsverpflichtung des Verkäufers; zudem blendet sie aus, dass die Rückübertragung des Grundstücks auf den Treugeber untrennbarer Teil des Grundvertrages ist[51] und daher einer Gesamtwirksamkeit des Vertrages der Vorrang gebührt.[52]

Wird im Rahmen einer Übertragungstreuhand eine Rückerwerbsverpflichtung des Treugebers vereinbart, drängt sich wiederum die Parallele zur Rechtslage beim Kaufvertrag auf (→ IV. 1.). Wenn durch den Vollzug eines Kaufvertrages die Formunwirksamkeit einer gleichzeitig vereinbarten Rückerwerbspflicht des Verkäufers geheilt ist, kann dies bei einer Übertragungstreuhand schwerlich anders sein. Insbesondere lässt sich die Rückerwerbsverpflichtung ohne weiteres als Einschränkung der anfänglichen Veräußerungsverpflichtung des Treugebers beziehungsweise als Beschränkung des Erwerbsanspruchs des Treuhänders begreifen.

Nichts anderes sollte für die Erwerbstreuhand gelten. Zum einen liegt es nahe, beide Formen der Treuhandabrede gleich zu behandeln; denn ob der Treuhänder das Grundstück von dem Treugeber oder einem Dritten erworben hat, ist für den weiteren Verlauf ihres Rechtsverhältnisses rechtlich ohne Bedeutung. Wenn es richtig ist, dass bei einer Übertragungstreuhand die mit dem Erwerb des Grundstücks durch den Treuhänder ausgelöste Heilungswirkung auch eine Rückerwerbsverpflichtung des Treugebers umfasst, ist kein Grund ersichtlich, diese Wirkung bei einer Erwerbstreuhand zu versagen. Zum anderen unterschiedet sich der – aus § 667 BGB folgende oder ihm entsprechende – Anspruch des Treugebers auf Über-

---

[50] BGH WM 1990, 1543 (1545); BGHZ 85, 245 (251) = NJW 1983, 566 (567). Ebenso zum Beispiel Schumacher in Staudinger, 2018, BGB § 311b Rn. 318; Berchtold BWNotZ 2019, 4 (10).
[51] Vgl. Selentin NotBZ 2021, 414 (417f.) für den Rückübertragungsanspruch des Treugebers.
[52] Vgl. zu diesem Gesichtspunkt Ruhwinkel in MüKoBGB, 9. Aufl. 2022, BGB § 311b Rn. 95.

eignung des Grundstücks nicht derart von einer Verpflichtung des Treugebers, das Grundstück zu übernehmen, dass die Reichweite der Heilung hiervon abhängen sollte. Richtig ist zwar, dass eine Erwerbspflicht des Treugebers dem auf den Erwerb eines Grundstücks gerichteten Auftrag nicht immanent ist.[53] Sie steht aber nicht außerhalb der aus Erwerbsauftrag und späterer Übereignung an den Treugeber gebildeten Einheit, sondern gestaltet die im Treuhandvertrag von vornherein angelegte Rückübertragung des Grundstücks lediglich anders aus als im Auftragsrecht vorgesehen.

In Anbetracht der bei einer Treuhandvereinbarung stets gegebenen Verknüpfung von Erwerb und späterer Übertragung des Treuguts sollte die durch § 311b Abs. 1 S. 2 BGB erstrebte Wirksamkeit des gesamten Vertrages („[…] Vertrag wird seinem ganzen Inhalt nach gültig […]") auch in dieser Konstellation keine Einschränkung erfahren. Der Vorschrift liegt die Wertung zugrunde, dass die Gesamtwirksamkeit des Vertrags im Interesse der Rechtssicherheit grundsätzlich Vorrang vor den Formvorschriften hat; die Beteiligten sollen nicht gegenseitigen Bereicherungsansprüchen ausgesetzt sein, nachdem das Eigentum an dem Grundstück übergegangen ist.[54] Auf ein Treuhandverhältnis übertragen folgt hieraus, dass die Heilungswirkung die gesamte Abrede erfassen sollte, wenn der Treuhänder Eigentümer des treuhänderisch zu haltenden Grundstücks geworden ist, damit das in Kraft gesetzte Treuhandverhältnis nicht über Bereicherungsansprüche rückabgewickelt werden muss. Unnötig wäre dann auch ein Rückgriff auf Treu und Glauben, zu dem sich der Bundesgerichtshof gezwungen sieht, wenn eine (möglicherweise) vereinbarte Erwerbsverpflichtung des Treugebers nicht beurkundet wurde. Er lehnt die Heilung einer solchen Vereinbarung infolge des Erwerbs des Grundstücks durch den Treuhänder zwar ab, sieht es aber gleichzeitig als mit Treu und Glauben unvereinbar an, dass der Treuhänder das Eigentum unter Berufung auf eine dem Schutz des Treugebers dienende Formvorschrift für sich behalten kann.[55] Dieses Rückgriffs auf § 242 BGB bedürfte es ebenso wenig wie Überlegungen zu einer Teilunwirksamkeit der Treuhandabrede,[56] wenn die Reichweite der Heilung bei einem formunwirksamen Treuhandauftrag überdacht und auf eine vereinbarte Erwerbspflicht des Treugebers erstreckt würde.

Im Ergebnis wäre ein nicht beurkundeter Treuhandvertrag über ein Grundstück damit insgesamt formwirksam, wenn der Treuhänder es vereinbarungsgemäß erwirbt, oder aber in Gänze unwirksam, wenn es nicht zu einem Erwerb kommt[57] – ein klares, praktikables und auch dogmatisch herleitbares Ergebnis.

---

[53] BGH NJW 1981, 1267 (1268).
[54] BGHZ 82, 398 = NJW 1982, 759; NJW 1978, 1577; Ruhwinkel in MüKoBGB, 9. Aufl. 2022, BGB § 311b Rn. 95.
[55] BGH WM 1990, 1543 (1545); 17.3.1989 – V ZR 321/87, BGHR BGB § 313 S. 1 Treuhand 2; BGHZ 85, 245 (252f.) = NJW 1983, 566 (567). Im Ergebnis ebenso: BGHZ 127, 168 (175) = NJW 1994, 3346 (3347); NJW-RR 1994, 317. Eine Korrektur im konkreten Fall ablehnend: BGH NJW 1996, 1960.
[56] Vgl. dazu Berchtold BWNotZ 2019, 4 (11f.).
[57] Im Ergebnis ebenso Selentin NotBZ 2021, 415 (418).

V. Zusammenfassung

Der Bundesgerichtshof sieht ungeachtet vielfacher Kritik keine zwingenden Gründe, seine ständige Rechtsprechung aufzugeben, nach der die Treuhandvereinbarung über ein Grundstück nur wegen der Erwerbspflicht des Treuhänders beurkundungspflichtig ist, nicht aber in Bezug auf dessen aus § 667 BGB folgender Verpflichtung, das Grundstück später an den Treugeber zu übereignen. Im praktischen Ergebnis würde sich auch kaum etwas ändern, wenn die Beurkundungspflicht weiter gezogen würde. Vor dem Erwerb des Grundstücks durch den Treuhänder ist eine nicht beurkundete Treuhandvereinbarung unwirksam, nach dem Erwerb ist sie ihrem ganzen Inhalt nach wirksam. Von der Heilung wäre richtigerweise sowohl die Verpflichtung des Treuhänders erfasst, das Grundstück auf Verlangen an den Treugeber zu übereignen, als auch eine Erwerbsverpflichtung des Treugebers.

JOACHIM TEBBEN

Von Vermutungen und Fiktionen – Registeranmeldungen des Notars nach § 378 Abs. 2 FamFG

I. Einführung

Die ars notarii ist im Praktischen beheimatet, denn ihr Gegenstand ist das wirkliche Leben. Das Werkzeug, mit dem der Notar seiner Kunst nachgeht, nämlich das Recht, wurzelt allerdings im Theoretischen. Den guten Notar macht aus, dass er praktische Bedürfnisse und rechtliche Vorgaben gleichermaßen im Blick hat. Wer Norbert Frenz bei der kollegialen Diskussion kniffliger Fälle erlebt hat – ob im Rahmen der Standesarbeit oder bei einer Fortbildung –, weiß, dass er Theorie und Praxis meisterhaft in Einklang zu bringen versteht, mit einem wachen Gespür für die praktischen Anforderungen des Falls, zugleich aber mit einem scharfen Blick für die rechtlichen Leitplanken.

Es steht deshalb zu hoffen, dass die folgenden „theoretisch-praktischen" Überlegungen zur Registeranmeldung durch den Notar nach § 378 Abs. 2 FamFG das Interesse von Norbert Frenz finden. Die Vorschrift handelt von der höchst praktischen Frage, unter welchen Voraussetzungen der Notar in Registersachen für die Beteiligten die Eintragung im Register beantragen darf. Schon einfache Praxisfälle aber werfen Fragen an diese Vorschrift auf, die sich ohne dogmatische Überlegungen nicht mehr beantworten lassen. Vielleicht liegt es daran, dass Verfahrensvorschriften meist weniger Aufmerksamkeit auf sich ziehen als die Vorschriften des materiellen Rechts, oder am etwas abseitigen Standort der Norm, früher im FGG und heute im FamFG: Jedenfalls sind § 378 Abs. 2 FamFG und seine Vorgängervorschrift § 129 FGG in der Literatur nur selten vertieft behandelt worden und auch für die Praxis wird konstatiert, dass dieser Weg der Anmeldung zum Handelsregister nur wenig beachtet werde.[1]

---

[1] Rechtspraktischer Bericht bei Ising NZG 2012, 289 („in der Praxis wenig beachtet"); vgl. auch Schulte notar 2014, 270 („unentdeckte Möglichkeiten im gesellschaftsrechtlichen Notariat?"; „oftmals von ihrer Reichweite her verkannte und zu wenig weitgreifend eingeschätzte Norm"); Grau/Kirchner GWR 2021, 23 (26).

II. Vorüberlegungen

1. Inhalt des § 378 Abs. 2 FamFG

§ 378 Abs. 2 FamFG fasst sich kurz:

„*Ist die zu einer Eintragung erforderliche Erklärung von einem Notar beurkundet oder beglaubigt, gilt dieser als ermächtigt, im Namen des zur Anmeldung Berechtigten die Eintragung zu beantragen*".

Die Vorschrift findet sich im Abschnitt über die Registersachen und gilt damit für alle Registerverfahren, also für Eintragungen im Handelsregister, im Genossenschaftsregister, im Partnerschaftsregister, im Vereinsregister und neuerdings auch im Gesellschaftsregister, § 374 FamFG.[2] Die Norm entspricht fast genau dem früheren § 129 S. 1 FGG.

Über vieles herrscht Einigkeit: Unter einem Notar im Sinne des § 378 Abs. 2 FamFG ist nur der deutsche Notar zu verstehen, denn die Vorschrift wurzelt im öffentlichen Recht und nur dem deutschen Notar wird das typisierte Vertrauen entgegengebracht, auf dem die Norm beruht.[3] Auch der Vertreter oder Amtsnachfolger des beurkundenden oder beglaubigenden Notars kann sich darauf berufen.[4] Beglaubigungen und Beurkundungen sind solche im Sinne des BeurkG, wobei zu den Beurkundungen nicht nur Beurkundungen von Willenserklärungen nach §§ 6 ff. BeurkG zählen, sondern auch Beurkundungen in der Form einer Niederschrift über andere Erklärungen als Willenserklärungen sowie sonstige Tatsachen oder Vorgänge nach §§ 36 f. BeurkG.[5] Anders als nach dem früher geltenden § 129 S. 1 FGG kommt es nicht darauf an, ob für die angemeldete Tatsache eine öffentlich-rechtliche Anmeldepflicht besteht, denn heute spricht die Norm nicht mehr von einer Anmeldung im Namen des zur Anmeldung „Verpflichteten", sondern des zur Anmeldung „Berechtigten".[6] Unter einer „zu einer Eintragung erforderliche[n] Erklärung" sind nicht etwa nur solche zu verstehen, die anlässlich der Anmeldung dem Handelsregister zur Prüfung vorzulegen sind, sondern sämtliche Erklärungen, die materiell-rechtlich zur Wirksamkeit der anzumeldenden Änderung erforderlich sind und in diesem Sinne die Grundlage der beantragten Registereintragung bilden.[7] Unerheblich ist, ob die „zu einer Eintragung erforderliche Erklärung" wegen einer gesetzlichen Formvorschrift beurkundungsbedürftig war oder aus freien Stücken beurkundet worden ist.[8]

---

[2] BT-Drs. 16/6308, 285.
[3] Otto in BeckOK FamFG, 47. Ed. 1.8.2023, FamFG § 378 Rn. 12; Krafka in MüKoFamFG, 3. Aufl. 2019, FamFG § 378 Rn. 5; Eickelberg in Sternal, 21. Aufl. 2023, FamFG § 378 Rn. 8.
[4] Otto in BeckOK FamFG, 47. Ed. 1.8.2023, FamFG § 378 Rn. 12; Eickelberg in Sternal, 21. Aufl. 2023, FamFG § 378 Rn. 8.
[5] Schulte notar 2014, 270; Eickelberg in Sternal, 21. Aufl. 2023, FamFG § 378 Rn. 11.
[6] BT-Drs. 16/6308, 285; Krafka in MüKoFamFG, 3. Aufl. 2019, FamFG § 378 Rn. 7; Eickelberg in Sternal, 21. Aufl. 2023, FamFG § 378 Rn. 12.
[7] BayObLGZ 1970, 235 (237); Krafka in MüKoFamFG, 3. Aufl. 2019, FamFG § 378 Rn. 6; Eickelberg in Sternal, 21. Aufl. 2023, FamFG § 378 Rn. 9.
[8] Schulte notar 2014, 270; Müther in Dutta/Jacoby/Schwab, 4. Aufl 2021, FamFG § 378 Rn. 8; Eickelberg in Sternal, 21. Aufl. 2023, FamFG § 378 Rn. 11.

Uneinigkeit herrscht hingegen, wie die Norm dogmatisch einzuordnen ist. Das soll im Folgenden untersucht werden.

2. Zum dogmatischen Verständnis des § 378 Abs. 2 FamFG

Um die Vorschrift des § 378 Abs. 2 FamFG in das Regelungsgefüge des Registerverfahrensrechts einzuordnen, bedarf es zunächst der Vergewisserung, worauf die Norm gerichtet ist: Sie handelt von der Befugnis des Notars, für die Beteiligten eine Eintragung im Register zu beantragen. Dem liegt zugrunde, dass Eintragungen im Register in der Regel einen Antrag der Beteiligten voraussetzen,[9] im Registerrecht im Anschluss an § 12 HGB üblicherweise als Anmeldung bezeichnet. Insofern ist die Registeranmeldung als Eintragungsantrag eine Verfahrenshandlung, für die auch die Vorschriften des FamFG gelten. § 10 FamFG regelt, inwieweit sich Beteiligte in Verfahren der freiwilligen Gerichtsbarkeit vertreten lassen können. Dort ist insbesondere die Vertretung durch Notare zugelassen, § 10 Abs. 2 S. 2 Nr. 3 FamFG. Bei gewillkürter Stellvertretung ist die Vollmacht grundsätzlich schriftlich zu den Gerichtsakten einzureichen, § 11 S. 1 FamFG. Tritt ein Notar als Bevollmächtigter auf, hat das Gericht einen Mangel der Vollmacht nicht von Amts wegen zu berücksichtigen, § 11 S. 4 FamFG. Das Gericht muss also nicht prüfen, ob der Notar ordnungsgemäß bevollmächtigt ist.[10]

Um die Vertretung gegenüber dem Gericht geht es auch in § 378 FamFG, der in Absatz 1 den Kreis der Vertretungsberechtigten über § 10 FamFG hinaus erweitert. Aber welche Bedeutung hat § 378 Abs. 2 FamFG in diesem Zusammenhang? Einigkeit herrscht insoweit, dass die Norm entgegen ihrem Wortlaut keine Ermächtigung des Notars in dem Sinne bewirkt, wie dieser Begriff üblicherweise verstanden wird. In der Rechtsgeschäftslehre wird als Ermächtigung die Erteilung einer Rechtsmacht bezeichnet, im eigenen Namen anstelle des originär Berechtigten mit Rechtswirkung für diesen zu handeln.[11] Anders als bei der Stellvertretung im Sinne des § 164 BGB handelt der Ermächtigte im eigenen Namen und eben nicht offenkundig für einen Dritten.[12] Der Wortlaut des § 378 Abs. 2 FamFG ist insofern unglücklich, denn er verwendet den Begriff der Ermächtigung, um die Befugnis zu bezeichnen, „im Namen des zur Anmeldung Berechtigten" die Registereintragung zu beantragen. Tatsächlich geht es dabei um ein Handeln im fremden Namen, um ein Handeln als Stellvertreter.[13] Die Vorschrift begründet kein eigenes Antragsrecht des Notars.[14]

Umstritten ist allerdings, welche Geltungskraft der Befugnis des Notars aus § 378 Abs. 2 FamFG zukommt. Einzelne Stimmen in der Literatur verstehen § 378 Abs. 2

---

[9] Krafka, Registerrecht, 12. Aufl. 2024, Rn. 75.
[10] Burschel/Perleberg-Köbek in BeckOK FamFG, 47. Ed. 1.8.2023, FamFG § 11 Rn. 12; Schöpflin in Schulte-Bunert/Weinreich, 7. Aufl. 2023, FamFG § 11 Rn. 11.
[11] Statt aller Schubert in MüKoBGB, 9. Aufl. 2021, BGB § 164 Rn. 66.
[12] Schubert in MüKoBGB, 9. Aufl. 2021, BGB § 164 Rn. 66.
[13] Eickelberg in Sternal, 21. Aufl. 2023, FamFG § 378 Rn. 14; Harders in Bumiller/Harders/Schwamb, 13. Aufl. 2022, FamFG § 378 Rn. 3.
[14] OLG Nürnberg MittBayNot 2010, 404 (405); Harders in Bumiller/Harders/Schwamb, 13. Aufl. 2022, FamFG § 378 Rn. 3.

FamFG als Fall einer Vollmachtsfiktion.[15] Nach diesem Verständnis ist es unerheblich, ob dem Notar tatsächlich Vollmacht erteilt wurde. Daraus folgern die Vertreter dieser Auffassung, die fingierte Vollmacht könne dem Notar auch nicht entzogen werden, insbesondere nicht durch Widerlegung der Annahme, die Beteiligten hätten dem Notar Vollmacht erteilt. Die Rechtsprechung und die ganz herrschende Auffassung in der Literatur folgen diesem Verständnis nicht und nehmen an, § 378 Abs. 2 FamFG begründe nur eine widerlegbare gesetzliche Vermutung, wonach der Notar zur Antragstellung bevollmächtigt sei.[16] Nach dieser Auffassung ist die Vermutung durch einfache Erklärung gegenüber dem Registergericht formlos widerlegbar.[17]

3. Praktische Bedeutung der dogmatischen Einordnung

Aus Sicht der notariellen Praxis fragt sich, ob es sich hierbei nur um akademische Fingerübungen handelt oder die dogmatische Einordnung auch praktische Bedeutung hat. Dabei geht es sicherlich nicht in erster Linie um die Frage, ob die zur Anmeldung Berechtigten durch Widerspruch gegenüber dem Notar oder dem Registergericht die Registeranmeldung nach § 378 Abs. 2 FamFG verhindern können: Auch wenn dem Notar die Vollmacht nicht entzogen werden könnte, ist der Fall kaum vorstellbar, dass er gegen den ausdrücklichen Widerspruch der Anmeldeberechtigten die Anmeldung in deren Namen vornehmen würde. Der Streit könnte aber für die folgende Praxisfrage relevant sein: Kann sich der Notar auch dann auf seine Vertretungsmacht berufen, wenn es für das Gericht offenkundig ist, dass der Notar in Wirklichkeit weder ausdrücklich noch konkludent bevollmächtigt ist? So kann es insbesondere liegen, wenn die zur Anmeldung Berechtigten am Beurkundungsverfahren des anmeldenden Notars erkennbar nicht beteiligt waren, etwa wenn eine GmbH-Gesellschafterversammlung in Abwesenheit des erkrankten Geschäftsführers eine Satzungsänderung beschlossen hat. Noch schärfer stellt sich diese Frage, wenn es zum Zeitpunkt der Beurkundung und Anmeldung an Anmeldeberechtigten fehlt, weil die entsprechende Organfunktion vorübergehend vakant ist, etwa wegen Tod oder Amtsniederlegung des einzigen GmbH-Geschäftsführers.

Würde § 378 Abs. 2 FamFG nur eine Vermutung begründen, müsste sich das Registergericht tatsächlich fragen, unter welchen Umständen es sich über diese Vermutung hinwegsetzen muss oder zumindest darf. Für andere Fälle gesetzlicher Vermutungen wird dies ausdrücklich diskutiert, beispielsweise für die Vermutung

---

[15] Nedden-Boeger in Schulte-Bunert/Weinreich, 7. Aufl. 2023, FamFG § 378 Rn. 11 ff., 14 („unwiderlegliche gesetzliche Vertretungsermächtigung"); ebenso Krafka, Registerrecht, 12. Aufl. 2024, Rn. 119; uneinheitlich Otto in BeckOK FamFG, 47. Ed. 1.8.2023, FamFG § 378 Rn. 15: „gesetzliche Vollmachtsfiktion", anders aber Rn. 19: „nur Vollmachtsvermutung".

[16] OLG Karlsruhe Rpfleger 2011, 382; OLG Hamm RNotZ 2010, 593; OLG Frankfurt a. M. NJW 1984, 620; Harders in Bumiller/Harders/Schwamb, 13. Aufl. 2022, FamFG § 378 Rn. 3; Eickelberg in Sternal, 21. Aufl. 2023, FamFG § 378 Rn. 13; Holzer in Prütting/Helms, 6. Aufl. 2023, FamFG § 378 Rn. 13; Müther in Bork/Jacoby/Schwarz, 2. Aufl. 2013, FamFG § 378 Rn. 12.2; Steup in Bahrenfuss, 3. Aufl. 2017, FamFG § 378 Rn. 8; Schulte notar 2014, 270 (271); ebenso noch Krafka in MüKoFamFG, 3. Aufl. 2019, FamFG § 378 Rn. 10.

[17] OLG Frankfurt a. M. NJW 1984, 620; Harders in Bumiller/Harders/Schwamb, 13. Aufl. 2022, FamFG § 378 Rn. 3; Eickelberg in Sternal, 21. Aufl. 2023, FamFG § 378 Rn. 13.

aus § 891 Abs. 1 BGB, wonach ein im Grundbuch eingetragenes Recht dem Buchberechtigten tatsächlich zusteht. Das Grundbuchamt darf sich über diese Vermutung nach allgemeiner Auffassung hinwegsetzen, wenn es die sichere Kenntnis – positive Überzeugung – erlangt, dass eine andere Rechtslage gegeben ist; die bloße Möglichkeit oder Vermutung, dass eine vom Grundbuchinhalt abweichende Rechtslage gegeben ist, reicht dafür hingegen nicht aus.[18] Übertragen auf den Fall des § 378 Abs. 2 FamFG müsste das Registergericht daher die Handelsregisteranmeldung zurückweisen, wenn es sichere Kenntnis davon hat, dass die Anmeldeberechtigten dem Notar keine Vollmacht erteilt haben. Diese positive Überzeugung könnte das Handelsregister beispielsweise durch ein entsprechendes Eingeständnis des Notars erlangen oder durch entsprechende Ausführungen der Beteiligten in der Urkunde, die der anzumeldenden Änderung zugrunde liegt. Selbst wenn das Registergericht keine sichere Kenntnis vom Fehlen einer wirklichen Bevollmächtigung hat, ist es keineswegs unerheblich, ob der Notar tatsächlich vom Anmeldeberechtigten (zumindest konkludent) bevollmächtigt worden ist. Fehlt es nämlich an einer Vollmacht, dann handelt der Notar ohne Vertretungsmacht. Das wäre in Fällen von Registereintragungen mit konstitutiver Wirkung unter Umständen fatal. Das Registergericht würde die Änderung zwar – wegen § 378 Abs. 2 FamFG ohne Prüfung wirksamer Registervollmacht – eintragen, aber wegen fehlender Vertretungsmacht bleibt die Eintragung ohne die gewünschte Wirkung. Denn es entspricht ganz herrschender Meinung, dass eine Satzungsänderung trotz Eintragung im Handelsregister nicht wirksam wird, wenn die Handelsregisteranmeldung von einem nicht zur Anmeldung Berechtigten unterzeichnet wurde.[19] Die Eintragung wäre dann, wenn die Registeranmeldung vom Anmeldeberechtigten nicht nachgeholt würde, gemäß § 395 FamFG zu löschen. Vor diesem Hintergrund müsste daher der Notar zunächst von den Anmeldeberechtigten eine Vollmacht einholen, bevor er unter Verweis auf § 378 Abs. 2 FamFG eine Handelsregisteranmeldung vornimmt.

Das alles wäre anders zu beurteilen, wenn § 378 Abs. 2 FamFG eine Vollmacht fingieren würde. Als Fiktion wird in der Rechtslehre eine im Gesetz festgelegte Annahme eines Sachverhalts genannt, der in Wirklichkeit nicht besteht, mit dem Ziel, daraus sonst nicht gegebene Rechtsfolgen abzuleiten.[20] So verstanden wäre es für die Anmeldung durch den Notar unerheblich, ob er tatsächlich von den Anmeldeberechtigten bevollmächtigt wurde, in ihrem Namen die Handelsregisteranmeldung vorzunehmen. Es wäre sogar geradezu die Zielsetzung des Gesetzes, die Anmeldung durch den Notar auch in solchen Fällen zu ermöglichen, in denen die Anmeldeberechtigten dem Notar gerade keine Vollmacht erteilt haben. Weder müsste sich der Notar wegen des tatsächlichen Fehlens einer Vollmacht an der An-

---

[18] Picker in Staudinger, 2019, BGB § 891 Rn. 84 unter Hinweis auf OLG Frankfurt a. M. FGPrax 2012, 100 f.; OLG Zweibrücken FGPrax 1997, 127 (128); BayObLG DNotZ 1990, 739 (740); OLG Köln MittRhNotK 1983, 52 (53); KG NJW 1973, 56 (58).
[19] RGZ 132, 22 (25) (für die Genossenschaft); Seibt in Schmidt/Lutter, 4. Aufl. 2020, AktG § 181 Rn. 40 mit weiteren Nachweisen (für die AG); Harbarth in MüKoGmbHG, 4. Aufl. 2022, GmbHG § 54 Rn. 99 mit weiteren Nachweisen (für die GmbH).
[20] Weber, Rechtswörterbuch, 30. Ed. 2023, „Fiktion".

meldung gehindert sehen, noch müsste sich das Handelsregister mit der Frage befassen, ob Umstände vorliegen, die ihm sichere Kenntnis vom Nichtbestehen einer Vollmacht vermitteln.

4. Stellungnahme zur dogmatischen Einordnung

Die Frage nach dem dogmatischen Verständnis der Anmeldebefugnis aus § 378 Abs. 2 FamFG hat daher erhebliche praktische Bedeutung und soll nachfolgend geklärt werden.

Die Formulierung des § 378 Abs. 2 FamFG, wonach der Notar als zur Antragstellung befugt „gilt", legt eine gesetzliche Fiktion nahe.[21] Auch in anderen Vorschriften wird die Formulierung „gilt" verwendet, um eine Fiktion zu begründen, beispielsweise in § 1923 Abs. 2 BGB, wonach der beim Erbfall schon gezeugte, aber noch nicht geborene Nasciturus als geboren gilt, oder in § 362 Abs. 1 HGB, wonach das Schweigen des Kaufmanns als Annahme eines Antrags gilt. Geht es dem Gesetzgeber dagegen nur um die Begründung einer Vermutung, sagt er das ausdrücklich, zum Beispiel in § 891 BGB (gesetzliche Vermutung des Bestehens beziehungsweise Nichtbestehens eines im Grundbuch eingetragenen beziehungsweise gelöschten Rechts) oder § 1566 BGB (unwiderlegbare Vermutung des Scheiterns der Ehe).

Systematische Überlegungen sprechen ebenfalls dafür, § 378 Abs. 2 FamFG als Vollmachtsfiktion zu verstehen. Denn es ergibt sich schon aus § 11 S. 4 FamFG, dass der Notar die ihm erteilte Vollmacht dem Registergericht nicht nachweisen muss.[22] Würde man § 378 Abs. 2 FamFG nur als gesetzliche Vermutung begreifen mit dem Ziel, dem Notar den Vollmachtsnachweis zu ersparen, dann bliebe unklar, wozu es dieser Norm überhaupt bedarf, wo doch schon § 11 S. 4 FamFG für das Registerverfahren die Vermutung begründet, der Notar sei bevollmächtigt.[23] § 378 Abs. 2 FamFG hat nur dann eigenständige Bedeutung, wenn es darin nicht lediglich um die Frage des Nachweises der Vollmacht gegenüber dem Registergericht geht, sondern darum, eine Vollmacht auch dann zu fingieren, wenn diese tatsächlich nicht erteilt wurde.

Fraglich ist, ob ein so weitgehendes Verständnis sich sachlich rechtfertigen lassen würde. Das Gesetz möchte mit der Bestimmung der Anmeldeberechtigten die Richtigkeit der zum Register anzumeldenden Tatsachen sicherstellen.[24] Bei Kapitalgesellschaften sind grundsätzlich die Mitglieder des Vertretungsorgans in vertretungsberechtigter Zahl dazu berufen. Sie sind aufgrund ihrer Organpflichten gehalten, nur solche Tatsachen zum Handelsregister anzumelden, von deren Vorliegen sie sich überzeugt haben. Für manche Anmeldefälle will das Gesetz eine erhöhte Kontrolle dadurch sicherstellen, dass der Kreis der Anmeldeverpflichteten aus-

---

[21] So auch Nedden-Boeger in Schulte-Bunert/Weinreich, 7. Aufl. 2023, FamFG § 378 Rn. 14.
[22] Sternal in Sternal, 21. Aufl. 2023, FamFG § 11 Rn. 12; Bumiller in Bumiller/Harders/Schwamb, 13. Aufl. 2022, FamFG § 11 Rn. 9; Gomille in Haußleiter, 2. Aufl. 2017, FamFG § 11 Rn. 2; das gilt auch im Grundbuchverfahren, unabhängig von § 15 GBO: KG FGPrax 2014, 149.
[23] So auch Nedden-Boeger in Schulte-Bunert/Weinreich, 7. Aufl. 2023, FamFG § 378 Rn. 14.
[24] Vgl. BGH NZG 2020, 1070 (1071); Fleischer in MüKoHGB, 5. Aufl. 2022, HGB § 108 Rn. 2; Herrler in MüKoGmbHG, 4. Aufl. 2022, GmbHG § 78 Rn. 5.

geweitet wird, etwa indem bei der GmbH sämtliche Geschäftsführer die Anmeldung vornehmen müssen (§ 78 Hs. 2 GmbHG) oder bei der Aktiengesellschaft zusätzlich der Vorsitzende des Aufsichtsrats (§§ 184 Abs. 1 S. 1, 195 Abs. 1 AktG). Im Recht der Personenhandelsgesellschaften verlangt der Gesetzgeber aus Gründen der Richtigkeitsgewähr sogar generell die Anmeldung durch alle Gesellschafter, unabhängig von ihrer Vertretungsbefugnis (§§ 108 S. 1, 161 Abs. 2 HGB); gleiches gilt für Partnerschaftsgesellschaften (§ 4 Abs. 1 S. 1 PartGG). Dieser Gedanke der Richtigkeitsgewähr liegt auch § 378 Abs. 2 FamFG zugrunde, nämlich die Annahme, der Notar werde als sachkundige Beurkundungsperson auf eine korrekte Antragstellung hinwirken.[25] Diese Annahme stützt sich darauf, dass der Notar aufgrund seines Amts und der damit verbundenen Pflichten[26] nur solche Tatsachen zum Handelsregister anmelden wird, von deren Vorliegen er sich im Rahmen des zugrunde liegenden Beurkundungsverfahrens überzeugt hat. So erklärt sich auch die zutreffende Feststellung, der Notar handele bei einer Anmeldung nach § 378 Abs. 2 FamFG aufgrund Amtes und nicht aufgrund Vertrags.[27] Wenn ein Notar eine zur Eintragung erforderliche Erklärung beurkundet oder beglaubigt hat und bereit ist, die Eintragung im Namen der Berechtigten zu beantragen, dann beruht die Richtigkeitsgewähr nicht auf der Mitwirkung der eigentlich zur Anmeldung Berechtigten, sondern auf der Mitwirkung des Notars. Vor diesem Hintergrund erscheint das Regelungsanliegen des § 378 Abs. 2 FamFG schlüssig, dem Notar die Anmeldebefugnis auch dann „fiktiv" zuzugestehen, wenn die Anmeldeberechtigten den Notar hierzu weder ausdrücklich noch konkludent bevollmächtigt haben.

Aus diesem Verständnis heraus erklärt sich auch, warum § 378 Abs. 2 FamFG nur verlangt, dass der Notar eine zur Eintragung erforderliche Erklärung beurkundet oder beglaubigt haben muss, nicht aber, dass es sich dabei um eine Erklärung des Anmeldeberechtigten gehandelt hat. Demgemäß entspricht es herrschender Auffassung in Rechtsprechung und Literatur, dass § 378 Abs. 2 FamFG dem Notar ein Handeln im Namen der Anmeldeberechtigten gestattet, ohne dass es darauf ankommt, ob der Anmeldeberechtigte an dem Beurkundungsverfahren beteiligt war.[28]

Sieht man § 378 Abs. 2 FamFG als Vollmachtsfiktion, schließt sich daran die Frage an, ob diejenigen, in deren Namen der Notar die Handelsregisteranmeldung vornimmt, die Vollmacht widerrufen können. Hiergegen scheint zunächst zu sprechen, dass eine gesetzliche Fiktion nicht durch privatautonomen Akt aus der Welt

---

[25] Krafka in MüKoFamFG, 3. Aufl. 2019, FamFG § 378 Rn. 5.
[26] Vgl. Schemmann in Haußleiter, 2. Aufl. 2017, FamFG § 378 Rn. 14.
[27] Harders in Bumiller/Harders/Schwamb, 13. Aufl. 2022, FamFG § 378 Rn. 4.
[28] Ausführlich OLG Karlsruhe Rpfleger 2011, 382 und DNotI-Report 2010, 112; dagegen, soweit ersichtlich, nur Nedden-Boeger in Schulte-Bunert/Weinreich, 7. Aufl. 2023, FamFG § 378 Rn. 20 ff. Weitere Beispiele aus der Rechtsprechung, in denen bei einer GmbH die Anmeldung durch den Notar für zulässig gehalten wurde, obwohl an der Beurkundung nicht die zur Anmeldung berufenen Geschäftsführer beteiligt waren, sondern nur die Gesellschafter: OLG Oldenburg NZG 2011, 1233; LG Weiden MittBayNot 1980, 174 (zu § 129 FGG); LG München MittBayNot 1975, 181 (zu § 129 FGG). Vgl. auch Heinze NZG 2018, 1170, wonach § 178 Abs. 2 FamFG nicht voraussetzt, dass überhaupt ein zur Anmeldung berechtigter Organträger vorhanden ist; zustimmend Grau/Kirchner GWR 2021, 23 (24).

geschafft werden kann. Es scheint allerdings kaum hinnehmbar, dass der Notar auch dann im Namen der Anmeldeberechtigten handeln kann, wenn diese dem ausdrücklich widersprechen.[29] Richtigerweise steht dem Notar diese Befugnis auch nicht zu. Bei genauer Betrachtung wird nicht die Vollmacht fingiert, sondern die Bevollmächtigung, also der Akt der Vollmachtserteilung. Die aus der Funktion als Urkundsnotar folgende fiktiv erteilte Vollmacht unterliegt, was ihre Rechtswirkungen und ihren Fortbestand anbetrifft, keinen anderen Regeln als eine gewillkürte Vollmacht: Zum einen handelt es sich nicht um eine verdrängende Vollmacht, sodass die Anmeldeberechtigten in dieser Registersache auch selbst Eintragungsanträge stellen oder sonstige Verfahrenserklärungen abgegeben können, einschließlich der Rücknahme von Eintragungsanträgen, auch soweit solche vom Notar aufgrund § 378 Abs. 2 FamFG gestellt worden sind. Zum anderen können die Anmeldeberechtigten die fiktiv erteilte Vollmacht des Notars genauso widerrufen wie eine gewillkürte Vollmacht, also durch formlose Erklärung gegenüber dem bevollmächtigten Notar oder dem Registergericht.

Im Ergebnis ist daher entgegen der herrschenden Meinung § 378 Abs. 2 FamFG als Fall einer gesetzlich fingierten Bevollmächtigung zu sehen, nicht als bloße Vollmachtsvermutung. Der Notar darf und kann daher die Registeranmeldung vornehmen, auch wenn es an einer ausdrücklichen oder konkludenten Bevollmächtigung durch die Anmeldeberechtigten fehlt.

III. Ausgewählte Anwendungsfälle

Im Folgenden sollen einige Fälle beleuchtet werden, in denen sich Fragen zur Registeranmeldung durch den Notar nach § 378 Abs. 2 FamFG stellen.

1. Anmeldung von Änderungen des Gesellschaftsvertrags

Der in der Praxis häufigste Fall von Handelsregisteranmeldungen aufgrund § 378 Abs. 2 FamFG ist die Anmeldung von Satzungsänderungen bei einer GmbH durch den Notar, der den Beschluss der Gesellschafterversammlung über die Satzungsänderung beurkundet hat, § 53 Abs. 3 GmbHG. Die nach § 54 Abs. 1 S. 1 GmbHG gebotene Anmeldung obliegt den Geschäftsführern beziehungsweise im Liquidationsstadium den Liquidatoren, § 78 GmbHG. Grundsätzlich genügen hierfür Geschäftsführer beziehungsweise Liquidatoren in vertretungsberechtigter Anzahl.[30] In diesen Fällen kann der beurkundende Notar die Anmeldung gemäß § 378 Abs. 2 FamFG vornehmen.[31] Dies gilt auch dann, wenn die anmeldeberechtigten Geschäftsführer am Satzungsänderungsbeschluss nicht beteiligt waren.[32]

---

[29] Das wäre schon dienstrechtlich bedenklich, vgl. Schemmann in Haußleiter, 2. Aufl. 2017, FamFG § 378 Rn. 14.
[30] Lieder in Michalski/Heidinger/Leible/Schmidt, 4. Aufl. 2023, GmbHG § 78 Rn. 20.
[31] LG Weiden MittBayNot 1980, 174 (zu § 129 FGG).
[32] OLG Karlsruhe Rpfleger 2011, 382 und DNotI-Report 2010, 112.

Bei der Aktiengesellschaft sind Änderungen der Satzung grundsätzlich durch Vorstandsmitglieder in vertretungsberechtigter Anzahl anzumelden, § 181 Abs. 1 AktG (beziehungsweise im Abwicklungsstadium durch die Abwickler, §§ 269 Abs. 1, 265 AktG). An Stelle des Vorstands kann der Notar, der den zugrundeliegende Beschluss der Hauptversammlung notariell protokolliert hat, die Anmeldung gemäß § 378 Abs. 2 FamFG vornehmen.[33]

Wird der Gesellschaftsvertrag einer Personenhandelsgesellschaft geändert, ist die Eintragung im Handelsregister anders als bei den Kapitalgesellschaften kein Wirksamkeitserfordernis. Gleichwohl ist eine Anmeldung zum Handelsregister geboten, wenn die Änderung eintragungspflichtige Umstände betrifft, beispielsweise den Sitz oder die Firma der Gesellschaft. Die Handelsregisteranmeldung obliegt in diesen Fällen gemäß § 108 S. 1 HGB (gegebenenfalls in Verbindung mit § 161 Abs. 2 HGB) allen Gesellschaftern gemeinsam, unabhängig davon, ob der betreffende Gesellschafter für die Gesellschaft Vertretungsmacht hat oder nicht.[34] Dies umfasst bei der Kommanditgesellschaft auch alle Kommanditisten. Das Gesetz möchte damit gewährleisten, dass die angemeldeten Tatsachen der Wahrheit entsprechen.[35] Wirken alle Gesellschafter mit, so erhöht dies die Richtigkeitsgewähr und entlastet die registergerichtliche Prüfung.[36] Ist der Beschluss der Gesellschafterversammlung (oder, sofern der Gesellschaftsvertrag eine Änderung durch Beschluss nicht zulässt, die Änderungsvereinbarung zum Gesellschaftsvertrag) ausnahmsweise notariell beurkundet worden, spricht nichts dagegen, dass der beurkundende Notar anstelle der Gesellschafter aufgrund § 378 Abs. 2 FamFG zum Handelsregister anmeldet.[37] Insbesondere folgt aus § 108 HGB nicht etwa, dass die Handelsregisteranmeldung von den Gesellschaftern höchstpersönlich vorgenommen werden muss,[38] sodass die Anmeldung durch Vertreter anerkannt ist.[39] Dann muss erst recht eine Anmeldung durch den Notar aufgrund § 378 Abs. 2 FamFG möglich sein, denn dieser Norm liegt die Annahme zugrunde, dass bei Anmeldung durch den Notar von vornherein eine erhöhte Richtigkeitsgewähr gegeben ist.

2. Anmeldung von Gründung und Kapitalmaßnahmen

Für bestimmte Fälle erweitert das Gesetz bei den Kapitalgesellschaften den Kreis der Anmeldepflichtigen. Im GmbH-Recht etwa verlangt § 78 Hs. 2 GmbHG die Anmeldung durch sämtliche Geschäftsführer bei der Anmeldung einer neu gegründeten GmbH (§ 7 Abs. 1 GmbHG), bei einer Kapitalerhöhung gegen Einlagen (§ 57 Abs. 1 GmbHG) oder aus Gesellschaftsmitteln (§ 57i Abs. 1 GmbHG) und

---

[33] Allgemeine Meinung, vgl. Stein in MüKoAktG, 5. Aufl. 2021, AktG § 181 Rn. 12 mit weiteren Nachweisen.
[34] Roth in Hopt, 42. Aufl. 2023, HGB § 108 Rn. 1. Anders, wenn nur die Änderung der inländischen Geschäftsanschrift anzumelden ist: § 108 S. 2 HGB.
[35] BGH NZG 2020, 1071 Rn. 20; Fleischer in MüKoHGB, 5. Aufl. 2022, HGB § 108 Rn. 2.
[36] OLG Frankfurt a. M. NZG 2012, 585; Fleischer in MüKoHGB, 5. Aufl. 2022, HGB § 108 Rn. 2.
[37] Schemmann in Haußleiter, 2. Aufl. 2017, FamFG § 378 Rn. 14.
[38] Fleischer in MüKoHGB, 5. Aufl. 2022, HGB § 108 Rn. 21.
[39] Statt aller Roth in Hopt, 42. Aufl. 2023, HGB § 108 Rn. 3 mit weiteren Nachweisen.

bei einer Kapitalherabsetzung (§ 58 Abs. 1 GmbHG). Diese Fälle zeichnen sich dadurch aus, dass die Geschäftsführer zugleich eine Versicherung über bestimmte Umstände gegenüber dem Handelsregister abzugeben haben. Im Falle der Neugründung ist dies die Versicherung über die Kapitalaufbringung und das Nichtvorliegen von Bestellungshindernissen (§ 8 Abs. 2 und 3 GmbHG), bei der ordentlichen Kapitalerhöhung die Versicherung über die Aufbringung des Kapitals (§ 57 Abs. 2 GmbHG). Bei der Kapitalerhöhung aus Gesellschaftsmitteln bezieht sich die Versicherung ebenfalls auf die Kapitaldeckung des Erhöhungsbetrags (§ 57i Abs. 1 S. 2 GmbHG), bei der Kapitalherabsetzung auf die Befriedigung beziehungsweise Sicherstellung von Gläubigern (§ 58 Abs. 1 S. 4 GmbHG). Es besteht Einigkeit, dass diese Versicherungen von allen Geschäftsführern persönlich abgegeben werden müssen, also eine Vertretung bei der Abgabe dieser Erklärungen ausscheidet.[40] Wesentlicher Grund hierfür ist, dass diese Versicherungen sämtlich strafbewehrt sind, also die Geschäftsführer sich mit Falschangaben strafbar machen können. Dies folgt für Falschangaben bei der Gründung aus § 82 Abs. 1 Nr. 1 GmbHG, bei der ordentlichen Kapitalerhöhung aus § 82 Abs. 1 Nr. 3 GmbHG und bei der Kapitalerhöhung aus Gesellschaftsmitteln aus § 82 Abs. 1 Nr. 4 GmbHG. Eine unwahre Versicherung über die Befriedigung oder Sicherstellung von Gläubigern im Falle einer Kapitalherabsetzung kann nach § 82 Abs. 2 Nr. 1 GmbHG strafbar sein. Der Versicherung eines mit Strafbarkeit bedrohten Geschäftsführers kommt daher eine besondere Richtigkeitsgewähr zu. Dies schließt es aus, dass der Notar aufgrund § 378 Abs. 2 FamFG anstelle der Geschäftsführer die betreffende Versicherung abgibt.[41]

Damit ist allerdings noch nicht die Frage beantwortet, ob die Anmeldung der Gründung beziehungsweise Kapitalmaßnahme als solche (also ohne die Abgabe der Versicherungen) aufgrund § 378 Abs. 2 FamFG vom Notar vorgenommen werden könnte. Jedenfalls muss die Versicherung nicht zwingend in der betreffenden Handelsregisteranmeldung enthalten sein. Der Wortlaut der Normen legt das zwar nahe, ist aber nach richtiger Ansicht so zu verstehen, dass damit nur die öffentliche Form für die Versicherung verlangt wird.[42] Einer redaktionellen Trennung der Anmeldeerklärungen einerseits und der Versicherungen andererseits stünde das jedoch nicht entgegen. Allerdings wird es für eine solche künstliche Aufteilung kaum jemals einen Grund geben, sodass in aller Regel die Geschäftsführer anlässlich der Abgabe der Versicherungen in demselben Dokument zugleich auch die Anmeldeerklärungen abgeben werden. Erweisen sich die Anmeldeerklärungen jedoch nachträglich als fehlerhaft, etwa wegen eines Schreibfehlers oder einer versehentlichen Auslassung, kann sich die Frage stellen, ob der beurkundende Notar anstelle der Geschäftsführer die Anmeldeerklärungen aufgrund § 387 Abs. 2 FamFG berichtigen beziehungsweise ergänzen kann. Diese Frage ist zu bejahen: Solange es nicht um die Abgabe höchstpersönlicher Versicherungen geht, beansprucht § 378 Abs. 2 FamFG auch dann Geltung, wenn die Anmeldung durch sämtliche Geschäftsführer

---

[40] Allgemeine Meinung, vgl. Beurskens in Noack/Servatius/Haas, 23. Aufl. 2022, GmbHG § 78 Rn. 8.
[41] Eickelberg in Sternal, 21. Aufl. 2023, FamFG § 378 Rn. 15.
[42] So zu den Versicherungen nach § 8 Abs. 2 und 3 GmbHG Herrler in MüKoGmbHG, 4. Aufl. 2022, GmbHG § 8 Rn. 47.

erfolgen müsste. Denn allein aus dem Umstand, dass die Anmeldung durch sämtliche Geschäftsführer erfolgen muss, lässt sich kein Verbot einer Stellvertretung schließen.[43] Weder § 78 GmbHG noch § 378 Abs. 2 FamFG geben dafür einen Anhaltspunkt. Soweit dies anders gesehen wird, liegt dem eine fehlende Differenzierung zwischen den höchstpersönlichen Versicherungen einerseits und den eigentlichen Anmeldeerklärungen andererseits zugrunde.

Auch im Aktienrecht gibt es Anmeldefälle, für die das Gesetz die Anmeldebefugnis abweichend regelt. So obliegt die Anmeldung einer neu gegründeten Aktiengesellschaft gemäß § 36 AktG allen Gründern sowie Mitgliedern des Vorstands und des Aufsichtsrats. Insoweit ist wie bei der GmbH umstritten, ob nur die strafbewehrten Erklärungen nach § 37 AktG höchstpersönlich abzugeben sind oder auch der Eintragsantrag als solcher. Richtigerweise ist genauso wie bei der GmbH zu differenzieren: Die Anmeldung kann der Notar gemäß § 378 Abs. 2 FamFG abgeben, oder, was in der Praxis eher vorkommen dürfte, berichtigen und ergänzen; die Erklärungen nach § 37 AktG können die Gründer sowie Vorstands- und Aufsichtsratsmitglieder hingegen nur persönlich abgeben.[44] Bei Kapitalmaßnahmen der Aktiengesellschaft gelten ebenfalls Besonderheiten, denn dann verlangt das Gesetz die Anmeldung durch den Vorstand und den Vorsitzenden des Aufsichtsrats: Das gilt für die Anmeldung von Beschlüssen über eine Kapitalerhöhung und ihre Durchführung (§§ 184 Abs. 1 S. 1, 188 Abs. 1 AktG, beim genehmigten Kapital in Verbindung mit § 203 Abs. 1 S. 1 AktG, bei der Kapitalerhöhung aus Gesellschaftsmitteln in Verbindung mit § 207 Abs. 2 AktG), für die Anmeldung einer bedingten Kapitalerhöhung (§ 195 Abs. 1 S. 1 AktG) und für die Anmeldung einer Kapitalherabsetzung (§ 223 AktG). Soweit in diesem Rahmen strafbewehrte Wissenserklärungen abzugeben sind, gilt dasselbe wie bei der GmbH: Diese müssen die Organmitglieder persönlich abgeben. Die Handelsregisteranmeldung selbst kann der Notar, der den entsprechenden Hauptversammlungsbeschluss protokolliert hat, aufgrund § 378 Abs. 2 FamFG vornehmen. Denn diese Norm fingiert eine Vollmacht zum Handeln für die „zur Anmeldung Berechtigten", ohne Beschränkung darauf, dass dies ausschließlich die allgemein zur Vertretung berechtigten Organmitglieder sein könnten. Für die Anmeldung der Kapitalherabsetzung steht das in Einklang mit der herrschenden Lehre, die eine Anmeldung durch Bevollmächtigte für möglich hält, und zwar mit Rücksicht darauf, dass strafbewehrte Erklärungen in diesem Zusammenhang nicht abzugeben seien.[45] Für die Anmeldung von Kapitalerhöhungen

---

[43] OLG Köln GmbHR 1987, 394; Lieder in Michalski/Heidinger/Leible/Schmidt, 4. Aufl. 2023, GmbHG § 78 Rn. 29; speziell zur Kapitalerhöhung: Priester/Tebben in Scholz, 12. Aufl. 2022, GmbHG § 57 Rn. 25; Servatius in Noack/Servatius/Haas, 23. Aufl. 2022, GmbHG § 57 Rn. 14.
[44] So schon Winkler DNotZ 1986, 696 (699 f.); anderer Ansicht die ganz herrschende Meinung, die eine Vertretung auch bei der Anmeldung für unzulässig hält: Koch, 17. Aufl. 2023, AktG § 36 Rn. 4 mit weiteren Nachweisen; Pentz in MüKoAktG, 4. Aufl. 2016, AktG § 36 Rn. 26; Arnold in Kölner Kommentar, 3. Aufl. 2011, AktG § 36 Rn. 11; Schall in Großkommentar, 5. Aufl. 2016, AktG § 36 Rn. 20 f.
[45] Veil in Schmidt/Lutter, 4. Aufl. 2020, AktG § 223 Rn. 3; Koch, 17. Aufl. 2023, AktG § 223 Rn. 3; Ekkenga in Kölner Kommentar, 3. Aufl. 2021, AktG § 223 Rn. 3; Bachner/Oechsler in MüKoAktG, 4. Aufl. 2016, AktG § 223 Rn. 2; Terbrack RNotZ 2003, 90 (96).

(einschließlich bedingte Kapitalerhöhungen) hingegen weigert sich die herrschende Meinung, zwischen Anmeldung und Wissenserklärungen zu differenzieren, und hält daher die Anmeldung durch einen Vertreter generell für unzulässig.[46] Nur eine Mindermeinung spricht sich auch bei Kapitalerhöhungen für eine Anmeldung nach § 378 Abs. 2 FamFG aus.[47]

3. Anmeldung infolge von Veränderungen des Gesellschafterkreises

a) Anteilsübertragungen bei Personenhandelsgesellschaften

In der Literatur bisher kaum behandelt ist die Frage, inwieweit der Notar zur Anmeldung nach § 378 Abs. 2 FamFG befugt sein kann, wenn sich Veränderungen aus von ihm beurkundeten Anteilsübertragungsverträgen ergeben.

Bei Kapitalgesellschaften stellt sich diese Frage nicht, da eine Anteilsübertragung nicht als solche im Handelsregister eingetragen wird und deshalb auch nicht anzumelden ist. Bei Personenhandelsgesellschaften hingegen wäre ein Gesellschafterwechsel nach §§ 107, 143 Abs. 2 HGB (in Verbindung mit § 161 Abs. 2 HGB) zum Handelsregister anzumelden. Mangels Beurkundungserfordernis werden Anteilsübertragungen bei Personenhandelsgesellschaften jedoch selten beurkundet. Ein Beurkundungserfordernis kann sich allerdings wegen des Beurkundungszusammenhangs aus § 15 Abs. 4 S. 1 GmbHG ergeben, wenn eine GmbH & Co. KG in der Weise veräußert werden soll, dass neben den Kommanditanteilen auch die Anteile an der Komplementär-GmbH veräußert werden.[48] Auch bei einem Asset Deal, der wegen der Mitveräußerung von GmbH-Anteilen (§ 15 Abs. 3, 4 S. 1 GmbHG), Grundbesitz (§ 311b Abs. 1 S. 1 BGB) oder wegen der Unsicherheit um die Reichweite des § 311b Abs. 3 BGB als Gesamtvermögensgeschäft[49] beurkundet wird, mögen im Einzelfall zu den veräußerten Vermögensgegenständen Anteile an Personenhandelsgesellschaften gehören. In diesen Fällen obliegt die Anmeldung zum Handelsregister eigentlich dem Veräußerer, dem Erwerber und etwaigen weiteren Gesellschaftern gemeinsam, §§ 107, 108 S. 1, 161 Abs. 2 HGB und §§ 143 Abs. 2, 161 Abs. 2 HGB. Es fragt sich, ob der beurkundende Notar dann aufgrund § 378 Abs. 2 FamFG den Anteilsübergang zum Handelsregister der betreffenden Personenhandelsgesellschaft anmelden darf. Dass der Notar aufgrund § 378 Abs. 2 FamFG für die an seiner Urkunde Beteiligten, also Veräußerer und Erwerber, die Handelsregisteranmeldung vornehmen darf, drängt sich auf. Fraglich erscheint jedoch, ob er auch im Namen etwaiger weiterer Gesellschafter handeln dürfte. Man

---

[46] Schürnbrand/Verse in MüKoAktG, 5. Aufl. 2021, AktG § 184 Rn. 10; Wiedemann in Großkommentar, 4. Aufl. 2005, AktG § 184 Rn. 11 f.; Ekkenga in Kölner Kommentar, 3. Aufl. 2020, AktG § 184 Rn. 11; Drygala/Staake in Kölner Kommentar, 3. Aufl. 2020, AktG § 195 Rn. 11; Fuchs in MüKoAktG, 5. Aufl. 2021, AktG § 195 Rn. 8.
[47] Von Werder/Hobuß BB 2018, 1031 (1035); Veil in Schmidt/Lutter, 4. Aufl. 2020, AktG § 184 Rn. 4 (für die Anmeldung des Beschlusses über eine Kapitalerhöhung); Hermanns in Henssler/Strohn, Gesellschaftsrecht, 5. Aufl. 2021, AktG § 195 Rn. 3 (für die Anmeldung eines bedingten Kapitals).
[48] Altmeppen, 11. Aufl. 2023, GmbHG § 15 Rn. 96; Weller/Reichert in MüKoGmbHG, 4. Aufl. 2022, GmbHG § 15 Rn. 119; vgl. auch BGH NJW 1986, 2642.
[49] Vgl. hierzu Heckschen in BeckNotar-HdB, 7. Aufl. 2019, § 25 Rn. 11 ff.

könnte das in Zweifel ziehen mit der Erwägung, der Notar habe die Beurkundung ja nur für Veräußerer und Erwerber vorgenommen, nicht jedoch für diese anderen Gesellschafter.[50] Tatsächlich hat das OLG München vertreten, die Vollmachtsvermutung für den Notar greife „nur insoweit ein, als er im Namen der an seiner Urkunde beteiligten Gesellschaften Anmeldung vornehmen"[51] könne. Das sei nicht der Fall, wenn der Notar den Übergang eines Kommanditanteils zum Handelsregister der Kommanditgesellschaft anmelden wolle, nachdem er die Verschmelzung der als Kommanditist beteiligten Gesellschaft auf eine andere Gesellschaft beurkundet habe. Denn an seiner Urkunde seien nur die an der Verschmelzung beteiligten Gesellschaften beteiligt gewesen, nicht aber die weiteren Gesellschafter der Kommanditgesellschaft, deren Mitwirkung an der Handelsregisteranmeldung ebenfalls erforderlich sei.

Dem ist nicht zu folgen.[52] Schon der Ausgangspunkt dieser Überlegungen ist unzutreffend, wonach der Notar nur im Namen der an seiner Urkunde beteiligten Gesellschaften Anmeldungen vornehmen könne. Der Wortlaut des § 378 Abs. 2 FamFG gibt keinen Anhaltspunkt für dieses Verständnis. Danach muss der Notar lediglich „die zu einer Eintragung erforderliche Erklärung" beurkundet haben, ohne dass weiter bestimmt wäre, um wessen Erklärung es sich handeln muss. Im Gegenteil legt der Wortlaut eher nahe, dass Erklärender und Anmeldeberechtigter gerade nicht identisch sein müssen, sonst hätte die Norm einfach formulieren können, dass der Notar „im Namen der Beteiligten" die Eintragung beantragen könne, statt „im Namen des zur Anmeldung Berechtigten".[53] Die dem § 378 Abs. 2 FamFG zugrunde liegende Wertung spricht ebenfalls gegen das enge Verständnis des OLG München: Der Notar darf die Anmeldung im Namen der Anmeldeberechtigten vornehmen, weil seine Beteiligung dieselbe Richtigkeitsgewähr mit sich bringt wie eine Anmeldung durch die Anmeldeberechtigten selbst (→ II. 4.). Das gilt unabhängig davon, ob der Anmeldeberechtigte selbst an der Urkunde beteiligt war. Der Notar wird die Anmeldung nur vornehmen, wenn er sich davon überzeugt hat, dass die anzumeldenden Änderungen tatsächlich eingetreten sind. Sind hierfür materiell-rechtliche Erklärungen Dritter nötig, die an seiner Urkunde nicht beteiligt waren, so wird er diese entweder aufgrund Vollzugsvollmacht selbst einholen oder jedenfalls deren Vorliegen überprüfen, bevor er die Handelsregisteranmeldung vornimmt.[54] Insofern verhält es sich nicht anders als im GmbH-Recht, wo der Notar gemäß § 40 Abs. 2 GmbHG durch Einreichung einer neuen Gesellschafterliste bei von ihm beurkundeten Anteilsübertragungen für die Registerpublizität zu sor-

---

[50] Ablehnend deshalb Nedden-Boeger in Schulte-Bunert/Weinreich, 7. Aufl. 2023, FamFG § 378 Rn. 22.
[51] OLG München NJW 2015, 1616. Vgl. demgegenüber aber BayObLGZ 1970, 235 (237), wonach der Notar, der den zugrunde liegenden Verkauf eines Handelsgeschäfts an eine Kommanditgesellschaft beurkundet hat, im Registerverfahren über die Eintragung der Fortführung des Geschäfts unter der bisherigen Firma als bevollmächtigt gilt.
[52] So für den Fall des Kommanditistenwechsels im Wege der Einzelrechtsnachfolge auch Gutachten DNotI-Report 2021, 49.
[53] So auch die Überlegung von OLG Karlsruhe Rpfleger 2011, 382.
[54] Vgl. Gutachten DNotI-Report 2021, 49 (50).

gen hat, ohne dass im Registerverfahren eine Mitwirkung der Mitgesellschafter oder der Geschäftsführer erforderlich wäre.

Gesonderter Betrachtung bedarf allerdings der Fall, dass jemand im Wege der Einzelrechtsnachfolge einen Kommanditanteil erwirbt. Wird dies zum Handelsregister angemeldet, so wird dafür aufgrund richterrechtlicher Rechtsfortbildung eine Versicherung der persönlich haftenden Gesellschafter in vertretungsberechtigter Zahl sowie zusätzlich des ausscheidenden Kommanditisten verlangt, wonach dem ausscheidenden Kommanditisten hierfür aus dem Gesellschaftsvermögen keine Abfindung gewährt oder versprochen wurde.[55] Nach der Rechtsprechung und herrschenden Auffassung in der Literatur ist die Versicherung höchstpersönlich abzugeben.[56] Folgt man dem, so kann diese Versicherung konsequenterweise auch nicht vom Notar aufgrund § 378 Abs. 2 FamFG abgegeben werden. Soll also der Notar den Kommanditistenwechsel für die Anmeldeberechtigten anmelden, so ist die Abfindungsversicherung von den hierzu Berufenen gesondert beizusteuern, wobei diese Versicherung nach zutreffender Auffassung keiner besonderen Form bedarf.[57]

b) Eintritt und Austritt bei Personenhandelsgesellschaften

Aus den vorstehenden Überlegungen ergibt sich auch die Antwort auf die Frage, ob der Notar den Eintritt oder Austritt eines Gesellschafters aus einer Personenhandelsgesellschaft für die Beteiligten anmelden kann, wenn er – obwohl grundsätzlich kein gesetzliches Beurkundungserfordernis besteht – eine Vereinbarung über den Eintritt bzw. Austritt beurkundet hat. Richtigerweise ist das zu bejahen, auch wenn an der betreffenden Urkunde nicht alle beteiligt waren, die nach dem Gesetz zur Anmeldung der Veränderung berufen wären. Selbstverständlich wird der Notar die Anmeldung im Namen der Anmeldeberechtigten aber nur vornehmen, wenn er davon überzeugt ist, dass die anzumeldende Änderung tatsächlich eingetreten ist.

4. Anmeldung von Gewinnabführungs- und Beherrschungsverträgen

Zur Wirksamkeit eines Gewinnabführungs- und Beherrschungsvertrags im Sinne des § 291 AktG ist ein notariell beurkundeter Gesellschafterbeschluss der beteiligten Gesellschaften nötig: Dies ergibt sich für Aktiengesellschaften aus § 293 AktG, bei denen wegen des Mehrheitserfordernisses von 75 % des bei der Beschlussfassung vertretenen Grundkapitals (§ 293 Abs. 1 S. 2 AktG) der Beschluss stets notariell protokolliert werden muss, § 130 Abs. 1 AktG. Auch bei Gewinnabführungs- und Beherrschungsverträgen zwischen GmbHs ist ein notariell beurkundeter Beschluss der abhängigen Gesellschaft erforderlich.[58] In diesen Fällen stellt sich die

---

[55] BGH DNotZ 2006, 135; OLG Nürnberg NZG 2012, 1270; Roth in Hopt, 40. Aufl. 2021, HGB § 162 Rn. 8; Oetker, 7. Aufl. 2021, HGB § 162 Rn. 22; Casper in Großkommentar, 5. Aufl. 2015, HGB § 162 Rn. 35.
[56] KG NZG 2009, 905; anderer Ansicht Krafka, Registerrecht, 12. Aufl. 2024, Rn. 750.
[57] Krafka, Registerrecht, 12. Aufl. 2024, Rn. 750; Hermanns in BeckNotar-HdB, 7. Aufl. 2019, § 20 Rn. 73.
[58] BGH DNotZ 1989, 102 (Supermarkt).

Frage, ob der den Zustimmungsbeschluss beurkundende Notar den Abschluss des Gewinnabführungs- und Beherrschungsvertrages aufgrund § 378 Abs. 2 FamFG zur Eintragung im Handelsregister des abhängigen Vertragsteils anmelden kann. Die herrschende Meinung hält es für zulässig, dass anstelle des eigentlich dazu berufenen Vertretungsorgans auch ein hierzu Bevollmächtigter die Anmeldung vornimmt, denn die Anmeldung erfordert keine strafbewehrte Erklärung des Anmelders.[59] Dann spricht auch nichts dagegen, dass der Notar, der den Zustimmungsbeschluss eines Vertragsteils beurkundet hat, die Anmeldung gemäß § 378 Abs. 2 FamFG vornimmt.[60]

5. Anmeldungen infolge von Umwandlungsvorgängen

a) Anmeldung der Umwandlung

Zur Anmeldung von Verschmelzungen nach dem Umwandlungsgesetz sind die Vertretungsorgane der an der Verschmelzung beteiligten Rechtsträger berufen, § 16 Abs. 1 S. 1 UmwG; bei Spaltungen gilt das entsprechend, § 125 Abs. 1 S. 1 UmwG. Im Falle eines Rechtsformwechsels sieht das Umwandlungsgesetz je nach Rechtsform differenzierte Regelungen vor (vergleiche zum Beispiel für den Formwechsel von Personenhandelsgesellschaften § 222 UmwG, für den Formwechsel von Kapitalgesellschaften §§ 235 Abs. 2, 246 Abs. 1, 254 Abs. 1 UmwG). Alle genannten Umwandlungsfälle erfordern notariell beurkundete Erklärungen, etwa einen Verschmelzungsvertrag (§ 4 UmwG) oder Spaltungs- und Übernahmevertrag beziehungsweise Spaltungsplan (§ 126 UmwG beziehungsweise § 136 UmwG), die nach § 6 UmwG (gegebenenfalls in Verbindung mit § 125 Abs. 1 S. 2 UmwG zu beurkunden sind, und entsprechende notariell beurkundete Umwandlungsbeschlüsse (§ 13 UmwG, gegebenenfalls in Verbindung mit § 125 Abs. 1 S. 2 UmwG beziehungsweise § 193 UmwG). Damit stellt sich die Frage, ob anstelle der eigentlich Anmeldeberechtigten der beurkundende Notar die Umwandlungsmaßnahme nach § 378 Abs. 2 FamFG zum Register anmelden könnte.

Soweit im Rahmen der Anmeldung Versicherungen betreffend die Kapitalaufbringung abzugeben sind, weil das Umwandungsgesetz die entsprechende Anwendung von Gründungsvorschriften des Kapitalgesellschaftsrechts anordnet, gilt das oben Gesagte: Diese strafbewehrten Versicherungen können die zur Anmeldung berufenen Organmitglieder nur höchstpersönlich abgeben. Eine Vertretung durch den Notar scheidet daher aus. Gleiches gilt, wenn aus diesem Grund Vertretungsorgane höchstpersönliche Versicherungen über das Nichtvorliegen von Bestellungshindernissen abgeben müssen.

Daneben verlangt § 16 Abs. 2 UmwG (gegebenenfalls in Verbindung mit § 125 Abs. 1 S. 1 UmwG beziehungsweise § 198 Abs. 3 UmwG) bei der Anmeldung zusätzlich eine Versicherung, dass eine Klage gegen den Umwandlungsbeschluss nicht oder nicht fristgerecht erhoben wurde beziehungsweise eine solche Klage rechts-

---

[59] Altmeppen in MüKoAktG, 6. Aufl. 2023, AktG § 294 Rn. 8 mit weiteren Nachweisen.
[60] OLG Frankfurt a. M. BeckRS 2011, 20300; Ising NZG 2021, 289 (290); Grau/Kirchner GWR 2021, 23 (24).

kräftig abgewiesen oder zurückgenommen worden ist.[61] Bei dieser Negativerklärung, die eine Wissenserklärung ist, kann sich das anmeldepflichtige Vertretungsorgan nach allgemeiner Auffassung ebenfalls nicht vertreten lassen.[62] Auch insoweit scheidet eine Vertretung durch den Notar aufgrund § 378 Abs. 2 FamFG aus.[63]

Es spricht aber nichts dagegen, dass die höchstpersönlichen Erklärungen von den Vertretungsorganen gesondert abgegeben werden und der Notar die eigentliche Registeranmeldung vornimmt.[64] Hierfür kann ein praktisches Bedürfnis insbesondere dann bestehen, wenn der konkrete Fall keine (zwingend zu beglaubigende) Versicherung zu Kapitalaufbringung oder Bestellungshindernissen erfordert, sondern nur die Negativerklärung nach § 16 Abs. 2 UmwG, denn diese bedarf keiner besonderen Form:[65] Können die Vertretungsorgane nur unter erschwerten Bedingungen Erklärungen in öffentlich beglaubigter Form abgeben, etwa weil sie sich im Ausland befinden, so besteht die Möglichkeit, dass sie dem Notar eine privatschriftliche Negativerklärung zur Weiterleitung an des Registergericht übermitteln und die Anmeldung im Übrigen dem Notar überlassen. Gerade wenn der Ablauf der Frist des § 17 Abs. 2 UmwG droht, kann das eine erhebliche Erleichterung sein.[66]

b) Anmeldung registerpflichtiger Umwandlungsfolgen

Änderungen, die sich mit dem Wirksamwerden einer Maßnahme nach dem Umwandlungsgesetz ergeben, können ihrerseits der Anmeldung zum Register eines anderen dadurch betroffenen Rechtsträgers bedürfen. Wenn beispielsweise im Fall einer Verschmelzung oder Spaltung der übertragende Rechtsträger an einer Personenhandelsgesellschaft beteiligt war, ist zum Register dieser Personenhandelsgesellschaft anzumelden, dass diese Beteiligung im Wege der Verschmelzung oder Spaltung auf einen anderen Rechtsträger übergegangen ist. Dasselbe gilt, wenn der an einer Personenhandelsgesellschaft beteiligte Rechtsträger durch Formwechsel sein Rechtskleid geändert hat.

Das OLG München[67] hat, wie oben (→ III. 3. a) dargestellt, für den Fall der Verschmelzung einer an einer Kommanditgesellschaft beteiligten GmbH auf eine andere GmbH die Auffassung vertreten, der die Verschmelzung beurkundende Notar können den Kommanditistenwechsel nicht zum Handelsregister der Kommanditgesellschaft anmelden, weil an der Urkunde des Notars die weiteren Gesellschafter der Kommanditgesellschaft nicht beteiligt waren. Dem ist aus den oben dargelegten

---

[61] Anders, wenn auf eine derartige Klage durch notariell beurkundete Erklärung verzichtet wurde, § 16 Abs. 2 S. 2 UmwG.
[62] Schwanna in Semler/Stengel/Leonard, 5. Aufl. 2021, UmwG § 16 Rn. 7: Rieckers/Cloppenburg in Habersack/Wicke, 2. Aufl. 2021, UmwG § 16 Rn. 27; Heidinger in Henssler/Strohn, Gesellschaftsrecht, 5. Aufl. 2021, UmwG § 16 Rn. 4.
[63] Rieckers/Cloppenburg in Habersack/Wicke, 2. Aufl. 2021, UmwG § 16 Rn. 27.
[64] Rieckers/Cloppenburg in Habersack/Wicke, 2. Aufl. 2021, UmwG § 16 Rn. 13; Decher in Lutter, 6. Aufl. 2019, UmwG § 16 Rn. 5.
[65] Rieckers/Cloppenburg in Habersack/Wicke, 2. Aufl. 2021, UmwG § 16 Rn. 27; Decher in Lutter, 6. Aufl. 2019, UmwG § 16 Rn. 15.
[66] Ising NZG 2012, 289 (290).
[67] OLG München NJW 2015, 1616.

Gründen zu widersprechen. Richtigerweise kann der Notar die Anmeldung vornehmen. Dem entspricht, dass mehrheitlich auch beim Übergang eines GmbH-Geschäftsanteils aufgrund Verschmelzung der Muttergesellschaft der die Verschmelzung beurkundende Notar zumindest als berechtigt angesehen wird, für die GmbH gemäß § 40 Abs. 2 GmbHG eine neue Gesellschafterliste zum Handelsregister einzureichen.[68]

Eine andere Umwandlungsfolge mit Auswirkungen auf den Registerinhalt liegt vor, wenn eine Gesellschaft verschmolzen wird, die Vertragsteil eines Unternehmensvertrages entsprechend §§ 291 ff. AktG ist, denn dann geht auch der Unternehmensvertrag auf den übernehmenden Rechtsträger über.[69] Wurde der abhängige Vertragsteil verschmolzen, bedarf es neben der Eintragung der Verschmelzung im Hinblick auf den Unternehmensvertrag keiner weiteren Eintragung. Bei einer Verschmelzung des herrschenden Vertragsteils hingegen muss im Register der abhängigen Gesellschaft berichtigend eingetragen werden, dass ein anderer Vertragsteil nunmehr der Rechtsträger ist, auf den der bisher herrschende Vertragsteil verschmolzen wurde. Ob der die Verschmelzung beurkundende Notar das zum Handelsregister des abhängigen Vertragsteils anmelden kann, ist entsprechend den oben angestellten Überlegungen zu beurteilen: Zwar war der abhängige Vertragsteil an der Verschmelzung nicht beteiligt. Hierauf kommt es aber für § 378 Abs. 2 FamFG richtigerweise nicht an. Die Richtigkeitsgewähr ergibt sich nicht aus der Beteiligung bestimmter Anmeldeberechtigter an der Urkunde, sondern aus der Beteiligung des Notars an dem für die Veränderung maßgeblichen Vorgang. Dann spricht nichts dagegen, dass er dies auch für die Anmeldeberechtigten zum Handelsregister anmeldet. Entsprechendes gilt bei einer Spaltung, wenn zu den übergehenden Rechtsverhältnissen auch ein Unternehmensvertrag gehört.

6. Erteilung einer Prokura

Gelegentlich kommen Gesellschafterbeschlüsse vor, wonach einer Person Prokura erteilt werden soll. Darin liegt grundsätzlich keine Prokuraerteilung als solche, denn eine Prokura ist eine rechtsgeschäftliche Vollmacht,[70] die das Vertretungsorgan im Namen der Handelsgesellschaft dem Prokuristen erteilt.[71] Der Gesellschafterversammlung fehlt die dafür erforderliche Befugnis, im Namen der Gesellschaft zu handeln. Der Beschluss über die Prokuraerteilung hat daher jedenfalls bei der GmbH (§ 46 Nr. 7 GmbHG) oder bei Personenhandelsgesellschaften rechtlich den Charakter eines an das Vertretungsorgan gerichteten Weisungsbeschlusses, die Prokura im Namen der Gesellschaft zu erteilen.[72]

---

[68] OLG Hamm NZG 2010, 113; Ising DNotZ 2010, 216 und NZG 2010, 812; Berninger DStR 2010, 1292; Wachter GmbHR 2010, 206; Omlor EWiR 2010, 251; Herrler/Blath ZIP 2010, 129; anderer Ansicht Servatius in Noack/Servatius/Haas, 23. Aufl. 2022, GmbHG § 40 Rn. 56.
[69] Allgemeine Meinung, vgl. nur Emmerich in Emmerich/Habersack, Aktien- und GmbH-Konzernrecht, 10. Aufl. 2022, AktG § 297 Rn. 43 mit umfangreichen Nachweisen.
[70] Weber in Ebenroth/Boujong/Joost/Strohn, 4. Aufl. 2020, HGB § 48 Rn. 1.
[71] Vgl. Merkt in Hopt, 42. Aufl. 2023, HGB § 48 Rn. 4.
[72] Zur GmbH vgl. Noack in Noack/Servatius/Haas, 23. Aufl. 2022, GmbHG § 46 Rn. 52.

Würde, was nicht erforderlich wäre, ein solcher Beschluss beurkundet, dann wäre der Notar gleichwohl nach § 378 Abs. 2 FamFG zur Anmeldung des neuen Prokuristen befugt. Dem scheint der Wortlaut des § 378 Abs. 2 FamFG zu widersprechen, denn der Beschluss über die Prokuraerteilung wäre zur Eintragung nicht „erforderlich". Auch ohne einen solchen Beschluss könnte die Gesellschaft durch ihr Vertretungsorgan eine Prokura erteilen.[73] Allerdings besteht kein Zweifel, dass die Gesellschafterversammlung einer GmbH (vergleiche § 46 Nr. 7 GmbHG) oder einer Personenhandelsgesellschaft das Vertretungsorgan zur Erteilung der Prokura anweisen kann und diese Anweisung auch durchsetzen könnte, notfalls im Rechtsweg oder durch Austausch eines weisungswidrig handelnden Organträgers. Es wäre Förmelei, unter diesen Umständen die Befugnis des Notars zu verneinen, nach § 378 Abs. 2 FamFG den neuen Prokuristen zum Register anzumelden. Wenn der Notar aufgrund § 378 Abs. 2 FamFG einen neuen Geschäftsführer zum Handelsregister anmelden könnte – freilich ohne die dafür erforderliche Versicherung zu den Bestellungshindernissen, siehe oben –, muss er einen neuen Prokuristen erst recht anmelden können. Das alles gilt für den Widerruf einer Prokura entsprechend.

Wird ausnahmsweise die Prokuraerteilung als solche beurkundet, spricht erst recht nichts gegen die Anmeldung durch den Notar gemäß § 378 Abs. 2 FamFG.

7. *Änderung des Geschäftsanschrift*

Ähnliche Fragen stellen sich bei der Änderung der inländischen Geschäftsanschrift, die gemäß § 31 Abs. 1 HGB zum Handelsregister anzumelden ist. Diese bedarf grundsätzlich keines Gesellschafterbeschlusses. Vielmehr obliegt es der Geschäftsführung, über die Geschäftsanschrift zu entscheiden.[74] Selbst wenn es sich dabei im Einzelfall um eine Entscheidung handelt, für die die Geschäftsführung wegen ihrer Tragweite oder aufgrund Anordnung im Gesellschaftsvertrag eines zustimmenden Beschlusses der Gesellschafterversammlung bedarf, handelt es sich nur um ein das Innenverhältnis betreffendes Zustimmungserfordernis. Nicht selten allerdings beschließt die Gesellschafterversammlung anlässlich des Beschlusses über eine Sitzverlegung zugleich über eine Änderung der inländischen Geschäftsanschrift. Dann stellt sich die Frage, ob der Notar aufgrund § 378 Abs. 2 FamFG neben der Sitzverlegung auch die neue Geschäftsanschrift zum Handelsregister anmelden darf, obwohl für die Änderung der Geschäftsanschrift ein Gesellschafterbeschluss eigentlich nicht „erforderlich" ist. Richtigerweise ist diese Frage zu bejahen:[75] Zum einen gilt die oben bereits zur Erteilung einer Prokura angestellte Erwägung, dass die Gesellschafterversammlung materiell Herrscher darüber ist, wo die Gesellschaft ihre inländische Geschäftsanschrift haben soll. Hinzu kommt der enge Zusammenhang von Sitzverlegung und Änderung der Geschäftsanschrift, der

---

[73] Vgl. BGHZ 62, 166 (168f.).
[74] Vgl. allgemein KG RNotZ 2016, 475.
[75] Ebenso Eickelberg in Sternal, 21. Aufl. 2023, FamFG § 378 Rn. 9; Herrler in MüKo-GmbHG, 4. Aufl. 2022, GmbHG § 8 Rn. 85; Schulte notar 2014, 270; anderer Ansicht OLG Frankfurt a. M. BeckRS 2011, 20300.

es nahelegt, dem Notar im Sinne einer Annexkompetenz neben der Anmeldung des neuen Sitzes auch die Anmeldung der neuen Geschäftsanschrift zu gestatten.

IV. Schluss

Die Befugnis des Notars, nach § 378 Abs. 2 FamFG für die Anmeldeberechtigten Registeranmeldungen vorzunehmen, wird im Schrifttum und in der Praxis bisher etwas stiefmütterlich behandelt. Eine nähere Betrachtung der Norm hat jedoch ergeben, dass ihr Anwendungsbereich weiter ist, als gemeinhin angenommen wird, und zwar auch deshalb, weil es sich entgegen der herrschenden Meinung nicht nur um eine Vollmachtsvermutung handelt, sondern um eine fingierte Bevollmächtigung. Daraus ergeben sich für den Notar in der Praxis vielfältige Möglichkeiten, die Beteiligten beim Registervollzug gesellschaftsrechtlicher Vorgänge zu unterstützen. Mit § 378 Abs. 2 FamFG bringt der Gesetzgeber das besondere Vertrauen zum Ausdruck, das die Notare als Teil der freiwilligen Gerichtsbarkeit gerade im Bereich des Registerrechts verdienen. Es liegt an den Notaren, davon in geeigneten Fällen mehr als bisher zum Nutzen der gesellschaftsrechtlichen Praxis Gebrauch zu machen.

PAUL TERNER

Erbe kann nur werden, wer zur Zeit des Erbfalls lebt (§ 1923 BGB) – tatsächlich?

I. Einleitung

Eigentlich ist es doch ganz einfach:

„Erbe kann nur werden, wer zur Zeit des Erbfalls lebt."

So lautet § 1923 Abs. 1 BGB mit der amtlichen Überschrift „Erbfähigkeit" kurz und knapp. § 1923 Abs. 2 BGB verlegt die Erbfähigkeit auf den bereits gezeugten Nasciturus vor, wenn er nach dem Erbfall lebend geboren wird (§ 1 BGB). Auf den ersten Blick scheinen weitere Gedanken daher kaum lohnenswert. Doch so einfach können die Dinge nicht liegen. Dies wird nicht nur beim Blick auf die infolge der Fortschritte der Reproduktionsmedizin heute bestehende Möglichkeit der postmortalen Befruchtung deutlich, sondern auch und vor allem beim Gedanken an Personenvereinigungen. Auch wenn diese offensichtlich nicht leben, so bezweifelt doch niemand, dass sie im Grundsatz erben können.[1] Was nun aber gilt für derartige „Erben" insbesondere dann, wenn sie erst nach dem Erbfall entstehen, sei es gezeugt oder gegründet werden, oder bereits vor dem Erbfall weggefallen, sei es verstorben oder liquidiert sind? Diese bei natürlichen Personen noch[2] recht einfach zu beantwortenden Fragen hat das Erbrecht des BGB insbesondere hinsichtlich der Personenvereinigungen kaum[3] im Blick. Das erklärt sich zwanglos aus dem historischen Kontext: Das BGB ist zum 1.1.1900 und damit in einer Zeit mit einer überschaubaren Anzahl von Gesellschaften und einer grundsätzlichen Skepsis gegenüber rein privatrechtlichen Vereinigungen in Kraft getreten. Dem damit nur folgerichtigen Fokus des Gesetzes auf natürliche Personen sind die tatsächlichen Verhältnisse

---

[1] Überwiegend wird angenommen, dass § 1923 BGB die Erbfähigkeit (als Ausfluss der Rechtsfähigkeit natürlicher Personen und rechtsfähiger Personenvereinigungen) voraussetzt und nur den hierfür maßgeblichen Zeitpunkt („zur Zeit des Erbfalls") regelt (so zum Beispiel Müller-Christmann in Bamberger/Roth/Hau/Poseck, 5. Aufl. 2023, BGB § 1923 Rn. 1; Weidlich in Grüneberg, 83. Aufl. 2024, BGB § 1923 Rn. 1). Gleichwohl ist die Vorschrift mit der Verwendung des Wortes „lebt" unrichtig formuliert; es hätte insoweit richtigerweise „existiert" heißen müssen (so auch Stein in Soergel, 13. Aufl. 2002, BGB § 1923 Rn. 1).

[2] Es ist nur eine Frage der Zeit, bis zu entscheiden sein wird, ob ein kraft postmortaler Befruchtung (die in Deutschland zwar verboten ist, §§ 1 Abs. 1 Nr. 1 und 2, 4 Abs. 1 Nr. 3 ESchG, aber per se nicht zum Entfall der Erbenstellung führt) gezeugter Mensch Erbe sein kann (bejaht zum Beispiel von Leipold in MüKoBGB, 9. Aufl. 2022, BGB § 1923 Rn. 23 mit weiteren Nachweisen).

[3] Siehe aber für juristische Personen §§ 2044 Abs. 2 S. 3, 2101 Abs. 2, 2106 Abs. 2 S. 2, 2109 Abs. 2, 2163 Abs. 2 BGB.

mit der Vielzahl inzwischen existierender Personenvereinigungen in unterschiedlichsten Ausprägungen jedoch enteilt.

Auch in der Rechtsprechung tauchen „Erben" auf, die zur Zeit des Erbfalls nicht leben, aber doch als solche in Betracht kommen. Dies, zeigen plakativ in jüngerer Zeit vom Deutschen Notarinstitut zu begutachtende Fälle: In einem Fall[4] war eine reine Innen-GbR als Erbe eingesetzt, die erst nach dem Erbfall nach Außen in Erscheinung trat. In einem anderen Fall[5] war ein eingetragener Verein zum Erben eingesetzt und mit circa zwei Millionen Euro bedacht, aber vor Anfall des Erbes liquidiert worden. Konnte die GbR vor dem Akt der Invollzugsetzung Erbe werden beziehungsweise der Verein trotz vorheriger Liquidation noch Erbe sein?

II. Die Erbfähigkeit natürlicher Personen

1. Leben zum Zeitpunkt des Erbfalls

Wer vor dem Erbfall, das heißt dem Tod des Erblassers, bereits verstorben ist, scheidet als Erbe in jeglicher Hinsicht aus. Erbe kann gemäß § 1923 BGB nämlich nur eine solche natürliche Person sein, die zur Zeit des Erbfalls lebt (Abs. 1) oder jedenfalls gezeugt ist und alsdann lebend geboren wird (§ 1923 Abs. 2 BGB in Verbindung mit § 1 BGB). Der Erbe muss den Erblasser also überleben, und sei es auch nur um eine Sekunde. Dementsprechend ist derjenige, der vor oder gleichzeitig mit dem Erblasser verstorben ist, von der Erbfolge ausgeschlossen.

Für die Frage der Erbfähigkeit natürlicher Personen ist damit der genaue Todeszeitpunkt entscheidend, also vom Nachlassgericht zu ermitteln (§ 26 FamFG). Dabei ist das Gericht an die Angaben zum Todeszeitpunkt in der Sterbeurkunde nicht gebunden.[6] Ergeben die Ermittlungen des Nachlassgerichts hinsichtlich des Todeszeitpunkts mehrerer Personen und bei der Frage, ob eine Person (noch) Erbe werden konnte oder nicht, keine genauen Erkenntnisse, greift die sogenannte Kommorientenvermutung des § 11 VerschG[7]: Kann nicht bewiesen werden, dass von mehreren gestorbenen oder für tot erklärten Menschen[8] der eine den anderen überlebt hat, wird vermutet, dass sie gleichzeitig gestorben sind.[9] Keine der beteiligten Personen kann dann die andere beerben, weil die hierfür nach § 1923 Abs. 1 BGB notwendige Feststellung, dass die beteiligte Person zum Zeitpunkt des Erbfalls (also des Ablebens der anderen Person) noch lebt, nicht mehr getroffen werden

---

[4] Gutachten DNotI-Report 2021, 153 ff.
[5] DNotI-Gutachten Nr. 185119 vom 29.4.2022.
[6] OLG Frankfurt a. M. ZEV 1997, 462.
[7] Dabei sind eigene Ermittlungen des Nachlassgerichts zwingend, der bloße Hinweis des Gerichts auf § 11 VerschG nicht ausreichend, siehe OLG Bamberg ZEV 2023, 382. Kommen unterschiedliche Rechtsordnungen zur Anwendung, gilt Art. 32 EuErbVO.
[8] Ein nur Verschollener, aber (noch) nicht für tot Erklärter kann demgegenüber Erbe sein, für ihn gilt die widerlegliche Lebensvermutung des § 10 VerschG bis zu dem im Beschluss über die Todeserklärung genannten Zeitpunkt, § 9 VerschG; siehe dazu auch Müller-Christmann in Bamberger/Roth/Hau/Poseck, 5. Aufl. 2023, BGB § 1923 Rn. 5.
[9] Zu einem solchen Fall siehe OLG Celle NJOZ 2011, 273.

kann.[10] Anerkannt ist, dass § 11 VerschG nicht nur dann gilt, wenn der Todeszeitpunkt mehrerer Personen nicht festgestellt werden kann, sondern bereits dann, wenn der genaue Todeszeitpunkt einer Person feststeht, der genaue Todeszeitpunkt einer anderen am Erbfall beteiligten Person aber nicht.[11]

2. Leben erst nach dem Erbfall

Existiert eine durch Verfügung von Todes wegen als Erbe berufene Person zum Zeitpunkt des Erbfalls (noch) nicht, ist sie im Zweifel als Nacherbe eingesetzt, § 2101 BGB. Die gesetzlichen Erben sind dann im Zweifel gemäß § 2105 Abs. 2 BGB nicht befreite Vorerben, und der Nacherbfall tritt mit der Geburt ein, § 2106 Abs. 2 BGB.[12] Hält man sich vor Augen, dass die Stellung als Nacherbe eine rechtlich geschützte Position, nämlich eine Anwartschaft darstellt, führt dies zu dem durchaus etwas eigenartig anmutenden Ergebnis, dass ein noch gar nicht existentes Geschöpf ein wie auch immer geartetes, von der Rechtsordnung jedoch anerkanntes Zuordnungssubjekt für rechtliche Beziehungen ist; bereits das *Reichsgericht* hat mit dieser Frage gerungen und ist zu dem Ergebnis gekommen, dass „ein ‚Etwas' […] da [ist] […] und noch unerzeugten Nachkommen fingierte Rechtspersönlichkeit zwar nicht an sich, wohl aber dann verliehen ist, wenn sie […] in einer letztwilligen Verfügung gültig bedacht worden sind, […] [und dass sie] soweit sich nicht von selbst aus der Eigentümlichkeit ihrer Stellung notwendige Ausnahmen ergeben, im Rechtsverkehr […] den übrigen Rechtssubjekten gleichgestellt werden müssen".[13]

Strittig und bislang ungeklärt ist, was für solche natürlichen Personen gilt, die als *gesetzliche Erben* in Betracht kommen, aber erst nach dem Erbfall „entstehen", wie dies bei der postmortalen Befruchtung der Fall ist. Sind diese in entsprechender Anwendung des § 1923 Abs. 2 BGB erbfähig? Wenn ja, was gilt dann für die Zeit zwischen dem Erbfall und dem Entstehen, das heißt der lebenden Geburt, wo eine solche Befruchtung auch viele Jahre nach dem Tod des leiblichen Elternteils erfolgen kann und womöglich noch lange Zeit nach dem Tod des Erblassers gar nicht feststehen wird, ob/wann der „Erbe" geboren wird. Ist ein solcher Erbe analog § 2101 BGB als Nacherbe zu behandeln, oder ist er gar nicht erbfähig? Diese Fragen sind bislang nur im Ansatz diskutiert. Sie würden den Rahmen dieses Beitrages sprengen.[14]

---

[10] Siehe zu einem solchen Fall Gutachten DNotI-Report 2022, 139f. sowie BayObLG NJW-RR 1999, 1309.
[11] Leipold in MüKoBGB, 9. Aufl. 2022, BGB § 1923 Rn. 12; Weidlich in Grüneberg, 83. Aufl. 2024, BGB § 1923 Rn. 5.
[12] Das führt zu Problemen, wenn gezeugte und noch nicht gezeugte Personen als Erben eingesetzt sind (Beispiel: Der Großvater setzt „alle seine Enkel" als Erben ein). Dazu Nieder DNotZ 1993, 816ff. sowie Litzenburger in Bamberger/Roth/Hau/Poseck, 5. Aufl. 2023, BGB § 2101 Rn. 4.
[13] RGZ 65, 277 (281); siehe auch Leipold in MüKoBGB, 9. Aufl. 2022, BGB § 1923 Rn. 35 und Ellenberger in Grüneberg, 83. Aufl. 2024, BGB § 1 Rn. 9.
[14] Dazu ausführlich zum Beispiel Ludyga FS Hager, 2022, 327ff.; siehe auch Leipold in MüKoBGB, 9. Aufl. 2022, BGB § 1923 Rn. 23 mit weiteren Nachweisen.

III. Die Erbfähigkeit Juristischer Personen

Juristische Personen des Privatrechts wie auch des öffentlichen Rechts sind rechts- und damit nach § 1923 Abs. 1 BGB erbfähig, wenn sie zum Zeitpunkt des Erbfalls existieren. Dies ist unproblematisch und entspricht trotz des insoweit durchaus missverständlichen Wortlauts des § 1923 Abs. 1 BGB einhelliger Auffassung. Was aber gilt, wenn eine juristische Person vor dem Erbfall bereits erloschen ist oder erst nach dem Erbfall entsteht?

1. Die bereits vor dem Erbfall erloschene juristische Person

Das Erlöschen einer juristischen Person vollzieht sich bekanntlich in mehreren Schritten. Diese sind gesondert in den Blick zu nehmen.

a) Beginn der Liquidation

Mit dem Beginn der Liquidation ändert sich der Zweck der Gesellschaft, der werbende Zweck wird ersetzt und überlagert durch den der Abwicklung (siehe nur § 49 BGB für den Verein, § 70 GmbHG für die GmbH und § 268 AktG für die AG). Daraus wurde früher gefolgert, dass die Rechtsfähigkeit ab dem Beginn der Liquidation beschränkt ist und nur noch insoweit besteht, wie es der Liquidationszweck erfordert, es also für die Abwicklung, Gläubigerbefriedigung und zur Herbeiführung der Vollbeendigung erforderlich ist. Dementsprechend betonte der Bundesgerichtshof noch in einer Entscheidung aus dem Jahr 1985, dass die Rechtsfähigkeit eines Vereins ab Beginn der Liquidation nur insoweit „als fortbestehend [gilt], soweit der Abwicklungszweck dies erfordert",[15] und stützte sich dabei maßgeblich auf diese von § 49 Abs. 2 BGB ausdrücklich (und übrigens bis heute unverändert!) angeordnete „Fiktion". Daraus wurde abgeleitet und wird auch heute immer noch gefolgert, dass eine juristische Person in Abwicklung nicht mehr oder allenfalls insoweit, wie es dem Liquidationszweck dient, Erbe sein kann.[16]

Die heute ganz herrschende Meinung steht demgegenüber auf dem Standpunkt, dass die Liquidation die Rechts- und Parteifähigkeit nicht (wie die im anglo-amerikanischen Rechtskreis herrschende „ultra-vires-Doktrin") begrenzt, sondern dass die Gesellschaft auch im Liquidationsstadium uneingeschränkt rechtsfähig und auch die Vertretungsmacht der Liquidatoren nach außen unbeschränkt und unbeschränkbar ist.[17] Dementsprechend entspricht es heute nahezu einhelliger Auffas-

---

[15] BGH ZIP 1986, 240; später offengelassen von BGH NJW-RR 2001, 1552 (1553).
[16] Ellenberger in Grüneberg, 83. Aufl. 2024, BGB § 49 Rn. 2; Steffen in Reichsgerichtskommentar, 1982, BGB § 49 Rn. 4; BayObLGZ 1918/19, 192 (196) (zitiert nach DNotI-Gutachten Nr. 185119 vom 29.4.2022).
[17] Siehe nur BGH DNotZ 2020, 136; K. Schmidt/Scheller in Scholz, 12. Aufl. 2021, GmbHG § 70 Rn. 3; Leuschner in MüKoBGB, 9. Aufl. 2021, BGB § 49 Rn. 17 (ausdrücklich zur „Annahme von Zuwendungen" durch den Verein in Liquidation); K. Schmidt, Gesellschaftsrecht, 4. Aufl. 2002, § 11 V 4. Damit lässt sich freilich schwer in Einklang bringen, dass die Vertretungsmacht eines Vereinsvorstandes mit Außenwirkung (!) auf den Zweck eines Vereins begrenzt werden kann (BGH DNotZ 2022, 150 ff.; kritisch daher auch zum Beispiel Burgard, der diese Rechtsprechung in NZG 2022, 18 (20) als „völlig unnötiges Desaster" bezeichnet.

sung, dass eine juristische Person auch dann noch Erbe werden kann, wenn ihr während der Liquidation Erbe anfällt; das Erbe wird dann Teil der Liquidationsmasse und mag sogar ein Grund sein, die Gesellschaft durch Beschluss der Gesellschafter zurück in das werbende Stadium zu versetzen.[18]

b) Abschluss der Liquidation

Ist die Liquidation abgeschlossen und die Gesellschaft im Register gelöscht, verliert sie ihre Eigenschaft als juristische Person. Zwingend erloschen, das heißt vollbeendet ist die Gesellschaft damit aber noch nicht: Nach der inzwischen herrschenden „Lehre vom erweiterten Doppeltatbestand" verliert die Gesellschaft erst dann ihre Rechtsfähigkeit und materiell-rechtliche Existenz, wenn sie neben der erfolgten Löschung im Register auch tatsächlich vermögenslos ist und kein nachwirkender Abwicklungsbedarf wie etwa die Erteilung eines Arbeitszeugnisses oder einer Löschungsbewilligung besteht. Dies folgt schlicht daraus (und ist von § 66 Abs. 5 GmbHG beziehungsweise § 273 Abs. 4 AktG vorausgesetzt), dass ein Rechtsträger als Zuordnungssubjekt für vorhandenes Vermögen (fort-)bestehen muss.[19]

Was nun gilt vor diesem Hintergrund für die hier interessierende Frage der Erbfähigkeit, ganz konkret: Steht die Einsetzung als Erbe oder Vermächtnisnehmer der Vollbeendigung entgegen, ist also die erbrechtliche Begünstigung ein Vermögenswert? Dies wird jedenfalls für den Verein (für andere Gesellschaften wird diese Frage, soweit ersichtlich, nicht behandelt) allgemein so angenommen. Der Anfall einer Erbschaft (nichts anderes kann für ein Vermächtnis gelten) stehe, so heißt es ausdrücklich, auch nach Vollzug der Registerlöschung und abgeschlossener Verteilung des („sonstigen") Vermögens einer Vollbeendigung entgegen, sei also Anlass einer Nachtragsliquidation.[20]

Kann dies richtig sein? Nimmt man in den Blick, dass auch nicht existente natürliche Personen (nämlich als Nacherben, dem die Nacherbschaft mit der Geburt anfällt, § 2106 Abs. 2 S. 2 BGB) als „Zuordnungssubjekt für rechtliche Beziehungen"[21] anerkannt werden, scheint dies nicht von vornherein ausgeschlossen. Jedoch ist es hier nicht so, dass die Gesellschaft erst nach dem Erbfall zur Entstehung gelangt (und damit im Zweifel als Nacherbe eingesetzt ist, § 2101 Abs. 2 BGB), sondern genau andersherum. Die Liquidation ist vor dem Erbfall abgeschlossen, und es steht nur noch ein erwartetes Erbe an. Kann eine Personenvereinigung als eigen-

---

[18] Eine aufgelöste Gesellschaft, bei der mit der Verteilung des Vermögens noch nicht begonnen wurde, kann nach dem BGH (NZG 2020, 1182 – zur GmbH, siehe auch § 274 Abs. 1 S. 1 AktG) fortgesetzt werden. Weitergehend wird in der Literatur vertreten, dass eine Fortsetzung sogar bis zum Abschluss der Vermögensverteilung möglich ist (siehe nur Scheller in Scholz, 12. Aufl. 2021, GmbHG § 60 Rn. 98f. mit weiteren Nachweisen).
[19] Ausführlich zum Abschluss der Liquidation Bernert MittBayNot 2021, 309 (312ff.), siehe auch Scheller in Scholz, 12. Aufl. 2021, GmbHG § 60 Rn. 66; Haas in Noack/Servatius/Haas, 23. Aufl. 2022, GmbHG § 60 Rn. 6.
[20] So Leuschner in MüKoBGB, 9. Aufl. 2021, BGB vor § 41 Rn. 36; Hadding in Soergel, 13. Aufl. 2000, BGB § 49 Rn. 15; Schöpflin in Bamberger/Roth/Hau/Poseck, 5. Aufl. 2023, BGB § 49 Rn. 16.
[21] So Leipold in MüKoBGB, 9. Aufl. 2022, BGB § 1923 Rn. 35. Der Nacherbe erlangt mit dem Erbfall, aber noch vor dem Nacherbfall eine rechtlich gesicherte Anwartschaft.

ständiges Rechtssubjekt also – völlig unerkannt – fortbestehen oder jedenfalls als fortbestehend fingiert werden, weil in irgendeinem Schrank ein Testament schlummert, das sie begünstigt?

Die Beantwortung dieser Frage hängt davon ab, welchen rechtlichen Gehalt die Einsetzung als letztwillig Begünstigter und die Erwartung auf einen zukünftigen Erwerb von Todes wegen hat. Handelt es sich dabei, wie offenbar weithin implizit angenommen, tatsächlich um eine Rechtsposition, die der Vollbeendigung entgegensteht? Nein, zu Lebzeiten des Erblassers bestehen grundsätzlich keinerlei erbrechtliche Ansprüche hinsichtlich seines Vermögens, und insbesondere stellt auch ein erwartetes, aber noch nicht angefallenes Erbe (selbst beim bindenden Erbvertrag) keine Anwartschaft dar. Die Aussicht auf Erbe ist nicht mehr als eine rechtlich ungesicherte Hoffnung, die Stellung als Erbanwärter dementsprechend ein juristisches „Nullum".[22] Damit kann sie aber auch nicht die vorherige Vollbeendigung der Personenvereinigung verhindern. Entgegen der offenbar einhellig vertretenen Ansicht in der Literatur kann ein erbrechtlicher Erwerb nach der Vollbeendigung nicht stattfinden, die einmal eingetretene Beendigung also auch nicht wieder beseitigen.[23] Die Gesellschaft ist beendet, und mit Anfall des Erbes tritt der Ersatzerbfall ein.

Ist die Gesellschaft jedoch in einer Verfügung von Todes wegen als Nacherbe eingesetzt und die „übrige" Liquidation nach dem Erbfall, aber vor dem Nacherbfall abgeschlossen, stellt sich die Situation anders dar: Die Nacherbenanwartschaft stellt eine geschützte Rechtsposition dar, die einer Vollbeendigung entgegensteht.

2. Die erst nach dem Erbfall entstehende juristische Person

Entsteht die juristische Person erst nach dem Erbfall, kann sie mit dem Erbfall mangels Existenz (noch) nicht erben. Auch eine vereinzelt[24] in Betracht gezogene analoge Anwendung des § 1923 Abs. 2 BGB scheidet schon deswegen aus,[25] weil (wie § 80 Abs. 2 S. 2 zeigt) eine planwidrige Regelungslücke nicht vorliegt und auch ansonsten völlig unklar bliebe, wem das Erbe in der Zeit zwischen Erbfall und Entstehen der juristischen Person wie auch immer rechtlich zugeordnet ist. Die erst nach dem Erbfall entstehende juristische Person ist vielmehr gemäß § 2101 Abs. 2 BGB im Zweifel als Nacherbe eingesetzt und tritt das Erbe als solche mit ihrem Entstehen an, § 2106 Abs. 2 S. 2 BGB. Eine Ausnahme gilt für rechtlich selbständige Stiftungen: Deren Existenz wird mit dem Tod des Erblassers und Stifters[26] von § 80 Abs. 2 S. 2 BGB fingiert, bis sie als rechtsfähig anerkannt sind.

---

[22] Weidlich in Grüneberg, 83. Aufl. 2024, BGB § 1923 Rn. 3f. und § 1941 Rn. 6 (zum Erbvertrag); Leipold in MüKoBGB, 9. Aufl. 2022, BGB § 1922 Rn. 11.

[23] Vgl. Haas in Noack/Servatius/Haas, 23. Aufl. 2022, GmbHG § 60 Rn. 104; siehe auch Gutachten DNotI-Report 2023, 142: Mit der Vollbeendigung existiert die Gesellschaft „in keiner Form mehr".

[24] Stein in Soergel, 13. Aufl. 2002, BGB § 1923 Rn. 8; die Mitglieder der (zukünftigen) juristischen Personen sollen Erbe werden mit der Auflage, das ererbte Vermögen auf diese zu übertragen.

[25] So auch, mit Unterschieden im Detail, Leipold in MüKoBGB, 9. Aufl. 2022, BGB § 1923 Rn. 38; Weidlich in Grüneberg, 83. Aufl. 2024, BGB § 1923 Rn. 7.

[26] Ist der Erblasser nicht der Stifter, gilt § 80 Abs. 2 S. 2 BGB nicht. In diesem Fall ist eine als Erbe eingesetzte, erst nach dem Erbfall entstandene Stiftung gemäß § 2101 Abs. 2 BGB im Zweifel als Nacherbe eingesetzt; siehe zu einem solchen Fall KG DNotZ 2022, 223.

IV. Die Erbfähigkeit sonstiger rechtsfähiger Vereinigungen

Allgemein anerkannt ist, dass neben den natürlichen und den juristischen Personen auch Personengesellschaften weitgehend rechtsfähig sind. Schon wegen der Einheit der Rechtsordnung muss dies auch für das Erbrecht gelten, so dass die Erbfähigkeit mit der Rechtsfähigkeit zwangsläufig einhergeht. Da die Rechtsfähigkeit durch einvernehmlichen Akt der Invollzugsetzung der Mitglieder erlangt wird, begründet der Anfall des Erbes als solcher die Rechtsfähigkeit jedoch nicht, setzt diese vielmehr voraus. Daher wird eine nicht-rechtsfähige Innen-GbR mit Anfall des Erbes allein nicht zur rechtsfähigen Außen-GbR.[27]

Zu prüfen ist, ob die als Erbe berufene Vereinigung nach allgemeinen gesellschaftsrechtlichen Grundsätzen rechtsfähig ist. Ist dies der Fall, kann sie erben, anderenfalls nicht. Häufig ist dies unproblematisch, aber nicht immer:

1. Der Verein ohne Rechtspersönlichkeit (§ 54 BGB)

Auch wenn die seit dem 1.1.2024 geltende amtliche Überschrift des § 54 BGB anderes vermuten lässt, geht die herrschende Meinung davon aus, dass auch Vereine ohne Rechtspersönlichkeit rechtsfähig sind.[28] Für den nichtkonzessionierten Wirtschaftsverein ergibt sich die Rechts- und damit Erbfähigkeit bereits aus § 54 S. 2 BGB in Verbindung mit § 705 Abs. 2 BGB neue Fassung. Demgegenüber ist umstritten, ob der nicht auf einen wirtschaftlichen Geschäftsbetrieb gerichtete, nicht im Vereinsregister eingetragene „Ideal-" Verein, für den § 54 S. 1 BGB seit dem 1.1.2024 auf die Vorschriften der §§ 24–53 BGB zum rechtsfähigen Verein verweist, erbfähig ist. Die herrschende Meinung[29] und wohl auch der Gesetzgeber[30] halten ihn für rechtsfähig, jedenfalls seitdem die nach außen tätige Gesamthand als rechtsfähig anerkannt ist. Dann aber lässt sich nicht begründen, warum er nicht auch erbfähig sein soll, zumal es im deutschen Recht im Grundsatz keine auf einzelne Bereiche beschränkte Rechtsfähigkeit gibt. Der Verein ohne Rechtspersönlichkeit ist also, und zwar unabhängig davon, ob sein Zweck auf einen wirtschaftlichen Geschäftsbetrieb gerichtet ist oder nicht, entgegen anderslautender Stimmen erbfähig.[31]

Es stellt sich dann jedoch die Frage, ob und wie er (etwa als Erbe eines Grundstücks) im Grundbuch eingetragen werden kann. Verwehrt man ihm die Eintragung im Grundbuch, gelangt man im Ergebnis doch zu einer (auf Nachlassver-

---

[27] Zu einem solchen Fall Gutachten DNotI-Report 2021, 153 ff.
[28] Siehe nur Leuschner in MüKoBGB, 9. Aufl. 2021, BGB § 54 Rn. 18 ff. mit zahlreichen weiteren Nachweisen.
[29] Leuschner in MüKoBGB, 9. Aufl. 2021, BGB § 54 Rn. 18 ff.; anders aber noch Schöner/Stöber, Grundbuchrecht, 16. Aufl. 2020, Rn. 246: Der nicht rechtsfähige Verein ist nicht Träger des Vereinsvermögens.
[30] In der Begründung des Regierungsentwurfs zum MoPeG heißt es, dass mit der Verweisung des § 54 Abs. 1 BGB neue Fassung das Gesetz nur „an die schon seit langem bestehende Rechtslage angepasst" wird (BT-Drs. 19/27635, 124). Siehe auch KG FGPrax 2023, 99 Rn. 11.
[31] Siehe Leipold in MüKoBGB, 9. Aufl. 2022, BGB § 1923 Rn. 44 ff.; Leuschner in MüKoBGB, 9. Aufl. 2021, BGB § 54 Rn. 26 ff.; siehe auch DNotI-Gutachten Nr. 194211 zur Erbfähigkeit der Untergliederung einer Gewerkschaft.

mögen, das kein Grundbesitz ist) beschränkten Erbfähigkeit; mag er nämlich auch materiell Eigentümer sein, so kann er darüber doch nicht verfügen.[32] Bislang ist diese Frage offen, nach der Rechtsprechung kann der nicht rechtsfähige Verein jedenfalls nicht unter seinem Namen allein im Grundbuch eingetragen werden, sondern nur unter Nennung seiner Mitglieder.[33] Geht man nun unter Geltung des § 47 Abs. 2 GBO neue Fassung, wonach ein Recht für eine GbR nur dann im Grundbuch eingetragen werden soll, wenn sie im Register eingetragen ist, und vor dem Hintergrund der Verweisung des § 54 S. 2 BGB neue Fassung (für den nicht konzessionierten Wirtschaftsverein) auf das Recht der GbR beziehungsweise des § 54 S. 1 BGB neue Fassung (für den nicht im Vereinsregister eingetragenen nicht wirtschaftlichen Verein) auf die §§ 24 ff. BGB davon aus, dass ohne Registereintragung (des nicht konzessionierten Wirtschaftsvereins, der in das Gesellschaftsregister nicht eingetragen werden kann) beziehungsweise Eintragung im Vereinsregister (des Vereins ohne Rechtspersönlichkeit, der aus welchen Gründen auch immer die Eintragung nicht wünscht) eine Eintragung im Grundbuch nicht möglich ist,[34] versagt man ihm im Ergebnis doch Teile der Rechts- und damit Erbfähigkeit. Dass dies nicht richtig sein kann, wird schnell deutlich beim Gedanken daran, dass Grundbuchrecht nur Folgerecht mit der Aufgabe ist, dem materiellen Recht zur Geltung zu verschaffen, wie auch die Ausgestaltung des § 47 Abs. 2 GBO neue Fassung als bloße Soll-Vorschrift belegt.[35] Ist der Verein ohne Rechtspersönlichkeit rechtsfähig, ist er damit zwangsläufig auch erbfähig und darf ihm das Verfahrensrecht diese materielle Rechtsposition nicht verwehren; der Gesetzgeber selbst betont, dass § 47 GBO „nicht [...] als materiell-rechtliche Sperre wirkt [...] bei einem gesetzlichen Eigentumserwerb [...] kraft Erbfalls gemäß § 1922 Absatz 1 BGB".[36] Entweder wird man dem Verein ohne Rechtspersönlichkeit damit den Weg in das Gesellschaftsregister öffnen müssen.[37] Oder, was im Hinblick auf die klare gesetzliche Vorgabe der §§ 707 ff. BGB neue Fassung (in Verbindung mit der auf Grundlage des § 707 d BGB neue Fassung erlassenen Gesellschaftsregisterverordnung – GesRV), die das Register in Kenntnis des Vereins ohne Rechtspersönlichkeit nur für die GbR öffnet und damit kaum analogiefähig sein dürfte, vorzugswürdig ist,

---

[32] Siehe insbesondere Leuschner in MüKoBGB, 9. Aufl. 2021, BGB § 54 Rn. 24: Die Grunderwerbsfähigkeit des nicht eingetragenen Vereins stelle „einen wesentlichen Teil der Rechtsfähigkeit überhaupt" dar; so auch Prütting FS Reuter, 2010, 263 (269).
[33] Zuletzt OLG Frankfurt a. M. ZIP 2023, 2148; KG FGPrax 2023, 99 mit Anmerkung Holzer. Nach Schöner/Stöber, Grundbuchrecht, 16. Aufl. 2020, Rn. 246 kann der nicht rechtsfähige Verein gar nicht in das Grundbuch eingetragen werden.
[34] So ausdrücklich Enneking/Wöffen NZG 2023, 308 ff.; dem folgend Scherz/Roucova in Heckschen/Freier, Das MoPeG in der Notar- und Gestaltungspraxis, 2024, § 8 Rn. 18 am Ende und Rn. 22, und (jedoch nur für den wirtschaftlichen Verein „ohne Rechtspersönlichkeit", das heißt ohne Konzession nach § 22 BGB) Ellenberger in Grüneberg, 83. Aufl. 2024, BGB § 54 Rn. 8.
[35] Siehe nur Demharter, 33. Aufl. 2023, GBO § 47 Rn. 43: Die fehlende Registereintragung lässt die materielle Wirksamkeit eines Eigentumserwerbs unberührt. So auch ausdrücklich die Gesetzesbegründung, BT-Drs. 19/27635, 207.
[36] BT-Drs. 19/27635, 207.
[37] So Demharter, 33. Aufl. 2023, GBO § 19 Rn. 101 c.

er ist unverändert unter seinem Namen und unter Nennung seiner Mitglieder in das Grundbuch einzutragen, soweit die Nachweispflichten des § 29 GBO erfüllt werden.[38]

2. Die bereits vor dem Erbfall erloschene rechtsfähige Vereinigung

Das Erlöschen einer rechtsfähigen Vereinigung, die nicht juristische Person ist, vollzieht sich wie dort: Mit Liquidation (siehe §§ 735 ff. BGB, §§ 145 ff. HGB) und anschließender Vollbeendigung, wenn keinerlei Vermögen mehr vorhanden ist. Ist die Gesellschaft demnach erloschen, kommt sie als Erbe nicht mehr in Betracht; insbesondere steht auch die Aussicht auf ein Erbe der Vollbeendigung – wie oben dargelegt – nicht entgegen.

3. Die erst nach dem Erbfall entstehende rechtsfähige Vereinigung

Entsteht eine rechtsfähige Vereinigung erst nach dem Erbfall, kann sie beim Erbfall mangels Existenz (noch) nicht erben. Freilich stellt sich dann die Frage, ob sie wie juristische Personen gemäß § 2101 Abs. 2 BGB im Zweifel als Nacherbe eingesetzt ist und das Erbe als solche erst mit ihrem Entstehen antritt, § 2106 Abs. 2 S. 2 BGB. Der Wortlaut der genannten Vorschriften scheint dies auszuschließen, sprechen sie doch nur von der „juristischen Person". Man könnte daher sogar e contrario folgern, dass die Rechtsordnung der erst nach dem Erbfall entstehenden rechtsfähigen Vereinigung, die nicht juristische Person ist, die Anerkennung versagt. Begründen ließe sich dies durchaus damit, dass sie eben nicht juristische Person und damit von ihren Mitgliedern gänzlich verselbständigt ist. Nacherben wären dann die Mitglieder in Erbengemeinschaft. Hält man sich jedoch vor Augen, dass § 2101 BGB nur eine – eigentlich überflüssige[39] – Auslegungsregel enthält und nur wiederholt und klarstellt, was ohnehin aus den §§ 133, 2084 BGB folgt, kann es nicht auf den Wortlaut, sondern nur auf den Willen des Erblassers und die nach allgemeinen Grundsätzen zu bestimmende Erbfähigkeit (als Ausfluss der Rechtsfähigkeit, siehe oben) ankommen. Eine analoge Anwendung des § 2101 BGB ist daher bei der zum Zeitpunkt des Erbfalls noch nicht entstandenen rechtsfähigen Vereinigung nicht erforderlich, vielmehr folgt ihre Einsetzung als Nacherbe in aller Regel schlicht aus dem Willen des Erblassers.

---

[38] So zum Beispiel Holzer FGPrax 2023, 101 und Waldner RNotZ 2023, 450 (452); weitergehend Ellenberger in Grüneberg, 83. Aufl. 2024, BGB § 54 Rn. 8, der den nichtwirtschaftlichen Verein ohne Rechtspersönlichkeit sogar ohne Nennung der Mitglieder im Grundbuch eingetragen sehen möchte.

[39] Siehe Avenarius in Staudinger, 2013, BGB § 2101 Rn. 3; Lieder in MüKoBGB, 9. Aufl. 2022, BGB § 2101 Rn. 1 f.

V. Fazit

Der Wortlaut des § 1923 ist unglücklich, ja sogar falsch formuliert. Erbe kann nicht nur werden, wer zur Zeit des Erbfalls lebt, vielmehr reicht die rechtliche Existenz, wie sich schon an der unzweifelhaften und vom Gesetz selbst anerkannten Erbfähigkeit juristischer Personen und anderer rechtsfähiger Personenvereinigungen zeigt. Auch kommt es für die Erbfähigkeit nicht ausnahmslos auf die Zeit des Erbfalls an, sondern, und zwar über die in § 1923 Abs. 2 BGB genannten Fälle hinaus, auf den Anfall des Erbes, wie dies § 2108 Abs. 1 BGB für den Nacherbfall klarstellt. Dabei vermag jedoch die rechtlich nicht geschützte Aussicht auf das Erbe allein die Erbfähigkeit nicht zu begründen (so dass sie beispielsweise der Vollbeendigung einer Gesellschaft nicht entgegensteht). Vielmehr ist für den jeweiligen Einzelfall bezogen auf den Anfall des Erbes anhand der allgemeinen Grundsätze zum Beginn und Ende der Rechtsfähigkeit die damit einhergehende Erbfähigkeit zu ermitteln.

ECKHARD WÄLZHOLZ

Weiterleitungsklauseln – Fluch oder Segen? Die freigebige „Vor- und Nachschenkung" im Zivil- und Steuerrecht

Der Jubilar, Notar Dr. Norbert Frenz, ist stets der Wissenschaft zugewandt gewesen, vielseitig interessiert und engagiert, Ehrenmitglied der Rheinischen Notarkammer und im Deutschen Anwaltsinstitut seit langem um die Aus- und Fortbildung der Notare an herausragender Stelle engagiert. Besonders hat der Jubilar sich für Themen interessiert, wenn sie sowohl praxisrelevant sind als auch das Bohren dicker Bretter erforderten. Entsprechend diesem besonderen Interesse wurde das Thema der Weiterleitungsklauseln ausgewählt. Es ist sowohl zivilrechtlich als auch durch seine steuerrechtlichen Implikationen alles andere als leicht zu handhaben und wird in der Praxis gleichwohl immer wieder nachgefragt und stellt den Vertragsgestalter vor erhebliche praktische Herausforderungen.

I. Einführung

Weiterleitungsklauseln[1] spielen in der notariellen Gestaltungspraxis immer wieder eine erhebliche Rolle. Erbrechtlich sind entsprechende Gestaltungsgedanken als Vor- und Nacherbschaft nach §§ 2100 ff. BGB ausführlich geregelt. Gestaltungen einer vorweggenommenen Vor- und Nacherbfolge beziehungsweise einer Vor- und Nachschenkung sind gesetzgeberisch hingegen nicht (ausführlich) geregelt. Auch steuerrechtlich finden sich in § 6 ErbStG ausführliche Regelungen zur steuerlichen Behandlung einer Vor- und Nacherbschaft,[2] während entsprechende Rege-

---

[1] Feick, Die Schenkung unter Auflage als Alternative, Pflichtteilsfeste Gestaltung zur (unzulässigen) dinglichen Weiterleitungsklausel, ZEV 2002, 85; Felten, Vereinbarung vertraglicher Rückforderungsrechte für den Fall der Verfassungswidrigkeit des Erbschaftsteuergesetzes, ZEV 2012, 402; Geck, Kettenschenkung versus Schenkung unter Auflage: Das Ende einer langen Diskussion, ZEV 2023, 292; Götz, Rückgängigmachung von Schenkungen, ZEV 2017, 371; Jülicher, Vertragliche Rückfallklauseln, Widerrufsvorbehalte, auflösende Bedingungen und Weiterleitungsklauseln in Schenkungsverträgen, ZEV 1998, 201; Jülicher, Vertragliche Rückforderungsrechte und Weiterleitungsklauseln in Schenkungsverträgen – steuerliche Auswirkungen ihrer Vereinbarung und ihrer Durchführung, DStR 1998, 1977; Jülicher, Erbschaftsteuerliche Gestaltungsüberlegungen im Vergleich: Vor- und Nacherbfolge bzw. -Vermächtnis und Weiterleitungsklauseln zugunsten Dritter in Schenkungsverträgen, ZEV 2003, 350; Klosky, Patchwork-Konstellationen in der Erbrechtspraxis, RNotZ 2022, 357; Pauli, Unternehmensnachfolge unter Vorbehalt von Rückforderungsrechten, ZEV 2013, 289; Reimann, Die vorweggenommene Nacherbfolge, DNotZ 2007, 579; Spiegelberger, Die Rückabwicklung der vorweggenommenen Erbfolge, MittBayNot 2000, 1.

[2] Zur steuerlichen Behandlung der Vor- und Nacherbschaft siehe Billig UVR 2020, 180; Paus StBB 2018, 1; Siebert BB 2010, 1252.

lungen für vergleichbare Weiterleitungsklauseln im Gesetz weitgehend fehlen. Dementsprechend ist die Gestaltung, Beratung und Umsetzung entsprechender Weiterleitungsklauseln in der Praxis wesentlich unsicherer, als dies für die Vor- und Nacherbschaft gilt.

Entsprechend der sowohl praktischen als auch wissenschaftlichen Orientierung des Jubilars soll die Thematik anhand von Praxisbeispielen wissenschaftlich aufbereitet werden.

Beispiel 1: Kettenschenkung[3] Die Ehefrau ist Inhaberin umfangreichen Vermögens und möchte nun erbschaftsteuerrechtlich optimiert ein Grundstück auf eines der gemeinschaftlichen Kinder übertragen. Da der Freibetrag von 400.000 Euro nicht ausreichend ist, wendet die Ehefrau ihrem Ehemann einen hälftigen Miteigentumsanteil an der Immobilie mit einem gemeinen Wert von 400.000 Euro zu. Da sie dem Ehemann jedoch nur eingeschränkt vertraut und außerdem pflichtteilsrechtliche Schäden im Hinblick auf ein einseitiges, außereheliches Kind des Ehemannes vermeiden möchte, lässt sie in den Vertrag eine Weiterleitungsklausel aufnehmen, wonach der Ehemann spätestens nach Ablauf eines Jahres ab Eigentumsumschreibung auf den Ehemann verpflichtet ist, seinen erworbenen hälftigen Miteigentumsanteil unentgeltlich auf das gemeinschaftliche Kind K zu übertragen.

Beispiel 2: Familienerhalt Die Eltern E wollen ihrem gemeinsamen Kind K eine sehr werthaltige, seit vielen Generationen im Familienbesitz befindliche Immobilie zuwenden. K hat jedoch noch keine eigenen Kinder. Die Eltern wollen auf jeden Fall sicherstellen, dass die Immobilie in der „Blutslinie" der Familie bleibt. In ihrem Testament haben sie daher Vor- und Nacherbschaft angeordnet. Im Hinblick auf die aus steuerlichen Gründen erwünschte lebzeitige Zuwendung wollen sie sicherstellen, dass beim Tode des Kindes die Immobilie auf gegebenenfalls später noch hinzukommende leibliche Abkömmlinge übergehen muss, hilfsweise auf andere Abkömmlinge der Schenker. Das Ziel soll erreicht werden, die Einschränkung der Entscheidungsfreiheit des beschenkten Kindes K jedoch so gering wie möglich gehalten werden.

II. Zivilrechtliche Grundlagen

In beiden vorstehenden Beispielsfällen ändert zivilrechtlich die Weiterleitungsklausel nichts daran, dass zunächst der beschenkte Ehegatte im Beispiel 1 beziehungsweise das beschenkte Kind im Beispiel 2 den Vertragsgegenstand unentgeltlich zugewandt erhalten hat. Die Weiterleitungsklausel macht das Rechtsgeschäft nicht zu einem entgeltlichen Rechtsgeschäft, denn der Schenker erhält keine Gegenleistung. Die Weiterleitungsklausel ist vielmehr als Auflage[4] beziehungsweise bedingte Verpflichtung zugunsten Dritter im Sinne der §§ 328, 329 BGB einzustufen. Bei der Vertragsgestaltung ist dabei zu unterscheiden, ob dem Drittbegünstigten ein echter eigener Anspruch auf spätere Übereignung des Vermögensgegenstands zugewandt wird oder ob dies nicht der Fall ist. Im ersteren Fall handelt es sich um einen echten Vertrag zugunsten Dritter gemäß § 328 BGB, im zweiten Fall handelt es sich hingegen um einen unechten Vertrag zugunsten Dritter gemäß § 329 BGB. Im einen Fall kann der endgültige Zuwendungsempfänger unmittelbar

---

[3] Zum Problem der Kettenschenkung siehe Billig UVR 2013, 311; Halaczinsky UVR 2021, 274. Aus der Rechtsprechung jüngst BFH/NV 2022, 1054.

[4] Zivilrechtlich ist das strittig, sofern dem Beschenkten keinerlei Vorteile aus der Schenkung nach Erfüllung der Auflage verbleiben. Siehe Koch in MüKoBGB, 9. Aufl. 2023, BGB § 525 Rn. 4.

von dem Zwischenbegünstigten die Übereignung des Vermögensgegenstandes verlangen (echter Vertrag zugunsten Dritter). Im Fall des § 329 BGB kann hingegen nur der ursprüngliche Schenker die Weiterübertragung an den Dritten verlangen. Im Beispiel 1 hat der Vertragsgestalter grundsätzlich freien Gestaltungsspielraum, ob er einen echten oder unechten Vertrag zugunsten Dritter verwenden möchte. Im Beispiel 2 dürfte regelmäßig nur ein unechter Vertrag zugunsten Dritter in Betracht kommen, da hier noch gar nicht feststeht, wer später den Vertragsgegenstand im Todesfall des zwischenbeschenkten Kindes K erhalten soll. Dies schwächt die Gestaltung jedoch insofern, als der eigentlich Begünstigte keinen durchsetzbaren Anspruch auf Erfüllung hat und der ursprüngliche Schenker nicht mehr lebt. Aus diesem Grund wird gelegentlich auch im Beispielsfall 2 mit einem echten Vertrag zugunsten Dritter gestaltet, bei dem der Berechtigte durch spätere Entscheidungen beziehungsweise Erklärungen konkretisiert wird.

Sollte der Zwischenbeschenkte seiner Verpflichtung nicht nachkommen, so stellt sich die Frage, welche Rechtsfolgen sich daraus ergeben. Beim echten Vertrag zugunsten Dritter kann auch der endgültig Beschenkte die Erfüllung der Zuwendung verlangen. Beim unechten Vertrag zugunsten Dritter besteht nur ein Primäranspruch des ursprünglichen Schenkers auf Weiterübereignung und Erfüllung der Weiterleitungsklausel. Der Anspruch des Schenkers auf Weiterübertragung an einen Dritten kann stets durch eine Vormerkung zugunsten des Schenkers gesichert werden.[5] Anders wäre dies nur, wenn der zu sichernde Anspruch unter § 2301 BGB fallen würde und damit den erbrechtlichen Anwartschaften unterfallen würde.[6] Dies ist bei üblichen Gestaltungen jedoch nicht der Fall, da nicht an den Tod des ursprünglichen Schenkers angeknüpft wird.

Aus Sicht der Kautelarpraxis ließe sich eine solche Weiterleitungsklausel auch in der Weise absichern, dass bei Nichterfüllung der Weiterleitungsklausel beispielsweise innerhalb von sechs Monaten ab Eintritt der Bedingung, der ursprüngliche Schenker die Rückübertragung des Vertragsgegenstandes verlangen kann.[7] Dieses Rückübereignungsverlangen ließe sich im Grundbuch durch eine Vormerkung sichern. Beeinträchtigende Zwischenverfügungen ließen sich so durch die Vormerkungswirkung des § 883 BGB effektiv verhindern.

Dinglich wirkende Weiterleitungsklauseln kennt das deutsche Zivilrecht hingegen nicht.[8] Dass also im Beispiel 1 die Beteiligten vereinbaren, dass nach Ablauf eines Jahres der zugewandte Vertragsgegenstand vom zwischenbeschenkten Ehegatten unmittelbar auf das endgültig zu bereichernde Kind K übergeht, ist rechtlich nicht möglich. Insoweit können lediglich schuldrechtliche Verpflichtungen begründet werden. Eine dingliche Verfügung zugunsten Dritter ist also nicht möglich.[9]

---

[5] Schöner/Stöber, Grundbuchrecht, 16. Aufl. 2020, Rn. 1494.
[6] Siehe dazu jüngst Stein DNotZ 2023, 247.
[7] Siehe zu klassischen Rückforderungsrechten Spiegelberger MittBayNot 2000, 1; Jülicher ZEV 1998, 201.
[8] Siehe Feick ZEV 2002, 85; ebenso zur Schenkung unter Auflage, die nicht dinglich wirken kann, Koch in MüKoBGB, 9. Aufl. 2023, BGB § 525 Rn. 2.
[9] Ganz herrschende Meinung, siehe nur Janoschek in BeckOK BGB, 66. Ed. 1.5.2023, BGB § 328 Rn. 4.

Sollte dieses Ziel gleichwohl angestrebt werden, so könnte im Beispielsfall 1 das endgültig bereicherte Kind K mitwirken. Unter Mitwirkung des Kindes könnte dann eine unbedingte Auflassung zugunsten des Kindes K vereinbart werden mit einer Vorlagesperre, wonach beispielsweise diese Auflassung erst zu einem bestimmten Datum dem Grundbuchamt ohne weitere Voraussetzungen zum Vollzug vorgelegt werden kann. Dabei handelt es sich zwar nicht um eine dinglich wirkende Weiterleitungsklausel, wohl aber die antizipierte Erfüllung der Weiterübertragung vom Zwischenbereicherten zugunsten der endgültig zu bereichernden Person (K).

Neben den vorstehend geschilderten Regelungen regelt § 527 BGB die Konsequenzen der Nichtvollziehung einer Auflage.[10] Unterbleibt die Vollziehung der Auflage, so kann der Schenker nach dieser Norm die Herausgabe des Geschenkes unter den für das Rücktrittsrecht bei gegenseitigen Verträgen bestimmten Voraussetzungen nach den Vorschriften über die Herausgabe einer ungerechtfertigten Bereicherung insoweit fordern, als das Geschenk zur Vollziehung der Auflage hätte verwendet werden müssen.[11] Dieser Anspruch ist jedoch ausgeschlossen, wenn ein Dritter berechtigt ist, die Vollziehung der Auflage zu verlangen, § 527 Abs. 2 BGB. Beim echten Vertrag zugunsten Dritter ist daher § 527 Abs. 1 BGB nicht anwendbar.[12] Da § 527 Abs. 1 BGB lediglich eine Herausgabe nach Maßgabe der Bestimmung der ungerechtfertigten Bereicherung vorschreibt und dadurch naturgemäß sehr schwache Ansprüche gewährt, sollte in der Vertragsgestaltungspraxis eine andere, stärkere Form der Absicherung gewählt werden, insbesondere durch bedingte Rückforderungsansprüche oder einen echten Vertrag zugunsten Dritter.

III. Zulässigkeit der Weiterleitungsklausel auf den Todesfall

Unbestritten kann eine Person mit einem Vertragsgegenstand wie beispielsweise einem Grundstück oder einem Unternehmensanteil beschenkt werden mit der Verpflichtung, diesen Schenkungsgegenstand zu einem bestimmten Zeitpunkt weiterzuschenken. Diese Weiterübertragungsverpflichtung kann einerseits an einen bestimmten Zeitpunkt, ebenso aber auch an ein ungewisses Ereignis in der Person des Erstbeschenkten anknüpfen. Problematisch wird dies, sofern die Weiterübertragungsverpflichtung an den Tod des Erstbeschenkten anknüpft. Solange der ursprüngliche Schenker noch lebt, werden zu dieser Gestaltung keine Bedenken geäußert. Sofern allerdings der ursprüngliche Schenker bereits verstorben sei, werden teilweise Zweifel an der Zulässigkeit dieser Gestaltung erhoben.[13] Eine dinglich wirkende Weiterleitungsklausel ist unzulässig und rechtlich unwirksam.[14] Für diesen

---

[10] Die Schenkung unter Auflage kann als Vertrag zugunsten Dritter ausgestaltet werden, so dass beide Normbereiche nebeneinander (kumulativ) und nicht nur alternativ anwendbar sein können, siehe Koch in MüKoBGB, 9. Aufl. 2023, BGB § 525 Rn. 3.
[11] Siehe Koch in MüKoBGB, 9. Aufl. 2023, BGB § 527 Rn. 2f.
[12] Koch in MüKoBGB, 9. Aufl. 2023, BGB § 527 Rn. 2.
[13] Siehe die Diskussion bei Jülicher ZEV 1998, 285 (288).
[14] Feick ZEV 2002, 85; ebenso zur Schenkung unter Auflage, die nicht dinglich wirken kann, Koch in MüKoBGB, 9. Aufl. 2023, BGB § 525 Rn. 2.

Fall wird zusätzlich ein Verstoß gegen die Formgebote des Erbrechts angenommen, ebenso die Gefahr der gesetzlich abgeschafften Wiedereinführung des Fideikommisses gesehen.[15] Eine dinglich wirkende Weiterübertragungsklausel, die an den Todesfall des Erstbeschenkten anknüpft und dadurch den Vermögensgegenstand selbst der Vererbung und der gesetzlich angeordneten Universalsukzession des § 1922 BGB entzieht, ist daher tatsächlich ausgeschlossen.[16] Sie entspricht weder den gesetzlichen Vorgaben des Erbrechts noch des Sachenrechts.

Gleichzeitig spricht jedoch nichts dagegen, einen schuldrechtlichen Anspruch zugunsten Dritter zu begründen, wonach mit dem Ableben des Erstbeschenkten einer dritten Person, nämlich dem Endbeschenkten ein Anspruch auf Übereignung eines bestimmten Vertragsgegenstandes zusteht. Dabei kann es meines Erachtens keinen Unterschied machen, ob der ursprüngliche Schenker in diesem Zeitpunkt noch lebt oder nicht.

Dabei sollte klargestellt werden, dass dem Endbegünstigten ein eigener Anspruch auf Übereignung des Gegenstandes zusteht, wenn ein besonders starker Schutz des Erfüllungsanspruchs angestrebt wird.

IV. Die Sukzessivberechtigung als Form der Weiterleitungsklausel auf den Todesfall

Tatsächlich wird in der Praxis von dieser Gestaltungsmöglichkeit regelmäßig Gebrauch gemacht, auch wenn dies gar nicht unter dem Begriff der Weiterleitungsklausel, sondern des Rückforderungsrechts diskutiert wird.

Beispiel 3: Der Eigentümer E ist alleiniger Eigentümer eines Grundstücks in Kempen. Er schenkt diese Immobilie an seinen Sohn S und behält sich für den Fall des Vorversterbens des Sohnes ein Rückforderungsrecht vor. Für den Fall, dass der beschenkte Sohn nach dem E, aber vor dessen Ehegatten versterben sollte, so soll das bedingte Rückforderungsrecht dem Ehegatten des ursprünglichen Eigentümers zustehen.

Entsprechende Gestaltungen sind gängige Praxis. Dabei handelt es sich um genau solche Weiterleitungsklauseln, die an den Tod des Erwerbers anknüpfen, bei denen nach dem Ableben des ursprünglichen Eigentümers und Schenkers dem Ehegatten des ursprünglichen Schenkers ein bedingtes Erwerbsrecht zusteht (Sukzessivberechtigung).[17] Tatsächlich handelt es sich dabei um eine Weiterleitungsklausel, da der Ehegatte des ursprünglichen Schenkers eine andere Person ist und damit kein Rückforderungsrecht vorliegt. Dem Ehegatten wird dabei auch ein eigener Anspruch eingeräumt. Regelmäßig wirkt der Ehegatte des ursprünglichen Eigentümers bei einem solchen Vertrag mit. Rechtlich zwingend und erforderlich wäre dies allerdings nicht, da dem Ehegatten der Anspruch auch durch einen Vertrag zugunsten Dritter zugewandt werden könnte.

---

[15] Siehe die Diskussion bei Feick ZEV 2002, 85.
[16] So auch Feick ZEV 2002, 85 (86).
[17] Siehe Schöner/Stöber, Grundbuchrecht, 16. Aufl. 2020, Rn. 261a ff.; Herrler in BeckNotar-HdB, 8. Aufl. 2024, § 5 Rn. 296.

Die vorstehende Gestaltung ließe sich auch in der Weise lösen, dass das bedingte Rückforderungsrecht dem ursprünglichen Eigentümer und dessen Ehegatten als Gesamtberechtigten gemäß § 428 BGB zusteht. Im Innenverhältnis nach § 430 BGB kann dabei geregelt werden, dass Ausübung und Rückerwerb zu Lebzeiten des ursprünglichen Eigentümers diesem und nach dessen Vorversterben dem längerlebenden Ehegatten des ursprünglichen Eigentümers zustehen soll.[18]

Ein Verstoß gegen § 137 BGB kann in entsprechenden Weiterleitungsklauseln nicht gesehen werden, weil es sich nicht um dingliche Verfügungsverbote handelt, sondern lediglich um schuldrechtliche Vereinbarungen und Gestaltungen, die durch § 137 BGB nicht verboten werden.[19]

V. Alternative: Vererbliches bedingtes Rückforderungsrecht

Vergleichbare Wirkungen wie bei einer Weiterleitungsklausel für den Todesfall des Erwerbers lassen sich auch in der Weise erreichen, dass der ursprüngliche Schenker dem Erstbeschenkten den Vermögensgegenstand zuwendet, sich hierbei jedoch ein bedingtes Rückforderungsrecht für den Fall des Todes des Erstbeschenkten vorbehält. Dieses Rückforderungsrecht müsste dann unabhängig davon ausgestaltet werden, ob der Erstbeschenkte vor oder nach dem ursprünglichen Schenker verstirbt. Dieses bedingte Rückforderungsrecht und der daraus resultierende Anspruch einschließlich des dazugehörigen Vertragsverhältnisses kann auf Seiten des ursprünglichen Schenkers wiederum vererblich gestellt werden.[20] Das Vertragsverhältnis zwischen dem ursprünglichen Schenker und dem Erstbeschenkten würde dann auf die Erben des ursprünglichen Schenkers übergehen. Der ursprüngliche Schenker könnte dann seine daraus resultierenden Ansprüche per Erbfolge oder Vermächtnis derjenigen Person zuwenden, die nach dem Ableben des Erstbeschenkten den ursprünglich verschenkten Gegenstand erhalten soll.

Wirtschaftlich lässt sich damit eine vergleichbare Wirkung erzielen. Diese Gestaltung hat für den Erstbeschenkten jedoch einen wesentlichen Nachteil. Während bei der Weiterleitungsklausel der Erstbeschenkte noch Einfluss nehmen kann, zu wessen Gunsten die Auflage und der Vertrag zugunsten Dritter vereinbart werden, ist dies bei der Vererblichkeit des bedingten Rückforderungsrechtes auf der Seite des Erblassers und ursprünglichen Schenkers nicht mehr gewährleistet. In der Regel soll durch die Weiterleitungsklausel sichergestellt werden, dass das dem Erstbeschenkten zugewandte Vermögen an dessen Kinder, nicht an das Schwiegerkind geht oder dergleichen. Im Vertrag wird damit bereits der Kreis der endgültig begünstigten Personen festgelegt. Wird hingegen das bedingte Rückforderungsrecht des ursprünglichen Schenkers ohne weitere Einschränkungen vererblich gestellt, so

---

[18] Siehe zu entsprechenden Gestaltungen ablehnend OLG Hamm BeckRS 2017, 125600 = ZEV 2017, 596 (Leitsatz). Aus steuerlicher Sicht BFH MittBayNot 2022, 285 mit Anmerkung Wachter.
[19] Siehe Jülicher ZEV 1998, 285 (287).
[20] Die Löschung der Rückauflassungsvormerkung nach dem Ableben des Schenkers würde dadurch erschwert werden.

kann der ursprünglich Beschenkte nicht ausschließen, dass der ursprüngliche Schenker die aus dem bedingten Rückforderungsrecht resultierenden Forderungen und das Vertragsverhältnis gegebenenfalls einem zweiten oder dritten Ehegatten, also einem Stiefelternteil, Geschwistern oder gar völlig fremden Personen zuwendet. Zum Schutz des ursprünglich Beschenkten müsste die Vererblichkeit des bedingten Rückforderungsrechts unter den Vorbehalt gestellt werden, dass die Vererblichkeit des bedingten Rückforderungsrechts nur dann und nur insoweit eintritt, als das Vertragsverhältnis beziehungsweise die Forderung auf bestimmte Personen übergeht. Sollten hingegen andere Personen bedacht werden, so müsste das bedingte Rückforderungsrecht erlöschen und für diesen Fall nicht vererblich sein. Auf diese Weise ließen sich beide Gestaltungen weitgehend gleichwertig ausgestalten.

VI. Sicherbarkeit von Weiterleitungsklauseln durch eine Auflassungsvormerkung

Teilweise begegnen einem in der Praxis Zweifel, ob Forderungen aus einer Weiterleitungsklausel bezüglich Grundbesitzes durch eine Vormerkung im Grundbuch gesichert werden können. Erbrechtliche Ansprüche können vor dem Eintritt des Todesfalles nicht durch eine Vormerkung gesichert werden.[21] Soweit es sich um eine bedingte Übereignungsverpflichtung handelt, die entweder unter Mitwirkung des Begünstigten oder auch als echter Vertrag zugunsten Dritter ohne Mitwirkung des Begünstigten vereinbart wird, so ist der Anspruch des Versprechensempfängers auf Übereignung des Grundbesitzes, der diesen Rechtsgrund hat, bereits durch eine Vormerkung sicherbar.[22] Ist der Erwerber hinreichend bestimmt, so kann auch dessen bedingter Anspruch bereits durch Vormerkung gesichert werden.

In der Vertragsgestaltungspraxis wird dies regelmäßig und ohne weitere Probleme gestaltet, wenn beispielsweise ein Ehegatte alleiniger Eigentümer eines Grundbesitzes ist, dieses dem eigenen Kind zuwendet, für den Fall des Vorversterbens des ursprünglichen Eigentümers ein bedingtes Erwerbsrecht jedoch dem längerlebenden Ehegatten auch für den Fall des Vorversterbens des beschenkten Kindes zustehen soll. Derartige an den Tod des Erwerbers anknüpfend bedingte Rückforderungsansprüche können auch dann durch eine Vormerkung gesichert werden, wenn der ursprüngliche Eigentümer zu diesem Zeitpunkt bereits verstorben ist. Dabei kann es keinen Unterschied machen, ob ein entsprechender bedingter Anspruch zugunsten des Ehegatten des ursprünglichen Schenkers begründet wird oder zugunsten eines bestimmten oder bestimmter Kinder des ursprünglich Beschenkten.

Bei entsprechenden Weiterleitungsklauseln besteht regelmäßig jedoch das Ziel, dem Zwischenbeschenkten möglichst geringe Einschränkungen zu machen und möglichst große Gestaltungsspielräume zu belassen. So kann beispielsweise verein-

---

[21] Schöner/Stöber, Grundbuchrecht, 16. Aufl. 2020, Rn. 1484. Auch so für § 2301 BGB Stein DNotZ 2023, 247.
[22] Schöner/Stöber, Grundbuchrecht, 16. Aufl. 2020, Rn. 1494.

bart werden, dass der Erwerber verpflichtet ist, für seinen eigenen Todesfall den Grundbesitz auf ausschließlich eigene leibliche, eheliche Abkömmlinge zu übereignen, wobei der Erstbeschenkte frei in seiner Entscheidung ist, auf wen aus dem bezeichneten Personenkreis das Vermögen übergehen soll. Nur bei fehlender entsprechender Festlegung können beispielsweise die Abkömmlinge nach dem Verhältnis und den Regeln der gesetzlichen Erbfolge als Begünstigte bezeichnet werden. Bei einer derartigen Gestaltung können entsprechende Ansprüche aus Weiterleitungsklauseln zugunsten der Dritten noch nicht durch eine Vormerkung gesichert werden, weil die Personen der Begünstigten im Zeitpunkt der Vereinbarung noch gar nicht feststehen. Es mangelt in einem solchen Fall an der Bestimmtheit der Begünstigten und damit des Anspruchs. Der bedingte Anspruch des Schenkers auf Weiterübereignung an unbestimmte Dritte ist hingegen meines Erachtens durch Vormerkung sicherbar.[23]

VII. *Pflichtteilsfestigkeit entsprechender Gestaltungen*

Die hier diskutierten Gestaltungen sind das lebzeitige Spiegelbild zur Vor- und Nacherbschaft. Die Vor- und Nacherbschaft wird immer wieder als pflichtteilsreduzierende Gestaltung eingesetzt. Dies spielt sowohl beim Geschiedenentestament eine Rolle, ebenso bei Ehegattentestamenten mit einseitigen, insbesondere nichtehelichen Kindern.[24] Damit stellt sich die Frage, ob vergleichbare pflichtteilsrechtliche Wirkungen sich auch durch eine vergleichbare Vor- und Nachschenkung erreichen lassen.[25] Die Vor- und Nacherbschaft hat dingliche Wirkung und ist insoweit stärker ausgestaltet als ein Vor- und Nachvermächtnis oder eine ebenfalls nur schuldrechtliche Vor- und Nachschenkung. Gleichzeitig ist meines Erachtens die pflichtteilsreduzierende Wirkung einer solchen Vor- und Nachschenkung unter Verwendung entsprechender Weiterleitungsklauseln anzuerkennen. Dabei spielt es meines Erachtens keine Rolle, ob es sich um eine echte Weiterleitungsklausel im Wege eines echten Vertrages zugunsten Dritter handelt, oder ob das bedingte Rückforderungsrecht auf Seiten des Erblassers vererblich gestellt wird. In jedem Fall erhält der Erstbeschenkte zwar das Vermögen zugewandt. Für den Fall seines Todes soll der zugewandte Gegenstand jedoch nicht bei der Pflichtteilsberechtigung eines eventuellen Schwiegerkindes, nichtehelichen Kindes oder sonstiger Personen Berücksichtigung finden. Das ist die Zielsetzung. Tatsächlich ist der ursprünglich zugewandte Gegenstand Nachlassbestandteil beim Erstbeschenkten. Gleichzeitig entsteht mit dem Ableben des Erstbeschenkten die Verpflichtung zur Weiterübereignung des Vermögens an einen Dritten. Dies kann sowohl ein automatisch entstehender Anspruch aus einer Weiterleitungsklausel sein als auch das bedingte Rückforderungsrecht, das dem ursprünglichen Schenker zusteht oder bei diesem vererblich vereinbart wurde und daher inzwischen dem Erben des ursprünglichen

---

[23] Siehe auch Schöner/Stöber, Grundbuchrecht, 16. Aufl. 2020, Rn. 1494.
[24] Siehe ausführlich statt vieler Worm RNotZ 2003, 535; Geuder RNotZ 2021, 305; Reimann MittBayNot 2011, 212.
[25] Siehe dazu Feick ZEV 2002, 85.

Schenkers zusteht. In jedem Fall ist das wirtschaftliche Ergebnis das Gleiche, dass der Vermögensgegenstand zwar Nachlassbestandteil ist, diesem aber ein gleichwertiger Übereignungsanspruch eines Dritten gegenübersteht, durch den die pflichtteilsreduzierende Wirkung erreicht wird.

Zu Vor- und Nachvermächtnissen wird insoweit die Problematik diskutiert, ob der Anspruch so rechtzeitig entsteht, dass er überhaupt pflichtteilsreduzierend bereits als Nachlassverbindlichkeit berücksichtigt werden kann.[26] Die gleiche Problematik könnte sich hier stellen. Um dies abzusichern empfiehlt Feick,[27] dass die Auflage zur Weiterübertragung des Grundbesitzes beispielsweise den Zwischenbeschenkten sofort als Verpflichtung treffen sollte, diese Verpflichtung jedoch vom Begünstigten frühestens nach dem Ableben des Erstbeschenkten geltend gemacht werden kann und erst dann fällig wird. So ließe sich argumentativ sicherstellen, dass bereits im Todeszeitpunkt des Erstbeschenkten eine Verpflichtung bestehe, die daher auch bereits im Todeszeitpunkt bei der Pflichtteilsberechnung als Nachlassverbindlichkeit geltend gemacht werden kann.

Ferner ließe sich durch eine derartige Gestaltung sicherstellen, dass bei lebzeitiger Weiterübertragung des Vermögensgegenstandes vom Erstbeschenkten an den Begünstigten der Weiterleitungsklausel hierin keine eigene pflichtteilsergänzungsbedürftige freigebige Zuwendung zu sehen wäre, sondern lediglich eine Erfüllung der bereits existenten Weiterübertragungsverpflichtung.[28]

VIII. Flexible Gestaltung

Entsprechende Weiterüberleitungsklauseln können mit oder ohne Mitwirkung des Weiterleitungsberechtigten gestaltet werden. Sofern es der Ehegatte des ursprünglichen Schenkers ist, wirkt dieser regelmäßig mit. Meist wird dies auch gar nicht unter dem Aspekt der Weiterleitungsklausel behandelt, sondern wie ein Rückforderungsrecht, obwohl es tatsächlich eine Weiterleitungsklausel ist, deren Anspruch in der Regel durch Vormerkung abgesichert wird.

Sofern die Weiterübertragungsverpflichtung ähnlich einer Vor- und Nacherbschaft jedoch zugunsten einzelner oder mehrerer Abkömmlinge des Beschenkten wirken soll, so wirken diese Personen in der Regel nicht mit – teilweise existieren sie im Zeitpunkt der Vereinbarung noch gar nicht. Deren Ansprüche werden durch echten Vertrag zugunsten Dritter begründet gemäß §§ 328, 330 S. 2, 331 BGB. Denkbar sind dabei starre Gestaltungen wie bei der Vor- und Nacherbschaft, wonach sämtliche ehelichen, leiblichen Abkömmlinge des ursprünglich Beschenkten in dessen Todeszeitpunkt nach den Regeln und im Verhältnis der gesetzlichen Erbfolge den Anspruch erwerben. Derartige unbestimmte Ansprüche sind nicht durch Vormerkung zugunsten der Enderwerber sicherbar, weil bei der Vereinbarung der ursprünglichen Schenkung noch nicht feststeht, wer im Todeszeitpunkt diese Ab-

---

[26] J. Mayer ZEV 2000, 1 (9) mit weiteren Nachweisen.
[27] Feick ZEV 2002, 85 (88f.).
[28] So überzeugend Feick ZEV 2002, 85 (88f.).

kömmlinge tatsächlich sein werden. Anders wäre dies, wenn die bestimmt bezeichneten im Schenkungszeitpunkt bereits lebenden Abkömmlinge mit einem bestimmten Erwerbsverhältnis benannt würden. Beide vorstehenden Gestaltungen leiden jedoch an den gleichen Krankheiten, wie jede Vor- und Nacherbfolge. Denn bei Vereinbarung der Weiterleitungsklausel weiß noch keiner, welches Schicksal die einzelnen Abkömmlinge des Erstbeschenkten erleiden werden. Ob diese beim Tode des Erstbeschenkten überschuldet sind, zu einer Sekte übergelaufen sind, schwerstbehindert sind oder dergleichen, ist bei der ursprünglichen Schenkung noch nicht bekannt. Flexiblere Gestaltungen, die dann allerdings eine Vormerkungssicherung ausschließen, sind insoweit vorzugswürdig. Die Weiterleitungsklausel kann zur Vermeidung zu großer Starrheit daher auch in der Weise ausgestaltet werden, dass die Ansprüche aus der Weiterleitungsklausel nur demjenigen Kind zustehen, den der Zwischenbeschenkte aus dem Kreise seiner leiblichen ehelichen Abkömmlinge entweder in notarieller oder testamentarischer Form hierzu bestimmt hat. Lediglich für den Fall, dass der Zwischenbeschenkte eine entsprechende Bestimmung nicht bis zu seinem Ableben getroffen haben sollte, sollten die Ansprüche aus der Weiterleitungsklausel automatisch den leiblichen, ehelichen Abkömmlingen des Beschenkten im Verhältnis und nach den Regeln der gesetzlichen Erbfolge zustehen. Dies ermöglicht es, eine zu große Starrheit in der Gestaltung auszuschließen, die sonst zu erheblichen Vermögensschäden für die Familie führen könnte. Besonders deutlich wird dies, wenn einzelne der Weiterleitungsberechtigten bei Bedingungseintritt insolvent oder sozialhilfebedürftig wären, drogenabhängig oder Mitglied einer gefährdenden Sekte wären.

IX. Erbschaftsteuerliche Wirkungen von Weiterleitungsklauseln

1. Auswirkungen bei einer Kettenschenkung

In Beispiel 1 handelt es sich um eine schenkungsteuerlich schädliche Kettenschenkung. Bei der Kettenschenkung als schenkungsteuerlichem Gestaltungsinstrument geht es gerade darum, dass die Schenkung an den Endbeschenkten nicht vom Erstschenker stammt, sondern vom Zwischenbeschenkten. Denn nur so können zum Beispiel bei Eltern die Freibeträge von beiden Eltern gegenüber dem Kind genutzt werden. Schenkungsteuerlich muss daher der Zwischenbeschenkte völlig frei sein in seiner Entscheidung, ob er das Geschenk behält oder weiterschenkt.[29] Wird hingegen dem Beschenkten zur Auflage oder Pflicht gemacht, das Geschenk weiterzuschenken, dann stammt das Geschenk vom Erstschenker. Die Verdoppelung der elterlichen Freibeträge scheitert damit. Weiterleitungsklauseln sind daher bei entsprechenden steuerlich motivierten Gestaltungen zu vermeiden.

---

[29] Siehe Billig UVR 2013, 311; Halaczinsky UVR 2021, 274. Aus der Rechtsprechung BFH/NV 2022, 1054; BFH BStBl. II 2013, 934 = DStR 2013, 2103; BFH BStBl. II 2005, 412.

2. Auswirkungen bei einer „Vor- und Nachschenkung"

Die Vor- und Nachschenkung ist das lebzeitige Pendant zur Vor- und Nacherbschaft. Erbschaftsteuerrechtlich ist die Vor- und Nacherbschaft in § 6 ErbStG geregelt.[30] Durch diese Norm wird verhindert, dass die zivilrechtlichen Gestaltungen einer Vor- und Nacherbschaft und eines Vor- und Nachvermächtnisses auch erbschaftsteuerrechtlich nachvollzogen wird. Bei der Vor- und Nacherbschaft erbt der Nacherbe zivilrechtlich das Vermögen vom ursprünglichen Erblasser. Das Vermögen würde also nur einmal besteuert werden. Zunächst beim Vorerben, mit Eintritt der auflösenden Bedingung dann nicht mehr beim Vorerben, sondern beim Nacherben. Dies verhindert jedoch § 6 ErbStG und schafft insoweit eine weitgehende Annäherung des typischen Ehegattentestamentes mit Vor- und Nacherbfolge an das sogenannte Berliner Testament.[31]

Nach herrschender Meinung finden die Bestimmungen des § 6 ErbStG, die im Wesentlichen zu Lasten der Steuerpflichtigen wirken, jedoch keine Anwendung auf die Vor- und Nachschenkung. Ausgangspunkt ist zunächst § 29 Abs. 1 Nr. 1 ErbStG, was anhand eines Beispiels verdeutlicht werden soll.

Beispiel 4: Der Schenker schenkt dem Beschenkten ein Grundstück. Für den Fall des Vorversterbens des Beschenkten behält der ursprüngliche Schenker sich ein Rückforderungsrecht vor. Einige Jahre nach Ausführung der Zuwendung verstirbt der Beschenkte. Der ursprüngliche Schenker macht von seinem Rückforderungsrecht Gebrauch. Der Erbe des Beschenkten, nämlich dessen Ehegatte, überträgt den erworbenen Grundbesitz an den ursprünglichen Schenker zurück.

Dieser Vorgang unterliegt § 29 Abs. 1 Nr. 1 ErbStG in Verbindung mit § 29 Abs. 2 ErbStG. Ursprünglich hatte der Beschenkte den erworbenen Gegenstand nach § 7 Abs. 1 Nr. 1 ErbStG zu versteuern. Die bedingte Herausgabeverpflichtung war als bedingte Belastung erbschaftsteuerrechtlich noch nicht zu berücksichtigen. Mit dem Todesfall des Beschenkten und Ausübung des Rückforderungsrechts entstand jedoch der Rückforderungsanspruch des ursprünglichen Schenkers. Durch Rückübertragung des Vermögens ist die ursprünglich ausgelöste Schenkungsteuer gemäß § 29 Abs. 1 Nr. 1 ErbStG wieder weggefallen. Auch die Rückübertragung selbst ist nicht mehr tatbestandsmäßig und löst nicht den Tatbestand des § 7 Abs. 1 Nr. 1 ErbStG aus.[32] Lediglich die Nutzungen, die der Zwischenbeschenkte in der Zwischenzeit ziehen konnte, werden wie ein Nießbrauch beim Beschenkten erfasst und besteuert, § 29 Abs. 2 ErbStG.

Strittig ist, ob nach rückwirkendem Wegfall des ursprünglichen Schenkungsteuertatbestandes noch Nebenleistungen wie Säumniszuschläge, Hinterziehungszinsen oder derartiges festgesetzt werden können.[33]

---

[30] Zur steuerlichen Behandlung der Vor- und Nacherbschaft siehe Billig UVR 2020, 180; Paus StBB 2018, 1; Siebert BB 2010, 1252.
[31] Siehe steuerlich Wachter BB 2020, 2135; Steiner ZErB 2022, 335; Bühler BB 1997, 551; Mayer ZEV 1997, 325, ZEV 1998, 50; DStR 2004, 1371 und DStR 2004, 1409; Geck DStR 2013, 1368; Keim ZEV 2016, 6.
[32] Jülicher ZEV 2003, 350 (351f.).
[33] Für die Zulässigkeit dessen und zu Hinterziehungszinsen FG Hessen EFG 2018, 1253; anderer Ansicht hingegen Jülicher ZEV 2003, 350 (353f.); Jülicher in Troll/Gebel/Jülicher/Gottschalk, 66. EL 7/2023, ErbStG § 29 Rn. 26.

Abwandlung: Wie wäre der vorstehende Sachverhalt zu beurteilen, wenn der Schenker im Todesfall des Beschenkten bereits vorverstorben war, ein inhaltsgleiches Rückforderungsrecht jedoch dem Ehegatten des Beschenkten vorbehalten wurde und dieser nunmehr das Rückforderungsrecht ausübt?

In dieser Abwandlung handelt es sich tatsächlich nicht mehr um ein Rückforderungsrecht, sondern eigentlich um eine Weiterleitungsklausel. Nach dem Vorversterben des ursprünglichen Schenkers steht das Rückforderungsrecht einem Dritten, nämlich dem Ehegatten des ursprünglichen Schenkers zu. Vom Wortlaut des § 29 Abs. 1 Nr. 1 ErbStG ist dieser Sachverhalt nur eingeschränkt erfasst. Gleichwohl hat der BFH überzeugend[34] entschieden, dass die Wirkungen des § 29 Abs. 1 Nr. 1 ErbStG auch dann gelten, wenn die Rückübertragung nicht an den Schenker selbst, sondern an einen Dritten erfolgt. Dabei kann es meines Erachtens keinen Unterschied machen, ob dies zugunsten des Ehegatten des ursprünglichen Schenkers erfolgt oder zugunsten einer anderen Person. Ebenso wenig kann es einen Unterschied machen, ob der Erwerber des bedingten Erwerbsanspruchs (Ehegatte) an dem Vertrag mitgewirkt oder ob ihm dieses bedingte Erwerbsrecht durch echten Vertrag zugunsten Dritter zugewandt wurde. Bei einer klassischen Weiterleitungsklausel, die beispielsweise Abkömmlinge des Zwischenbeschenkten begünstigt, kann dieser Fall meines Erachtens auch nicht anders behandelt werden.

In der vorstehenden Abwandlung handelt es sich dabei gleichzeitig um eine bedingte Zuwendung des ursprünglichen Schenkers an seinen Ehegatten, nämlich den Rückforderungsberechtigten. Erst mit Bedingungseintritt wird diese Zuwendung ausgeführt. Der Ehegatte des ursprünglichen Schenkers hat daher diesen Vermögensgegenstand als vom Ehegatten stammend mit einem Freibetrag von 500.000 Euro nach Steuerklasse I zu versteuern. Sollte der ursprüngliche Schenker bereits vor mehr als zehn Jahren verstorben sein, so wäre posthum, nach dem Ableben des ursprünglichen Schenkers, der Freibetrag von 500.000 Euro wieder auferstanden, § 14 ErbStG. Gleichzeitig handelt es sich dabei nicht um eine Rückschenkung des Erstbeschenkten oder von dessen Erben an den Rückforderungsberechtigten/Weiterleitungsberechtigten.

Im Ergebnis ist damit die Weiterleitungsklausel gegenüber der Vor- und Nacherbschaft erbschaftsteuerrechtlich deutlich begünstigt. Während bei der Vor- und Nacherbschaft das Vermögen über zwei Stationen geleitet und dabei zwei Mal besteuert wird, ist dies bei der Weiterleitungsklausel nicht der Fall. Der herausgabepflichtige Zwischenbeschenkte hat den Vermögensgegenstand nach Eintritt des Herausgabeanspruchs nach § 29 Abs. 1 Nr. 1 ErbStG nicht mehr zu besteuern. Der aus der Weiterleitungsklausel Begünstigte hat den Vermögensgegenstand zu besteuern, als hätte er ihn unmittelbar vom ursprünglichen Eigentümer, dem ursprünglichen Schenker erworben. Eine ganze Generation kann erbschaftsteuerrechtlich auf diese Art und Weise übersprungen werden.

Problematisch ist diesbezüglich noch die Höhe der Freibeträge. Der Freibetrag eines Enkelkindes liegt regelmäßig bei 200.000 Euro. Lediglich dann, wenn das die Geburt vermittelnde Kind im Zeitpunkt der Entstehung des Schenkungsteuer-/

---

[34] BFH ZEV 2001, 77 mit Anmerkung Wachter.

Erbschaftsteuertatbestandes nicht mehr lebt, erhält das Enkelkind einen Freibetrag von 400.000 Euro, § 16 Abs. 1 Nr. 2 ErbStG. Da der Erwerb des Weiterleitungsberechtigten gerade durch den Tod des Zwischenbeschenkten ausgelöst wird, ist meines Erachtens ein Freibetrag von 400.000 Euro anwendbar. Dies ist jedoch noch nicht höchstrichterlich entschieden.

Eine analoge Anwendung des § 6 ErbStG scheidet meines Erachtens aus. Für die Zukunft ist allerdings nicht auszuschließen, dass der Gesetzgeber auf die Idee kommen könnte, diese Gesetzeslücke zu schließen, um entsprechende Gestaltungen zu verhindern.

Die erbschaftsteuerrechtliche Wirkung wäre meines Erachtens gleich, wenn der ursprüngliche Schenker sich einen vererblichen bedingten Rückforderungsanspruch vorbehält und diesen beispielsweise bei seinem Vorversterben per Vermächtnis an die Kinder des Erstbeschenkten vermacht. Solange die Bedingung nicht eingetreten ist, haben die Kinder faktisch noch nichts erworben. In dem Moment, wenn die Bedingung durch den Tod des Erstbeschenkten eintritt, handelt es sich insoweit um einen Erwerb von Todes wegen vom ursprünglichen Schenker (im Zweifel Großeltern) für den auf Grund des Vorversterbens des die Geburt vermittelnden Kindes bei Bedingungseintritt meines Erachtens wiederum der Freibetrag von 400.000 Euro zur Anwendung kommen muss.

Zur Steuerpflicht des Erwerbs des Weiterleitungsberechtigten als freigebige bedingte Zuwendung vom ursprünglichen Schenker siehe BFH.[35] Dies gilt auch dann, wenn der Weiterleitungsverpflichtete bereits zu Lebzeiten das mit Weiterleitungsverpflichtung erworbene Vermögen vor Bedingungseintritt an den Weiterleitungsberechtigten übereignet.[36] Zur Nießbrauchsbesteuerung nach § 29 Abs. 2 ErbStG siehe Jülicher.[37]

Entsprechende Weiterleitungsklauseln können auch als Mittel zur Vermeidung einer unbeschränkten Steuerpflicht eingesetzt werden.[38] Der Erwerb auf Grund der Weiterleitungsklausel ist dabei eine Schenkung unter Lebenden, kein Erwerb von Todes wegen. Eine Anwendung des § 27 ErbStG scheidet daher von vornherein aus.[39]

X. Zusammenfassung

Weiterleitungsklauseln in der Form einer Vor- und Nachschenkung werfen zahlreiche zivilrechtliche und auch steuerrechtliche Fragen aus. Sie sind ein verbreiteter, jedoch sehr komplexer und von der Rechtsprechung noch nicht vollständig durchentschiedener Gestaltungskomplex. Während die Vor- und Nacherbschaft gesetz-

---

[35] BFH BStBl. II 1993, 523; Jülicher ZEV 2003, 350 (353); Gebel in Troll/Gebel/Jülicher/Gottschalk, 66. EL 7/2023, ErbStG § 7 Rn. 237; Jülicher DStR 1994, 926.
[36] BFH BStBl. II 1993, 523; Jülicher ZEV 2003, 350 (353); Gebel in Troll/Gebel/Jülicher/Gottschalk, 66. EL 7/2023, ErbStG § 7 Rn. 237; Jülicher DStR 1994, 926.
[37] ZEV 2003, 350 (353)
[38] Siehe dazu das Beispiel bei Jülicher ZEV 2003, 350 (353).
[39] Jülicher ZEV 2003, 350 (354).

lich ausdrücklich geregelt ist, fehlen entsprechende klare und eindeutige zivilrechtliche Regelungen für die Vor- und Nachschenkung. Gleiches gilt auch erbschaftsteuerrechtlich, wobei eine analoge Anwendung des § 6 ErbStG ausscheidet. Die Vor- und Nachschenkung ist dadurch erbschaftsteuerrechtlich bessergestellt als die Vor- und Nacherbschaft oder das Vor- und Nachvermächtnis.

Durch entsprechende Weiterleitungsklauseln lassen sich meines Erachtens pflichtteilsreduzierende und pflichtteilsschützende Gestaltungen umsetzen, was jedoch höchstrichterlich noch nicht geklärt und nicht entschieden ist, daher mit gewissen Anerkennungsrisiken und Streitpotenzial verbunden ist.

Eine Absicherung entsprechender Ansprüche aus Weiterleitungsklauseln durch Vormerkung ist bei entsprechender Ausgestaltung möglich, sofern Inhalt und Berechtigte der vormerkungsgesicherten Ansprüche bereits eindeutig feststehen. Sollen hingegen flexible Weiterleitungsklauseln gestaltet werden, die noch von zukünftigen Entwicklungen oder Entscheidungen des Zwischenbeschenkten abhänge, so scheidet eine Vormerkungssicherung zugunsten der Begünstigten hingegen aus.

Ähnliche Wirkungen, wie eine Weiterleitungsklausel, lassen sich auch durch bedingte Rückforderungsrechte absichern, bei denen die Rückforderungsansprüche des ursprünglichen Schenkers vererblich gestellt werden und die Bedingungen für die Ausübung des bedingten Rückforderungsrechts auch nach dem Ableben des ursprünglichen Schenkers noch eintreten können. Letztere Gestaltung ist jedoch typischerweise mit erheblichen Risiken für den Erstbeschenkten verbunden.

JOHANNES WEBER

Die Zustimmung zu erbvertragswidrigen Verfügungen von Todes wegen und Schenkungen

I. Vorbemerkung

Es ist mir nicht leichtgefallen, ein passendes Thema für diese Festschrift zu finden. Das hat mehrere Gründe: Es gibt kein bestimmtes Rechtsgebiet, auf das der Jubilar schwerpunktmäßig festgelegt ist. Norbert Frenz ist in seinen Publikationen und seinen Interessen so breit aufgestellt wie nur wenige. Das Würzburger Notarhandbuch, das der Jubilar seit der ersten Auflage herausgibt, steht exemplarisch für diese Vielfalt.[1] Das Immobilienrecht mit Ausnahme des von ihm wenig geliebten Wohnungseigentumsrechts, das notarielle Berufsrecht und Beurkundungsrecht,[2] das Familien- und Erbrecht – überall hat Norbert Frenz seine Spuren hinterlassen. Wer den Jubilar und sein kritisches Urteil kennt, weiß, dass er stets höchste Ansprüche an die Beiträge aus der notariellen Praxis stellt. Sein jahrzehntelanges und unermüdliches Engagement für den notariellen Berufsstand war von dem Gedanken geleitet, dass Wissenschaft, Justiz und Praxis zusammengehören. Norbert Frenz war es ein Anliegen, Wissenschaftler und Richter für die notarrelevanten Teilgebiete des Bürgerlichen Rechts zu begeistern und sie für eine Aufarbeitung und Durchdringung dieser Bereiche zu gewinnen. Hinter diesem Anliegen steht der überzeugende Gedanke, dass das Notariat als Institution der vorsorgenden Rechtspflege auf die Vernetzung mit der Justiz und Wissenschaft angewiesen ist. Von seinen Kollegen erwartete der Jubilar stets wissenschaftliche, vor allem aber auch praxisgerechte und lösungsorientierte Ansätze. Wer seinen scharfen Verstand und sein kritisches und direktes Urteil kennt, weiß, dass auch eine in vielen Stunden ausgebrütete und sorgfältig entwickelte Idee durch wenige Sätze wie ein Kartenhaus in sich zusammenstürzen kann.

Wer auf die Entwicklungen der letzten 30 Jahre im notariellen Berufsstand zurückblickt, wird zu dem Urteil kommen müssen, dass viele von ihnen eng mit dem Jubilar verbunden sind. Dies zeigt sich besonders in der Gründung des Deutschen Notarinstituts (DNotI). Als die Überlegungen zur Gründung eines Notarinstituts anliefen, war Norbert Frenz Notarassessor bei der Bundesnotarkammer. Es ist auch seinem Wirken im Hintergrund zu verdanken, dass aus der Idee eines bayerischen Notarinstituts die Idee einer bundesweiten Einrichtung wurde.[3] Das DNotI lag

---

[1] Zuletzt Limmer/Frenz/Hertel, Würzburger Notarhandbuch, 6. Aufl. 2021.
[2] Vgl. etwa den von Frenz mitherausgegebenen Kommentar Frenz/Miermeister, BNotO, 5. Aufl. 2020.
[3] Vgl. hierzu Frenz, Anfänge, FS 25 Jahre DNotI, 2018, 3ff.

dem Jubilar immer besonders am Herzen. Die Geschicke des Instituts gestaltete er über viele Jahre als stellvertretender Vorsitzender des Beirats mit. Während meiner Zeit als Geschäftsführer durfte ich mit Norbert Frenz eng zusammenarbeiten und ihn dabei als ideenreichen Ratgeber erleben, der immer für klare Konzepte und Linien eintrat. Mit dem DNotI eng verknüpft ist das Fachinstitut für Notare des Deutschen Anwaltsinstituts (DAI), das der Jubilar seit vielen Jahren leitet. Ein besonderer Erfolg war hierbei die auf Norbert Frenz zurückgehende Einführung der Jahresarbeitstagung des Notariats (JAT), die der Vertiefung des Dialogs zwischen Richterschaft und Notariat dient und gleichzeitig auf die Praxis ausgerichtet ist. Sein Wirken in der Deutschen Notarrechtlichen Vereinigung (NotRV), hier zuletzt als Vizepräsident, rundet seinen besonderen Einsatz für die Beziehungen zwischen Notariat und Wissenschaft ab.

Dass es gelang, diese Institutionen in unserem Berufsstand fest zu verankern, war ohne personelle Verflechtungen mit den Entscheidungsgremien der Notarkammern undenkbar. Für diese Verflechtung steht Norbert Frenz in besonderer Weise: Er gehörte dem Vorstand der Rheinischen Notarkammer und damit einer der tragenden Säulen des hauptberuflichen Notariats über einen sehr langen Zeitraum an. Rheinische Notarkammer, DNotI, DAI und NotRV – dieser Vierklang durchzieht das Wirken von Norbert Frenz und steht als Leitmotiv über seinem Beruf als Notar und seiner Berufung hierzu. Dem Jubilar ging es dabei nie um seine eigene Person, sondern um die Sache. Er drängte sich nicht in die erste Reihe, sondern verstand es, im Hintergrund die Strippen zu ziehen und wichtige Entscheidungen voranzutreiben. Wir alle können ihm nicht dankbar genug sein. Ohne Norbert Frenz würde das Notariat in mancher Hinsicht nicht so gut dastehen, wie es heute dasteht.

II. Einleitung

Der folgende Beitrag beschäftigt sich mit der Frage, unter welchen Voraussetzungen bei einem Erbvertrag der Vertragspartner oder der vertragsmäßige bedachte Dritte einer späteren erbvertragswidrigen Verfügung von Todes wegen oder Schenkung zustimmen können. Haben zwei Erblasser in einem Erbvertrag vertragliche Verfügungen getroffen, sind diese bindend. Errichtet einer der Erblasser später ein Testament, das dem Erbvertrag zuwiderläuft, ist dieses unwirksam (§ 2289 Abs. 1 S. 2 BGB). Weniger einschneidend, aber doch von großer Bedeutung, sind die Folgen, wenn der Erblasser keine abweichende Verfügung von Todes wegen trifft, sondern zu Lebzeiten Schenkungen vornimmt und damit die erbvertragliche Bindungswirkung unterläuft. Gemäß § 2286 BGB hat der Erblasser zwar die Möglichkeit, durch Rechtsgeschäft unter Lebenden über sein Vermögen wirksam zu verfügen. Nach § 2287 Abs. 1 BGB kann der Vertragserbe jedoch nach dem Eintritt des Erbfalls von dem Beschenkten die Herausgabe des Geschenkes verlangen, wenn der Erblasser die Schenkung in der Absicht gemacht hat, den Vertragserben zu beeinträchtigen.

Ist der Notar mit der Beurkundung eines erbvertragswidrigen Testaments oder einer Schenkung beauftragt und hat der Notar positive Kenntnis vom Bestehen des bindenden Erbvertrags, erörtert er regelmäßig mit den Beteiligten die Möglichkeit, das Testament beziehungsweise die Schenkung abzusichern, indem die Zustimmung des Vertragspartners beziehungsweise des Begünstigten eingeholt wird. Wie diese Zustimmung zur erbvertragswidrigen Verfügung rechtsdogmatisch zu fassen ist und welche formellen Voraussetzungen für diese Zustimmung gelten, ist nach wie vor nicht abschließend geklärt und soll im Folgenden einer kritischen Betrachtung unterzogen werden.

III. Zustimmung des Erbvertragspartners oder des Bedachten zu einer vertragswidrigen Verfügung von Todes wegen

Errichtet eine der Erbvertragsparteien eine abweichende Verfügung von Todes wegen, ist zu prüfen, auf welchem Wege die nach § 2289 Abs. 1 S. 2 BGB drohende Unwirksamkeit überwunden werden kann. In der Praxis stellt sich diese Frage etwa dann, wenn sich Ehegatten in einem Erbvertrag bindend zu Alleinerben eingesetzt haben und einer der Ehegatten zu einem späteren Zeitpunkt in einem Testament durch ein Vermächtnis einzelne Gegenstände anderen Personen zuwendet.

Im Ergebnis ist klar und unstreitig, dass die erbvertragswidrige Verfügung wirksam ist, wenn der Erbvertragspartner an der Änderung mitgewirkt hat. Auf welche Weise sich diese Mitwirkung vollziehen muss und welche formellen Anforderungen gelten, ist jedoch alles andere als gesichert.

1. Meinungsstand

Erklärt der Erbvertragspartner sein Einverständnis zur späteren abweichenden Verfügung von Todes wegen durch den anderen Erbvertragspartner, verlangt die herrschende Meinung,[4] dass die Erbvertragsparteien einen teilweisen Aufhebungsvertrag abschließen. Eine bloße Zustimmung soll nicht genügen. Der Aufhebungsvertrag muss der Form des § 2290 Abs. 1 BGB genügen und bedarf somit der notariellen Beurkundung bei gleichzeitiger persönlicher Anwesenheit (§§ 2290 Abs. 4, 2276 Abs. 1 BGB). Eine Mindermeinung[5] lässt demgegenüber die Zustimmung ausreichen, fordert aber, dass die Zustimmung den formellen Anforderungen des § 2290 BGB genügt. Der BGH hält jedenfalls die formlose Zustimmung nicht für ausreichend ist, hat aber die weiteren Einzelheiten nicht geklärt.[6] Das Reichsgericht hat in seiner Entscheidung RGZ 134, 325 demgegenüber genau die entgegen-

---

[4] OLG Hamm NJW 1974, 1774; Ivo ZEV 2003, 58 (59); OLG Köln NJW-RR 1994, 651 (653); Keller ZEV 2004, 93 (98); J. Mayer/Röhl in Reimann/Bengel/Dietz, Testament und Erbvertrag, 7. Aufl. 2020, BGB § 2289 Rn. 54; Musielak in MüKoBGB, 9. Aufl. 2022, BGB § 2289 Rn. 18.

[5] Litzenburger in BeckOK BGB, 67. Ed. 1.8.2023, BGB § 2289 Rn. 20; Wolf in Soergel, 13. Aufl. 2002, BGB § 2289 Rn. 13; differenzierend Stumpf FamRZ 1990, 1057 (1058f.): Im Zweifel ist nach dem Willen der Parteien ein Aufhebungsvertrag erforderlich. Etwas anderes soll gelten, wenn nach dem Willen der Parteien des Erbvertrags die Zustimmung ausreichend sein soll.

[6] BGH NJW 1989, 2618 (2619); anders RGZ 134, 325 (327).

gesetzte Position vertreten.[7] Das Gericht sah in der Zustimmung des bedachten Dritten eine Einwilligung im Sinne von § 183 BGB, die nach § 182 Abs. 2 BGB formlos erteilt werden könne. Die Vorschriften seien jedenfalls sinngemäß anzuwenden.[8]

Erklärt sich der erbvertragsmäßig Bedachte mit der abweichenden vertragsmäßigen Verfügung einverstanden, verlangt die herrschende Meinung konsequenterweise den Abschluss eines Zuwendungsverzichtsvertrags gemäß § 2352 BGB und lässt die Zustimmung ebenfalls nicht genügen.[9]

2. Einverständnis mit der Durchbrechung der erbvertraglichen Bindungswirkung als Erbvertragsnachtrag?

Legt man die Auffassung der herrschenden Lehre zugrunde, ist zu hinterfragen, ob es sich bei der Vereinbarung der Einschränkung der erbvertraglichen Bindungswirkung überhaupt um einen Aufhebungsvertrag im Sinne von § 2290 Abs. 1 BGB handelt. Denn nach § 2290 Abs. 1 BGB kann nur der „Erbvertrag" oder eine „einzelne vertragsmäßige Verfügung" aufgehoben werden. Haben sich die Erbvertragsparteien gegenseitig zu Alleinerben eingesetzt und erklärt der Erbvertragspartner im Nachhinein in einem Vertrag sein Einverständnis mit der abweichenden Anordnung eines Vermächtnisses durch den anderen Teil, kann man bei unbefangener Betrachtung bezweifeln, ob hierin die Aufhebung einer erbvertragsmäßigen Verfügung liegt. Die Erbeinsetzung als solche bleibt unberührt, der Erbe wird lediglich mit einem zusätzlichen Vermächtnis beschwert.

Im Schrifttum finden sich zum Teil diffuse Auffassungen zur Möglichkeit von Erbvertragsnachträgen und nachträglichen Beschränkungen der Bindungswirkung. Schränkt ein Nachtrag zu einem Erbvertrag lediglich die erbvertragsmäßige Bindungswirkung ein, ohne dass eine Verfügung aufgehoben wird oder eine neue erbvertragsmäßige Verfügung getroffen wird, soll nach einer teilweise vertretenen Auffassung ein Nachtrag unzulässig sein.[10] Die Erbvertragsparteien müssten den alten Erbvertrag formell aufheben und einen neuen Erbvertrag mit den schwächeren Bindungswirkungen abschließen. Die herrschende Meinung[11] sieht dies mit überzeugenden Gründen jedoch anders: Der Erbvertrag ist ein Vertrag. Dass Verträge durch einen Nachtrag geändert werden können, ist allgemein anerkannt. Dem steht § 2290 Abs. 1 BGB nicht entgegen. Der Vorschrift kann auch im Zusammenspiel mit § 2274 BGB keine abschließende Wirkung in dem Sinne entnommen werden, dass das Gesetz nur den Neuabschluss eines Vertrags mit vertragsmäßigen Verfügungen und die Aufhebung von Verfügungen kennt.[12] Das Gegenteil ist der Fall: Wenn

---

[7] RGZ 134, 325.
[8] RGZ 134, 325 (327f.).
[9] Ivo ZEV 2003, 58 (59, 61); J. Mayer/Röhl in Reimann/Bengel/Dietz, Testament und Erbvertrag, 7. Aufl. 2020, BGB § 2289 Rn. 54; Wolf in Soergel, 13. Aufl. 2002, BGB § 2289 Rn. 13.
[10] Kornexl ZEV 2003, 62 (63).
[11] Keller ZEV 2004, 93; Lehmann ZEV 2003, 234 und ZErb 2009, 351 (352); J. Mayer/Röhl in Reimann/Bengel/Dietz, Testament und Erbvertrag, 7. Aufl. 2020, BGB § 2290 Rn. 29.
[12] Überzeugend J. Mayer/Röhl in Reimann/Bengel/Dietz, Testament und Erbvertrag, 7. Aufl. 2020, BGB § 2290 Rn. 29.

das Gesetz die Aufhebung des Erbvertrags und den Neuabschluss als eigene Kategorie zulässt, besteht kein Grund, nicht auch eine Änderung eines bestehenden Vertrags zulassen.[13] Gegen die Beurkundung eines Erbvertragsnachtrags mit einer Einschränkung der Bindungswirkung, bestehen daher keine Bedenken. Selbst wenn man der Mindermeinung folgen würde, würden sich für die Praxis jedoch keine Abweichungen ergeben: Denn den Nachtrag kann man zugleich als Aufhebung des bisherigen Erbvertrags bei gleichzeitigem Neuabschluss auslegen.[14] Jedenfalls wenn die Nachtragsurkunde gemäß § 13a BeurkG auf die Vorurkunde förmlich verweist, bestehen insoweit auch keine formellen Schwierigkeiten. Erforderlich ist eine förmliche Verweisung nach der hier vertretenen Auffassung jedoch keineswegs, da es sich um einen einfachen Nachtrag zum Erbvertrag handelt.

Der Sache nach wird man auf den Erbvertragsnachtrag die Formvorschriften für den Erbvertrag anwenden und ihn insoweit wie einen Erbvertrag behandeln müssen.

3. Plädoyer für die Anerkennung der Zustimmung zur erbvertragswidrigen Verfügung

a) Anwendung von §§ 182ff. BGB im Allgemeinen

Eine nähere Betrachtung ergibt, dass sich das strenge Verständnis der herrschenden Lehre, die eine Durchbrechung der erbvertragsmäßigen Bindungswirkung nur bei einem Erbvertragsnachtrag unter Einbeziehung beider Parteien zulässt, als zu eng erweist. Es bedarf einer weiteren Differenzierung: Wird die Bindungswirkung des Erbvertrages generell dahingehend gelockert, dass der Erblasser für bestimmte Verfügungen von Todes wegen hinsichtlich einzelner Nachlassgegenstände oder zugunsten einzelner Personen keiner Bindungswirkung unterliegt, handelt es sich in der Tat um eine Änderung des Erbvertrages, die den Formvorschriften über den Erbvertrag zu unterwerfen ist. Keine unmittelbare Antwort gibt das Gesetz jedoch auf die Frage, ob nicht neben der Vertragsänderung eine Zustimmung zur erbvertragswidrigen Verfügung als eigene dogmatische Kategorie zuzulassen ist. Ausgangspunkt dieser Betrachtung ist die Vorschrift des § 2189 Abs. 1 S. 2 BGB. Eine spätere Verfügung von Todes wegen ist unwirksam, soweit sie das Recht des vertragsmäßig Bedachten beeinträchtigen würde. Die herrschende Meinung geht davon aus, dass der späteren Verfügung von Todes wegen die beeinträchtigende Wirkung nur genommen werden kann, wenn der Erbvertrag entsprechend angepasst wird. Das erscheint aber keineswegs zwingend. Denn nach allgemeinem Vertragsrecht fehlt es an einer Vertragsverletzung und Beeinträchtigung der vertraglichen Position, wenn der Vertragspartner in die Rechtsverletzung einwilligt. Auf den ersten Blick könnte man annehmen, dass eine Einwilligung in eine Rechtsgutsverletzung vorliegt und der Grundsatz des *volenti non fit iniuria* in Stellung zu bringen ist. Dies wäre jedoch dogmatisch verkürzt. Es ist eine genauere Einordnung erforderlich, die mithilfe der §§ 182ff. BGB möglich ist. Die Lösung liegt in § 182 Abs. 1

---

[13] Keller ZEV 2004, 93 (95).
[14] So im Ergebnis auch Keller ZEV 2004, 93 (95); Kornexl ZEV 2003, 62 (64).

BGB selbst, dem folgender Rechtsgedanke zugrunde liegt: Ist ein späteres Rechtsgeschäft unwirksam, weil es die Interessen eines anderen beeinträchtigt, erlangt das spätere Rechtsgeschäft Wirksamkeit, wenn derjenige seine Zustimmung gemäß § 182 BGB erteilt, dessen Interessen von dem Rechtsgeschäft betroffen sind.[15] § 182 Abs. 1 BGB kann zwar selbst nicht als Begründung dafür herangezogen werden, dass eine Zustimmung zur erbvertragsmäßigen Verfügung zulässig ist. Denn § 182 Abs. 1 BGB bezieht sich seinem Wortlaut nur auf den Fall, dass die Wirksamkeit eines Vertrags oder einseitigen Rechtsgeschäfts von der Zustimmung eines Dritten abhängt, setzt die Zustimmungsbedürftigkeit und -fähigkeit also seinerseits voraus. Es ist allerdings keineswegs so, dass eine Zustimmung immer ausdrücklich im Gesetz vorgesehen sein muss, damit § 182 Abs. 1 BGB Anwendung findet, und anderenfalls eine Vertragsänderung erforderlich ist. Paradefall ist insoweit die Vertragsübernahme: Nach der ganz herrschenden Meinung ist es zulässig, dass die Übernahme durch einen Vertrag zwischen dem Ausscheidenden und dem Eintretenden unter Zustimmung des bisherigen Vertragspartners erfolgen kann.[16] Eine Vertragsänderung zwischen den bisherigen Vertragspartnern ist nicht erforderlich. Beispielhaft erwähnt sei außerdem die Einwilligung des Gläubigers, dass der Schuldner nicht an ihn, sondern an einen Dritten leistet (§§ 362 Abs. 2, 185 BGB). Hier ist kein zweiseitiger Vertragsnachtrag erforderlich, sondern genügt die einseitige Erklärung, um der Leistung zur vertraglichen Erfüllungswirkung zu verhelfen. Stimmt der Vormerkungsberechtigte einer vormerkungswidrigen Verfügung zu, ist diese ihm gegenüber voll wirksam. Er verliert den Schutz der Vormerkung.[17] Auch hier ist ein Vertragsnachtrag keineswegs erforderlich.

b) Anwendungsbereich von § 2291 BGB

Maßgeblich ist also, ob sich im Recht des Erbvertrags selbst Anhaltspunkte dafür ergeben, dass eine Vertragsänderung des Erbvertrags erforderlich ist, um einer späteren Verfügung zur Wirksamkeit zu verhelfen. Hierfür ist nichts ersichtlich. Im Gegenteil: Nach § 2291 Abs. 1 BGB kann der Erblasser ein Vermächtnis, eine Auflage oder eine Rechtswahl durch Testament aufheben (und nicht nur ändern), wenn der andere Vertragspartner zustimmt. Die Zustimmungserklärung bedarf dabei der notariellen Beurkundung (§ 2291 Abs. 2 BGB). Die wohl herrschende Meinung unternimmt wiederum den Versuch, den Charakter der Zustimmung als eigene dogmatische Kategorie in § 2291 BGB zu nivellieren, indem sie in der Zustimmung zur abweichenden Verfügung von Todes wegen eine besondere Form des Aufhebungsvertrags sieht.[18] Dieses Verständnis kann jedoch nicht überzeugen.[19] Es handelt sich

---

[15] Vgl. allgemein und grundlegend noch immer Gursky in Staudinger, 2014, BGB vor §§ 182–184 Rn. 20 ff.
[16] BGH NJW 1998, 531 (532); aus der Literatur etwa Heinemeyer in MüKoBGB, 9. Aufl. 2022, BGB vor § 414 Rn. 7 mit weiteren Nachweisen.
[17] Vgl. nur Lettmaier in MüKoBGB, 9. Aufl. 2023, BGB § 883 Rn. 71.
[18] Horn in Nomoskommentar, 6. Aufl. 2022, BGB § 2291 Rn. 2; Raff in Staudinger, 2022, BGB § 2291 Rn. 4; Keller ZEV 2004, 93 (94).
[19] Zutreffend Müller-Engels in BeckOGK, 1.7.2023, BGB § 2291 Rn. 6; Musielak in MüKoBGB, 9. Aufl. 2022, BGB § 2291 Rn. 2.

bei der Aufhebungswirkung in § 2291 Abs. 1 BGB um einen zweiaktigen Tatbestand und zwei unterschiedliche Rechtsgeschäfte: Zum einen geht es um das Testament, zum anderen um die Zustimmung zu diesem Testament. Der Erbvertrag wird nicht durch einen Vertrag aufgehoben, sondern durch ein Testament, dem der andere Vertragsteil zustimmt.[20] Die Annahme, es handle sich um einen Vertrag, ist schon deswegen fernliegend, weil das Testament ein einseitiges Rechtsgeschäft ist, das nicht zugangsbedürftig ist.

§ 2291 Abs. 1 BGB betrifft seinem Anwendungsbereich nach nur den Fall, dass der Erblasser ein Vermächtnis, eine Auflage oder eine Rechtswahl, die Gegenstand des Erbvertrags war, *aufhebt,* hat aber nicht den Fall im Blick, dass der Erblasser abweichende Verfügungen von Todes wegen trifft.

Deutlich wird die Unterscheidung etwa, wenn wir uns den folgenden Beispielsfall vor Augen führen: In einem Erbvertrag mit seiner Ehefrau hat der Erblasser zu deren Gunsten ein Grundstücksvermächtnis ausgesetzt. Zu einem späteren Zeitpunkt ordnet der Erblasser in einem Testament an, dass das Grundstück seinem Sohn als Vermächtnis zugewendet wird. Diese abweichende Vermächtnisanordnung ist nach § 2289 Abs. 1 S. 2 BGB unwirksam, weil sie das vertragsmäßige Recht der Ehefrau beeinträchtigt. Dem Grunde nach bestehen zwei mögliche Gestaltungsoptionen:

1. Zum einen wäre es möglich, dass der Erblasser das Vermächtnis zugunsten seiner Ehefrau aufhebt und ein neues Vermächtnis aussetzt. Die Aufhebung des Vermächtnisses würde nach § 2291 Abs. 1 BGB wirksam, wenn die Ehefrau in notarieller Form zustimmt. Die Folge wäre, dass das erbvertragsmäßige Vermächtnis der Ehefrau gegenstandslos würde, unabhängig davon, ob der Ehemann das Grundstücksvermächtnis zugunsten des Sohnes zu einem späteren Zeitpunkt widerruft.[21] Nur wenn der Vertragspartner an dem Widerruf durch Zustimmung analog § 2291 Abs. 2 BGB mitwirkt, wird der vormalige Erbvertrag wiederum wirksam.[22] Wirkt der andere Vertragspartner nicht mit, wäre es allenfalls denkbar, in dem späteren Widerruf eine erneute einseitige Verfügung mit dem vormaligen Inhalt des Erbvertrags zu sehen.[23]

2. Möglich ist aber auch eine zweite Gestaltungsoption, nämlich die, dass die Ehefrau lediglich der abweichenden Vermächtnisanordnung zustimmt und das zu ihren Gunsten ausgesetzte Vermächtnis nicht aufgehoben wird. In diesem Fall würde die frühere letztwillige Verfügung zwar gemäß §§ 2279 Abs. 1, 2258 BGB unwirksam, wäre aber nicht aufgehoben. Die Konsequenz wäre, dass bei einem späteren Widerruf des neu angeordneten Vermächtnisses das bisherige Vermächtnis zugunsten der Ehefrau weiter gelten würde und wiederum wirksam wäre. Die Ehefrau hätte somit nicht der Aufhebung des zu ihren Gunsten angeordneten Vermächtnisses zugestimmt, sondern nur einer ganz konkreten ab-

---

[20] Für Anwendung der §§ 182ff. BGB auf die Zustimmungserklärung zu Recht daher Raff in Staudinger, 2022, BGB § 2291 Rn. 6; Musielak in MüKoBGB, 9. Aufl. 2022, BGB § 2291 Rn. 4.
[21] So die herrschende Meinung zur Auslegung von § 2291 BGB, vgl. Raff in Staudinger, 2022, BGB § 2291 Rn. 17; Wolf in Soergel, 13. Aufl. 2002, BGB § 2291 Rn. 6.
[22] Raff in Staudinger, 2022, BGB § 2291 Rn. 19.
[23] So Müller-Engels in BeckOGK, 1.7.2023, BGB § 2291 Rn. 24.

weichenden Verfügung von Todes wegen. Wenn aber § 2291 Abs. 1 BGB die Zustimmung zu einer Aufhebung eines Vermächtnisses zulässt, dann muss als Minus hiervon erst recht die Möglichkeit umfasst sein, dass der Vertragspartner nur einer ganz bestimmten abweichenden Verfügung von Todes wegen zustimmt. Mit anderen Worten: § 2291 Abs. 1 BGB ist entsprechend auf den Fall anzuwenden, in dem ein Vermächtnis nicht aufgehoben, sondern aufgrund einer späteren Verfügung von Todes wegen durchbrochen wird.

Anders hingegen liegt der Fall, in dem nicht eine Vermächtnisanordnung durchbrochen wird, sondern eine Erbeinsetzung durch die spätere Anordnung eines Vermächtnisses durchbrochen wird: Kehren wir zu unserem Beispielsfall zurück. Hat der Ehemann die Ehefrau als seine Alleinerbin eingesetzt und möchte nunmehr durch ein Testament unter Durchbrechung der erbvertraglichen Bindung ein Grundstück seinem Sohn zuwenden, passt § 2291 Abs. 1 BGB von seinem Wortlaut nicht. Denn in diesem Fall liegt keine Aufhebung beziehungsweise Änderung eines Vermächtnisses vor, sondern eine Beeinträchtigung der Erbenstellung. Zu diesem Fall verhält sich § 2291 Abs. 1 BGB nicht. Dennoch wird man auch insoweit in der Zustimmungserklärung eine eigene dogmatische Kategorie neben dem Erbvertragsnachtrag sehen müssen. Denn wenn der Erbvertragspartner als Erbe eingesetzt wird, liegt hierin auch die Zuwendung aller Einzelgegenstände. Der Fall liegt somit nicht anders, als wenn der Erblasser ein Vorausvermächtnis zugunsten des Erben angeordnet hätte, das nunmehr durchbrochen wird. Die Erbeinsetzung als solche bleibt unberührt.

c) Aufhebung versus Änderung bei Fortgeltung des bisherigen Erbvertrags

§ 2291 Abs. 1 BGB betrifft nur den Fall, dass ein Vermächtnis, eine Auflage oder eine Rechtswahl aufgehoben wird. § 2291 Abs. 1 BGB findet keine Anwendung, wenn die erbvertragsmäßige *Erbeinsetzung* aufgehoben wird.[24] Es somit nicht möglich, dass der Erblasser in einem späteren Testament die Erbeinsetzung des Erbvertragspartners *aufhebt* und der Erbvertragspartner dem zustimmt. Allerdings stellt sich die Frage, ob es nicht auch insoweit möglich ist, dass der Erbvertragspartner lediglich der abweichenden Erbeinsetzung zustimmt, ohne dass der Erbvertrag aufgehoben wird. Hiergegen spricht, dass die abweichende Erbeinsetzung im Hinblick auf die Rechtsstellung des Erbvertragspartners der Aufhebung des Erbvertrags nahekommt. Allerdings beschäftigt sich § 2291 BGB nur mit der Aufhebung einer erbvertragsmäßigen Verfügung. Die Vorschrift vereinfacht die Aufhebung des Erbvertrags für die dort genannten Verfügungen von Todes wegen, hat aber keine abschließende Regelungswirkung mit Blick auf spätere abweichende Verfügung von Todes wegen. In der Differenzierung zwischen Aufhebung und abweichender Verfügung liegt auch keine bloße Förmelei. Bei der Zustimmung zur Abweichung bleibt der bisherige Erbvertrag in Geltung, wegen der erteilten Zustimmung ist jedoch gemäß § 182 Abs. 1 BGB seine Sperrwirkung und die Anordnung der Unwirksamkeitsfolge gemäß § 2289 Abs. 1 S. 2 BGB durchbrochen. Die alte erbver-

---

[24] Raff in Staudinger, 2022, BGB § 2291 Rn. 2.

tragliche Verfügung ist nicht aufgehoben, sie gilt weiterhin fort, ist aber nachrangig, solange die spätere Verfügung von Todes wegen gilt. Wird die spätere Verfügung von Todes wegen widerrufen, bleibt es bei der bisherigen erbvertragsmäßigen Verfügung.

Als Zwischenergebnis kann festgehalten werden: Das Reichsgericht lag mit seiner in der Entscheidung RGZ 134, 325 vertretenen Auffassung richtig: Eine Zustimmung zu der erbvertragswidrigen Verfügung ist ohne eine Erbvertragsänderung oder einen Zuwendungsverzicht möglich. Bei der Zustimmung handelt es sich insoweit um eine auch im Erbvertragsrecht zur Durchbrechung der erbvertraglichen Bindungswirkung relevante eigene Kategorie, auf die §§ 182 ff. BGB anzuwenden sind.

Über das Ziel hinausgeschossen ist das Reichsgericht hingegen mit der These, dass die Zustimmung nach § 182 Abs. 2 BGB formlos möglich ist. Der Sachverhalt, der der Entscheidung zugrundlag, veranschaulicht die bestehenden Probleme, wenn man eine formlose Zustimmung ausreichen lässt. Die Vorinstanzen mussten Beweis darüber erheben, ob die erbvertraglich Bedachte bei der Abfassung des späteren Testaments anwesend war und mündlich die Zustimmung erteilt hatte. Ein solches Ergebnis ist befremdlich. Lässt man eine formlose Zustimmung ausreichen, droht eine erhebliche Rechtsunsicherheit hinsichtlich der Geltung der erbrechtlichen Verfügung und der Erbfolge. Dass mündliche Erklärungen über die Frage entscheiden können, wer Erbe geworden ist, ist dem BGB fremd. Auch die Warn- und Schutzfunktion im Hinblick auf die erbrechtliche Rechtsposition des anderen Vertragspartners lassen es angezeigt sein, die notarielle Form zu verlangen. Die Zustimmung des Vertragspartners beziehungsweise des bedachten Dritten führt zur Aushöhlung von dessen erbrechtlicher Rechtsposition. Es handelt sich um eine erst in der Zukunft anfallende potenzielle Erbschaft; die Folgen der Zustimmung sind für die Beteiligten nicht konkret überschaubar. Die Beteiligten bedürfen daher eines Übereilungsschutzes und einer Aufklärung durch den Notar. Es ist daher wegen des anfallenden Verlusts der eigenen Erbaussicht angezeigt, die Formvorschrift über die notarielle Beurkundung in § 2291 Abs. 2 BGB analog anzuwenden.[25] Vor diesem Hintergrund wird man in analoger Anwendung von § 1851 Abs. 1 Nr. 6 BGB neue Fassung die betreuungsgerichtliche Genehmigung verlangen müssen, wenn der zustimmende Vertragsteil unter Betreuung steht und der Betreuer für ihn die Zustimmung erklärt.

4. Folgerungen für die Praxis

Angesichts der ungeklärten Rechtslage ist der Praxis gleichwohl zur Zurückhaltung mit der Beurkundung von isolierten Zustimmungserklärungen außerhalb des unmittelbaren Anwendungsbereichs von § 2291 Abs. 1 BGB zu raten. Vorzugswürdig (wenn auch nicht geboten) dürfte es sein, einen Erbvertragsnachtrag unter gleichzeitiger persönlicher Anwesenheit zu beurkunden, in diesem gemäß § 13a BeurkG auf die Vorurkunde zu verweisen, den Erblasser die neuen Verfügungen

---

[25] So bereits Stumpf FamRZ 1990, 1057 (1060).

von Todes wegen treffen und den Erbvertragspartner seine Zustimmung hierzu erteilen zu lassen. Es sollte hierbei auch geklärt werden, ob die Zustimmung des Erbvertrages nur für diese eine ganz bestimmte Verfügung von Todes wegen gilt oder ob der Erblasser einer freien Abänderungsmöglichkeit unterliegen soll.

Formulierungsbeispiel: Zustimmung zu einer späteren erbvertragswidrigen Verfügung von Todes wegen Die Beteiligten haben zur Urkunde des Notars … am … (UVZ …/…) einen Erbvertrag errichtet. Die Beteiligten verweisen auf die vorgenannte Urkunde, die in beglaubigter Abschrift vorlag. Ihr Inhalt ist den Beteiligten bekannt. Auf erneutes Vorlesen, eine Vorlage zur Durchsicht sowie ein Beifügen zur heutigen Niederschrift wird verzichtet. Der Notar hat die Beteiligten über die Bedeutung der Verweisung belehrt.

In der Vorurkunde haben die Beteiligten einen Erbvertrag abgeschlossen, in dem sie sich unter anderem gegenseitig zu Alleinerben eingesetzt haben. Der Notar hat die Beteiligten über die Bindungswirkung des Erbvertrags und die Regelung des § 2289 BGB belehrt.

In Abweichung hierzu wird Folgendes vereinbart:

I. Vermächtnis

Herr … ordnet für den Fall seines Todes – und zwar unabhängig davon, ob er der Erst- oder Letztversterbende ist, – das folgende Vermächtnis an:

…

Dieses Vermächtnis hat keine erbvertragsmäßige Bindungswirkung. Bei ihm handelt es sich um eine einseitige Verfügung.

II. Abänderung/Zustimmung

Die Beteiligten vereinbaren hiermit im Wege der Abänderung des Erbvertrags, dass das vorstehend angeordnete Vermächtnis den Verfügungen aus dem Erbvertrag vorgeht und die Bindungswirkungen des Erbvertrags seiner Wirksamkeit nicht entgegenstehen. Frau … stimmt der Anordnung des Vermächtnisses unwiderruflich zu. Die Änderung des Erbvertrags und die Zustimmung beziehen sich jedoch nur auf das konkret in dieser Urkunde angeordnete Vermächtnis. Ist das Vermächtnis unwirksam oder wird es später widerrufen, bleibt es bei den Verfügungen des Erbvertrags.

IV. Zustimmung des Erbvertragspartners oder des Bedachten zu einer erbvertragswidrigen Verfügung unter Lebenden

Von erheblicher und noch viel größerer Relevanz ist die Zustimmung des Erbvertragspartners zu erbvertragswidrigen lebzeitigen Schenkungen. Haben die Eheleute einen Erbvertrag geschlossen und möchte einer der Vertragsparteien sein Vermögen durch eine Schenkung zu Lebzeiten an eine andere Person übertragen, bestehen potenzielle Ansprüche nach § 2287 Abs. 1 BGB. Dem Beschenkten drohen Herausgabeansprüche, wenn die Schenkung in der Absicht erfolgt ist, den Vertragserben zu beeinträchtigen. Im Ergebnis ist klar, dass der Anspruch aus § 2287 Abs. 1 BGB ausgeschlossen ist, wenn der Vertragspartner oder der vertragsmäßig Bedachte der lebzeitigen Verfügung zugestimmt hat. Auch insoweit stellt sich jedoch wieder die Frage, ob eine einfache Zustimmungserklärung ausreicht oder ob ein Erbvertragsnachtrag beziehungsweise ein Zuwendungsverzicht erforderlich ist.

1. Meinungsstand

Die strengste Auffassung geht davon aus, dass eine Zustimmung des Erbvertragspartners nicht genügt, sondern eine Änderung des Erbvertrags um einen Schenkungsvorbehalt erforderlich ist, um Ansprüche aus § 2287 BGB auszuschließen.[26] § 2287 BGB sei Ausdruck der erbvertraglichen Bindungswirkung. Deswegen sei ein Erbvertragsnachtrag erforderlich, der den Anforderungen des § 2276 BGB oder jedenfalls des § 2290 BGB entspreche. Eine andere Möglichkeit ließen die §§ 2274 ff. BGB nicht zu. Außerdem soll ein Wertungswiderspruch vorliegen, wenn eine abweichende letztwillige Verfügung nur durch einen Erbvertragsnachtrag, eine abweichende lebzeitige Verfügung, die wirtschaftlich im Ergebnis auf das gleiche hinauslaufe, hingegen durch Zustimmung möglich sei.[27] Bei einer Mitwirkung des vertragsmäßig Bedachten, der nicht zugleich Partei des Erbvertrags ist, verlangt diese Auffassung konsequenterweise, dass ein Zuwendungsverzichtsvertrag gemäß § 2352 BGB abgeschlossen wird.[28] Die Gegenauffassung lässt demgegenüber die formlose Zustimmung entweder des Erbvertragspartners oder des vertragsmäßig bedachten Dritten genügen.[29] Eine vermittelnde Ansicht lässt zwar eine Zustimmung des Erbvertragspartners genügen, verlangt aber für die Zustimmungserklärung die notarielle Beurkundung entsprechend den Formvorschriften über die Aufhebung des Erbvertrags beziehungsweise den Zuwendungsverzicht.[30] Zum Teil wird auch danach differenziert, ob der Vertragspartner der Begünstigte der Zuwendung ist: Ist der Vertragspartner der Begünstigte, soll eine Zustimmung genügen; ist Begünstigter nur ein Dritter, soll mit dem Vertragspartner nur die Vereinbarung eines nachträglichen Schenkungsvorbehalts in Betracht kommen.[31]

Der BGH hält jedenfalls die formlose Einwilligung des Vertragserben in die Schenkung nicht für ausreichend, um den Anspruch aus § 2287 BGB auszuschließen. Sowohl die Aufhebung des Erbvertrags als auch der Verzicht auf berechtigte Erberwartungen würden der notariellen Form unterliegen. Die Bindung des Erblassers an seine vertragsmäßig verfügten Anordnungen dürfe nicht bereits mit der formlosen Zustimmung des Erbvertragspartners oder des Bedachten enden. Dabei scheint der BGH vorrangig auf die Nähe zum Erbverzicht abzustellen, wenn er schreibt:

> *„Gewiß ist es richtig, daß der Vertragserbe die Möglichkeit haben muß, auf den Schutz des § 2287 BGB auch vor dem Erbfall zu verzichten. Jedoch gebietet es die Nähe eines solchen Verzichts zum Erbverzicht (§§ 2346, 2352 BGB), insoweit auf die Einhaltung der Form des § 2348 BGB abzustellen."*[32]

---

[26] Ivo ZEV 2003, 101 (102); J. Mayer/Röhl in Reimann/Bengel/Dietz, Testament und Erbvertrag, 7. Aufl. 2020, BGB § 2287 Rn. 49; Spanke ZEV 2006, 485 (488).
[27] Ivo ZEV 2003, 101 (102).
[28] J. Mayer/Röhl in Reimann/Bengel/Dietz, Testament und Erbvertrag, 7. Aufl. 2020, BGB § 2287 Rn. 51; Ivo ZEV 2003, 101 (103); gegen Zulässigkeit des Zuwendungsverzichts unter Berufung auf einen unzulässigen gegenständlich beschränkten Zuwendungsverzicht Kornexl, Der Zuwendungsverzicht, 1998, Rn. 547; Spanke ZEV 2006, 485 (488).
[29] Kanzleiter DNotZ 1990, 776; Wolf in Soergel, 13. Aufl. 2002, BGB § 2287 Rn. 10.
[30] Dohr MittRhNotK 1998, 382 (417); Raff in Staudinger, 2022, BGB § 2287 Rn. 93.
[31] Müller-Engels in BeckOGK, 1.7.2023, BGB § 2287 Rn. 117.
[32] BGH NJW 1989, 2618 (2619).

Nur ausnahmsweise könne eine formlose Zustimmung dazu führen, dass der Anspruch aus § 2287 BGB wegen eines arglistigen Handelns des Zustimmenden ausgeschlossen sei.[33] Auf die genaue dogmatische Einordnung des Verzichts beziehungsweise der Zustimmung geht der BGH bedauerlicherweise nicht ein. In einer älteren Entscheidung musste sich der BGH mit der Frage auseinandersetzen, ob der gesetzliche Vertreter des begünstigten Dritten eine Einwilligung in eine erbvertragswidrige Schenkung ohne eine gerichtliche Genehmigung erteilen kann. Auch dies wurde vom BGH seinerzeit abgelehnt. Der BGH zieht eine Parallele zu § 2352 BGB und zum Erbverzicht und bejaht demzufolge ein gerichtliches Genehmigungserfordernis:

„Zwar ist hier kein förmlicher Erbverzicht vereinbart. Darauf kommt es aber nicht an. Denn auch die formlose Zustimmung zu einer an sich unter § 2287 BGB fallenden Schenkung ist, wenn ihr rechtliche Wirkung zum Nachteil des Vertragserben zukommen sollte, nichts anderes als die Preisgabe eines Teiles seiner berechtigten Erberwartung und steht damit einem partiellen Erbverzicht materiell gleich."[34]

Nach der Reform des Betreuungsrechts wird man ein entsprechendes Genehmigungserfordernis aus § 1851 Nr. 9 BGB neue Fassung ableiten können.[35]

2. Zustimmung als eigene Kategorie neben dem Erbvertragsnachtrag und dem Zuwendungsverzicht

Eine starre Vertragstypenlehre, die nur die Aufhebung und Änderung des Erbvertrages beziehungsweise einen Zuwendungsverzicht zulässt, kann nicht überzeugen. Auch insoweit ist die Zustimmung zur erbvertragswidrigen Verfügung anzuerkennen. Es ist daher nicht erforderlich, einen wie auch immer gearteten Erlassvertrag[36] im Hinblick auf den Anspruch aus § 2287 BGB zu konstruieren.[37] Bei der Zustimmung des Vertragspartners handelt es sich rechtsdogmatisch um keinen unmittelbaren Anwendungsfall des § 182 Abs. 1 BGB, da die Wirksamkeit des Vertrags, die Schenkung unter Lebenden, nicht von der Zustimmung des Erbvertragspartners beziehungsweise bedachten Dritten abhängt.[38] So wie bei der erbvertragswidrigen Verfügung von Todes wegen (siehe oben → III. 3.) wäre es auch zu kurz gegriffen, von einer bloßen Einwilligung in eine Vertragsverletzung zu sprechen, die dieser die Rechtswidrigkeit nimmt und demzufolge auch einen Herausgabeanspruch nach § 2287 BGB ausschließt. Richtigerweise wird man jedoch § 182 Abs. 1 BGB analog anwenden können. Wenn eine Zustimmung sogar dann möglich ist, wenn der spätere Vertrag unwirksam ist, muss die Zustimmung erst recht zulässig sein, wenn aus dem späteren Vertrag lediglich ein Bereicherungsanspruch gemäß § 2287 BGB resultiert. Lässt man mit der hier vertretenen Auffassung eine

---

[33] BGH NJW 1989, 2618 (2619).
[34] BGH NJW 1982, 1100 (1102).
[35] Müller-Engels in BeckOGK, 1.7.2023, BGB § 2287 Rn. 118.
[36] Spanke ZEV 2006, 485 (488).
[37] Müller-Engels in BeckOGK, 1.7.2023, BGB § 2287 Rn. 117.1.
[38] Vgl. zum Anwendungsbereich von § 182 BGB in diesem Sinne Regenfus in BeckOGK, 1.8.2023, BGB § 182 Rn. 15.

Zustimmung zur erbvertragswidrigen Verfügung von Todes wegen zu, muss die Zustimmung zu einer erbvertragswidrigen Verfügung unter Lebenden ebenfalls möglich sein. Wurde die Zustimmung erteilt, fehlt es an einer Beeinträchtigung im Sinne von § 2287 Abs. 1 BGB. Bereicherungsansprüche sind dann ausgeschlossen.

Stimmt der Erbvertragspartner der lebzeitigen Verfügung zu, könnte man annehmen, dass eine Zustimmung nur denkbar ist, wenn zugleich die Bindungswirkungen des bestehenden Erbvertrags geändert werden.[39] Wie bereits dargestellt wurde (siehe oben → III. 3.), ändert die spätere einseitige Verfügung von Todes wegen den bisherigen Erbvertrag nicht ab. Dies gilt erst recht für eine Schenkung eines Vermögensgegenstands: Eine Schenkung ändert weder etwas an der Erbeinsetzung noch an der Anordnung des Vermächtnisses. Sie werden weder geändert noch aufgehoben. Wird die Schenkung zu einem späteren Zeitpunkt wieder rückabgewickelt, fällt der Vermögensgegenstand in den Nachlass und kommt dem Erben beziehungsweise Vermächtnisnehmer zugute. Die Zustimmung führt somit nicht zu einem Verzicht auf die erbrechtliche Position als solche. Wenn die Verfügung aber den Erbvertrag als solches unberührt lässt, liegt auch kein Verzicht auf eine erbrechtliche Rechtsposition vor, die entweder in der Form des Erbvertragsnachtrags (bei der Zustimmung des Vertragspartners) oder des Zuwendungsverzichts (bei einem Dritten) bedürfte. Dass die erbrechtliche Rechtsposition insoweit leerläuft oder eine Aushöhlung erfährt, ändert hieran nichts. Wird die Schenkung entweder gar nicht ausgeführt oder später rückabgewickelt, wirkt sich die erbrechtliche Rechtsposition weiterhin aus. Das Gesetz unterwirft aber nur die Aufhebung der erbrechtlichen Rechtsposition durch eine spätere Verfügung von Todes wegen einer besonderen Form, insbesondere in § 2291 Abs. 1 und 2 BGB. Für Schenkungen gibt es keine entsprechende Formvorschrift und Schutznorm.

Wie insbesondere Kanzleiter herausgearbeitet hat, gerät die Auffassung, die einen notariell beurkundeten Vertrag in Form eines Erbvertragsnachtrags oder Zuwendungsverzichts verlangt, in einen Wertungswiderspruch zur Rechtslage bei der Nacherbfolge.[40] Stimmt ein Nacherbe einer nach § 2113 Abs. 2 BGB an sich nicht möglichen und mit dem Eintritt des Nacherbfalls unwirksamen Schenkung zu, ist die Schenkung wirksam. Die Zustimmung bedarf dabei anerkanntermaßen keiner Form.[41] Der Nacherbe hat im Gegensatz zum Erben ein Anwartschaftsrecht inne. Wenn aber die Zustimmung des Nacherben in den Verlust seines Nacherbenanwartschaftsrechts formlos möglich ist, muss dies erst recht für den Erbvertragspartner beziehungsweise den bedachten Dritten gelten, der nur über eine Exspektanz im Hinblick auf seine Erbenstellung[42] verfügt.[43] Außerdem liegt der Fall der Einwilligung des Erbvertragspartners beziehungsweise des bedachten Dritten in eine kon-

---

[39] Damrau FamRZ 1991, 552.
[40] Kanzleiter ZEV 1997, 261 (266).
[41] Müller-Christmann in BeckOGK, 1.7.2023, BGB § 2113 Rn. 123, 45; Lieder in MüKoBGB, 9. Aufl. 2022, BGB § 2113 Rn. 28.
[42] Musielak in MüKoBGB, 9. Aufl. 2022, BGB § 2269 Rn. 34 und § 2286 Rn. 3 mit weiteren Nachweisen.
[43] Zu diesem Erst-Recht-Schluss in anderem Zusammenhang auch Kanzleiter ZEV 1997, 261 (266).

krete Verfügung unter Lebenden anders als der Verzicht auf eine künftige erbrechtliche Position. Die Folgen sind für den Einwilligenden überschaubar und klar abgegrenzt. Eine notarielle Beurkundung ist daher auch vom Schutzzweck der §§ 2290, 2352 BGB nicht geboten.[44] Es bleibt daher bei dem Grundsatz, dass die Zustimmung gemäß § 182 Abs. 2 BGB keiner Form bedarf.

Aus den genannten Gründen ist entgegen der Auffassung des BGH[45] auch keine familien- oder betreuungsgerichtliche Genehmigung nach § 1852 Abs. 1 Nr. 9 BGB neue Fassung erforderlich, wenn eine Einwilligung in die lebzeitige Verfügung erklärt wird.[46] Denn es liegt in der Zustimmung zu der Schenkung gerade kein Verzicht auf eine erbrechtliche Rechtsposition.

Die vorstehenden Ausführungen dürfen nicht den Blick darauf verstellen, dass es sich bei der erörterten Problematik keineswegs um ein bloßes Formproblem handelt. Wendet man die Vorschriften des Erbvertrages an, würde dies in der Konsequenz bedeuten, dass insbesondere ein geschäftsunfähiger Erblasser, der sich bei Vornahme des Rechtsgeschäfts vertreten lässt, keine erbvertragswidrige Schenkung vornehmen könnte, da der Nachtrag zum Erbvertrag zwingend vom Erblasser höchstpersönlich abzuschließen wäre. Dies kann im Ergebnis kaum überzeugen, da der Erblasser mit der lebzeitigen Verfügung gerade nicht den Inhalt des Erbvertrages abändert, sondern lediglich in Ausübung seiner Verfügungsfreiheit nach § 2286 BGB eine lebzeitige Schenkung vornimmt. Auch hier kommt die bereits in anderem Zusammenhang entwickelte Differenzierung zwischen der Änderung des Erbvertrags selbst und der Zustimmung zu seiner Durchbrechung zur Geltung.

Da die Rechtslage derzeit nicht geklärt ist, sollte man bei der Einholung von Zustimmungserklärungen Vorsicht walten lassen. Idealerweise sollte entweder der Vertragspartner oder der bedachte Dritte an der Schenkung beteiligt werden.

Ist der Partner des Erbvertrags beteiligt und verlangt man mit der teilweise vertretenen (wenngleich auch nicht überzeugenden) Auffassung, dass ein Erbvertragsnachtrag erforderlich ist, würde dies in der Konsequenz bedeuten, dass die Parteien des Erbvertrags diesen Vertrag bei gleichzeitiger Anwesenheit schließen müssen (§ 2290 Abs. 4 BGB in Verbindung mit § 2276 Abs. 1 BGB). Der Erblasser kann den Vertrag nur persönlich schließen (§ 2274 BGB und § 2290 Abs. 2 BGB). Eine Vertretung ist nicht möglich. Anders sieht es hinsichtlich des Vertragspartners aus, der nicht zugleich Erblasser ist. Aus § 2274 BGB sowie § 2290 Abs. 2 BGB sowie aus § 1851 Nr. 5 BGB ergibt sich im Umkehrschluss, dass sich der andere Vertragsteil bei der Aufhebung des Erbvertrags vertreten lassen kann. War der andere Vertragsteil jedoch am Vertrag zugleich selbst als Erblasser beteiligt, soll eine Vertretung des Erblassers ausgeschlossen sein.[47]

Die Konsequenzen dieser strengen Auffassung lassen diese als höchst zweifelhaft erscheinen: Haben Ehegatten sich in einem Erbvertrag wechselseitig bindend zu Alleinerben eingesetzt und verschenkt einer der Ehepartner nunmehr Grundbesitz an ein Kind, könnte der andere Ehepartner, der die Zustimmung hierzu erteilt, im

---

[44] Wolf in Soergel, 13. Aufl. 2002, BGB § 2287 Rn. 10.
[45] BGH NJW 1982, 1100 (1102).
[46] Vgl. bereits Weber ZfPW 2020, 38 (83).
[47] Vgl. Gutachten DNotI-Report 2013, 186 (187).

Übergabevertrag nicht vertreten werden, auch nicht vorbehaltlich Genehmigung – ein offenkundig kontraintuitives Ergebnis.

Diese Überlegungen unterstreichen umso mehr die Notwendigkeit einer eigenen Kategorie der Zustimmung, die man (entgegen der hier vertretenen Auffassung) zwar der notariellen Form unterwerfen mag, bei der aber eine Vertretung zulässig sein muss.

Geht es um die Zustimmung des vertragsmäßig bedachten Dritten, der nicht Vertragspartner ist, und wendet man entgegen der hier vertretenen Ansicht § 2352 BGB an, stellt sich die Situation immerhin nicht als derart kompliziert dar. Der Erblasser kann zwar den Zuwendungsverzichtsvertrag nur persönlich schließen, sofern er nicht geschäftsunfähig ist (vergleiche §§ 2352 S. 3, 2347 BGB). Der Verzichtende kann sich dagegen ohne jede Beschränkung vertreten lassen.[48] Auch eine gleichzeitige Anwesenheit ist beim Zuwendungsverzicht nicht erforderlich.[49]

3. Formulierungsvorschlag für die Praxis

Formulierungsbeispiel: Zustimmung des Erbvertragspartners zu einem späteren Übergabevertrag Die Beteiligten haben zur Urkunde des Notars … am … (UVZ …/…) einen Erbvertrag errichtet. Die Beteiligten verweisen auf die vorgenannte Urkunde, die in beglaubigter Abschrift vorlag. Ihr Inhalt ist den Beteiligten bekannt. Auf erneutes Vorlesen, eine Vorlage zur Durchsicht sowie ein Beifügen zur heutigen Niederschrift wird verzichtet. Der Notar hat die Beteiligten über die Bedeutung der Verweisung belehrt.[50]

In der Vorurkunde haben die Beteiligten einen Erbvertrag abgeschlossen, in dem sie sich unter anderem gegenseitig zu Alleinerben eingesetzt haben. Der Notar hat die Beteiligten über die Bindungswirkung von Erbverträgen und die Vorschriften der §§ 2287 f. BGB belehrt.

Frau … [Name Erbvertragspartner] stimmt hiermit sämtlichen in der heutigen Urkunde enthaltenen Erklärungen vorbehaltlos und unwiderruflich zu, insbesondere der Schenkung des Grundbesitzes. Die Zustimmung wird auch im Hinblick auf die Bindungswirkungen des vorgenannten Erbvertrags erteilt. Frau … und Herr … [Name Erbvertragspartner] ändern daher den Erbvertrag dahingehend ab, dass es Herrn … gestattet ist, sämtliche in der heutigen Urkunde getroffenen Rechtsgeschäfte und Verfügungen vorzunehmen. Die Änderung des Erbvertrags und die Zustimmung beziehen sich jedoch nur auf die konkret in der heutigen Urkunde vorgenommenen Rechtsgeschäfte und Verfügungen. Sind sie unwirksam oder werden sie später rückabgewickelt, bleibt es bei den Verfügungen des Erbvertrags und dessen Bindungswirkung.

V. Thesen

Die Thesen dieses Beitrags lassen sich wie folgt zusammenfassen:
1. Errichtet der Erblasser entgegen einer erbvertraglichen Bindungswirkung eine abweichende Verfügung von Todes wegen, bestehen mehrere Möglichkeiten, um dieser Verfügung zu Wirksamkeit zu verhelfen. Zum einen ist ein Erbver-

---

[48] Everts in BeckOGK, 1.6.2023, BGB § 2352 Rn. 18.
[49] Von Proff DNotZ 2017, 84 (90).
[50] Nach hier vertretener Auffassung ist eine förmliche Verweisung nach § 13a BeurkG nicht erforderlich, da es sich allenfalls um einen Nachtrag zum Erbvertrag und um keinen Neuabschluss handelt.

tragsnachtrag mit dem Erbvertragspartner möglich, der dem Erblasser die abweichende Verfügung gestattet. Mit dem Bedachten ist der Abschluss eines Zuwendungsverzichtsvertrags zulässig. Zum anderen ist es nach der hier vertretenen Auffassung möglich, dass der Erbvertragspartner beziehungsweise der bedachte Dritte der Verfügung durch notariell beurkundete Erklärung in notarieller Form analog § 2291 Abs. 2 BGB einseitig zustimmt. Für die Zustimmung gelten im Übrigen §§ 182 ff. BGB. Im Rahmen der Gestaltung sollte bei beiden Varianten überlegt werden, ob dem Erblasser generell ein entsprechende Abänderungsmöglichkeit eingeräumt wird oder ob die Zustimmung nur im Hinblick auf die ganz konkrete abweichende Verfügung erklärt wird.

2. Verschenkt der erbvertraglich gebundene Erblasser zu Lebzeiten einen Vermögensgegenstand und löst damit potenzielle Herausgabeansprüche nach §§ 2287 f. BGB aus, verlangt die herrschende Meinung, dass entweder ein Erbvertragsnachtrag beziehungsweise ein Zuwendungsverzichtsvertrag abgeschlossen wird. Dies führt in der Praxis insbesondere bei der Einwilligung des Erbvertragspartners zu inakzeptablen Ergebnissen. Es wäre nicht nur die gleichzeitige Anwesenheit der Vertragspartner erforderlich. Auch eine Vertretung eines Erblassers beim Vertragsabschluss wäre nicht möglich. Nach der hier vertretenen Auffassung ist die Zustimmung des Erbvertragspartners beziehungsweise des Bedachten möglich. Auf diese Zustimmung sind die §§ 182 ff. BGB analog anzuwenden. Die Zustimmung ist formfrei möglich.

ARMIN WINNEN

Die Beteiligung an einer rechtsfähigen Gesellschaft bürgerlichen Rechts im Erbfall

I. Einführung

Mit dem Inkrafttreten des MoPeG zum 1.1.2024 haben sich im Recht der GbR tiefgreifende Veränderungen ergeben. Dieser Beitrag soll sich mit den Folgen des Todes von Gesellschaftern einer rechtsfähigen GbR und den durch das MoPeG eingeführten dahingehenden gesetzlichen Vorgaben und Gestaltungsmöglichkeiten beschäftigen. Die wesentliche Änderung durch das MoPeG besteht zunächst darin, dass der Tod eines Gesellschafters im gesetzlichen Regelfall nicht mehr zur Auflösung der Gesellschaft, sondern zu dessen Ausscheiden führt. Anstelle der bisher vorzunehmenden Liquidation der Gesellschaft wird diese nunmehr unter den verbleibenden Gesellschaftern fortgesetzt. Die Erben des verstorbenen Gesellschafters sind im Gegenzug durch die Gesellschaft abzufinden. Dieser Regimewechsel soll letztendlich eine Verbandskontinuität sicherstellen. Die sich hierdurch ergebenden Veränderungen betreffen auch sämtliche Altgesellschaften, also solche, die bereits vor dem 1.1.2024 bestanden. Diese neue Rechtslage gibt Veranlassung, sich gerade bei Altgesellschaften Gedanken über die Nachfolge beim Tod eines Gesellschafters zu machen, eventuell gesellschaftsvertragliche Vorsorge zu treffen oder von der zu erörternden Übergangsvorschrift des Art. 229 § 61 EGBGB Gebrauch zu machen.

II. Ausscheiden statt Auflösen – gesetzliche Rechtsfolge bei Tod eines Gesellschafters

1. Ausscheiden des verstorbenen Gesellschafters aus der Gesellschaft

Mit dem Tod des Gesellschafters einer rechtsfähigen GbR scheidet dieser nach § 723 Abs. 1 Nr. 1 BGB unter Fortbestand der Gesellschaft aus dieser aus. Die Gesellschaft wird dabei unter den verbleibenden Gesellschaftern fortgesetzt,[1] sofern nicht der vorletzte Gesellschafter verstirbt und es hierdurch bedingt gemäß § 712a Abs. 1 S. 1 BGB zu einem liquidationslosen Erlöschen der Gesellschaft kommt (→ II. 5.). Damit ist der Bestand der Gesellschaft nunmehr im gesetzlichen Regelfall grundsätzlich von ihrer personellen Zusammensetzung unabhängig geworden. Maßgeblich für das Ausscheiden des Gesellschafters ist gemäß § 723 Abs. 3 BGB

---

[1] Freier/Knaier in Heckschen/Freier, Das MoPeG in der Notar- und Gestaltungspraxis, 2024, § 3 Rn. 579.

der objektiv zu bestimmende Todeszeitpunkt.[2] Auf eine Kenntnis des Todes bei den verbleibenden Gesellschaftern oder andere Umstände kommt es dabei nicht an. Auch ob die Gesellschaft nach § 707 BGB in das Gesellschaftsregister eingetragen ist, spielt keine Rolle.[3]

Mit dem Tod des Gesellschafters erlischt dessen Mitgliedschaft in der Gesellschaft automatisch und damit auch sämtliche mit dem Gesellschaftsanteil verbundenen Rechte und Pflichten.[4] Der Gesellschaftsanteil des verstorbenen Gesellschafters wird nicht eingezogen, sondern wächst den übrigen Mitgesellschaftern gemäß § 712 Abs. 1 BGB ohne weiteren Übertragungsakt zu.[5] Der Begriff der Anwachsung bezieht sich dabei aufgrund der sich durch das MoPeG ergebenden Abkehr vom Prinzip der Gesamthandsgemeinschaft hin zur Rechtsfähigkeit der GbR (§ 713 BGB[6]) nicht auf die Anwachsung der gesamthänderischen Mitberechtigung des verstorbenen Gesellschafters bei den verbleibenden Gesellschaftern, sondern auf die Beteiligung als solche, mithin den Inbegriff der mitgliedschaftlichen Rechte und Pflichten, die auf die verbleibenden Gesellschafter übergehen.[7]

Die Anwachsung nach § 712 Abs. 1 BGB erfolgt dabei nach dessen Wortlaut „im Zweifel" nach dem Verhältnis der Gesellschaftsanteile der verbleibenden Gesellschafter. Die Regelung des § 712 Abs. 1 BGB ist insoweit als Auslegungsregelung konzipiert.[8] Damit wird zum einen gesetzlich klargestellt,[9] dass disquotale Anwachsungsquoten für den Fall des Ausscheidens eines Gesellschafters gesellschaftsvertraglich vereinbart werden können.[10] Zum anderen wird für den Fall des Fehlens einer gesellschaftsvertraglichen Regelung sichergestellt, dass die Gesellschaft nach dem Ausscheiden eines Gesellschafters ohne Änderung der bisherigen Beteiligungsverhältnisse unter den verbliebenen Gesellschaftern fortgesetzt werden kann, was typischerweise auch dem mutmaßlichen Willen der Gesellschafter entsprechen dürfte.[11] Schließlich wird im Sinne der Rechtssicherheit für den Ausscheidenden und den

---

[2] Bergmann in Schäfer, Das neue Personengesellschaftsrecht, 2022, § 7 Rn. 36; Servatius, GbR, 2023, BGB § 723 Rn. 8, 33.

[3] Freier/Knaier in Heckschen/Freier, Das MoPeG in der Notar- und Gestaltungspraxis, 2024, § 3 Rn. 578.

[4] Schäfer in MüKoBGB, 9. Aufl. 2024, BGB § 712 Rn. 2; Servatius, GbR, 2023, BGB § 723 Rn. 15.

[5] Zum Sonderfall des Verbleibens nur eines weiteren Gesellschafters und zu den Rechtsfolgen des § 712a Abs. 1 BGB → II. 5.

[6] Vgl. zur Abkehr vom Gesamthandsprinzip Schäfer in MüKoBGB, 9. Aufl. 2024, BGB § 713 Rn. 1.

[7] BT-Drs. 19/27635, 146; Aslan, Die Nachfolge von Todes wegen in eine Personengesellschaft nach dem MoPeG, 2023, S. 41; Bergmann in Schäfer, Das neue Personengesellschaftsrecht, 2022, § 7 Rn. 21; Freier/Knaier in Heckschen/Freier, Das MoPeG in der Notar- und Gestaltungspraxis, 2024, § 3 Rn. 582; Schäfer in MüKoBGB, 9. Aufl. 2024, BGB § 712 Rn. 5.

[8] BT-Drs. 19/27635, 146.

[9] Vereinbarungen zu disquotalen Anwachsungsquoten wurden freilich auch im Rahmen von § 738 Abs. 1 S. 1 BGB alte Fassung als zulässig erachtet, vgl. insoweit etwa Becker ZEV 2011, 157 (162); Früchtl NZG 2007, 368 (369f.); K. Schmidt FS Huber, 2006, 969 (987f.).

[10] Bergmann in Schäfer, Das neue Personengesellschaftsrecht, 2022, § 7 Rn. 22; Freier/Knaier in Heckschen/Freier, Das MoPeG in der Notar- und Gestaltungspraxis, 2024, § 3 Rn. 583; Schäfer in MüKoBGB, 9. Aufl. 2024, BGB § 712 Rn. 8.

[11] BT-Drs. 19/27635, 146; Aslan, Die Nachfolge von Todes wegen in eine Personengesellschaft nach dem MoPeG, 2023, S. 42; Schäfer in MüKoBGB, 9. Aufl. 2024, BGB § 712 Rn. 5.

Rechtsverkehr gewährleistet, dass eine fehlende gesellschaftsvertragliche Regelung nicht das Ausscheiden des Gesellschafters behindern kann.[12]

Nicht zur Disposition durch gesellschaftsvertragliche oder anderweitige Regelung durch die Gesellschafter steht im Fall des Ausscheidens eines Gesellschafters jedoch die Anwachsung beziehungsweise das Anwachsungsprinzip als solches.[13] Deshalb kann auch ein einmal erfolgtes Ausscheiden eines Gesellschafters nicht durch vertragliche Vereinbarung (etwa mit den Erben des verstorbenen Gesellschafters) rückwirkend wieder beseitigt werden. Die Beteiligung eines oder mehrerer Erben nach dem Ausscheiden eines Gesellschafters aufgrund seines Todes ist daher auch nur im Wege der Begründung einer neuen Beteiligung an der Gesellschaft (etwa durch Beitritt) möglich.

2. Abkehr von der Auflösung der Gesellschaft durch den Tod eines Gesellschafters

Mit der Einführung eines gesetzlichen Regelfalls des Ausscheidens aus der GbR nach § 723 Abs. 1 Nr. 1 BGB ist es durch das MoPeG zu einem Regimewechsel im Hinblick auf die Rechtsfolgen beim Tod eines Gesellschafters gekommen.[14] Nach der vor Inkrafttreten des MoPeG geltenden Regelung sah § 727 Abs. 1 BGB alte Fassung als gesetzliche Rechtsfolge des Versterbens eines GbR-Gesellschafters grundsätzlich die Auflösung der Gesellschaft vor. Diesem Konzept lag in Bezug auf die GbR der Gedanke einer besonderen personellen Verbundenheit der Gesellschafter zu Grunde, welche auf die Individualität der einzelnen Beteiligten vertrauten.[15] Dementsprechend verstand der historische Gesetzgeber die GbR als ein „im Vertrauen auf die Individualität der einzelnen Kontrahenten"[16] eingegangenes „höchst persönliches Rechtsverhältnis"[17]. Der Existenz der GbR an den von den Gesellschaftern bewusst gewählten Gesellschafterkreis in seiner konkreten Zusammensetzung wurde der Vorrang vor etwaigen Interessen Dritter am Fortbestand der Gesellschaft gewährt.[18] Vor diesem Hintergrund bedeutet der nun vollzogene Regimewechsel für den Fall des Todes eines Gesellschafters einen Wandel von der Personen- zur Verbandskontinuität hinsichtlich der GbR.[19]

Ziel des Gesetzgebers war es in diesem Zusammenhang, eine wirtschaftlich unerwünschte Zerschlagung der Gesellschaft und des von ihr betriebenen Unterneh-

---

[12] Bochmann ZGR-Sonderheft 23/2020, 221 (236f.).
[13] Aslan, Die Nachfolge von Todes wegen in eine Personengesellschaft nach dem MoPeG, 2023, S. 42; Freier/Knaier in Heckschen/Freier, Das MoPeG in der Notar- und Gestaltungspraxis, 2024, § 3 Rn. 583; Schäfer in MüKoBGB, 9. Aufl. 2024, BGB § 712 Rn. 8.
[14] Aslan, Die Nachfolge von Todes wegen in eine Personengesellschaft nach dem MoPeG, 2023, S. 34f.; Bergmann in Schäfer, Das neue Personengesellschaftsrecht, 2022, § 7 Rn. 19f.; Roßkopf/Hoffmann ZPG 2023, 14 (22).
[15] Vgl. von Proff zu Irnich in BeckOGK, 15.12.2023, BGB § 727 Rn. 2; sowie allgemein zur Entstehungsgeschichte der GbR Geibel in BeckOGK, 1.1.2019, BGB § 705 Rn. 185 ff.
[16] Motive II 591.
[17] Motive II 591.
[18] Von Proff zu Irnich in BeckOGK, 15.12.2023, BGB § 727 Rn. 2.
[19] Bergmann in Schäfer, Das neue Personengesellschaftsrecht, 2022, § 7 Rn. 19; Fleischer DStR 2021, 430 (431); Noack NZG 2020, 581 (582); Schulteis GWR 2021, 112 (113); von Proff NZG 2023, 147 (148f.).

mens zu verhindern.[20] Die Rechtsfolge der Auflösung entsprach nämlich gerade bei unternehmenstragenden Gesellschaften typischerweise nicht dem Interesse der Gesellschafter, welche in Gesellschaftsverträgen regelmäßig eine die Rechtsfolgen des § 727 Abs. 1 BGB alte Fassung abbedingende Regelung in Form einer Fortsetzungs- beziehungsweise einfachen oder qualifizierten Nachfolgeklausel (→ IV. 1.) vorsahen. Zumindest die Aufnahme einer Fortsetzungsklausel führte dazu, dass die Gesellschaft nicht durch den Tod eines Gesellschafters aufgelöst, sondern unter den verbleibenden Gesellschaftern nach Ausscheiden des verstorbenen Gesellschafters fortgesetzt wurde. Diese bereits zuvor weitreichend praktizierte Gestaltungsoption hat der Gesetzgeber nunmehr aufgegriffen und in § 723 Abs. 1 Nr. 1 BGB zum gesetzlichen Regelfall erhoben. Dementsprechend ist auch die gesellschaftsvertragliche Regelung einer Fortsetzungsklausel bei der rechtsfähigen GbR[21] in der Gestaltungspraxis überflüssig geworden.[22]

3. Keine generelle Vererblichkeit der Beteiligung an der GbR

Nach wie vor ist die Beteiligung an einer rechtsfähigen GbR wie auch schon nach der Rechtslage vor dem Inkrafttreten des MoPeG ohne weitere gesellschaftsvertragliche Regelung nicht vererblich.[23] Dieser grundsätzlichen Unvererblichkeit der Beteiligung liegt der Gedanke zu Grunde, dass die GbR auf einer personalen Struktur beruht und typischerweise eine persönliche Haftungs- und Arbeitsgemeinschaft darstellt, bei der den Gesellschaftern nicht unterstellt werden kann, dass sie grundsätzlich ein Interesse an der Nachfolge ihrer Erben in Gesellschaftsbeteiligung haben. Dementsprechend spielt die gesellschaftsvertragliche Regelung von Nachfolgeklauseln (→ IV. 1.) in der Gestaltungspraxis wie schon vor der Reform durch das MoPeG eine erhebliche Rolle, wenn eine Beteiligung an der Gesellschaft mit dem Tod des Gesellschafters auf einen oder mehrere Rechtnachfolger von Todes wegen übergehen soll.

4. Ansprüche der Erben des verstorbenen Gesellschafters

In den Nachlass des verstorbenen Gesellschafters fällt daher nicht dessen Mitgliedschaft an der Gesellschaft, sondern nur seine als Folge des Ausscheidens entstehenden Ansprüche. Diese gehen im Wege der Gesamtrechtsnachfolge auf den oder die Erben nach § 1922 BGB über.

---

[20] Vgl. insoweit die Regierungsbegründung, BT-Drs. 19/27635, 107; Bergmann in Schäfer, Das neue Personengesellschaftsrecht, 2022, § 7 Rn. 19.
[21] Praktische Relevanz hat die Fortsetzungsklausel, welche in § 740c BGB als Gestaltungsoption ausdrücklich vorgesehen ist, freilich noch bei der nicht rechtsfähigen GbR, bei der nach § 740a Abs. 1 Nr. 3 BGB der Tod eines Gesellschafters zur Beendigung der Gesellschaft und deren Auseinandersetzung nach § 740b BGB führt und diese Rechtsfolge von den Gesellschaftern nicht gewünscht ist, vgl. hierzu Schäfer in MüKoBGB, 9. Aufl. 2024, BGB § 740a Rn. 6; Servatius, GbR, 2023, BGB § 740a Rn. 36 und § 740c Rn. 3.
[22] Aslan, Die Nachfolge von Todes wegen in eine Personengesellschaft nach dem MoPeG, 2023, S. 37; Lange/Kretschmann ZEV 2021, 545 (547f.); Lübke DNotZ 2023, 896 (900).
[23] Lübke DNotZ 2023, 896 (901); Servatius, GbR, 2023, BGB § 723 Rn. 8; Lange/Kretschmann ZEV 2021, 545 (548); Preuß in BeckOGK, 1.11.2023, BGB § 1922 Rn. 563; vgl. hierzu auch die Gesetzesbegründung BT-Drs. 19/27635, 145.

Die Ansprüche des ausgeschiedenen Gesellschafters werden in § 728 BGB geregelt.[24] Diese entstehen im Zeitpunkt des Ausscheidens des Gesellschafters. Dem oder den Erben des ausgeschiedenen Gesellschafters verbleibt daher im Ergebnis vor allem der Abfindungsanspruch nach § 728 Abs. 1 S. 1 Alt. 2 BGB.[25] Nach § 728 Abs. 1 S. 1 Alt. 2, Abs. 2 BGB richtet sich die an die Erben von der Gesellschaft zu leistende Abfindung grundsätzlich nach dem Wert des Gesellschaftsanteils, wobei dieser soweit erforderlich im Wege der Schätzung zu ermitteln ist.[26] Zusätzlich steht der Abfindungsanspruch auch unter einem Angemessenheitsvorbehalt.[27] Bestimmte Methoden zur Bewertung der Beteiligung des ausscheidenden Gesellschafters gibt § 728 BGB nicht vor, sodass das Prinzip der Methodenoffenheit gilt.

Nach dem Wortlaut des § 728 Abs. 1 BGB steht der Abfindungsanspruch zur Disposition der Gesellschafter, so dass gesellschaftsvertragliche Regelungen über die Höhe der Abfindung sowie die Modalitäten zur Leistung möglich und zweckmäßig sind. Als potentieller Nachteil der gesetzlich vorgesehenen Abfindung nach § 728 Abs. 1 S. 1 Alt. 2 BGB und damit ein die Abfindungsbeschränkung rechtfertigender Umstand ist vor allem zu sehen, dass mit dem Ausscheiden des verstorbenen Gesellschafters auch ein für die Gesellschaft problematischer, aus der Erfüllung des Abfindungsanspruches an die Erben resultierender Kapitalabfluss entstehen kann. Abfindungsbeschränkungen sind gleichwohl (wie auch nach dem alten Recht) am Maßstab des § 138 BGB zu messen, wobei es bei der auch bereits bisher vom BGH angewandten zweistufigen Prüfung verbleibt.[28]

Neben dem Anspruch auf Leistung einer Abfindung steht den Erben des verstorbenen Gesellschafters nach § 728 Abs. 1 S. 1 Alt. 1 BGB auch ein Anspruch auf Befreiung von der Haftung für bis zum Ausscheiden entstandene Verbindlichkeiten der Gesellschafter gegen die Gesellschaft zu.[29] Der Anspruch besteht freilich nur im Innenverhältnis und kann einem Gläubiger, der den oder die Erben des verstorbenen Gesellschafters in Anspruch nimmt, nicht entgegengehalten werden.[30] Trotz seines Ausscheidens haften die Erben des verstorbenen Gesellschafters gemäß §§ 721, 728b BGB für bereits begründete Gesellschaftsverbindlichkeiten.[31]

---

[24] Im Überblick hierzu Bergmann in Schäfer, Das neue Personengesellschaftsrecht, 2022, § 7 Rn. 58.
[25] Vgl. hierzu Freier/Knaier in Heckschen/Freier, Das MoPeG in der Notar- und Gestaltungspraxis, 2024, § 3 Rn. 584ff.
[26] Vgl. hierzu Freier/Knaier in Heckschen/Freier, Das MoPeG in der Notar- und Gestaltungspraxis, 2024, § 3 Rn. 587.
[27] Zur Bedeutung der Angemessenheit als Tatbestandsmerkmal im Rahmen der Bestimmung der Abfindung Freier/Knaier in Heckschen/Freier, Das MoPeG in der Notar- und Gestaltungspraxis, 2024, § 3 Rn. 586; Servatius, GbR, 2023, BGB § 728 Rn. 40f.
[28] Vgl. hierzu Aslan, Die Nachfolge von Todes wegen in eine Personengesellschaft nach dem MoPeG, 2023, S. 57f.; Schäfer in MüKoBGB, 9. Aufl. 2024, BGB § 728 Rn. 43f.
[29] R. Koch in BeckOGK, 1.9.2023, BGB nF GbR 2024 § 728 Rn. 7; Servatius, GbR, 2023, BGB § 728 Rn. 21.
[30] R. Koch in BeckOGK, 1.9.2023, BGB nF GbR 2024 § 728 Rn. 7.
[31] Servatius, GbR, 2023, BGB § 728b Rn. 6.

5. Besonderheiten bei der Zweipersonengesellschaft

Verstirbt der vorletzte Gesellschafter ohne weitere gesellschaftsvertragliche Regelung, verbleibt also danach nur ein einziger Gesellschafter, so sieht § 712a Abs. 1 S. 1 BGB ein liquidationsloses Erlöschen der Gesellschaft vor. Diese Rechtsfolge ist zwingend, was bereits daraus folgen muss, dass das deutsche Recht eine Ein-Personen-GbR nicht kennt.[32]

Das Gesellschaftsvermögen geht in diesem Fall mit dem Tod des vorletzten Gesellschafters gemäß § 712a Abs. 1 S. 2 BGB im Wege der Gesamtrechtsnachfolge auf den verbleibenden Gesellschafter über.[33] Tatbestandlich setzt § 712a Abs. 1 S. 1 BGB dabei lediglich voraus, dass aufgrund des Ausscheidens eines Gesellschafters nur ein weiterer Gesellschafter verbleibt.[34] Die Rechtsfolgen des § 712a Abs. 1 BGB treten daher ohne weiteres mit dem Tod des Gesellschafters, mithin also mit dessen Ausscheiden gemäß § 723 Abs. 1 Nr. 1 BGB,[35] ein. Entgegen der Fassung des Regierungsentwurfes des MoPeG[36], welcher die vorstehend umschriebene Rechtsfolge an eine Gestaltungserklärung des verbleibenden Gesellschafters anknüpfte, tritt diese *ipso jure* und irreversibel ein.

Die nunmehr durch § 712a Abs. 1 S. 1 BGB ausdrücklich angeordnete Rechtsfolge ist dem Grunde nach nicht neu, da auch schon vor Inkrafttreten des MoPeG bei einer gesellschaftsvertraglich vereinbarten Fortsetzungsklausel mit dem Ausscheiden des vorletzten Gesellschafters eine sofortige Vollbeendigung der Gesellschaft anerkannt war.[37] Aufgrund der nunmehr erfolgten Abkehr vom Prinzip der Gesamthand bei der GbR hin zur Rechtsfähigkeit, erfolgt der Vermögensübergang nunmehr aber nicht mehr über das Konstrukt einer Anwachsung.[38]

In Bezug auf die Rechte und Pflichten des ausscheidenden Gesellschafters stellt § 712a Abs. 2 BGB klar, dass die §§ 728, 728a und 728b BGB entsprechend gelten. Der gemäß § 1922 BGB in den Nachlass des verstorbenen Gesellschafters fallende Abfindungsanspruch (§ 728 Abs. 1 S. 1 Alt. 2 BGB)[39] richtet sich daher nicht gegen die Gesellschaft, sondern gegen den letzten verbleibenden Gesellschafter als deren Rechtsnachfolger.[40] Dieser wird auch Inhaber des Anspruchs aus § 728a BGB.[41]

---

[32] Lübke DNotZ 2023, 896 (900).

[33] Vgl. hierzu umfassend Bergmann in Schäfer, Das neue Personengesellschaftsrecht, 2022, § 7 Rn. 24; Schäfer in MüKoBGB, 9. Aufl. 2024, BGB § 712a Rn. 8; Servatius, GbR, 2023, BGB § 712a Rn. 11; Weidlich/Federle NJW 2023, 3321, (3322, 3323f.).

[34] Bergmann in Schäfer, Das neue Personengesellschaftsrecht, 2022, § 7 Rn. 27; Schäfer in MüKoBGB, 9. Aufl. 2024, BGB § 712a Rn. 5; Servatius, GbR, 2023, BGB § 712a Rn. 6.

[35] Auch insoweit ist § 723 Abs. 3 BGB maßgeblich, vgl. hierzu Bergmann in Schäfer, Das neue Personengesellschaftsrecht, 2022, § 7 Rn. 29.

[36] Vgl. zu den potentiellen Folgen der nicht erfolgten Gestaltungserklärung entsprechend des Regierungsentwurfes Bergmann in Schäfer, Das neue Personengesellschaftsrecht, 2022, § 7 Rn. 24; Schäfer in MüKoBGB, 9. Aufl. 2024, BGB § 712a Rn. 2; Servatius, GbR, 2023, BGB § 712a Rn. 2.

[37] Vgl. hierzu etwa nur BGH NJW 2008, 2992 Rn. 9; Schäfer in MüKoBGB, 8. Aufl. 2020, BGB § 730 Rn. 81f.

[38] Schäfer in MüKoBGB, 9. Aufl. 2024, BGB § 712a Rn. 1.

[39] Umfassend hierzu im Zusammenhang mit § 712a BGB Servatius, GbR, 2023, BGB § 712a Rn. 29ff.

[40] Schäfer in MüKoBGB, 9. Aufl. 2024, BGB § 712a Rn. 10; Weidlich/Federle NJW 2023, 3321 (3322).

[41] BT-Drs. 19/27635, 147; Schäfer in MüKoBGB, 9. Aufl. 2024, BGB § 712a Rn. 10.

Der Tod des Gesellschafters führt wie dargestellt zum irreversiblen Erlöschen seiner Mitgliedschaft, so dass eine Fortsetzung der Gesellschaft[42] in ihrer bisherigen Form nicht möglich ist und selbst bei einem entsprechenden „Fortsetzungswillen" des verbleibenden Gesellschafters und der Erben des verstorbenen Gesellschafters nur die Möglichkeit der Gründung einer neuen Gesellschaft verbleibt. Die Regelung des § 712a BGB ist zwingend und unterliegt daher nicht der Disposition der Gesellschafter.[43] Vor diesem Hintergrund bietet es sich bei der Gestaltung von Gesellschaftsverträgen möglicherweise an, wenn die Gesellschafter keine Nachfolgeklausel regeln wollen, zumindest eine Auflösungsklausel zu vereinbaren, um den aufgezeigten irreversiblen Rechtsfolgen des § 712a Abs. 1 BGB zu entgehen.[44] Nach § 729 Abs. 4 BGB ist die gesellschaftsvertragliche Regelung von über § 729 Abs. 1–3 BGB hinausgehende Auflösungsgründe ohne Weiteres zulässig.[45] Die Auflösungsklausel kann dabei auch nur für den Fall vereinbart werden, dass der vorletzte Gesellschafter verstirbt beziehungsweise generell aus der Gesellschaft ausscheidet.

Folge der Auflösung der Gesellschaft wäre, dass der Erbe beziehungsweise die aus mehreren Erben bestehende Erbengemeinschaft an die Stelle des verstorbenen Gesellschafters treten und daher Mitglieder der Abwicklungsgesellschaft werden.[46] In diesem Fall gelten § 711 Abs. 2 S. 2, 3 BGB nicht; vielmehr wird abweichend hiervon die Erbengemeinschaft Gesellschafterin der aufgelösten GbR.[47] Dies folgt auch aus einem Umkehrschluss zu § 711 Abs. 2 BGB, wonach die Vorschriften über die Erbengemeinschaft (nur) dann keine Anwendung finden, wenn die Gesellschaft mit den Erben fortgesetzt werden soll, nicht jedoch bei der Abwicklungsgesellschaft.[48] Im Ergebnis würde also bei der Zweipersonengesellschaft die zwingende Rechtsfolge des liquidationslosen Erlöschens der Gesellschaft bei Tod des vorletzten Gesellschafters nach § 712a Abs. 1 S. 1 BGB vermieden werden. Nach der Auflösung bestünde die Gesellschaft als solche zunächst fort, wäre jedoch nach Maßgabe der §§ 736 ff. BGB bis zur Vollbeendigung und Löschung gemäß § 738 BGB abzuwickeln.[49] Anstelle des werbenden, auf die Verwirklichung der mit der Gesellschaft verfolgten Ziele gerichteten gemeinsamen Zwecks träte der Abwicklungszweck.[50]

Die Auflösung der Gesellschaft und die damit zunächst lediglich verbundene Zweckänderung[51] eröffnet sodann dem verbleibenden Gesellschafter und dem

---

[42] Vgl. hierzu Schäfer in MüKoBGB, 9. Aufl. 2024, BGB § 734 Rn. 2.
[43] Servatius, GbR, 2023, BGB § 712a Rn. 67.
[44] Vgl. zu alternativen Gestaltungsmöglichkeiten auch Weidlich/Federle NJW 2023, 3321 (3322).
[45] Servatius, GbR, 2023, BGB § 729 Rn. 26.
[46] Vgl. BT-Drs. 19/27635, 178; Servatius, GbR, 2023, BGB § 730 Rn. 5.
[47] Schäfer in MüKoBGB, 9. Aufl. 2024, BGB § 723 Rn. 31; Servatius, GbR, 2023, BGB § 730 Rn. 5.
[48] Servatius, GbR, 2023, BGB § 730 Rn. 5.
[49] Servatius, GbR, 2023, BGB § 735 Rn. 9.
[50] Schäfer in MüKoBGB, 9. Aufl. 2024, BGB § 729 Rn. 4; Servatius, GbR, 2023, BGB § 735 Rn. 9.
[51] Schäfer in MüKoBGB, 9. Aufl. 2024, BGB § 729 Rn. 4; Servatius, GbR, 2023, BGB § 735 Rn. 9.

oder den Erben des verstorbenen Gesellschafters die Option der Fortsetzung der Gesellschaft über einen nach § 734 BGB zu fassenden Fortsetzungsbeschluss.[52] Die Fortsetzung der Gesellschaft ist immer dann möglich, wenn diese noch nicht vollbeendet ist.[53] Dabei ist es unbeachtlich, ob bereits mit der Liquidation oder der Vermögensverteilung begonnen wurde.[54] Grundlage der Fortsetzung ist ein nach § 734 Abs. 2 BGB zu fassendender Fortsetzungsbeschluss. In dessen Rahmen steht dann dem oder den Erben das Stimmrecht zu. Eine Fortsetzung bedarf freilich nach § 2038 Abs. 1 S. 1 BGB über das Mehrheitserfordernis des § 734 Abs. 2 BGB hinaus immer der Zustimmung aller Erben. Die beschlossene Fortsetzung der Gesellschaft bedingt eine neuerliche Zweckänderung wiederum hin zur werbenden Gesellschaft. Dies hat zu Folge, dass bei einer Mehrheit von Erben nicht mehr die Erbengemeinschaft Gesellschafterin der GbR sein kann,[55] sondern von diesem Zeitpunkt an die Gesellschafterstellung (untereinander entsprechend der gegebenen Erbquoten) auf die Miterben persönlich übergeht.

Ob in diesem Fall auch § 724 BGB (→ V.) und das möglicherweise damit verbundene Recht zur Umwandlung der Beteiligung in die Rechtsstellung eines Kommanditisten (§ 724 Abs. 1 BGB) beziehungsweise das Recht aus der Gesellschaft auszuscheiden (§ 724 Abs. 2 BGB) entsprechend anzuwenden ist,[56] erscheint zumindest fraglich. Unmittelbar knüpft § 724 BGB zunächst an den Eintritt einer Sondererbfolge gemäß § 711 Abs. 2 BGB an.[57] Dies setzt voraus, dass die Gesellschafterstellung aufgrund einer gesellschaftsvertraglich geregelten Nachfolgeklausel (→ IV. I.) entstanden ist.[58] Das Wahlrecht steht hingegen keinem Gesellschafter zu, der aufgrund einer Eintrittsklausel oder aufgrund einer lediglich rechtsgeschäftlichen Nachfolge Gesellschafter geworden ist.[59] Die Vorschrift des § 724 BGB hat also denjenigen Erben vor Augen, der unmittelbar kraft Erbfolge Gesellschafter geworden ist. Dieser soll im Hinblick auf die ihn dann treffende unbeschränkte Haftung aus §§ 721 ff. BGB durch das ihm eingeräumte Wahlrecht geschützt werden.[60] Der Erbe soll nicht gezwungen werden, das Erbe wegen der aus der Gesellschafterstellung resultierenden persönlichen Haftungsgefahr insgesamt auszuschlagen.[61] Dieser Schutzzweck spricht gegen eine entsprechende Anwendung in der hier dargestellten Situation, da die Fortsetzung der Gesellschaft ohne Mitwirkung sämt-

---

[52] Vgl. hierzu etwa Fehrenbach in BeckOGK, 1.9.2023, BGB nF GbR 2024 § 734 Rn. 34; Schäfer in MüKoBGB, 9. Aufl. 2024, BGB § 730 Rn. 4.
[53] Servatius, GbR, 2023, BGB § 734 Rn. 7.
[54] Servatius, GbR, 2023, BGB § 734 Rn. 7.
[55] Vgl. zu deren Stellung in der Abwicklungsgesellschaft Schäfer in MüKoBGB, 9. Aufl. 2024, BGB § 723 Rn. 31; Servatius, GbR, 2023, BGB § 730 Rn. 5.
[56] So etwa Fehrenbach in BeckOGK, 1.9.2023, BGB nF GbR 2024 § 734 Rn. 34.
[57] Servatius, GbR, 2023, BGB § 711 Rn. 26 und § 724 Rn. 6.
[58] Aslan, Die Nachfolge von Todes wegen in eine Personengesellschaft nach dem MoPeG, 2023, S. 96; Schäfer in MüKoBGB, 9. Aufl. 2024, BGB § 724 Rn. 5; Servatius, GbR, 2023, BGB § 724 Rn. 6.
[59] Servatius, GbR, 2023, BGB § 724 Rn. 6.
[60] Schäfer in MüKoBGB, 9. Aufl. 2024, BGB § 724 Rn. 1.
[61] Vgl. insoweit zur Parallelvorschrift des § 139 HGB alte Fassung (jetzt § 131 HGB) Kamanabrou in Oetker, 7. Aufl. 2021, HGB § 131 Rn. 4; K. Schmidt/Fleischer in MüKoHGB, 5. Aufl. 2022, HGB § 139 Rn. 5.

licher Erben, wie aufgezeigt, nicht möglich ist. Die Gesellschafterstellung hat der Erbe daher aufgrund seiner individuellen Mitwirkung (und nicht wie im Regelfall des § 711 Abs. 2 BGB) lediglich aufgrund der Erbfolge erworben. Dem Korrektiv des § 724 BGB bedarf es daher nicht.

Nicht zu überzeugen vermag ein in der Literatur vertretener Ansatz, der eine Vertragsgestaltung dahingehend vorsieht, dass beim Ausscheiden des vorletzten Gesellschafters dessen Anteil mit dem Ausscheiden nicht erlösche, die rechtsfähige GbR diesen als eigenen Gesellschaftsanteil erwerbe und anschließend mit dem letzten Gesellschafter allein fortbestehe, was das Entstehen einer rechtsfähigen Ein-Personen-GbR zur Folge hätte.[62] Dem steht § 711 Abs. 1 S. 2 BGB entgegen,[63] mit dem auch die bisher schon herrschende Meinung, wonach eine GbR (sei sie nunmehr auch rechtsfähig) eigene Anteile nicht erwerben könne.[64] Der Gesetzgeber hat die mit § 711 Abs. 1 S. 2 BGB verbundene Klarstellung in den Gesetzestext aufgenommen, weil die Unzulässigkeit des Erwerbs und des Haltens eigener Anteile durch Personengesellschaften im jüngeren Schrifttum in Zweifel gezogen worden sei.[65] Auch wenn der Erwerb eigener Anteile bei Körperschaften jeweils durch gesonderte gesetzliche Regelung als zulässig geregelt werden, sprechen vor allem die verbleibenden Strukturunterschiede zwischen Personengesellschaften und juristischen Personen in Gestalt der Kapitalgesellschaft gegen die Zulässigkeit des Erwerbs eigener Anteile bei der Personengesellschaft. Insoweit ist auch zu berücksichtigen, dass der Erwerb und das Halten eigener Anteile auch bei Körperschaften ohne flankierende gesetzliche Regelung nicht vorstellbar ist. Die gesetzliche Anerkennung der Rechtsfähigkeit der GbR und die Abkehr vom Gesamthandsprinzip ändern hieran nichts. Sie sind nur notwendige, nicht aber hinreichende Bedingungen für die Fähigkeit einer Personengesellschaft, eigene Anteile erwerben und halten zu können.

III. Übergangsrecht – Optionsmöglichkeit zum Altrecht

Die §§ 705 ff. BGB sind in der ab dem 1.1.2024 geltenden Fassung grundsätzlich auf Gesellschaften anzuwenden, die zu diesem Zeitpunkt bestanden. Dies bedeutet, dass Gesellschafter, die entweder gar keine dahingehende oder gar im bewussten Vertrauen auf die Geltung der §§ 723 ff. BGB keine hiervon abweichende gesellschaftsvertragliche Regelung getroffen haben, dem dargestellten Regimewechsel (→ I. 2.) unterliegen.[66] Für diese Gesellschaften würden also durch das Inkrafttreten des MoPeG die bisher im Gesetz vorgesehenen personenbezogenen Auflösungs-

---

[62] So aber etwa Schöne in BeckOK BGB, 68. Ed. 1.1.2024, BGB nF § 712a Rn. 7 ff.
[63] Schöne in BeckOK BGB, 68. Ed. 1.1.2024, BGB nF § 711 Rn. 7 ff. geht davon aus, dass § 711 Abs. 1 S. 2 BGB dispositiv sei.
[64] Vgl. im Überblick hierzu Schäfer in MüKoBGB, 9. Aufl. 2024, BGB § 711 Rn. 32; Servatius, GbR, 2023, BGB § 711 Rn. 12.
[65] BT-Drs. 19/27635, 144 unter Bezugnahme auf Priester ZIP 2014, 245 ff.
[66] BT-Drs. 19/27635, 219; Heidel ZPG 2023, 401 (402 f.); von Proff zu Irnich in BeckOGK, 1.6.2023, EGBGB Art. 229 § 61 Rn. 21, 34.

gründe in Ausscheidensgründe umgewandelt werden.[67] Sofern diese Rechtsfolge von den Gesellschaftern nicht gewünscht ist, haben diese freilich die Möglichkeit, durch entsprechende gesellschaftsvertragliche Regelungen von dem nunmehr für die Gesellschaft geltenden gesetzlichen Regelungen abzuweichen. Sofern die Auflösung der Gesellschaft jedoch bereits durch ein Ereignis vor dem Inkrafttreten des MoPeG, etwa also durch den Tod eines Gesellschafters, eingetreten ist, richten sich die Rechtsfolgen vollumfänglich nach dem alten Recht. Der Regimewechsel tritt daher nicht in der Weise ein, dass die Auflösung der Gesellschaft nachträglich wegfällt und es stattdessen nach neuem Recht zu einem Ausscheiden des betreffenden Gesellschafters kommt.

Darüber hinaus sieht Art. 229 § 61 EGBGB für bereits vor dem 1.1.2024 bestehende Gesellschaften aus Vertrauensschutzgesichtspunkten[68] ein zeitlich bis zum 31.12.2024 befristetes und an ein einseitiges Verlangen eines Gesellschafters geknüpftes Optionsrecht vor. Dieses führt unter den darin geregelten Voraussetzungen zur vollumfänglichen und unbefristeten Fortgeltung der §§ 723–728 BGB alte Fassung, also in der Fassung vor Inkrafttreten des MoPeG.[69] Insoweit ist klarzustellen, dass die Ausübung des Optionsrechtes aus Art. 229 § 61 EGBGB keinesfalls für solche Gesellschaften in Betracht kommt, die erst nach dem 1.1.2024 gegründet wurden, da für diese kein schutzwürdiges Vertrauen in die Fortgeltung der §§ 723–728 BGB alte Fassung bestehen kann. Hier bliebe den Gesellschaftern gleichwohl die Schaffung einer gesellschaftsvertraglichen Regelung, um die den §§ 723–728 BGB alte Fassung entsprechenden Rechtsfolgen herbeizuführen.

Voraussetzung für das Bestehen des Optionsrechtes ist nach Art. 229 § 61 S. 1 EGBGB zunächst, dass keine vorrangigen gesellschaftsvertraglichen Regelungen bestehen. Das Optionsrecht besteht daher nicht, wenn eine gesellschaftsvertragliche Regelung entweder bereits die neue Rechtslage abbildet oder die alte Rechtslage modifiziert.[70] Ausreichend ist hierfür auch schon eine konkludente Einigung der Gesellschafter.[71] Eine das Optionsrecht ausschließende gesellschaftsvertragliche Vereinbarung kann etwa in einer vereinbarten Fortsetzungsklausel oder in einem statischen Verweis auf das vor Inkrafttreten des MoPeG geltenden Rechts liegen.[72]

Ein Fortgeltungsverlangen nach Art. 229 § 61 S. 1 EGBGB kann sodann bis zum 31.12.2024 durch jeden Gesellschafter gegenüber der Gesellschaft schriftlich verlangt werden. Das Fortgeltungsverlangen stellt dabei eine empfangsbedürftige Willenserklärung dar, welche der Gesellschaft schriftlich im Sinne von § 126

---

[67] BT-Drs. 19/27635, 219; Heidel ZPG 2023, 401 (402f.); von Proff zu Irnich in BeckOGK, 1.6.2023, EGBGB Art. 229 § 61 Rn. 21.
[68] Zu den beschränkten Vertrauensschutzgesichtspunkten als Normzweck von Art. 229 § 61 EGBGB vgl. von Proff zu Irnich in BeckOGK, 1.6.2023, EGBGB Art. 229 § 61 Rn. 23.
[69] Von Proff zu Irnich in BeckOGK, 1.6.2023, EGBGB Art. 229 § 61 Rn. 62.
[70] Heidel ZPG 2023, 401 (404); Servatius, GbR, 2023, BGB § 711 Rn. 26 und § 723 Rn. 40.
[71] Servatius, GbR, 2023, BGB § 723 Rn. 40; von Proff zu Irnich in BeckOGK, 1.6.2023, EGBGB Art. 229 § 61 Rn. 32.
[72] Heidel ZPG 2023, 401 (404f.); von Proff zu Irnich in BeckOGK, 1.6.2023, EGBGB Art. 229 § 61 Rn. 32.

BGB[73] zugehen muss.[74] Ausreichend ist dabei jedenfalls der Zugang der Erklärung gegenüber vertretungsberechtigen Gesellschaftern (§ 720 Abs. 5 BGB).[75] Ob – wie zum Teil vertreten[76] – auch der Zugang bei nicht zur Vertretung berechtigten Gesellschaftern ausreichend ist, erscheint fraglich. Begründet wird diese Auffassung damit, dass das Fortgeltungsverlangen die Grundlage der Gesellschaft betreffe. Dies ist aber mit dem Wortlaut des Gesetzes kaum vereinbar, weil dieses auf den Zugang bei der Gesellschaft abstellt. Zeitlich muss das Fortgeltungsverlangen der Gesellschaft gegenüber bis spätestens zum 31.12.2024 gestellt und daher mithin zugegangen sein.

Inhaltlich kann und muss sich das Fortgeltungsverlangen auf die §§ 723–728 BGB alte Fassung insgesamt beziehen. Eine Beschränkung auf einzelne der genannten Vorschriften oder gar auf einzelne Auflösungsgründe ist nicht möglich.[77] Erklärt ein Gesellschafter ein solches beschränktes Fortgeltungsverlangen, ist durch Auslegung zu ermitteln, ob dieses nicht doch auf die vollumfängliche Fortgeltung der §§ 723–728 BGB alte Fassung gerichtet sein könnte.

Schließlich muss das Fortgeltungsverlangen nach Art. 229 § 61 S. 1 EGBGB gestellt sein, bevor ein zur Auflösung der Gesellschaft oder zum Ausscheiden eines Gesellschafters führender Grund eintritt. Danach führt insbesondere der Tod eines Gesellschafters dazu, dass das Fortsetzungsverlangen nach Art. 229 § 61 S. 1 EGBGB nicht mehr gestellt werden kann.

Das Fortgeltungsverlangen kann jedoch nach Art. 229 § 61 S. 2 EGBGB durch einen Gesellschafterbeschluss zurückgewiesen werden. Dieser Beschluss bedarf gemäß § 714 BGB grundsätzlich der Zustimmung aller stimmberechtigten Gesellschafter, sofern der Gesellschaftsvertrag nicht etwas Abweichendes vorsieht. Sieht der Gesellschaftsvertrag hingegen vor, dass vertragsändernde Beschlüsse mit einer Mehrheit gefasst werden können, so gilt dies auch für den Zurückweisungsbeschluss im Sinne des Art. 229 § 61 S. 2 EGBGB.[78] Dem Gesellschafter, der das Fortsetzungsverlangen gestellt hat, steht dabei auch ein Stimmrecht zu, da es sich hierbei um einen Grundlagenbeschluss handelt.[79]

---

[73] Heidel ZPG 2023, 401 (406); von Proff zu Irnich in BeckOGK, 1.6.2023, EGBGB Art. 229 § 61 Rn. 38.
[74] Heidel ZPG 2023, 401 (406); von Proff zu Irnich in BeckOGK, 1.6.2023, EGBGB Art. 229 § 61 Rn. 37.
[75] Heidel ZPG 2023, 401 (406); von Proff zu Irnich in BeckOGK, 1.6.2023, EGBGB Art. 229 § 61 Rn. 37.
[76] Servatius in Heidel/Hirte, Das neue Personengesellschaftsrecht, 2023, § 19 Rn. 49; Servatius, GbR, 2023, BGB § 723 Rn. 41.
[77] Heidel ZPG 2023, 401 (404); vgl. zur ausschließlich vollumfänglichen Fortgeltung der §§ 723–728 BGB alte Fassung auch von Proff zu Irnich in BeckOGK, 1.6.2023, EGBGB Art. 229 § 61 Rn. 62.
[78] Servatius, GbR, 2023, BGB § 723 Rn. 43; von Proff zu Irnich in BeckOGK, 1.6.2023, EGBGB Art. 229 § 61 Rn. 51.
[79] Aslan, Die Nachfolge von Todes wegen in eine Personengesellschaft nach dem MoPeG, 2023, S. 144f.; von Proff zu Irnich in BeckOGK, 1.6.2023, EGBGB Art. 229 § 61 Rn. 54f.

IV. Gesellschaftsvertragliche Regelungsmöglichkeiten

Den Gesellschaftern steht es frei, durch gesellschaftsvertragliche Regelungen von den dargestellten, gesetzlich vorgesehenen Rechtsfolgen abzuweichen. Dies kann insbesondere im Wege der Vereinbarung einer sogenannten Fortsetzungsklausel erfolgen, durch die eine Fortsetzung der Gesellschaft mit dem oder den Erben des Gesellschafters sichergestellt wird (→ 1.). An der Erforderlichkeit der Aufnahme einer entsprechenden gesellschaftsvertraglichen Regelung hat sich durch Inkrafttreten des MoPeG keine Änderung ergeben. Darüber hinaus kommt auch die Vereinbarung einer Auflösungsklausel in Betracht, durch welche faktisch die bis zum 31.12.2023 gesetzlich vorgesehene Auflösungsfolge bei Tod eines Gesellschafters erreicht werden kann (→ 2.).

Nicht ausführlich behandelt werden sollen hier rechtsgeschäftliche Nachfolgeklauseln oder Eintrittsklauseln, die keinen erbrechtlichen Übergang der Beteiligung an der GbR ermöglichen.[80] Gesellschaftsvertragliche Eintrittsklauseln sind ebenso wie Nachfolgeklauseln dazu bestimmt, im Gesellschaftsvertrag das künftige Schicksal des Anteils eines durch Tod ausscheidenden Gesellschafters zu regeln.[81] Der Eintritt erfolgt dabei unabhängig und ohne Rücksicht darauf, wer Erbe des verstorbenen Gesellschafters geworden ist.[82] Durch rechtsgeschäftliche Nachfolgeklauseln wird rein gesellschaftsrechtlich geregelt, dass beim Tod eines Gesellschafters ein neuer Gesellschafter in die Gesellschaft (automatisch) eintritt.[83] Durch die rechtsgeschäftliche Nachfolgeklausel wird dem darin bezeichneten Nachfolger noch zu Lebzeiten des Erblassers dessen Gesellschaftsanteil aufschiebend bedingt[84] auf dessen Tod übertragen.[85] Daher ist seine Mitwirkung an der Regelung erforderlich, da es sich ansonsten um einen Vertrag zu Lasten Dritter handeln würde.[86] Der in der Klausel bezeichnete Nachfolger wird in der juristischen Sekunde des Todes durch Eintritt der vereinbarten aufschiebenden Bedingung Inhaber des Gesellschaftsanteils.[87] Der Gesellschaftsanteil fällt dabei nicht in den Nachlass und den Erben des verstorbenen Gesellschafters steht auch kein Abfindungsanspruch zu.[88] In Abgrenzung zur rechtsgeschäftlichen Nachfolgeklausel erfolgt bei einer Eintrittsklausel kein automatischer Übergang in der juristischen Sekunde des Todes.[89] Vielmehr liegt in der Eintrittsklausel ein Vertrag zugunsten Dritter gemäß §§ 328, 331 BGB.[90]

---

[80] Vgl. Preuß in BeckOGK, 1.11.2023, BGB § 1922 Rn. 565.
[81] Schäfer in MüKoBGB, 9. Aufl. 2024, BGB § 711 Rn. 71.
[82] Hölscher ZPG 2023, 374 (377); Müller/Godron in BeckOGK, 15.4.2021, HGB § 139 Rn. 20; Roth in Hopt, 43. Aufl. 2024, HGB § 131 Rn. 50, 57; Schäfer in MüKoBGB, 9. Aufl. 2024, BGB § 711 Rn. 72.
[83] Hölscher ZPG 2023, 374 (377).
[84] Eine Befristung annehmend Schäfer in MüKoBGB, 9. Aufl. 2024, BGB § 711 Rn. 67.
[85] Roth in Hopt, 43. Aufl. 2024, HGB § 131 Rn. 57; Schäfer in MüKoBGB, 9. Aufl. 2024, BGB § 711 Rn. 67.
[86] Schäfer in MüKoBGB, 9. Aufl. 2024, BGB § 711 Rn. 68.
[87] Roth in Hopt, 43. Aufl. 2024, HGB § 131 Rn. 57.
[88] Hölscher ZPG 2023, 374 (377); Schäfer in MüKoBGB, 9. Aufl. 2024, BGB § 711 Rn. 70.
[89] Hölscher ZPG 2023, 374 (377); Schäfer in MüKoBGB, 9. Aufl. 2024, BGB § 711 Rn. 71.
[90] Landsittel in Beck'sches Handbuch der Personengesellschaften, 5. Aufl. 2020, § 11 Rn. 113; Roth in Hopt, 43. Aufl. 2024, HGB § 131 Rn. 50; Schäfer in MüKoBGB, 9. Aufl. 2024, BGB § 711 Rn. 71, 75.

Die Beteiligung des beitretenden Gesellschafters erfolgt im Wege der Begründung einer neuen Beteiligung.[91] Durch die Eintrittsklausel verpflichten sich die Gesellschafter mit den Eintrittsberechtigten einen Aufnahmevertrag abzuschließen.[92] Eine Eintrittspflicht des in der Klausel bezeichneten Nachfolgeberechtigten besteht nicht.[93]

1. Einfache und qualifizierte erbrechtliche Nachfolgeklausel

Sofern es von den Gesellschaftern gewünscht ist, die GbR – abweichend von der dargestellten gesetzlichen Regelung (→ II. 1.) – mit einem oder mehreren Erben eines Gesellschafters fortzusetzen, bedarf es auch nach dem Inkrafttreten des MoPeG einer besonderen gesellschaftsvertraglichen Regelung in Form einer erbrechtlichen Nachfolgeklausel. Hierbei ist zwischen einfachen und qualifizierten Nachfolgeklauseln zu differenzieren. Beiden Klauseln ist gemeinsam, dass sich der Rechtsübergang in Bezug auf die Beteiligung immer auf erbrechtlichem Wege vollzieht.[94] Hierdurch geht der durch die Klausel vererblich gestellte Anteil automatisch und ohne die Einleitung weiterer Maßnahmen oder Handlungen mit dem Erbfall auf den beziehungsweise die – gesetzlich oder letztwillig berufenen – Erben über.[95]

a) Einfache erbrechtliche Nachfolgeklausel

Durch eine einfache erbrechtliche Nachfolgeklausel wird in Bezug auf die Beteiligung eines Gesellschafters an einer rechtsfähigen Gesellschaft bürgerlichen Rechts die Rechtsfolge des Ausscheidens gemäß § 723 Abs. 1 Nr. 1 BGB abbedungen und die Beteiligung vererblich gestellt.[96] Bei Vorliegen einer einfachen Nachfolgeklausel wird die Gesellschaft – anders als bei einer qualifizierten Nachfolgeklausel (→ b) – mit sämtlichen Erben eines verstorbenen Gesellschafters fortgesetzt.[97] Die Zulässigkeit einer solchen gesellschaftsvertraglichen Regelung ergibt sich unmittelbar aus § 711 Abs. 1 S. 1 BGB und § 724 BGB. Der erbrechtliche Übergang der Beteiligung ist in § 711 Abs. 2 S. 1 BGB geregelt.[98]

---

[91] Heckschen/Weitbrecht in BeckNotar-HdB, 8. Aufl. 2024, § 20 Rn. 180; Roth in Hopt, 43. Aufl. 2024, HGB § 131 Rn. 54.
[92] Heckschen/Weitbrecht in BeckNotar-HdB, 8. Aufl. 2024, § 20 Rn. 180.
[93] Heckschen/Weitbrecht in BeckNotar-HdB, 8. Aufl. 2024, § 20 Rn. 180; Roth in Hopt, 43. Aufl. 2024, HGB § 131 Rn. 51.
[94] Müller/Godron in BeckOGK, 15.4.2021, HGB § 139 Rn. 17; Schäfer in MüKoBGB, 9. Aufl. 2024, BGB § 711 Rn. 48.
[95] Müller/Godron in BeckOGK, 15.4.2021, HGB § 139 Rn. 18; Preuß in BeckOGK, 1.11.2023, BGB § 1922 Rn. 566; Roth in Hopt, 43. Aufl. 2024, HGB § 131 Rn. 10; Schäfer in MüKoBGB, 9. Aufl. 2024, BGB § 711 Rn. 48; K. Schmidt/Fleischer in MüKoHGB, 5. Aufl. 2022, HGB § 139 Rn. 13.
[96] Aslan, Die Nachfolge von Todes wegen in eine Personengesellschaft nach dem MoPeG, 2023, S. 61 ff.; Freier/Knaier in Heckschen/Freier, Das MoPeG in der Notar- und Gestaltungspraxis, 2024, § 3 Rn. 592; Schäfer in MüKoBGB, 9. Aufl. 2024, BGB § 711 Rn. 48.
[97] Gergen in MüKoBGB, 9. Aufl. 2022, BGB § 2032 Rn. 73; Hölscher ZPG 2023, 330 (331); Müller/Godron in BeckOGK, 15.4.2021, HGB § 139 Rn. 23; Preuß in BeckOGK, 1.11.2023, BGB § 1922 Rn. 572; Schäfer in MüKoBGB, 9. Aufl. 2024, BGB § 711 Rn. 50.
[98] Schäfer in MüKoBGB, 9. Aufl. 2024, BGB § 711 Rn. 46.

Da die Beteiligung an der Gesellschaft durch die einfache Nachfolgeklausel lediglich vererblich gestellt wird, bedarf es darüber hinaus eines erbrechtlichen Verfügungstatbestandes, so dass sich die konkrete Rechtsnachfolge des verstorbenen Gesellschafters entweder nach der gesetzlichen Erbfolge oder nach einer von ihm errichteten Verfügung von Todes wegen richtet.[99] Die einfache Nachfolgeklausel gewährt daher den Gesellschaftern über die Bestimmung des oder der Erben eine größtmögliche Gestaltungsfreiheit im Hinblick auf seine Nachfolge in der Gesellschaft. In der Beratungspraxis ist bei der Verwendung einer einfachen Nachfolgeklausel daher stets auch die erbrechtliche Lage der Gesellschafter in die Nachfolgeplanung einzubeziehen, so dass zwingend eine inhaltliche Abstimmung zwischen der gesellschaftsrechtlichen und der erbrechtlichen Regelung angezeigt ist.

Im Rahmen der inhaltlichen Gestaltung einer einfachen Nachfolgeklausel ist zu berücksichtigen, dass mangels anderweitiger Regelung im Gesellschaftsvertrag neben den Erben gegebenenfalls auch Ersatzerben und Erbeserben sowie Vorerben mit dem Tod eines Gesellschafters in dessen Gesellschafterstellung automatisch einrücken.[100] Sollte etwa gewünscht sein, dass Ersatzerben oder Erbeserben nicht in die Beteiligung einrücken, kann dies in der Nachfolgeklausel ausdrücklich zu regeln sein.

Eine über die bloße Nachfolgeklausel hinausgehende Regelung ist auch dann erforderlich, wenn die Beteiligung an der Gesellschaft zum Gegenstand eines Vermächtnisses gemacht werden soll.[101] Problematisch ist insoweit, dass dem Vermächtnisnehmer nach § 2174 BGB lediglich ein schuldrechtlicher Anspruch gegen den beziehungsweise die Erben auf Übertragung der Beteiligung zusteht.[102] Die Anordnung des Vermächtnisses wirkt nicht unmittelbar dinglich, so dass die Beteiligung vom Erben auf den Vermächtnisnehmer im Wege der Vermächtniserfüllung übertragen werden muss. Die gesellschaftsvertragliche Regelung muss in diesem Fall zweierlei regeln: Zum einen muss der Gesellschaftsanteil durch eine Nachfolgeklausel überhaupt vererblich gestellt werden; zum anderen ist erforderlich, dass der Gesellschaftsvertrag die Übertragung des Gesellschaftsanteils an Vermächtnisnehmer zulässt.[103] Zunächst geht nämlich die Beteiligung im Wege der Erbfolge auf den oder die Erben über. Die Übertragung der Beteiligung an den Vermächtnisnehmer zum Zwecke der Vermächtniserfüllung bedarf letztendlich der Zustimmung aller überlebenden Gesellschafter, sofern der Gesellschaftsvertrag nicht die freie Übertragbarkeit der Beteiligung entweder generell oder zumindest für den Fall der Vermächtniserfüllung vorsieht.[104]

---

[99] Freier/Knaier in Heckschen/Freier, Das MoPeG in der Notar- und Gestaltungspraxis, 2024, § 3 Rn. 592; Preuß in BeckOGK, 1.11.2023, BGB § 1922 Rn. 568; Weidlich/Federle NJW 2023, 3321 (3324).

[100] Servatius, GbR, 2023, BGB § 711 Rn. 27.

[101] Zur Nachfolgeklausel mit Vermächtnisoption vgl. Hölscher ZPG 2023, 330 (333).

[102] Vgl. hierzu Preuß in BeckOGK, 1.11.2023, BGB § 1922 Rn. 568; K. Schmidt/Fleischer in MüKoHGB, 5. Aufl. 2022, HGB § 139 Rn. 16; Weidlich/Federle NJW 2023, 3321 (3324).

[103] Hölscher ZPG 2023, 330 (333).

[104] Hölscher ZPG 2023, 330 (333 f.); K. Schmidt/Fleischer in MüKoHGB, 5. Aufl. 2022, HGB § 139 Rn. 16.

Sofern es sich bei dem gesetzlichen oder aufgrund von Verfügung von Todes wegen berufenen Erben um einen Alleinerben handelt, vollzieht sich der Übergang der Beteiligung gemäß § 1922 BGB kraft Gesamtrechtsnachfolge.[105] Sind hingegen mehrere Nachfolgeberechtigte vorhanden, so wird nicht die Erbengemeinschaft Inhaberin der Beteiligung. § 711 Abs. 2 S. 2 BGB sieht insoweit vor, dass der Gesellschaftsanteil beim Vorhandensein mehrerer Erben jedem einzelnen entsprechend seiner Erbquote kraft Gesetzes zufällt.[106] Die Vorschriften der Erbengemeinschaft sind nach § 711 Abs. 2 S. 3 BGB ausdrücklich nicht anzuwenden.[107] Vielmehr wird jeder einzelne Erbe entsprechend seiner jeweiligen Erbquote im Wege der Sondererbfolge durch Singularsukzession Mitglied der Gesellschaft.[108] Es kommt insoweit zu einem automatischen Splitting der vererbten Mitgliedschaft.[109]

Die vorstehend beschriebene Singularsukzession ändern jedoch nichts daran, dass die Gesellschaftsbeteiligung in den Nachlass fällt, so dass sich eventuelle erbrechtliche Beschränkungen wie die Anordnung von Vor- und Nacherbfolge oder der Testamentsvollstreckung auch auf die von den einzelnen Erben erworbene Gesellschaftsbeteiligung bezieht.

Dass die Erbengemeinschaft trotz der bestehenden gesamthänderischen Vermögensbindung nicht als Gesellschafterin einer Personengesellschaft in Betracht kommt, beruht im Wesentlichen darauf, dass es sich hier meist um persönlichkeitsbezogene Arbeits- und Haftungsgemeinschaften handelt, in denen Rechte und Pflichten in der Regel sachgerecht nur von voll verantwortlichen und selbst handlungsfähigen Personen wahrgenommen werden können.[110] Zu berücksichtigen sind insoweit vor allem auch die Regelungen der §§ 2033 Abs. 1, 2042 Abs. 2 BGB, wonach jeder Miterbe über seinen Anteil an der Erbengemeinschaft frei verfügen sowie jederzeit deren Auflösung verlangen kann.[111] Schließlich ist auch die in § 2059 Abs. 1 BGB vorgesehene Haftungsbeschränkung der Miterben auf den Nachlass mit dem gesellschaftsrechtlichen Haftungskonzept nicht vereinbar.

In Bezug auf die Beteiligung mehrerer Erben steht es dem Gesellschafter frei, die Teilungsquote für die Sondererbfolge im Rahmen des § 711 Abs. 2 S. 2 BGB im Rahmen einer Verfügung von Todes wegen durch eine entsprechende Teilungs-

---

[105] Freier/Knaier in Heckschen/Freier, Das MoPeG in der Notar- und Gestaltungspraxis, 2024, § 3 Rn. 593; Schäfer in MüKoBGB, 9. Aufl. 2024, BGB § 711 Rn. 52; Weidlich/Federle NJW 2023, 3321 (3324).

[106] Freier/Knaier in Heckschen/Freier, Das MoPeG in der Notar- und Gestaltungspraxis, 2024, § 3 Rn. 593; Hölscher ZPG 2023, 330 (332); Lübke DNotZ 2023, 896 (906f.); Schäfer in MüKoBGB, 9. Aufl. 2024, BGB § 711 Rn. 53; Servatius, GbR, 2023, BGB § 711 Rn. 27; Weidlich/Federle NJW 2023, 3321 (3324).

[107] Vgl. hierzu auch Hölscher ZPG 2023, 330 (332); Lübke DNotZ 2023, 896 (907); Schäfer in MüKoBGB, 9. Aufl. 2024, BGB § 711 Rn. 53; Servatius, GbR, 2023, BGB § 711 Rn. 28.

[108] Freier/Knaier in Heckschen/Freier, Das MoPeG in der Notar- und Gestaltungspraxis, 2024, § 3 Rn. 593; Hölscher ZPG 2023, 330 (332); Lübke DNotZ 2023, 896 (907); Preuß in BeckOGK, 1.11.2023, BGB § 1922 Rn. 569; Schäfer in MüKoBGB, 9. Aufl. 2024, BGB § 711 Rn. 53; Servatius, GbR, 2023, BGB § 711 Rn. 27.

[109] Preuß in BeckOGK, 1.11.2023, BGB § 1922 Rn. 569; Weidlich/Federle NJW 2023, 3321 (3324).

[110] Schäfer in MüKoBGB, 9. Aufl. 2024, BGB § 705 Rn. 86; Weidlich/Federle NJW 2023, 3321 (3324).

[111] Schäfer in MüKoBGB, 9. Aufl. 2024, BGB § 705 Rn. 86.

anordnung abweichend von der Erbquote zu regeln. Sieht der Gesellschaftsvertrag keine dahingehende Regelung vor, kann der Gesellschafter die Teilungsquote grundsätzlich durch Verfügung von Todes wegen bestimmen. Diese kann vor allem von den gesetzlichen Erbquoten abweichen. Soll dies ausdrücklich zulässig sein, bietet sich gleichwohl eine entsprechende Klarstellung im Gesellschaftsvertrag an.

Nachteil einer einfachen Nachfolgeklausel ist, dass es durch eine Mehrheit von Erben zu einer Zersplitterung der Gesellschafterstellung und damit letztendlich zu einer Vervielfachung der Kontroll- und Verwaltungsrechte kommen kann.[112] Dieser Umstand sollte bereits bei der Gestaltung des Gesellschaftsvertrages, etwa bei der Frage, ob Abstimmungen nach Köpfen erfolgen sollen, berücksichtigt werden. Darüber hinaus bietet es sich generell an, im Gesellschaftsvertrag eine Regelung vorzusehen, nach der die Erben eines Gesellschafters ihre Rechte nur einheitlich durch einen gemeinsamen Vertreter ausüben können.

b) Qualifizierte Nachfolgeklausel

Ebenso wie bei der einfachen erbrechtlichen Nachfolgeklausel wird die Beteiligung eines Gesellschafters an der GbR bei der qualifizierten Nachfolgeklausel abweichend von § 723 Abs. 1 Nr. 1 BGB vererblich gestellt.[113] Anders als bei der einfachen erbrechtlichen Nachfolgeklausel wird bei der qualifizierten Nachfolgeklausel jedoch durch den Gesellschaftsvertrag die Dispositionsbefugnis der Gesellschafter im Hinblick auf die Rechtsnachfolge in ihre Beteiligung beschränkt, indem durch die gesellschaftsvertragliche Regelung unter Ausschluss etwaiger weiterer Erben nur bestimmte Personen oder Personengruppen zu Nachfolgern in der Gesellschaftsbeteiligung bestimmt werden können.[114] Dem steht § 711 Abs. 2 S. 3 BGB nicht entgegen, welcher anordnet, dass beim Vorhandensein mehrerer Erben der Gesellschaftsanteil kraft Gesetzes jedem Erben entsprechend seiner Erbquote zufällt.

Ziel der gesellschaftsvertraglichen Regelung ist es mithin, die Beteiligung an der GbR kraft Erbrecht nur einem beschränkten Kreis von Nachfolgern zuwenden zu können, was einer Einschränkung der Dispositionsmöglichkeiten des einzelnen Gesellschafters, durch Verfügung von Todes wegen seine Nachfolger zu bestimmen, gleichkommt.[115] Hierdurch kann die Gefahr der Zersplitterung einer Gesellschaftsbeteiligung vermieden werden, welche einen wesentlichen Nachteil der einfachen Nachfolgeklausel darstellt.[116] Eine qualifizierte Nachfolgeklausel bedingt dabei keine Einschränkung der Testierfreiheit des Gesellschafters. Vielmehr begründet sie die Möglichkeit, den Anteil an der Gesellschaft, wenn auch beschränkt auf die in

---

[112] Vgl. hierzu Hölscher ZPG 2023, 374 (374f.).
[113] Preuß in BeckOGK, 1.11.2023, BGB § 1922 Rn. 573.
[114] Gergen in MüKoBGB, 9. Aufl. 2022, BGB § 2032 Rn. 79; Müller/Godron in BeckOGK, 15.4.2021, HGB § 139 Rn. 28; Preuß in BeckOGK, 1.11.2023, BGB § 1922 Rn. 573; K. Schmidt/Fleischer in MüKoHGB, 5. Aufl. 2022, HGB § 139 Rn. 17.
[115] Schäfer in MüKoBGB, 9. Aufl. 2024, BGB § 711 Rn. 61.
[116] Gergen in MüKoBGB, 9. Aufl. 2022, BGB § 2032 Rn. 80.

der gesellschaftsvertraglichen Regelung bezeichneten Personen, in die Rechtsnachfolge von Todes wegen einzubeziehen.[117]

Bei der Formulierung einer qualifizierten Nachfolgeklausel ist vor allem zu beachten, dass der oder die Nachfolger bei Eintritt des Erbfalls eindeutig identifizierbar sind.[118] Sofern insoweit Zweifel verbleiben, ist von einer einfachen Nachfolgeklausel auszugehen. So kann die gesellschaftsvertragliche Regelung die zugelassenen Nachfolger namentlich konkret bezeichnen oder eine bestimmte Personengruppe definieren (zum Beispiel Ehegatten, leibliche oder eheliche Abkömmlinge, gesetzliche Erben, Mitgesellschafter).[119] Möglich ist auch, die zugelassenen Nachfolger nach bestimmten Qualifikationsmerkmalen zu umschreiben (zum Beispiel Alter, Geschlecht oder berufliche Qualifikation).[120] Unzulässig ist hingegen die Bezeichnung des Nachfolgers durch einen Dritten. Um eine Zersplitterung der Anteile eines verstorbenen Gesellschafters im Wege der Sondererbfolge zu verhindern, kann durch qualifizierte Nachfolgeklausel auch die Zahl der zugelassenen Nachfolger begrenzt beziehungsweise festgelegt werden.[121]

Auch die qualifizierte Nachfolgeklausel setzt voraus, dass die nachfolgeberechtigten Personen Erben aufgrund gesetzlicher Erbfolge oder aufgrund einer Verfügung von Todes wegen werden.[122] Eine (mit der gesellschaftsvertraglichen Regelung abgestimmte) Verfügung von Todes wegen ist daher jedenfalls dann zwingend erforderlich, wenn der in der Klausel Benannte nicht zu den gesetzlichen Erben zählt.[123] Der Erwerb der Beteiligung erfolgt durch den qualifizierten Nachfolger kraft Erbrechts, sodass die Beteiligung in den Nachlass fällt. Aufgrund der Tatsache, dass bei einer qualifizierten Nachfolgeklausel nicht sämtliche Erben in die Beteiligung einrücken, muss die erbrechtliche Lage mit der gesellschaftsvertraglichen Klausel inhaltlich abgestimmt werden, um ein Fehlschlagen der Rechtsnachfolge zu verhindern. Hat ein Gesellschafter die Vorgaben der qualifizierten Nachfolgeklausel im Rahmen seiner Nachlassplanung nicht hinreichend berücksichtigt, wird also der in der gesellschaftsvertraglichen Regelung benannte qualifizierte Nachfolger weder Erbe noch Miterbe,[124] kann die gesellschaftsvertragliche Regelung, die keine diesen Fall abdeckende Ersatzlösung vorsieht, möglicherweise zu Gunsten des vom Erblasser bestimmten Nachfolgers als Eintrittsrecht ausgelegt beziehungsweise umgedeutet werden.[125]

---

[117] Preuß in BeckOGK, 1.11.2023, BGB § 1922 Rn. 573; Schäfer in MüKoBGB, 9. Aufl. 2024, BGB § 711 Rn. 61; K. Schmidt/Fleischer in MüKoHGB, 5. Aufl. 2022, HGB § 139 Rn. 17.

[118] Gergen in MüKoBGB, 9. Aufl. 2022, BGB § 2032 Rn. 80; K. Schmidt/Fleischer in MüKoHGB, 5. Aufl. 2022, HGB § 139 Rn. 17.

[119] Preuß in BeckOGK, 1.11.2023, BGB § 1922 Rn. 573.

[120] Gergen in MüKoBGB, 9. Aufl. 2022, BGB § 2032 Rn. 80; Preuß in BeckOGK, 1.11.2023, BGB § 1922 Rn. 573.

[121] Lübke DNotZ 2023, 896 (909).

[122] Plückelmann in Kroiß/Horn/Solomon, Nachfolgerecht, 3. Aufl. 2023, HGB § 131 Rn. 32; Preuß in BeckOGK, 1.11.2023, BGB § 1922 Rn. 573.

[123] Preuß in BeckOGK, 1.11.2023, BGB § 1922 Rn. 574.

[124] Es reicht jedoch aus, dass der Nachfolger in die Beteiligung überhaupt Erbe wird, vgl. BGH NJW 1977, 1339 (1342); Plückelmann in Kroiß/Horn/Solomon, Nachfolgerecht, 3. Aufl. 2023, HGB § 131 Rn. 32; Preuß in BeckOGK, 1.11.2023, BGB § 1922 Rn. 574.

[125] Preuß in BeckOGK, 1.11.2023, BGB § 1922 Rn. 575.

Wird die Beteiligung im Wege eines Vermächtnisses zugewandt, stellt sich die Frage, auf welchem Weg sich die Rechtsnachfolge von Todes wegen in der Gesellschaft vollzieht, wenn der Erbe nicht zum Kreis der qualifizierten Rechtsnachfolger zählt. Problematisch ist insoweit, dass das Vermächtnis noch keinen unmittelbaren Eintritt des Bedachten in die Gesellschaft bewirkt, sondern lediglich ein schuldrechtlicher Anspruch gegen die Erben auf Übertragung des Anteils begründet wird (§ 2174 BGB). Ein unmittelbarer Rechtsübergang auf den Vermächtnisnehmer ist damit ausgeschlossen. Die herrschende Meinung legt die Nachfolgeklausel in diesem Fall als rechtsgeschäftliche Eintrittsklausel aus, die dem Vermächtnisnehmer im Wege eines Vertrages zu Gunsten Dritter einen Anspruch auf Aufnahme gegen die verbliebenen Gesellschafter gewährt.

Im Rahmen der Gestaltung von qualifizierten Nachfolgeklauseln bietet es sich an, der Inkongruenz zwischen Erbfolgeregelung und Gesellschaftsvertrag vorzubeugen, die zu einem Fehlschlagen der qualifizierten Nachfolgeklausel führt. Dies kann etwa in der Weise erfolgen, dass die Gesellschaft im Falle des Fehlschlagens unter den verbleibenden Gesellschaftern fortgesetzt wird.[126] Alternativ kann die qualifizierte Nachfolgeklausel für den Fall ihres Fehlschalgens auch eine subsidiäre Eintrittsklausel vorsehen, wonach der qualifizierte Nachfolger ein Recht zum Eintritt in die Gesellschaft erlangt.[127]

Ebenso wie bei der einfachen Nachfolgeklausel fällt die Mitgliedschaft einem oder mehreren Erben, die nach der qualifizierten Nachfolgeklausel als Nachfolger in der Beteiligung berechtigt sind, im Wege der Sondererbfolge zu.[128] Gehören sämtliche Erben des Gesellschafters zu dem von der qualifizierten Nachfolgeklausel erfassten Personenkreis, so vollzieht sich die Rechtsnachfolge wie bei einer einfachen Nachfolgeklausel. Die Sondererbfolge tritt aber auch dann ein, wenn nicht sämtliche Erben des Gesellschafters von der qualifizierten Nachfolgeklausel erfasst werden.[129] In diesem Fall fällt die Beteiligung einem alleine zur Nachfolge berufenen Miterben vollständig und mehreren qualifizierten Miterben automatisch geteilt entsprechend ihrer Erbquoten zu.[130] Der Umfang des Rechtserwerbs mehrerer qualifizierter Erben richtet sich dabei nach dem Verhältnis der Erbquoten der bedachten Miterben untereinander. Die Mitgliedschaft fällt daher den nachfolgeberechtigten Erben unmittelbar so an, als wären sie im Wege der Teilerbauseinandersetzung aus der Erbengemeinschaft übertragen worden. Die quotale Beteiligung am sonstigen Nachlass ist im Rahmen der Sondererbfolge im Ergebnis unerheblich. Die Erbquote des einzelnen Miterben stellt insoweit keine gegenständliche Begrenzung seines Erwerbs in dem Sinne dar, dass er keinen über diese Quote hinausgehenden Teil des Gesellschaftsanteils erwerben könnte. Sie bestimmt nur zwin-

---

[126] Müller/Godron in BeckOGK, 15.4.2021, HGB § 139 Rn. 42.
[127] Müller/Godron in BeckOGK, 15.4.2021, HGB § 139 Rn. 42.
[128] Freier/Knaier in Heckschen/Freier, Das MoPeG in der Notar- und Gestaltungspraxis, 2024, § 3 Rn. 593; Gergen in MüKoBGB, 9. Aufl. 2022, BGB § 2032 Rn. 81; Hölscher ZPG 2023, 330 (332); Schäfer in MüKoBGB, 9. Aufl. 2024, BGB § 711 Rn. 53; Servatius, GbR, 2023, BGB § 711 Rn. 27.
[129] Hölscher ZPG 2023, 374 (375).
[130] Hölscher ZPG 2023, 374 (375).

gend den Anteil am Wert des Gesamtnachlasses, der dem einzelnen Miterben im Endergebnis zufließen darf und soll.

Zu Gunsten der nicht über die qualifizierte Nachfolgeklausel berücksichtigten Erben besteht kein Anspruch auf Abfindung nach § 728 Abs. 1 S. 1 BGB, da die Mitgliedschaft auf die durch die Nachfolgeklausel bestimmten Nachfolger vollständig übergegangen ist und insoweit kein Ausscheiden aus der Gesellschaft nach § 723 Abs. 1 Nr. 1 BGB vorliegt. Der erforderliche Ausgleich unter den Miterben erfolgt vielmehr auf erbrechtlicher Basis.[131] Im Rahmen der Erbauseinandersetzung haben sich die in die Gesellschaftsbeteiligung einrückenden Erben den vollen Anteilswert anrechnen zu lassen. Sofern dieser den Wert der ihnen zustehenden Erbquote übersteigen sollte, haben diese den Differenzbetrag an die Erbengemeinschaft auszugleichen, wobei die Rechtsgrundlage des Ausgleichsanspruches umstritten ist. Wie der Ausgleich konkret vollzogen werden soll, ist daher vorzugswürdig im Rahmen einer Verfügung von Todes wegen zu regeln.

Eine Ausgleichspflicht entfällt vollständig, wenn der Gesellschafter den zur Nachfolge berufenen Erben die Beteiligung im Wege des Vorausvermächtnisses zukommen lässt. Erfolgt die Zuweisung der Beteiligung hingegen durch testamentarische Teilungsanordnung gemäß § 2048 BGB, kommt es zu einem Ausgleich der Erben untereinander im Innenverhältnis, sofern der qualifizierte Erbe aufgrund der Teilungsanordnung mehr erhält, als ihm nach seiner Erbquote ansonsten zustehen würde.

2. Auflösungsklausel

Nachdem durch die Neufassung des § 723 Abs. 1 Nr. 1 BGB durch das MoPeG der gesetzliche Regelfall des Todes eines Gesellschafters nicht mehr die Auflösung der Gesellschaft zur Folge hat sondern deren Fortsetzung unter den verbliebenen Gesellschaftern (→ I. 2.), stellt die gesellschaftsvertragliche Regelung einer Auflösungsklausel für den Fall des Todes eines Gesellschafters eine Gestaltungsoption dar.[132] § 729 Abs. 4 BGB sieht insoweit ausdrücklich vor, dass neben den in § 729 Abs. 1–3 BGB gesetzlich geregelten Auflösungsgründen weitere Auflösungsgründe gesellschaftsvertraglich vereinbart werden können. § 730 Abs. 1 BGB sieht für den Fall der Auflösung der Gesellschaft durch den Tod eines Gesellschafters besondere Regelungen vor.

Ist ein Fortbestand der Gesellschaft ausnahmsweise nicht gewünscht, müssen die Gesellschafter daher eine gesellschaftsvertragliche Regelung schaffen, wonach die Gesellschaft mit dem Tod eines Gesellschafters aufgelöst wird. In Bezug auf den Tod von Gesellschaftern kann die Auflösungsklausel dabei entweder generell für den Tod eines jeden oder nur eines bestimmten oder einzelner Gesellschafter angeordnet werden. Praktisch relevant dürfte die Aufnahme einer Auflösungsklausel vor allem bei Gesellschaften sein, die stark auf die Person eines oder einzelner Gesellschafter fokussiert sind.

---

[131] BGH NJW 1977, 1339 (1342); Gergen in MüKoBGB, 9. Aufl. 2022, BGB § 2032 Rn. 81; Lübke DNotZ 2023, 896 (910f.); Preuß in BeckOGK, 1.11.2023, BGB § 1922 Rn. 574; Hölscher ZPG 2023, 374 (375).

[132] Lübke DNotZ 2023, 896 (900); Roßkopf/Hoffmann ZPG 2023, 14 (22); Servatius, GbR, 2023, BGB § 723 Rn. 18, § 729 Rn. 26 und § 730 Rn. 5ff.

Wird die Gesellschaft aufgrund einer Auflösungsklausel beim Tod eines Gesellschafters aufgelöst, gehen die aus dem Anteil des verstorbenen Gesellschafters folgenden, durch die Auflösung der GbR modifizierten Rechte mit dem Erbfall auf den oder die Erben über, und zwar ohne dass es hierfür einer Nachfolgeklausel bedürfte.[133] Mit dem Tod des Gesellschafters wandelt sich die GbR dann eine Abwicklungsgesellschaft um. Sie ist nach §§ 735 ff. BGB auseinanderzusetzen, wenn nicht die übrigen Gesellschafter mit Zustimmung der Erben die Fortsetzung der Gesellschaft oder eine andere Art der Abwicklung beschließen.[134] Bei einer Mehrheit von Erben greifen in diesem Fall jedoch die Regelungen in § 711 Abs. 2 S. 2, 3 BGB nicht ein; vielmehr wird abweichend hiervon bei einer Mehrheit von Erben die Erbengemeinschaft Gesellschafter der GbR.[135] Der Grundsatz, dass eine Erbengemeinschaft wegen der mit dem Anteil verbundenen Tätigkeitspflichten und Haftungsfolgen nicht Mitglied einer werbenden GbR sein kann, findet auf die anders strukturierte Abwicklungsgesellschaft keine Anwendung.[136]

In § 730 Abs. 1 S. 1 BGB ist für den Fall einer vereinbarten Auflösungsklausel zunächst eine Anzeigepflicht des beziehungsweise der Erben gegenüber der Gesellschaft geregelt. Die Anzeige hat dabei unverzüglich (§ 121 BGB) gegenüber allen anderen Gesellschaftern zu erfolgen.[137] Hierdurch wird vor allem sichergestellt, dass die Mitgesellschafter Kenntnis vom Eintritt des Auflösungsereignisses erlangen und die Abwicklung der Gesellschaft einleiten können. Die Anzeigepflicht des beziehungsweise der Erben beginnt mit dem Anfall der Erbschaft nach § 1942 BGB. Darüber hinaus sieht § 730 Abs. 1 BGB Besonderheiten für die Geschäftsführung nach der Auflösung der Gesellschaft vor. Durch §§ 736 Abs. 1, 736b BGB wird grundsätzlich im Rahmen der Liquidation eine Gesamtgeschäftsführungsbefugnis angeordnet, welche aber durch § 730 Abs. 1 BGB durchbrochen wird. Nach § 730 Abs. 1 S. 2, 3 BGB besteht eine Notgeschäftsführungsbefugnis der Erben, wonach diese die laufenden Geschäfte bis zur anderweitigen Möglichkeit der Fürsorge durch die Gesellschaftergemeinschaft fortzuführen haben, wenn und soweit ansonsten eine Gefahr für die Gesellschaft oder das Gesellschaftsvermögen bestünde.[138] Darüber hinaus sind auch die verbliebenen Gesellschafter nach § 730 Abs. 1 S. 4 BGB zur einstweiligen Fortführung der laufenden Geschäfte berechtigt und verpflichtet.[139] Daher dürfen auch diese entgegen §§ 736 Abs. 1, 736b BGB alleine handeln, soweit dies wegen der Gefahr für die Gesellschaft oder das Gesellschaftsvermögen geboten ist und nicht durch die Gesellschafter in gebotener Gemeinschaft anderweitige Fürsorge getroffen werden kann.

---

[133] Schäfer in MüKoBGB, 9. Aufl. 2024, BGB § 723 Rn. 30; Servatius, GbR, 2023, BGB § 730 Rn. 5.
[134] Schäfer in MüKoBGB, 9. Aufl. 2024, BGB § 730 Rn. 4.
[135] Schäfer in MüKoBGB, 9. Aufl. 2024, BGB § 723 Rn. 31 und § 730 Rn. 8; Servatius, GbR, 2023, BGB § 730 Rn. 5; zu § 131 HGB vgl. Plückelmann in Kroiß/Horn/Solomon, Nachfolgerecht, 3. Aufl. 2023, HGB § 131 Rn. 22.
[136] Schäfer in MüKoBGB, 9. Aufl. 2024, BGB § 723 Rn. 31.
[137] Schäfer in MüKoBGB, 9. Aufl. 2024, BGB § 730 Rn. 9; Servatius, GbR, 2023, BGB § 730 Rn. 9.
[138] Schäfer in MüKoBGB, 9. Aufl. 2024, BGB § 730 Rn. 10.
[139] Servatius, GbR, 2023, BGB § 730 Rn. 13.

V. Umwandlungs- beziehungsweise Austrittsrecht des Gesellschaftererben nach § 724 BGB

1. Ausgangslage

Wird die GbR aufgrund einer Nachfolgeklausel mit Erben fortgesetzt, weil insoweit die Beteiligung im Wege der Sondererbfolge nach § 711 Abs. 2 BGB auf den oder die Erben übergegangen ist, trifft diese grundsätzlich auch die persönliche Haftung für neu begründete Verbindlichkeiten der Gesellschaft nach § 721 S. 1 BGB.[140] Zusätzlich haften Erben nach § 721a S. 1 BGB auch für solche Verbindlichkeiten, die vor deren Eintritt in die Gesellschaft entstanden sind.[141] Die Regelung des § 721a S. 1 BGB führt also dazu, dass für die Erben eines verstorbenen Gesellschafters nicht nur eine Haftung kraft Erbrechts mit den damit korrespondierenden Beschränkungsmöglichkeiten (§§ 1967, 1975ff., 2058f. BGB) besteht,[142] sondern eine Dritten gegenüber unbeschränkbare persönliche Haftung.[143] Um diese gesellschaftsrechtliche Haftung zu vermeiden, blieb dem Gesellschaftererben theoretisch nur die Ausschlagung der gesamten Erbschaft.[144]

Der Gesellschaftererbe kann jedoch, sofern er nicht Gesellschafter der GbR mit der in Konsequenz aufgezeigten Haftung für die Verbindlichkeiten der Gesellschaft bleiben will, nach § 724 Abs. 1 BGB sein Verbleiben in der Gesellschaft davon abhängig machen, dass er Kommanditist wird.[145] Die Vorschrift des § 724 BGB wurde durch das MoPeG neu in das Recht der GbR eingeführt[146] und stimmt dabei weitgehend mit der Regelung des § 131 HGB[147] überein, welche für voll haftende Gesellschafter beziehungsweise Komplementäre in der OHG beziehungsweise KG gilt.[148] Der mit der Annahme des Antrages von Gesellschaftererben verbundene

---

[140] BT-Drs. 19/27635, 171; Bergmann in Schäfer, Das neue Personengesellschaftsrecht, 2022, § 7 Rn. 39.
[141] Zur Haftung des Erben für sog. Altverbindlichkeiten der Gesellschaft vgl. Bergmann in Schäfer, Das neue Personengesellschaftsrecht, 2022, § 7 Rn. 39; Markworth in BeckOGK, 15.9.2023, BGB nF GbR 2024 § 721a Rn. 40; Schäfer in MüKoBGB, 9. Aufl. 2024, BGB § 721a Rn. 4; Lange/Kretschmann ZEV 2021, 545; gegen eine Anwendung für den Fall der Sondererbfolge nach § 711 Abs. 2 BGB jedoch Servatius, GbR, 2023, BGB § 721a Rn. 1.
[142] BT-Drs. 19/27635, 171; Bergmann in Schäfer, Das neue Personengesellschaftsrecht, 2022, § 7 Rn. 39; Eichten, Der OHG-Anteil im Spannungsfeld von Erb- und Gesellschaftsrecht, 2020, S. 51f.; Lohmann in BeckOK BGB, 68. Ed. 1.11.2023, BGB § 1967 Rn. 23, 23a; Schäfer in MüKoBGB, 9. Aufl. 2024, BGB § 721a Rn. 5; vgl. zu Entwertung der Vorzüge der zivilrechtlich beschränkten Erbenhaftung auch K. Schmidt/Fleischer in MüKoHGB, 5. Aufl. 2022, HGB § 139 Rn. 5.
[143] BT-Drs. 19/27635, 171; Bergmann in Schäfer, Das neue Personengesellschaftsrecht, 2022, § 7 Rn. 39; Schäfer in MüKoBGB, 9. Aufl. 2024, BGB § 721a Rn. 10.
[144] Lange/Kretschmann NZG 2023, 351 (353); K. Schmidt/Fleischer in MüKoHGB, 5. Aufl. 2022, HGB § 139 Rn. 5.
[145] BT-Drs. 19/27635, 171 sowie nachfolgend unter → 2.; kritisch zur Notwendigkeit der Regelung jedoch Servatius, GbR, 2023, BGB § 724 Rn. 2.
[146] Freier/Knaier in Heckschen/Freier, Das MoPeG in der Notar- und Gestaltungspraxis, 2024, § 3 Rn. 596ff.; Servatius, GbR, 2023, BGB § 724 Rn. 1.
[147] Die Vorschrift des § 131 HGB entspricht weitgehend der Regelung des § 139 HGB alte Fassung; vgl. hierzu auch Freier/Knaier in Heckschen/Freier, Das MoPeG in der Notar- und Gestaltungspraxis, 2024, § 3 Rn. 597.
[148] Zur entsprechenden Anwendung des § 139 HGB auf die GbR vgl. etwa Klöhn in Henssler/Strohn, Gesellschaftsrecht, 5. Aufl. 2021, HGB § 139 Rn. 5; Lange ZErb 2014, 265 (266); Mock

Rechtformwechsel von der GbR in die KG nach § 724 BGB ist freilich für die Gesellschaft weitreichender als der in § 131 HGB vorgesehene Wechsel von der OHG in die KG. Der Rechtsformwechsel von der GbR in die KG bedeutet neben der Register-, Buchführungs- und Bilanzierungspflicht auch die Pflicht zur Erstellung eines Jahresabschlusses.

Lehnen die anderen Gesellschafter das Verlangen auf einen Statuswechsel zum Kommanditisten ab oder ist eine Umwandlung der GbR in eine Kommanditgesellschaft nach Maßgabe von § 161 Abs. 2 HGB in Verbindung mit § 107 Abs. 1 S. 2 HGB rechtlich nicht möglich, steht es dem Gesellschaftererben nach § 724 Abs. 2 BGB frei, aus der Gesellschaft auszuscheiden.[149] Durch fristgemäße Umwandlung der Mitgliedschaft oder durch fristgemäßen Austritt aus der Gesellschaft kann der Gesellschaftererbe seine gesellschaftsrechtliche Haftung beschränken.[150]

2. Umwandlung der Beteiligung in eine Kommanditbeteiligung

Das Recht gemäß § 724 Abs. 1 BGB von den verbleibenden Mitgesellschaftern zu verlangen, die geerbte Gesellschaftsbeteiligung in eine Kommanditbeteiligung umzuwandeln, steht nur solchen Gesellschaftererben zu, denen die Gesellschafterstellung kraft Erbrechts, also gemäß § 1922 BGB zugefallen ist.[151] Die Beteiligung muss also aufgrund einer gesellschaftsvertraglich geregelten (einfachen oder qualifizierten) Nachfolgeklausel gemäß § 711 Abs. 2 S. 1 BGB auf den oder die Gesellschaftererben übergangen sein.[152] Daher können Gesellschafter, die ihre Gesellschafterstellung aufgrund einer Eintrittsklausel oder aufgrund einer rechtgeschäftlichen Nachfolgeklausel erworben haben, das Verlangen nach § 724 Abs. 1 BGB nicht stellen.[153] In diesen Fällen erwirbt der Gesellschaftererbe seine Mitgliedschaft nämlich nicht ohne seinen Willen und bedarf daher keines Schutzes vor unbeschränkter Haftung.[154] Ein Anwendungsfall von § 724 Abs. 1 BGB besteht darüber hinaus dann nicht, wenn ein Gesellschafter stirbt, nachdem die Gesellschaft bereits aufgelöst war, da dann der Anteil nämlich nicht gemäß § 711 Abs. 2 S. 2 BGB auf den einzelnen Erben, sondern in ungeteilter Form auf die zwischen mehreren Erben bestehende Erbengemeinschaft übergeht.[155]

Bei einer Mehrheit von Erben, denen die jeweilige Gesellschafterstellung gemäß § 711 Abs. 2 S. 2 BGB jeweils entsprechend ihrer Erbquote im Wege der Sonder-

---

NZG 2004, 118 (119); K. Schmidt/Fleischer in MüKoHGB, 5. Aufl. 2022, HGB § 139 Rn. 61; der BGH hat die Frage nach einer entsprechenden Anwendung gleichwohl offengelassen, vgl. hierzu BGH NZG 2014, 696 (696f.).

[149] BT-Drs. 19/27635, 171 sowie nachfolgend unter → 2.
[150] BT-Drs. 19/27635, 171.
[151] Schäfer in MüKoBGB, 9. Aufl. 2024, BGB § 724 Rn. 3; Servatius, GbR, 2023, BGB § 724 Rn. 6; Schöne in BeckOK BGB, 68. Ed. 1.1.2024, BGB nF § 724 Rn. 3.
[152] Freier/Knaier in Heckschen/Freier, Das MoPeG in der Notar- und Gestaltungspraxis, 2024, § 3 Rn. 598; Lange/Kretschmann NZG 2023, 351 (352f.); Schäfer in MüKoBGB, 9. Aufl. 2024, BGB § 724 Rn. 3; Servatius, GbR, 2023, BGB § 724 Rn. 6.
[153] Freier/Knaier in Heckschen/Freier, Das MoPeG in der Notar- und Gestaltungspraxis, 2024, § 3 Rn. 598; Servatius, GbR, 2023, BGB § 724 Rn. 6.
[154] Schäfer in MüKoBGB, 9. Aufl. 2024, BGB § 724 Rn. 3.
[155] Schäfer in MüKoBGB, 9. Aufl. 2024, BGB § 724 Rn. 3.

erbfolge zugefallen ist, steht jedem einzelnen Erben das Recht das § 724 Abs. 1 BGB nach Maßgabe ihrer Beteiligungsquote jeweils individuell zu.[156] Das Recht ist höchstpersönlicher Natur und steht demnach auch im Falle einer Belastung oder Fremdverwaltung des Anteils allein dem Erben zu.[157]

Weiterhin muss die Gesellschaft ihrerseits die Anforderungen des § 107 Abs. 1 HGB erfüllen, mithin muss bei der Gesellschaft die Umwandlung in eine KG überhaupt in Betracht kommen.[158] Die Gesellschaft muss also ein Kleingewerbe betreiben (§ 107 Abs. 1 S. 1 Alt. 1 HGB), eigenes Vermögen verwalten (§ 107 Abs. 1 S. 1 Alt. 2 HGB) oder eine berufsrechtlich zulässige freiberufliche Tätigkeit ausüben (§ 107 Abs. 1 S. 2 HGB).[159] Ob diese Voraussetzungen bereits vor dem Todeszeitpunkt des verstorbenen Gesellschafters oder im Zuge des Eintritts der Erben vorliegen, spielt dabei keine Rolle.[160] Liegt eine dieser Voraussetzungen nicht vor, kann die Gesellschaft nicht als KG fortgesetzt werden, was zur Folge hat, dass auch das Verlangen nach § 724 Abs. 1 BGB nicht gestellt werden kann. Für diesen Fall sieht § 724 Abs. 2 BGB das Recht eines jeden Gesellschaftererben vor, die Gesellschaft unmittelbar ohne Einhaltung einer Frist zu kündigen.[161]

Liegen diese Voraussetzungen vor, kann jeder Erbe einer Beteiligung an einer GbR gemäß § 724 Abs. 1 BGB gegenüber den anderen Gesellschaftern beantragen, dass ihm die Stellung eines Kommanditisten eingeräumt und der auf ihn entfallene Anteil des Erblassers als seine Kommanditeinlage anerkannt wird. Dogmatisch handelt es sich bei dem so verstandenen Antrag um ein Angebot auf eine Änderung des Gesellschaftsvertrags.[162] Das dahingehende Antragsrecht nach § 724 Abs. 1 BGB steht bei mehreren Erben einem jeden individuell zu.[163] Im Umkehrschluss bedeutet dies aber auch, dass die anderen Gesellschafter über jeden Antrag eines durch Sondererbfolge berufenen Gesellschafter auch individuell entscheiden können.[164] Insbesondere besteht zwischen mehreren Miterben kein Anspruch auf Gleichbehandlung.[165]

Der Antrag nach § 724 Abs. 1 BGB ist eine einseitige empfangsbedürftige Willenserklärung. Eine besondere Form ist für den Antrag nicht erforderlich, sofern

---

[156] Freier/Knaier in Heckschen/Freier, Das MoPeG in der Notar- und Gestaltungspraxis, 2024, § 3 Rn. 598; Schäfer in MüKoBGB, 9. Aufl. 2024, BGB § 724 Rn. 5; Servatius, GbR, 2023, BGB § 724 Rn. 6.
[157] Schäfer in MüKoBGB, 9. Aufl. 2024, BGB § 724 Rn. 5.
[158] Heckschen/Weitbrecht in BeckNotar-HdB, 8. Aufl. 2024, § 20 Rn. 176.
[159] Vgl. insoweit Bergmann in Schäfer, Das neue Personengesellschaftsrecht, 2022, § 7 Rn. 40; Lange/Kretschmann NZG 2023, 351 (353); Schäfer in MüKoBGB, 9. Aufl. 2024, BGB § 724 Rn. 6 f.; Servatius, GbR, 2023, BGB § 724 Rn. 11.
[160] Servatius, GbR, 2023, BGB § 724 Rn. 11.
[161] Bergmann in Schäfer, Das neue Personengesellschaftsrecht, 2022, § 7 Rn. 40; Lange/Kretschmann NZG 2023, 351 (355); Schäfer in MüKoBGB, 9. Aufl. 2024, BGB § 724 Rn. 9.
[162] Freier/Knaier in Heckschen/Freier, Das MoPeG in der Notar- und Gestaltungspraxis, 2024, § 3 Rn. 599; Servatius, GbR, 2023, BGB § 724 Rn. 9.
[163] Freier/Knaier in Heckschen/Freier, Das MoPeG in der Notar- und Gestaltungspraxis, 2024, § 3 Rn. 599; Lange/Kretschmann NZG 2023, 351 (354), Servatius, GbR, 2023, BGB § 724 Rn. 9.
[164] BGH NJW 1971, 1268 (1269); Schäfer in MüKoBGB, 9. Aufl. 2024, BGB § 724 Rn. 13.
[165] Servatius, GbR, 2023, BGB § 724 Rn. 12.

der Gesellschaftsvertrag keine weiteren Anforderungen stellt.[166] Er wird erst mit fristgerechtem (§ 724 Abs. 3 BGB) Zugang beim letzten Gesellschafter wirksam. Der Antrag ist dabei nicht an die Gesellschaft, sondern an alle anderen Gesellschafter zu richten. Das sind diejenigen Gesellschafter, die zum fristgemäßen Zeitpunkt im Sinne von § 724 Abs. 3 BGB die Gesellschafterstellung inne hatten.[167] Nicht erforderlich ist hingegen der Antrag gegenüber anderen Miterben, obwohl diese aufgrund des Erbfalles Gesellschafter geworden sind. Andere Gesellschafter im Sinne von § 724 Abs. 1 BGB sind daher nur diejenigen, die ebenfalls im Wege der Sondererbfolge zum Gesellschafter geworden sind.[168] Im Ergebnis sollen nur die alten Gesellschafter über die Umwandlung in eine KG zur Entscheidung berufen sein. Die weiteren Miterben können jeweils nur für ihre eigene Person entscheiden, ob sie voll haftender Gesellschafter bleiben, Kommanditist werden oder unter den Voraussetzungen des § 724 Abs. 2 BGB aus der Gesellschaft ausscheiden möchten.

Der Antrag des Erben gemäß § 724 Abs. 1 BGB ist fristgebunden. Unterbleibt eine fristgemäße Erklärung eines Erben, die auf die Umwandlung der Beteiligung in die Stellung eines Kommanditisten gerichtet ist, wird die Gesellschaft mit ihm als persönlich haftendem Gesellschafter fortgesetzt. Zu Fristwahrung muss der Antrag sämtlichen relevanten Gesellschaftern innerhalb der Frist zugegangen sein.[169] Nach § 724 Abs. 3 S. 1 BGB kann der Antrag nach § 724 Abs. 1 BGB von dem jeweiligen Erben nur innerhalb von drei Monaten nach dem Zeitpunkt geltend gemacht werden, zu dem er von dem Anfall der Erbschaft Kenntnis erlangt hat. Bei mehreren Erben bestimmt sich die Frist für jeden Erben individuell.[170] Maßgeblich für den Fristbeginn ist allein der Anfall der Erbschaft gemäß § 1942 BGB. Irrelevant ist insoweit (anders als etwa bei § 1944 Abs. 2 BGB) die Kenntnis des Grundes für die Berufung zum Erben, von der Gesellschafterstellung des Erblassers beziehungsweise der von diesem abgeleiteten eigenen Gesellschafterstellung aufgrund der Nachfolgeklausel. Ist ein Erbe nach Ablauf der Frist des § 724 Abs. 3 S. 1 BGB noch zur Ausschlagung berechtigt, so verlängert sich die Frist nach § 724 Abs. 3 S. 3 BGB bis zum Ablauf der Ausschlagungsfrist. Zum Schutz minderjähriger oder sonst beschränkt geschäftsfähiger Erben ist auf den Lauf der Frist § 210 BGB über § 724 Abs. 3 S. 2 BGB entsprechend anwendbar.

Wesentlich ist jedoch, dass der Erbe die Frist des § 724 Abs. 3 BGB für den Antrag nicht vollumfänglich ausschöpfen darf, wenn er die Haftungsprivilegierung des

---

[166] Aslan, Die Nachfolge von Todes wegen in eine Personengesellschaft nach dem MoPeG, 2023, S. 103; Bergmann in Schäfer, Das neue Personengesellschaftsrecht, 2022, § 7 Rn. 43; Schäfer in MüKoBGB, 9. Aufl. 2024, BGB § 724 Rn. 11.
[167] Aslan, Die Nachfolge von Todes wegen in eine Personengesellschaft nach dem MoPeG, 2023, S. 100; Freier/Knaier in Heckschen/Freier, Das MoPeG in der Notar- und Gestaltungspraxis, 2024, § 3 Rn. 599; Servatius, GbR, 2023, BGB § 724 Rn. 9.
[168] Vgl. hierzu BGH NJW 1971, 1286 (1269); Aslan, Die Nachfolge von Todes wegen in eine Personengesellschaft nach dem MoPeG, 2023, S. 100 ff.; Schäfer in MüKoBGB, 9. Aufl. 2024, BGB § 724 Rn. 11; Servatius, GbR, 2023, BGB § 724 Rn. 9.
[169] Vgl. oben zum relevanten Gesellschafterkreis für den Antrag nach § 724 Abs. 1 BGB.
[170] Aslan, Die Nachfolge von Todes wegen in eine Personengesellschaft nach dem MoPeG, 2023, S. 104; Servatius, GbR, 2023, BGB § 724 Rn. 10.

§ 724 Abs. 4 BGB erreichen will.[171] Denn nur wenn der Erbe innerhalb der Frist des § 724 Abs. 3 BGB aus der Gesellschaft ausscheidet, die Gesellschaft aufgelöst oder dem Erben die Stellung eines Kommanditisten eingeräumt wird, ist seine Haftung für die bis dahin entstandenen Gesellschaftsverbindlichkeiten nach Maßgabe der Vorschriften über die Haftung des Erben für die Nachlassverbindlichkeiten begrenzt. Der Antrag nach § 724 Abs. 1 BGB auf Einräumung einer Kommanditistenstellung muss daher so rechtzeitig gestellt werden, dass die verbleibenden Gesellschafter hierüber entscheiden können und innerhalb der Frist daraufhin die subsidiäre Kündigung nach § 724 Abs. 2 BGB erklärt werden kann.[172]

Andererseits sieht § 724 Abs. 1 BGB keine Annahmefrist für die Gesellschafter vor.[173] Diese sind daher nicht gehalten oder verpflichtet, innerhalb der Frist des § 724 Abs. 3 BGB über den Antrag des Gesellschaftererben zu entscheiden.[174] Dies ist im Hinblick auf das nur subsidiäre Kündigungsrecht des § 724 Abs. 2 BGB und die aufgezeigten Folgen einer nicht fristgemäßen Kündigung problematisch. Dem Gesellschaftererben dürfen aber durch eine Verzögerung durch die übrigen Gesellschafter das Austrittsrecht gemäß § 724 Abs. 2 BGB und das Haftungsprivileg nach § 724 Abs. 4 BGB nicht genommen werden. Im Rahmen der gesellschaftsrechtlichen Treuepflicht wird daher zu verlangen sein, dass die Gesellschafter bei einer rechtzeitigen Antragstellung unverzüglich über den Antrag zu entscheiden haben und jedenfalls so entscheiden müssen, dass dem antragstellenden Gesellschaftererben die Möglichkeit der Kündigung nach § 724 Abs. 2 BGB bleibt.

Nehmen die anderen Gesellschafter den Antrag des Gesellschaftererben an, so erfolgt die Umwandlung seiner Beteiligung durch eine entsprechende Vereinbarung, die im Ergebnis eine Änderung des Gesellschaftsvertrages darstellt. Die Mitwirkung eventueller weitere Erben ist (ebenso wie der Zugang des Antrages) nicht notwendig.[175] Wie generell bei Vertragsänderungen kann der Gesellschaftsvertrag einen Mehrheitsbeschluss zur Annahme des Antrags genügen lassen.[176] Hierfür reicht eine allgemeine, auch auf Vertragsänderungen bezogene Mehrheitsklausel im Gesellschaftsvertrag aus.[177]

Die Gesellschaft wird im Fall der Annahme eines Antrages nach § 724 Abs. 1 BGB unter Aufrechterhaltung ihrer Identität in eine Kommanditgesellschaft um-

---

[171] Vgl. hierzu Aslan, Die Nachfolge von Todes wegen in eine Personengesellschaft nach dem MoPeG, 2023, S. 104f.; Freier/Knaier in Heckschen/Freier, Das MoPeG in der Notar- und Gestaltungspraxis, 2024, § 3 Rn. 599; Lange/Kretschmann NZG 2023, 351 (354).
[172] Aslan, Die Nachfolge von Todes wegen in eine Personengesellschaft nach dem MoPeG, 2023, S. 106; Freier/Knaier in Heckschen/Freier, Das MoPeG in der Notar- und Gestaltungspraxis, 2024, § 3 Rn. 599; Schäfer in MüKoBGB, 9. Aufl. 2024, BGB § 724 Rn. 13; Servatius, GbR, 2023, BGB § 724 Rn. 10.
[173] Aslan, Die Nachfolge von Todes wegen in eine Personengesellschaft nach dem MoPeG, 2023, S. 106; Schäfer in MüKoBGB, 9. Aufl. 2024, BGB § 724 Rn. 12; Servatius, GbR, 2023, BGB § 724 Rn. 13.
[174] Servatius, GbR, 2023, BGB § 724 Rn. 13.
[175] Schäfer in MüKoBGB, 9. Aufl. 2024, BGB § 724 Rn. 11.
[176] Aslan, Die Nachfolge von Todes wegen in eine Personengesellschaft nach dem MoPeG, 2023, S. 106; Schäfer in MüKoBGB, 9. Aufl. 2024, BGB § 724 Rn. 12.
[177] Schäfer in MüKoBGB, 9. Aufl. 2024, BGB § 724 Rn. 12.

gewandelt.[178] Hierbei bleibt die Beteiligungsquote (§ 709 Abs. 3 BGB) des Gesellschaftererben unverändert, also im selben Umfang bestehen, als wäre der Erbe persönlich haftender Gesellschafter geblieben.[179] Allerdings gilt für ihn fortan die beschränkte Verlustbeteiligung des Kommanditisten gemäß § 167 HGB, sodass die vertragliche Abrede zum Gegenstand hat, dem Erben unter Änderung des Gesellschaftsvertrages die Stellung eines Kommanditisten mit dem auf ihn entfallenden Anteil des Erblassers als seine Kommanditeinlage einzuräumen.[180] Zugleich verliert der Gesellschaftererbe aber auch alle Rechte und Pflichten eines vollhaftenden Gesellschafters, insbesondere die Geschäftsführungsbefugnis und ihm eine vorher zustehende Vertretungsmacht.[181]

3. Austrittsrecht des Gesellschaftererben

Durch § 724 Abs. 2 BGB wird dem Gesellschaftererben ein außerordentliches Kündigungsrecht anknüpfend an das Recht aus § 724 Abs. 1 BGB eingeräumt. Das Kündigungsrecht besteht zum einen für den Fall, dass ein Antrag nach § 724 Abs. 1 BGB (→ V. 2.) nicht angenommen, dem Gesellschaftererben also nicht die Stellung eines Kommanditisten eingeräumt wird. Zum anderen besteht das Kündigungsrecht für den Fall, in dem die Fortführung als Kommanditgesellschaft nicht möglich ist, also wenn die Gesellschaft ihrerseits die Anforderungen des § 107 Abs. 1 HGB schon nicht erfüllt.[182] Dies ist der Fall, wenn die Gesellschaft weder ein Kleingewerbe betreibt (§ 107 Abs. 1 S. 1 Alt. 1 HGB), eigenes Vermögen verwaltet (§ 107 Abs. 1 S. 1 Alt. 2 HGB) noch eine berufsrechtlich zulässige freiberufliche Tätigkeit ausübt (§ 107 Abs. 1 S. 2 HGB).[183] Eine Umwandlung in eine Kommanditgesellschaft ist darüber hinaus auch dann nicht möglich, wenn das Antragsrecht des § 724 Abs. 1 BGB durch gesellschaftsvertragliche Regelung abbedungen ist.[184]

Die erklärte Kündigung des Gesellschaftererben führt sodann gemäß § 723 Abs. 1 Nr. 2 BGB zu dessen Ausscheiden aus der Gesellschaft. Sie ist eine formfreie, einseitige empfangsbedürftige Willenserklärung, die gemäß § 130 BGB zugehen muss.[185] Das Kündigungsrecht steht dabei (wie das Wahlrecht nach § 724 Abs. 1 BGB) jedem Gesellschaftererben individuell zu.[186] Eine Kündigungserklärung

---

[178] Servatius, GbR, 2023, BGB § 724 Rn. 14
[179] Schäfer in MüKoBGB, 9. Aufl. 2024, BGB § 724 Rn. 14.
[180] Bergmann in Schäfer, Das neue Personengesellschaftsrecht, 2022, § 7 Rn. 43; vgl. umfassend hierzu Schäfer in MüKoBGB, 9. Aufl. 2024, BGB § 724 Rn. 15 ff.
[181] Aslan, Die Nachfolge von Todes wegen in eine Personengesellschaft nach dem MoPeG, 2023, S. 107; Servatius, GbR, 2023, BGB § 724 Rn. 14.
[182] Freier/Knaier in Heckschen/Freier, Das MoPeG in der Notar- und Gestaltungspraxis, 2024, § 3 Rn. 601; Schäfer in MüKoBGB, 9. Aufl. 2024, BGB § 724 Rn. 18.
[183] Vgl. insoweit Bergmann in Schäfer, Das neue Personengesellschaftsrecht, 2022, § 7 Rn. 40; Lange/Kretschmann NZG 2023, 351 (353); Schäfer in MüKoBGB, 9. Aufl. 2024, BGB § 724 Rn. 6 f.; Servatius, GbR, 2023, BGB § 724 Rn. 11.
[184] Zur insoweit gegebenen Gestaltungsmöglichkeit vgl. Servatius, GbR, 2023, BGB § 724 Rn. 29.
[185] Schäfer in MüKoBGB, 9. Aufl. 2024, BGB § 724 Rn. 18.
[186] Freier/Knaier in Heckschen/Freier, Das MoPeG in der Notar- und Gestaltungspraxis, 2024, § 3 Rn. 601; Schäfer in MüKoBGB, 9. Aufl. 2024, BGB § 724 Rn. 18.

kann dabei – für den Fall deren Ablehnung – mit dem Antrag nach § 724 Abs. 1 BGB verbunden werden.[187]

Wirksam wird die Kündigung, sobald sie innerhalb der Frist des § 724 Abs. 3 BGB allen übrigen Gesellschaftern zugegangen ist[188]. Dem Zugang steht es gleich, dass sämtliche Gesellschafter innerhalb der Frist tatsächlich Kenntnis genommen haben.

---

[187] Schäfer in MüKoBGB, 9. Aufl. 2024, BGB § 724 Rn. 18.
[188] Schäfer in MüKoBGB, 9. Aufl. 2024, BGB § 724 Rn. 18, 21; Servatius, GbR, 2023, BGB § 724 Rn. 21.